于海広　張偉　編著

中国のユネスコ無形文化遺産

李紗由美　多田未奈　訳

グローバル科学文化出版

誇りと圧力が共に、希望と危機が共存する

二〇〇一年から二〇〇九年の間に、国際連合教育科学文化機関（ユネスコ）は中国が申請した二十九項目の無形文化遺産を「人類の口承及び無形遺産の傑作」リストに次々と登録した。本書では、これらの無形文化遺産がなぜ無形文化遺産において俊傑であるのか、その発展過程、内包的特徴と価値の所在を人々が詳細に理解できるように、これらの無形文化遺産をいちいち分析していく。そのため、これはとても有意義な仕事の一つである。

世界文化遺産がたくさんある中で、有形でも無形であろうと世界文化遺産リストに登録されたものは全て大きな影響をもつ項目であり、その国や民族に誇りを持っていることができる。例えば中国の万里の長城、中国の古琴芸術などは、すべての中国人に誇りを持たせることができると同時に世界の人々に尊敬、敬愛される。優秀な文化遺産とは、ただ一つの国家、民族に属するものではなく、同時に全世界に属し、全人類が共有する貴重な財産となるべきである。この視点から言うと、世の人々に本国の文化遺産を紹介、宣伝することは私たちがしなければならない義務である。

ユネスコは長年、世界各国の文化遺産に対する認識、保護、研究を推進してきた。このうちハイエンド学者が世界文化遺産、自然遺産のリスト、自然遺産の登録を審査、承認することはとても重要な構成部分である。この重要な措置により世の人々の視界を大きく広げ、世界各地に存在する最も傑出している遺産の様相を更によく知り、人々は「目を見開き世界を見る」、今日を知るだけでなく、昨日おとといまでの人間の精髄を理解し、人々がこれらの著名な世界遺産を重んじ自覚して保護することを激励し、共にすばらしい明日へと向かっていくのである。その他、ユネスコ

の協調と各国の努力を経て、その遺産を保護する学界、各国の学者と組織管理機関は更に様々な方式と方法を通じて、切磋琢磨し、互いに交流し、文化遺産の保護研究に対しての前進と深化しているのである。特にここ近年、伝統文化に対するショックな現実に現代社会は直面しており、とりわけ無形文化遺産をいかに生存の危機からもう一度輝かせるか、そして更に多くの人々にこういった無形文化遺産を保護する重要性を人々に自覚させることは、ただ重要なだけでなく、差し迫ったものである。

中国の歴史は悠久でしかも絶えず延々と続いて、中国は民族が多くそして相互影響の中で共に発展して、中国は地域が広く自然環境が複雑で、これは世界の他の国や地域と比較すると非常に顕著な特徴を持っている。歴史は長く途切れることなく持続していることからさらに生み出された文化遺産の歴史の淀みは深く、優れた歴史の情報を多く秘めている、中国は五十六の民族を有し、長期にわたる発展の中で各民族が独特な信仰と風俗習慣、その民族に適合した生活、生産方式を有し、このことから様々な民族風格のある煌びやかな文化遺産を創り出し、中国は国土が広い、臨海面積が大きい、海岸線が長いことだけでなく、内陸部に標高の高い山、平原、盆地、丘陵はあり、そのうち縦横無尽に駆け巡っている長江、黄河、湖、川、これらによって多くの地理の単元と特殊な生態環境区域が形成された。そこには増え広がった中国人が生存し、自然の過程の中ではぐくまれた伝統文化は適応し改造されており、たとえ物質あるいは精神だとしても、形があろうがなかろうが、すべて濃厚な地域の特色を持ち合わせている。歴史の歯車がどんどん前進するにつれて、各民族の人々は絶え間なく付き合い続け、お互いに情報を伝え合い、自覚するかしないの長所を取り入れ短所を補い、それにより、形成された文化遺産は、時間（年代）の流れ、さらにこの民族習慣の異なる差異、そしてこの異なる地域形成の各自の風格、同時に理において当然一つの共通性が存在している。いかにこれらの文化遺産の価値を理解し詳しく説明するか、それらの過去と今日を正確に解説し、豊かな当世の社会の人々の精神生活、情操を陶冶し、歴史の経験や教訓を正確に総括し、様々な無形文化遺産を伝承、保存し、そして文化遺産保護領域の同士たちは助け合いさらに深く掘り下げた探索と研究を行う必要がある。

各種の文化遺産、其々の遺産項目は、すべて決められた歴史的条件の下で産み出されたものであり、また歴史の過程の中で絶え間なく発展、変化し、それらの区別によって異なった方式が現在に至るまで流布している。例えば、有形文化遺産に属する文化財史跡は、各自の当世における価値が実現した後、大多数は地下に埋蔵され、ある原本は古代墳墓のように地下に埋める必要があり、あるものは廃棄した後今日の原野において遺存するか、後世によって継承される、例えば寺院、宮殿建築群、これらの歴史の痕跡は、自然あるいは人力の破壊を受けるものであるが、しかしながら結局のところ依然として多くが今に至るまで残すことができ、考古学者の発見を経て、静態の形式でもう一度世に現れ、私たちはこれらの実物資料を歴史本来の様相の根拠のヒントとし使用する。その他、人々が創造した無形文化遺産は、長期にわたる発展の中で、ある時代後れのもの、新しい時代の需要に不適応なものはおそらく次々と淘汰され、歴史の舞台から立ち去り、またあるものは改造を経て、世代の言い伝えに従う新たな活力を注ぎ込み、未だ生成が途切れない新しい「遺産」の項目は社会において進行中である。これらの無形文化遺産規定は行動の様式によって世に広く伝わり、人々に「生きる化石」として称される。私たちは今日発見した有形文化遺産と無形文化遺産はすべて歴史の証拠であり、これは民族血統の継続であり、文化多様性の偽りのない反映と表現であるため貴重な財産であり、私たちは当然重視し、研究、保護するべきである。長年この方、国際社会と遺産は国に存し、すべて異なる水準で様々な措置を講じ、文化遺産の保護や研究の方面において大量の作業を行い、文化遺産保護の方面においても多くの非常に多くの成果を上げた。

文化遺産を保護することは主流である。同時に私たちは未だ存在しているこのようなあのような問題に目を向けるべきであり、特に、遺産の安全に対する懸念が高まっている。例えば有形文化遺産については、人々の理解や認識、素質の違いによって、所持の姿勢さえ大差が生じる。圧倒的多数の民衆が有形文化遺産に対しての重視、保護する姿勢、保護作業に対する厳正さを保持しているが、ある少数の利益ばかりを求める輩は、これを生活費の出どころとし、わが身をもって刑罰を試す、法を犯す、文化財の挙人を破壊することさえ惜しまず、その他、現代化建設は文化財保護へ巨大な圧力をもたらし、拒絶することのできない自然災害がもたらす破壊、ならびに保護措置、技術手段の分野においても一歩進んだ優れたものにする高めることが必要であり、これにより保護の要求に見合うのである。無形文化遺産の分野でも色々なまだ表に現れていない災いが同様に存在している。例えば、現代化建設の過程は社会環境と人々の追求理念に一連の変化をもたらし、無形文化遺産の生存環境に巨大な変化を発生させ、多くの無形文化遺産は生存危機に直面しており、近日の調査では、支えと届け出の作業中、たびたび「後継するに乏しい人」や「危機への直面」、「既に途絶えた」といった情報がある。無形文化遺産というのは世代伝承を頼りにするもので、「人在るところに芸在り、芸は人についていく」、「人が死に芸も亡くなる」といった哀れな状況は必ず断ち切らなければならない。

無形文化遺産は歴史、文学、芸術、科学価値のある財産を備えており、過去や今日、将来に対してすべて重要な意義をもつ。私たちはこれに対して誇りを持つと同時に、己の務めとして責任感、使命感が更に必要であり、古人にも後世の人々に顔向けし、継承し抜く必要がり、保護し続け、誇りと圧力の併存を認識する必要がある。今日私たちは絶え間なく保護の力具合を強くし、絶えず有効な保護方法を探索し続け、もとより既に多くの成績を得たが危機は決して消失しておらず、希望と危機は依然として併存している。一歩進むことは私たちの情熱をかき立て、文化遺産保護事業の新しい局面を創造し出迎えることは、私たちが追求を怠らないことである。

二〇一一年二月二十五日、第十一回全国人民代表大会常務委員会第十九回会議において、『中華人民共和国無形文化遺産法』が可決され、これは『中華人民共和国文化財保護法』の後を継ぎ、文化遺産保護分野でのまた一部の国家級法律であり、中国の無形文化遺産保護の促進に重大な意義を持つ。これより、無形文化遺産の調査、確認、情報のまとめ、格付などの保護作業は法に頼ることになり、そして法律の保護を受けることになる。

無形文化遺産の保護に関して、『中華人民共和国無形文化遺産法』第一章第三条の中において、「国家は無形文化遺産に対して認定、記録、資料の作成などの措置を講じ保存し、中華民族の優秀な伝統文化に対して、歴史、文学、芸術、科学的価値をもつ無形文化遺産の伝承、伝播等の措置を講じ保護する。」と指示している。ここで提示されている「保存」

と「保護」に含まれている意味は似ているが全く同一ではない二つの概念であり、これは無形文化遺産保護分野の作業実践で対して非常に重要なものである。調査と認定を経た無形文化遺産リストは全て記録と資料の作成が必要であり、私たちは「記憶の保護」或いは「記憶の保存」と称することができ、そしてそれらの中の「中華民族優秀伝統文化の体現」であるが、「伝承、伝播を講じる」措置を私たちは「アクティブ状態の保護」と称することができ、これに対していかに理解、把握すべきか、私たちはどうにか他の行文を具体的に分析し、しかし世界無形文化遺産リストに入る二十九項目はすべて中華民族最優秀の伝統文化を体現し、典型的な歴史、文学、芸術、科学価値を備え、「伝承」「伝播」を講じる保護措置の規則は疑いの無い明らかなものである。私たちは思う、伝承、伝播の方式を使用し、進行するアクティブ状態の中において必要とされるのは、国内外は既に多くの成熟した実行可能な経験を有しており、この土台において中国の保護実践を結び付けること、この二点を再度強調する。一つ目は、宣伝媒体の作用を充分に発揮すること、それは最も速い速度、宣伝の伝播を進行させる最大の被覆面を用い、特にテレビでの伝播はさらに生き生きとしており直視できるため、最も良い効果を獲得でき、目下に定期刊行物とテレビ局に関わりがある方面において、既に成功した試みがある。二つ目は無形文化遺産リスト制定の保護計画に対する目下の格付申告資料において、すべて保護計画の要求を有し、多くが実行可能なものであるが、しかし想定して当然の傾向も存在しており、無形文化遺産保護計画の制定は国家規範の要求の基礎上にあることが必要であり、また個別化を考慮する必要があり、異なる遺産リストの具体的な内在的要素、現段階の存在状況に焦点を合わせ、制定は的を得た保護措置であり、代わり映えの無い客観的でない、現実的でない方法を避けると、私たちは思う。

本書から紹介している二十九の無形文化遺産の中で、私たちはそれらの共通する一つの特徴をはっきり見ることができ、それはそれぞれが含んでいる非常に高度な技術、技能、芸術の要素である。例えば、古琴芸術は表現のため詳しくて深い制作、古琴の技能、そして美しい琴曲の創作があるが、他に煌びやかな爪弾きの上演、三者はどれも不可欠なものである。また、朝鮮族の農学は、朝鮮人の生産、生活の芸術表現であり、美しく古風で飾り気のない立ち姿から抑揚のある調子が美しい音楽まで、全体の踊りの構成から細かな踊りの動作まで、すべて生活への深い理解、美しい未来への想いと追求の表現であり、人々へ極めて大きい芸術の楽しみを与える。そしてまた、伝統の龍泉青磁制作工芸は、原料の選択、加工、白地を引っ張り器の形を修正し、釉と色をのせ、器の表面を装飾し、最後に窯に入れ焼成する、たとえ大きな生産工程の順序だとしても、具体的な操作の一環でも、豊富な経験と一段と優れた技術を基礎とみなす必要がある。各無形文化遺産はすべて、数百年ひいては数千年を経て洗練された、優れている上にさらに磨きがかかった模範といえる。同類の遺産の中でも、それらはとても典型的で代表的であるため、最も優秀な文化遺産なのである。私たちがそれらを理解し鑑賞する時、これらの方面から観察し理解することができ、敬意が込み上げ、ますますそれらを貴く、愛らしい、親しいと感じるはずだ。

　無形文化遺産の認知されるべき他の重要な特徴は、一つの民族、一つの集団或いは個人として考えられるものは自分たちの文化遺産であり、これは無形文化遺産の存在の基礎であり、認知されている地区は当然遺産の生存環境であり、認知されている人の群れ原動力であり当然それは遺産発展の動力である。本書で紹介している各遺産は、すべて中国のある地区にあり、ある民族の人の群れで自分たちの遺産として認知されており、更にあるものは国境を越え幅広い認知の範囲をもつ。たとえば、端午節は中国ひいては世界各地の華人に知られている伝統的な祝祭日であり、羌年はチャン族の民衆に知られている伝統的な祝祭日であり、媽祖信仰は福建だけでなく中国の沿海地域、さらに東南アジア沿海地域にもこのような信仰があり、長調民歌は内モンゴルに、マナスは新疆に、熱貢芸術は青海に、藏戯はチベット自治区に、すべて幅広く知られているという基礎を持つ。これらの遺産リストは地域や人々に自分たちの貴重な財産としてみなし、知られており、比類のない光栄と感じる。無形文化遺産保護に対してこれは非常に重要であり、特に重要なのは世界無形文化遺産のリスト項目に入れられているものであり、これらは認知することから誇りに感じ光り輝き出すまでの動力は一種の強大な力であり、そのことから更に産み出し自覚したエネルギーは計り知れないものであり、存続する遺産の保護もとても良い機会を与え、これは私たちの高く重視し利用すべきものである。

本書の創作にあたって、私たちが特に解説しなければいけないのが、この二十九項目の中国最高クラスの無形文化遺産に対しての分析であり、前に述べた如く、もちろん一つのとても有意義な業務であるが、一つの非常に困難な任務でもある。私たちは論述中の逐条で、各編は三つの主要部分に分かれており、第一部分は各自の発展過程、あるものは数百年の歴史をもち、あるものは数千年の長く果てしない歴史を持ち、これについて系統の生理を行う必要があり、歴代の歴史や風土記、その他文献の記載を含む、大量の文献を調べ照合する必要があり、これはとても慎重に時間と力を費やす必要がある物事であり、優れた古い文献を閲読する能力が必須である。第二部分は各無形文化遺産項目の内在的構成要素の分析に対して、各目録は全て専門の知識をもつべきであり、厳格に言えば、ほぼすべての項目は、私たちは皆素人であり、たとえ実地調査や親しい人の研究成果の参考を行ったとしても、開始時はしばしばさっぱり見当がつかないと感じ、真剣な理解と推量、整理と分析を行うことが必要であり、の遺産の神髄の所在を探し求め、そのため各項目の創作は始めに学習過程があるのである。例えば、伝統の木版印刷、その生産工程の順序は原料の選択、加工、描き方の要求、木版技法の表現、独特な墨の制作工芸、印刷の方法と技巧、そして綴じるなどの一環が関連しており、また木版年画工芸、書道芸術の知識を参考にし、この基礎の上、ようやくそれらをすることができ、それゆえに傑出している無形文化遺産の内在的構成要素の特徴は抽象として表れている。第三部分は多くの無形文化遺産保護措置の論述、各地に存在する無形文化遺産リストに対して、それらの生存環境はそれぞれ異なり、存在状況も互いに違いがあり、保護の強化と同様にしっかりとした分析が必要である。この方面において、私たちは一方では関係のある専門家の研究成果を参考にし、また一方では、具体的な深く掘り下げた事案の分析が必要であり、できるだけ概括することを心掛け、総括すると同時に、新しい保護の想定を提示することができ、努力することは伝承と伝播の実践に貢献することができ、遺産保護に対して実用的で価値のあるアイディアの提示を望み、これは私たちの努力の一つの目標である。

最後に説明しなければならないのが、この二十九の遺産については、予定通り書き込みが終わるのを前に、二〇一〇年末、ユネスコの新たな審査で、中国はまた五つの項目を無形文化遺産リストに入れられた。そして、無形文化遺産の保護が進むにつれて、将来、中国は間違いなくさらに多くの項目をこの世界級のリストに組み入れることができ、全人類の共同財産となるだろうと私たちは深く信じる。

山東大学歴史文化学院教授　于　海広

二〇一一年三月

目次

まえがき……3
崑曲芸術……13
中国の古琴芸術……29
新疆（ウイグル）ムカム芸術……50
モンゴル族長調民歌……63
中国の養蚕・絹織物の職人技術……79
南音（福建省の器楽）……101
南京雲錦織の職人技術……120
宣紙の手すき術……141
トン族の大歌……156
粤劇（広東オペラ）……171
ケサルの叙事詩の伝統……185
龍泉青磁の伝統焼成技術……201
レプコン（熱貢）芸術……223
チベット劇……247

マナス……270
花児……289
西安鼓楽……307
中国朝鮮族の農民舞踊（農楽舞）……322
中国の書道……339
中国の印章彫刻技術……358
中国の切り紙細工……376
木造建築における中国伝統建築の職人技術……393
中国の端午の節句……411
媽祖信仰と習慣……426
中国の木版印刷……438
モンゴル人の歌唱芸術・ホーミー……454
羌（チャン）暦年……466
黎（リー）族の伝統的な織物技術——紡績・染色・製織・刺繍……478
中国の木造アーチ橋建造における伝統的デザインと技術……492
あとがき……509

崑曲芸術

二〇〇一年五月十八日、ユネスコはパリで第一回「人類の口承及び無形遺産の傑作」リストを発表した。全部で十九の届け出があった項目が入選し、その中には中国の崑曲芸術も含まれ、曲芸類別に属し、中国は初めてこの特別な栄誉を得た十九の国のうちの一つだ。

偉大な民族は往々にして上品かつ洗練された演技芸術をもち、例えば、ギリシャの悲劇、イタリアの歌劇、ロシアのバレエ、イギリスのシェイクスピアの演劇などが、これらの民族の精神と心の声を生み出し、そしてその誇りと自信の源となっている。中国古典演技芸術の代表、六百年前に誕生した昆曲は専ら最も典型なものとされている。崑曲は中国の伝統戯曲の中で最も古い劇の一つであり、中国戯曲芸術中の貴重なものであり、「中華文化の宝物」と称賛される。

崑曲六百年

崑曲は江蘇省崑山から始まり名を得た、また名を「崑山腔」(略称「崑腔」)といい、清の時代以降「崑曲」と称され、現在はまた「崑劇」と称され、中国の伝統戯曲の中で最も古い劇の一つであり、百花園の中の一輪の「蘭」と称される。

中国戯曲はとても長い育み、変化、形成、発展の歴史を経て、次々と出現する古芸人、漢角抵、唐参軍などの先人の舞踏芸術から、宋の時代に至ってついに完全な戯曲芸術が出現した。「宋、金の時代に至り、純粋に故事を演じる劇が現れ始め、話はたとえ真の演劇と言えるものでも、宋の時代から、それはどちらでもないのである。」(王国維『宋元戯曲考』)。この後、宋雑劇、金院本、元雑劇及び南戯、伝奇などの戯曲芸術が次々と出現し、民族大融合のプロセスの中で、南北の異なる戯曲芸術の融合、革新を進める。

宋、元以降、中国の戯曲は南と北、すなわち通常に言われる「南戯」と「北雑劇」に分かれ始める。「北雑劇」の前身は金の時代に中原地区で産み出され、元の時代に充分な発展を得て、関漢卿、馬致遠、白朴などの著名な雑劇家が誕生し、全国の舞台芸術で流行となった。南戯とは、北宋末期に浙江省温州地域で生まれた郷土の香りが濃厚な伝統芸能である。元は全国を統一した後に北雑劇が南に進み、「南戯」と互いに混じり合う局面を形成していった。南劇は北劇の音楽や演技体制、題材などの芸術成果を吸収し、自身の芸術内容を充実した。元末明初、顧堅、顧瑛、楊維楨などが昆山千墩で積極的に曲学活動を行い、南戯に対し雅化、革新を行い、昆曲の原型――「崑山腔」の誕生を促した。顧堅氏が中心人物として、当時流行していた南戯を昆山地方の音楽と結び付け、独特の新たな声腔、即ち「海塩腔」を創り上げた。すなわち、海塩弁、余姚腔、戈陽腔と、明代の四大声腔をなす「昆山腔」である。『南語引証』には、「元朝には顧堅という者がおり、崑山から三十里離れているが、千墩に住んでいた。南辞に精通しており、古く繊細に作り上げる。ココ・ムテルの聞其善歌には、何度も屈服しない。そして楊鐵笛、顧阿瑛、倪元鎮を友とした。自らを風月散人と称した。その著書は『陶真野集』十巻、『風月散人楽府』八巻を世に出した。善發南曲之奧は、故国は初の崑山腔の名称である」と記載されている。顧堅はこれにより崑曲の創始者として称賛されており、それから崑山腔は世の人々に注目されることとなり、そして徐々に士大夫の視野へ上り始める。明代の周玄暐の『涇林續記』によると、明の太祖朱元璋が長寿の老人周寿誼を引見した時、前にわざと「崑山腔のとても立派さを聞き、なんじもまた歌うことはできないか?」と尋ねた。このことから分かるように、明代初期、崑山腔は既に非常に名声あるものだった。特に取り上げるべきものは、明代四大声調の命運は異なり、海塩腔、余姚腔は栄枯盛衰を経て、現在は既に絶唱となり、戈陽調はその巨大な適応力と生命力により、民間にて絶え間なく起こり続け、現在まで伝わり、「遥か続く滑らかな美しさは、三調の上をいき、聴いた者を十分に揺さぶる」(明・徐渭『南詞叙録』)、それによって昆曲の発展史上の新しい局面を切り開いた。

しかしながら、崑山腔はただ崑曲の原型であり、まだ全国範囲内での流行、伝播の条件を備えていなかった。そのため、明の初期のとても長いある時期、崑山腔は既に世の人々に知られてはいたが、その流行の範囲は呉中（蘇州）一帯だけに限られ、北雑劇、南戯及び南北声腔が日に日に成熟していくにつれて、蘇州の都市経済は繁栄し、その上蘇州地区はしっかりとした歴史文化の学殖、崑山腔は崑曲へ移り変わる歴史の機会は既に確立していた。この一つの任務を完成させたことはたとえ後世の人であっても「曲聖」の魏良輔と称しただろう。関連文献や歴史資料によると、魏良輔はおそらく明代の嘉靖で生活しており、隆慶の年代、長期にわたり太倉に一時的に身を寄せ、元々は北曲家だが、長期の実践と研究を経て、河北人の張野塘などの大きな協力の下、声律と歌い方の両方面から崑山腔に対する全面改革を進め、彼はただ呉方言での歌い方に依存する崑山腔の伝統を大胆にも放棄し、ますます広範な韻脚での歌い方を採用、応用し、同時に「兼收並蓄（性質が異なるものでも難なく受け入れることまたは併せ持つこと）」の方式を用い、一方では海塩腔、弋陽腔などの南曲の長所を取り入れ、崑山腔自身の長く滑らかな美しい特徴を発揮させ、もう一方では、北曲の緻密な構成の長所を採用し、北曲の歌唱方式を応用し、笛、簫、琵琶の伴奏楽器、それらによりつくられる一種のきめ細かく滑らかな優雅さ、南北曲の長所を集め一体にした「水磨腔」は、現在でいう私たちが指すところの崑曲である。崑曲改革の成功は魏良輔にもたらした大きな名声であり、「呉中曲調、其の魏氏良輔、盛大に、非常に精妙溢れ出る、四方の歌曲は呉門を師としてあがめ、千里の重い費用を尽くすことさえもいとわず、その役者、踊り子により教わる。」（徐樹丕『識小録』）。このような新しい方式の曲調は一度世に出たら、新しい崑山腔は長く滑らかな美しさ、優美であか抜けた芸術風貌により、南方で多くの腔が引き起こした激しい競争の中才

崑曲鼻祖の魏良輔

能があり自然と頭角を現し、直ちに不可抗力な芸術の魅力により当時の多くの聴衆を虜にした。しかしながらこれは決してすぐに崑山調を変えるものではなく、「止行于呉中（呉中を止める）」局面であり、なぜなら魏良輔はただ清唱（扮装をつけずに歌う）に長じており、劇場、シナリオを書くことに対しての知識は限りがあった。隆慶末期になると、崑山人梁辰魚は魏良輔の成果を継承し、崑腔に対して一歩進んだ研究と改革を行い、そして春秋呉越の盛衰の故事を題材とし創作した第一部崑調伝奇――『浣紗記』は、上品な文字の組み合わせによる美しい崑曲形式の演出、崑曲を清唱形式から更に広々とした演劇舞台に踏み込み、これは崑曲の発展史上節目の意義を持つ。明末期、清初期の名士呉偉業は詩雲にて「里人度曲魏良輔、高士填詞梁伯龍」と記し、魏良輔と梁辰魚の崑曲に対しての卓越した貢献を具体的に描写した。

明代初期の尊びつつましい社会の風紀と比べて、明代中期ごろ、都市経済の回復と発展に連れて、世の風紀は段々と開けていき、人々は享楽におぼれ始め、思うがまま肉欲におぼれることを貴いものとした。この社会全体の雰囲気の影響で、魏良輔の改革と梁辰魚の芸術的実践を経て、崑曲の影響はさらに大きくなり、とても素早く江蘇、浙江の広大な地区まで伝わり、これらの地域の主要な演劇形式となった。崑曲はかなり整った演劇形態を得た後、さらに上の発展を目指し始め、特に『浣紗記』の出現は、明代の文人たちに崑曲の新しい声調の採用と脚本創作の熱意を導き前進させ、『浣紗記』と並ぶ明代中頃の三大伝奇である『宝剣記』、『鳴風記』もこの時期に次から次へと世に出た。万歴の時代、崑曲創作はピークに入った。そして明代前期には崑曲教化を主題とし言論が勢いを増した『道学気』と違い、明代中期以降の崑曲脚本題材は多様であり、その時代の悪弊を戒める現実主義な脚本が日増しに増加し、明代崑曲創作に新しい息を吹き

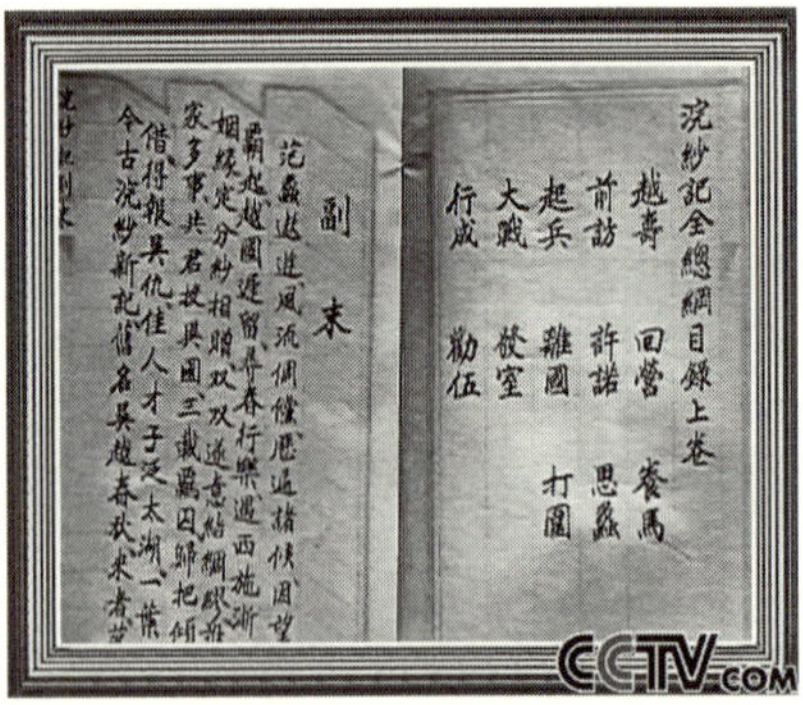

崑曲『浣紗記』の脚本

込んだ。湯顕祖、瀋璟、徐渭、孟稱舜、馮夢龍、阮大鋮等の著名な詩人の名士が崑曲創作に身を投じ、彼らは或いは自己満足し、或いは杯を持って酒を勧め、或いは雅やかに飾りつけ、『臨川四夢』（『牡丹亭』、『南柯記』、『邯鄲記』、『紫釵記』）さらに『義侠記』などの優秀な作品が次々と現れ、見事であり、中国古典戯曲史上の輝かしい成果を表現した。

明代の終わりごろ崑曲制作の繁栄に伴い、崑曲を使用した演出もとても隆盛であった。蘇州、上海、南京などの地元民の間でプロの崑班が次々と出現し、蘇州の瑞霞班、呉徽州班、南京の郝可成班、陳養行班、常熟的虞山班、上海的曹成班等が最も有名とされる。これらの民間プロの崑班は、水に沿い、陸に二つの道、未知の村まで深く入り込み、都市に入り、崑曲の使用は蘇州を中心に広がり長江以南と銭塘江以北各地まで広がり、しだいに福建、江西、広東、湖北、湖南、四川、河南、河北各地まで流布し、万歴末期に北京にまで流入し、迅速に拡大した崑曲芸術は全国範囲での影響力を持ち、国を挙げて上から下まで夢中になる崑曲。人々はただプロの崑班を招いて行うだけのショーに不満足し始め、ある経済実力を持つ文人士大夫たちは蓄え養う崑曲個人班の公演へ変わり、そして気晴らしまたは対外の接待を供するものとなった。これらの個人の家庭から編成された崑曲戯班の数の膨大により、公演は頻繁となり、全体のレベルも民間のプロの崑曲を超え、著名なものとして申時行家班、銭岱家班などがある。崑曲を聴き、崑曲を歌うことは当時の中国人にとって最もおしゃれで、最も風靡な生活方式であり、崑曲はこのように完全に明代の文人たちの家庭生活に溶け込み、彼らの精神世界に溶け込んでいった。明朝万歴の時代に中国に到達したヨーロッパの宣教師であるマテオ・リッチは、ちょうど崑曲の発展史上輝かしい時期に間に合い、さらに一五九二年彼は広東の肇慶におり当時著名な戯曲家であった湯顕祖と面識があり（徐朔方『湯

明代『南中繁会図』中の崑曲演出の場景

顯祖年譜』)、当時都市や農村で流行していた崑曲の公演を目の当たりにし、彼は思わず感激して言った、「私はこの民族はたいへん戯曲上演を好む民族だと信じた。少なくとも彼らはこの方面において確実に我々を超えている。この国家は非常に多くの若者がこの種の活動に従事している。ある人々は旅行戯班を組み、彼らの旅程は全国各地あらゆるところに広がり、他のある戯班は常に大都市に住み、大衆または自宅用の公演に忙しい。」(『利瑪竇中国箚記』)このことから当時の崑曲の盛況さが見て取れる。

明代崑曲創作と上演の繁栄に相応し、明代崑曲理論の研究も活発であった。明代の戯曲理論家はすべて脚本家であり、嘉靖時代から始まり、明代戯曲家たちの戯曲創作に対する評論著作は日増しに増え、形式上から見ると、特定のテーマの文章があれば、長編の巨作もあり、更に多くがその場合には点在している文人による筆記、雑文、序文題罰跋など、この内容から見て、研究の内容は作家、曲目の整理、脚本のコメント、曲論の構成などを含み、各方面から構築、充実した戯曲理論体系である。徐渭の『南詞叙録』は明代の人が研究した南戯の最古の著作であり、宋元明清四代モノグラフ南戯唯一の専門書である。魏良輔の『南詞引証』は嘉靖、隆慶の間の崑山調改革の経験の総括であり、また崑山調歌曲を研究する論著でもある。曲譜研究の方面では、崑曲呉江派代表人物である沈璟の『南九宮十三調曲譜』の影響が深遠である。呂天成の『曲品』、祁彪佳の『遠山堂曲品戯品』は戯曲研究作家と作品の専門書である。王驥徳の『曲律』は起源から音律、歌唱、構成、言葉遣い、脚色、場景等多方面の系統、全面的に構築された戯曲理論体系、これは中国戯曲史区分時代の理論専門書である。

明の末期、清の初期、社会情勢は不穏であったが、百年余りの発展を経た

「百戯之祖」の題字

崑曲は、戦争と王朝の更迭により発展の歩みが停止していた。「国の不幸は詩人の幸、詩をつくるに至って世の移り変わりが激しいことの句は都合がいい。」（趙翼『題遺山詩』）、激しい弾圧を経験した江南地区の文人たちは、早くもまた崑曲の脚本創作に投入した中、亡国に対する嘆き悲しみや民族感情を託された大量の作品が次々と世に出て、その中でも李玉を代表とする蘇州派作家が多くの強烈な現実性、と時代の雰囲気をもつ作品を創作した。崑曲は士大夫の輪を突破し始め、次第に一般庶民と距離が近くなっていた。それゆえに、明代末期、清代初期の崑曲は明と清の変遷による影響だけでなく、かえってまたとても大きく発展し、蘇州、揚州など江南地区のプロの戯班が大いに増加した。元、明、清三朝の営みを経て、北京城はしだいに世界大都市のリストに身を置き、当時の新しい演劇の中心となり、順、漢の二朝では、聚和班や三也班等の無数のプロの崑班が北京に集まり、崑劇の公演活動は非常に頻繁であった。「南洪北孔」と称賛されている洪昇と孔尚任は、清代康熙年の演劇界において一対の「ふたご座」とされ、彼らはそれぞれ創作した伝奇戯劇『長生殿』と『桃花扇』を世に出すと、全国を揺るがし、「二つの楽府が康熙を盛り上げ、勾欄は競って孔洪の詩を歌った。」（金植『題闕裏孔稼部尚任東塘〈桃花扇〉伝奇・後巻』）のような盛況ぶりだった。崑曲は清代皇室に特別な支持を受け始めた。康熙皇帝は崑曲の公演を楽に鑑賞するために、南府を特別に設置し、蘇州などの地から選抜された名優の公演を所掌した。崑曲創作、公演の盛り上がり以外に、この時期崑曲理論の研究も世に出た重要な成果である。浙江省蘭溪の文人李漁は創作の実践の中で、崑曲の脚本創作、公演、監督など多方面から戯劇を舞台総合芸術の本質、特徴として深く論述し、中国古典戯劇理論の完全体系を築いた。演技芸術は日に日に成熟していき、しぐさや表情、せりふ、歌、服装、道具等徹底的にこだわり、家班とプロの戯班等の形式のショー団体が出現し始め、これは中国戯曲の演出体制構築の完成を示している。

清初期崑曲の音律、言葉遣い、演技等の形式要素は更に厳密で整ったものとなり、この一方では崑曲は中国戯曲形式美の高峰に推し上がり、他方では崑曲は形式の小さな輪に束縛され、生命力豊かな生活世界からそれを離脱させた。崑劇の興隆とその演劇界の盟主と称される時間は約二百三十年長にもおよび、明代隆慶、万歴の変わり目に始まり清代嘉慶初期（一五七〇―一八〇〇年）まで、これは崑劇芸術最も輝かしく、最も顕著な段階であり、劇作家の新しい作品が絶え間なく出現し、演技芸術は日増しに成熟し、役柄の分担はますます細かくなっていった。しかしながら清代中頃から特に清朝末年まで、崑曲の曲詩は分かりにくい難しいものに変わり、音楽または内容の点からみると、すべて日に日に国民から離れ、しだいに消衰に向かっていった。

江蘇の崑山から起こり現在まで六百年ほどの歴史をもつ崑曲は「百戯之祖」と称され、中国多くの地方にある劇の種類、如普劇、蒲劇、上党劇、湘劇、川劇、贛劇、桂劇、邕劇、越劇と広東粤劇、閩劇、婺劇、滇劇等、すべて崑劇芸術の多方面における育みと栄養を受けた。これらは中国に現存する最古の影響が最も大きい戯曲形式であり、世界でも古い歴史をもつ三大戯曲の源の一つである。崑曲は一種の韻律が厳格で、形式が整っていて、声調音楽は抑揚があり滑らかで聞いていて楽しく長く柔らかく美しい歌唱芸術であり、また著名な文学芸術家の知恵の貢献を経て、それにより文学、戯劇、演技、音楽、舞踊、芸術と融合し一体となり、詩情、画意豊かな舞台総合芸術となった。その集まりは中国古典芸術と美学の大成であり、東方芸術の特に優れているものの代表である。その豊かで、厳格で、完全で、深く通暁している戯劇芸術体系は、中国の様々な戯曲発展の資源であり、「百戯之祖」と褒めたたえられ、それは独特で厚い美学伝統と独特な趣の東方風格をもち、数百年来激しい世の移り変わりを幾度も経験したが始めから終わりまでずっと人々にとって恒久的な魅力をもつものであった。

崑曲の演出

芸の特徴

崑劇はかつて中国全国範囲内において非常に大きな影響をもつ一つの劇種と

して、歴史上様々な困難を尽くした後、奇跡的に再び復活することができ、このことと超絶したそのもの自体の芸術的魅力は密接な関係がある。

戯曲の表現手段は歌、せりふ、しぐさ、立ち回りことの総合によるものである。この四つの方面及びその総合は崑曲の中において要求が一番高いものである。崑曲の役者はこのいくつかの方面を兼ね備えていることが必須であり、舞台はまた最も完璧で素晴らしいものであった。その他の劇種の役者は技芸を高めるため全員崑曲を学ぶ必要があり、京劇役者梅蘭芳のようにすでにしっかりとした崑曲の基礎を持てば、崑曲を歌うことができる。河北の梆子役者裴艷玲の代表作『林冲夜奔』は即ち崑曲の形式によるものである。

崑曲の節回しは柔らかく華麗であり、せりふは生き生きとしていて上品であり、演技は細かく一段と優れており、舞踊は深く俗離れしたものであり、更に完璧な舞台セットもあり、戯曲演技のあらゆる方面において最高の域に達していると言える。そういうわけで、多くの地方の劇種はすべて崑劇芸術の多方面における育みと栄養を受けている。崑曲の中の多くの脚本、例えば『牡丹亭』、『長生殿』、『桃花扇』等、すべて古代戯曲文学の中でも不朽の作品である。崑曲の詩は唐詩、宋詩、元曲の文学伝統を受け入れ、曲牌（元曲などのメロディーの名前）の多くが宋詩や元曲と同一であり、これは崑曲の発展が築いた良い文化の基礎であり、同時に大量の崑曲作家と音楽家を育て上げ、この中の梁辰魚、湯顕祖、孔尚任、李煜、李漁、叶崖等は中国戯曲と文学史上の傑作の代表である。

崑曲の脚本の中には散文、方言と詩歌が含まれ、散文及び方言は人物の対話またはモノローグが主であり、詩歌は歌うことが主である。詩歌と音楽は崑曲のかなめと言える。崑曲音楽の旋律は麗しく抑揚があり滑らかで、優雅な風格により文人と紳士階層から好かれた。このような音楽と対応し、崑曲の歌詞も感動的な詩趣に溢れていた。

生、旦、浄、末の隈取

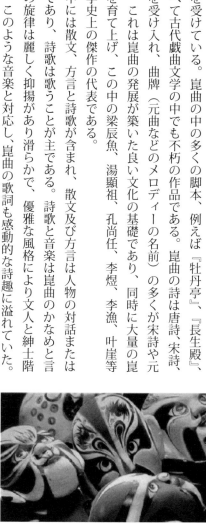

崑曲のひとくさりの内容と形式は息の合ったものであり、役者の上手い歌唱はせりふの中の詩趣を完璧に表現し出すことができる。伝統的な中国の詩歌と同じように、崑曲の歌詞は濃厚な主観的ニュアンスが多く用いられ、そのため崑曲の歌唱は叙情を主とし、功能と特徴の点から言うと、西洋歌劇の詠唱とより近いと言える。

「水磨腔」のような新しい腔調が崑劇の歌唱の特徴を築き上げ、南曲の慢曲子（即ち「細曲」）の中の具体的に表現するところの拍子を緩める、リズムを遅らせることを充分に表現し、旋律の進行において多くの装飾性のある花腔を使用するために、通常の一板三眼（戯曲中のリズム、各小節の中で最も強い拍子を「板」と呼び、その他の拍子を「眼」と呼ぶ）一板一眼に加えて、更に「贈板曲」が現れ、やがて拍子の曲調は四分の八まで遅くなり、声調は清らかで柔らかになり、さらに読みに対しての要求が厳しくなり、安定さ、上がり、下がり、入りを逐一研究し、歌う一つ一つの字を、発音の頭、腹、尾、即ち正確な発音、口ぶり、音響効果に注意し、音楽が構成する空間を増やし、変化を多くし、その美しく滑らかで、柔らかくしなやかで遥かに続く特徴はますます際立った。

それに対して、北曲の声と情感は変化に富み豪放でさっぱりしており、跳躍性の強いものに偏っている。それは七声の音階を使用しており、南曲に用いられている五声の音階（基本的には半音は使用しない）と異なるが、崑山腔の長期わたる北曲歌唱の吸収に過程の中で、元々北曲の特性は次第に溶かれ「南曲化」の歌唱風格となり、そのため崑劇上演の演目の中には、北曲は一式での使用もあれば、一つの曲牌を選び出し使うこともあれば、「南北合套」（南北二つの歌い方を合わせたもの）もある。

「南北合套」の使用はとても特色のあるもので、普通の場合北曲は一つの

舞台装置

役柄が歌うべきで、南曲の場合はいくつかの異なる役柄が分かれて歌う。このいくつかの南北曲を合わせて使用する方法は完全に劇のストーリーから始まり、音楽を出来るだけ完璧に戯劇の内容の需要から適応させるためである。

南北曲そのものの変化から言うと、更に「借宮」、「犯宮」、「集曲」等の多くの手法がある。元々は合わさった一つの曲が、南曲、北曲にかかわらず、どちらもこの一つの宮調の曲の問題に属し、歌う曲の情緒が顕著な変化をする時の要求に合わせて、同じ一つの宮調内の曲は適さず、もったいないことに他の宮調に合った曲を使っていた。例えば『牡丹亭・驚夢』でいうと、相次いで用いられる曲牌は「山坡羊」（商調）、「山桃紅」（越調）、「鮑老催」（黄鐘宮）、「綿搭絮」（越調）である。

歌唱技術においては、崑劇は声のコントロール、リズムの速度の速さ及び正確な発音、そして「豁」、「疊」、「擻」、「譃」等の腔法の区分並びに各役柄の性格による歌い方を重視する。音楽の板式（拍子の種類の一種）のリズム、南曲の「贈板」を除いて四拍子の遅い曲はさらに一倍遅くなり、南曲、北曲にかかわらず、どちらも通常使用する三眼板、一眼板、流水板と散板を含む。それらは実際に歌うとき自ら多く変化し、あらゆる劇の情感と役柄の然るべき情緒を服従する。

崑劇のせりふにもとても特徴があり、崑劇は呉中をから発展したことにより、その発音は呉儂軟語の特徴を持ち合わせている。その中でも、三枚目はもう一つの呉方言に基づく地方白があり、例えば蘇白、揚州白等、この種の呉中一帯

崑曲『十五貫』

崑曲『牡丹亭』

の市井方言は、暮らしの雰囲気が濃厚であり、なおかつしばしば使用するのは早い板式の韻白で、非常に特色がある。その他に、崑劇の歌は発音、節回し、リズム等きわめて厳格な規範があり、完全な歌唱理論を形成した。

崑劇の上演は一セットの「載歌載舞（歌ったり踊ったりする）」という厳密な上演形式も持つ。崑劇上演の最大の特色は叙情性が強く、動作がきめ細かく滑らかで、歌と踊りのしぐさは巧妙に合わさっており、調和が取れている。崑劇は一種の歌、踊り、しぐさ、白、各演技技法が互いに組み合わさった総合芸術であり、長期にわたる演劇歴史において、歌ったり踊ったりする演技の特色が形成され、特に各役柄の演技のしぐさが体現しており、その踊りのしぐさは大体二種類に分けることができる。一つは話すときの補助姿と手ぶりから発展した写意に重点を置く踊り、もう一つは歌詞に合った叙情的な踊り、素晴らしい踊りの動作であり、また人物の性格や心と歌詞の意義を表現する有効な手段である。

崑劇の戯曲舞踊は古代民間舞踊、宮廷舞踊の伝統から多方面を吸収、継承し、長期の舞台演出実践を通して、歌と踊りは密接につながった豊富な経験が蓄積され、景色や風景を叙述する演出の場の需要に適応し、多くの偏重される描写された舞踊演技を創造し出し、「戯」と組み合わさり、故事性の強い独立した一幕となった。叙情性と動作性の適したとても強い演出の場の需要は多くの叙情舞踊公演を創造し出し、多くの単折叙情歌舞劇の主要な演技技法となった。代表的な演目は、『西川図・芦花蕩』、『精忠記・掃秦』、『拝月亭・踏傘』、『宝剣記・夜奔』、『連環記・問探』、『虎嚢弾・山亭』など。

崑劇の楽器配置は比較的何でも揃っており、大体が管楽器、弦楽器、打楽器の三部分から構成され、主な楽器は笛、笙、簫、三線、琵琶などである。糸のような声の笛を主要な伴奏楽器とすること、加えて贈板の広範囲での使用、文字を頭、腹、尾に分けた正確な発音方式、並びにそれ自身呉中民謡の影響を受けたことにより、「遥かに続く美しさ」の特色を持ち、崑劇音楽は「婉麗嫵媚（滑らかで美しく柔らかくなまめしい）、一唱三嘆」数百年冠絶する劇団とされる。伴奏はたくさんの吹奏調子があり、異なるシチュエーションにも適し、それからも多くの種類の劇に使われた。

崑劇の音楽は聯曲体の結合に属し、「曲牌体」略称される。これ使用する曲牌は約一千種以上あり、南北曲を由来とし、その中には古代の歌舞音楽だけでなく、唐宋時代の大曲、詩調、宋代の唱賺、諸宮調、そして民謡と少数民歌曲などがある。それは南曲を基礎とし、北曲の二倍の数あり、「犯調」、「借宮」、「集曲」等の手法により創作が行われた。このほかにも。多くの宗教曲がある。

崑劇の舞台芸術は豊富な服装様式を含み、こだわった色彩と装飾並びに隈取の使用の三つの方面がある。元明以来から継承される戯曲の役の服装様式を除いて、崑劇のいくつか服装と当時社会で流行していた着こなしは非常に似ている。それは戯上において反映され、武将は自分の様式の軍装、文官もまたそれぞれ封建社会の異なる階級に応じた服装であった。隈取は浄と丑の二つであった。生と旦の極めて違う人物も例えば孫悟空（生）、鐘無塩（旦）に偶然採用され、色は基本的に赤、白、黒の三色を使用していた。

崑劇芸術は長年の擦り合わせ加工を経て、既に相当完全な体系が形成され、そしてこの一つの体系はまた長く中国戯曲中の独尊的地位を占拠し、そのため崑劇芸術は「百戯之祖」と称賛され、戯曲全体の発展に深い影響があり、多くの地方戯はそれぞれ違う程度においてその芸術要素を吸収し、その中には崑腔戯のある部分が残されている。

伝承と発展

崑曲は最高レベルの歴史、文学、芸術等の価値があり、豊富な美学の内在的構成要素と深い文化の含畜を凝集している。崑曲のとても長く複雑な生命の歩みの中で、文人、芸人は崑曲を精密につくり上げ、それに器楽、節回し、演技、舞台芸術等の方面のさまざまな長所を広く受け入れ、かつて社会を風靡した。発展のピークまたは低潮期にかかわらず、崑曲は古代中国の各階層の社会生活を生き生きと記録し、ほぼしっかりと自身の美学の特徴を保存しており、その他の種類の劇の形成と発展に深い影響を与えた。戯曲の美術展は最高の境地を現すことにより、そしてそのたくさんの文芸形式は栄養を提供し、したがって崑曲はずっと戯曲芸術の典範として尊奉され続けてきた。崑曲は中華民族文化の精髄であり、また全人類の貴重な精神的財産である。

しかしながら、崑曲の命運は波乱に満ち溢れていた。明代中頃以降の約二百年の間、崑曲は中国の上流社会の重要な審美対象となっていた。清代乾隆、嘉慶以降、崑曲は次第に凋落へと向かった。清代の末期、崑曲は全面的に衰退し、それ以来新しい中国が成立した後の一九五〇年代までずっと、崑曲はずっと苦境から抜け出そうとあがいていた。一九五六年から始まり、崑曲の現代の命は何回か短期間だけ蘇り現れた。しかし、崑曲の生存環境はずっと容易く楽観することはできなかった。国家政策の導き、社会環境の変遷、流行文化の影響、商業利益の誘導等々外部要素の強大な影響、並びに崑曲は一種の古い芸術や伝統文化そして現代社会が産み出した深刻なわだかまり、様々な原因はすべて崑曲の現代における生存と発展に多くの試練に直面させた。

二〇〇一年五月十八日、崑曲はユネスコにより「人類口頭と無形文化遺産代表作」に加えられ、一方では、人々は崑曲の芸術、文化に対しての価値を改め、更に深い認識を持ち、崑曲は世界範囲の評価を得て、中華民族文化を代表するものとなった。中華伝統文化の尊重のため、社会の各界は崑曲に対して切実な関心と多方面における支持を与え、崑曲生存の圧力を緩和させ、また一方では崑曲と現実生活の矛盾の歴史は長く、新しい時代と古い崑曲はお互いに対してまた新たな要求を出した。具体的に言うと、人々の生活リズムが早くなるにつれて、崑曲のこのような繊細でリズムがゆっくりとした演技のしぐさや表情は多くの大衆を非常にひきつけにくいものにした。多様な文化の影響下において、様々なおしゃれで、刺激的な娯楽、休暇様式は人を暇にさせない。特に若者は、映画・テレビ、インターネット等を好意的に見ており彼らは感情の浄化の娯楽方式として供し、気立てを豊かにすることを主要な功能とする崑曲に対して、一方では容易に審美の風情と鑑賞の辛抱強さに欠ける。こんことと同時に、崑曲の人材育成、演出実践等の方面は多くのコストを必要とし、また長期にわたる修行を要する。時代の「新しさ」と、伝統の「古さ」、社会リズムの「速さ」そして崑曲発展の「遅さ」は、すべて激しい矛盾が形成されている。そのため、崑曲の現在の生存範囲は穏やかであるが、それは直面する様々な危機が依然として存在しているのである。

人類の貴重な遺産として、崑曲はしばしば援助と保護を要する。ある人は、崑曲は博物館芸術としてただ保存し、発展は必要ないと主張したが、これは崑曲に従事する人と有識者の反対を受けた上に、ユネスコが選考する人類の口承及び無形文化遺産の初一念は、これらの素晴らしい文化の生存を保証することよりも、それらの未来における発展を抑制することである。しかし、崑曲は確実に苦境に直面しており、人材の流出、崑曲創作に適任な人員は数えるほどしかおらず、そして崑曲の革新が必要であり、また板挟みな境地に直面し、間違った崑曲創作の比較的大きい改変は、崑曲と時代の距離を縮めようがなく、もしも大きな改変を行うのであれば、崑曲は特性を失い、それは崑曲ではなくなってしまうだろう。

崑曲は世界文化遺産のリストに入れられ、人々は喜び半分、心配半分であり、その喜びは崑曲が世界に注目されること、心配とはむしろ、崑曲などすべてのリストに入れられた芸術の多くは苦しく、絶滅危惧な境遇にあることである。崑曲の命運は、更に私たちの伝統文化の保護に対する冷静な思索がもたらすべきものである。崑曲にとって、苦境を走らなければならないことは、決して一挙に成し遂げられるものではなく、崑曲自身の芸術力に頼ること及び崑曲作者の創作精神と積極性を除いて、相応の政策保証と切実な実行できる良い措置が必要である。このため、文化部は二〇〇三年五月に『崑曲芸術保護と援助の緊急措置実施法案』を起草し、中国崑曲芸術保護振興特別プロジェクト基金を設立した。崑曲は目下の苦境から明らかに改善された。

崑曲の当面の急務は現有する演目と文献資料の救助であり、貴重な崑曲文献、演出脚本、曲譜と写真を探し集め整理を行う。崑曲の保護と復興のため、崑曲の芸術的特色を完全に保存し、優秀な崑劇団を作る必要があり、主要な役者にはとても良い待遇を要する他に、社会において崑曲の価値と崑曲風習を尊重、理解しなければならない。崑曲作品の出版や講座の開催、大学において相応の課程を開設し、全国の優秀な教員を集め、中国戯曲学院などで崑曲の役者、脚本家、監督、作曲、管理人の研究クラスなどを開設する。

六百年の歴史がある崑曲は、過去に何度か絶滅の危機に瀕し、大規模な保護と救助を受けた。今世紀初めに中国文化部が制定した『崑曲保護と救済十年計画』が実施され、これは崑曲が、確実に国家が重点的に保護する芸術とされたことを意味し、長期的に安定した政策の援助を受け、更に国家と地方政府が設立した保護基金は根本から崑曲の苦境を改善できると信じ、この古く美しい芸術の花の青春を永く保たせる。

（譚　必勇）

参考文献

① 周育徳『崑曲与明清社会』、春風文藝出版社、二〇〇五年版
② 穆凡中『崑曲旧事』、河南人民出版社、二〇〇六年版
③ 方家驥『曲海尋珠・趣説崑曲』、百家出版社、二〇〇一年版
④『中国的崑曲藝術』編写組編『中国的崑曲藝術』、春風文藝出版社、二〇〇五年版
⑤ 鄭雷『崑曲』、浙江人民出版社、二〇〇五年版
⑥ 楊守松『崑曲之路』、人民文学出版社、二〇〇九年版
⑦ 陸萼庭『崑劇演出史稿』、上海文藝出版社、一九八〇年版
⑧ 柯凡『崑曲在当代的伝承和発展』、中国経済研究院博士論文、二〇〇八年
⑨『崑曲特色及其欣賞』、音響技術、二〇〇八年第九期
⑩ 遺産選粋崑曲藝、http://www.ihchina.cn/inc/yichanjingcui/kunqu/inc/kunqunr01.html
⑪ 中国崑曲、http://huodong.ndcnc.gov.cn/huodong/kunqu/index.html
⑫ 江燕『試論崑曲的継承与発展』、蘇南科技開発、2005 年第 12 期
⑬ 崑曲、http://baike.baidu.com/view/7915.htm
⑭ 人類口頭遺産和非物質遺産・崑曲、http://www.people.com.cn/GB/wenhua/1087/2530355.html
⑮ 崑曲芸術、http://www.ihchina.cn/inc/yichanjingcui/kunqu/kunqumain.html

中国の古琴芸術

二〇〇三年十一月七日、ユネスコはそのパリ本部で中国の古琴芸術を「人類の口承及び無形遺産の傑作」リスト（第二号）に入選することを宣布した。伝統音楽類別に属している。

世界で最も古い撥弦楽器の一つとして、優雅な中国古琴芸術は多方面の要素から構成されている。精巧な琴制作工芸、優雅で奥深い琴曲、熟練した撥弦演奏技法、このすべてが完璧に達したハーモニーだけが、人々を酔いしらせる大自然の音を展開できる。古琴は三千年ある歴史の発展において、早くから単純な音楽芸術のレベルを超越しており、音楽、美学、思想等を集めた一体の独特な人文芸術形式となった。琴制作、演奏、採譜が融合して一体になり、琴史、琴律、美学を兼ね備え一身となり、独自の体系を築く「琴学」は、その博大精深な内実により、中国伝統音楽の典型的な代表となっただけでなく、更に中国の歴史、文学、芸術及び哲学精神を反映する光り輝く鏡である。

琴史千年

琴は歴史が非常に長い楽器で、その具体的な創制者については、これまでいろいろな説がある。神農、伏羲、尭、舜などの幾つかの説があり、すべて古代史の伝説の中の人物である。過去多くの人がこの種の伝説はとても信じ難いと思っているが、二十世紀後半中頃以来多くの考古学の発見に基づいて、そして器物形態学と後世に伝わる文献の分析によると、琴、箏等の楽器は商周の時期には既に出現していた。

器物学の原理によると、いかなる一種の器物でも産まれはすべて偶然ではなく、その存在の発展は必ず決まった歴史背景がある。中国古代の楽器の多くは長期的な生産・生活の中で産み出されたもので、考古研究によると、新石器時代には、原始の先代たちは狩猟の過程において骨笛、骨哨などの楽器を発明し、その中の河南にある舞陽賈湖から出土した骨笛（今から数えて七千年ほど前）は、ほとんど七つのサウンドホールがあり、少なくとも六声音階もしくは七声音階を含む八つの音を吹き鳴らすことができ、十分にやや複雑な音調を吹奏できる。英知に富みロマン溢れる中国古代の先民の優れた技術と、音楽への追求で、初期の人類社会で琴が生まれることが可能だと信じる理由がる。発生学の原理により具体的に琴の起源を詳しくみると、多くの学者は、おそらく弓の弾力で出した耳に心地良い音に啓発され、人々がそれを琴、瑟などの弦楽器に変えたのではないか（許健編『琴史初編』）と信じる。現存する最古の実物の琴は、戦国時代の曾侯乙の墓の中から出土した十弦琴とされ、やや後の古琴と比べるとはるかに完全ではないが、比較的成熟した楽器の形式に属し、これにより推断すると、琴の最初の形態が出現したのはおそらくもっと早いであろう。その他、中国商朝時代に大量に使用された甲骨文の中に、音楽の「楽」の字のほとんどが「」の形をしており、羅振玉は「増訂殷墟書契考釈」の中で、「楽」の字は「絲坿木の上から、琴瑟の姿になり、またはこの形のような調弦の楽器がのような形である」と考え、このおそらく琴がとても早い時期に既に産み出されていたまた一つの証とすることができるだろう。後代に伝わる文献『尚書・益稷』の中でもまた、「鳴球（昔の丸い玉製の打楽器）、搏拊（昔の楽器の一種）、琴、瑟（琴に似た古代の弦楽器）の演奏により、吟詠する」と記載されており、このことから、尭舜の時期既に一種の成熟した楽器として琴のようなものが廟堂の中にあったと推測できる。

琴の確かな起源は現在依然として定論は無いが、両周（西周と東周）の時代に、琴が十分に流行していたことは明白であり、多くの文献に琴に関する記載が大量に残されており、『詩経』には何回も『私には

古琴文化遺産証書
『人類非物質文化遺産代表作』より

嘉賓がいる、瑟を鳴らし、琴を弾く。」（『詩経・小雅・鹿鳴』）等のような、琴に関する記載が出現する。これらの詩句から、琴は既に多くの場面に現れていたことが見て分かり、廟堂の音楽から次第に民間へと伝わり、多くの人々が好む一種の芸術形式となった。この頃の琴は、その造りと後世に見る琴は、まだ大きな差があった。現在の考古学が出土した最古の二つの琴を見ると、確実にこの時期のものは、曾侯乙の墓から出土した十弦琴と荊門の郭家店から出土した七弦琴に分けられる。その中の後者は中国考古学が発見した最も古い七弦楽器の標本であり、造りは曾侯乙の墓の十弦琴と似ており、年代は戦国時代中期の大体終わり頃で、明らかに同源の関係がある。郭家店の琴は「七弦」の基準を確立し、後世にそのまま用いられ、今なお変わっていない。この時期に鐘儀、師曹、師曠、師襄等の多くの卓越した宮廷琴弾きが現れ、この他に春秋戦国時代の奴隷制度の崩壊と封建制度の興りにつれて、政治経済の変革は文化の領域にまで影響し、礼崩楽壊（封建制度の礼儀と道徳の規章制度が大きな崩壊、破壊したことを指す。）の現実は民間音楽の発展を促し、伯牙や雍門周のような民間の琴弾きが現れ、また古琴演奏も君主貴族、「独聴之」の貴族音楽は「臨淄の民で竽を吹かない、瑟をたたかない、筑を弾かない、琴を弾かない者はいない」大衆の音楽と発展した。古琴はまたこの時代に伴奏、歌唱から独立した表現の発展の過程を経た。初期の文献の記載に琴は最初歌と共に歌い、演奏するものだったと示されており、このような表現形式を「弦歌」と称し、上記に記した通り、『尚書・益稷』の中で、「鳴球（昔の丸い玉製の打楽器）、搏拊（昔の楽器の一種）、琴、瑟（琴に似た古代の弦楽器）の演奏により、吟詠する」と描写されているものがまさにこのような場景である。古琴芸術の発展につれて、琴歌が次第に琴曲に発展し、『高山』、『流水』、『陽春』、『白雪』等の優秀な作品が大量に出現し、このあっという間に変化し、一気に発揮した古琴音楽の表現性能は、古琴芸術の魅力を向上させた。

嵇康撫琴

『中国音楽史参考図画・古琴専輯』より

両漢（東漢と西漢）の時代、古琴の造りは段々と定型化し、琴弦の数は基本的に七本に安定し、共鳴箱も完全なものとなりつつあった。この時期琴曲作品の数は前代に比べて明らかに増え、内容も更に豊富であり、題材はいっそう幅広く、それぞれ特徴があり、古代の人物を対象に描写したものは、借古喩今（事件・人物を風刺するために昔の事件・人物を借りること）の働きをし、景物を対象に描写したものは、感情の表出を含み、この他に民間の伝説を基にした浪漫主義の情調に富んだ曲目がある。両漢時代において琴曲創作芸術の繁栄は文人の大量参与に役立ち、例えば司馬相、蔡邕等を代表とする知識人がおり、ただ琴を上手く弾くだけでなく、蔡邕の『蔡氏五弄』のような、多くの琴曲作品を創作し、ただ当時人々から好まれただけでなく、数代を経て、唐朝までずっと名声を博した。これらの文人は琴曲の楽譜の他に、多くの琴賦（琴の詩）、琴賛、琴論を書き記し、例えば楊雄の『琴清英』、桓譚の『琴道』、蔡邕の『琴操』等は後世に大きな影響をもたらした。

魏晉南北朝時代は、中国琴学の発展の歴史盛んな時期であった。この時期の古琴はさらに完全なものであり、その基本の造りは今日の古琴とほとんど差はない。一九六〇年五月、南京の西善橋にある六朝時代（呉・東晋・宋・斉・梁・陳）の古墳の中から、陳竹林七賢画像甎（竹林の七賢が描かれたレンガ）が出土し、その中の左壁の頭に描かれているのは嵇康が木の下で悠々自適な様子で琴を弾いている場景で、その弾いている古琴の上、既に琴徽（音程を示す印）がはっきりと見ることができ、これは現在古琴上に音程を示す印が現れた最古の具体的な資料である。その前に長沙にある馬王堆漢の墓から出土した漢代の琴は、琴の表面に八つから九つの音程を示す印に当たる場所に左手で弦を擦すった痕跡が

（上から）曾侯乙墓の十弦琴、荊門郭家店墓（楚国）の七弦琴、長沙馬王堆漢墓の七弦琴（『中国音楽史参考図画・古琴専輯』より）

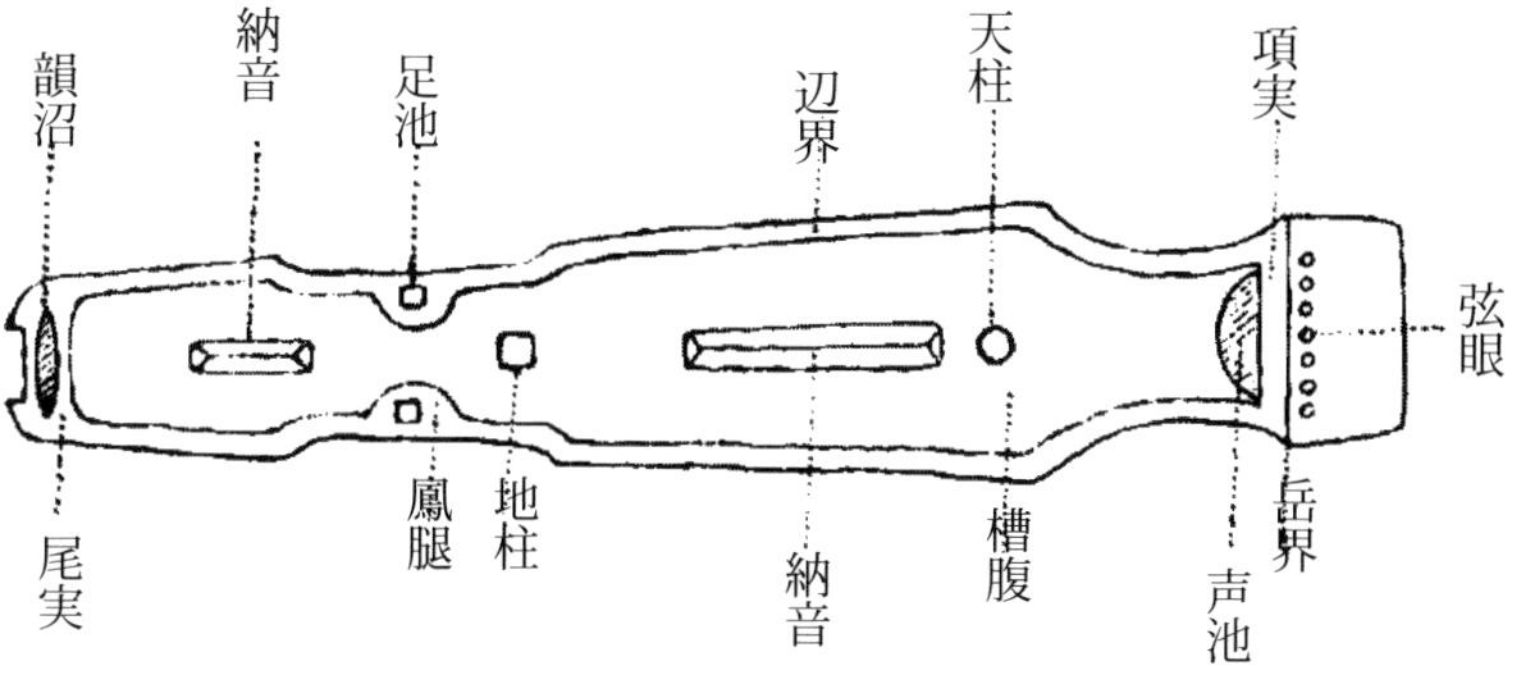

琴腹の構造

はっきりと残っているが、その琴の表面にはやはりはっきりとした琴徽は無かった。総合してこの墓の構成、遺物の造り等の要素は、その年代は南朝初期であると証明し、このことから、遅くとも南朝には既に琴徽があったことが分かる。琴徽は古琴を演奏する時に音位を明示する重要な手立てであり、その出現及び完成は古琴発展の歴史上一つのとても重要な進歩である。その他、故宮博物館に保管されている『斫琴図』は宋の人によって複製された本であるが、その原図は東晋時代の顧愷の絵であり、尚且つ絵の人物と器物はすべて明らか東晋の風格であり、はっきりと当時の実情を反映できている。古琴制作の過程がこの絵に描かれており、琴の表面と琴底の二枚の板の長さが同じことから、明白であり、琴底の板の上には竜池と鳳沼がはっきりと開いている。これは当時古琴の構造と形状が既に掘り出され薄く中が空洞になっている二つの木板を上下合わせることから成り、構造は今日の古琴と完全に同じである。古琴の徽位の出現と琴本体の構造は一定で、この時代古琴の造りは完全に安定し、そして現在まで踏襲されている。古琴本体の完成の他、この時代出現し出した琴演奏家も秀英でユニーク、粋であった。魏晋南北朝時代、玄学が盛んとなり、古琴は弦以外の音の特質を玄学独特の人文精神の内実と深く一致させることを追求し、そのため当時の人々により深く愛された。阮籍と嵇康はその中でも最も突出していた代表で、特に嵇康は、演奏と創作に長けており、評論が上手く、琴界に大きな影響を与えた。

その死刑前の一曲である『広陵散』と「広陵散はこれより尽きるのだ」の一文は、更に広く語り継がれ、琴人の傲慢で不遜さと名士の風流は全てさらけ出し、隠すものは一つもないのである。この時期の琴曲作品は、より一段と器楽化へと発展し、多くの作品が後世へと広まり、現在まで残り続けているのは、『広陵散』、『酒狂』、『梅花三弄』等の名曲で、すべてこの時期に由来する。この時期、今までで世界でも最も古い古琴曲の文字楽譜である『碣石調・幽蘭』(唐人抄本)も出現し、これは琴学の発展史上代表的な事件であり、琴楽文字楽譜の誕生は過去世代の口述していた状況から抜け出し、琴芸の伝承、琴曲の創作において重要な役割を持ち、以降古琴減字譜の誕生は基礎を築いた。

隋、唐の時代は古琴芸術発展のピークであり、強大な統一の中央集権国家は、自信に余裕があり、寛大で自由な盛世の雰囲気であり、古琴の繁栄と発展に良い環境を提供した。古琴の全体的な形は固定されているが、製作技術はさらに発展し、中国の古琴製作技術の頂点に達した。琴制作の名家を輩出し、例えば西蜀の雷氏のような琴制作家などが現れ、その制作した古琴は大いに重要視され、代々伝えられ、現在では故宮博物院にて「九霄環佩」の琴がすなわち雷氏の佳作として所蔵されている。隋、唐の時代に大勢のプロの琴師が現れ、例えば李疑、賀若弼、趙耶利、董庭蘭等、これらの人々は腕前が人並み優れており、社会においてでも比較的高い評判を持ち、前に述べた通り董庭蘭と高適は『別董大』の詩の中で「誰も己の将来を知る者はいない、天下において誰も君主を知らない」と書いたことにより、一代の琴家の名声ある空前の盛況ぶりを生き生きと反映した。この他に、この時代、文人と琴の関係は更に密接で、彼らは自ら弾くか、琴を詩に入れ、

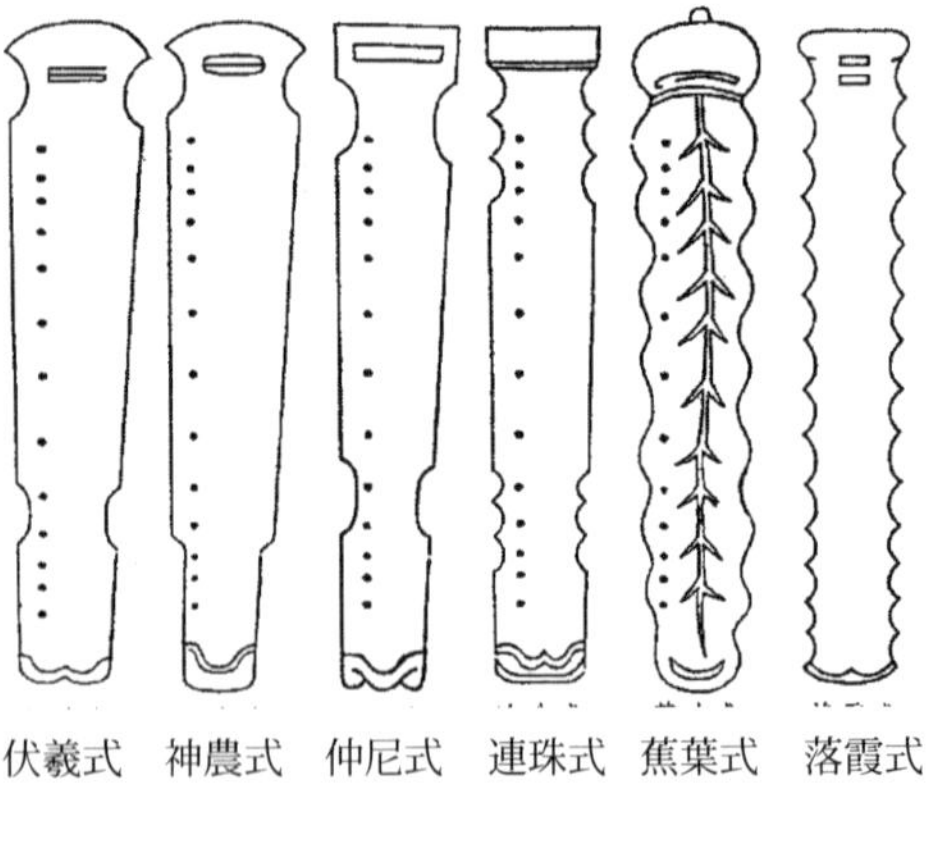

伏羲式　神農式　仲尼式　連珠式　蕉葉式　落霞式

よく見かける古琴の様（『古琴叢談』より）

大量の優秀な文学作品を創作し、琴学の内容を充実させた。隋、唐の時代は文字楽譜から減字楽譜への時代を画する変革が完成し、曹柔が発明した減字楽譜は楽譜を画く作業を大きく簡略化させ、琴楽譜のまとめと伝播を促した。琴人の努力と減字楽譜の応用は、琴曲創作の整った繁栄を促進させ、何百にも及ぶ琴曲は広く語り継がれ、曲目はかつてないほど豊富になり、題材や内容の範囲は拡大し、民謡、操弄（マニュピレーション）、雑曲、琴歌等多くのジャンル形式が並行して進められ、伝統固有の枠組みを越えた。唐朝は明確な琴の統派を形成し、董庭蘭は当時の二代琴宗派である「瀋家声」と「祝家声」を兼修し、最終的に自ら一派をなし、世界によく知られるようになった。その他、私たちは趙耶利の記述において、呉声と蜀声の違いがはっきりしていると見て分かる。

宋、元の時代、都市商品経済は大きく発展し、古琴芸術はその良い点を受けまた更に発展した。宋元時代の琴人の数は多く、特色ははっきりしていて、卓越した技術をもつプロの琴師や、才気にあふれ洒脱した文人、出家した僧侶、天下の貴族の子弟もおり、皇帝でさえこの道を好んだ。これらの琴人がもたらす支持の下、宋、元では琴曲の数が大幅に増え、質も著しく向上した。宋詩の繁栄に恩恵をあずかり、琴歌中の「調子」は全盛期に入り、「操弄」と共に当時の主流様式となった。この時期琴曲創作と演奏は豊富な実践経験を積み、この基礎の上、宋と元二代の琴学理論もずば抜けて発展し、琴史研究、美学研究、演奏理論、琴制作の経験等の方面において、比較的顕著な成果を得た。特に朱長文の一冊『琴史』は中国最初の琴史の専門書であり、この本は、史書列伝の描き方、人による要約により、琴に関する叙述を主とし、さらに自分の見解を加え、この書は多方面から琴学に対して体系的な理論総括を行い、今に至るまで依然として大きな参考価値をもつ。この時期のもう一つの特徴は皇帝から役人等まで多くの貴族が琴学に打ち込み、一方では古琴芸術の発展を促進させ、もう一方では琴の主旨に背くような否定的な影響を産み出した。

明、清の時代、古琴芸術より深く発展し続け、約十七世紀に、「琴学」の名称を得て確立した。出版印刷事業の進歩により、琴の楽譜、琴の論書は雨後の筍（新しい物事が次々と大量に出現することをたとえて）のように次々と印刷刊行され、これらの楽譜集は後世によって古代琴曲の具体的な情況と変化の関係を調査、研究され、貴重な元の資料を提供した。この時期歴史上初めての古琴曲選集『神奇秘譜』が現れ、大量の宋代以前の伝譜が整理、保存された。明清時代、琴壇（琴を弾く場所）は活気があり、琴派（琴弾きのグループ）は林立し、明の初期琴界は主に江、浙の二つの派に分かれており、後に次第に虞山派、紹興派、江派等に変わり、乾嘉の時代になってから、さらに金陵、中浙、常熟、三呉、西蜀、八閩等の各派が集まり、一時期の光景を盛り上げた。

近代に入った後、山や河は崩れ、社会は揺れ動き、琴弾は流離失所（戦乱・災禍の中で流浪して身の置きどころがない，離散して当てもなくさま）で、古琴芸術は発展の過程において大きな影響を受けた。しかしたとえこのような情況においても、琴学理論の発展は依然としていくらか目を引く点があり、例えば楊宗稷編著の『琴学叢書』、周慶雲監修の『琴史補』、『琴史続』等、この他、査阜西等、今虞琴社の琴演奏家編纂、出版の『今虞琴刊』の影響もまた大きかった。現代以降、琴学短期間復活した後また文化革命の重い挫折に遭い、改革開放に至った後、特に世界「人類の口承及び無形文化遺産」に入選したことは、ようやく日に日に社会の強い関心を引き寄せ、また再び光輝き出し生気に満ち溢れた。

器以載道（楽器の社会作用と観点）

古琴芸術は中国古代の素晴らしい音楽の文化遺産として、内在的要素は豊富で、比類のないすばらしい楽曲であり、また深く広い理論があり、さらに美学思想、社会文化等独特な人文理論と関わっている。しかしその内容はいかに豊富であろうとなかろうと、古琴芸術はずっと一種の器楽芸術形式として存在し、もし楽器の琴としての独特な点がなかったら、それは一切話す必要がない。古琴芸術のその魅力は楽器の楽器としての古琴を根源とし、特にその独特な造り、材料、制作並びにこれによる音と演奏効果にある。

古琴はとても長い発展、変遷の過程を経て、大体魏晋時代の際に基本的に定型化し、私たちが現在よく目にする古琴の様式の多くはこの時代の後の様式である。古琴の様式は多く、また非常に複雑で、『五知斎琴譜・暦代琴式』は様々な琴の様式の図五十一種を収め、よく見かけるものは伏羲、神農、仲尼、連珠、落霞、蕉葉など数種類で、区別は主に首の部分、頚部、腰の部分と尾の部分の造りの違いである。

古琴の全体は中が空洞で長方形の細長い形をしており、上の面板はアーチ型で、下の底板は水平面である。一般的に全長約一二〇センチメートル、肩幅は二〇センチ、尾幅は一四センチメートル、厚さは五センチである。古琴の全体は琴首、琴身、琴尾の三つの大きな部分に分けることができる。各部分は非常に細く多くの小さい部位に分けることができ、琴額、琴頚、琴肩、琴腰、琴尾、舌穴、弦眼等のように多くは体の名前が付けられている。その他、古琴を構成する別の各部品は、その名称の多くは岳山、竜池、風沼、雁足、天柱、地柱等自然に習って表される。古琴は一種の文化的内実が豊富な楽器であり、その形状と部品の名称はみな適当ではなく、かなり研究されたもので、即ち古語で言うところの雲琴「その形状は異なるが、制度の形はなお一定である。」である。このように「琴の全長三尺六寸または六分は、一年の期日を象徴し、厚さ八寸、は三を乗じた六の数字を象徴し、幅六分は、六合を象徴し、上は円形で収斂しているのは、天を表し、下の四角い部分は平らで、地を表す。上部は幅広く、下部は狭くなっているのは、尊卑の礼法の形を象徴している。」(桓譚『新論』)。これらの琴に対する詳しい解説は、多くの神秘的な要素とこじつけの場であるが、古人の琴に対する理解を代表し、その中の文化の意は一目瞭然である。

古琴は形状の方面において厳格な要求がある他、その材質の選択もかなりこだわったものである。材料の優劣は琴も音に対して最も重要なかなめであり、昔歴代琴(琴の素材)を切る職人たちは十分に素材選びを重視した。琴の本体は琴面と琴底、二つの木材を合わせることにより完成する。一般的に、琴面には桐または杉が多く用いられ、この二種類の材料の質は比較的柔らかく、よく乾かした後材料はやや安定し、簡単には変形せず、更に重要なのは、それらの振動性能が非常に良く、音取りを助けることであり、琴底には榛の木、楠木を多く用い、その丈夫さを利用し、振動性の強い琴面の素材と合わせることにより一種の弁証法的なバランスを取る。勿論例外もあり、中国古代にもう一種「純陽琴」があり、その琴面、琴底は二つの同じ種類の木材を用い、しかしそれに対して、純陽琴の数は少なく、これは琴面と琴底に柔らかく振動性の強い質の杉、桐を用いているので、簡単に音を散漫させるのは間違いで、含蓄のある低く重々しい音に欠ける。琴の本体の素材選びは木材の品種の要求の高さ以外に、木材の年限にも制限があり、普通は長い歳月を重ねた古い材料を選ぶ傾向が多い。琴の制作はつまり古い材料の選択が主で琴演奏家の琴の味わいに対する要求と関係がある。一般的に言うと、良い琴は古（古めかしさ）、透（はっきりしているようす）、松（ゆるさ、柔らかさ）、潤（しっとりとした）等の発音の特徴を備えているべきで、このような要求に達する必要があり、必ず琴の素材は乾燥させなければならない。歳月を尽くし速やかに消え去る見た目の美しい古材は、発声が自然で、音質は色つや、味わい、活力、素晴らしい個性がある。

琴の制作において、最も複雑な作業は（琴の）腹を掘る作業であり、即ち琴本体の内部構造をつくることである。この作業は琴の音質に大きく影響し、したがって非常にこだわり、工芸は細かく複雑で、これは琴制作の核心技術である。歴代の琴に関する書物はこれに対して多く言及し、いくつかの基本的な決まりをつくり、一定の決まりと制度を形成した。

琴の本体の他に、いくつかの岳山、琴弦、琴軫等のような部品は琴の音に対しての大きく影響する。琴額の下端の岳山鑲は、多くは紫檀（ローズウッド）、マホガニー、黒檀（エボニー）等の硬い木からつくられ、架弦（弦架け）に用いられ、琴の最高部分であう。琴と琴の間にある岳山の高さ、厚さ、長さはそれぞれ差があり、一般

孔子学琴図

宋徽宗聴琴図

的に言うと、岳山が高いと、左手で弦を押さえると指に逆らいやすく、押さえて弾くのに苦労し、岳山が低いと、押さえて音を出すのが楽で、むしろ容易に弦を面に叩かせる。岳山と関係がある竜齦は、散音を弾く場合、弦の振動は岳山と竜齦の間にあり、これにより竜齦の材質は琴の発音に重要な作用をし、通常、竜齦も紫檀（ローズウッド）のような種類の硬い木からつくられる。古琴のその他の重要な部品は弦で、琴の表面には七本の弦があり、外から順に粗く内は細く、古代では文、武、宮、商、角、徴、羽弦と称され区別されていた。琴の弦は生糸を用いて作られたものが多く、その制作工芸はかなり複雑で、かなり細い生糸を五本一組にしてまとめる必要があり、また一定の数の束から太さの異なる弦が作られ、代々弦をつくる方法は少し異なるが、第一弦から第七弦まで糸の数は次第に減るが一致している、なおかつ、生糸をよせてつくった糸の他に糸を巻きつける必要があり、このように作られた弦はやっとしなやかで丈夫になり、弾性も良く、楽音が素晴らしくなる。琴軫は弦の張り、音の高低を調節するために用いるもので、通常紫檀（ローズウッド）、マホガニー、花梨木（ローズウッド）など硬い木または玉、象牙で作られる。この他、琴面外側に十三個の徽があり、通常はカラスガイの殻、金、玉などの材料で作られる。琴徽自体直接古琴の発声には関わらないが、それは倍音と音韻を確定するために使用し、同時に按音と音位を参照する印でもあり、そのため、その位置の確定もまた十分にこだわっている。

古人は琴を神聖なものとし、しばしばそれは自身を陶冶するもの、そして天地、万物との融合を仲介するものとみなし、この琴をつくる時、しばしば異常なほど複雑な考えがあり、器物としての機能のほかに多くの余計な意味を付け加え、先に述べた琴自体の構造、琴の材料の選択はこのような複雑な研究があり、そのものは一種の芸術、心に対する尊敬であるが、それら深く浅い琴演奏者の精紳および琴の音の最終的な効果に影響し得るのである。

心の声である音

古琴の音色は純粋で静かで趣があり、一種のその他の楽器にはない独特な魅力をもっている。古人は琴の音の特徴について早くから綿密な研究を行い、その中で影響が大きいものは明朝冷謙の『琴書大全』で取り上げられている「九徳之説」であり、即ち「奇、古、透、静、潤、円、清、匀、芳」である。「九徳之説」の影響は深遠であるが、詳しく研究されており、その厳格な要求を逃れたようであるが、同時に九徳中のいくつかを備え持つことは、一本の良い琴であると言うことができる。

古琴において異なる演奏方法を用いることは、散音、泛音和按音の三種類の異なる音色を出すことができる。散音は空弦音であり、即ち空弦音を弾く時に出る音で、演奏時に右手で弦をはじくだけで、弦の振動の幅は大きく、したがって妨げるものはなく、発音はゆったりと広く、長く揺れ、綺麗ではっきりしており、高らかに響きわたり、「天地の広さ、風水の揺れ動き」のようである。泛音は半振動音であり、左手指をしっかりと徽位に、追って右手指で弾く時に軽く弦に触れることによりはっきりとした音が得られ、音は少し高く、振動は少なく、そのため「蝶の花摘み、蜻蛉の水くみ」のように、はっきりと澄んでよく響き、艶艶しい。按音は弾く時に左手指で弦を抑えることで、同時に右手指で弾き出した音であり、これは弦の長さの効果の変化を通して得られる音で、その出る音と面板、槽腹さらに底板は密接な関係があり、これにより「鐘鼓の巍巍（鐘鼓が高くそびえ立つ様子）、山崖の磊磊（石が積み重なっている様子）」ように、厚く豊かで、最も力と深みがある。三つの音色は、素朴で力強くたくましく、また清らかに響きわたり飄逸であり、きめ細やかで滑らかさも兼ね備え、完璧で豊富な構成を形成している。古琴の七本の弦の上に、散音は七つ、氾音の音韻は九十一個、按音の音韻は一四七個、合計で二四五個の音韻があり、その音域は広く、その他の民族楽器より遥かに素晴らしいだけでなく、たとえ世界範囲内でその右に出る者はいない。古琴の按音は、さらに絶品で、人が小声でささやくように音韻は長く深く、人を心の底から感動させる。古琴の音色は人並み優れ、その演奏方法は多種多様で切り離すことはできず、古琴は両手の指使いを合わせると、約八十八種あり、一般の弦楽器に比べて豊富で多様であり、そのため更に強い表現力も持つ。琴を演奏する時、両手役割分担して組み合わせ、右手は琴の弦を弾くために使い、左手は弦を抑えるために使い、そこではじめて多様な音色と高さの違う音を出すことができる。左手の指使いは、長さ三尺の有効な弦の上で、上、下、進、退、吟、猱、綽、注を用いて余音を修飾し、一方では腔韻を節回しが綺麗で柔らかく美しく感動的にさせ、もう一方では、腕と指の動作を飄逸で流暢、人を引き付けて夢中にさせる。比較して言うと、右手の運動幅は小さく多く、基本的に岳山に近い場所で弦を弾くが、演奏するのも楽ではなく、古人はよく「弾欲断弦（弾きたい気持ちは、弦を切る）」と言い、右手で弦を弾くにはより力強い力が必要だということである。右手指で弦を弾くのはすべて両方向で、弦をたたく重さの変化と組み合わせ方は多く、同じ音でも内に向かう抹（拭う）、勾（輪郭を描く）、打《たたく》、擘《もぎとる》、または外に向かう挑（かき立てる）、剔（こそげ取る）、摘（摘まむ）、託（手のひらにのせる）を用い、その心情と音の意味にも違いがある。

古人は琴を弾くことと琴自体に対してと琴を弾く指使いに対しての比較的こだわっていた以外に、琴を弾く環境と聴衆に対しても非常に厳しく追求した。琴人から見ると、琴を弾くことは自己修養のコツであり、琴は取るに足らない自分自身と広い自然との融合を仲介するもので、「月明かりの下で琴を撫で、臨流動操（行いの流れは近づき）、ゆっくりと長い歳月の中、中国古代の文人士大夫はこのような方法により山や水の品格を琴に取り入れ、琴にすがることは彼らの精神に深い見識と林沢を撒く」（郭平『古琴叢談』）。そのため、琴人は琴を弾く環境に対して情け容赦ないこだわりがあり、ほとんどが山は緑に水は清い、景色の美しい場所を選ぶ。空谷や人気のない泉の傍、茂った林に長く伸びた竹の間、「地清境絶（地は清らかで境界は比類のないもの）」であり、それはすなわち最良の選択である。後になってから、琴は限りなく果てしなく遠い大自然の中から雅な部屋に入居し、依然として明るく気持ちの良い、蘭や竹が映る窓、古画が並んだ壁、煙が立ち上がるような雰囲気を追求した。古人は琴を弾く時よい時候と美しい景色の雰囲気を非常に重要としたが、聴衆の選択はさらにこだわり、古代の琴人の多くは傲慢かつ不遜で、親友はおらず、むしろ弾いて自分で聴き、弾いて自然が聞き、彼らは権力のある人にひざまずいてでも、世俗媚びて琴を弾くことは、決してせず、中国古代の琴人は人柄と琴の格を命よりもさらに重要なものとみなした。

古琴の演奏は、琴譜（琴の楽譜）と切り離すことはできず、古琴楽譜を書く方法はその完全な体系、豊富な内容により「琴学」の絶対に欠けてはいけない構成部分となり、古琴特有の「打譜」の作業から派生したものである。私たちが現在見ることのできる最古の琴譜は唐人巻子本に記載されている『碣石調・幽蘭』で、これは南朝梁末期に丘明が書いたものである。なぜならそれは言葉を用いて琴演奏の手法、音韻を記述しており、そのため後世になってから「文字譜」と称されこれは一種の記述による楽譜の書き方で、その符号のシステムはまだ確立しておらず、直観性が悪く、音取りの効率も悪く、後になってから簡略化、改革されたのは必然である。人々に普通に受け入れられた琴譜は唐代曹柔が制作した「減字譜」である。唐代以降、このような特徴豊かな楽譜は多少の変化はあるが、基本的に情況は変わらず、それは歴代の琴人に今日まで使用され、今となっては千年以上の歴史がある。減字譜はもともとの文字譜をかなり簡略化したもので、それは琴人に音韻がどこにあるかを教えるだけでなく、両手の演奏方法、表情までも明示してあり、琴人が演奏するのを比較的便利にした。しかしそれはタイミングの表記がないという点に問題があり、これでは毎回音の長さを決めることができず、楽譜に沿って直接演奏することもできない。したがって、琴人は琴譜の基礎において、あれこれ推量し、琴曲の本来の姿を探索する必要があり、そして自分の悟り、腔韻の確定、句段の結合に加え、最後に拍子を決めて楽譜を書き、これには打譜の内容が入っている。打譜は琴楽の伝承においてかなり創造性のある作業であり、その中でも琴演奏家は琴曲に対しての理解と個人の風格を融合させ、同じ琴曲でもしばしばいくつかの異なる打譜の版本が派生し、これにより古い琴楽を一種の絶え間なく前進する開放されたジャンルとさせた。

人の風流な争い

古琴の数千年にわたる発展の歴史において、無数の琴芸の達人が誕生し、数え切れないほどの琴曲の素晴らしい作品を残し、言い切れないほどの風流なエピソードも詳述した。全体から言うと、中国の古代の琴人はおおよそ二種類に分けることができ、一つはプロの琴師、もう一つはただ琴を弾くことを楽しみとする「票友」である。前者の多くは演奏、木を切って作った古琴を生活とする芸人で、古琴は彼らの生計を立てる手段で、後者は上に至っては天子、下に至っては庶民まで三教九流（色々な職業の人）様々な人がおり、古琴は彼らから言わせると趣のある従属物で、また身心を陶治する手段でもあった。この二種類の人を取り巻き、ごく普通の一本の琴は、私たちが一つ一つの最高の音楽を演奏するため

大学での古琴芸術イベント

と同時に、私たちが一つ一つの風流な広く知られた美談を詳述するためである。

中国古琴史上影響が一番大きいのは伯牙と鐘子期が出会い知り合い、親友になった話である。伯牙は、戦国時代の琴師と伝えられており、『荀子・勧学篇』に「伯牙が琴を弾くと、美しい琴の音に引きつけられる」と記載されており、誇張した書き方は、伯牙の素晴らしい琴芸と琴の音の感染力をある一定の境界まで描写している。『列子・湯問』に伯牙と鐘子期の話が記載されており、伯牙が琴を弾き、志は高く、鐘子期曰はく「善哉、高々と泰山のようである」、志は水に流れ、鐘子期曰はく、「善哉、盛り上がりは長江と黄河のようである」と書かれている。鐘子期の死後、伯牙はこの世に親友がいなくなったと思い、そこで琴を壊し弦も切り、もはや一生琴を弾かず、これらの友情は「親友」の模範とし、世の人々に広く次々と伝えたたえられた。伯牙の琴の破壊はたった一つの例ではなく、これと似ているのが東晋時代の戴逵で、彼もまた琴を壊して志を表現した事があり、異なるのは、伯牙は無くなった親友への追悼のためであり、戴逵はただはっきり潔白と自重を示すためであり、死より上の人にぺこぺこすることを選んだ。戴逵は、字が上手く、学問ができ、才芸はよくでき、あらゆる楽器演奏音楽に博し、性格はあか抜けていて、俗流が異なる。武陵王司馬晞が職務を必要とする時、権傾一方（ある区域内の勢力がとても強く、ほぼ独裁ができ、天を遮る一手の局面をつくること）、以前から戴逵の琴名を聞いており、何度も戴逵を屋敷に呼び芸を披露させたいと思い、戴逵は司馬晞に謁見するとしつこくつきまとい、琴を取り出し、使いの者の前で、琴を倒し粉砕し、厳然とし厳かに「戴安道は皇族下の役者はしない！」と告げ、戴逵は皇族の役者をしないために琴を壊し、それ以降潔白で自重な琴人の手本となった。

中国古琴史上におけるプロの琴師の中で評判が一番高いのはおそらく董庭蘭である。高適の『別董大』は一つの証拠であり、「莫愁前路無知己，天下誰人不識君（先の事を心配する必要はない、知己に遭うわけがない、天下においてあなたを知らない人が他にいるのか）」この詩には誇張と慰め励ます意味があるが、今なお非常に一人の名人を天下の名声の盛況ぶりを反映できる。董庭蘭は、栄えていた唐の時代の有名な琴師であり、濬と祝両家の長を師に取り、学生は先生を超え、入神の域に達するような演奏技芸を持っていて、演奏を始めると思い通りにことが運び、旋律の往復の中に豊かな表情があり、当分の間琴界の抜きんでて優れた者となり、天下の文人と争い交わり、その名が広く天下に知れ渡った。そしてもし「票友」の中に琴芸が非常に豊かで、名声の大きいものがいるとすると、その場合は孔子ではなく、司馬晞の如く、嵇康しかいない。孔子は中国古代の著名な思想家、教育家、儒家学派の創始者であると同時に一人の素晴らしい琴家でもあり、その一生と音楽、特に琴楽は解けない縁がある。彼はかつて琴を学ぶ師襄で、生涯琴を弾き歌うことを非常に愛し、周遊列国の時陳、蔡で食料が無くなり困った時に、しきりに「弦歌鼓舞，未嘗絶音（弦が歌い鼓舞する、音は絶えることはない）」と言った。彼は音楽を教育課程「六芸」の一つとし、琴の演奏を学生の必修科目とした。伝授された琴曲は『亀山操』、『将帰操』、『獲麟操』、『猗蘭操』などを作ったとされている。司馬相と琴の故事はやや孔子のものと比べていくらか厳密さは少なく、浪漫の方がいくらか多い。話によると、一度彼は富豪の富豪卓王である孫家を訪問し、即席で琴曲を演奏し、卓王孫の娘である卓文君の愛慕を受け、その父の反対に目もくれず、ためらうことなく司馬相と駆け落ちした。琴を弾き他人の娘まで「さらい」逃げ、技と力の厚さが見られる。彼が使用した琴「緑綺」と斉桓公的も「号鐘」、楚荘王の「繞梁」和蔡邕の「焦尾」は古代の「四代古琴」と称され、現在では既に古琴の代名詞となっている。嵇康の故事に至って多いのは一種の悲壮な美であり、刑に臨む前の余裕な演奏と弾き終わったあとの「広陵散はこれより絶えることはない」の一言は、孤高の中に魏晋の気骨がより表れており、ゆがんだ文人の琴の真理である。

古代琴史において、地位が最も高い琴演奏者はこれらの封建の帝王に従属していた。宋元の皇帝の中には琴演奏者を好む者が多くおり、宋の太宗趙匡義、宋の徽宗趙佶など、琴に対して特殊な愛好を持っていた。宋の初期立国し、文治を提唱し、皇帝は琴を弾き楽しむこと、詩を吟じ、絵を描くことに多く思いを寄せた。宋の徽宗趙佶（一〇八二―一一三五年）は、北宋で非常に名望があった書画家だっただけでなく、また琴もとても愛した。かつて素晴らしい良い琴を南北くまなく探し集め、自己の嗜癖を満足させるために、「万琴堂」を建てそれらの名琴を大事にしまった。

後代にまで伝わる名画『聴琴図』は皇帝のこの趣味を生き生きと映し、画中に徽宗はふだん着を身につけ、木下に端坐し気ままに琴を弾く場景が描かれ、場面は広々と静かで古めかしく、古木が天まで高くそびえ立ち、その隣に奇妙な石が重なり合い、石の上には人が二人おり、まさに抑揚のある琴の音に陶酔しているようである。皇帝、貴族のことに対する愛は、古琴芸術の発展に対して自然と提唱と推奨の作用を起こし、彼らは国家の力により、集め散見した各地の名譜を整理、保存し、琴曲の伝播にまたも絶対の積極的な作用があり、しかしこのような附庸風雅（見えで名士と交遊し文化的活動に手を出す）個人の趣味は琴学にいくつかの消極的な作用をもたらすことは避けられなかった。帝王の貴族と相対するのはある貧しい琴人で、彼らの地位は低く、生活は貧しいが、琴を連れ添い、孤芳自賞（自ら孤高の士をもって任じる）、体面を失わず、このような人は昔からざらにおり、彼らは琴学の内実をより代表することができる。

継往開来（将来の発展への切り開き）

どの芸術形式もすべてその生存、発展の土壌があり、一定の社会環境下でのみ良い発展を得ることができる。古琴は中国古代の最も著名な芸術形式の一つで、「琴棋書画」四芸第一の古琴芸術として、ゆっくりと長い古代社会においてずっと尊敬され、それは文人、墨客の身を収め性を養い、気持ちを愉快にさせ楽しむ重要な手段であった。近代社会の激烈な変革、特に政治と経済の大きな変化は、中国の伝統の文人が身を収め性を養う理想に巨大な衝撃をもたらし、付き従うこの理想体系の古琴芸術もこれにより衝撃を受け、西学東漸（明の末期から近代にかけて西方の学術思考が中国に伝播してきた過程を指す）はたちまち伝統文化を洗い流し、「旧文化」の代表である古琴は粗末な扱いを受け、発展は歩行困難となり、この伝統芸術形式は日に日に萎縮し、老いた一代の琴演奏家のほとんどは亡くなりそして引き継ぐ人もおらず、多くの受け手を流失し、古琴も日増しに発展の沃土を失い、親友の少ない弦の切れた聴く人もいない状況は次第に際立っていった。

その他、西方の専門の音楽教育制度が移入し、「古琴の昔からの琴人による口で伝え心で悟らせる方式、楽譜を読み、楽譜を書く間に代々踏襲されてきた伝統、及び琴社、流派などから形成された琴の自然生態空間は変わった。「古琴の人の文化素養ならびに自ら楽しみ自ら悟る功能を向上させる功能を変えた」、「それを専門家、職業化の方向に迅速に転換させ、それから芸術化と表現化の発展の新しい方向が形成され、これにより古琴が元々持っていた詩書礼楽の一体は、琴道即ち人道の境界は狭められ、それは舞台技芸の範疇からの中だけに限定された」。古琴は人文修養の一種の重要な方式で、本来は一種の知識分子生活の芸術であり、そして職業化、専門化の結果はかえって琴従来の自然生態が危険にさらされ、更に重要なことは、これにより一定の程度において中国人文精神の中にある深い内実の欠如が生じ、古琴芸術は次第に元々の独特な人文内実から離れていき、一種の単純な音楽表現形式へとますます変化していった。

近年、中国の総合国力の上昇と国民全体の生活水準の向上につれて、伝統国学は復活し始め、世界範囲内での中国文化熱が日増しに高まり、このような情況の下、古琴芸術も次第に新しい春を迎えた。特に古琴芸術は「人類の口承及び無形文化遺産の傑作」に入れられた後、社会各界は古琴の重視に対して未だかつてないほどに達し、琴演奏の学習、琴学の研究等の活動も日に日に増え、各古琴研究討論会ばかりでなく、文化芸術節等まで引きも切らずにあり、これらはすべて一定の程度において古琴芸術の復興を促した。しかし現在を見ると、古琴芸術の完全な復興は実現する必要があり、確かにこの芸術遺産伝承は発揚し続け、他にも多くの作業をしなければならない。

まずしっかりと観念の転換をする必要がある。一つ目は系統の観念と系統の協調を要し、なぜなら現在多くの人が、多くのプロの文士は古琴を一種の単純な表現技芸としているばかりでなく、「琴学」を一つの系統内実を備えた総体としてないがしろにし、琴学は演奏、琴史、琴律、美学等の多方面における独立完全体系であり、その内容は幅広く奥が深いもので、古琴芸術の伝承は古琴演奏の伝承を続けるだけでなく、琴学全体を伝承し続けることがより必要である二つ目は革新的なアイディアが必要であり、どの物事もすべて化石化し変わらないものではなく、古琴は数千年にわたる発展においても多くの革新と変遷を経て、今日私たち古琴芸術を復興させ、古代の優良な伝統を取り戻すだけでなく、古琴と時代を共に進歩させることがより必要であり、放棄の過程において新しい社会環境に適応させる必要があり、古い芸術形式により新しい時代の精神を表現し、当時の人の精神と風貌を表現する。三つ目は協力的な概念が必要であり、ここにおける協力は各琴派間での相互学習、相互研究だけではなく、より重要なのはその他の芸術類、その他の表現形式との協力である。

観念の移り変わりはただ明確な方向に向かうだけなく、この他に地道なしっかりとしたいくらかの基礎作業を要する。一方ではしっかりと資料整理の作業を要し、ここで言う資料は古代から受け継がれてきた曲譜、琴論、琴史、琴詩等の文字に関係する資料を含むもので、また多くの媒体技術が保存している老いた琴演奏家の演奏の録画資料も含み、特に後者は古琴芸術にとって、生きる資料であり、他には代えられない価値を持つ。二十世紀五十年代に査阜西、王迪、許健が全国各地の琴演奏家を訪問し、大量の琴曲を録音し、その中の一部分は、数年前既に中国唱片公司により制作された『中国音楽大全・古琴巻』が出版発行されていた。これらの貴重な録音は伝統古琴芸術の風貌を保存するのに対し、重要な意義を持つ。もう一方は古琴人材の養成力が必要であり、プロとアマチュア両方の異なる学習体系の設立を重視し、養成することは古琴芸術のプロの琴弾きを伝承することができ、また社会の需要に向け、一般のクラスも提供できる。プロの琴弾きに対する教育は高レベルな知識の伝達に注意すべきで、それは琴を弾けるようにさせ、また古琴の内実を分からせ、その総合的素養を向上させる。三つ目の方面はさらに多くの受け手のレベルの教育に注意する必要があり、古琴のために聴衆を育成し、友を育てる必要がある。この方面において、中国芸術研究院に属する中国無形文化遺産中心センター（＝中心）は大量の作業を実行し、毎年「和鳴―古琴芸術進大学」のイベントを通じて伝統の雅集形式（集会の形式。文人が集まり詩を詠んだり、学問について議論したりする集会。）により古琴芸術を大学へと導かれたように、効果は顕著であり、時代、未来の若者を代表させ、古琴芸術と中華民族の優秀伝統文化を通じて「和鳴」は産み出され、中国人文精神の伝承と無形文化遺産保護の「友」となり、全国民が参与する無形文化遺産保護の良い雰囲気を作り出した。このイベントが実施されてから既に四年、聴衆は数万人にのぼり、素晴らしい効果を得た。

（張　偉）

参考文献

① 許健『琴史初編』、人民音楽出版社、一九八二年版
② 郭平『古琴叢談』、山東画報出版社、二〇〇六年版
③ 王子初『中国音楽考古学』、福建教育出版社、二〇〇三年版
④ 易存国『大音希声——中華古琴文化』、浙江大学出版社、二〇〇五年版
⑤ 中国芸術研究院音楽研究所『中国音楽史参考図片—古琴専輯』、人民音楽出版社、一九八七年版
⑥ 中国芸術研究院音楽研究所・北京古琴研究会『中国古琴珍萃』、紫禁城出版社、一九九八年版
⑦ 沈草農、査阜西、張子謙『古琴初階』、音楽出版社、一九六一年版
⑧ 文化部全国文化信息資源建設管理中心——古琴専題庫、http://huodong.ndcnc.gov.cn/huodong/guqin/

新疆（ウイグル）ムカム芸術

二〇〇五年十一月二十五日、中国の新疆（ウイグル）ムカム芸術はユネスコにより第三回「人類の口承及び無形遺産の傑作」リストに入れられた。ムカム芸術は民間文化から始まり、各オアシス都市国家の宮廷及び都市官邸から発展し、多様性、総合性、完全性、即興性、大衆せいのある芸術風格を形成し、そしてウイグル族の素晴らしい表現形式をなった。ムカムはウイグル族の優秀な古典音楽で、大型音楽組曲の名称である。それはウイグルの人々が創作し出した一つの巨大な音楽財産で、かねてより「東方音楽の真珠」の呼び方がある。

「ムカム」という言葉の語源は上古代回鶻人の（少数民族の部落、ウイグル族の祖先）亀茲のトカラ語の一つである「マンカウーマン」という言葉の発音が変化したもので、大曲という意味を含み、それはアラブ語で「居住地」を表す「ムカム」(Makam）と同じ音の言葉である。現代のウイグル語において、ムカムは大型組曲の意味の他に、法則、規範、曲調等の多様な意味を含み、それは十二部のムカムの組み合わせからなりたち、各一部またダナイグーマン（大曲 naqma)、ダスタン（叙情詩 dastan）とマイシールーフ（民間歌舞 maxrap）の三大部分から構成され、歌を含み楽曲は二十から三十曲あり、長さは大体二時間ほどである。十二部のムカムを全部歌い終わるには二十時間以上かかる。ムカムの様式は多様で、リズムが複雑に錯綜し、曲調はきわめて豊富である。生き生きとした音楽のイメージと音楽の言葉、低く重々しくゆっくりとした古典朗読歌曲、活発でうきうきさせる民間舞踊音楽、流暢で美しい叙述組曲は、芸術において比類のないものとなっている。『十二ムカム』は、ウイグル音楽の脊梁であり、それはウイグル族文化の問題を解決する鍵であり、中国やインド、ギリシャ、イランの古典音楽の精華の融合体である。

新疆ウイグルのムカム芸術の歴史は非常に長く、それは古代西域音楽の中の『亀茲楽』、『疎勒楽』、『高昌楽』、『伊州楽』、『于田楽』等音楽の伝統を継承、発揚し、漢、唐の時代には既に完璧な芸術形式が形成されており、中国音楽の発展に対し好ましすぎる影響を産み出した。十六世紀、ヤルカンド・ハン国のアマンニサ王妃が音楽家たちを編成したことにより、民間で広まっていた十二のムカム音楽を系統的に統一し、ムカム音楽を更に完璧に残してきた。

現存するムカム音楽は多くの特長が異なる型があり、その中にはカシュガル・ムカム、ドーラン・ムカム、ハミ・ムカム、トルファン・ムカム、イリ・ムカム等がある。その中のカシュガル・マカームの形式は最も完璧で、より代表性をもち、なおかつ天山南北に広く伝播している。カシュガル・ムカムはすべて合わせて十二組あり、そのため人々は十二ムカムと呼んでいる。

歴史の由来

十二ムカムの源流は、時代と地域要因の点から重要なものを二つ述べる。一つは古代から伝承されてきた伝統音楽の基礎上で発展した組曲と歌曲、二つ目は地方音楽、即ちクチャ、カシュガル、トルファン、ハミ、ホータン音楽及びドーラン音楽である。このような時代と地域要素はお互いに入り交じり浸透し、混然一体となり、ウイグル族人民の生活方式、民族の特徴、道徳観念、ならびにその心理素質における民族調の特徴を形成、産み出した。このような特徴はただ独特な音楽形式を通じているだけでなく、演奏方法及び独特な演奏楽器も加えて体現している。十二ムカムは昔ウイグル族祖先が漁業、牧畜に従事していた生活の時代に広々とした原野、山

ムカムの演出

間、草原において即興で感情を述べ表した歌曲であり、その後次々と融和、発展変化を経て、十二世紀まで学識豊かで美しい組曲を発展、形成し、これはムカムの原形である。

ムカムはそのため中華民族文化の宝庫に入り、その中には三人の影響が非常にかなめである。一人は偉大なウイグル族の女性であるアマンニサで、もう一人はアマンニサの有力な助手、宮廷音楽師のユスプ・カディアルハン、さらにもう一人は国王アブドリシット・ハンである。「ムカム」は正式に中華民族文化宝庫に入り、それは一人の偉大なウイグル族の女性――アマンニサ（一五三三―一五六七年）は切っても切り離すことはできない。アマンニサは歌舞の故郷ドーラン河畔の貧しい家に生まれた。幼い頃から耳に慣れ目に染まり、彼女は音楽と詩歌文学に対する興味と超人的な才能を養い、その後また著名なウイグル書道家へと成長した。演奏は彼女の得意な遊びであり、彼女は自分で創作した歌詞を用いて『パンジガー・ムカム』を歌い、かつて狩りをしている時にここを通りすがったアブドリシット・ハンを感動させた。一五四七年、音楽と詩歌を非常に愛するアマンニサは、ウイグル莎車を首都とするヤルカンド・ハン国の王妃となった。国王はまさにアブドリシット・ハンで、彼は詩人であり、また音楽師でもあった。彼はペルシア語、チュルク語の詩歌を熟知しており、ギリシャ音楽（ムーサ・サイラミ『安寧史』）。彼が即位していた年代（一五三三―一五七〇年）、彼は新しくカシュガル皇家イスラム経文学院（即ち　ハンチンクマイデスリ）。

王妃アマンニサの影響と提唱の下、元々文化芸術に没頭しているアブドリシット・ハンは、カシュガルとヤルカンド一帯に散布している有名なウイグル音楽師、歌手、詩人に召集命令を発し、宮殿内で全面的に民間にて伝承されているムカムの楽章を探し集め整理した。アマンニサはそのうちの『イシレティ・アンギズィ・ムカム』を自ら創作し、後世に伝承されるようになる『十二ムカム』の重要な構成部分である。この時代に、初めて規範化されたムカム組曲が形成され、最初は十六部に分けられ、ともかくその大成者はアマンニサであり、彼女の有力な助手で、著名な宮廷音楽師ユスプ・カディアルハンのこの大きな工程における影響もまた、代えがたいものである。

功不可没はヤンカルド人である。歴史資料が示すには、ウイグル族の有名な楽器ラバーブは彼の手から出たものだとされ、弦楽器上の羊や豚の腸を乾燥させた弦を、生糸をよせて作る弦に変え、これもまたこの素晴らしい音楽大師であり、ウイグル楽器のあの美しい音色と豊富な表現力、と彼の功績は切り離すことはできない。彼は音楽と文学の方面において高度な造詣をし、彼はヤルカンド・ハン国ひいては、西アジア地区において驚くべき威望をもたせ、多くの人が果てしない万里の道を恐れず、イラク、イラン、チビリズ、ホラーサーン、ホラズム、サマルカンド、アンディジャン、イスタンブール、カシミール、バンリフ、シーラーズ島等の地、町や砂漠を越え、彼は音楽を勉強するため向かった。彼が実際にマカーム楽曲を構成する前に、彼の詩集は既に中央アジア各地に広く伝播していた。伝承され今に至るムカム楽章中の大部分の楽曲と歌の調子は、すべて彼の整理と加工を経て決められたものである。これは道理で彼はヤルカンド・ハン国の宮廷において輝かしい地位があるのである。当時のアブドリシット・ハンは暇があるとすぐに、各界の風雅な名士を招くのが好きで、彼らの詩歌、音楽、宗教学術方面に関する研究討論を興味津々に聞き、ユスプ・カディアルハンはこの国王の形影の相談役、親友となった。

時代はこのような一人の比類のない人材を造り上げ、一緒集めたこれらの人材またはウイグル文化芸術の長足の進展を共にすることは素晴らしい貢献をつくった。彼らの共同の努力により、ヤルカンド・ハン国は当時マカーム芸術の最も理想的な中心となった。カシュガルとヤルカンドは重要なマカーム楽舞発祥の地とされ、後の長くはない歳月の中で、天山山脈の南北各地に広く伝わり、また当地の特色と融合しドーラン・ムカム、ハミ・ムカム、イリ・ムカム等、ムカムに各地名をつけ、ウイグル音楽舞踊において計り知れない大きな影響を発揮した。

新疆ウイグルムカーム芸術

流派と芸術特色

新疆ウイグルムカム芸術の歌詞は、哲人の箴言、予言者の戒告、農村の俗語、民間の話などが含まれている。その中には民間の歌謡、また文人の詩の作品があり、これはウイグル族の人々の知恵の生き生きとした表現である。ウイグルムカム芸術の音楽形態は豊富で多様であり、多くの音律、繁雑な音階、拍子、リズムを組み合わせた形式の多様な伴奏楽器であり、鮮やかな民族の特色と強烈な感染力を示している。ムカムの分布地区はとても広く、種類も非常に多い。アラブ、ペルシア、トルコ、インドならびに中央アジア等の地全てにムカムがあり、しかしその種類から言うと、現在世界において、新疆のムカムの種類は最も多く、『ハミ・ムカム』、『ホータン・ムカム』、『ドーラン・ムカム』、『イリ・ムカム』等の、一連の地域性特色を備えた組曲があり、トルファン・ムカム、ハミ・ムカム、ドーラン・ムカムは諸々の流派である。

㈠　十二ムカム

十二ムカムは南部新疆のタリム盆地南端のカシュガル、莎車、ホータン及びタリム盆地北端のアクス、クチャ諸々のオアシスと北部新疆のイリ谷地で主に伝わっている。ラク・ムカムから、さらにチャッバヤート・ムカム、スイガー・ムカム、チャハルガー・ムカム、パンジガー・ムカム、ウズハル・ムカム、アジャム・ムカム、オッシャーク・ムカム、バヤート・ムカム、ナワー・ムカム、ムシャーヴァラク・ムカム、イラーク・ムカム、合わせて十二組の大型組曲の構成である。その中の各一部にさらに「チョン・ナグマ」、「ダスタン」、「メシレップ」三つの大きな部分がある。チョン・ナグマは大曲を意味し、いくつかの朗読歌曲から、器楽曲と歌舞曲の構成によるもので、ダスタンは「叙事長詩」を意味し、ウイグル族の民間で、このような叙事長詩は主にダスタンは語り続け歌をもたらす行いの表演により、一種の語り歌う芸術形式となった。十二のムカム中各部のダスタンの部分は民間で伝承されてきたダスタンを基礎として、進化し、一組の叙事歌曲と器楽曲を合わせた構成であり、メシレップは「集まり」が元の意味で、全疆各ウイグル族集住地域の街で、常に各種暇つぶしの歌舞を主とした大衆性のある集まりを行い、その中には規模が大きいメシレップと呼ぶものがあった。

十二マカーム中の各マカームのメシレップは、南部新疆の各ウイグル集住地域で挙行されていたメシレップの集会と関係があり、常にスーフィー派イスラム教徒を見かけ、特にその中のアシクと呼ばれる即ちアッラーに夢中な最も敬虔な教徒は、タイアルカン（請い求めることを意味する）調を吟じた形跡がある。十二マカーム中の各ムカムの名称のほとんどはペルシア語、アラブ語がもとになっている。それらの意味について、スイガー、チャハルガー、パンジガーを除いてペルシア語であることが明確にされており、区別は第三（部）、第四（部）、第五（部）除いて、学術界は未だなお統一した見方を形成していない。ラクは純粋、専有を意味し、ペルシア語で脈拍、動脈を表すとある学者はみなす。ラクはラングー という言葉から演繹されたもので、純潔、自然という意味を含むとまたある学者は考える。ウズハルは（自己の）境遇、立場、悲しみ、苦痛、非常に痛ましい、という意味で、これもまたある学者はこの名詞は高揚状態の意味を含むと考える。アジャムはもともと一般的に非アラブ国家と非アラブ人を指し、しかし指しているのがペルシア人なのか突厥人なのかは、学者たちはまたこれもそれぞれ言うことが異なる。オッシャークは愛人たち、恋人たちを意味し、これもこの名詞は恋が派生する曲であるとある学者は考える。バヤートは古代突厥人部落の一つで、これもこの語彙は神様（天）の意味を含むとある学者はみなしている。ナワーは音、声、（鳥の）鳴き声、さえずりを意味する。ムシャーヴァラクは十分に刺激的と

ハミ・ムカム

いう意味である。そしてチャッバヤート、イラークはおそらく部落の名前である。各地に伝わる十二ムカムの版本はまったく違い、イリ地区に伝わる十二ムカムは各一部のムカムは散序とダスタン、メシレップだけを含む。散序以外のチョン・マグナ部分が散じた原因は調査に待つ。二十世紀三十年代、この地の音楽家たちは補充と加工の比較を行い、次第にイリ流派の華麗で婉曲な曲調、明快で高ぶった歌の特色を形成した。カシュガル、アクス地区は十二のムカムを演唱する時、主に擦弦楽器のセタールの調子による伴奏、ラングマンチ（形式が少ないウイグルの民族打楽器）とダプのリズムによる相伴、また加えて撥弦楽器のカーロン、ラワプ、タンブール、ドタールも用いることができる。ホータン地区は十二のムカムを演唱する時、主に吹奏楽器のバラマンの調子による伴奏、ダプのリズムによる相伴、さらに加えてセタール、カーロン、タンブール、ドタール、ラワップ等のその他の楽器を用いることができる。イリ地区は十二のムカムを演唱する時、主に弾奏楽器のタンブール、ドタール、擦弦楽器のスクリーポーカー（小さいバイオリン）の調子による伴奏、ダプのリズムの相伴による。

㈡　トルファン・ムカム

トルファン・ムカムは新疆ウイグルムカム芸術の重要な構成部分であり、主にトルファン地区ピチャン県ルクシン鎮及び周辺のトルファン市とトクスン県に伝わる。トルファンムカムには、ラク・ムカム、チャビヤト・ムカム、ムシャラーク・ムカム、チャハルガ―・ムカム、パンジガー・ムカム、オッシャーク・ムカム、ナワー・ムカム、シャバ・ムカム、イラーク・ムカム、バヤート・ムカム、ドーラン・ムカム、合わせて十一部ある。その中のそれぞれの部は」、ムカイディマン、パシチャクト、ヤランチャクト、ジュラ、サイナム、サイレク、ウェイシェンなどの部分から構成されており、合計六十六楽曲を含む十一部は、全て演奏し終えるのに約十時間かかる。

トルファン・ムカムのムカディマン部分はまたの名をジャザル（二行詩という意味）。その内のサイナム部分はメシレップともいい、多くの歌舞曲を構成する重要な部分で、演奏者は自身と踊る人たちの情緒に合わせて思うままにリズムの違う曲目を増やさなければならない。トルファン・ムカムのサイナム部分では、最後にトルファン地区で著名で、ユーモアがあることで知られるナザールコン楽曲が出てくる。楽器の伴奏下での歌唱の他に、トルファン・ムカムはもう一つ打楽器、吹奏楽器の表現形式がある。したがって、トルファン地区で有名なムカム芸人はセタールを弾き歌うことができ、スナイを上手く吹けることを要した。技芸が上手くい踊り子は楽曲の伴奏の進行に沿って動作を真似た踊りや、競技舞の芸を見せ、雰囲気を高潮させる。「サイレク」部分はまたの名を句クーシードンといい、楽曲の速度は突然遅くなり、リズムは拡がり、散る、遅い、普通、速い、遅い、このような結合力はトルファン・ムカム特有のものである。ウェイシェンの長さは極端に短く、一、二つフレーズから構成されている。伴奏がある他に、打楽器、吹奏楽器の演奏形式がある。トルファン・ムカムを歌うとき鼓がなくては、音楽あるとき踊りをしなくてはいけないという芸術特色は古代の高昌及び高昌ウイグル王国の音楽スタイルである。東西の音楽と舞の文化交流の結晶として、トルファン・ムカムは異なる音楽と舞踊の文化間での相互伝承、衝突、交流融合の歴史の証人のような存在である。トルファン・ムカムには、中原音楽と漠北草原音楽の要素が見られるほか、中央アジア、南アジア、西アジア、北アフリカなどの国・地域の音楽の影響が見られる。この個性的な音楽の演奏、リズム、律旋はウイグル音楽理論体系が形成した重要な基礎である。

トルファン・ムカムの歌詞の多くが民間歌謡で、そのほかには中世期の文人墨客の詩などもある。これはトルファンのウイグル口頭文学とチャガタイ時期の古典詩歌を凝縮したものであり、古代の高昌人、周辺の民族及び現代ウイグル族の生活哲学、倫理道徳、民俗、文学芸術などの文化を研究していく上で欠かすことのできない生きた資料である。

㈢　ハミ・ムカム

ハミ･ムカムは新疆東部ハミ地区に伝わる、歴史が長く、構成時間が長く、完璧な構成の大規模ウイグル音楽であり、チョンドア・ムカム、ウルクドア・ムカムなど十二種類があり、そのうち七種類は二つの楽章（二セットの曲）があり、合計二五八曲、数千行の歌詞から構成されている。ハミ・ムカムはその形成と発展の過程で、西域を代表する音楽のひとつである伊州音楽を基礎とし、中原、中央アジア、西アジアなどの音楽芸術を執りこんで、歌詞、様式、構成などの各方面で多様文化を体現している。

ハミ・ムカムはチョンドア・ムカム、（別名「私はあまねく天下を歩く」二章を含む）、ウルク・ウルクドア・ムカム（別名「ハイハイヨラン」）、合わせて十二部十九章ある。ムスタイフザートゥ・ムカム（別名「ヤルーズトゥーユン」二章を含む）、チャハルガー・ムカム（二章を含む）、フプティー・ムカム（二章を含む）、チャビヤト・ムカム（別名「ジャニカイム」二章を含む）、ムシャウェラーク・ムカム（別名「あなたの心の病を治す良薬」二章を含む）、ウズハル・ムカム（別名「ダールディリワ」二章を含む）、ドガー・ムカム（別名「あなたは私を苦しめる」〔小〕」、ドーランムシャウェラーク・ムカム、イラーク・ムカム、（別名「あなたは私を苦しめる〔大〕」）、「ラク・ムカム」（別名「歌え！私のヨナキウグイス」）、の十二部十九章あり、合わせて二五八楽曲、全て演奏し終えるのに十時間近くかかる。ハミ・ムカムの命名方式はウイグル族の伝統を保持し、各部ムカムの名称はずっと現在までウイグル族の名称のまま残されており、新疆各地のムカムにおいて十分独特さが現れている。同族板式変化体組曲（各部組曲中にて主要な楽調と主題旋律の一貫が見られ、拍子、リズムの変化を最も主要な変奏手段とし、そしてそれにより組曲が構成されていること。）である十二のムカム、ドーラン・ムカム、トルファン・ムカムは異なり、各部ハミ・ムカムの中で基本的に主要な楽調と主題旋律の一貫は見られず、フレーズの長くないムカム（散板序唱）から始まり、最後は十から二十一に至る当地の民間で伝承されている歌舞曲または歌曲のただの曲のつづり合わせた形の組曲である。ハミ・ムカムは管弦楽器のギジェク（別名ハミ胡琴）と撥弦楽器のハミラワプの伴奏は多面で大きなダプのリズムとの合わさりをつくる。ハミ・ムカムは歴史上、庶民生活から王宮へ、そしてまた庶民へという過程をたどって伝わった。伝統的演奏家たちの一貫した整理、規範と演奏を繰り返し、完全な楽曲形態を完成させたのである。それぞれのムカムは、散板の序唱と、4／4、7／8、5／8拍子の歌曲及び2／4拍子の歌舞曲によって構成され、典型的な完全性の特徴を示している。

㈣　ドーラン・ムカム

ドーラン・ムカムはウイグルムカムの重要な構成部分であり、十二ムカムと複雑な連系がある。ドーラン・ムカムは主にタリム盆地の北西、ヤルカンド河両岸のオアシス文化に根付き、砂漠北牧畜狩猟文化の要素を含み典型的な多元一体の特徴をもつ。マルキト県のウイグル族の先祖は漁業、牧畜生活に従事していた時期に広野や、山間、野原にて即興で述べ表した歌曲で、このような歌曲をバヤワーン（広い野の意味）と呼び、後に絶え間なく紀元十二世紀まで融和、変化を経て、バヤワーン組曲を発展、形成し、これはドーラン・ムカムの原形である。その後著名なウイグルムカムの大師、アマンニサハン（一五三四年に新疆マルキト県ガズキョル郷に生まれ、一五六七年に亡くなった。）は今日のムカムを次々と整理、規範、普及、形成した。

ドーラン、または「ドーラーン」、「ドゥオーラン」、「ドゥオーラーン」、「ドゥオーラン」、「ドゥオラーン」、「ドゥオルン」、「ドゥオーラーン」、「ドーラン」、「ドゥオラン」、「ダオナン」などと音訳される。大多数の学者はこの語彙はヤルカンド河とタリム盆河両岸からロプノール地区に暮らす一部のウイグル人の自称であると考える。ドーラン人は人類史上ずっとこの肥沃で、豊穣で、美しい土地に居住し、狩猟や牧畜業、後に農業生産に従事し、かれら自身の辛い労働を用い、数え切れないほどの財産を創造し、タリム盆地を日に日に繁栄、富強させた。同時に彼らは自身の美しい心と内心を表現する精紳文明を創造した。それは集まって歌い、演奏することによる一体で、内容は情感豊富で、気概があり、たくましく、群衆性、芸術性に最も富んだ芸術表現形式のドーラン・ムカムである。それは充分に悲しみと快楽、愛と恨み、綺麗さを理想的な美しい旋律で表現し、曲調は古風で質朴があり、原始農村生活の雰囲気は濃厚で、歌詞は美しく、豪放で、重々しく上品である。ドーラン・ムカムの歌詞は主にウイグル民謡から構成され、それぞれのムカムはすべて固定または規範の歌詞はなく、主に表現、演奏家の情緒と技巧の変化に沿い、したがって、ドーラン・ムカムの歌詞は豊富で多彩であり広大な天地を創造した。

「ドーラン・ムカム」は、もともとは十二章あり、その十二章はラク、チャッバヤート、ムシャ—ヴァラク、チャハルガー、パンジガー、ウズハル、アジャム、バヤーティ、ナワー、スガー、イラーク等のムカムである。ウイグル十二ムカムのそれぞれのムカムはダナイグーマン、ダスタン、メシレップの三大部分に均等に分かれていて、それぞれの部分にまた四つの主旋律と若干の変奏曲の構成がある。その中の各楽曲にはムカムの主旋律の有機的な構成部分があり、同時に、和声特色のある独立楽曲もある。ムカムの伴奏のための楽器はセタール、タンブール、ラワプ、ダプ、ドゥタールなどがある。しかし後に各種歴史的原因とドーラン・ムカムの芸術大師、芸人の相次ぐ死去により、そのうちの三つのムカムは既に伝承が途絶えてしまった。現在歌われているドーラン・ムカムは九つだけである。それぞれのドーラン・ムカムの長さは六分から九分で、九章すべてを演奏するのは一時間半を要する。ドーラン・ムカムの歌詞はすべてドーラン地区に広く伝わるウイグル民謡で、ドーランウイグル人の喜怒哀楽を充分に表現し、同時にウイグル族の社会生活の各方面を反映しており、内容は豊富で多彩で、曲調は高く豪放で、感情は素朴で真摯である。「十二のムカム」と異なるのは、「ドーラン・ムカム」中のほとんどのムカムの名称はウイグル語で、いくつかの「ドーラン・ムカム」は外来語のものもあれば、本民族言語の名称のものもあり、これはウイグルムカムがおそらく本民族言語から外来語の名称に変換した過程を意味する。

各部完璧な「ドーラン・ムカム」は簡潔な「ムカイディマン」、「チャクトゥマン」、「サイナイム」、「サイレイカイス」、「スリルマ」の五つのパートから構成されており、九部の『ドーラン・ムカム』は合わせて四十五段の楽曲がある。「ムカディマン」は「序言」、「プロローグ」を意味する。「チャクトゥマン」は「点」、「リズム」を意味し、「チャクトゥ」という言葉が変化したものである。「サイナイム」は「偶像、神像、美人、美女」という意味で、またウイグル族の間で広く伝わる一種の歌舞組曲の名称でもある。「サイレイカイス」は「サイナイカイス」とも称され、「サイレイク」(ある学者は「興味」、「願望」という意味だと考える)という言葉が変化したものである。「スリルマ」は何人かの学者に「柔軟」、「潤滑」と解釈されている。各「ドーラン・ムカム」の最後の四部分は群衆性がる気晴らしの舞踊の伴奏とされ、人々は異なるリズムその各部の、拍子の歌舞曲において、軽快に舞、心の悲しみを追い払い、身体の疲労を取り除く。「十二のムカム」と比べて、「ドーラン・ムカム」のフレーズは短いものが多く、演唱時間は七十九分前後で、九部を歌うのに約一時間半かかる。「ドーラン・ムカム」の主要な伴奏楽器は管弦楽器のドーラン　ギジャーク、撥弦楽器のカーロン、ドーランラワプ、多面のダプのリズムと合わせ、上で述べた通り、管弦、撥弦楽器は伴奏において、常に調子をつくるのではなく、様々な枝分かれする復調またはリズム型式を奏で、したがって声楽と複雑な多声部効果を形成している。

ムカム芸術伝承と発展

『十二のムカム』、『トルファン・ムカム』、『ハミ・ムカム』、『ドーラン・ムカム』などはそれぞれ異なる地域に属す。当地の自然環境、社会環境、人文背景、経済発展状況は異なり、ムカムの伝承、伝播にも差異があるが、全体の傾向は次第に衰退し、伝承が途絶える瀬戸際に瀕している。社会の進歩と時代の発展につれて、ウイグル族は独立したオアシスの生活環境の次第な変化に相対し、外から来た情報が人々を次第にもともとあった生活の軌跡、本土の社会環境、文化土壌の絶え間ない変化から離れるよう導き、人々の生産方式と生活習俗もつれて変化していった。現在の民族伝統楽舞は生存する社会物質文化背景が起こす巨大な変化の状況下によって生き、社会のムカム芸術保護に対しての意識はどんどん深くなるにも関わらず、ムカム芸術伝承の土壌は絶えずじわじわと侵されている。よく知られている通り、民族の民間文化は主に口頭と無形文化遺産形態の存在であり、「口で伝え、心で悟らせる」ことは人類楽舞芸術発展の早期段階において普遍的に民族の伝承活動の中に存在し、これにより、伝承する人の多少は常々ある芸術部門類の生存の程度を決めることができる。系統によると、二十世紀九十年代以降、確かに完璧に『十二のムカム』を歌える知名な芸人は既にもはや存在しないことは、他のムカムを歌える芸人も非常に少なく、ほとんどは年齢が高く、「ムカムチ」と称される民間の芸人は相次いでこの世を去り、ムカム伝承の継続性は直接的な危機にある。

中華人民共和国が建立して以来、ムカム芸術に対する保護は終始余力を残さず、政府は多くの応急処置、掘り起こし、整理作業を行った。一九五一年に著名なムカムの伝道師トゥルディ・アホンなどがワイヤーレコーダーを用いて『十二のムカム』の全章を記録した南北新疆異なる伝播の版本を出し、後に歌を学ぶ、整理、研究のために残された唯一の貴重な文献である。一九六〇年、万桐書、連篠梅などは大変な困難を克服し記録した『十二のムカム』の楽譜を音楽出版社と民族出版社連合から出版し、これは初めて世に出たウイグルムカムの文献である。二十世紀八十年代、改革開放の春風はウイグルムカムに限りない生気をもたらし、「新疆歌劇団ムカム研究グループ」、「新疆芸術研究所ムカム研究室」、「新疆ムカム芸術団」などが相次いで成立し、新疆芸術学院は「ウイグルムカム伝習クラス」を開き、新疆師範大学音楽学院をさらにムカム研究人材養成を主な目標とした音楽学修士課程を創建した。

新中国建国してから数十年来、ムカムの保護と伝承は多くの成就を得たが、保存が保護より多い、文献が伝承者より多いなどの突出した問題が存在している。伝承者を失ったムカムは元の味をもう二度と復元することはできず、文献の中の楽譜もウイグルムカムの魂の負荷に耐えられない。これによりまったく本当の「人民から起こり、人民に帰る」ことができない。ムカム芸術の保護と伝承に対して各種手段を通じるべきで、継承人の養成は、ムカム芸術を生き生きと人々、群衆の中で存在させる。

ウイグルムカムはウイグルの人々が昔から行ってきた各種社会闘争と実践活動の精神産物であり、これはウイグル民間楽曲芸術の精華であり、ウイグル精紳文明の魂である。煌びやかで美しい民族特色、はっきりとした音楽特徴、系統的音楽構成、豊富な曲調、複雑なリズムをもつムカム芸術は、中華民族文化宝庫中の珍品である。

（余　振／王　巨山）

参考文献

① 閻建国『中華瑰宝――維吾爾木卡姆』、黒竜江人民出版社、二〇〇六年版
② 王文章・周吉『木卡姆』、浙江人民出版社、二〇〇五年版
③ 劉魁立、郎桜『維吾爾木卡姆研究』、中央民大出版社、一九九七年版

モンゴル民族長調民歌（モンゴル民族の歌唱芸術）

二〇〇五年十一月二十五日、ユネスコはパリで第三回「人類の口承及び無形遺産の傑作」リストを公布し、中国、モンゴルが共同で申請した「モンゴル民族長調民歌」がリストに入選された。中国で初めて外国と一つの同じ無形文化遺産を共同申請し通過した項目である。

モンゴル民族長調民歌と草原と、モンゴル民族の遊牧生活方式は切っても切れない関係にあり、モンゴル民族の歴史を支え、それはモンゴル民族の生産生活と精紳性格の集中体現である。中国内モンゴル自治区とモンゴル国はモンゴル族長調民歌の最も主な分布区である。モンゴル民族長調民歌は草原人特有の言語でモンゴル民族の歴史文化、人文習俗、道徳、哲学、美学の悟り、ならびに美しい未来の追求とあこがれに対して伝え訴え、長調は成熟した表現手法をもつ芸術形式で、それは世界においてどの民族の歌唱芸術とも異なる構成と要素をもつ。

源遠流長（古くから続いている、歴史の長い）

「敕勒の川　陰山の下、天は穹廬に似て　四野を籠蓋す。天は蒼蒼　野は茫茫、風吹き草低れて　牛羊見わる」。この歌は中国南北朝時代に産み出され人々に称賛される敕勒歌で、高度に具体的に北方草原の壮麗な図画を描写しており、この詩で描かれている美しい風景に陶酔する時、私たちは自然とこの「穹廬」の中と詩に伴う「歌」を連想する。

モンゴル歌曲は主に二種類に分けられ、その一つがオルティンドー別名「長調（長い歌）」、二つ目は「短調」である。

長調はモンゴル語の「オルディンドー」の意訳である。「オルディン」は「長い」を「永恒」を意味し、「ドー」は歌を意味する。長調はモンゴル遊牧民が長期の遊牧労働において創造した一種のはっきりとした地域文化特徴のある独特な歌唱形式をもつ。盛大な祝典、祭日儀式に関係する表現方式として、長調はモンゴル社会において独特で人々に尊重される地位を持っている。結婚式、新居への引っ越し、子供の誕生、仔馬の標識およびその他モンゴル遊牧民族の社交活動と宗教祝祭日の儀式において、長調の演唱を聞くことができる。相撲、弓術、馬術の試合の狂喜の運動会「ナダム」の大会においては、より長調を聞くことができる。

長調の歴史は二千年前まで遡り、十三世紀以降の文学作品中に既に記載がある。現在把握されている史料及びモンゴル学の研究成果から見ると、モンゴル族長調民歌の形成と発展は三つの歴史時代を経ている。即ち、山林狩猟音楽文化時代、草原遊牧音楽文化時代、農業牧畜音楽文化時代である。

山林狩猟音楽文化時代。紀元七世紀前、モンゴル人の祖先はずっと大興安嶺山脈とアルグン川流域に生息し、生産方式は狩猟を主としていた。長い生活の歳月の中で、モンゴル人は自分たちの狩猟特色に富んだ狩猟歌舞、シャーマニズム歌舞等のような音楽文化を創造した。狩猟音楽文化時代に、その音楽風格は短調を代表とし、民歌は構成が短く、音調は簡潔で、リズムは明るく、言葉が多く腔が少ないなどの特徴をもつ。全体の音楽風格は叙述性と歌舞性を備え持ち、叙情性は弱く、これは例えばホルチン民歌の『四季』のような原始時代の人類の音楽芸術と同じ特徴である。

草原遊牧音楽文化時代。紀元七世紀から始まり、中国東北部のアルグン川の沿岸で狩猟を生計として生活していたモンゴル族は、山林に出て次第に西に移り始めモンゴル高原に足を踏み入れ始め、遊牧生産方式が形成されると同時に、

モンゴル族長調民歌が「人類の口承及び無形文化遺産の傑作」に入選した

徐々に勢い盛んとなり始めていた。西暦一二〇六年、モンゴル族の偉大な歴史人物のチンギスハンは北方草原、モンゴル各部を統一した時、モンゴル民族は正式に北方草原の政治舞台に上ったと宣告し、歴史の流れに従って自然は北方草原文化の集大成者となった。モンゴル族は北方草原音楽文化を勢いよく発展させることができ、狩猟生産方式が遊牧生産方式へと変わるのにつれて、音楽風格も短調民歌から長調民歌へと風格上変化し、モンゴル民族音楽史上の草原遊牧音楽文化時代を形成した。この時代は狩猟時代の短調音楽の特徴を残し、発展させ、次第に新しく長調音楽の風格も形成した。長調民歌自身から言うと、この時代も簡潔から繁華に至るまで、低いところから高いところに至るまでの長い継承、発展の過程を経ている。モンゴル社会が遊牧封建制に入った後、長調はピークに達する。

長調は遊牧封建社会が一定の程度に達した産物である。家畜の数は少なく、精査力は非常に発達しておらず、そのため集団遊牧、踏歌のような集団歌舞が必要であった。後に生産力は発達し、国家は統一され、社会は安定し、そして古い列に沿った方式を形成し、一家一戸の生産方式を主とし、個体が突出し始め、以前のように集団に頼り共同で創造するようではなく、社会はこれにより草原遊牧文化時代に入った。遊牧封建社会のモンゴル遊牧民は、奴隷制社会の「言葉が話せる道具」の奴隷とは違い、中原王朝の漢族農民とも違い、彼らは狭く小さい土地に固定している必要はなく、黄土に面と向かい天を背にする耕作に従事していた。反対に、モンゴル遊牧民は広大な生存空間の中で、常に草原と大自然に向かい合い、駿馬に乗り放牧を動かすことが必須であった。心の自由、行動の自主は牧畜業労働に従事することを形成した一つ大きな特徴である。音楽は音声の芸術で、長調民歌について言うと、心の自由、行動の自主は、ただ条件に相対の、条件のあることだとしても、民歌創作に対して非常に重要である。ここから、長調民歌の高度な叙情化を知ることができ、実際は遊牧生産労働自身によって決められた。紀元七世紀から紀元十七世紀に至るまでの千年の歴史の中で、モンゴル民族民歌の発展の傾向は、短調民歌を基礎とし、長調民歌を新しく作り出したものと総括する。長調民歌が次第に主導の地位を占める時代となり、これもまたモンゴル民族全体の音楽文化風格形成の重要な歴史の段階である。

農業牧畜音楽文化時代。約紀元十八世紀（清朝中後期）から始まり、歴史の変革及び発展につれて、北方草原と中原内地の連系は更に増強し、各民族間の融合、交流の歩調は加速した。中原地区は農業を主とした生産方式で北方草原部分まで浸透し、文化交流はより頻繁となったこのような歴史の背景下で、短調は叙述歌、長編朗読歌曲等はまた新たな発展を得て、モンゴル民族農業牧畜音楽文化時代を形成した。この時代の音楽風格の特徴は短調民歌が生まれ変わり高速で発展し、長調民歌はもとの特色を保持しながら更に成熟した。

長調民歌はモンゴル民族の歴史とモンゴル民族文化の根源を背負っている。過去、現在、将来にしても、長調民歌はモンゴル民族の最も典型的な歌唱芸術形式であるだけでなく、モンゴル民族生活と精紳性格の最も代表性を持つ文化表現である。モンゴル民族がいる場所に長調があり、それはモンゴル全民族の愛するものであり、モンゴル民族の血液の中に民歌音楽は溶け込んでいる。それらは遥か昔から歴史を背負い、自己の民族の喜怒哀楽を背負い来ており、これらはモンゴル民族と一生付き添い、その価値と意義は遠く奥深い。

芸術特色

モンゴル民族の長い歴史の河の中で創造された自身の輝かしい文明は、特に遊牧民族文化が最も輝かしく、モンゴル民族の長調民歌は遊牧民族文化中の枯れない花として、以下のような特色を持つ。

㈠　情景の融合

「情景の融合」というのは内在的叙情性と景物を描く美しさの有機結合である。叙情性と景物を描く美しさは有機結合している。音楽美学の分野において、音楽芸術の表情声と描写性は完璧に解決されていると称される。例えば、モンゴル長調において最も代表性のあるのは草原牧歌であり、これはモンゴル人が主に自分たちの遊牧生活を反映するのに用いる。

情景の融合は中国で最も重要な芸術伝統の一つである。客観、具体的に人物、景物を感じることを通じて託し、感情を含み、このように鑑賞者に人物と景物に対しての理解させることを通じて、歌手の伝達する感情を感じることができ、そこから共鳴を引き起こす。モンゴル長調民歌音楽の作品の中で、情景の融合のイメージは、語意性と造型を超えるもので、特化したものである。主体審美経験の生み出したものである。歌う人は全部が全部意のままではなく、常に限りのある景色において表現し出し、意は深く見えない場所にある中で、人々に味あわさせた後にやっと本質的に理解できる。長調牧歌の典範作である『勢いよく走る力強い馬』はその旋律と歌詞の情緒を創造する中で、歌う者の思いと目の前の景色の融合にこだわり、そのため情景の融合と、お互いに輝く特性を形成した。これは思いと境、心と物の結合である。「銀の鬣の馬は水の流れ如く早く風を追うようだ、朝霞を迎えあの夜牧の馬の群れへと走る、美しい浅瀬はまだまだ遠い、牧人の心の扉はあの愛する人に向いている。」という歌詞で、自由で緩やかなリズムと曲折が滑らかな曲調の呼応は、愛情に対する美しいあこがれを表現している。一つ目の歌詞は飛ぶように走る馬を表現しており、二つ目の歌詞は牧人の心の上に対する人の思いを表現している。情景を描くと同時に、自己の心情を述べ表した。「風を追うように早い」、「走る」は「牧人の心の扉」をさらに感動で満たし、積極的で楽観なあこがれの情緒を表現している。また典型的な長調の『広大な草原』はフルンボイル長調民歌で、歌詞の大意は、「後代な草原があるが、どこに泥沼があるか分からない、美しい女の子がいるが、彼女の心は分からない。」である。全曲の音楽言語、曲式構成はすべて簡潔で精錬であり、ただ上下二つの対になった旋律だけであるが、情熱はほとばしり、これも典型的な情景の融合の美しい長調であり、草原に対する描写を通じて、自己の憂い悲しむ感情を表現している。

多くの長調民歌の音楽言語、曲式の構成は簡潔で無駄がなく、表演を見るとただ草原の遊牧生活及び生活に関する小さな事柄を描写しているだけであるが、それが作品のそれぞれの情緒と意向を含み体現しており、このような情景の融合の手法は情緒を描写し、聴く者の尽きることのない思いを奮い起こす。

㈡ 天人合一

音楽は一種の感情を表現するのに長けた芸術形式であり、人々はよく音に対する悟りを通じて心を用い美しい一枚の絵を描きに行く。中国民族文化音楽を理解した人は中国の音楽が持つ明らかな地域特徴を感じることができる。このような特徴と地域の文化、気候、生産方式等は切り離すことができない。陝北の「信天遊」、青海の「花児」、モンゴルの「長調」はすべてそのはっきりとした旋律の特徴を持ち、人々に「聞歌識郷（歌を聴き、村を教える）」ことができる。

長調は人と自然を和諧する共存の産物で、馬が背負う産物である。広大な草原はモンゴル民族長調のゆりかごであり、それは広袤の根のない草原から発祥し、馬の背に乗り疾駆することが起源で、草原遊牧文明の誕生、民族文化遺産の現在までの伝承に伴い、これはモンゴル民族音楽のもともとの芸術形式であり、その旋律と歌唱技巧は独特な民族特性と濃厚な地域特徴を持っている。長調民歌の音域は広く、曲調は美しく流暢で、旋律の線の多くは波式に進み、起伏に富んでいて、とてつもなく広い草原と自然環境を表現している。陳述性のある言語リズム、叙情性のある長いリズム、装飾性のある「ヌォグラー」の発音技巧は巧妙な組み合わせで形成され、長調民歌のリズムを構成している。長調の歌詞の大多数の内容は草原、駿馬、ラクダ、牛、羊、青い空、白い雲、河、湖を描写している。長調民歌は緑色生態の芸術であり、自然の法則に従い、人と自然の和諧、統一を追求する。心の自由、叙情の極致は、強烈なロマン主義の色をもつ。草原を歌い、駿馬を賛美し、父母を懐かしみ、英雄を尊敬し、愛情を褒めたたえることは、長調民歌でよく見られる題材である。

長調においてヌォグラーの装飾性あるリズムの使用は、自然の原因があり美学の原因もある。自然の原因は、馬の背中の上で歌う時、長音は自然とバイブレーションが形成され、馬の背の上の上下に揺れる必然的な影響は雰囲気にまで達しており、モンゴル人はそうしている間に段々と、これが美化していき、ヌォグラーのリズムが形成され、これが長調の基本条件である。美学原因は、草原自身が、すべての羊、花、草が、みな運動しており、揺れ動いている。ただ弱い風が吹くと、波のように揺れ始め、あなたが草原で生活しているというだけで感動される。人々が草原に入った瞬間に、馬頭琴の音につれてくるのはモンゴル民歌であり、自然のふところに帰ったような感覚である。あるいは数百、数千年前までさかのぼり、広大な土地の上は、人口が少なく、遊牧の人々か各自自分の牧場に居住し、おそらく最も近い近所は数十里先であり、久しく会っていない知らない人の珍しくなく、ついに寂しい内心と積極的楽観的な生活態度は結合し共にあり、広々と果てしなく、危うく本当の空間を失いそうな草原の上で、彼らは青空、草地、河流、羊の群れ、駿馬と共に、広々と歌声を自然の反応に伝達し、生命の本当の喜びを詮索する。そのため、この意義から言うと、モンゴル民歌中の長調は一種の演唱方法であるだけでなく、それは一種の生活の態度である。

長調は叙情曲であり、三十二種の大量な装飾音を採用した旋律構成で、それは美しい草原、山川、河流を賛美し、父の代の愛情を、親密な友情をたたえ、人々の命運に対する思索を表現している。その特徴は、大量に装飾音と裏声を使用し、長く続く豊富なリズムの変化を含んだ流動性旋律、非常に広い音域と即興創作形式である。上りの旋律のリズムは緩くゆっくりで安定し、下りの旋律は活発な三音重複句式がたびたび挿入され、これは草原生活の歩調の模倣からきている。長調の演唱、創作と遊牧民の田園式生活方式は緊密に結びついており、これはモンゴル族が現在に至るまで依然として普遍的な生活方式を続けてきたことである。例えば、古い宴歌の『六十の美』は一首の単楽段の素朴な歌曲の中に、六十個の美しいことや、物が歌い出される。歌の中で挙げられているのは、草原の土地、生命の青春、牛、羊、駿馬、渡り鳥の大雁、太陽の光と霞、明るい月と無数の星、山の景色、海の風景、満開の花、透き通った流水、はじく琴の弦、高らかに響きわたる声、父母の恩情、兄弟愛、先輩の教え、天下の太平など、この歌はまるで一つの絶妙な思想、人徳と情操教育の教科書であり、美学価値と教育意義は言うまでもない。

中国の著名な音楽理論家である趙宋光は、モンゴル民族長調の最大の魅力は、その自然と最も距離の近い音楽であること、またはそれ自身が一枚の美しい自然の絵巻であることだと考える。長調はモンゴル民族が、狩りを主とした生産方式から牧畜を主とした生産方式に転換する過程において産み出され、人は自然の態度に対し、奪うことを主とすることから、養うことを主とし、それは人と自然が和諧し共存する産物であり、人々が自然保護に対して意識する一種の呼びかけである。

㈢　尽きることのない情緒

モンゴル民族長調民歌は声によって秋波を送り、天地万物の耳に呼びかけ、私たちに連想を産み出させ、一種の情緒が尽きない芸術境界に到達している。これらの歌曲はそのいつまでも続く情感とさらさらとした旋律により、深く人々の心を打ち動かす。例えば、『孤独な子羊』

「孤独な白い子ラクダ、飢えた時は悲しみ大声で泣き、赤茶色の母ラクダを恋しく思い、我慢できず泣き叫んだ母のいる白い子ラクダはママとついて楽しく走っている、母親を失った白い子ラクダは杭を囲み号泣する」

施腔体の旋律と擬人化の歌詞表現手法により、子ラクダの号泣を通じて、遠く故郷を離れた子供の母に対して情の深い思いと懐かしみを表現している。演唱の声と天地が一つになり、あたかも草原全体を貫くようである。また『勧奶歌』は、母羊または母ラクダに対して歌うことができ、彼らのこのような『勧奶歌』は「ダイグー」と呼ばれ、一種の歌詞のない旋律であり、虚詞の「ダイグー」により終始貫き、専門の歌いは人と共に生き、生き物を聞くことを与え、母ラクダは失った母性を人々に音楽の力を用いて呼びかける必要があった。この時、古い信仰と儀式がこのような感銘させる力を持っていた。遊牧民は馬頭琴の音に伴い、ゆったりと旋律を述べ、母羊、母ラクダを感動させ、草原を感動させ、また誰が動物は音楽を理解できないというのだろうか?モンゴル長調だけが草原の生き物を悟らせることができる。モンゴル民歌の曲調は豊富で、リズムは自由で、私たちに時間を忘れさせ、「天馬行空（天馬が空を行く）」ような、生活と感覚で心をいっぱいにさせる。

「父は昔草原のすがすがしい香りを形容し、世界の果てでも彼を忘れさせず、母のすべての愛はあの大きな川力強さを描写し、モンゴル高原、遥か遠い私の故郷を流れる。嗚呼、父なる草原、母なる河よ」。席慕容の言葉は人々に長く忘れさせない、私たちの生活する地上において忘れられないものであり、一種の民歌は自然に一番近い一種の音楽であり、旋律の運動は次第に激しく展開し、草原、牧場、琴の音が結合する中、抑揚のある旋律と簡潔で精錬された歌詞は完璧に統一され、最も豊富な精神内実を表現し、奥深く遠い意境を作り出す。古いモンゴル高原遊牧民族の天人合一の信仰は、ひとつの歌のような民族で、歌声の呼びかけの下、自然と心が融合し一帯となり、このような力は実際に神秘ではなく、千百年来の共生であり、人と自然、心の感情関係を造った。私たちは歌声の呼びかけに伴い、一歩一歩モンゴル長調民歌に入る。

㈣　素朴な叙情

北方草原遊牧民族についてよく知らない人に、しばしばモンゴル民族音楽（民歌）その他は性格のようなものであり、よくはっきりとした響きを持ち力強い、猛々しい雰囲気だと思っている。これに対し、内モンゴル大学芸術学院音楽系主任の李世相は、これは実は一つの誤解だとみなす。李世相は、モンゴル民族民間には多くの「歯が折れ飲み込み腹の中に入る、腕が折れ袖の中に隠れる。」のようなことわざがあると言う。このような内面的性格は現在のモンゴル民族民歌ひいてはすべての芸術の審美観念上に体現されている。

人々は北方草原遊牧民族の性格について、一般的に「勇猛で戦いが上手で、荒々しく豪放である」と認識しているが、「情感は繊細で、善良で心配症」もう一つの面を理解している人はとても少ない。もし荒々しく豪放であることを外在的性格とし、善良で心配症　な性格を内在的性格とするのであれば、この月と太陽はうまい具合にお互いを補っている。このような内在的性格の多くはモンゴル民族音楽芸術に表現されており、したがって、モンゴル民族民歌の「遅くが多く、速いが少ない、心配は多く、快楽は少ない」という表現は理解し難いもので、長調の歌の中で内在的叙情性の表現方式の形成も必然性をもつ。音楽のなめらかさ、含蓄のある素朴の結合は、はっきりとした歌詞及び高らかに響きわたる演唱方法等はモンゴル長調の簡単な外在的形式を形成し、直接、内在的表現は深く重く、独特な音楽性格の特徴を含む。このような「外は硬く、内は柔らかい」特徴はモンゴル長調を歌い継ぎ易くさせるだけでなく、容易に豊富で深い内心情感を表現する。

モンゴル長調の音楽性格はモンゴル民族音楽の性格であり、それは主にモンゴル民族音楽の剛健さ、深さ、また張力を含む特徴が突出し、同時に素朴で、直接的で、荒々しい音楽性格もある。モンゴル長調の音楽の骨組みは明晰で、角は鮮明で、雄々しい力強さはずば抜け、旋律中の傾斜が急な進行はとても多いが、各歌曲の主題思想ははっきりとは表現されず、リズムを伴い動く旋律は一つ一つ推し進み、なめらかな表現方式を利用し段々と体現し出す。旋律中の六度以上の大幅に跳ぶ音程は頻繁に使用され、これらの跳ぶ音程の前後はしばしば級が進み進行の主であり、含蓄があり、滑らかさを使用する音楽風格中には張力の美がある。モンゴル人民の素朴で、豪放な性格はモンゴル長調の歌詞表現に明確さ、素朴さ、荒々しさの特徴を持たせている。モンゴル長調の歌詞のほとんどは率直で正面からの叙述で、歌詞の中の比喩も直喩が主で、隠喩またはほのめかしは用いることは少ない。歌手によって表現過程における潤腔に対する処理及び演唱風格は異なる。

同時に、モンゴル族長調民歌中は人々の愛に対する表現でもある。モンゴル民族の生存環境はこれまでずっと地は広く人が少なく、これに加えて遊牧の独特な生活方式は、彼らに愛についての自分の考えをもたせ、また愛に対する表現は独特な方式をもち、長調民歌は即ちこのような愛の原動力の作用の下で産み出され、発展した。したがって、長調民歌にはいつでもこのような体現できない愛の本質と内実はある。

㈤　口頭伝承

モンゴル族長調民歌は歴史が遺した民間の口頭伝承文化として、モンゴル民族音楽の「生きる化石」ということができる。長調の伝承方式は主に三種類ある。一つ目は家族、血縁関係式伝承、これは伝統伝承方式の基礎で、核心の位置にある。二つ目は徒弟授受伝統で、三つ目は社会民俗伝承である。例えばナダム、盟旗公共集会、群衆性宗教活動、上層階級の人の婚礼儀式などである。このような伝承方式の中で、何代かの著名な歌手と民間の歌手はモンゴル民族長調民歌の異なる音色の演唱流派を形成した。

長調を話すと、歌王ハザーブについて話さないことはできない。これは業界で既に決まっており、争えない事実である。ハザーブは唯一全ての長調技術を持っている歌手で、草原伝統声楽流派の素晴らしい代表である。彼はモンゴル民族長調歌曲の演唱方法を創造性ある継承、発揚させ、独自の特色をもつモンゴル民族草原声楽学派を創立し、ウランフに「人民の歌唱家」と称賛された。一九二二年、ハザーブはモンゴルのシリンゴル盟アバガ旗で生まれ、幼い頃に既に音楽のセンスを見せ、十二歳の時、旗でのオボーの祭りの後のナダムにて、競馬の一位と歌の一位を同時に獲得し、十九歳の時モンゴル大爵の邸宅歌手となった。内モンゴル自治区が成立して以降、ウランフ同志が自ら司る下、ハザーブはシリンゴル盟文工団に参加し、モアルジフ先生の助けの下、内モンゴル歌舞団に、国家一級役者として入った。一九九六年、中国の著名な詩人席慕容はハザーブを訪問した後、そのモンゴル民族長調に深く感服し、かつて文に書き賛美した。その文とは“彼の歌声は草原を横切り、天上の雲は移動することを忘れ、地上の風は呼吸を忘れる。パオの中の暖炉の傍らにいる老人は突然過ぎた時間を思い出し、草地の上の牛乳を集める少女は突然どこに身を置くのかを忘れ、すべての心、すべての魂は彼の歌声につれて広野の上下を駆け回り、長きにわたり帰ろうとしなかった。

ハザーブはシリンゴル長調演唱流派の素晴らしい代表であり、その演唱は美しい滑らかで、深く重い内在である。彼の代表曲は『走る馬』、『小さい黄馬』、『四季』、『年老いた大雁』及びチャオアールの『聖主チンギスハン』などがある。数十年の芸術実践を経て、ハザーブは長調の演唱方法を、創造性をもって発展させ、その向上は斬新な段階にまで上り詰めた。ハザーブはかつて蘇栄、胡松華、徳徳瑪等の有名な歌唱家を育成した。ハザーブの影響下で、この一流派は著しく成就し、影響は大きく、ずっとモンゴル民族長調演唱流派の中心的地位にいる。シリンゴル盟のマンライの生長もハザーブの弟子で、長調を伝承し続けるため、シリンゴル草原で遊牧民を呼び、シリンホト長調協会をつくった。協会をつくった目的はハザーブ生前の演唱作品、音像作品を探し集め、整理したかったからで、整理したシリンホト長調歌曲の書籍資料を出版し、更に毎年定期的に長調愛好者のために研修講座を開講する等の形式を通じて、新世代の長調歌手を養成していき、この民間の宝であるモンゴル民族長調伝統に後を継ぐ人をつくる。

長調について、歌王ハザーブ以外に、国際、国内においてたいへん影響力をもつ者が多くいる。一九五五年、「長調歌王」のバオイン・ダリガールは『広大な草原』一曲により世界青年交歓節で金メダルを獲得し、世界級の音楽大師と各国の青年を感服させ、フルンボイル長調演唱流派の重要な代表人物となった。評議委員会の一人は有名な前ソ連作曲家ショスタコーヴィチで、それを「滅多に見ることのない民族音楽における女性の高音」と称した。彼女の音色は明るく、格調は清新で、情熱はほとばしり、女声長調の演唱と教学に大きな影響を与えた。ターブハイなどの人は、同じくフルンボイル長調演唱流派の重要な継承者である。その後、モンゴル国女性高音長調演唱家のヌォリブバンズドーは二回連続アジアと世界大会で優勝し、「アジア歌王」の称号を獲得した。これはモンゴル民族長調牧歌が既にとても高い階層に到達したことを表し、イタリアの美声法と同じくらい美しい声楽芸術といえる。

シリンゴル盟西ウジムチン旗には名声ある女性歌唱家のモダグがおり、幼い頃から長調を学び、声は厚く甘美で、行腔はなめらかで自然である。彼女は大量の長調を記録し、更に発展させ輝かしいものにするためにこの歌は素晴らしい貢献をした。その代表歌曲には『孤独なラクダ』、『爽やかで気持ちのよい大自然』『グリーンスリーブス』などがある。

盛り上がる舞台上で新世代長調歌手のアラタンチチグは聴衆から深く好まれ、国際大会で多数の受賞し、アルシャー長調のずば抜けた代表となった。その音色は素朴で力強く、音域は広く、情熱は豪放で、上品で華麗なはっきりとした地域特色をもつ。代表曲として『金色聖山』、『広大で豊かなアルシャー』、『孤独な白いラクダ』などがある。

著名な音楽人の柯沁夫は、草原長調民歌は一種の歌唱芸術として十八世紀から二十世紀初期に高度な発展の繁栄を示したと考える。草原上のモンゴル民族遊牧民は、ほとんど長調を歌わないまたは歌うことができない。彼は、良い優秀な歌手は尊重と礼遇を受け、著名な歌手は特別な尊重と礼遇を受けると言う。イラータはウジムチン草原上の普通の遊牧民で、数十年、彼とその妻はずっとこの美しい草原の上で生活していた。多くの遊牧民と同じく、毎日早朝、イラータはお気に入りの馬に乗り、長調を口ずさみ、放牧生活の一日が始まる。歌声は昔から生活の欠かせない部分となっていた。イラータは「私の両親は長調を歌うのがとても上手で、私は両親から教わり、十三、十四歳の時には既に上手く歌えるようになっていた。重大な祭日または祝賀イベントの時に私たちは長調を歌い、私は羊を放牧する時も常に私の故郷の長調を歌う」と話す。

長調は一種の口頭伝承に頼る民間芸術で、この地域の異なる演唱者の差異により、多くの風格が形成された。したがって、長調は常に継承人の身の上に「付着」している。現在の長調伝承人は三種類に分けられる。一種類目はハザーブを代表とする昔ながらの長調芸人で、彼らの多くは年齢が高く、ある者は既に亡くなっている。二種類目は現在五十歳前後の、今なお牧畜区で生活する民間芸人で、この部分の人は継承人が主体で原生文化が主導する力である。彼らは草原で生まれ育ち、原生態文化形態に接触している。三種類目は現在の芸術類大学で、芸術研究所等の学校が育成する新世代の現代保護の観念と意識をもつ長調人材である。例えば、内モンゴル大学芸術学院と内モンゴル師範大学音楽院は長調演唱先行課程を開設し、それに関わる教材を編集した。フルンボイル学院芸術系は専門的に長調流行遊牧区のモンゴル族の少年を募集し、育成クラスを集めた。この他、内モンゴル師範大学音楽学院は二〇〇六年にプロの修士研究生を募集し、アラタンチチグが教鞭をとった。

同じ文化遺産と比べても、無形文化遺産は生きる伝承に属し、特に口頭伝承による長調は、人を通じてのみ完成し、中には継承者が亡くなって以来、伝承できなかったものもあり、それが造り出す損失は取り繕うことができない。ある長調の歌唱法は千年の鎖は切れてしまった。ここ十数年、何人かの著名な長調歌唱芸人は次々と世を去り、「馬の背の民族」は馬の背を走り、長調が誕生したもともとの自然環境に変化が起こり、馬の背上の千年の絶唱及びいくつかの独特な演唱方式と方法は伝承が絶える危機に瀕している。このことから、現在のうちモンゴル民間で長調を演唱する人はどんどん少なくなっていることが分かり、一度はトゥメト部、ホルチン部、モンゴルジン部長調は基本的には既に消滅し、ごく少数の老人、専門研究人員が多少は知っている。そしてアルシャー長調民歌を歌える芸人は百人もおらず、みな高年齢である。

目の前に迫っている

中国モンゴル民族長調民歌連合保護協調指導委員会の劉新和は、目前の長調伝承環境の止まらない悪化、例えば内モンゴルの生態環境の止まらない悪化、牧草地帯の退化、砂漠化の悪化等の不利な要素が、継承人の生活条件に変化を起こさせ、特に遊牧移民の移動は、長調の民間伝承の芸術土壌を失わせた。

長調民歌を議論するときに、駿馬まで干渉することはできなくない。それぞれ草原で生活するモンゴル人は、生まれつき駿場との結び目を解けない縁を結んでいる。遊牧民、駿馬、草原は、決して分けることはできず、3者は遊牧社会生産力の基本要素を構成しており、またモンゴル族が長調民間歌謡を創造する主要な基準である。少しも誇張せずに言うと、一つの光り輝く草原文化の歴史は、長調民歌の内を含めると、実際はモンゴル族と駿馬が共同で創造したものである。モンゴル遊牧民族の生活方式の変化に伴い、昔の草原は現在農業地域、都市に変わり、長調はしだいにその頼って生きていた自然環境を失った。他にも、現代の交通、通信業の発展により、各種文化は前代未聞の速度と規模で草原に深く浸透し、数えきれない代の長調歌手を育てた草原、「文化環境」変化が起こっている。現在、かつて繁栄したホルチン長調はすでに基本的には消滅し、長調は草原上の歌で、馬背上の歌であり、モンゴル民族は現在馬の背から降り、草原文明はさらに高い農耕文明と工業文明へと邁進しており、私たちは当然遺産を保護することと文明行程の遮断を要求することはできない。そのうえ、過去の多くの長調は宴歌であり、いくつかの儀式性のある活動で公演し、現在モンゴル人はモンゴル式テントを離れ、多くの歌手はホテルや旅館で歌い、歌曲の内容も変化が起こり、流行の歌曲となっている。何人かの長調芸能人は、生活条件の悪さにより、収入は低く、政府も彼らに補助は与えず、時に別の出口を検討せざるをえないと反映する。さらに人を同情させるのは、ハザーブ老人は生前に一心に編纂した百首以上の長調楽譜を調整すでに破壊され、歌王が退職した後長年にわたりきわめて少ない人が彼に出てきて教育をするよう頼み、あるいは彼の手元のいくらかの資料を整理、記録等の業務をし、長調に対して応急処置的な保護をし、ハザーブはアルバムの一枚も出さなかった。

モンゴル族長調民歌はきわめて貴重で再生不可能な資源であり、そのため、応急処置と保護は永遠に一番優先することである。現在長調民歌は全体的に衰体の傾向に直面しており、現在の主な任務はそれに対し、掘り起こし、保護、伝承することである。この観点はすでに各方面の同意得ている。現在、国家はすでにモンゴル族長調民歌を芸術的科学研究重点プロジェクトとして、二回の全国範囲での長調民歌がテーマのシンポジウムを開き、専門家を組織して内モンゴル内に分布する長調民歌対して全面調査、収集、整理、録音、楽譜書き、翻訳の作業を行い、『中国民間歌曲集成・内蒙古』を出版した。内モンゴル自治区の文化部門も何度か異なる範囲のプロとアマチュアの長調民歌大会を組織、開催し、同時に『内蒙古長調民歌与馬頭琴』のCDを出版し、二十一曲のモンゴル族長調民歌と十八曲の馬頭琴音楽が収録された。この他に長調民歌の情報庫の建設を準備している。内モンゴルのある芸術学校はまた相次いで教育実践を展開し、あるプロは長調の歌唱クラスを設立した。

しかし、モンゴル族長調の復興の道は依然として難しいものである。彼らは今なおまだ安定した長調保護作業に対する機関を建設しておらず、長調流派の系統的な基盤点である「底数」もない。この他、全面的に深く掘り下げた長調民歌理論は欠けており、演唱技巧と教育方面の理論は研究され、長調芸術研究の理論に従事する人材のきわめて得難く、研究の領域及び水準国外同業の研究成果と比べて格差非常に大きい。これに対し、関連のある専門家は、モンゴル族長調保護作業機構をなるべく早く建設し、そして長調専門の学校を設立し、急いで理論を研究する人材を養育し、現代化手段を利用して研究、保護し、長調口頭伝承の歴史を変えるべきだと提案する。

内モンゴルのある人民政治協議（＝商）会議委員は、内モンゴルは長調に対しての伝承と保護に力を入れるべきだと提案する。継承人に対する保護は一つの空談ではなく、彼らを助け最低限度の生活環境、生活条件を解決し、少なくとも部分的に援助をする必要があり、しかし、現在この方面において内モンゴルほとんどまだ空白である。この他に、継承人に対しての認定、保護、継承をし、系統的な認定と規則の制定、これもまた簡単な事ではない。長調はモンゴル国と共に申請した無形文化遺産として、両国はいっそう密接な協力と交流を必要とし、一歩一歩理論の方面を上昇させ系統的な研究を進める。二〇〇五年十二月五日、中国、モンゴル国政府の職員と専門家は内モンゴルフフホト市でモンゴル民族長調民歌連合保護協調委員会会議を開き、十年間の中国とモンゴル国はモンゴル族長調民歌連合保護として保護行動を起動すると宣言した。これによると、モンゴル族長調民歌連合保護行動の展開期間は、中蒙（モンゴル）両国三年に一回連合会議開く計画で、協調指導委員会により保護に対する作業は全面的協調、指導され、保護行動の基本原則、保護政策、実施法案及び経費政策が協議、確定され、同時に実施監督が責任し、出現する問題に対しては協議を通じて解決案を確定する。

（譚　必勇）

参考文献

① 古宗智、楊方剛『中国民族音楽研究』、貴州民族出版社、一九九九年版
② 喬吉、馬永真『蒙古族民俗風情』、内蒙古人民出版社、二〇〇三年版
③ 呼格吉勒図著、竜梅・烏雲巴図訳『蒙古族音楽史』、二〇〇六年版
④ 張宣等『歳月留声——名家名曲頌中華』、中共党史出版社、二〇〇九年版
⑤ 中国非物質文化遺産ネット・草原民風集綴、http://www.ihchina.cn/inc/detail.jsp?info_id=196
⑥ 王興斌『科爾沁地区蒙古族長調民歌保護与伝承研究』、中央民族大学、二〇〇九年
⑦ 郝娃『歌声的感召蒙古長調解読』、斉斉哈爾師範高等専科学校学報、二〇〇七年第十一期

中国の養蚕・絹織物の職人技術

「中国の養蚕・絹織物の職人技術」の世界無形文化遺産申請作業は、中国絹織物博物館が中心となり、具体的に責任を負った。申請の範囲は浙江省の杭州、嘉興、湖州、江蘇の蘇州、四川の成都など三省五市の主な蚕生産地と蚕絹織物文化の保護地である。二〇〇九年九月、ユネスコの無形文化遺産保護政府間委員会の第四回会議で、「人類の口承及び無形遺産の傑作」リスト候補の七十六項目が審議、認定され、その中に「中国の養蚕・絹織物の職人技術」が含まれる。

蚕絹糸織物は中国の偉大な発明であり、中華民族が同感する文化標識である。この遺産は桑を植え、養蚕、糸を編み、染色と絹織などの全体の過程の生産技芸を含み、その間に用いる様々な巧みで綿密な工具と織機、およびこれから産み出される鮮やかな綾の絹、紗綱、錦織、つづれ織りなどのシルク製品も含み、同時にこの過程中に出て来たこれに関係する民俗活動も含める。五千年にわたり、それは中国歴史に重大な貢献をし、そしてシルクロードを通じて人類に文明に深い影響を産み出した。この伝統生産手工芸と民俗活動は今なお浙江省北部と江蘇省南部の太湖流域(杭州、嘉興、湖州、蘇州等を含む)及び四川成都等の地に伝わっており、中国文化遺産大家族の代表的な素晴らしい一員である。

発展の歴史

蚕絹糸織は中国の最も偉大な発明の一つであり、六千年以上前の私たちの祖先は既に野生のカイコを利用して織物を行い、後に野生の蚕は馴れて家蚕になった。蚕絹糸織の歴史は五千年前の新石器時代まで遡及することができ、「上下五千年」の中華文明とほとんど一緒に生き、ともに今なお伝承されている。この五千年近くに、シルクは中華民族の象徴となり、絹織物は人々の生活に溶け込み、光り輝くシルクロードは文化と貿易交流の通り道となり、そこでシルクを中心とする蚕絹織物技芸と文化は中華文明を益々鮮やかで綺麗にさせた。

蚕絹織物の起源に関する神話物語に、繭の蚕を吐くことができる蚕のような昆虫が神化されて、例えば「蚕は神に糸を捧げる」、「神は蚕に化ける」、「姫は蚕を結ぶ」といった蚕に関する伝説は多く、あるは歴史書にも見られ、司馬遷の『歴史屋』中に蚕絹織物の「発明特許」は黄帝を授与したとある。昔蚕絹織物と女性は密接な関係があることから、黄帝元妃嫘祖は成功して歴代の政府の蚕の神となり、彼女は昔「民に蚕を養うことを教える」人だと語り継がれている。「嫘祖が蚕を始めた」ことは政府の広い認可得て、民間で広く伝わるのは「馬頭娘」の物語であり、「馬頭娘」は即ち養蚕農家が崇拝する「綺麗な蚕娘」である。

神話や伝説は一つの角度から私たちに向けて蚕絹織物起源が遠く、中華文明と関係があることを説明し、しかし考古学の発見は私たちに更に科学と適確な情報を与える。一九二六年、考古学学者は陝西省夏県西陰村で仰韶文化の遺跡を発掘していた時、半分の蚕繭が出土し、蚕繭の一端は鋭い刃物に切られており、これは初めて蚕絹織物の起源が見られる最古の証拠である。ある人はこの一つの家蚕の繭であると考え、ある人はこれを野生蚕の繭だと考え、もう一種の観点は、それは後に地層の中で混ざったものだと考える。そのうえ蚕繭が切られていることから、既に糸に用いることはできず、またある学者はさなぎを食べる或いは占うために用いたものであると推測する。要するに、この切られた蚕繭が初めて発見されてから、それに関する論争は止まらなかった。しかし後の考古学の発掘中に、有史前の時代の大量の絹糸、リボン、絹のかけら、紡織工具、蚕とさなぎの装飾物が出土し、蚕絹五千年の歴史の充分な証拠となった。一九五八年、浙江省銭山漾の今から四千七百年くらい前の新石器時代遺跡で、いくつかの絹のかけら、絹糸、リボンが出土し、これは長江流域でいままで最古で、最も完全な絹織物の発見である。一九八四年、河南省滎陽県青台村の仰韶文化遺跡で、考古学は今から五千年ほど前の絹織物と紅陶紡輪を発掘し出し、これらの絹織物は黄河流域の今までで最古で、最も適確な絹織物の実物である。一九七七年、今から約七千年前の浙江省余姚川保母遺跡で、考古学人員は蚕の紋の刻まれた骨器を発見した……。

　これらの考古学の発見はさらに中国五千年以上の蚕絹織物の歴史を証明し、そのうえその起源はおそらくもっと前である。黄河流域と長江流域に全てに蚕絹織物が現われ、それらの間には明らかな伝承関係は無く、中国蚕絹織物が独立して異なる地域を起源とすることを説明する。蚕絹織物は中華文明が通ってきた五千年以上の雨風の歳月に伴い、太古から今日まで、一片の薄っぺらな絹はいくらかの歴史と文化を背負ってきた。

　夏商周の時代、蚕絹織物は既に普遍的に勃興、養蚕、繰糸、染色の技術は大きな進歩があった。商代甲骨文の卜占の中には多くの蚕と占いに関した記載があり、「桑」、「蚕」、「絹糸」などの文字の出現率はとても高い。「見つかった甲骨文に、『絹糸』と『糸』の文字は一〇〇以上ある」。そのうえ、商代の古墳の中には玉の工芸品と青銅の礼器の表面によく絹織物の包みを用いた痕跡が発見できる。例えば、殷墟婦のよい古墳には絹織物が貼られている青銅礼器が四十数件必ず出土する。両周の時代の蚕絹織物業発展状況は歴史典籍から知ることができます。『詩経』には多くの詩が蚕絹織物を題材として、西周春秋時代の蚕の情況を反映している。例えば、『豳風・七月』には蚕を採用した曲が一首ある。

　「七月は丹毒、八月は荻。蚕月は桑、それを取ってばらばらにし、遠くまで切り揚げ、ああ彼女は桑である」

西周春秋時代、シルクの柄と品種はしだいに充実し、錦、紗、娟、綺な

西夏村仰韶文化遺跡で
出土した半分の蚕繭

どがあり、ある絹上には刺繍を用いた装飾がされていた。錦の現れは、この時代蚕絹織物発展の最大の成功である。「錦は、金なり」、その価格は金如く、織物の採用は文化採とされ、富貴で鮮やかな、錦はきわめて高度な絹織物のレベルと技術を要してやっと完成することができる。戦国時期、各地の絹織物業は全て大きな発展を得て、最も発達したのは三晋に属す地と斉魯地区である。例えば斉魯は「魯縞」有名で、「強者の衰退は魯縞を着ることはできない」これは魯縞の蝉の羽のように薄い特徴を際立たせたものである。現代の考古学は南方の楚国境内で大量の絹の実物を発掘し、私たちに数千年後でもまだ戦国絹の華彩さを見せつける。

「ある夫は耕さずまたは飢えを受け、ある女織らないまたは寒さを受ける」。秦漢の封建王朝の建立と強固な措置は自給自足をさせ、男は耕し、女は織る小農経済さらに確立して、蚕絹織物の発展に新しい社会条件が現われ、桑を植え、養蚕し、繰糸し、染色することは全て大きな発展を得た。蚕絹織物は統治階級の高度な重視を受け、国家は桑を資本とし、そして蚕を管理する官職を専門的に設立した。この時代、「桑の木の栽培はしだいに集約化し、桑の木を切る形式は重大な変化が起きた。蚕の生理、生態状況に対し初歩的な理解を要し、養蚕の方面は豊かな経験を積んでいる」。繰糸工業技術にも革新があり、しかも糸巻き機を使用し始めた。学者たちは関係のある材料に基づいてこの時代に用いられていた織機である、中軸式両踏斜織機を復元した。そして漢代には既に複雑な織機があった。多く巻き多く踏む様式の織機は最もありふれたものであった。この時代の絹に関する考古の発見非常に多く、長沙馬王堆の西漢古墳で出土した絹織物の実物が代表とされ、その品種は多様で、紋の形は華美で、技術はずばぬけておりそのうえ保存は完璧である。馬王堆一号漢墓にてちりめんを用いて作られたひとえ衣が出土し、重さはたった四十九グラムで、本当の「蝉の羽のように薄く」、西漢時第の絹織物の技術レベルの高さを完璧には表している。「考古学の発見の豊富で多彩な絹の実物から見ると、

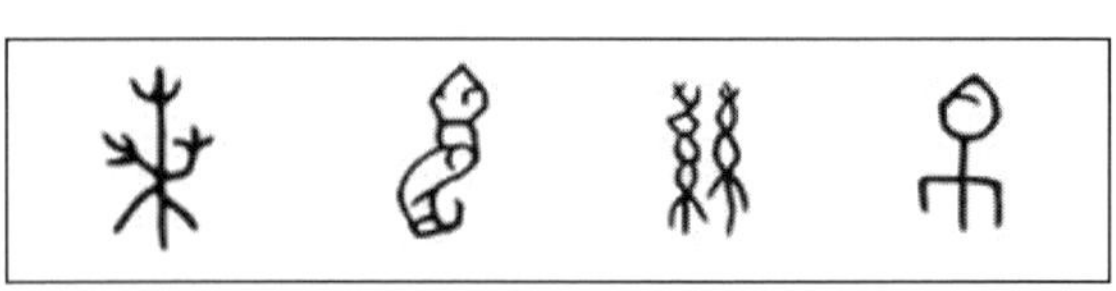

甲骨文字の「桑」「蚕」「絹糸」「絹織物」

西漢時代の絹生産は既にきわめて高い工業技術水準に達しており、富貴で厚い錦織から、煙のように薄いちりめんまで、線のように流暢な刺繍から、紙型で手を加えた絵の敷かれた鮮やかさと印刷された花、金さえも貼り、羽を貼り、綿毛の玉など、各種工芸はすでに試した」。漢代に外交と貿易の規模はしだいに拡大し、絹は経済文化交流の大役で、貿易の過程において、蚕絹織物技術は周辺国家にまで広がった。西漢王朝強大な実力、加えて絹貿易の規模と地区の拡大は、経済的文化交流道の開拓を推進し、即ち中国外古今文明の「シルクロード」である。

魏晋南北朝時代の養蚕技術は既にとても高い水準にまで発展しており、歴史書の記載によると、東晋南朝時代、豫章などの地の蚕は一年に四、五回熟し、永嘉地区の蚕は一年に八回熟すことができた。北魏の賈思勰は『斎民要技要』に異なる標準と特徴に基づき蚕について詳細な分類をし、彼はまだ蚕の生存に適してなかった環境を総括し出した。曹魏地区の馬鈞は著名な機械改革者で、彼は綾器を大胆に改革し、織機の構造を簡約化してこれにより仕事効率を高めた。四川地区もこの時期の蚕の要地で、そこで生産された絹は全国でも有名で、特に蜀錦で有名である。北方と比べて言うと、江南地区の戦乱は少なく、さらに北方人民が大量に転入し、先進的蚕絹織物技術をもたらし、絹糸業は著しく発展し、特に浙江と福建南一帯は、自然条件に恵まれており、急速に全国の重要な蚕絹織物の中心となった。この時期仏教は社会全体に影響が拡大し始め、仏教の風は絹織物にも吹き寄せ、絹上の紋様は濃厚な仏教の意を体現し、例えば彩絵と刺繍された仏像、錦織の中の獅子、白象、孔雀は、ハスとスイカズラなどが捺染されていた。この時期蚕絹織物技術はシルクロードを通じて西欧諸国に伝わり、ビザンチン帝国、ペルシアなどの地に絹織物は絹の故郷中国としてまあ逆輸入さえされていた。

隋唐時代に全国新しく統一を復活され、蚕絹織物の大発展の条件を創造した。唐朝は中国絹織物業の盛んな時期で、杜甫は彼の名詩『憶昔』にて「斉産の魯縞の車が並び、男は耕し、女の桑を互いに失わない」と言った。蚕絹織物は技術と工芸方面において前代未聞の水準に達し、絹の種類は空前にも盛んとなり、絹織物の工具は改良され、染色は既に絞りの模様、挟みの模様、蝋の模様、灰の模様などのたくさんの工芸があり、扎経織物も現れた。南北朝時代に興起した織上とつづれ織りは隋唐にさらに発展し、興起したばかりの緯の錦と緯の錦から発展して来た暈繝錦は一時有名になり、襄邑の錦繍、亳州の軽紗、荊州の貢綾、宣州の紅線毯は、全て全国で有名な素晴らしい作品である。隋唐時代、シルクロードは再度新しく開通し、そのうえ海上のシルクロードも現れ、中国の絹織物は続々と絶えず国外にまで輸送された。唐代の絹は柄が美しく、性質は良く、その紋様のデザインは開放的な盛り上がる唐の雰囲気を含む浸透下で、一面では、伝統的なスタイルを継承し、もう一方では中央アジアから、西アジアの装飾芸術は大量に栄養を吸収し、ある意義から言うと、唐代の絹芸術は中国絹の歴史上であり最も熱烈で、最も華麗で、最も豊かで、最も生命力を持つ満開の花である。」唐朝安史の乱とその後の藩鎮割拠藩、五代更迭は、中原地区の蚕絹織物に重傷を負わせ、南方の絹織物業は最終的に北方を超え、呉越地区は全国の蚕絹織物の中心となった。

宋元明清八百年以上の歴史において、戦乱と少数民族が初めて中原に入ってきたことは絹織物業に一定の影響を与え、しかし全体から言うと、歴代の統治者は全て異なる程度上で蚕を重視し激励し、したがって紆余曲折の中で絶えず発展した蚕絹織物は重要な成功を得た。

この時期が桑を植えて蚕を育てる技術はどんどん高まった。桑の木の種類はある程度増加し、人々はその中から異なる環境に適した優良品種を育成し出した。接ぎ木の技術は桑を植えることにおいての応用で一つの重大な成功であり、宋代の陳旉は『農書』にて細かく桑の接ぎ木技術を記載し、元代に至っては桑の接ぎ

長沙馬王堆で出土した薄い羽衣

雲気獅紋紗紋様（北朝）

木技術にさらに益々成熟し広く推進されている。養蚕技術は更に科学と成熟し、蚕技術を推し広め総括した書籍が現われ､例えば北宋秦観の『蚕書』､元代の『農桑輯要』、明代宋応星の『天工開物』などがある。南宋画家の楼儔作の『耕織図』は、二十四枚の図画を用いて細かく蚕絹織物のプロセスを解説した。宋応星の『天工開物』には明代が発明した蚕の交雑方法が記載されている。一化性の雄の蚕（一年内に一代だけ発生する、生まれて育ちが遅い卵の蚕）と二化性の雌の蚕（初代は生まれて育ちが遅い卵ではなく、第二代は育ちが遅い卵である）を交雑させて、優良な蚕の種を得られる。この他に、蚕を養う技術と病気予防の技術は全て新しい進歩があった。

同時に、繰糸と染色工具は技術の進歩と共に蚕絹織物技芸を最終的に最高の境界に到達させた。北宋の時、既に足踏み式の糸車が発明され、大いに糸を巻く効率を高めた。織機の種類はますます豊かになり、各種の異なる品種絹専用の織機を製造し発展させ、例えば宋代の専用の綾器と網器、元代の綾織り専用の熟器と飾りつけ専用の雲肩欄袖器を、明清代の織機の種類はさらに多い。いくかの古典籍中に織機の形と構造は絵で説明してあり、私たちに当時のあの構造が精巧な織機を復元させることができる。同時の染色と印刷工芸も新しく発展しており、媒染剤は広く応用され、染料の種類は増え、これによって絹の色彩は一層きれいになった。元代の史料の統計によると、絹の色彩はすでに七十種と近くあった。

染色工芸の進歩はこの時期絹の種類の増加と品質の向上を推進した。宋代が最も重要つる絹は錦織で、例えば八答暈錦、天下楽錦、翠毛獅子錦などは全て有名で高価な品種であり、当時の絹織物の代表作品で、つづれ織りも当時非常に流行していた絹織物である。宋の人はまた絹織物を室内装飾に使用し、例えば錦織は屏風と条幅の制作に使われ、つづれ織りは同じく有名人字画と結び付けられていた。元代の絹織物は金や青に輝く織金錦が最も代表的で、遊牧民族は金製品に対して特殊な愛好があり宋代で産生された織金錦は異彩を放ち、織

唐代の宝　相花琵琶錦袋（局部）

金の緞、織金綱もとても流行し、元代の織金技術はとても大きな進歩を得た。明清時代に絹の種類はさらに多くなり、そのでもまた雲錦とベルベットが代表とされる。ベルベットの表面は柔軟な絨毛で、柔和で富貴を尽くし、南京、蘇州、漳州などの地は全て著名なベルベット生産地域で、今なお南京のベルベットは最も名声がある。

近代に入り、中国は次第に半植民地、半封建社会になり、資本主義国家のなる原料供給と産品投げ売り市場に落ちぶれた。蚕絹織物は一方では戦乱が破壊を受け、他方では生糸輸出量の劇的な増加の刺激の下に継続して発展し、しかも近代化の開始につれて、糸を巻く機器は興起し始めた。後に日本が繰糸業を台頭し、中国の伝統技芸であう生糸の操りが国際市場から押し出され、そして日本中国侵略戦争の間中国の蚕は意のままに破壊あれ、絹織物業はかなり萎縮した。西方列強は絶え間なく中国に外国の布を投げ売りし、中国は自給自足の国内絹市場を破壊し、また中国絹の輸出貿易は抑制され、中国の絹生産は酷い影響を受けさせられた。

工芸のプロセス

伝統的な蚕絹織物技芸は桑の栽培、養蚕、糸を操り、染色、織物等の全体の過程を含む生産技芸であり、具体的に言うと桑を植え、桑を摘み、さなぎを殺し、糸を操り、経緯を準備し、織り上げ、染色し、印刷し、整理などの多くの工程を通る必要があり、最終的には鮮やかで綺麗な絹がやっと私たちの目の前に現れる。これは一つの長く果てしのない生産の鎖であり、数え切れないほどの桑を採取する女、織る女、詩集をする女の汗水、心血と知恵を凝結したものである。

中国は世界での最も早く桑を植えた国家で、古代の先住民は野生を馴らし

南宋沈子蕃緙糸『花鳥軸』(右図は部分拡大)

て家の桑にし、数千年の植栽実践を経て、豊富な桑を植える技術と知識を総括し、そして多くの優秀な桑の品種を育成し出した。木の桑から地の桑まで、種蒔きから取り木繁殖、接ぎ木、桑の豆の相作、桑の基本的な養魚池等まで、古人は一連の桑を植える知識を探索し出した。現在、我が国は世界で桑を植える数が最多の国家である。

古人の眼には、蚕は一種の珍しい昆虫で、その一生は、完全に違う四段階を経過しなければならず、卵から黒い蟻ような一般的な幼虫を経て、寝ては起き、ぱんぱんに太った成虫を経て、その後絹糸を吐いて繭を結び、繭を破って蛾になり、蚕蛾はまた蚕の卵を産む。古人から見るとこれは一種の生命の循環であり、民俗学者はこれを古人の蚕に対する崇拝の原因の一つであると考える。李商隠は詩の中で「春蚕は死ぬまで糸を尽くす」と感慨し、家蚕は絹糸を吐いて繭を結び、何万個もの八の字結びの絹糸を編み出して囲む必要があり、総長千キロ以上に達する。この種珍しい昆虫が吐いた絹糸で仕立て上げた絹は中華民族の偉大な発明であり、ローマの人が最初に中国の絹に触れた時、その原料は小さい蚕の吐いた糸であることは想像し難く、彼らは神秘的の東方にある一種の不思議な樹木が出したものだと推測した。

生糸はセリシンとシルクフィブロインの二つの部分からできており、セリシンはシンシルクフィブロインの外を包んでおり、これは一種の水のゼリー状のもので、シンシルクフィブロインは半透明な繊維の一種であり、即ち私たちがいう生糸である。繰糸はセリシンとシンシルクフィブロインを分離させ、生糸を引き出します。繰糸の前に先に蚕繭表面の乱れた糸をはぎ取り、これを「繭はぎ」と呼ぶ。伝統繰糸技術一般的に繭を煮る方法採用し、西周時代には既に繭を煮て糸を繰った記載があり、一定の温度の水を使って繭中のリシンを溶かすことによって、シンシルクフィブロインの糸口を探し当てて、これで糸を繰ることができる。一本の生糸は極細で、単独で使用することはできず、そのため糸を繰る時はしばしば数本の生糸集めて一緒に巻き、一本の生糸を形成する。糸を操る過程は糸口探すこと、糸口を処理すること、糸口をつなぐことを含む。絹織物は経線と緯線から一定の組織規律によって相互に織り成し、経線と緯線は生糸からさらに加工してできる。「緯線の形成を経て、また織物の要求に基づくことは必須であり、操り作られた絹糸はひっくり返す、まとめる、捻じる、のりをつける、引っ張る、揺らす等の工程を加えられることにより完成する。」経線と緯線の準備工程は経緯準備と呼ぶ。

経緯糸があり、織る前にまだいくつかの準備作業が必要である。織機は竹、木などの材質が構成する精密機械装置であり、保存、保護の時に虫や湿気により変形をすることを予防しなければならず、織る前は先に織機を検査し調整すること必要である。ほかにも織物の要求に沿って織機を選び適応する工具を選ぶ必要があり、梭や曲がりくねった管、牛角、糸管、竹筬、筬刀を引っ張る、掌扇、経架を引っ張る、経架を通す、絞りの棒とはさみを通すなどが必要である。異なる絹織物製品の織る工程は作って全部が全部同じとは限らないが、大体生織と熟織の二つの大きな種類に分けることができる。生織は先に織後から染めることで、即ち経緯線は強化染めを経ておらず、このように仕立て上げる絹織物は白地と呼ぶ。その後また白地に強化染めをした後が制作は完成し、一般的に言うと素織物や刺繍模様の織物はこの生織工芸を採用する。生織工芸のコストは低く、工程が短いことから、これにより現代の絹織物生産は主にこの種の織物方式を運用する。熟織は経緯糸を線が織る前に既に染色されており、織った後に再び強化染めしなくてもよい。このような方式は異なる色の絹糸でつくる異なるデザインに用いられ、作った絹織物は彩豊富で、デザインは生き生きしており、華麗広壮で、そのためよく高級な絹織物の生産、制作に用いられ、例えば錦織、つづれ織り、織金、タフタなどである。「万千の美文は、自らの器の中に出る」、経緯線は異なる方式と規律によって配列を織り成し、平織、あや織り、サテン織物のこの三種の基本的な構成基礎上多く変化、これによって豊かで多様な絹の品種、蝉の羽のように薄い紗、価値が数万に匹敵する綾、織りの採用を文化とする錦、天から取ったような雲錦、美しい容貌の緞、天然よりも巧みなつづれ織りなどが形成される。

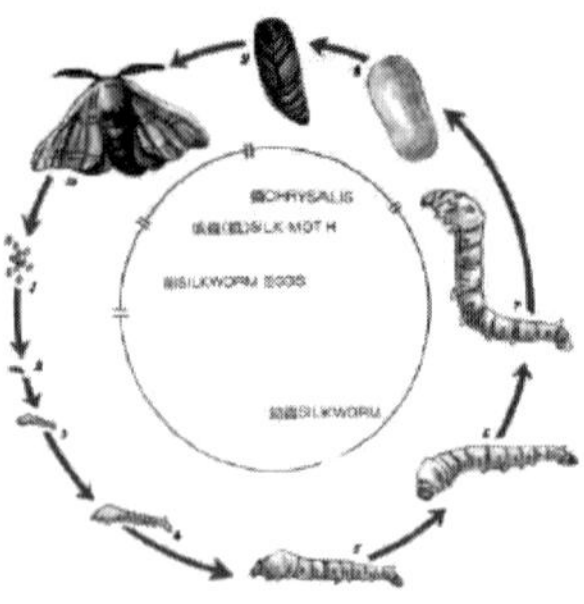

蚕の一生

捺染の工程はシルクに美しい色と美貌と紋様を出させる重要な工程で、まさにこの工程は各種絹に含蓄と知恵の息を持たせる。捺染の前に先に生糸あるいは白地精錬さえる必要がある。糸を繰る過程は完全にはセリシンを取ることはできず、生糸手触りは粗雑で、一定の色つやを帯びる。精錬の時に、生糸あるいは白地を灰汁の中に入れて加熱し、セリシンは加熱後水に解け、はげ落ちた程度のものはまだ異なる生産要求に基づき決められる。精錬後の生糸は熟糸として、色は潔白で、柔軟で艶があり、白地は精錬を経て柔らかく滑らかで潔白であり、十分に順調に着色することができる。絹の染色工芸は新石器時代に既に現われており、長くて果てしない歴史の中で発展し、工芸水準は絶えず向上し、染料の品種はますます豊かになり、染めた色の種類はしだいに拡大し、統計によると清代に至るまで既に七百色以上があった。絹の捺染の染料には主に天然染料が用いられ、ミネラル物質染料（例えば赭石、朱砂など）、植物染料（例えばインジゴ、ベニバナなど）、動植物分泌物染料（紫鉚、血竭など）を含み、一部分は人工合成の染料である（合成朱砂など）。鉱物染料を用いて絹糸あるいは白地上に着色することを石染めと言い、植物染料を用いて着色することを草染めと呼び、伝統的な染色の全行程は手作業により操作され、「一缸二棒（一は陶器（器）二は棒）」を主とする。石染めの基本的な工芸工程は

糸（織物）——顔料漿液／こすり落とす或いは漬ける——→ コーティング ——→ 乾かす ——→ 色糸（織物）

草染めは絹糸あるいは白地を植物染料の染液の中に入れて浸し、生糸の繊維に着色させ、植物染料は少量だけ繊維に付着することから、一般的に何度もの浸透を経る必要があり、やっと完成する。その他、広く採取された、いくつかの補助材料は強化染めを増強させる効果があり、例えば剤媒染剤、防染剤、増稠剤、防水剤、助白剤などがある。

各種染料と補助材料は適当な環境において絹糸あるいは白地と化学反応を起こし、絹糸と白地に様々な色を出現させる。

捺染は絹の装飾に対する重要な手段と順序である。捺染の時必要な工具である型版（凸版、透かし彫り版と凹形挟み版など）といくつかの小道具（各種ブラシ、筆、蝋小刀など）がある。捺染は直接捺染と防染捺染に分けられる。直接捺染はよく設計されたデザインと紋様に基づいて、染糊を手あるいは型版を用いて直接織物上に印刷する方法で、多くの鉱物顔料を採用し、主に金の（銀）、インク、拓印、刷印などである。例えば金の（銀）の印刷は金（銀）の粉末を使った接着剤を織物上に貼り、これによって華麗で広壮な紋様が形成され、インクを用いた印刷は直接織物にたくさんの色の紋様を印刷し出す。防染捺染は最もよく使われる方法で絞り纈、挟み纈、蝋纈がある。絞り纈は殷商時代にはすでに出現しており、操作する時はデザインと紋様の設計に沿って、結い、束、綴じのなどの方式で織物の局部に結び目を縛り、その後染めるかめに浸けて、織物の結んだ部分は着色することができないことから、織物全体に比較的に自然な紋様を形成させる。挟み纈は二つの彫刻の紋様がある型板を用いてきつくしっかり織物を挟み、その後着色していき、きつく挟んだ部分は着色されず、防染捺染を形成して、染色完成後は挟み板を取ると、紋様が印刷された絹が得られる。蝋纈は別名蝋染めと呼び、蝋を防染剤に使用し、蝋刀を漬けて溶けた蝋を取りだし絹の上に紋様とデザインを描き出す或いは描く、こする、しるしをつける方式で局部加工をし、その後織物を染めるかめ中に入れ、乾くのを待った後蝋を取り除けば完成である。織物上の蝋はよく裂け目が生じることにより、細小の割れ目のある天然のデザインが形成され、一番の情緒と区別される。染色と捺染を除いて、刺繍は非常に重要な一種の絹装飾工芸で、刺繍の種類は非常に多く、技法は十分に豊富で、刺繍の女たちは器用な両手で私たちに各種極上の刺繍を見せ、蘇繍、湘繍、広東省の刺繍、京繍など全て刺繍中の著名な種類である。

最後の一つの工程は絹の整理であり、精錬、染色、捺染などを経させ、処理し絹織物手触りはより良く、外観は更に良くするため、絹の湿り気、しわなどの問題を処理する必要があり、アイロン整理、軸床整理、布をなでつける整理等、特別な用途の持っている絹はまだ他にも特別な工程の加工を経る必要がある。

文化の原型

遥か昔の時代に産み出された蚕絹織物はほとんど全行程が中華文明に伴い、それは国家経済領域の地位にあり、人々の生産生活における作用であり、それに社会のあらゆる方面までしみ込ませ、中華文明全体に溶け込んだ。蚕絹織物は中国文学、芸術、科学、制度、風俗、外交、審美および経済貿易などは全てに繁雑な関係がある。もしも五千年中華文明をきれいな一枚の絹比喩するのなら、蚕絹織物はどうしてもこの一枚の絹の多数の経緯線の一つに織られ、そしてこの一枚の絹に多くの美しいデザインと入り乱れた色彩が形成されている。

中国の数えきれないほどの文学、民間歌謡、詩歌などの典籍の中で、大量の作品が蚕絹織物を題材または蚕まで取り上げている。中国の第一部詩歌総集『詩経』には多くの章が蚕絹織物に関わるもので、例えば『魏風・十畝之間』篇には「十畝の閒、桑者閑閑たり。行きて子とともに帰らん。十畝の外、桑者泄泄たり。行きて子とともに逝かん。」の文があり、『鄭風・将仲子』篇には、「願わくば、仲子よ、我が里を踰ゆるなかれ、我が樹の杞を折るなかれ」を書かれており、『鄘風・桑中』、『豳風・七月に』等にも取り上げられている。漢楽府の『陌上の桑』には一人の美しく貞淑な桑を採る羅敷という女性が描かれており、「羅敷は養蚕が上手である、城郭の南隅の桑畑で桑を摘む」とある。南朝民歌の『木蘭辞』に「じいじい、じいじいと、木蘭は家で織る」の文があり、女傑木蘭は父に代わり従軍する以前は同様一人の「絹織り女工」だった。唐詩宋詞の中にも多くの養蚕と絹織物が詠まれている章があり、杜甫の『白絲行』、白居易の『繚綾』『紅毯賦』、王建の『簇蚕詞』『織錦曲』などは全て唐詩中でも養蚕をテーマとした詩であり、宋詞『九張机』には生き生きとした一人の機織り女工の物語が描写されている。

蚕絹織物はまた中国の書道、絵画芸術と密接な関係がある。私たちは紙が生産、普及される前は、古人はかつて帛を、絵を書くための基盤とし、即ち帛書と帛画であり、紙が推進された後、文人画家は依然として時に絹書画を採用した。「唐宋以前、絹は文士絵画の主な材料であり、後世に伝わる唐宋絵画中の大多数が絹本であり、明清の際に、絹本はしだいに減少し、紙本が増えたが、多くの書画は依然として絹を基盤をとし、またそれを『綾本』と称す。」つづれ織りの制作は非常に繊細で、このような特徴は文人学士に好まれ、彼らはつづれ織りで書画を表装し、一種の絹品鑑賞品を形成した。さらに私たちを感慨させることは、つづれ織りの達人は字画を原本とし、彼らでずばぬけたつづれ織り技芸を用いて字画をそっくりに模倣し、その上等な作品と書画は本当に非常にきわめてよく似ており、人に彼ら巧みな腕前は人を敬服させずにはいられなかった。つづれ織りを除いて錦織と綾織が有名で高価な絹も同様に字画を表装するために用いられた。古来、多くの蚕絹織物をテーマとした図画があり、戦国時代の青銅器上に桑を採取する図、漢魏隋唐時代の絹織物の画像石と壁画などは典型的な代表である。唐朝調萱には絹を精錬し、刺繍を題材とした『搗煉図』、『倦繍図』がある。南宋画家楼儔の『耕織図』は最も著名で、彼は二十四枚の絵を用いて詳細に蚕絹織物の全工程を製図、記録し、非常に生き生きしており、後世の歴代の皇帝と役人の重視を受け、以前悪習となることを翻刻した。『耕織図』は民間でも広く伝わった。

織機は一種の非常に精密な複雑な機械装置である。「踏み板から踏杆を通じて綜片の開き口まで運ぶ機会の構造は、中国人の機械分野における重大な発明であり、絹の綾織りの原理は、紋様のデザインを綜片と踏杆の組み合わせを通すにより、あるいは花本の方式の情報を貯蔵することを通じてそれを綾織りの過程に転換して編成することは、深い数学的思想を含んでいる。」製紙技術のインスピレーションは絹綿の製造する過程がもとであり、細小の絨毛が沈殿した後は箔の上に一層の薄い膜を形成し、ちょうどこの薄っぺらな繊維の膜が人々を啓発し製紙技術を発明した。同じく四大発明の印刷技術も絹の捺染と関係ある。一種の絹の捺染技芸は凸紋型版を採用し、このような型版用いて紋様を絹上に押印する。馬王堆一号漢墓の中でこのような捺染工芸を用いて作られた絹が出土し、南越王の墓中で青銅制凸紋型版が出土した。このような凸紋型版捺染の原理と後の印刷技術の原理は似ており、それは印刷技術の発明に対し直接的な影響がある。海上シルクロードの開拓は渡航技術的改革に仰ぎ、渡航技術と切り離すことができない工具は羅針盤で、これによりシルクロードの発展は羅針盤の改革に対し一定の促進作用がある。つまり、蚕絹織物と中国四大発明の三つは密接な関係があり、養蚕絹織物において中国古代の科学技術の思想と実践は浸透している。

長期的な養蚕絹織物の発展過程において、一連の禁忌と祭祀などの民俗が活動も現れ、これも養蚕文化において不可欠或いは欠乏した重要な構成部分であり、養蚕農家たちの観念と情感を体現している。蚕神に対する祭祀は古代の最も重要な祭祀儀式の一つで、歴朝歴代の統治者はみな非常に蚕神を祭ることを重視し、毎年の春、皇后は自ら祭祀大典を主宰しなければならず、養蚕地区蚕神を祭る儀式は非常に盛大であった。養蚕の禁忌は非常に興味深く、同時に同様に一定の科学的道理を備えている。養蚕する前には、「蚕のたたりを取り除く」必要があり、魔術儀式を通じて蚕を妨害して蚕の健康と成長を妨げるものを摘まみ出して、そして蚕部屋を掃除、消毒する行為に伴い、江浙一帯では旧暦の三、四月を「蚕月」とし、この時期に新しい蚕は産まれ禁忌は非常に多く、例えば蚕部屋出入り口に「育みの月は礼儀を知れ」などの文字を書かなければならず、親戚友人親友は相互に行き来せず、「蚕の門を閉める」と呼び、そうでなければ繭の花は流れ、目的は蚕部屋の安静と衛生を保つためである。蚕は絹糸を吐き始め繭を結ぶ時は山棚を立てる必要があり、立てた山棚の人の手は絶対に清潔さ必要で、そのうえ一気に休まずしなければならす、でなければ蚕繭の収穫に影響がでてしまう。蚕繭を収め終わった音、人々は蚕門を開け互いに行き来し始めることを、「蚕開門」と称し、親戚友人親友はしばしば生花、菓子などの贈答品を持参し互いにあいさつし蚕繭の収穫状況を詮索する状況を「蚕の消息を聞く」を呼ぶ。当然、蚕繭を収穫し終わった後順調に養蚕させた女たちに感謝する必要があり、「蚕の花に感謝」と称し、その間はいくらかの祝いの活動をする。

馬王堆漢墓帛書（局部）

絹上のあのカラフルな大量のデザインと紋様は古人の美に対する追求と創造と、美しい生活で対するあこがれを表しており、一つの時代の人々の理性とロマンを反映している。華麗で美しい植物の紋様、活発で厳粛な動物の紋様、繁雑で簡潔な幾何のデザイン、荘厳で平和な宗教図像、それから文字紋、異郷の紋様などは、時代の雰囲気、人々の情感を千年の後の私たちに示している。「中国の周代から、礼により国を治めることを強調し、礼の本質は『別』であり、君臣父子は別であり、親しいか親しくないか、高価か安価は別であり、服飾は人々の日常交際にて最も直観的な外見の特徴であり、従ってそれは性別、年、身元、等級、職業を区別する重要な象徴である。」古代服飾において役を代わることができない絹と服飾制度の関係は密接で、絹色彩、デザイン、性質、品種は全て等級体系中に入る。例えば各種の有名で高価な絹織物は全て皇室貴族、高官重臣が身に着け、苦労して織る農民は半分もない薄い絹を身に着け、従って「綾羅綢緞」は栄華富貴の代名詞となった。黄色はほとんど皇族専用の色で、紫は高官貴人のシンボルで、貧しい農民は普通の鼠色あるいは藍色しか使うことができなかった。絹織物は国家礼儀制度において演じる役は普通の服飾材料を超越し、一種の身元と地位象徴となり、このような背景下で、統治者は絹織物に対する追求にあらん限りの力を尽く、非常に贅沢で華美であった。彼らは各級専用の製造機関と管理部門を設立して、全国の達人を篭絡し、彼らのために精巧できれいな絹織物を織らせ、これがとても大きく絹織物戯技芸の進歩と絹織物業の発展を促進させた。

絹はずっと国家外交、対外貿易、友好交流の上等品ある。絹と陶磁器は中国の世界における重要な符号であり、現在西方は依然として陶磁器の国（ｃｈｉｎａ）と中国を呼んでおり、古代には、中国は同様に「セレス（ｓｅｒｅｓ）」——糸の国と呼ばれ、これは中国絹の不思議さに感服した西洋人が授けた中国の美しい名前である。十九世紀末、ドイツ地理学者リヒトホーフェンは初めて「シルクロード」の名称を提出し、現在「シルクロード」は既に一つの慣習概念になり、古代中国、アジア各地の間および、地中海（沿岸陸路を含む）、ヨーロッパと北アフリカを連接する交通ラインの総称となっている。それは陸上と海上の数本の「シルクロード」を含む。「シルクロード」の世界史に対する影響に既に輸送ラインの範疇をはるかに超過し、それは世界文明の発展に対して重要な貢献をし、絹は一般的貿易の対象であり、それは東西文化交流の基盤となり、養蚕絹織物技術も交流の過程において世界各地に伝播している。

伝承保護

養蚕絹織物は中国古代社会おいて代替することができない地位を占有しており、それと国家の経済政治密接な関系があり、人々の生活とつながっており、社会の各隅に溶け込んでいる。したがって中国の養蚕絹織物は五千年の雨風の歳月の中で伝承、発展し今に至り、私たちに限りなく光り輝く養蚕絹文化を残し、私たちに一部の絹中の文明史を残した。

しかし、中国社会の現代化、都市化の進行につれて、以前の桑の「海」が鉄筋コンクリートの「森林」になり、もとの養蚕農家は町へ出稼ぎに行き、もとの機織り女工たちの手工は尽きて音が鳴り響く機械所に代えられ、そのうえ私たちの周囲は既に絹を切る人は珍しく、各種純綿、化繊材料はおしゃれな人々の新たな趣味である。このような背景の下、伝統的な養蚕絹織物技芸は日々の風貌を失い、だんだんと現代社会の騒々しさに歴史の記憶内へと埋められた。

現代中国の養蚕区は主に江浙と四川一帯に集中しており、しかしこれらの地区でも、養蚕業に萎縮の傾向が現われている。一〇〇年前、浙江杭嘉湖地区の農民のほとんどはどの家も養蚕をしていて、他の家庭は繰糸と織物を経営して、あのときの杭州は「絹の府」で有名であり、湖州で生産された絹は「湖絹は世界中広く行きわたる」と言われた。しかし、高速な都市化の行程に、養蚕区の経済構成は巨大な変化が起こった。桑を植えて養蚕する経済収益が安いことを理由に、更に工業化が引き起こす酷い汚染は桑の木と蚕の成長に影響し、大部分の人他の生存の道を謀った。「この五十歳以下の人はほとんど養蚕をせず、または養蚕ができず、養蚕を続ける人々が急速に老化し縮小を続けている」。

家蚕絹糸につれて風景の抜けることを消失することを織って、家蚕に絹糸は過程形成の少しの民俗を発展させることを織って活動して、民俗文化同様に基盤の一日一日と弱めるため様式マイクロ。少しの儀式は消えて、少しの習俗は退色して、それからいくらかはすると濃い商業の息に入ったことと交じって、難しく再び尋はその種の質朴なもの、敬虔な家蚕習俗に到達する。

これは伝統的な養蚕絹織物が直面する状況であり、一種の五千年にわたり伝承されてきた伝統技芸として、現在は既にひとつの新しい時代の交差点を歩いていると言える。当然私たちは決して伝統の手作業を現代化生産に代えることを主張しているのではないが、養蚕絹織物伝統技芸の消失は私たちが受けてはいけない損失であり、それはある一種の民族記憶した欠乏であり、一種の中華文明の断裂である。人を安堵させる価値があるのは、養蚕絹織物技芸に対していくつかの仕事保護と伝承が既に展開されていることである。養蚕織物技芸は二〇〇八年に中国国家級無形文化遺産名簿に組み入れられ、中国絹博物館が設立され養蚕絹織物技芸の総合的な保護と伝承の中心として、海寧、徳清、南潯、桐郷、余杭は養蚕生産技芸と民族保護社区として設けられた。この他に養蚕絹織物技芸及び民俗に対し全面的に調査を行い、たくさんのメディアを用いてそれについて記録し、養蚕絹織物技芸データベースとウェブサイトを建立した。技芸の訓練、継承人の育成作業も既に展開されており、そして積極的に養蚕絹織物技芸郷土基礎教育の作業を推進する。二〇〇九年、伝統的な養蚕絹織物は世界無形文化遺産名簿に組み入れられ、私たちの保護と伝承の作業新しい生気を注入し、同時に私たちに対しさらに高い要求を提出した。

私たちは、伝統な養蚕絹織物技芸に現代的な伝承を与え最も危険をもたらすのは絹織物の機械化であり、自動化と現代は絹に対して需要は減少している。糸を繰り、織り、捺染の作業の自動化は技術進歩の結果であり、社会発展の必然的傾向で、私たちは伝統的養蚕絹織物技芸の伝承と機械化提出し、自動化した生産に矛盾はなく、手作業の技芸は機械で織ることとに平行に共存できる。現代技術設備は機械化大量生産の製品争奪市場を採用することは不可能であり、これは私たちが伝統養蚕絹織物技芸生産の製品を探す市場であり、市場の要求だけであるのなら、養蚕絹織物技芸の持つ環節は運営能力を探し当てたことになる。

パーカーのペンは全世界的有名なペンで、それは百年以上の発展過程がある。もともとのパーカーのペンは良質で安価であることを最大の競争力としていたが、しかしボールペンの発明ならびに普及の後、パーカーのペンは前代未聞の危機に遭った。しかしパーカーのペンの製造会社は考えを変え、自分の新市場を開拓し、これによってパーカーのペンを一つの文房具を超越したものから、一種の身分の象徴、コレクションとなった。伝統技芸で織った絹も考えを変える必要があり、自己独特な市場を探索している。例えばつづれ織りは宋代には既に文人書画と結び付き、一種の鑑賞類の絹に発展し、現代のつづれ織りは伝統の外を延長し、手提げかばん、財布、書籍カバー、メガネ袋、台毯、クッション、和服のベルト、屏風などの製品を開発し、大いにつづれ織りの製品の範囲を拡大した。その他の手工絹産品も伝統的な衣装飾品の範囲を突破し、日用品、記念品、コレクションなどの領域に発展し、そしてたくさんの等級を、たくさんの形式の製品を開発、制作し、異なる需要を満足させている。

「上には天があり、下には蘇杭がある」。中国の江浙地区は国内外有名な観光名所で、昔からの絹織物の中心として、絹製品はおのずと蘇杭地区の特色ある観光商品になり、各種の絹巾、刺繍、飾り物など奇麗に持ちやすく、多くの旅行者に選ばれている。しかし、絹は機械を用いた大量生産の背景の下で、各地の絹は少しも変化はなく、同質化はひどく、蘇杭で購入した絹の記念品と他の場所で購入したものは全く違いがない。伝統的な絹糸工芸を用いて織った絹はこのようではなく、「手作業」はその大きな特徴であり、このような絹織物は独特な趣と精紳的に優れた点を持っていて、濃厚な地元の特色を表すことができる。そのため、伝統工芸で制作された絹は一定の包装と宣伝をし、それに一種の特産物と記念品と同じく観光産業と結び付けさせ、したがって合理的開発利用を行い、伝統的養蚕絹織物技芸の現状改善に有益となる。

ペルシア絨毯は一種の国際的にとても評判の高い手づくりの工芸品であり、既に二千五百年歴史があり、純正のペルシア絨毯は純粋に手作業で編み、その性質は優良で、デザインは上品で、巧みであり、したがって機械化大量生産の絨毯を目の前に、ペルシア絨毯は独特な気質により取って代わることのできない地位を擁し、人々に愛されている。伝統の養蚕絹織物技芸が作った絹織物は、そのうちのかなり入念に作られた物、例えば雲錦、つづれ織り、刺繍の多くの品種は大量プロが作った非常に精巧な織物で、手作りした製品は特殊な気質と趣を持ち、機械化には代替できず、それらは古代に「その価格は金の如く」とされ、現代も高級の絹製品はそれに属す。これらの入念に作られた絹製品のために市場が開かれ、ブランドを創造し、何元もの価値を増やし、伝統的養蚕絹織物技芸を現代にて新しい天地を開拓し出すことができる。

近年では、歴代伝わってきた古代絹は競売会のホットスポット、ハイライトとなり、例えばいくつかの古代のつづれ織り作品はすぐ収集家たちの広い関心と憧れを受け、これは人々が古代絹文化に対する価値と絹織物技芸再び認識したということである。このような背景の下、伝統絹織物技芸で作られた現代の素晴らしい作品あるいは古代絹の模造品は、全て人々の収蔵興味を引き起こし、この伝統的養蚕技芸に対し伝承と保護の提唱は良好な機会であり、手芸人を励まし継続して伝統的絹の製造に従事することを激励し、技芸の伝承に良好な社会環境をつくることができる。機械化が量産するシルクデザイン、紋の形、性質は全て少しも変化がなくてそれで、伝統的絹糸は芸事を織ってにもかかわらず少量あるいは唯一無二のシルクを1回製造することができて、この特徴に基づいて、伝統的家蚕絹糸は工業技術を織って現代人に迎合することができて持ち前の心理をあがめ尊んで、個性を展開して特別仕立です。企業あるいは腕前の人は買者の要求と設計に基づくことができて、伝統的工業技術で特別なシルクをする織り上がりは捺染と作る。

衣類の素材であるシルクは、数多くの代替品を持っているものの、依然としてシルクに取って代わることのできない特徴がある。ファッションデザイナーたちは「シルクはダイヤモンドの指のように体に輝かせます」と考えて、だからシルク生地の衣服は現代のおしゃれなファッションデザインに加えて、依然として独特な気質によって人々の目を引くことができる。例えばシルクの彩色上絵工業技術はすぐ広範さに衣装デザインに応用されて、彩色上絵は家蚕がきわめて少なく芸事を織って一種のとても重要な修飾方法に当たります。シルク艶々した軽やかで柔らかな特徴を組み合わせていて、それらを授けて現代の趣きを持っている持ち前のデザインは、合った裁断を通して、一件は伝統中におしゃれな息の衣服を突き通っていて人々の目の前にあることを現れます。彩色上絵シルクはまだネクタイ、きわめて少ない巾、ベルトなどの衣服部品に進むことができて、カーテン、衝立てなどの室内用品と掛かったついたて、壁画などは品定めすることを楽しみます。

異なる時代は異なる審美需要があり、唐代の絹織物は派手なものが人気で、宋代の絹は清らかで上品さが現れているもの、元代の絹は華麗で広壮なもの、現代の絹織物は現代人の審美需要に合い、絹のデザイン、紋様、設計は革新している。一方では、それは古人の情感と憂いの思いの優美さ、複雑さ、富貴さ、多彩さを預かっており、伝統的な紋様のデザインを私たちは継承する必要があり、それは私たちの永久財産である。他方では、私たちはただ伝統的なデザインだけに限らず、観察と探索を通じて現代人の審美需要を大胆に革新するべきで、例えばいくらか清らかさ、あっさりさ、柔らかい色、ファッション性、個性、シンプルなデザインなどを増やし、同時に新しい設計元素と設計方法を吸収しなければならず、伝統絹の天然、健康、環境保護の特徴を結合し、伝統的な織物染色技芸は現代に魅力を放つ。

私たちは、伝統技芸が作った陶磁器はよく政府主催の宴会の専用陶磁器または外国に贈る国礼とされ、これはある十分に有効な宣伝方式であると知っている。絹と陶磁器は同様で、中国の世界で最も典型的なシンボルであり、政府間あるいは民間の中外友好交流において、伝統の絹が各種形式の贈答品を包装し、中国の特色を表すことができる上に、世界に向けて私たちの伝統絹織物技芸を宣伝したしている。中国の絹は昔から今なおずっと世界範囲内で評判を持ち、世界中多くの国の人が中国の絹に対して情があり、しかし全世界の絹生産の機械化につれて、中国絹の個性は沈められた。私たちは伝統的絹の国外市場を開発するべきであり、伝統技芸で製造された絹の口コミとブランドを作り、中華文化独特な魅力ある伝統絹再現し配布させる。
現代の手づくりの絹織物への需要は、桑蚕絹織物の生産チェーン全体に影響を及ぼす重要な一環であり、もし人々が順調に手づくりの絹織物に対する需要をうまくかき立てられれば、伝統養蚕絹織物技芸の伝承と保護に対する意義が重大である。また、私たちの保護と伝承作業において全体の絹織物技芸を、断裂の異なる部分ではなく有机的な全体とみなすことに注意しなければならず、同じく無形文化遺産の雲錦、蜀錦、各種の刺繍などの伝統的工芸の保護と結びつけることを探索する必要があり、きっかけを捕まえ、一つの完全で、系統的な大養蚕絹織物技芸保護伝承システムを建設しなければならない。

（陳　少峰）

参考文献

1　劉克祥『蚕桑絲紬史話』、中国大百科全書出版社、二〇〇〇年版
2　袁宣萍、趙豊『中国絲紬文化史』、山東美術出版社、二〇〇九年版
3　銭小萍主編『中国伝統工藝全集・絲紬織染』、大象出版社、二〇〇五年版
4　黄能馥、陳娟娟『中国絲紬科技藝術七千年――暦代織繍珍品研究』、中国紡織出版社、二〇〇二年版
5　鐘敬文主編『民俗学概論』、上海文藝出版社、一九九八年版（二〇〇九年六月第一七刷）
6　顧希佳『伝統蚕桑絲織行業風光不再』、『中国文化報』二〇〇九年十一月二十二日
7　中国絲紬博物館、http://www.chinasilkmuseum.com/

南音（泉州弦管）

二〇〇二年五月に、泉州市政府は南音の世界無形文化遺産の申請工程を起動し、七年あまりの時間を経て、私たちはついに二〇〇九年九月三十日にアラブ首長国連邦の首都アブダビからうれしいニュースが届いた——南音（泉州弦管）が「人類の口承及び無形遺産の傑作」リストに入選された。

南音は別名「南曲」、「南管」、「南楽」、「弦管」と呼び、合奏であり、一体となって奏でる表演芸術で、中国で現存する最古の楽の一つである。南音は泉州方言で演唱し、主に琵琶、簫、二弦、三線、拍板などの楽器で演奏し、「乂工六思一」の五つの漢字符号で書かれた楽曲である。現存する三千あまりの古い曲譜は、晋（二六五—四二〇年）から清（一六四四—一九一一年）に至るまで歴代で異なる種類別の曲目を残した。音楽スタイルは典雅で繊細である。その演唱形式、楽器のつくり、宮調旋律、曲目、曲譜及び方式を作曲の方式は独特で、中国古代音楽研究には豊富な歴史の情報を提供した。南音は相関する広いコミュニティの民衆の珍重な文化遺産である。

南音の千年

南音は「晋唐が遺した音」と呼ばれ、中国音楽歴史上の「生きた化石」、「活きた音楽史」、「中国音楽の根」などの高名があり、南音は異なる歴史時期の中国音楽文化から形成され、それは古代の音楽文化遺産を今に至るまで保存、伝承している。南音は「弦歌八百曲、朱玉五千篇」の名でしられているが、私たちは歴史典籍においてその最も原始的な人影を探すのは難しく、したがって南音はいつ始まったのか、今なお定論がない。学者たちはただ南音が歴史上に残した糸と足跡に基づいてその源流を推論することしかできず、一般的に何種かの観点がある。①南音はおよそ宋代に形成され、明清時代に発展した。②南音は五代を基礎とし、宋代に形成された。③南音の発展は前、中、後の三つの時期に分けられ、中期に南音が形成されたのは元明の際で、後期に南音は前期南音から自然的に発展し、前期南音の多くの要素を継承した。④南音は唐宋時代に育まれ、元明に形成され、清以降に発展した。⑤五代とは南音の基礎を定める期間、宋元による形成期、明清から今に至る成熟期である。これらの観点は全てそれぞれの証拠基づいているが、文献資料の欠乏により、どの見解も全て定論にすることはできない。総合多科学の研究成果は、基本的に、南音は漢の唐時代のもので、両宋以来歴代の中原移民の南に移動し、中原音楽を泉州晋江流域に持ち込み、その後現地の音楽、文化と融和の後一種の音楽芸術が育まれた。現在、私たちは南音の演奏形式、音楽名称、楽器の造り、曲目の内容と作曲方法等からしかその発展の歴史の跡を考察することができない。

泉州は中国歴史文化の名城の一つで、「四季があり雨が降る、冬雪は無いが雷が鳴る」、気候はよく、封建王朝が国土の大部分を失い残存した国土の片隅で目先の安逸をむさぼる。北方人民は南の戦乱を避けるため移動し、多くの人は泉州に向かった——歴史上で三回大規模な人口が南に移り、全て泉州一帯に及んだ。西晋滅亡後中原人は泉州まで移動し、川沿いに住み、この江はこれにより名声を得て、それは現在の「晋江」である。専門家学者はここから、南音はおそらく「晋唐が遺した音」であると推論した——晋、唐の時代南音は北方から泉州に流入した。

魏晋時代、糸竹音楽、通称「管弦」とされ、南音も同様に「管弦」と呼ばれる。史料に基づくと、「管弦」を用いて音楽を指す記載は多く、例えば唐晩期の泉州、五代後蜀は「管弦」は楽事を指し、明代の南音も同様に「管弦」と呼ばれる。しかし、この呼び方は中国のその他地方では早いうちに消失し、ただ泉州の南音世代だけが「管弦」のこの名称を保存していた。したがって南音「管弦」の名はおそらく魏晋時代まで伝えら

南音演出

れてきたのであろう。

唐の時、泉州は一つの国内外文化交流融和の開放都市となり、これは南音の誕生のために条件を創造した。「言語は文化の産まれと発展がキーポイントであり、閩（福建）南方言の形成は閩南地域文化の形成と発展を推進し、いっそう言語相関的文化様式は発展した基礎を定めた。「考証に基づくと、閩南方言はおよそ唐初期に形成され、南音演唱言語である泉州方言の定型とさえ、明らかに南音のための寝具の形成が完了した。唐景福年間、王潮、王審知兄弟は軍を率いて閩に入り、閩国（五代十国の一つ）を建立し統治し、彼らは泉州に中原地区の文化をもたらし、現地文化と中原文化の交流融和を促進した。音楽も文化中の重要な構成部分であり、私たちが推論するに、唐朝中原の音楽もこの風潮の中美しい泉州に入った。文献的にはともに詳細な文字記載は残されていないが、南音の楽器から私たちは依然としてそれの古めかしさと遥かさを体験することができる。「南音には、曲項、横が抱きの琵琶及びそれらは楽器隊中の主導的な役割であり、簫の一尺八寸の規則、二弦の造りと奚琴の造りは似ており、五つの板から構成された拍板から、全て南音と唐代音楽関係の研究課題となっている。」

泉州の開元寺は唐代に建てられ、その大雄宝殿は明代に修築され、甘露戒壇は北宋の天禧年間に建てられ、この二つを建築の斗拱上には全て飛天の楽妓があり、そのうちの大雄宝殿は十二門の手持ち弦管楽器があり、唐が栄えていた時のものと中唐時代の敦煌壁画上の飛天と造形が非常に類似している。戒壇上の楽妓の造形は唐朝の風格であり、すべての手持ち琵琶、尺八、二弦、三味線、拍板などの弦管楽器があり、南音で用いる楽器と様々な共通点がある。私たちは先に南音琵琶を見て、それは別名「南琶」と称し、「北琶」と異なり、曲項琵琶で、弾奏する時に横に抱く。南音で用いる曲項琵琶は隋が全国統一した後やっと南方に流入したもので、その造りと横に抱く演奏姿勢は、五代前期蜀の創立者王建の墓中に浮き彫りされている楽妓の弾く琵琶の造りと演奏姿勢は同じで、南唐画家の顧宏の『韓熙載夜図』中の琵琶の造りと姿勢とも非常に類似している。これは全て南音琵琶が直接唐と五代の伝統を継承したことを説明する。再び拍板を見てみると、南音に用いる拍板は五枚からなり、このような五枚拍板の造りは、南音以外、私たちは他の音楽にてその影を見ることは非常に少ない。前に述べた王建の墓の、『韓熙載夜図』中で楽妓が用いる拍板の造りと南音拍板の造りも同じである。そのうえ開元寺の飛天楽妓が用いる拍板も五枚であり、さらに二〇〇三年に開元寺の東塔須弥座席の浮き彫り『天人賛鶴』の図中で見つかった古い六枚板南音拍板は、さらに私たちに南音拍板をはっきり見て取らせて、私たちの唐から受け継いだ歴史の軌跡を見せた。南音研究者の鄭国権さんは「泉州南音は現在の拍板と変わらず五枚で、大雄宝殿と甘露寺戒壇木彫り五板拍板と同様で、東塔の石彫りの拍板は唐の六板の造りを受け継いだもので、開元寺は六板と五板の拍板を所有したおり、ちょうど拍板歴史の発展の軌跡と合う。」と考える。南音で用いる尺八は別名簫と称し、これも唐の造りを受け継いだもので、名称は唐時代の管の長い尺八から来ている。尺八は宋代以降他の音楽では既に姿を見ることはなく、唯一南音は今なお継承し保存している。唐朝奚琴はかつて中国北方で流行し、それは現在の胡弓、京劇の伴奏用の胡弓などの楽器の前身であり、南音中の二弦も奚琴と淵源が非常にあって、しかも現在は南音だけがこの楽器を保有している。他にも、南音で用いる他の楽器、例えば三味線、品管などは全て長い歴史がある。

南音の曲牌名中のいくつかと唐代以前の楽曲は名前が同じであり、例えば『硬玉兜勒』、『子夜歌』、『清平楽』、『折柳吟』、『陽関曲』、『漢宮秋』、『後庭花』などで、あるいくつかの曲と唐代の大曲の名前は同じで、例えば『三台令』、『涼州曲』、『甘州曲』などは、これもは私たちに南音の源流を考察する少しの手掛かりを提供する。

泉州南音業界の守護神「郎君先師」は五代後期の蜀の君主孟昶であり、その夫人は名声が極めて高い蕊夫人で、しかし孟昶と南音はどんな関係があり、何の原因のから、いつから演南音先師になったのか、今なお考察できる適切な資

飛天楽妓

料は無い。

南宋皇室は杭州へ移動し、泉州は副都となる。当時泉州は皇家の事柄を専門的に管理する宗正司が設けてあり、宮廷音楽舞踊は彼らの事務の一つであった。宋室の南への移動は、栄えていた唐の宮廷音楽を伝承し泉州にもたらした。当時泉州はまるで「音楽の都」となり、記載によると泉州は音楽家だけで千以上の家が入り、各家三十五人ぐらいで、「一〇〇家のきめ細かく美しい管弦が鳴る」の繁栄の光景を表した。南宋時代、南戯（宋以降の南方戯曲の総称）は既に江浙と福建一帯で起こり、それは南音の発展に対し重要な影響を与えた。南音は南戯のいろいろな要素を吸収し、例えば南音は今なお南戯の名劇『荊釵記』、『白兎記』、『拝月記』、『殺犬記』、『琵琶記』などを残しており、南曲の指套と散曲の歌詞も大きい一部分は南戯から来ている。また、南音は宋詞中の芸術的栄養を吸収し、歌詞、よく出てくる言葉、曲牌の名などを含み、例えば、宋詞曲牌の名である『長相思』、『鷓鴣天』、『酔蓬莱』などと南音の曲牌の名は完全に同じである。

明代に至ると、南音は既に泉州一帯に広く流行していた。二十世紀五十、六十年代、国際的に著名な中国研究家、イギリスオクスフォード大学栄誉中国語講座教授のピーターさんがイギリスとドイツで三種明代にヨーロッパに入った梨園戯と南音の古典書籍（『新刻増補戯隊錦曲大全満天春』、『精選時尚錦曲摘対』、『新刊弦管時尚摘要集』）を発見し、整理を経て、ピーターさんは三種の古典書籍の複製印刷本を台湾で出版し、それは『明刊閩南戯曲弦管選本三種』（略称『明刊三種』）と称す。『明刊三種』は明と明以前の福建南地区に流布している宋元時代の脚本を保存し、南音の研究に重大な価値を持たせた。そのうちの一枚の挿し絵は、三人がそれぞれ簫を吹いており、曲項琵琶を斜めに抱いた官女と二弦を弾く官女であり、南音の明代における主な楽器に簫、琵琶、二弦であったと説明し、これは「互いに一致し、漢の古めかしさを歌い、糸竹は

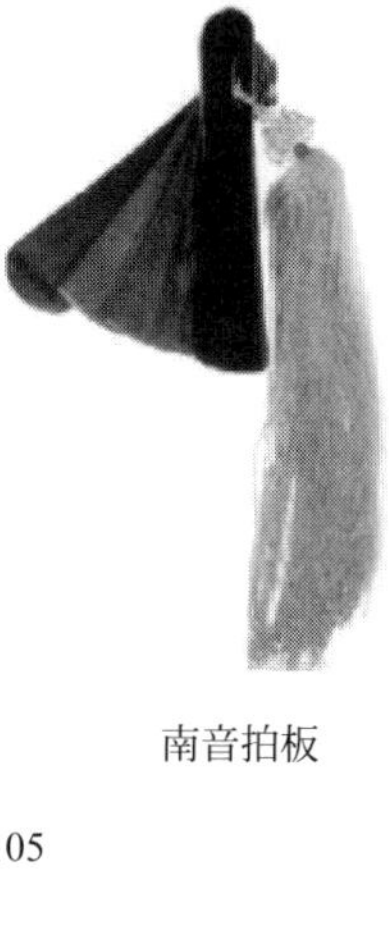

南音拍板

さらに相和し、節を執って歌唱する」の漢時代の旧制を継承した。明朝中期、流入してきた福建南の昆曲と矛陽腔は南音に清新な空気をもたらし、南音はそれらのアクセントと歌詞を吸収し始めた。そして明代の多くの文人学者は南曲を好み始め、南音の創作に参与し、語り継がれる『困守寒窓』は明代万歴年間の朝閣大臣であった李久が自ら創作した。

南音は清代に普遍的に閩南人の間で流行し、より大きな発展を得た。この時期南音の創作量は倍増し、各種の南音曲譜の手写本は民間で大量に流行した。現在は依然として在道光、同治年間刊行の手写本があり――『文煥堂指譜』である。そのうえ、清代の南音創作の題材は多く拡大し、「過去の男女の愛情と歴史故事だけに限定して描写する範囲を突破し、現実社会の落ちぶれ現象を風刺し鞭打つ『一司公』、『賭博歌』が現われ、封建的で搾取する制度を告発する『家悍悪』や女性の懸命な労働、慈善的な家事、団結、和解の『伶俐姿嬢』などの作品があり、大いに南音の創作内容は豊富になった」。清代には多くの優秀な南音芸人が溢れ出し、また専門的に南音を教授する教師が現われ、南音の組織と団体も雨後の竹の子種類のように各地に成立した。南音組織と芸人たちは南音について一定の整理と創作をしたことをし、「指套」、「譜」を整理し集め上げ、ともに世に刊行された。清代は、南音の最も伝奇意義を持つの「御前で客は静粛する、五少芳賢」という物語である。『泉南指譜重編』はこのように「清康熙五十二年、癸巳は六旬千寿を祝い、普天は同じく祝い、四方から賡華歌を集める。昔大学士の李貞公は、南楽はひっそりとしていて優雅とし、書証を広め生まれ故郷によく知れた妙手を募り、晋江の呉志、陳寧、南安の傅廷、恵安の洪綬、安渓の李計を得て五人首都へ行き、釣り糸のような音により賜り御前で客静粛し、五少芳賢、彩傘や灯籠の紙を賜わり帰る。」あと人々はすでに南音を「御前清曲」と称し、宮廷演奏の芸能人は「五少芳賢」とされた。しかし非常に残念なことに、私たちは古典書籍中にこの生き生きした物語の跡形を探すことはできず、それは民間での美しい伝説となり、しかし依然として屈折し当時の南音は次第に統治者と文人に好まれ高い評価を受けるようになる。

近代に入って、蹄鉄と砲火の音は優雅な耳に快い南音に被さり、時代と生活の辛さは人々仕方なく耐えさせ割愛させた。新中国成立の後、沈黙していた南音は再度裂け彩りを放ち、特に改革開放は南音に新しい生気と活気をもたらし、南音芸人たちは再度琵琶を抱き始め、二弦を弾き始め、清曲を歌い始めた。各種南音の研究会、研究社、各種南音の楽団は各地に次から次へと成立し、南音はまた優秀な音楽が参加する全国性と地域性のダンス音楽コンクールをつくった。泉州は一九八一年から何回も泉州南音大合唱会を開き、「月を共にして、百代の郷音を歌う」。国内外の弦を弾く友も共に古典音楽を演奏し、空中にまた南音芸人の琴の音、歌声が巻き散らされた……

人間の素晴らしい音楽

泉州南音は「指套」、「大譜」、「散曲」の三大部分から構成され、通称「指」、「譜」、「曲」といい、歌唱する声楽曲に用いることができ、また演奏する器楽曲にも用いることができ、内容の豊かの完全な音楽体系である。調査の統計によると、泉州南音の現存する曲目は二千首以上である。

まず私たちは泉州南音の「指套」を見てみると、別名「套曲」と呼び、民間では「指」と呼ばれている。それは一種の語があり、譜があり、琵琶弾奏が比較的完全な組曲である。「指套」は若干の宮調の曲のつなぎ合わせから構成され、一般的に二から六節に至り、それぞれの節は全て一定の独立性がある。「指套」は全て歌詞が合わさっているが、通常ただ器楽の演奏としてだけであり、歌うことは少ない。そのうちいくつかの歌は簡潔で活発で、美しさは耳に心地よく、広範囲の人々から好まれ、例えば第四十三組の『弟子壇前』中の第四章『直入花園』、第二十八組の『花園外』の第三章『虧伊人』が好まれている。「指套」は南音において最も優秀な曲詞、曲調、「滾門」を含み、常に優秀な散曲と一定の故事選集とセットになっている。「滾門」は曲の系統が許す特性を指し双方が接近する音楽材料である。南音楽器を学ぶ人は「滾門」を把握することが重要であり、その後即散曲を伴奏することができる。「指套」は演奏を除いて、南音学生の必修教材であり、したがってある人は「指套」を「琵琶指南」と称す。一般の南音を習う南音芸者は、まず教師から口頭で教えてもらい、そして学生に四から五セットの「指套」を熟読し覚えさせることを指導し、その後琵琶の運指法を練習する。「指」もともと三十六セットあり、その後は十二セット追加され、それぞれ全て一から二つの物語がある。そのうちが最も主要な5組は『自来生長』、『一紙相思』、『趁賞花灯』、『心肝撥砕』、『為君去時』であり、即ち俗に言う「五枝先」あるいは「五大套」である。

「大曲」は一種の純器楽曲で、表題、曲譜、琵琶の奏法があり、曲詞の組み合わせはなく、琵琶、簫ならびに二弦、三味線が主な楽器である。「大曲」はもともと十二組で、後から十六組まで発展し、そのうちの大部分は四季風景、花、鳥、虫、魚あるいは駿馬の奔騰などの情景の描写を用いている。そのうちでも「四梅走帰」が最も著名で、即ち『四時景』、『梅花操』、『走馬』、『百鳥帰巣』である。「大曲」にはまた三組の仏教音楽『金銭経』があり、きわめて研究する価値がある。それぞれの「大譜」は四から八つの一様ではない楽章に分かれており、また一般的に演奏は十から二十分に至る。南音は「乂工六思一」の五個の漢字採用し作曲し、「宮商角徴羽」に対応し、傍らには琵琶指法と拍を叩く符号が付けくわえられており、自ら体系的となっている。このような曲譜は非常に古く、完全に一般的な工尺譜と異なり、「敦煌古譜」よりもさらに厳密で、現在は南音独特のものであり、専門家はこのような曲譜は隋唐以前の歴史遺物であると考える。

「散曲」は南音歌唱類音楽の固有名詞で、それは譜があり詞もあり、一般に琵琶、簫、二弦、三味線などの四つの主な楽器から伴奏し、歌唱者は拍板を執り座って歌い、また手で琵琶を抱いて弾き語ることもできる。そのうちの相当する部分は一歌い三嘆く「大撩曲」で、例えば『月照芙蓉』は十八分歌い、ある人は長い叙情曲あるいは「詠唱」と称する。小部分は「順口而歌」に属し、「草曲」と俗に言い、一種の類似民間小調の短い曲目である。散曲の数は最も多く、概算統計によると二千首ほどある。曲詞の内容の大部分は一人称で内心情感を述べ表し、またある一部分は春夏秋冬、花鳥風月等の自然の景観を描写する。「散曲」は主に唐代の伝奇、講談本と宋元明の戯劇故事から取材し、表す一種の強烈な人文精神を表現し、人類が向かう「真、善、美」の共同の理想と基本的な願望を反映する。

南音は楽器伴奏の演唱形式からなり、器楽合奏の形式もあり、その主な楽器には琵琶、簫、二弦、三味線、南管、拍板、品簫、響盞、木魚、扁鼓、四宝などがある。良く見る南音楽器は琵琶、三味線、簫、二弦の「四管」から構成され、演唱演奏形式はまた「上四管」と「下四管」に分けられる。「上四管」は南音の「四大件」を指し、即ち南音の四種の主要な楽器は琵琶、三味線、簫、二弦である。「四大件」中では、琵琶と三味線がバックボーンの音の演奏を担当し、簫と二弦は修飾性のある歌唱性旋律を演奏する。琵琶は中国民族音楽の主要楽器で、現在では中国全国で使用されている基本的にまっすぐな抱く琵琶は、「北琶」と呼ばれ、唯一南音で使用される琵琶だけが横に抱く曲項琵琶で、別名「南琶」と称す。南音琵琶は合奏あるいは伴奏中において指揮者の役割をする。三味線と琵琶同じ弾撥楽器であり、演奏中にそれはきつく琵琶につき、一緒に起こり一緒に落ち、一言一句急所を突き、リズムは歴然としていて、琵琶と共にバックボーンの音の演奏を完成させる。簫の主な功能は潤色することで、さらに音楽の旋律を強化し、曲調をさらに流暢で耳に快くする。南音の演奏過程において、「二弦はいつも一種の幽雅、穏やかで柔らかいイメージを含み鷹揚で耳に快い簫を引き立たせる」、いわゆる「二弦が簫に入る」ことで、二者は互いに補い合い、離れることはできない。「上四管」の合奏は「和」を貴とし、琵琶、三味線を「大珠小珠落玉落盤」し、簫の滑らかな柔らかさ、二弦の柔らかで美しいしとやかな配分はなめらかで浮き沈みのある楽声を出し、激しく揺れ、人に味わいが尽きないようにする。

「下四管」は南音の打楽器を指し、響盞、木魚、四宝は、銅鈴、扁鼓であり、恵安一帯では雲鑼、銅鐘、小鈸を含む。「下四管」は一般的に中音の噴吶「南管」と同時に現れ、共に「指套」を演奏し、したがってまたの名を「噯仔指」という。「下四管」演奏の役割分担は明確で、密接に組み合わさり、活発で賑やかで、色彩は豊富で、これにより常に開場の演目とされ、それを用いて熱烈な雰囲気を大げさに表現する。

「糸竹更に相和し、拍子をとる者は歌う」は南音の主な演唱形式で、即ち歌者自ら拍子をとり伴奏の管弦楽器を奏して互いに呼応させ、これと古い漢代楽府の演唱形式は一致している。室内で上演する時、琵琶、三味線は右の位置を占め、簫、二弦は左の位置を占め、歌手は拍板を持って真ん中にいる。外で演奏する時は、同様に歌手は拍板をもって真ん中におり、琵琶、三味線は左で、簫、二の弦は右の位置を占める。これは敦煌壁画が私たちに唐代音楽舞踊と楽隊の並びは基本的に同様であること見せ、また私たちが南音の源流を推論する一つの重要な証拠である。

南音は宮廷古典音楽として、演奏上演時の礼儀と規則は慎み深い。正規の演奏が、古い例のとおりにまず「指套」を吹奏し、その後散曲を歌う。歌曲は南音の主な内容で、一人は歌い終えると拍板を敬いながら二人目に手渡し、頭を追って歌い続け、最後は大譜を演奏して終わり、これは同様に唐大曲の規則に従ったものである。伝統的な南音を歌う時は、また「彩棚」を組み立てる必要があり、「御前清客」（後に発展し「御前清曲」となる）の横幅を書いて掛け、舞台上に灯籠、黄色の日傘を配置し、五つのひじ掛け椅子、一対の木彫りの小さい獅子を配置する。これは全て「五少芳賢」、「御前清客」の人を感動させる伝説がもとで、南音芸人はこれを栄光とする。泉州南音歌曲の時は一律して泉腔福建南方言で歌い、発音は泉州市区の方言を標準音としなければならない。南音の歌唱を学ぶには、先に泉州腔を習得する必要があり、「標準音」を経た後やっと正しくその音韻を歌うことができる。多くの曲詞は昔の音によって発音しなければならず、そのため南音演唱は多くの昔の中国語の読み方が残っており、古代中国語を研究する重要な材料となり、また言語学者の興味を引き起こした。

南音は閩南の人の一生中に溶け込んでおり、四季の祭日、生老病死、結婚葬儀の慶事、祭祀宗教全てに南音の音がある。最も盛大なものは伝統的郎君祭儀式であり、郎君祭は毎年の春秋間に行なわれる、供える前先に「上四管」で『梅花操』の第一節である『醸雪争春』を演奏し、次に『臨風妍笑』、続けて『金

南音楽器

炉宝篆』を歌い、再び『四時景』の第五節『暮蝉軽噪』と六、七、八等の節を演奏する。正祭の時は館閣中の長者から、祭壇、神器を置き、五少芳賢及び歴代の賢者の名簿を掲揚し、一定の規則によって品物を供え、厳格な祭祀手順によって郎君楽神を祭り礼拝する。祭った後先に『五湖游』の第一節である『金銭経』を演奏し、その後『画堂彩結』を歌唱し、また『五湖游』の第二節『呵達句』などを演奏する。郎君祭は福建南人民通俗的文化の重要な構成部分であり、また人々が南音の「晋唐遺音」、「宮廷雅楽」の魅力と格式を鑑賞する機会であり、南音の交流を進行し、南音音楽社会の結束力を増強し、国内外にいる弦友の感情をつなげる重要な儀式である。

国内外への伝播

泉州南音は数千百年人々に好まれ、だんだん閩南の人の生命中に浸透した。南音は社会団体の基盤と絆として広く伝わり、閩南の人の足どりにつれて、美しい泉州城から出て、閩南各地に向かい、海も声閩南の人は世界中に集団で住む区域があり、香港、マカオ、台湾と南洋各国すべて故郷の音は歌い伝わり、南音はだんだんとその異国の土地に根をおろして開花する。統計に基づくと、世界各地をめぐり南音は一つの約五千万人の文化圏を形成した。泉州南音はもう一種の民族と文化の同意することとなり、それは華僑、香港・マカオ・台湾同胞で故郷の情の絆を繋ぎ、すべての閩南の人の共同の音楽言語である。

泉州南音は明朝の末年に晋江地区からアモイに流入し、清代にアモイ南音はピークに達し、当時、「曲管は林立し、達人は雲のように集まる」と言われ、一時的に盛んであった。アモイに流入した後、南音はしだいに現地の音楽特色を吸収し融

郎君祭儀式

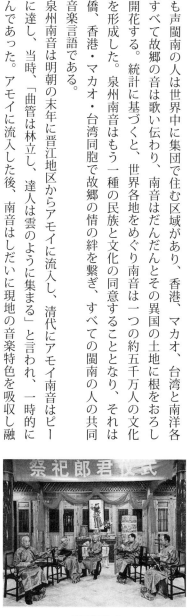

合し、アモイの風格を形成した。アモイ南音の名師が輩出し、人材は多く集まり、そのうちのトップは林祥玉さんと林霽の秋さんである。林祥玉さんは『南楽指譜』の四冊を著し、古本に対して誤って伝わっていることを一新、較正し、ずっと後代に使われている。林霽秋さんの『泉南指譜重編』と『南曲精選』の二部は巨作で中国南楽歴史上重要な一ページを書いた。二人の先生の後の許啓章、黄韻山、紀経畝、呉深根、呉萍水、洪金水、薛金枝、万舎等は、全て一時有名になった楽壇達人で、彼らは二十世紀三十年代にイギリス「ヒンデンブルク」などの会社で三十数枚のレコードを詰め込み録音し、中国南音の最古のレコード資料で、そしてヨーロッパとアジア各国で売られ、国際楽壇にとても大きい反響を呼び起こした。現代のアモイ南楽は先輩の芸術的成果の基礎継承上にあり、また新しい発展もあり、一つの大きな新曲目を創作し、そのうちの大型南音音楽舞踊『長恨歌』は光栄にも中国文化部第十回文化新劇目賞と上演賞を受賞した。そのうえ、中国大陸で二つだけの専門的南音楽団、アモイ南楽団はそのうちの一つである。南音はアモイとおよそで同時期に漳州に流入し、清代に漳州諸県の南楽は非常に繁栄し、人々は毎回「神之寿誕」あるいは冠婚葬祭のたびにお祝いし、まさしく「当て字を造り、泉腔を歌う」。

泉州南音は台湾で南管、五音、郎君唱あるいは郎君楽と称される。鄭和が台湾を取り戻すのに成功した後、一部分の閩南住民は台湾を移動し、南音はすでに閩南の人の足どりに従って台湾に入り、そしてこの根をおろし発芽して、台湾で深く愛される民間音楽となり、中華文明の一つの象徴になり、また両岸同胞を結ぶ感情の絆となっている。台湾鹿港は「古い台湾文化の城」であり、南音が最も繁栄している時ここの「五館鼎立、争唱竟音」は、今なおまだ百年以上の歴史を持ついくつかの南音社会団体があり、例えば「聚英社」はすでに一六〇年以上の歴史がある。台南市の「南声社」も九十年以上の風雨をしばしば経験し、かつて南アジアとヨーロッパのいくつかの国家へ行き公演し、また第三回東南アジア南楽大演奏会に参加した。一九七〇年代末以降、台湾南音は外界との交流と連絡を強化し、以前何度も楽団を派遣して外出交流公演をし、南音も両岸の友好的な交際、感情の重要な方式を増進させた。南音の名家陳美娥が創立した「漢唐楽府」は一九八三年に成立し、彼らの南音上演は欧州、欧米、アジア、オーストラリアの四つの大陸を横断し、たびたび賞を受賞し、非常に国際的であり、「漢唐楽府」と大陸南音の興隆は非常に頻繁であり、何度も大陸に来て公演した。「閩南第一楽団」、「閩南楽府」、「中華南管古楽研究社」、「中華管弦研究団」などは全て比較的有名な南音社会団体である。「近年台湾の南音社会団体また発展し、すでに七十以上に達し、千人あまりの成員を擁し、多くが原籍地は泉州であり、その演唱、演奏スタイルは依然として地元泉州の伝統的特色を保留している」。

香港の「福建体育会」は南音の主力軍であり、この社会団体はかつて多くの管弦名家を招聘し技芸を教授し、また積極的に第二、三回の東南アジア南楽大演奏会に参加し、歴代の泉州、アモイの元宵南音大合奏会に出席した。香港南音と外界の交流は密接で、「福建体育会」と台湾省、フィリピン、シンガポール、インドネシア、マレーシアなどの南音界は全て広範な交流と学習がある。マカオの晋江同郷南音曲芸社は一九八七年に創立し、翌年に泉州元宵南音大合奏会に参加した。マカオの弦友たちは毎回おめでたい節句のたびに南音上演し、何度も泉州、アモイの南音合奏会や各種大会に参加し、そして数度フィリピンへ赴き祝賀式典のイベントに参加した。マカオが祖国に返還された後、南音社会団体はさらに発展し、南音は社会各界の人々の愛と支持を得た。

昔宋代に中国人が国外へ移住した記載があり、元、明に至っては二代の華人が海外へ出た記載が多くあり、泉州の人は次から次へと南洋へ移住した。清代は特に清代末期は海外へ出るピークで、多くの泉州は生活を迫られ、故郷を離れ、南洋へ行き生計を立てた。海外へ出た者の中に南音の芸人はこれを恨み慕い、泣き訴えたりするかのように一筋一筋故郷の音を南洋国家にもたらした。彼らは南音を世代に伝え、共にふるさとと思う苦しさを訴え、これをもって故郷への情を慰めた。南音は異国の土地で盛んに発展し、中華民国時代以前に一度繁栄し、「街のあちこち至る所で聞くことができる」、現在までずっと東南アジアのいくつかの国家は祝日祝賀式典と外交イベントで南音を演奏することがある。

フィリピンは泉州南音が海外で最も流行している国家であり、全部で二、三十の南音社会団体がフィリピン各地で活動しており、そのうちのマニラ長と郎君社は一八二〇年（清嘉慶二五年）に創立し、これは海外歴史で最も長い南音団体である。フィリピンのカムラン郎君社はほとんど郎君社と同じくらい長い歴史があり、よくマニラ市の祝賀式典イベントで演奏され、非常に著名である。以上の二つ社会団体によって、更に南楽研究社と国風郎君社は、フィリピンの四大南音社会団体である。フィリピンの弦友は中国南音との交流を非常に重視し、南音芸術をより良く伝承できるようにするために、いくつかの南音社会団体は次から次へと故郷泉州の著名の南音芸師を、礼を尽くして招聘し華僑が住む地に先生と生徒の建物を設け、芸事を伝授する。フィリピンの南音社会団体は何度も泉州の国際南音大合奏会に参加し、同様に何度も中国の南音芸人と社会団体を招いてフィリピンへ赴き公演、交流した。彼らはまた非常に南音を重視し曲集の収集、整理、出版を重視し、南音芸術の歴史の考証を重視し、南音の曲韵、旋律、歌詞、発音、発声、楽器などの方面において理論を深く研究し、伝承、改善、発展の南音に重要な貢献を作り出している。フィリピン大学の東方古典音楽は南音課程を開設し、南音の伝承と人材の育成方面において重要な作用を発揮する。

南音はシンガポール、マレーシア、インドネシアなどの国家で広く歌い伝えられている。「横雲閣」はシンガポールの最古の南音社会団体で、十九世紀の後期に創立され、かつて一時期きわめて盛んだった。現在シンガポールで最も主要な南音社会団体は「湘霊音楽社」と呼び、一九四〇年に創立し、この社会団体多くの人材が寄り集まり、芸事は巧みで完璧で、よくラジオ放送局をプラットフォームとして南音を伝播している。「湘霊音楽社」は積極的に泉州、アモイが開く南音大合奏会に参加し、そのうえ泉州南音を国際上に伝播することに力を入れている。マレーシア最古の南音社会団体は一九八七年に創立した「仁和公所」で、その他の社会団体の大部分は二十世紀三十年代前後に創立した。一九八一年マレーシアは第三回東南アジア南楽大合奏会の主催に成功した。その他、インドネシア、ビルマ、タイなどにいる南音の愛好者、各位南音の弦友は琵琶を弾き上げ、簫を吹き上げ、拍子をとり歌唱して、古い泉州方言を用いて「漢唐遺音」を歌い演奏し、これは国境の無い交流で、南音は世界各地の福建南の人の共同の情感を述べ表す「国際言語」である。

古楽は春に逢う

中国音楽の「生きた化石」の南音として、千年あまり伝承は絶えず、歴朝歴代の時代の情報と遺伝子を持ち私たちにために中国伝統古典音楽の大気としなやかで美しい様子を見せ、また私たちに古典音楽を聴かせ、古人の機会に接近する。南音は福建南の人の生活に入り、彼らの呼吸と運命の中に泣いたり訴えたりしているかのようななめらかな故郷の音が溶け込んでいる。しかしこの千年伝承されてきたを古典音楽の南音は現代で伝承の危機と発展の行き詰まりに遭遇した。現代の社会科学技術は発達し、メディア手段は空前にも充実しており、ポップカルチャーは多様で、新しい娯楽方式は見ること聴くことに満ち溢れ、映画、テレビ、流行の歌が取り囲む下で、悠遠な南音は現代の耳に流入させることは難しい。弦は停まり、拍は止まり、人は歌を失い、南音はだんだんと人々の生活中から周縁化し、南音の雰囲気はだんだん薄くてなっていった。南音を聴くことが好きで、南音が分かる現代人は特、若者はますます不足し、満ち溢れている流行音楽の路地内でたまたま婉曲で抑揚のある管弦雅楽が伝わってきて、音を尋ねることに至っては、目に入るのはたいてい暮れ方の老人で、聴衆が日増しに高齢化することは南音が直面する重要な問題である。南音の芸人と楽団も同様にだんだんと少なくなる。一方では、老いた芸人は豊かな曲譜資源を把握しており、それにもかかわらず薪火を語り継ぐことはできず、老芸人は百年後、人が去り歌は亡くなり、若者はまた経済、社会、文化などの多方面の原因は押し切れないまたは南音の伝承を許さない。他方では、社会文化の変遷につれて、人々の生活習慣、鑑賞スタイル、民風民俗は全てそれにつれて変化し、南音はかつて祝祭日には不可欠なごちそうであり、現在はそれにもかかわらずしだいに人々の生活から薄くなり、これはもともと盛んだった南音楽社、楽団は日に日にとひっそりとしていき、それらのあるものは職業を変え他の番組で上演し、あるものは南音にほかの表現元素を加えて上演し南音に異化を引き起こし、あるものは経済上でやむを得ず解散せざるを得ない。これは全て南音の生存と伝承の危機が引き起こし、中国音楽の「生きた化石」は「化石」になる危険に直面している。

千年古典音楽を継続伝え歌うことができるように、南音が再度人々の生活に帰れるように、南音の故郷泉州市は様々な努力を作り出した。若者に南音と接触させるため、南音を好きにさせるため、彼らは南音をキャンパスに入れ、南音を中小学校音楽教育範疇に入れ、南音の郷土教材を編纂し、南音は教育人材を育成し、ならびに各種形式の南音の大会を組織し、小学生に故郷伝統的文化に対して知り好きになることを増やした。また大学は南音専攻を設立し、南音のために高レベルの科学研究と教育エリートを育成する。泉州市は「泉州南音楽団」を組織し、南音を現代化させ、専門化した伝播と公演団体は、何度も国際南音大合奏会を開き、国内外の大量の南音社会団体と弦友の参加を引きつけ、この南音に対する伝播、交流、革新は非常に役に立つ。泉州市はまた南音学術シンポジウムを開き、積極的に地元の南音民間楽団を支え、南音を再建する伝承の雰囲気は、南音をまた再度人々の生活に響き渡らせた。更に重要なものは彼らが南音に対する価値は客観的、全面的に認識があり、積極的に南音を無形文化遺産名簿に申請し――二〇〇六年、南音は国家無形文化遺産代表作品名簿に取り入れられ、二〇〇九年九月三十日、南音は『人類の口承及び無形文化遺産の傑作』の入選に成功し、これは南音にさらに多くの人の関心を得させた。

いくら人々が様々な努力を作り出しても、大衆文化、ポップカルチャーの雰囲気が取り囲む下で南音の生存空間は依然として狭く、伝承の見通しは楽観を許さず、私たちは南音保護に存在している問題を理知的に詳しく見るべきで、一層緻密に南音伝承の作業をし、これに千年の古典音楽は新しい世紀に再度一つの美しい春を迎えさせる。

まず、保護は伝承の基礎であり、南音の全面的保護は革新的な保障であり、これは私たちに積極に南音の「静態保存」作業を要求する。しかし、南音の老いた一代芸人の残したオーディオ資料は非常に少なく空白に等しく、これは私たちのこの時代の巨大な損失である。急務はなるべく早く実効的な措置を取らなければならず、現存する老いた芸人の身に貴重な南音の資源を各種光電の手段を用いて記録し、相関な保存書類とデータベースを建設する。またなるべく早く南音の「指、譜、曲」の資料を集め編集する必要があり、これらの優秀な資源が現代社会の中で引き続き流失することを防ぐ。南音の継承人は薪火の語り継ぎの重点中の重点であり、彼らは南音の演唱とパーフォーマンスの知識、技芸を把握しており、南音芸術の活きた基盤である。したがって「生きた状態の保護」即ち継承人制度を建設・改善することは特に重要であることを表し、私たちは各種の措置を取って南音継承人の生活を改善する必要があり、彼らの社会的地位を高め、彼らの芸術的誇りを増強する。他方では、刑商人の高齢化現象は非常に明らかで、例えば泉州南音継承人の年齢は六十三歳から八十三歳間で、アモイの南音継承人の年齢は最高七十歳以上で、最低で四十歳くらいであり、端境期の現象は非常に厳しい。どうにか若い南音の「新手軍隊」を探索し引きつけ育成することは早急に解決を要する問題である。

次に、遺産保有地の専門教育は南音保護と伝承のきわめて重要な方式である。南音教育の過程において、南音伝統的音楽の特徴と現代音楽教育の専門的特色を結び付ける必要があり、教育中に無理に音楽理論を適用することは避けられず、充分に南音の楽器、節、伝統、文化等の方面の特徴を考慮し、伝統的な南音に現代教育の道を通じて伝承、革新させる。南音教育はただ一種の技芸の育成であるだけでなく、単に一首の歌、一本の曲を伝授することでなく、伝統音楽教育を通じて民族芸術の審美観、民族文化の自尊心と愛国愛郷の情を育成し、したがって南音教育は南音の歴史、文化、伝統、審美、価値、地域特色を植えこむ必要がある。南音教育は南音愛好者を育成し、多くの愛好者は南音の社会基礎である。関連部門の一時的措置にただ頼っているだけでは、ただ南音の一時的な繁栄を維持しかできず、南音の学校教育過程において対象に応じて異なった方法で教育を施すべきで、ある放った矢は、南音の愛好者、鑑賞者を育成し、それに従事する者は長期計画である。南音の大学教育は教育レベルを高める必要があり、重点的に南音上演と教育方面のエリート人材を育成し、未来の名師巨匠を形作り、伝統民族音楽と大学課程設置の実効的な融合を探索し、民間音楽文化とエリート教育間の格差を調整し、南音の伝承と教育に生鮮な力を注入する。

また、南音はただ絶えず革新することで生存、発展する。南音は千年を経ても依然として伝承は絶えず、それには一つの開放された、収容したシステムがある。まさに音楽史学者の黄翔鵬さんが話すように「中国伝統的音楽は一つ狭いもの、全閉鎖した文化系統ではない。それは絶えず流動、持続している吸収、融和、変異の中にあり芸術生命である。同時に、それはまた無数の岩石と堅い氷を貫いた封鎖であり、様々な伝承が途絶える危険を経て、やっと現在にまで伝わる」。すでに他界したシンガポール湘霊音楽社の創始者である馬成さんは時代につれて進歩すると考え、南音は内容と形式上において改革と革新がある必要がある。南音の革新は必然的で、また必需であり、時代が現代南音芸人にのこした一つの重大な課題である。南音の革新は先に南音の保存されている実質と特色基礎上で革新し、伝統南音との関係の革新は切ることはできない。もし革新が南音古典の優雅な風格と「古、多、広、慢、美」の特色から外れれば、それは南音ではなくなる。成功した革新は南音の趣を残しその風格を大いに発揚した革新であり、それは時代の特色と時代内容を授け、当時の人思想感情の革新を反映している。例えば『江姐』、『桐江魂』、『感謝公主』、『沁園の春・雪』、『閩海漁歌』、『百花斉放』は全て革新に成功した新しい作品であり、これらの曲目は伝統的な南音の作曲方法に従い、リズム、構造、形式、審美などの方面において全て伝統的な南音と緊密な関係を維持し、同時にまた時代の内容と息合わせもっている。足を止めない前と片面は急進的で全て場違いであり、南音の保護と伝承は全て有害なこともあれば無益のこともある。交流はインスピレーションの火花をぶつかり出すことができ、南音の革新は国内外南音楽社と弦友の交流が切磋し、同じ名月の下で、同じ故郷の音を用い、共に大昔を歌い楽しみ、感情の交流や、南音の伝播、継承、革新にも有益である。

また、南音社会団体と楽団は伝承と表演において全局面に影響する役を担当している。一方では、政府と関連部門は南音楽社に対する多方面の補助をする必要があり、他方では、楽団に自身の造血機能を形成させる必要があり、それらに市場経済において自身の生存方式を探すことができるようにする。これは近代社会が南音を伝承するのに必要で、また南音に対し多元機能の開発が必要である。台湾の「漢唐楽府」は南音の名家陳美娥から創立され、彼らは南音の上演、革新と、運営方面を私たちが参考にし、勉強する価値があるものにした。一九九五年、陳美娥は伝統的な南音楽曲と梨園科を互いに歩み合わせ融合させ、経典劇目の『艶歌行・梨園楽舞』を創作し、また映画やテレビの設計名家の叶錦はこのために伝統または斬新な服飾造形を設計し、漢唐古典音楽の重く優雅な風格を重視し、美しさでみなを驚かせた。「漢唐楽府」創立してから二十年経ち、続々と『艶歌行』、『梨園幽夢』、『茘鏡奇縁』、『韓熙載夜宴図』、『洛神賦』など作品を創作し、国際的に名を挙げ、しばしばヨーロッパ、アメリカ、アジア地区の国際的に重要な芸術節で賞を獲得し、大きい劇場に招かれ講演し、また以前に何度も中国大陸へ赴き公演した。さらに「漢唐楽府」は適当な包装と運営を通して、中国伝統的芸術の形態を欧米主流上演市場に打ち入り、南音楽団の革新と発展の模範となった。私たちは南音の本質と特徴、南音の優秀な伝統的な基礎上で堅持し、適当な商業化運営を採用し、現代のメディア拡大した影響力と感染力の助けを借り、古典音楽の芸術ブランドを造り、南音芸術の精品を創造し、この伝統的な音楽の千年古木は現代において、世界の土壌では再度新しい春を迎える。

（陳　少峰）

参考文献

1　鄭長鈴、王珊『南音』、浙江人民出版社、二〇〇五年版
2　王燿華主編、孫麗偉、黄忠釗、池英旭、林俊卿、陳新鳳、劉富琳編着『福建南音』、人民音楽出版社、二〇〇二年版
3　王珊『泉州南音』、福建人民出版社、二〇〇九年版
4　中国民族民間器楽曲集成全国編輯委員会『中国民族民間器楽曲集成・福建巻』、中国 ISBN 中心、二〇〇一 年版
5　泉州対外文化交流協会、泉州市文化局編『泉州南音藝術』、海峡文藝出版社、一九九八年版
6　泉州市文化局、泉州市新海路閩南文化保護中心編『泉州非物質文化遺産図典』、海峡文藝出版社、二〇〇七年版
7　南音網、http://www.nanyin.cn/
8　福建南音網、http://www.fjnanyin.com/

南京雲錦織の職人技術

二〇〇九年九月三十日、アラブ首長国連邦の首都アブダビで開かれたユネスコ無形文化遺産保護政府間委員会会議において中国の南京雲錦の職人技術が「人類の口承及び無形遺産の傑作」リストに入選された。二〇〇二年六月、南京市は正式に「南京雲錦人類無形文化遺産作業申請作業指導グループ」を創立し、八年の間南京雲錦は過去に次々と三回突進申請を差し出し、今回ついにその実となった。

雲錦は先に絹糸を洗練し、染色し、それから金銀の線で作られた絹糸を用いて綾織りで錦を織り、そのデザインの優雅さ、色彩の鮮やかさにより、天上の彩雲のような名を得て、かねてより「中華一艶」と「世界魂宝」の高名がある。専門家の考証によると、南京雲錦は既に千六百年近くの歴史があり、古代皇家御用の製品として、それは卓越しておりそして独特な工業技術を濃縮した中国伝統絹糸織物職人技術の真髄であり、中華七千年養蚕文明の最も光輝く貴重なものである。古代三大名錦（雲錦、宋錦、蜀錦）のトップを雲錦が占め、中国伝統錦織職人技術をトップレベルの代表であることの他に、非常に豊かな文化と科学技術内包を含み、中国工芸史、科学技術史、文化史に、また全局面に影響する地位を持つ。麗の多い容貌をはっきり見せ、雲霞のように綺麗な南京雲錦は、世の変遷を経験し尽くし、出来るだけ繁りを読み、既に古い歴史文化名城南京は最も光栄な都市の名刺となり、この日進月歩の都市といっしょに益々華彩の篇と章を演繹し出す。

千年の美しさ

中国は養蚕絹織物の本場で、昔七千年前の新石器時代に、既に回を紡輪、緯管などの縫製工具が出現していた。それ以後、男は耕し、女は織ることを著しい特徴とする古代社会経済的で、絹織物の繁栄は古人の美しい生活に対する追求を背負うだけでなく、そのうえ古代社会を繋ぎ止めて安定させる不可欠な要素である。錦は彩糸の平紋あるいは斜め紋から成る重経あるいは重緯の組み合わせであり、仕立て上がった色彩はきれいで、紋様が繁栄した絹織物であり、古代絹織物職人技術の最高技術レベルを代表する。また、そのきれいなイメージにより、古人に「美麗」と「綺麗」の象徴とされ、「花団錦簇」、「繁花似錦」などの言葉は錦が中国文化に対して深遠な影響があると表明する。南京雲錦は中国古代錦織芸術の中で最高に成就したもので、織物技術は最も複雑な製品で、その独特な織り上がりは唯一無二の職人技術であり、贅沢で華美で優美な外見、豊かな文化内包および唯一無二の皇家専属の地位、それは恥じることのない中国古代絹織物中の最もまぶしい星である。

南京雲錦源は東晋晩期にまでさかのぼることができ、その代表的な事件は東晋大将の劉裕が中原を遷す百工前の建康からきており、そして義熙一三年(四一七年)は錦署を秦淮河南岸の闘場市に設置した。「闘場錦署名」の設置は南京の織物業の発展に対し決定的影響があり、一般的にそれは南京雲錦の誕生段階だとみられる。当然、実物資料の欠乏から、学界はこの結論に対する論争が依然としてあり、例えば当時の錦署は錦を織るところであり即ち今日の雲錦の依然とした無実物資料の証拠であり、そのため部分的謹厳な学者は雲錦の始まった時期が元朝にあると主張する。ただ劉裕が遷した錦織職人は前漢と後漢、魏晋の伝統を踏襲した上に、また少数民族統治者に好まれた金錦織の職人技術を融合し、これと今後の南京雲錦の主な特徴は基本的に合っており、そこから推論すると、南京雲錦業の芽は東晋晩期に創立したと

清雍正大紅緞織彩雲金龍皮朝服

言える。

南朝時代、南京錦織物業は持続して発展し、宋、斎、梁、陳の各朝は全て中央により専門管理錦署機関を設立し、皇室は他に専門の織物部屋、刺繍部屋があった。この時期、南京錦織業はそのピークを迎え、製品生産量は巨大で、品質はずば抜けており、職人技術はより有名で、北方の柔然国はかつてわざわざ南斉政府に織物職人派遣するように政府に要請した。この際、最初に「雲錦」というこの固有名詞が現われ、南朝の文献『殷芸小説』の中に「年々機織り労役は、雲錦の天衣に仕立て上がる」とあり、『斉本・輿服志』にはまた「金銀薄を加え、世が言う天衣である」と記載されており、両者は相互に証明し、「雲錦」の固有名詞が南朝に始まったことを証明し、そのうえ特に金銀薄を加えて装飾した金錦織を指す。

隋唐時代、南京を抑制する政治原因の考慮が出てきて、大量の織物工が揚州へ移転し、南京錦織業は南朝の滅亡につれて元気を失い、昔の繁りと栄光は六朝のぼんやりした霧雨が消え去るにつれてだんだんと遠く去っていった。南唐時代は南京錦織業の復活時期であり、都が定めた金陵の南唐統治者大力は農業と養蚕を奨励し、金陵に再度江南錦織業の中心にならせた。両宋時代、南京織物業はさらに前代未聞の回復と発展を得た。都市のあちこち、街のあちこち、「一〇〇部屋の織機部屋があり、機織り器は相和し」、ニワトリの鳴き声を合図に、昼夜忙しく、仁和内に美しい錦刺繍坊、烏衣路地坊、インディゴ所、彩織物行、止め釘金の台、呉綉庄などが現れ、水陸波止場の傍で、数万の商業は雲のように集まり、盛況空前の繁栄の光景が現れた。

もし直接的な文献と実物資料の欠乏から雲錦のそれまでのこの大きな歴史が存在したか論争を引き起こすのであれば、そんなに大量の文献と実物資料は疑いをさしはさむ余地のない証明書であり、元代から始まり、明、清三朝を経て、

南朝宋武帝劉裕

南京雲錦は栄え発展した成熟期に入った。

元代は南京雲錦発展の歴史上一つ著しい境であり、この時錦緞生産は過去の配色を重んじることを主とするものから、金を用いることに転換し、これは中国錦緞生産の一つの重大な転換で、それは後に明清二代の高級な錦緞の設計、生産、に重大な影響を及ぼし、南京雲錦は受け継がれた元代の著名な金錦織の基礎上で一歩一歩と発展してきた。元代の雲錦の生産は主に国営の織物業機関が管理を司る下で進行されていた。当時、南京が設立した国営の織物業機構は東をと呼び、西は織物を染める所で、管理していた職人の数は千戸、約数万人で、南京絹糸職人技術の発展に良好な基礎を定めた。元代の統治者は金錦の使用を好み、金で飾られた絹糸を愛用し、毛織物の習尚があり、雲錦中の「庫金」、「金錦織、緞」などは、南京雲錦の一つの重要な装飾特徴となった。この他元代は多くの美しい枝や花のデザインと各種雲紋のデザイン、吉祥デザインを創造し、明清両代の雲錦のデザインの設計に豊富な参考を与えた。現在までずっと枝や花のデザインと雲紋のデザインは、依然として雲錦のデザイン中のよく用いる紋様である。国営の織物業の他に、元代の民間で雲錦織物業は同様に高い水準に達していた。絹織物の綾織り器は改善され完全となり、民間の織物器家庭にこの類の高級な錦織物を作らせ可能な物質技術的条件を提供し、これによって国営独占の局面を打破した。

明朝は南京雲錦発展の成熟時期であり、政府は南京で「内織染局」、「神帛堂」、「供応機房」を設け、専門的に雲錦生産を管理した。明代の国営織物業は完全に労役職人の労働を使用し、主に各地の織物染色手工業に従事している者を利用し無償労働、格安賃金の基礎においてを成立していた。明朝南京の雲錦織物職人技術はますます成熟し完全となり、大綾織機は完全であり、金織職人技術と彩織職人技術は溶け合い、唐宋のつづれ織りを通じて緯彩織の方法を断絶し移植され、小管梭掘花と短跑梭及び長跑梭を通じて緯を結ぶ新工芸の「粧花」工芸を創り出した。粧花織物は明代南京絹織物の最も代表するレベルの製品で、南京絹織物職人の重大な創造であり、その特色は「掘花粧彩」で、色彩変化は豊かで、異なった色を使うことにより鮮やかになり、多様で統一の効果を得た。粧花織物は最初緞織した織物上に花を掘り、色をつけており、その後このような配色技法は紗、網、紬、絹、綿毛など異なる質のものにも運用され、異なる構成の織物上へ行き、大いに粧花織物の品種内容を充実させ、中国彩綴り錦の配色技巧と織物技術を一つの新しい水準に進ませた。明代国営織物業は宮廷のぜいたく三昧で恩賞の節度のなさに仕事を満足になすことは難しく、民間の錦綴り織職人業はこのような需要に適応し必要に適応し、一日一日と繁栄、発展した。宮廷と官庁は国営織物業以外に、よく「領織」、「買収」、「買い付け」などの方式を採用し、民間の緞織を探し集め、国営織物業が供給する不足を補った。これは一定の程度で民間錦緞織業の繁栄と発展を刺激した。

清代に南京雲錦は最も輝かしい全盛期に入った。清朝は江南地区江寧、蘇州、杭州に三つの織物業を設け、錦織業の生産を司り、しかし三者が生産した錦緞の用途は違い、江寧織物製造署が監督して作って雲錦だけが皇室専用のものであった。清朝順治二年（一六四五年）江寧の織物製造署は設立し、南京雲錦が新たな発展のチャンスを迎え、前代未聞の繁栄の光景が現れた。乾隆、嘉慶年間（一七三六―一八二〇年）に、南京の絹織物業の発展は盛んに達し、城内のみで三万台以上の織機があり、男女の織物職人は二十万人以上おり、全城人口の約三分の一を占める。雲錦を竜頭とし南京絹織物業は南京経済の基幹産業となった。清朝の著名な書画者である鄭板橋の『長千里』の詩に「糸を繰る刺繍職人の家業は、金風銀龍に貢ぐ天子である」という言葉があり、これは清朝南京錦織物業発展の真実の描写である。清朝南京で生産された錦織製品は、宮廷を供給する以外、官庁の衣類や褒美の他、遠い海外及びモンゴル、新疆、青海、甘粛、チベットなどへ輸出され、そして対外貿易においてとても高い評判を持っていた。今日では、保存されてきた当時の雲錦に匹敵する頭部から「江南織造臣忠誠」、「江南織造臣慶林」、「江南織造臣七十四」、「金陵塗東元玉記庫金」、「金陵張象発本機庫金」などの字を見ることができ、官庁が監督して作られた貢ぎ物があれば、または民間機坊が生産した産品もある。清代の南京雲錦は、明代にできた継承されてきた基礎においてより発展、成熟し、特に金線の制作技術の進歩と金線品質の向上、金を用いた装飾織物の技法もますます豊かで多様になり、錦緞の品質も、明代よりいっそう繊細、優美になった。康熙時代に多く宋代の規範の錦が模範され、金線は糸のように細い。雍正時代は配色を重んじ、構図は秀麗で、配色は温かく雅で、中国伝統の錦緞にいて一目を置く存在となった。乾隆時代は漢、唐式の錦を模範するのが好まれ、ともに西洋の花式と織り方を吸収し、錦緞花式の新しい変化を促進した。

清末、社会の変遷は雲錦生産に一歩一歩と衰微を引き起こす。光緒三〇年（一九〇四年）江寧織物局は旨を奉じて廃止し、ここから三朝六百二十年以上続く時間を経て江寧国営織物業正式に終わりを宣告した。元明清三代の南京雲錦の歴史は、国営織物業を主線とした歴史である。江寧織物局の廃止は、南京雲錦の衰微を表す。辛亥革命以後、南京雲錦生産はさらに衰微し、主にチベット、モンゴルの少数民族は生産される。抗戦勝利後、一部分の織物業家は生産を再開し、復興の源の緞号は四台の織機のみで、少量の庫緞と金粧庫を生産し、中国に観光しにくる外国人に売り、年間生産量は二三〇〇メートルだけであった。続いた戦争、更に政府の悪税、インフレと価格限定政策の実行は、雲錦生産を気息奄々とに死を待つ境地に近づけた。一九四九年四月になると南京は前夜から解放され、南京雲錦の織機は一五〇台だけになり、無理やり生産を維持させた生産の中興源絹糸工場の四台だけであった。

新中国建国後、政府の大きな扶助の下、老いた雲錦生産は再度生きる機会を奮い起こした。一九五三年の華東軍政委員会文化部は国家文化部の指示に基づき、専門的に南京雲錦等民間工芸美術遺産を掘削、整理、研究する指示を公布した。南京市人民政府文化所は指示の精神に基づき、一九五四年に雲錦研究チームを創設し、南京雲錦に対し計画的な整理と研究活動を行った。一九五七年十二月、準備を経て、江蘇省政府は正式に南京雲錦研究所の成立を許可し、これは新しい中国建立後国家が初めて認可した工芸美術専門研究機関である。これから、南京雲錦研究所は全国唯一の雲錦専門研究機関として、雲錦継承と保護の歴史的重責を引き受ける。数十年間南京雲錦研究所は雲錦芸術に対する研究を続け、いくつも代表的な品種を保存し、技術上においても完全な継承を得ている。伝統を継承すると同時に、絶えず新しい観念が融合し、雲錦の芸術的品格をますます現代の方向に変わらせ、満足に現代の受け取り手の審美に適応し、一歩一歩と伝統から現代の転換に向かうことを完成した。現在の南京雲錦研究所はすでに全面的に雲錦の掘削、整理、保護、開発の仕事を引き受け、雲錦産業も日増しに繁栄し、そして国内外から広く称賛を受ける。

南京雲錦は長い歴史の発展過程において、多くの品種を形成した。現在既に把握している資料によると、主に「庫緞」、「織金」、「織錦」、「粧花」の四つに分けられる。

㈠　庫緞

「庫緞」は別名「花緞」または、「摹本緞」という。それはもともと清代御用の「貢ぎ物」で、織り上がった後に内務府の「緞庫匹」の名声を得た。粧花起本色花庫緞、地花両色庫緞、粧金庫緞、金銀点庫緞、粧彩庫緞緞のいくつかを含む。庫緞の紋様の設計は、「団花」が多数を占める。生産する時、布地の必要とする長さに基づき、それを織り段料となる。もう一種は服に応じて固定した様式で、紋様の設計は服を着ている時に目立っている何個かの主な部分（前胸、背中、肩部、袖面、裾）に予定し、織り上がったタイプの完全な仕立て上げた布地になり、この種の職人技術を「織成」と呼び、制作時、ただ様式にそって服を裁断し、即仕立てを縫製することができ、紋様の布の列は、非常に適度であり適切である。庫緞は多くの布地を作り、民間の町工場は通常それを「袍料」と呼ぶ。

㈡　織金

「織金」は即ち織料上の紋様をすべて金の線で織り出すことである。織金の紋様の設計は、花で満ちたところが少ないこと要求し、金の線材料を充分に利用し、充分に金の効果を発揮する。伝統的織金デザインは、紋様単位の小さい小花紋様を多く採用する。金に満ちた上に、敷地部組織を利用し紋様を簡単に描写し出すアウトラインを書く。このような陰紋のアウトラインの線は、デザイン紋様の具体的イメージであり、また敷地いっぱいの金花外の織物地の紋様でもあり、設計構想は非常に巧妙である。このような巧みな設計手法は、価値貴重なに金線を織物の正面で十分な利用を得させ、最大限度の金を表す効果に達している。織金の用途は、主に鑲滾衣部分、帽子部分、スカート部分、パッド部分などである。

㈢　織錦

雲錦中の「錦織」と「粧花」は同じ類の織物で、類似した場所がある。原料は全て精錬された熟糸を使い、染めた後に織る。両者は全て多彩な緯綾織物である。しかし錦織も同様にその明らかに違うのは粧花の点である。錦織中の彩花部分は通梭織彩を用い、段を分け、色をかえ、全部の織料上の各段彩花はただ何種もの違った色が用いられ、またはすべての紋様に一つの金、一つの彩二色の長跑梭織が用いられている。全体の織料の厚さは等しく、裏はただ平らで体に似合い、これは全て「錦織」の主な特徴である。錦織が使う色は多くないが、織物製品の効果は見事だ。錦織品種は「二色金庫錦」、「彩花庫錦」、「抹梭粧花」、「抹梭金宝地」、「芙蓉粧」などがある。

㈣　粧花

「粧花」は雲錦職人技術の最も複雑な品種で、また南京地元の特色が最もある花糸綾織品種である。「粧花」織物の特徴は色が多く、色彩の変化は豊かである。織物製造方法において、各種違った色が彩綿毛緯管を用い、織料上の紋様に対して局部的な盤織をつくり、配色は非常に自由で、いかなる制限もない。デザインの主体である紋様は、通常で二層あるいは三層での色彩表現を用い、一部分紋様は単色表現を用いる（花梗と葉、芽のような）。一枚の粧花織物は、紋様配色は多く数十色に何から二、三十色に至る。粧花が使う色は多くが、均しく処理でき乱れず、まとまり調和していて、織物上の紋様に生き生きした美しい芸術的効果を得させる。このような複雑な掘花粧彩の工業技術は、織物全体の織物製造法として、

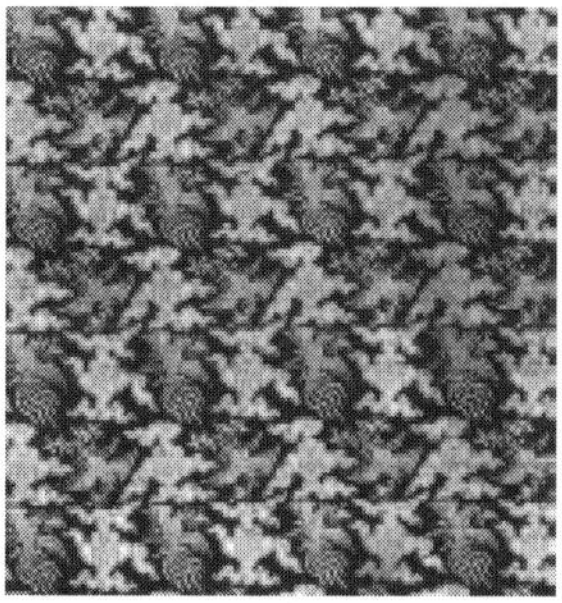

織金

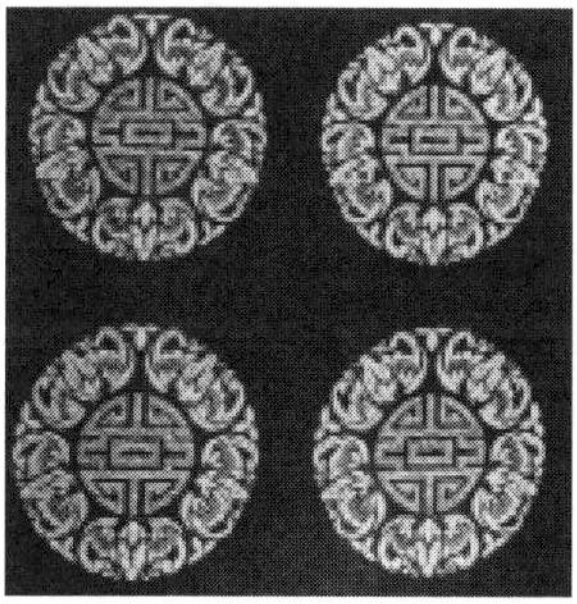

庫緞

他の地区で生産された綾織物のなかには応用は見られない。

歴史上の粧花織物の種類は多く、しかし大半はもう伝承が絶え、新中国建国後に継承されたのは粧花緞一種のみである。粧花緞の用途は、過去冬の服装、とばり、幕、仏陀面の装飾などに多く使われ、一般に仕立て上げて裁断して使用すると予測される。しかし明は清二代の粧花織物製品は、多くが「織成」形式により設計、織られたもので、例えば龍袍、蟒袍、テーブル掛け、椅子カバー、傘、または巨幅の彩織仏像などである。現在、このような粧彩技法変化の自由な特徴は見られず、電力織機では代替することができない。

「天上はめでたい人間の織物を取る」

手作業で織られた南京雲錦は最も貴重な錦織品種で、その生産技術は、一面において中国古代の絹織物工芸の優秀な伝統を継承し、それは中国古代織物工芸の典型的な代表であり。他方では、設計構想と織物職人技術上に新しい創造があり、鮮明で、強烈な地方工芸特色をもち、その特有のものは桃花結本で、通経断緯、掘花盤織、逐花異色など織物工芸と芸術風格があり、中国で独自の旗印であるだけでなく、世界でも珍しい。

雲錦生産は時間と労力を費やし、熟練の労働者二人が協力して大花木質織機を使い、一日に何センチメートルの長さのしか織り出すことができず、古人には「寸錦寸金」の言い方があり、実際はそうではなかった。現在努力を経て部分的な工

粧花

織錦

芸は既に機械化生産を実現し、しかし比較的に複雑な工芸例えば「粧花」などのようなものは依然として現代の機器で取って代わることができない。雲錦の生産技術は非常に複雑で、まとめると主に紋様の設計し、挑花結本、装い造り、原料準備して、織り上げの五つの手順がある。

㈠　紋様設計

雲錦の紋様の設計は、実用的要求、物質材料、製造条件、織り上あがりの効果に基づかなければいけず、意匠手手配される。①デザイン紋様の設計は、即ち用途の要求に基づき、経済的、実用的、美しいデザインの紋様を設計し出し、その設計特色は「美、広、大」の原則に従う必要があり、即ち形式は美しく、取材は広く、花形が大きい。②配色は、雲錦に用いる色は自由で、一枚の粧花織物の、紋様の配色は十何色、二、三十種色に達し、錦面の色彩効果に甚だしい乱れはなく、統一され調和していて、生き生きとした美しい芸術的効果を得る。③組織設計は、即ち織物を組み合わせ結合する編みの順であり、一般的に織物は平紋、あや織り、繻子などがある。④絵による図の意匠は、紋様、組織、規格などをしっかりと設計した後、ゲラ刷りに基づいて図を構想ですることである。これは一つの細かい複雑な工業技術である。

㈡　挑花結本

挑花結本は雲錦生産の肝心の部分であり、紋様を図面から織物上の橋梁に渡すことで、それは古い結びの記事の方法を用い、紋様のデザイン図の色彩織る手順に変えることで、再び機械で織、実際は一種の線を材料とし、紋様を蓄える手順の創作設計過程である。紋様を織物の具体的規格に基づかなければいけないだけでなく、「分寸秒忽」を計算し、紋様をそれぞれの一本の絹糸で繊細な変化を表現し出し、また紋様デザインの規律に従う必要があり、煩雑な色彩を最大限に同類は合併し、機織で一本編み上げることができ、織物職人に読んで理解させる織物工程の花本である。その原理は絹糸で作った経線を用いること、綿糸作った緯線を用い、よいよく描かれた構想に合わせ、経線は構想図に応じた縦の罫で、緯線は構想図に応じた横の罫であり、紋様の見本「花本」を選ぶ。その後「花本」を機械にのせて運用し、機械上の牽線、経絲の作用関係を運用せる。緯を織ることを経て織物製造の任務は完了する。明代科学者の宋応星は『天工開物』で「凡職人は花本を結ぶ者であり、策略は最も精巧である。」と讃えた。

挑花結本は三の工業技術があり、挑花、倒花、拼花は補助の工業技術であり、情況を見て加えて運用する必要がある。そのうちの挑花は基本的工業技術で、倒花、拼花を描き、その区の分け方は、それぞれの区の経緯線数がよく計算され、全て挑花職人の豊かな経験により計量が描かれ、程合いを勘定し、竹でできた小さい鉤を用い、脚子線選び出し耳子線を引き、編みとなる。設計原稿に基づき選び出した第一の花本を、「祖本」と呼ぶ。すでにある花本に基づいて他の花本を複製し出し、このような工業技術は、業界で「倒花」と呼ばれる。拼花は使って挑花あるいは倒花で作成した不完全な花本を合わせ一つの完全なものとした花本で、それは機械で織物を製造する要求を備えている。

㈢　造機

造機とは即ち雲錦の品種、規格に基づき、織物製造が必要とする経糸、下地構成に基づき、紋様組織の異なる要求はいろいろな位置におかれ、それに合わせる織物製造が必要である。

錦織物が後世に伝わる斜めの体式の大花楼綾織り機で、手作業で織り出され、その特徴は木製材料から構成され、梳卯を採用し、木楔は連接し、役割の分業は明確で、構造は力合理を受け、丈夫でしっかりとしている。機械全体の長さは五、六メートルに達し、織り口から機械後ろの経軸の間に長さ五・二メートルの経糸が織物製造業に参与し、経平線と水平線の角度は一〇度で、世界手作業紡織業の中で讃えられ、機械の肩は最も膨大で、構造が最も巧みな機器である。特に精巧な環状花本装置は、現代の機械、電子綾織り龍頭の針昇降機構並びに紋版プログラム制御システムの結合の作用に影響し、全幅粧花織物の製造要求を満たす。大花楼木器のモデル構造はかつて南朝梁代にすでに基本的な型を定めており、種類は機身、花楼、開口構造、打緯機関を打、送経巻取機関の五大部分に分けられる。それぞれのパーツの名目は非常に多くて、雲錦職人で代々伝わり、口頭俗名は多く、古典文献では証明しつくせない。それぞれの織機は綾織り職人と織物製造職人の二人で協力し、前者は上に、後は下に、上下協同で生産し、高さ四メートルの花楼の上に座る拽花職人は、事前に編んだ色分けのデザイン手順により綾織り操作をし、機械の前に座っている織物職人は綜框開口を操作し、掘花を配色し、緯線を引き緯を打つなどの工程をする。

雲錦の粧花は大紋様織物に属し、その織物の開口運動は地の部分と紋部の二つの部分に分けられる。雲錦織製造の要求に基づき、造機の時は地の部分の組織、機械の外装に基づく部分の他、経糸と花本を結合させる綾織り装造が必要である。全体の装いをつくる工業技術は範子、撈范子、范子吊装、柱脚制備、數絲、引纖、拾絞、撈筘範子などの工程を含む。違った品種と機械の型が、作ったものは規格と要求はが異なる。

㈣　原料準備

雲錦織物製造に用いる材料は養蚕絹糸、金銀の糸、孔雀の羽、本当のベルベットなどの何種かの材料がある。金銀の糸は雲錦を生産するのに不可欠な主原料であり、金銀の糸の歴史は雲錦生産の歴史だと言え、特に雲錦粧花に使用する紙扁金は、雲錦の専用材料であり、このような材料はいままで全て雲錦専門に生産されてきた。また、雲錦職人たちは孔雀の羽綿のような特殊な材料の使用を試みた。孔雀の羽綿毛は孔雀の尾羽上のひすいの綿毛を細心に加工してできたものである。

雲錦は熟織花綾織物に属し、即ち織り上げた後に染色、捺染の必要がない。生産に用いる主原料は――生糸、織り上がる前の染色精製を経て、異なる品種の要求に従い一定の規格、経線の色、緯線の原料、これらを伴い機械で製造する。原料準備の工程は、織物品種及びわずかに差異のある原料を選び使用し、ただ基本的な工芸は主に以下の範囲をカバーしている。経の原料の準備工程は、緯に対する原料により比較的簡単と言え、基本的に以下工程から構成される。絞絲↓筒子絡絲↓単絲打捻↓併絲↓復捻↓揚返↓精練↓染色↓絡絲↓整経。緯の原料の準備工芸は比較的複雑である。雲錦は緯に向かって織る織物に属し、金を挟み、銀を織り、そのため、緯の工芸はとても煩雑のように見える。それは主に以下の三つのプロセスから完成する。①粧織。粧織は粧花織物の彩色緯織である。十四から十六本の三〇／三五Ｄの工場絹糸を用い精錬した後染色と合わせる。精錬された工程は一般の精錬工程作業の他に、磨きをかける必要があり、糸身を散乱させ繊維にする。②底緯は絞絲↓精練↓染色↓絡絲↓併絲↓揺緯③装片金。伝統的な片金で、銀箔を台紙に貼り、色をいぶした後に一定規模の細い長方形に切り上げ、織る時に紋小刀腹内につけ、紋刀から経糸開口に入る。

㈤　織造

大花楼木機で雲錦を織る時、経糸と緯糸は織り成し、五つの方面の運動が必須である。一つ目、経糸上下に分かれて梭口が形成され、地の部分の開口と紋部開口に分けられる。二つ目は、緯糸を梭口に引き入れ、三つ目は梭口の緯線を織口に向けて引き入れ、四つ目は、既に経織された織物を織口から引き離し、五つ目は経軸上の経糸を送り出す。この五つの方面の運動は、拽花職人と織職人の手作業に分けられる。前三つの運動は連続型の運動形式である。経糸の開腔運動、地部の開口は、織職人のフットペダルの範子の制御により実現する。紋部開口は、拽花職人が手作業による拽花と、織職人のフットペダルを使った制御の協同作業から実現する。他の各項目の運動は全て織職人の手作業による。

①　拽花。拽花の操作は花楼綱線と繋がる花本上で行われる。操作時に、花本の耳子線の編成手順に従い、一本の耳子線を提起して脚子線の分離がその場で起き、その相兜連と相応する経糸が吊り上がり、梭口を形成する。織職人は障を踏んで緯を引きは緯を打った後、拽花職人は手を放し、開口は閉め合わさる。

②　盤織。雲錦木制織機は手作業で、織職人の手足を併用し、拽花職人と互いに協同で操作する。足ふみペダルは開口作業を行い、手は主に投梭、鐽紋刀、管遠し、緯を打つ作業などである。緯を引く作業は３種の方式があり、粧花の

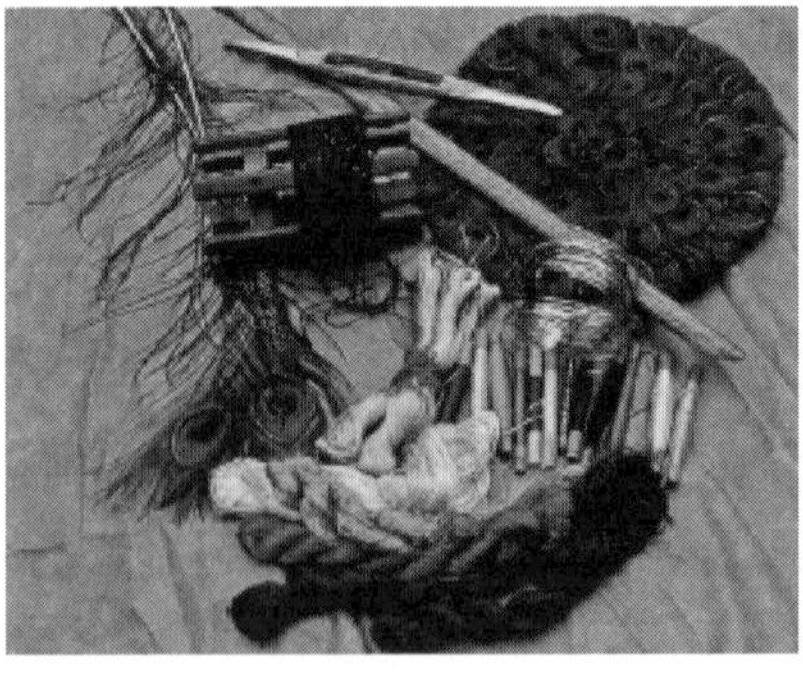

雲錦彩色緯絨

品種を織る時には、この三種の緯を引く方式を全て使わなければならない。一つ目は手で梭を織り緯を引き、これは一般の織物の緯引きと同様である。二つ目は紋刀で緯を引き、引き入れた片金に用いる。三つ目は掘花で、これは「通経断緯」の織法の緯引きである。

③ 緯打ち。雲錦業界では「碰框」と呼ばれる。緯を打つ機関から筬枠、馬竹を踏み、高圧板、撞杆、立人、などで構成される。梭投げ、鏟紋刀、管を通すなどの作業の時、筬枠はうしろの位置で止まり、左足と併用してペダルを踏み、高圧板の降下は撞杆を止めさせる。緯引きが完成した後に緯を打つ時、左足はペダル踏むことから外れて、高圧板は元に戻り、その後両手でしっかり枠を支えて、箱框を織口に向かって引っ張る。

④ 送経と巻取。雲錦が大花楼織機の送経と巻取は、全て途切れと途切れの運動方式を採用して、手作業による操作の必要に基づく。

上で述べたことが、雲錦を生産する時の基本的な方法である。具体的に操作する時は、また異なる品種の工業技術に基づき基本選択の合理と構想が要求され、織物製造の操作手順、実施を制定する。雲錦職人が生産実践において絶えず操作経験を総括し、例えばある複雑な粧花織物を織る時、織物職人はよくいくつかの口訣を暗記する。口訣を読む、頭の中で配色、八方睨み、本当に全身運動で、毎日五、六センチしか織ることができない。古人は雲錦を「寸錦寸金」と言い、すこしも虚飾ではない。

「遠くから見ると色、近くで見ると花」

「遠くから見ると色、近くで見ると花」は、中国民間の染め織設計上の常用の一句の俗語である。それは、一枚良い染め織設計で、優雅なデザインの紋様が必要で、また人を感動させる色彩修飾も必須で、両者は互いに補い合い、互いに成ることによって結果がいっそうよくなる。

雲錦の配色は芸術的な創作過程であり、織職人は比較的に対比調和の配色法則を運用し、「葷素搭配」、「寒暖相間」によって「逐花異色」の効果に達する。歴代の南京雲錦職人は不断の探索と革新を経て、南京雲錦の配色がすでに不朽の点に達し、最高の状況は、錦緞の配色芸術が絶頂に達したことである。

雲錦のデザインの配色で最も重要な特徴は大胆な華麗さで、鮮明で強烈を基調とし、強烈との対比において協調を求め、きれいさの中にひっそりとしており、比較的大胆で謹厳・明快で、軒昂とした勢いをもつ。雲錦は一般的に深紅色、紺色、サファイアブルー、濃い緑などの濃色で地の色は作られ、同時に主体の紋様の配色は、赤、ブルー、グリーン、紫などの濃色の修飾が多く使われる。「虹輪」と色彩調和の処理手法を運用し、濃い色の地の上に重い彩花を使い、良い芸術的効果を得て、全体配色の慎重さ、典雅の基調を形成し、宮廷内の光り輝く豪華さと荘厳な雰囲気に非常に協調し、また封建帝王の黄色い御服は比較的際立ての効果を発揮し、比較的によく使用者の好みの心理と特定の環境の実用要求を満たした。

雲錦デザイン配色の二つ目の特徴は大量に使用された金、銀のこの二種の光沢色である。金、銀の二色の色で、いかなる色とも互いに調和することができる。「粧花」織物中のすべての紋様は金片の絞り辺を用い、部分的な紋様は金線、銀線を用い装飾する。金銀は比較的に強烈な雲錦デザイン設計において、全色彩を調合し統一する役割を起こし、同時に織物全体に光り輝いく華麗な感じを増やし、一層きれいに美しくさせる。このような金鮮やかに耀き交わり、華麗な光り輝いく色彩装飾効果は、雲錦特有の芸術的特色である。

雲錦のデザイン・配色の第三の特徴は「虹輪」、「片金絞辺」と「大白相間」などの色彩装飾方法と処理技巧の採用である。「虹輪」は色彩の濃淡、層と律動の表現であり、主にデザイン主体の紋様上に運用し、色彩は産み出された刺激に対し弱く、主題の紋様の生き生きした様子を際立たせ、色彩の韻律感を増やした。「片金絞辺」は、紋様のアウトラインを、扁金線を用いて織り出すことを指し、このようつくりはまた花形を際立たせるためである。「大白相間」、「大白」は白色の運用を指し、主体紋様の「外暈」のように白を多く用いた面を表現する。上で述べた三種の方法はよく一つの錦緞の設計中に総合応用される。

南京雲錦が貴重な重要な原因は、美麗で華美である色彩装飾を除いて、デザインの紋様すなわち「花」の内包が豊かで、美しいことである。これらのデザインはまじめで慎重でそれに慎み深く、設計において紋様の造形と手順の処理を重視する。一枚の紋様は、採用した素材はどれくらいかにかかわらず、細心の構想処理の後、全て豪華であるが乱れのない、まばらでなく、主題が突出した芸術的効果に達する。

雲錦デザインの題材は広く選び用いられ、紋様内容は甚だしく充実している。よく用いられる素材は花卉、果実、獣、鱗、昆虫、仙道宝物、めでたい紋様などである。そのうちの大部分は現実生活中で人々によく熟知された自然素材で、ある部分は同様にロマン主義の色に富んだ紋様で、例えば龍、鳳、夔の龍、麒麟、鹿、鸞の鳥などである。これは雲錦の紋様で一種の象徴あるいは理想的な芸術イメージのとして工芸に応用、装飾され、ほとんどは特定の寓意を持ち社会的意識と人々の思想感情を表す。例えば「龍」紋のデザインの具体的設計は、多くは雲紋を用い、海水を互いに引き立て、龍は雲と海間に飛翔し、封建帝王の「博天之下、莫非王土。四海之内、唯我独尊。」と威厳ある勢いを高める。そして「鳳」は各種の鳥類の美しい集中化身として、光明、幸福、知恵、愛情を象徴し美しく、また雲錦のデザインは題材を広く使用する。またほかにその他の雲錦のデザインは紋様の組み合わせの上に多くの吉祥の意味を含む内容があり、設計上象徴の拝借あるいは取物発音に近い手法を取り、いくらか音や意に相関する紋様素材を一緒に組み合わせ、霊鳥類の瑞獣、仙道宝物、花卉果実、めでたい文字などを採用し、祥瑞主題のデザインを組み合わせることにより、一定の意味を含み、吉のある、めでたい、縁起の良い、思想願望に沿った表現がされている。

大胆な華麗の雲錦の配色

雲錦のデザインのレイアウトは非常に慎み深く慎重で、設計において非常に構成を重視し、異なる品種の実用的要求、物質材料、製造条件、織り上がりの効果などの要素を多く結びつけ、構想をつくる。織物の使用情況に基づくと、製品の設計は基本的に「織成料」と「匹料」の両種類に分けられる。織成料は基本的に全て紋様に似合うデザインの構造と構成を取り、よく織った「織成」料を、様式したがって裁断し綴を縫い、再び装飾を加工し、即ち一枚の紋様と装飾が適度なものとなり、形式が完璧な実用品あるいは装飾品となる。「織成」料の紋様設計は、創意を非常に費やすものである。「匹料」は、錦が雲錦で制作する日用品や装飾の加工用料に用い、匹料のデザインの紋様と装飾は「四方連続」のデザイン構成を応用したものである。ただ基本の紋様の単位を一つ出すだけで、即ち織物の工芸手段を通じて、それを反復し回転させて、上下左右に四方で互いに継ぎ足し、布は必要とする長さに応じて、一枚の完全な匹料を織りなす。雲錦のデザインは、よくみられるデザイン形式として「団花」、「散花」、「満花」、「纏枝」、「串枝」、「折枝」、「錦群」などのいくつかがある。

「継承し続け、放つ光は大きく」

古代、雲錦は皇室人員と貴族役人が専用に使用するもので、封建王朝の没落と最終瓦解につれて、南京雲錦はもとの意味と方式、継続して存在する社会基礎を失い、雲錦生産されても絶大な影響を受け、日に日に大規模生産の光景は存在しなくなり、ただ残った少しの零細な小さい町工場と紡織職人がその生命を延長した。

新中国建国後、南京雲錦は政府の重視と扶助を受け、その制作者と受け取り手たち、芸事、工芸、機能、伝播は全て深い変化が生じ

多彩な雲錦の図案

た。一九五六年十月、周恩来総理は「南京の同志たちは絶対に雲錦工業技術が継承し続け、大いに発揚すしなければならない。」と指示した。一九五七年、江蘇省人民政府は「南京雲錦研究所」の設立を許可し、ここから、雲錦の継承と保護はすでに専任者が引き受け、少しも誇張せずに言うと、南京雲錦研究所五十年以上の歴史は、南京雲錦が篳の道のぼろぼろの中で辛く請求した歴史の縮図である。一九七〇年代文革動乱の人為的妨害と一九九〇年代市場経済の大潮の下で苦しい転換があり、しかし南京雲錦研究所の科学研究員と職員の努力を経て、比較的によい雲錦の大部分の工芸を保護、残し、それをあるだけすべて伝承し、また依然として途切れのない文化財複実践において相関的な知識と技法を勉強、実践し、伝わらなくなった工芸に対して捜索と研究を続けている。また、近年いくらかの民営雲錦企業、例えば南京神帛堂雲錦織造有限会社、南京宝融雲錦織造有限会社、南京天宮雲錦織造工場、金文雲錦有名人仕事部屋などは自分の努力を通じ、絶えず雲錦織物製造の職人技術を継承し発揚している。

歴史は南京雲錦に新しい身分と内包を授けた後、職人たちは伝統を継承する時、絶えず新しい観念に溶け込み、その加工、改造に対し、その芸術的品格はますます現代の方向に変わり、現代の受け取り手の審美追求に適応し満たし、工芸の改善、品種の革新、業務範囲の開拓、市場化探索などの方面は全て比較的に大きな突破を得て、これにより初歩的な伝統から現代への転換を完成した。現在雲錦粧花の品種を除いて伝統の手作り織物製造維持し、普通の製品は基本的にすでに現代化生産を実現し、コンピュータ補助系統（ＣＡＤ）の引き込みは雲錦紋様設計創作大いに高めた。製品ライン、題材の内容の拡充と芸術形式の多様化は、社会発展は雲錦が提出の新しい要求に対し適応し、民衆の多次元の現代審美追求を満足させる。

成績と進歩を見た同時に、南京雲錦は工芸の完全さ保護、科学利用、さらに進歩した発展の方面において、存在する多くの問題は軽視を許さず。まずは市場の規範的でない問題があり、雲錦の知名度と影響力の拡大につれて、特に世界遺産申請に成功した後、いくつかの投機の行動は正規の雲錦企業の利益を直接損害しまた雲錦業界の全体イメージが損害を受け、これにより、雲錦知的財産を保護し、雲錦開発生産企業の利益を保護し、一刻も猶予することができない。その次に雲錦の宣伝強度はまだ不十分であり、特に特定の消費者の販売ルートに対してはまだまだ建設されておらず、一般的に普及性のある宣伝も増強を待ち、この他に、雲錦生産企業の開発生産規模、資金、人材などの方面は、全てさらなる強化を要する。

雲錦の伝承、発展は依然として重く遠く、雲錦が世界遺産申請に成功がもたらした知名度方面昇格ならびに世界範囲内の中国文化ブーム勃興の東風の助けを借り、既に存在する成績の上に革新の突破を打ち出し、南京雲錦はやっとすぐ自分に属する華彩文章を織ることができる。このために私たちは以下方面から多く力を入れる。

㈠　生産性方式保護により、革新の中で生きる伝承

「雲錦は千五百年以上の発展過程において、自身は絶えまない発展と革新において、雲錦は伝統設計と流行の需要において協調した発展が必要である」。現在の人々の衣飾と居室装飾においてより簡潔で雅、素朴は自然なものを好み、濃くて華やかな派手なものを嫌い、このような審美流行と伝統雲錦の美しい富貴な風格は互いに調和せず、ただ伝統的基礎上で時代の審美と興味に溶け込み、時代の脈搏をきつくし、やっとより大きな市場価値を持つことができる。そのため、未来において雲錦設計生産をする時は比較的淡い雅な色を使用し、できるだけ服飾タイプの新しい流行を追求し、人に清新でおしゃれな感じを与える。

㈡　生産権保護を重んじ、核心織物製造職人技術の伝承を実現する

二〇〇八年十月一日から、江蘇省南京雲錦研究所有限会社などは共同で国家標準の『地理標志産品雲錦』を起草し正式に実施した。国家標準の実施は南京雲錦、この中国伝統文化至宝がその品質を判断する統一技術を擁して要求すると言って、その規範的な雲錦市場があるだけでなく、雲錦製品の品質を高めて、同時に雲錦の国際市場を開拓し、国際での認可度と高名度を高め、これにより南京雲錦織製造工芸、この無形文化遺産により良い保護、伝承、発展を得させる。次のステップは深く標準に入るべきであり、雲錦生産に良好な環境を提供するため、雲錦業界の「基本法規」とさせる。

㈢　政府が引率し集まった発展を通じる必要がある。

雲錦織物製造の一つの産業のとても長い鎖の業界で、上流の原料生産企業、内容設計企業及び下流の販売、保護（修復保養）などと織物企業は、分割することのできない産業である。清代乾嘉時代に雲錦は盛んな時期であり南京には数万台の織機があり、織職人は二十万人あまりおり、業界上流と下流の企業はつながり、南京の基幹産業を構成した。今日、文化産業は現在でも出現おり、南京雲錦自身の特徴は文化産業集合方式運営に非常に適しており、無形文化遺産申請成功の利と南京都市改造のきっかけの助けを借り、政府層面の力による雲錦業界の集合、発展の推進は、比較的良い雲錦伝承と発展の困難を解決する。

㈣　文化背景層面の保護

南京雲錦は一種の単純な工芸製品であるだけでなく、千年の発展において、それをめぐる多くの内包豊かな物語と習俗を形成し、多くの遺跡を残し、すべてのこの一切は無形文化遺産の南京雲錦の構成である。そのため伝統的な雲錦の背景文化をできる限り回復し、雲錦文化に実在の基盤を与える必要がある。雲錦伝統の弟子入りの儀式、必要があり、錦を織る前の沐浴、焼香などのような、また伝統的な雲錦職人は雲錦を織りながら南京白局の情景を歌うなどの習慣を復活させる必要がある。これらの文化産業の運営を通じて、人々はより多く雲錦文化の全貌を知らせ、同時に雲錦製品の文化内包を高めることができ、さらに雲錦産業の鎖の長さを引き伸ばす。

㈤　商業宣伝の強化

「酒は良い香りは深い路地を恐れない」の時代はもうひとたび去り再び返らず、さらに宣伝力を強化する必要がある。南京雲錦研究所所長の王宝林はかつて、「世界文化遺産への申請は目的ではなく、手段であり、私たちは世界文化遺産への申請を通じて社会各界により良く雲錦、この無形文化遺産を、より良い伝承と発展のために認識させたいと思う。もし雲錦の世界文化遺産申請と相応の宣伝活動がなかったら、恐らく雲錦がとっくに堅持できていなかっただろう」と言った。事実は確かにそうだ。近年、南京雲錦は世界文化遺産申請を通じて、五輪関連の商品開発、万博の特許商品、春節聯歓晩会司会者の雲錦礼服の制作、少林方丈の雲錦袈裟の制作などの営業をしたほか、文化遺産博覧会、世博会、無形文化遺産展示会、絹織物博覧会に積極的に参加し、良い宣伝、プロモーション効果に達した。

㈥　人材養成力の拡大

雲錦の保護において、最も手厳しい問題は、継承人の養成にある。東南大学教授の張道一はかつて「絹織物の織機は博物館に置くことができる、口訣は文字で記載することができる、しかしこれらの職人は？」と言った。一人熟練職人の専門知識と専門技術は、一民族のこの方面における文化の蓄積を体現している。雲錦の伝承は代々の職人の活きた媒体が必要である。南京雲錦職人、織物製造職人技術の後継者を確保するため、雲錦技術人材に対する養成力を拡大する必要がある。その前に、南京雲錦研究所連合教育部門は、雲錦工芸の職業教育体系を導入し、雲錦養成クラスを専門的に開設し、毎年三、四十名の卒業生を養成する。「しかしこれらの学生は卒業後雲錦織物製造業に従事するものは多くなく、本当に織機上の織物職人になるものは非常に少ない」。現在既に雲錦継承人に対する強制的な保護が行われているが、二十四名の南京雲錦継承人を選び出し、全員に弟子を割り当てるが、力はまだ弱さが表れている。美しい作業と基礎的な技能、理論研など多方面の雲錦科学研究人材も、雲錦の長い発展から考慮すると重点的な養成が必須である。

（張　偉）

参考文献

1　徐仲傑『南京雲錦史』、江蘇科学技術出版社、一九八五年版
2　王宝林『雲錦』、浙江人民出版社、二〇〇八年版
3　金文『南京雲錦』、江蘇人民出版社、二〇〇九年版
4　戴健『南京雲錦』、蘇州大学出版社、二〇〇九年版

宣紙の手すき技術

二〇〇九年九月二十八日から十月二日までアラブ首長国連邦の首都アブダビで開かれたユネスコ無形文化遺産保護政府間委員会の第四回会議にて、中国が申請した宣紙の伝統制作技術など二十二の項目が「人類の口承及び無形文化遺産の傑作」リストに入選した。

宣紙は中国手づくり紙の中で最も著名な一種で、それは湖筆、徽墨、端硯と共に「紙墨筆硯文房四宝」と褒め称えられる。宣紙は柔軟で強靭、潔白で滑らか、きめ細かく均整で色つやの耐久ある性質により名声を博し、宣紙のずば抜けた性能に中でも特に潤墨性と耐久性が最もずばぬけている。紙面はひとたびインクと接触すると、即濃い、淡い、枯れた、焦げた妙な味を表現し出し、文字を書く時の骨頂を兼ね備え、作画の時は表情が生き生きとし、そのため千年長生きする紙、国の至宝と褒め讃えられる。

千年の古い宣紙

「宣紙」という用語が最も前に見られたのは唐代の学者、張彦遠の『歴代名画記』で、「良いことは一〇〇枚の宣紙に置いてあり、用法は蝋の、下敷きを備えることによって……」とあり、『旧唐書』の記載に基づくと、唐天宝二年、各郡の貢ぎ物の中に「宣白郡の船に……紙、筆、オウレンなどの物が積まれている」（唐時代の涇県隷属宣城郡）とあり、宣紙の歴史は唐代を遡及することができる。なぜなら唐朝の時宣紙の生産は宣州にあり、即ち今日の安徽涇県地区で、貢ぎ物が入ってきた時、「宣州が貢いだ紙」の規範字形を打つ必要があり、月日がたつうちに、すでに「宣」字の地域命名により、したがって「宣紙」と称された。安徽学者の胡朴安（一八七八―一九四七年）は自ら選んだ『宣紙説』の一文で「涇県は昔宣州に属し、全国の最も優れた紙の生産地であり、世の所謂宣紙である。」と示している。宣紙は中国独特な伝統手工紙で、また中国史上の一種の書画芸術用紙である。それは「唐代を起源とし、明代に興り、清代に栄えた」、歴史はとても長い。宋の末元の初めに、曹という姓の人が涇県の西郷の小峰一帯へ転出し、宣紙製造の生まれとされる。関連するこの史実は乾隆年間修築された『小峰曹氏宗譜』に記載が見られ、「宋の末争いを撒いた際に、烽はすぐ四方に起こり、避難は混乱し忙しく、曹氏鐘公八世の孫曹大三は、蛟川から涇を遷し、小峰に来て、十三の住宅に引っ越し、この山の陬を見て、畑は非常に少なく、耕作することはできず、蔡倫の技によるものを職業とし、生計を維持する」とある。それ以後の七百年間余り、宣紙製造の中核工芸はずっと小峰の曹氏一門世代に受け継がれ、ひときわ優れ、清代後期までずっと宣紙に生産は小峰の外に拡大し、また一族以外の人が介入したが、小峰の曹氏が依然として宣紙制作工芸の主な後継者であった。

この過程において、宣紙の発展はいくつかの重要な歴史時期を経る。そのうちの元代は倪雲林、王蒙、呉鎮、黄子文などを代表とする山水画派は伝統宮廷画法の桎梏を突き破り、山水写意と潑墨豪放な法を提唱し、宣紙業の発展に著しい推進作用を起こした。

明代に到達すると、宣紙製造技術の進歩および宣紙の加工技術はますます巧みで完璧になる。文震亨はその著である『長物志』で、「呉中は金紙をまき、松江は譚箋、全て耐久性がなく、涇県は四つ全て素晴らしい」と言った。明代の呉景旭は『歴代詩話』中で「宣紙の薄さは堅くでき、厚さは脂っこくでき、箋色は古めかしく光、文藻は優美で……」と示し宣紙の性質の優良、美観と実用を話した。

宣紙生産は清代に長足の発展を得る。県東に漕沢汪六吉などの金持ちがおり、生産は非常に規模を備えた。県西小峰の曹氏宣紙旧家は日々繁栄を見る。当時の小峰は十三の至る所に小屋を設けて製紙し、あばら家はますます多くなり、多くの新旧のあばら家は周辺都市と農村に向けて発展を開始する。

宣紙生産の規模の日々の拡大につれて、宣紙は外国に対してもますます明らかな影響を現す。いくつかの工場が生産した宣紙は各種に大会で受賞した。例えば一九一一年、涇県小峰の曹義が生産し出した「鴻記」宣紙は南洋国際職業大会で「特上官府証書賞」を獲得し、一九一五年は、涇県小峰の「桃記」宣紙はパナマ万国博覧会で「金賞」を獲得、一九三五年は、涇県の「汪六吉」宣紙はイギリスロンドン万国博覧会で受賞した。これをもって、宣紙生産は盛んな段階に入る。

自然の選択

宣紙は安徽涇県に集中し、これは歴史の「大浪淘沙」であり、自然が選抜した結果である。中国宣紙協会二〇〇五年の統計資料に基づくと、涇県には宣紙、書画紙の企業が二百社以上あり、そのうち宣紙生産企業は十二社、従業員は一万五千人以上おり、宣紙、書画紙の年間生産量は六千トン以上で、年間販売高上は二億元で、中国全国書画紙の六〇%以上を占め、中国全国最大の宣紙と手づくり紙の生産拠点である。

涇県は安徽南山自治区に属し、今の安徽省宣城市に属する。中緯度南部に位置し、北亜熱帯、副熱帯季節風湿潤な気候に属し、例年の気候は温和で、降雨量は充実しており、江河の面積は広闊で、宣紙のための豊かな水源を提供する。その上、この地の水質は優良で、高級な画宣紙を生産するのに適する。特に烏溪上流の二つの水源で、水質は清く、水温は低く、一つはは薄いアルカリ性を示し、原料の加工に適している。別の一つは薄い酸性を示し、水を用いて紙を合成するのに適する。これは宣紙独特な品質の一つの重要な要素を形成する。

涇県の四季ははっきりと分かれており、春は遅く、秋は早く、冬と夏の両季は長い特徴がある。年は霜が降らない期間が二百五十日くらいあり、光の資源は充実していて、宣紙の原料は日にさらすことができず、暴雨と激しい寒さ中で風化し腐乱して変質する。同時に、涇県の気温は比較的に明らかな垂直な変化と地域差異があり、同様宣紙生産に優越した気候条件を提供する。また、涇県中部は沖積平原で、土質砂含有量は高く、長茎水稲を植えるのに適している。この種の水稲の茎は柔軟で強靭で、繊維は平均で、抽出・精製は容易く、糊のできる率は高い。

千年以上、宣紙産地の主な分布は涇県南西方面の小峰一帯である。小峰は「九嶺十三坑、坑坑は宣紙を作る」という名がある。清末期以後、宣紙産地は小峰から外に拡大し始め、あまねく烏溪、南容、蘇紅、古堰、晏公などの地に分布し、町工場の総数は一度四、五十社に達した。

抗日戦争の期間は、戦乱と政局の不穏により、宣紙生産はしだいに萎縮し、一九四九年までほとんど全面的に生産を停止した。新中国建国から間もない一九五一年、涇県人民政府は現地の宣紙職人を組織し宣紙生産を復興し、宣紙生産はまた新たにを奮い起こり、「涇県宣紙共同営業所」が創立し、一九五四年に共同営業所は公私合営の「涇県宣紙工場」に改名した。この工場は一九六六年に地方国営企業に変わり、さらに「安徽省涇県宣紙工場」と改名し、一九九二年にはまた改名し「中国宣紙集団会社」となった。この工場が生産する「紅星」宣紙は一九七九年、一九八四年、一九八九年三回中国国家品質査定委員会の金質褒章、一九八一年には中国国家輸出免検権を得た。一九九九年、「紅星」宣紙商標は国家工商局商標局に「中国著名商標」と定められた。

二十世紀の六十年代以後に、涇県の宣紙生産発展はとても速く、一九八〇年代に至ると宣紙メーカーはすでに四十社以上に及んだ。一九九五年、涇県は中国農学会に「中国宣紙の故郷」称号を授与された。二〇〇二年、涇県は再び国から「宣紙原産地域」と認定された。

精巧な制作

宣紙生産は歴史が長いだけでなく、伝統手作り紙の典型代表で、そのうえ生産技術は優れており、加工手順は慎み深い。宣紙は砂浜を開いてつくった畑の藁を精選することと楡科落葉樹エノキの皮を原料とし、先に分けてそれぞれ皮糊とまぐさ糊をつくり、その後異なる比率によって混合し、紙薬（キウイトウの汁）を添えて異なる品種の宣紙を作る。全体の生産工程には百本以上の工程があり、主に下記のものである。

㈠　皮料制作工程

皮は加工して複雑に研究し、筋を切る、材料を蒸す、泡に浸す、皮剥ぎ、干し、水に浸ける、灰に漬ける、塩漬けにする、灰を蒸す、皮を踏む、塩漬けして置く、踏み洗う、塩基で蒸す、洗浄、引き裂き選ぶ、広げて晒す、広げて晒し焦がし皮にする、皮をむち打つ、皮を洗う、圧搾、皮を拾う、胎をつくる、皮を選ぶ、材料をひく、皮を切る、洗い流す、漂白などの複雑な工程を経て、そこではじめて檀皮繊維料になることができる。

㈡　まぐさ制作工程

まぐさ加工も草を選び、草を切る、草（線分を破る）をつく、埋め浸す、洗浄、灰につける、積み重ねる、日光に晒し干した草をつくる、蒸し煮る、日光に晒し焦がした草、むち打ちした草、材料をつき砕く作業を経て、漂白した後、やっと要求に合う草の繊維料を得ることができる。

㈢　材料の配分

草の繊維料と檀の皮の繊維料は一定の比例に沿って混合し、綿料の配分比は四〇％の皮材料＋六〇％のまぐさで、洗浄した皮は六〇％の皮材料＋四〇％のまぐさで、特殊な洗浄した皮は八〇％の皮材料＋二〇％のまぐさで、純皮は一〇〇％の皮材料である。再び選び、洗浄、均等に打ちふるい分けることを通過し、混合パルプを作成する。

㈣　製紙

混合パルプに水を配合して、ゴム（キウイトウの汁を加えたもの）を配合し、再び紙をつまみ、圧搾し、紙をあぶり、紙を選び、紙を切り、包装し品物にできあがる。宣紙の完成品は紙質は綿のように強靭で、手触りは潤んでいて柔らかくて、紙面は平らで、かすかな簾の紋があり、ふちは整然に清潔に切られ、紙面は折れ目、裂け目、穴の眼、砂の粒、付着物などの傷があることを許さない。

宣紙と普通の木あるいは草類を原料と普通の機械製の紙はとても大きい相違がある。最も主要な点は、用いている原料がエノキ（皮）と砂浜を開いてつくった畑の藁である。この二種類の原料は長年技師、達人の不断の反復した試験を経てふるい分け出され、この作成した製品は長時間の試練を経て、今に至り、依然として他の材料はとって替われないものである。

相関的器具と製品

㈠　宣紙を制作する主要な器具と設備

①　セイタン皮の制作

なた、蒸鍋、ボートフック、砂浜の石、皮を選ぶ台、皮の碓、皮を切る刀を、皮を切る桶、料缸、袋料池、材料袋、ひっかくもの。

②　まぐさの制作、

鉄製のくまで型の工具、草を切る刀、蒸し鍋、ボートフック、砂浜の石、むち草の茎、草を洗うざる、まぐさを洗う水槽、木の搾り、選んだ草篩、草碓《ひ》、まぐさを混ぜる水槽など。

③　製紙設備、工具

紙の槽、水碗、カーテンベッド、紙のカーテン、円錐形の額竹、水を漉す袋、薬を漉す袋、ゴムをつける樽、ひっかくもの、紙板、紙絞り、豚毛のつかみ、紙棚を上げ、紙棚を晒し、篭、松毛ブラシ、額銃、あぶったものを拭くつかみ、紙の検査台、はたき、紙を切る刀などである。

㈡　宣紙製品

宣紙制作の原材料を朝陽の斜面に放って日や雨に晒す

宣紙の原料配分比によって綿材料、洗浄皮、特殊な洗浄皮、純皮の四種類に分けられる。厚さによって、単宣、挟宣、二層宣、三層宣などに分けられる。規格によって四尺宣、五尺宣、六尺宣、八尺宣、丈二宣、丈六宣、丈八宣、二丈宣および、その他特殊な規格などに分けられる。紙の紋様により単絲路、双絲路、亀紋、羅紋などに分けられる。

宣紙はすでに千年余りの歴史があり、たとえ歴代の著名人、文人墨客は宣紙を讃え続けたが、しかしすべて宣紙工業技術とは関わりがなく、たとえ清代後期に『宣紙説』が出版されても、宣紙工業技術の記載は嫌がられ略された。長い間宣紙生産芸工芸は全て先生と弟子による伝承、代々の継承に頼っていた。現在、宣紙に関連うる職人技術工程はすでに見ても著作多にもかかわらず、本当の宣紙加工工芸（芸当）は依然として千年年以上の時間のように先生と弟子間の言葉と自らの行いの両方で教育することに頼り、悟性と長期的実践し体得と感覚でやっと把握することができる必要があり、言葉で表しにくい形成文字である。このほか原料の加工は日乾し、雨淋、露煉等の方法を採用し、自然につくり、まだ具体的な理化学指標がなく、さらに経験掌握に全て頼っている。このことから、宣紙制作工芸は確実に典型的な無形文化遺産に属することが分かる。

多様な種類

宣紙の種類は非常に多く、材料によって綿材料、洗浄皮、特に洗浄した三大類に分けられ、何十個かの品種、規格があり、他にある品種のほとんどが加工紙（熟宣）および宣紙製品は書画冊、扇面などで、宣紙ブランドは多く、特に「紅星」宣紙が一番である。毎年多くの書画名人が涇県に来てふるう潑墨は、多くの貴重な書画を残した。

製紙の主な原料の多くは植物繊維であり、竹と木を主とし、木の繊維は柔軟で強

青檀皮などの原料を砕く

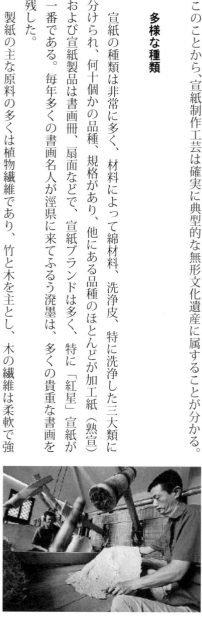

靭で、作成した紙の吸墨性は比較的強い。竹の繊維はもろく堅く、それで作った紙の吸墨性は比較的に弱く、したがってこの特性相違によって二種類に大きく分けられる。

㈠　弱吸墨紙類

多くの種類が竹繊維を結んで作成し、紙面は比較的に艶々しており、墨は表面に浮き、簡単には溢れず、そのため色彩は鮮やかである。便箋類を主とし、例えば澄心堂紙、泥金箋などがある。明清の人はよく泥金手箋、蝋箋を使用し、今日では見かけることが少ない。

①　澄心堂紙。南唐李後に主に使用された名紙で、廷圭墨と同じくらいの名声をもつ。その特性は平滑で、緊密で、透明で、「璽のように、春の氷密のように滑る」と言われ、弱吸墨紙の上品であり、これよりやや劣っているのが玉水紙と称するものであり、さらに悪いものは冷金箋と称される。

②　蜀箋。聞くところによると西蜀伝蔡倫製紙の古い方法であり、蜀箋を産し、唐以来非常に裕福な立派な評判があり、薛涛箋、謝公箋などがある。聞くところによるとその水質の精純さにより、その紙はすごく優れているという。「謝公箋」は師厚（字）創箋のような名を得て、十色であるため、別名十箋と称する。「薛涛箋」はそのため女詩人の薛涛声を得たが、この種の色彩の便箋は、古い法に従って作成されているにもかかわらず、染色は簡単に消え、長くはもたず、応酬のため放棄された。

③　蔵経紙。蔵経紙は仏寺の書字あるいは印刷仏経典者に用いられ、別名金粟箋といい、黄色と白の二種がある。

㈡　強吸墨紙類

多くは木質繊維で作り、吸墨性は強く、表面はごつごつしていて、墨がちょっと紙に落ちると、きわめてあふれやすく、書写は常に糊あるいは真塗の蝋を加えて、彩りは便箋の紙のように鮮明ではなく、比較的に含蓄があり、宣紙類を主とする。比較的に遅く現われたが、今ではすでに箋紙に替わり、最も有名で高価な書字用紙となっている。

現在、最も有名で高価な書字用紙は玉板宣である。玉板宣は、桑、短い木、稲茎、檀の木の皮を合わせて石灰の浸けることにより制作し、吸墨性は最も強く、性質は最も優れている。この種の紙はすべての人に適合するわけではなく、なぜならそれは非常に墨を吸いやすく、したがって筆運びが遅い人には、使うのにとても苦労する。ただ筆は少し止まれば、墨は染み出すことができ、一つの大きい墨の円を形成する。しかしある人はその特性を利用し、風味のある文字を書き出し、包世臣の淡墨書、斉白石の大筆写意画などである。

宣紙は高価で、一般に習字をする時に多く唐紙が用いられる。この種の紙はもともと本を印刷することに用い、しかし紙質が良いため、ある人は本を買った後習字の練習に使い、したがって「唐紙（毛辺紙）」と呼ぶ。この紙が用いる原料は、竹を主とし、色は黄色で、性質はすぐれている。

宣紙は墨を吸うため書きにくく、そのためある人が改良を加えた。光のつや出しを用いる、あるいはゴムの礬を加える、または糊を加えてつくるものである。改良を経た後の宣紙は吸墨性が減り、比較的容易に書くことができる。

重要価値

昔唐宋年代に、宣紙は朝廷へ貢ぐ宝物となり、朝廷と地方役人の書写字、文書保存書類専用の紙となった。元明代の後、中国の書道と絵画にまた宣紙は用いられる。清代は宣紙発展の黄金時代で、質は良く量も多かった。書画に用いるだけでなく、印刷にも用いられた。乾隆の三二年（一七六七年）、蒲松齢（一六四〇―一七一五年）は『聊齋志異』を書き終えた後を、貧しかったため印刷する力は無く、箱の底に長年にわたって隠されていた。歙県人の鮑廷博が消息を耳にした後、出資し宣紙を購入し、やっとこの本を出版することができ、後世に伝わり続ける。

中国の多くの文学芸術、書画家の名人はみな宣紙に対する賛美の情を何度も言い表し、著作文学の題材や言葉は充分に称賛したものであった。魯迅はかつて「印版画、中国の宣紙は一番であり、世界に比類するものはなく、それは潤いがあり、厚く、墨を吸い、光沢のある面は滑らず、実面は死なず、手作業で木を刻み、これは最も理想的な紙である」と言った。郭沫若は「中国の習字と絵画は、宣紙から離れたら芸術的な味わいを表すことができない」と考える。劉海粟は「紙の寿命は千年で、墨の味わいは変わる」と称賛した。中国国家図書館の統計によると、中国に現存する紙質古書は三千万冊（巻）あり、それが採用する形式の多くが宣紙線装書であり、少林寺の武功秘本でさえもすべて宣紙印刷でつくられたものである。そのため、宣紙はその他の普通の用紙よりも優れており、重要な価値をもち、具体的に言うと以下の三つの方面を体現している。

㈠　歴史文化価値

宣紙の歴史は遥か昔にあり、長く、重要な歴史文化価値をもち、まさに郭沫若先生が涇県宣紙向上を揮毫し、「宣紙は中国労働人民が発明した芸術の創造であり、中国の習字と絵画からそれを切り離したら芸術的味わいを表すことができない」と言った。宣紙自身の特徴と中国書画芸術と共に炉を治め、世に美名を残す。

㈡　工芸価値

宣紙生産工芸の工程は複雑で、各工程の繊細さと要求の高さは、その紙類生産では似せることが難しいものである。これらの生産技術は中国労働人民の長期的な知恵の結晶で、現代技術にはとって替わることのできないものである。それは豊富な科学技術要素を含み、それは一つの非常に貴重な歴史の遺産である。

㈢　経済価値

長年にわたって、宣紙はずっと涇県の産業の柱であり、地元の経済発展において十分に重要な作用を発揮した。まず、宣紙産業の発展は地元の相当な数の人の就職問題を解決した。その次に宣紙の原料は農林副産物から取り、地元の山が多く土地が少ない農業相乗、農民の収入増加を有効に促進した。三つ目は、本国の需要を満たすほかに、宣紙は日本、韓国等東南アジアの人々からの歓迎を受け、大量に輸出し利益を獲得することができた。二〇〇四年を例とすると、全県で宣紙業に従事する人は六千人以上、その職業に関わる人は約五万人、年間売上は一・六億元、税収総額は千四百万元、自営輸出利益は四百万ドル、供給輸出は四百万ドル近くである。

現実の難題

現代製紙技術の突発的な猛進に伴い、多くの製紙工芸は既に機械化、自動化を実現し、職人の労働強度は大幅に減少している。しかし宣紙制作工芸は依然として伝統の手作り製紙職人技術に従い、労働強度は大きく、技術的要求も高い。一枚の宣紙は潦草、糊打ち、水からすくい上げ、ゴムを加え、貼るなどの十八の工程を経る必要があり、原料から完成品までは一年かける必要がある。この過程中の多くの部分は具体的な指標の数量化はなく、経験によっている。宣紙業界の技術伝承方式は師が弟子をもつことにより、芸を学ぶのに一定の時間過程がかかり、それぞれの工程の操作作業は五年くらい経てやっと熟練した仕事になる。

例えば潦草は、職人たちが石灰と塩基的を藁に檀樹木の皮を加えて煮て蒸す必要があり、その後山上で日に干し広げ、このように蒸し煮て、日に干すことは、一年で何度も進行しなければいけなく、一年の日干しと雨に浴びせることを経て、草はやっと小麦同様の白色になることができる。経験のある職人は操作できるだけでなく、各工程と天候の有効的な組み合わせを知っている。どんなに大きい雨でも、何度雨が降った後でも再び煮て蒸し、どんな程度まで日干ししても最善とし、全てこだわりがある。日に干した石は無色的に、泥はなく、また艶はありすぎず、艶々した石は原料を上げることはできず、石は色のつくように、革を焦がしてすぐ不十分な白色に変わる。

涇県原産のエノキ皮と藁だけが「千年寿紙」を作り出すことができる。エノキ皮は植えてから二年以上の木の枝を良いものとし、藁は一般的に河谷砂田の長い藁を採用し、その木屑と灰の含有量は普通の泥田で成長した藁より低く、そのうえ比較的普通の藁の糊ができる率は高く、繊維は強靭で強くて、腐乱しやすくない。しかし現地農業構造の調整と農村の労働力の大量の外出に伴い、現在、檀の皮は涇県宣紙企業の年間の需要量の七割だけ満足することができ、良質な藁はますます不足し、宣紙の正常生産に影響する。宣紙生産技術の難易度が高く、習芸周期は長く、とても辛い製紙、紙あぶりなどの作業などから、若者は学びたくなく、既に後継者が足りない。

その他、いくらかの要素が宣紙の生産に影響している。たとえばある非産地企業は物価高により涇県宣紙職人にいわゆる宣紙工場の設立を呼び掛け、しかし原料から工芸過程までは全て伝統的宣紙とたいへんな隔たりがある。これは涇県宣紙人材の流失を引き起こしたばかりかその上、大量の偽物と悪質な宣紙の拡がりを市場に引き起こし、大きな危害を与える。同時に近年では水稲良種の推進により、長茎沙田藁の栽培は既にますます減少し、エノキの皮原料の供給はいくつかの措置を取っているのにもかかわらず、供給が敷かれていない。この2種の主原料の生産は切実に政策が支援を与える必要があり、また相応の措置を取り、持続可能な発展を保証する。それに、経済効果利益の誘惑により、たくさんの現代化機械的と化学工業製品は現在絶えず伝統的な加工器材、材料に取って替わっており、最も特色を備える宣紙伝統的工芸を続かせることは難しい。

宣紙の需要量はますます多くなるが、宣紙産業の全体規模は依然として小さく、宣紙の巨大な評判と互いに甚だしく遠ざかっていく。「宣紙産業が直面するいくつかの問題は普遍性を持っており、人材、原料、市場、経済効果がないことなどである」。宣城市文房四宝協会に関わる責任者は、「宣紙が直面する一つの問題は工芸技術の伝承であり、とても大きい程度おいて生体に属す伝承から、技術と職人の断層は人を憂慮にさせる」とみなす。

原産地の製品を保護製品として、宣紙は原材料と制作工芸に厳しく要求する必要があり、しかし有限資源目の前で、宣紙生産企業はみな「腹いっぱいでない」難題に直面する。同時に、宣紙は国内外の偽物製品あるいは同類製品の「包囲攻撃」に直面し、宣紙と書画紙の巨大な差異はまだある広範囲に知られていない状況の下で、宣紙市場が受ける衝突は厳しく、経済効果は継続的に低迷する。

古いもの退けて新しいものを産み出す

二十世紀八十年代から始まり、涇県人民政府の主催で、中国宣紙集団会社の（即ち安徽省涇県宣紙工場）は実施し、「お金は苗と歩く」方法により、資金あるいは農業物資を投入し、助成方式により涇県で汀沢、愛民、蔡村、北貢などの地に五万ムーのエノキ林拠点を建設した。「原料ボトルネック」問題に対し、この県は適当に主原材料「檀の皮」の買付価格を高め、最大限に皮農業栽培を保護しエノキの積極性を加工し、また会社＋農家の形式を通じて、沙田藁原料基地を開いて建設し、八万ムーから十五万ムーに及ぶ檀皮林の拠点を形成し、年間八百トンから千トンの生産を確保し、基本的に宣紙生産量と原料供給のバランスを実現し、飽くまでも長年の原料難題を解決した。「人材ボトルネック」を打破するため、涇県の縣職業高校で「宣紙専門」クラスを開設し、毎年百人くらいの学生を集め、方向付けの生徒募集、オリエンテーションの割り当てを募集し、またこの基礎上に中国宣紙書画技術学院を計画し、建設し、現代の職業教育方式を利用し宣紙技術人材を育成し、宣紙工芸の後継人を確保する。同時に、宣紙技術職人を特別な職種とし、大幅に宣紙生産職人の待遇を高め、根本から「求人難」と「工芸伝承難」の問題を解決した。

同時に、「市場ボトルネック」と「収益ボトルネック」を打破し、この県は二〇〇九年を「ブランド品質年」と定め、一連の品質向上計画を推進させ、「雑穀は細くつくり、細い糧は精巧につくる」方法によって、工芸方案を改善し、製品を打ち出し、市場は細分し、大規格宣紙、五輪宣紙、建国六十周年記念宣紙など特色を多く持ち、優良で価格の高い製品を出し、人気となった。

宣紙伝統制作工芸資料の収集、整理、分類保存、収蔵、研究のため、一九九三年、中国宣紙集団会社は投資して中国宣紙博物館を建設し、館名は趙朴初さんから書き記した。この館は、異なる年代の宣紙産品、宣紙製品を収蔵、陳列する。宣紙工芸作業の模型を展示し、相関的画像、書画作品などの資料を収蔵し、すでに初の規模を備える。

「民族のものだけが世界である」、宣紙産業は新世紀に新しい発展を迎えた。二〇〇二年八月、宣紙は中国国家質監管理部門に正式に原産地域製品と批准され、二〇〇六年六月、中国国家級無形文化遺産リストに登り、二〇〇八年北京オリンピック開会式上でその古い方法の制作技芸ははなばなしく登場し、世界を驚かせた。また、涇県は充分に宣紙文化内包を掘り、積極的に宣紙文化観光産業を発展させた。二〇〇九年十二月十二日、第十七回の中国全国省級党機関新聞編集長会議に参加し中国宣紙文化園の代表は古い画仙紙工芸を味わい、遅れまいと先を争った後「紙を摘まむ」工程を体験し、伝統文化の巨大な魅力を受け、また宣紙産業の未来に期待が満ちた。現時点で、涇県宣紙、書画紙加工企業は二百五十社あまりあり、そのうちの宣紙メーカーは十四社、園紙品種は千以上に達し、各種規格宣紙、書画紙の年間産量は六千トンあまりで、直接と遠まわしの宣紙文化産業人員に従事する人は五万人あまりに達し、売上高は五億元に達し、中国全国書画用紙の六〇％以上を占め、中国全国最大の手作り紙生産拠点となる。

二〇〇九年七月中旬、宣城市「詩城美酒高級品定めサロン」と「愉快な中国の魅力宣城」の大型な総合芸パーティーにて、モデルたちの宣紙「ファッションショー」は人に見るもの聞くもの全て新しく感じさせた。宣城市文房四宝協会相関責任者王云竜は「カラー宣紙ファッションのきらめいた登場は、宣紙の効用の境を突破し、宣紙文化芸術を発揚し、四宝ブランドを昇格させ、大いに文房四宝産業に重要な意味を持たせる」とみなす。話によるとは、カラー宣紙製造工芸はいっそう独特で、そのうちは少なからず増えた工程と材料は、その厚い紙質の臆念、色つやの鮮やかさ、外観はさっぱりと上品である。カラー宣紙は一度すでに市場好評を受け、特に韓国、日本と東南アジアのいくらかの国の消費者に受け好まれる。カラー宣紙ファッションの発表は宣城市と涇県が「市場ボトルネック」を打破し、積極的に宣紙工芸伝承を改革し、新製品と製造ブランドのモデルを開発する。

現地の他の宣紙生産企業も同様にそれぞれ大いに腕前を発揮し、積極的に新技術、新技術、新材料を採用し、たくさんの新技術製品を作り開発し出し、相次いでたくさんの伝統工業技術ブランド品を掘り回復し、「粉蝋箋」、「露皇宣」、「白鹿宣」などの伝統品種の生産回復し、「三星」、「金星」、「明星」などのたくさんの新製品ブランドを打ち出した。二〇〇九年末に、宣紙と文字のすずりなどの文房四宝は「国礼」として釣魚台国賓館に入られる。これと同時に、宣紙文化は現地観光産業の重要な補充、輝く点となる。同時に安徽省は一連の宣紙を保護措置を展開した。主に、

① 老いた宣紙生産職人の離れ技を調査し整理する。護身の懐に離れ技を保つ老いた職人（老いた労働者）は、彼らの「技術を伝授し習得する助けの手本となる」役割を発揮し、外出方式研修等を結合し、若い一代の宣紙生産と管

理の人材を育成する。

② 宣紙伝統工芸クラスを開き、老いた職人に経験と体得を伝授してもらい、現場を監督してもらう。

③ 政策と資金の支援を授け、エノキと沙田藁資源の持続可能な発展、水源（特に二本の水流）周辺生態環境を強化する保護。完全な宣紙原料生産拠点を建設し、宣紙生産原料の供給を確保する。

④ 宣紙機密条例を貫徹し続け、中核芸事機密の漏れを防止する。

⑤ 厳格に宣紙の国標執行を要求し、経営管理部門に協力し、厳しく宣紙偽物と偽物の販売を攻撃する。

⑥ マスメディアを利用して、広く社会に宣伝し、画仙紙の内包と品質基準を推薦し、広大な宣紙需要者の真偽を見分ける能力を高める。

私たちは、中国の無形文化遺産に対して一つの宣紙文化園を建設し、宣紙の古い方法の生産町工場などを含める。「保護を主とし、第一に救い、合理的に利用し、伝承発展」の基本方針で指導し、宣紙制作工芸の保護に対して以下の原則に基づく、①伝統工芸工程の堅持②取って代わることのできない原材料資源の保護③製品品質保証の中核工芸の堅持④後継者の投入力強化⑤保護と革新の関係の正確な処理。中国特有の宣紙制作工芸は永遠に落ちぶれない。

（譚　必勇）

参考文献

1　曹天生『中国宣紙』、中国軽工業出版社、二〇〇〇年版

2　劉仁慶『国宝宣紙』、中国鉄道出版社、二〇〇九年版

3　王連科『紙中珍品宣紙』、黒竜江造紙、二〇〇四年第三期

4　銭宇、江燕斌、羅巨生『中国宣紙文化的起源与発展』、広東印刷、二〇〇一年第四期

5　王海金『追遡宣紙千年史』、美術報、二〇〇六年六月三日

6　張荷香『「千年古宣」絵七彩人生』、安徽日報、二〇〇六年七月九日

トン族の大歌

二〇〇九年十月三十日、ユネスコ無形文化遺産政府間委員会第四回会議はアラブ首長国連邦の首都アブダビで新たに選ばれた「人類の口承及び無形遺産の傑作」リストを公布し、中国の「トン族の大歌」など世界七十六項目はリストに組み入れられた。トン族の大歌は「一民族の音声、一人間の文化」とみなした。

トン族の大歌は貴州黔東南地区に伝わる一種の民間合唱音楽で、原生態の無指揮、無伴奏によるトン族民間の多声歌唱の総称で、大歌、声音歌、叙事歌唱、童声歌、踩堂歌、欄路歌を含む。「衆は低く一人は高い」その伝統の声部が組み合わせが原則で、優美で調和するその鮮明な芸術的品格は、歌の師であり、歌の教えであり、歌の班の歌唱は全民性の伝承方式が表れている。それは一つの民族の生活方式を背負い運ぶばかりかその上、社会構成、人間関係礼儀、知恵の神髄などを含み、重要な文化情報を閉じ込め、トン族と人の善を表現し、団結、和解した民族性格中で巨大な役割を発揮し、その突出した文化価値は国内外専門家に早くからすでに認可されている。一九八六年フランスで公演をし、トン族は大いに以前フランス『ルモンド』の特集記事で歌唱が評価された。「洗練・優雅なトン族の歌唱は、イタリアオペラと美を競うことができる」

千年の古い音

トン族は中国少数民族の一員で、伝えられるところでは古代が人の後裔を越えて、今なおすでに二千五百の長年の歴史があります。それは主に中国貴州、湖南、広西などに集団で居住して省みて、既存の人口は約二百六十万人で、主に農業と林業に従事している。貴州省の黎平県は中国全国トン族集団居住最多の県で、トン族三十五万人がある。

トン族の大歌は長い歴史を持ち、その起源は先民早期社会まで遡及することができる。トン族先民世代は雲貴高原の黔、桂、湖南省隣接地区にあり、人々は山に田を造り、水の傍で寨を築く。大歌はトン族人がこの特定の自然生態環境と人文生態環境中で長期の社会実践を経て形成したもので、現地民衆の審美意識の歴史を積み重ねる形態で、その形成はトン族先民の住処、生産方式や社会スタイル、そして風俗などが密接に関わっている。以前トン族は自分たちの文字がなかったので、多くの優秀な文化伝統、生活習俗、社交礼儀などが全て優雅な歌声により一代一代伝わり、「漢民族は文字をもち書物を伝え、トン族は文字のないは歌声を伝える。祖先から親の世代へ歌い継ぎ、親の世代は子孫に歌い継ぐ」、これはトン民族の生活の真実の描写である。

フランス芸術史学者のダンニは「すべての芸術作品は、全て心境から、周辺の自然環境と習俗がもたらす一般状態により決定する」と話す。プレハーノフは著書『論芸術』に「どの民族の芸術は全て心理により決定するもので、その心理はその経済的事情により決定し、その経済的事情は、所詮でその生産力状況とその生産関係の制約を受ける」と述べた。トン族先祖代々は全て清く美しい秀麗な閉鎖した生態空間の生活により、日が出たら作り、日が落ちたら休み、掘ったら飲み、耕したら食べる、外界のいくつかの文芸娯楽活動はトン族地区に入ることは難しく、トン族人はすでにこのような耕作以外に自然のものの山

トン族の大歌を歌う

林中に模倣する鳥へ行って鳴って蝉は動いて、豊かな自己特有の文芸娯楽活動であり、まさにこのような生き生きとしたものは、単純で質素な生活であり、更に、長時間の探りは、トン族人民とても自然で生命の霊気と知恵を自身の場所の自然景観と人文現象の悟りと結び付け、自然の无爲を美とし、精神と自然のハーモニーを研究し、調和を重んじ、これによって優雅な合唱音楽「トン族大歌」を創造した。

トン族大歌の形成と流布の情況は、歴代の雑記、詩歌と地方誌に全て跡がある。トン族大歌に関する最古の文献記載は、宋代の著名な詩人・陸游の『老学庵筆記』巻四にある「仡伶（役者）」が集団で歌う場面に関するものである。この「辰、沅、靖州蛮、仡伶がある……農業の隙の時、一二百人が手を握り歌唱し、数人が笙を吹いて先導する」。この「仡伶」はトン族大歌の歌唱者を指す。明代に至っては、鄺露はその著書『赤雅』に一層明確に「トン族人は音楽が好きで、胡弓を弾き、六管を吹き、長く目閉じ歌唱し、頓首、足を揺り動かす」と記載した。文中の「胡弓」、「六管」は即ち現在のトン族琵琶と葦笛であり、文中記載の「目を閉じる」、「頓首」、「足を揺り動かす」などの動作も動作も現代トン族の歌手が大歌を歌う場面と似ている。ここから推論し、大歌は明代にはすでにトン族の一部地区で流行していたことが分かる。

トン族大歌の形成は千年近い歴史がある。しかし、このような特色を備えた中国民族音楽はまるで山や海に隠された一簇の鮮やかな珍しい花と美しい真珠のようで、きらめく光り輝いた光があるにもかかわらず外界のところには知られていなかった。新中国建国後、全国土地改革期間、トン族大歌が音楽家の肖家駒、郭可諏などに発見され、ともに音楽従事者を集め、黎平県トン族山地でトン族大歌を発掘し、整理、記録、収集した。一九五九年十月、黎平県トン族民間合唱団は強大な陣容を組織し上京して公演し、生き生きしていて、もとの味のトン族大歌を初めて舞台で歌唱し、トン族大歌の長期の外界との遮断した閉鎖状態を打破し、強烈な反響を引き起こした。当時中国レコード社はトン族大歌のレコードを制作した。これはトン族大歌が山を越え、中国全国と世界に向けて踏み出した重要な一歩である。

一九八六年十月三日、貴州省黔東南苗族トン族自治州政府はトン族合唱団十一人を組織し、初めてフランスパリへ行き、秋芸術節のイベントに参加した。彼女らはパリ夏楽宮の公演で観衆を驚愕させ、カーテンコールだけで三十七回に達した。トン族大歌を聴いたフランスパリ秋芸術節の執行主席、ジョセフィーン・マーグウェイホは「アジアの東方にある一つのたった人口百数万人の少数民族は、こんなに古くて、しかも純粋で、きらめく民間の合唱芸術を創造し保存することが、世界に実にまれに見る」と話した。トン族大歌は国際上中国にないポリフォニー（メロディを仮にして同時進行する有機全体の一種の音楽形式）の見解を逆転した。

トン族大歌の文化生態

いかなる民族の民間文芸の産生、発展、変化と滅亡は、全て一定の社会文化生態と相関である。民間の社会文化は民俗文化であり、民間の文芸は民俗文化環境に存在する。トン族はだから世界を驚愕させる芸術的至宝――トン族大歌を創造することができ、これはトン族の豊富で多彩な民俗文化と分けることはできない。トン族は平和で、団結を重視する民族で、彼らの各種民俗活動は集団を主とし、例えば集団で訪問し、集団で歌う。これは充分にトン族人の友好、団結、綺麗好き、集団意識が比較的に強い文化精神を表し、トン族の審美観の一種の外在形態を表現し、同時にトン族の人々の人生に対する執着、熱愛、追求を表す。これらの民俗と民俗精紳はトン族大歌が生存する良好な土壌である。

㈠　鼓楼文化の大歌に対する影響

鼓楼文化はトン族の物質文化、制度文化、精神文化の縮図であると言うことができる。トン族は寨を造り先に鼓楼を造る。鼓楼は主に南部方言区で流行し、トン族大歌も同様に主にこの地区に伝わる。

トン族鼓楼は美観的で優雅で、造形は珍しい。鼓楼の底は四方形を呈し、瓦の軒は多角形で、木枠組みの構造で、宮殿式の、高い塔の形である。鼓楼のタイプは多様で、しかしどの種のタイプの鼓楼にかかわらず、最下層と二層は全て一つの集会と娯楽専用のロビーを供え、ロビー中央には一つの「暖炉」があり、周囲には固定したベンチあるいは背もたれのあるベンチが並べてあり、あるものはまだ横角材で、四方の壁または門上に彩色上絵龍鳳麒麟、山水植木などがあり、工芸は優美で、生き生きとしている。それは休憩、娯楽の場所であるばかりでなく、人々の審美対象である。

鼓楼ロビーの機能は大ぜいの人が集まる議事、情報と警報の伝達の他、それは重要な娯楽場で、大歌演唱と伝承の重要な場所である。一般的に重大な祭日イベントの時に歌は鼓楼で行われ、平日にはもし外寨客（歌班）が訪ねて来た時に、主寨の歌班も同様に相手を招いて夜に鼓楼に入り歌う。毎晩の幕にのぞみ、双方の歌班は相次いで鼓楼ロビーに入り、専用に設けられたベンチ上面に対面して座り、全ての寨老若男女は歌班の周囲を囲んで、交互合唱し始め、牛腿琴の伴奏の下、まず主軍チームから客を迎える内容の歌を歌って、招待されたチームは『賛鼓楼』を歌い返し、この二首の寒騒々しい性質の礼儀歌を歌い終わった後、やっと正式に大歌を互いに合唱する。このため鼓楼を賛美する歌は一種の不可欠な礼儀とされ合唱の最初に置かれ、彼らが鼓楼を賛美すると考えるため、寨上に建設し居住するこの鼓楼の主人を賛美するに等しい。

あなたたちの鼓楼は本当に高く、
一階一階は雲に続き上り、
頭を仰いで「ターバン」はてっぺんを見るのが難しく、
小人のように木登りしてっぺんに登るのは難しい。
あなたたちの鼓楼の頂上はなあ、
形態は珍しく大きく変化し、

それは蜂の巣の一万の穴のようで、
それは一つの明かりのように既に明るく動き、
ずっとあなたたちの寨子の中間に掛かる。

――賛鼓楼歌『你們鼓樓接雲天』より

この歌からよくわかる。トン族の人々の鼓楼に対する重視、鼓楼はトン族の人々の心の目で重要な地位を占める。正式に大歌を合唱するときに、一般的に全て何日は何晩かを歌わなければならず、心ゆくまであるいは一方的が歌い負け止まるまで歌う。鼓楼は大歌を歌う場所であるばかりでなく、そのうえここで頻繁に群衆性音楽活動を不定期に開催し、これは大歌のこのようなポリフォニー音楽の強大な物質基礎と社会基礎を産生する。このように音楽を非常に愛する民族は、彼らの音楽美に対する追求において、復調の特徴を持つトン族の大歌の産生と発展させて決して偶然ではなかった。他方では、鼓楼はまた大歌伝承の場所である。資料に基づき分析すると、トン族社会では、伝言形式の歌により一つの経験した自由で散漫から組織ある歴史過程を経ている。鼓楼の誕生につれて、元々子供は家で勉強し、両親が家で教え、歌の先生が寨を歩き、歌を伝承する形式は「歌班」に取って代わられる。「歌班」は房族を単位とする組織で、年齢に応じて児童歌班、少年歌班、青年歌班などを構成し、歌の先生は農閑期の鼓楼で休み、納涼の機会を利用することにより、人々に大歌を伝授し、大歌は一種の安定した形式により伝わり、ここから鼓楼の大歌に対する影響が大きいことが分かる。

㈡「外嘿」、「外頂」の大歌に対する影響

トン族は一つの団結した、交流を好む民族で、集団で人を訪問する習慣がある。「外嘿」は集団で別の寨子を訪問することで、主寨は親切に接待する。迎えの賓儀式をおもしろく奇抜で、盛大であり愉快で、「攔路歌」（トン語で通称ガシャクン）を歌い伝統的な賓習俗の第一歩である。毎回客側の群衆（一般に歌のチームを指す）は主方の必ず交差点口あるいは門楼前に入り、主人はベンチ、木柴、竹竿、縄などの雑物障害を設置し、交差点をふさぎ止め、主寨側の女の子は客側の若者（あるいは主寨の若者たちが客側の女の子を遮る）を止め、「攔路歌」を歌いそれぞれの道を遮った理由を歌い、続いて客側の女の子あるいは若者たちが道を開く歌を歌う。客側から逐一相手の道を遮った様々な言い訳が返され、一歌い、一答え、主賓双方場の雰囲気は非常に熱烈で、それぞれ客に主宰が提出した面白い詰問に答えた後、主宰側は一件の道を遮った障害物を壊し、ずっと路上を遮った障害物を完全にさっぱり取り除いて客を寨に迎え入るのを阻止する。「攔路歌」中の一問一答はおもしろくまた意味深でもある。「攔路」は一種の特別な迎賓習俗で、トン族人のユーモア、おもしろさ、豪放な民族性格を表す。「攔路歌」のような特別な迎賓儀式を開催し終え、主賓双方の青年男女はすでに広範で、生き生きとし活発な社交活動を開始し、配偶者探しを目的とし、集団歌唱を主要方式として、このような両寨青年間は約束された時間に群衆性社交活動を行い、トン家は「外頂」と呼ぶ。客が去る時、主宰側はまた寨の「攔路歌」を歌い、慰留を示す。道を遮ることはお互いの感情を述べ表すばかりでなく、相手の知恵と能力を考察することができ、そのうえトン族の迎賓見送りの礼儀を体現し、このような村寨間は交流の習俗を結び、トン族の大歌の繁栄と発展を促進し、村寨間の友好と団結を増進した。

㈢　行歌座夜の大歌に対する影響

行歌座夜はトン族青年男女の交際、恋愛活動方式である。またの名を行歌座月という。異なる地区でまたそれぞれ玩山あるいは歩寨と呼ばれる。玩山はトン族地区北部で流行した。青年男女は労働以外に、三々五々群れをなし、坂の上、木の下でデートし交互にラブソングを歌う。走寨はまたの名を走姑娘といい、トン族地区南部で流行した。女の子たちは家紡績に伴い、針仕事をし、客寨の若い男は楽器を持って伴奏しながら交互に合唱しに来る。歌唱を通して、相互に愛情を打ち明ける。彼らは一般的に十四、十五歳からこの種の社交活動段入る。毎晩幕に臨み、男の青年は三々五々と群れをなして歌い、二弦琴あるいは琵琶を弾きながら、走寨の路地に女の子たちを探しに行歌座月する。

女の子たちは「月堂」に集まり、ある一人の女の子家あるいは鼓楼などの公共の場所に集まって紡ぎ、刺繍などをして、若者たちが来るのを待ち、相互に一問一答形式で歌い、歌声を用いて衷情を互いに訴え、カップルを選び、このような習俗は大歌の産生と発展に重大な影響をもつ。

㈣　対歌習俗の大歌に対する影響

トン族大歌の演唱に対して特別な要求があり、ほとんど大歌演唱の男女歌隊は厳格な訓練を経ていて、そのうえこのような歌隊を組織する情況は比較的特別である。トン族大歌の歌隊は少なくとも三人以上で構成しなければならず、多くても十数人で、歌隊の成員は一般的に性別により男隊と女隊に分けられ、そのうちは年齢の高低に応じて、大、中、小の班に分けられ、同じ宗族の男歌隊と女歌隊間は相互に一問一答形式で歌うことができず、これら歌隊の大部分が自分たちの指導の先生がおり、即ち「サンガ」で、彼らは若い時著名な歌手で、老いた後は歌隊を担任する先生である。トン族大歌隊にはある一種の成文化されていない進出規定があり、それは年が比較的に小さい成員を充実させ、チーム内のある年が高くなったあるいは結婚して脱退した人を出し、そのためチームは一種の段式構造を採用し、最小の者でたった五、六歳、最高で二十台、大は年齢によって論じ、そのため若いものが補欠をとって来なければいけない。交互に合唱するときに男女が交互に歌う二つの対等の部分が必須で、なぜなら大歌は一種の衆を率いて合わせ分け、高低部分を合唱する多声部歌曲であるからで、そのうち大歌の分部合唱形式は音頭を取って衆の歌と結び付け、そのため歌班中で高部の音頭を取り歌う歌手を選考する必要があり、このような高音歌手は小さいときから育成し始め、一般的に同時に三人を育成し、しかし歌唱においてチーム内にどれだけの人が何いようと、高音を歌うのはただ一人、あるいは三人ローテーションで担当し、これ以外に、他のメンバーは低声部を歌い、また、高音は歌班において通常自然と領袖を担当することができる（一般的に歌師が不在の時）。そのため、一般的に高音者は「歌頭」として、一定の評判を持ち、演唱において重要な作用を発揮する。トン族歌は演唱時に高い、低い二つの声部分けを持ち、これはトン族の大歌の室内性と関連し探索が行われた。

最もトン族を表すことができるため審美意識は「室内対歌」で、この著しい特徴により、「室内性」は同時にまた大歌産生のきっかけとキーポイントである。歌唱の室内性は昔明代に記載がある。室内は多く指し(鼓楼、月堂など)、室内で座って長歌聚叙し、いつも一つの単一な旋律を歌い、月日のたつうちに歌手は自然に単調のつまらなさを感じ、そのためきっと歌手たちはさらに美しく、さらに豊かな歌唱効果を求め駆使したであろう。あれらの喉音作者にすでに過程を斉唱の過程において時々現れる「分岔」、「加花」の即興創作で、これは歌者たちの多声部審美意識を喚起し、また自然と支声復調を形成し、トン族歌手はそれらに対して声高部は樹枝岔のようで、不時に主幹から分かれ出ていき、この「主幹」も同様に低声旋律を指し、トン族大歌の合唱規律は低声部系多人数斉唱で、トン族大歌からこのような時分、時の一致した合唱は、対歌規律中にトン族歌手たちはハーモニと、音程類の専門用語を絶対に分かるわけではないが、彼らの生活に対する主幹と分岔を起源に、歪みと直立、分けと合わせるなどの復調の思考方式は全て存在する。室内性の歌唱、対歌は歌手たちの復調審美意識と復調思考方式形成に催促作用をもたらし、対歌の時多くの歌詞は全て即興で創作し、このような創作は高音頭取りが引き受けることにより、みんなの規範低音は追随し、これは多声部を形成する。他にこのような室内性はまだトン族青年男女の社交活動に現れ、いかなる避けるべきことやタブーはなく、さらこの民族の青年たちの思想を表し封建的な意識の影響を受けず、行動においては比較的に自由である。

文学角度から見ると、トン族大歌の歌詞形式は二重音節から単数音節の句に発展し、漢文の古い詩歌の四・七・五の発展形式と類似しており、その中からトン族文学と漢民族文学の密接な関係が現れ、またおそらく漢文化がトン族地区後に流入した後漢民族先進的文化に吸収された結果である。音楽において、トン族大歌の大部分は五声音階羽調歌曲に属し、その大半は二声部合唱で、高低三度の和音はトン族民間合唱の風格特徴の主体音程で、広範なものが採用される。その次に、純四度、純五度の結合は頻繁にあり、トン族大歌はほとんど羽調式であることから、その縦向きの結合は多系トン式の小主和弦の和音である。

㈤　言語の大歌に対する影響

言語人々が思想感情を交流する工具で、思考が形成する担体である。トン族は自己民族の言語を持ち、トン族語は漢族・チベット族語系に属し、トン語族のトン水語族を柱とし、南北二つの方言区に分けられ、北部方言区は天柱、剣河、新晃、錦屏、玉屏などを含み。南部方言区は黎平、従江、榕江、通道、三江、竜勝などを含む。トン族語は南部方言を主として、南部方言は比較的に古い顔つきを維持していることから、トン族語の声韻母は比較的簡単でただ口調は比較的に複雑であり、大部分の地元陰調声母による息遣いとそれぞれの二つの話し方は、全部で九個（l、p、c、s、t、x、v、k、h）あり、そのうちは六個が口調（l、p、c、s、t、x）に入り、そのため話すと音楽感が豊富にあり、非常に聞いていて耳に快い。ある人はトン家人の話を聞くと、歌声の普通のように聞こえる。このような見解はちょうど言語音楽形象の思惟の過程において説明し、音楽旋律構成の中に、明らかに重要な影響を生じている。トン語の特徴は声調が多いことで、多くても九個の声調値に達し、声調の高低は相対的で、その昇降変化は規則正しく、その声に抑揚や間をもたせ急に調子を変える固定でない音の高さと和音は矛盾しており、また旋律音調に対して一定の制約役割があり、したがってトン族人民は自己のその音が美しい言語で長期の加工を経て、美しい音楽旋律と美しいハーモニーのトン族大歌を精錬し追求する。

㈥　トン族の楽器とトン族大歌の相互関係

一つの民族の独特な民族楽器はよくこの民族の歌唱あるいは歌い踊ることから生じ発展し、大歌の復調形式は形式も同様にトン族民間楽器の発展と親密な関係があり、トン族の民間楽器は大歌繁栄と発展の直接的な促進剤であると言える。トン族がよく使う楽器は葦笛、木の葉、琵琶、二弦琴などがあり、それらは全部長い歴史を持っている。昔明朝に、濬庠などが編纂した『貴州図経新志』（巻七）にこのような記載がある。「トン人……暇になると葦笛、木の葉を吹き、琵琶、二弦琴を弾く」。トン族のこれらの楽器は大歌と同じく擬声と淵源な関係があり、トン族の『葦笛祭詞』にこのような説明がある。「当初、葦笛を作る時、葦笛職人は江辺で水の音を聞き、また水の音の高低のハーモニーにより葦笛の高校低音を調節する」。これは実際にトン族楽器が自然の音の声を模倣し、縁擬声の有力な説である。
トン族のすべての楽器で、大歌を歌う時に最も主な伴奏楽器は琵琶、牛腿琴で、両者は共に大歌を伴奏する時、斉奏を主とする基礎において即興で花または律動の増強を加えハーモニーの効果を産み出し、楽師たちは演奏中に楽器に出させるこのようなハーモニーの効果は歌手たちにハーモニの美しい直感を提供し、歌手たちに審美意識の形成を促進する。歌手の中でもある歌手は弾き（牛腿琴）語り、歌の調子は弾く調子と異なり、弾く調子は歌の寝具類を作り、ハーモニを打ち、ただ二種の調子のかえってとても調和する。これは全て大歌のような復調歌曲を調整の誕生を駆使し、逆にこのような復調歌曲の発展はまた二弦琴、琵琶などの楽器演奏の絶え間ない発展を促進し、ここから見出しやすいのは、民族楽器と民族声楽は芸術において非常に親密な関係があることで、それらの間は相互影響、相互浸透、相互促進、相互補完にあり、前に向かって発展する。

トン族大歌の分類

トン族は大歌その風格、旋律、内容、歌唱方式及び民間習慣によって四類に分けられる——嘎听、嘎嘛、嘎想、嘎吉である。そのうちの嘎听最も真髄の部分である。

㈠　嘎听

声音大歌と称され、この種の歌は旋律の迭宕を強調し、音声は優美である。歌詞は一般的に短く、突出した歌詞間と後にかなり長い内張りの文字及び旋律があり、腔を引く時何人かの歌手が交替で高音を歌い、高音の間にひっきりなしに起伏を使い、低音は一般的にその他の歌手が一つの長音を斉唱することにより、高音とのコントラストを形成しその差を反映し、旋律は多く自然界の虫や鳥の鳴き声、小川の流れまたはその昆虫鳥獣あるいは季節を歌の名前に模倣し、例えば『蝉歌』、『知了歌』、『三月歌』などがある。

(二) 嘎嘛

柔声大歌と称され、一般的に男女の恋愛の気持ちの叙情を主な内容とし、特徴は緩慢で、柔らかく裕福な影響力に富んでいる。

(三) 嘎想

倫理大歌と称され、これは一種の教えを強め、世を戒めることを主とする大歌歌種で、音楽旋律の起伏は大きくなく、歌詞内容の説明を重視し、称賛あるいは風刺を主とし、それは安定してトン家族の主な倫理手段を推し進める。

(四) 嘎吉

叙事大歌と称され、多くは故事情節と人物会話の展開を主な内容とし、音楽旋律はゆっくりで、打ちひしがれ、憂え悲しみ、一人が音頭を取り、集団低音位相差は主な表現方式で、歌詞は一般的に比較的長く、歌手は凄い記憶力と豊かな表情がなければいけない。また、トン族は大歌を性別と年齢によって「男声大歌」、「女声大歌」、「童声大歌」などの種類に分けられる。時代の変遷につれて、トン家歌手たちは大歌の内容と種類を豊かにし、人々文化生活の需要を満足し、また多くの新しい生活を歌い、新しい時代を賛美する混声大歌を創造し出す。

トン族大歌の伝承体系

トン族大歌の淵源は比較的に遠く、昔トン族はただある自己民族の言語または自分の民族のではない文字により、それの伝承は口と耳によって語り継ぎ、大脳の記憶力に頼り保存してかつ、記憶力と後継者の口授に頼っていた。それはつまり、一種の歴史の長い群衆（社会）から引き渡された文化形式で、口授され心に刻む歴史伝統的文化の連続体である。長くて果てしのない伝承過程において、経済の絶え間ない発展、漢文化の絶え間ない影響、伝承方式の一層な多様につれて、これにより本民族の伝承システムが形成された。主に以下の四種の形式である。先生と弟子の口と耳による伝承、漢字系統による伝承、現代技術手段による伝承、学校教育による伝承。

㈠　先生と弟子の口と耳による伝承

人の生命は有限で、人類の長く果てしのない歴史に河で、一代の人としての記憶はもとより短く、ただ無数代の人の短い記憶は途切れることなくつながる。昔トン族は言語だけを持ち無文字はなかったことにより、トン族大歌の基盤の完全は歌手たちのこのような途切れることのない記憶により保存され、また記憶に頼り次世代に伝授する。トン語は歌の教師を「サンガ」と称し、歌師はトン族社会で非常に丁重を受け、美しい化身として奉られ、彼らは大歌チーム中の歌手であるばかりでなく、また大歌を保存する人であり、それは代々歌手を育成する主な人物で、大歌の引き継ぎの責任はすでに自然と彼らの肩に落ちている。師匠は徒弟に引き継ぎ、徒弟は歌師になり、このように順次回転していき、一代は一代に引き継ぎ、その伝承する人は多面でますます広くなり、チームはますます大きくなり、数学的にみると漸増傾向を形成した。

㈡　漢字系統による唐伝承

唐宋以来、中央王朝勢力がしだいにトン族地区に入るにつれて、漢民族封建文化もつれて流入した。「宋煕寧時代の徽州（現在の黎平、靖州、通道、綏寧一帯）など教授は、教育を管掌し、学校を創立する。」「明清時代、トン族中心地帯も同様に相次いで学府を設けて、書院を造って、科挙を開く。」「辛亥革命以後に書院、学館は国民学校に変わり、『国小』、『国中』、『簡師』、『師範』などの新型学校はトン族地区に相次いで建設される」。これらの学校は続々と漢民族文化を受けるトン族知識人を育成し、彼らはまさにトン音を感じで記録する開拓者である。漢字で記すトン音は実際にはトン族知識人が漢字を借りて創造した一種のトン字で、トン語を記録する符号として、漢文を基礎として創作し、この種の方法はトン族大歌の保存に対し積極的作用を起こした。

㈢　現代技術手段による伝承

経済の絶え間ない発展に伴い、各種生活家電も相次いでトン族地区に入り、テープレコーダーの普遍的な出現、カセットテープは現在トン族大歌伝承の重要な基盤となっている。各種の民謡収集の人員がテープレコーダーを提げて民間歌謡を収集し始めることによい、テープレコーダー、ビデオレコーダーの増加につれて、歌手たちは歌いながら記録し、これはすでにとてもよい教授効果に達することができ、また長期保存と伝承の目的を保存することができるに達する。テープレコーダーや、ビデオレコーダーのような現代電子機器の存在は、歌師（歌手）たち過去のように単に脳に頼り記憶し漢字で記したトン音の方法で伝承する必要はなく、その上その二種の伝承方式は脳力と精力を費やし、現代化電子機器は伝承をより便利にし、何人かの著名な歌師と歌隊チームは大歌を歌い、各地に広く伝頌のベルトを締めあげた。

㈣　学校教育による伝承

発展する民間文芸の重要な部分は広範に民間文学芸術の人材を育成することである。世界上のどの一種の芸術も後継者がおらず、そんなにこの種芸術はすぐ確実に伝わらなくなることができます。何でもに反逆して来る一種の芸術は発展するほど要求して、すぐ大量な芸術的後継者がいなければいけない。同様のトン族は大いに同様に例外的でないことを歌唱します。今日に、伝統的社会中にその種は親族によって（父は子を伝えて、牝は女を伝えます）と先生と弟子を受けることを伝えてトン族歌手の方式を育成することを受けて来ることを伝えて依然としてしかし存在して、ただざらに主なものはまだ依った学校教育と短期が要って訓練します。貴州の多くの大学は貴州民族学院のように、貴州大学芸術大学は、トン族を育成していて大いに手方面を歌唱して比較的に大きい成績を作って、ただこれはまだはるかに遠く社会の必要を満足することができない。

トン族大歌は中国が現在保存する優秀な古代芸術遺産の一つであり、それは最も特色を備える中国民間音楽芸術である。トン族大歌は国際民間音楽芸苑でものまれな一粒のきらきら光る貴重なもので、すでに国を出て歌い、世界楽壇を驚かせる。多声部民間歌曲として、トン族大歌はその多声思考、多声形態、合唱技芸、文化内包などの方面において全て珍しいものに属す。

トン族大歌はただ一種の音楽芸術であるばかりかその上、トン族の社会構造、婚姻関係、文化伝承、精神生活の重要な構成部分を知り、社会史、思想史、教育史、婚姻史などの多方面にわたる研究価値を持っている。しかし、人類現代化行程のしだいな加速と中国改革開放政策の徹底的な実施につれて、トン族大歌は前代未聞の現代文化に、外来文化、市場経済との全面衝突に真正面に臨む。トン族大歌は生存する経済的基礎と文化の土壌により巨大な変化が発生し、トン族大歌は正面からは後継者の欠如に臨み、伝承を失う具合の悪い境地に臨む。トン族大歌の保護と伝承はトン族地区の文化建設と調和社会の建設に対して重要な推進作用を産み出す。実効的な措置を取り、この優秀文化を発揚し、それは現代無形文化遺産保護の重要な使命である。

（余　振／王　巨山）

参考文献

1　劉亜虎主編『天籟之音侗族大歌』、黒竜江人民出版社、二〇〇五年版
2　張中咲、楊方剛『侗族大歌研究五十年』、貴州民族出版社、二〇〇三年版
3　楊曦『尋訪侗族大歌』、貴州人民出版社、二〇〇九年版

粤劇（広東オペラ）

粤劇は、もともと大戯または広東大戯と称し、南戯に由来し、西暦一五二二―一五六六年（明朝嘉靖年代）から広東に、広西に現われ始め、それは合唱、セリフ、立ち回り、楽師が合わせる楽曲、戯台服飾、抽象形態などの表演芸術である。粤劇のそれぞれの役はそれぞれの独特な服飾装いがある。最初に演出する言語は中原音韻で、また戯棚官話とも呼ばれる。清朝末期になると、知識人は宣揚革命を楽にさせるため歌の言語を粤劇語広州語に改め、広東人に分かりやすくした。一九五六年五月、広東粤劇団は北京へ赴きコンクールに参加し、粤劇は周恩来総理に「南国紅豆」と褒め称えられた。二〇〇六年二月、粤劇は中国第一陣国家無形文化遺産名簿に入選し、二〇〇九年九月三十日、粤劇はユネスコ「人類の口承及び無形遺産の傑作」リストに組み入れられた。これは昆曲に次ぎ、中国の二つ目の「人類の口承及び無形遺産の傑作」リストに組み入れられた劇種で、また広東省で初めての「世界無形文化遺産」である。

粤劇の始まりと発展

粤劇は、広東佛山発祥である。「広東大戯」あるいは「広府粤劇」とも称され、皮黄色の系統に属し、昆、弋、漢、徽、秦、湘などの劇種の影響を受け、一つの枠となり、伝統的中華文化と一脈で伝わり、濃厚な嶺南文化特色を持つ。その充実した優雅な節、独特で美麗な服装、色彩変幻するくま取り、独特の風格のある例戯、優美で絶倫の背景、嶺南文化の特有の色彩をはっきり現さないものはない。

粤劇の源流は明朝の嘉靖年代まで遡る。明代初期にはすでに「雑扮故事」があり、「七月七之演戯」などの戯劇上演の記載がある。帰することは光所が編纂した『庄渠遺書』九巻に明朝正徳十六年の記録があり、欽差魏校の『諭民文』

は、「倡優隷卒之家、子弟は妄を許さず杜学を送る」とある。「淫曲を作ることは許さず、歴代の王を演じ、誹謗古今、違反者を取り調べる。」などの内容は、広東が戯劇に関する最古の文字記録である。『広東通志』(明朝嘉靖四十年)に「広州府、二月都市中で楽のために多く演技をし、ことわざの正灯二戯である」との記載があり、当時既大戯は流行していた。

明清両代、広東での流行範囲は最も広く、弋陽腔、昆腔で、他の諸品種は一律に「乱れ弾」と称し、広東人はそれらを「外江戯」と総称する。

佛山の「瓊花会館」は明代中頃に造られ、最古の粤劇業界組織である。今なお、粤劇行内はまだ「未有八和、先有吉慶，未有吉慶，先有瓊花」の説がある。明代、佛山民間の演技活動は盛んになり、現地の劇団が相次いで現われた。嘉靖年代、芝居行館を建設し、瓊花会館と呼び、所館は佛山大基尾にあり、戯行祖師「華光」を奉ることにより、したがってまた「瓊花宮」と呼ばれ、現地劇団の芸伶、稽古、学習、芸術の地切礎のため、また当時の戯班管理機関であった。会館付近の水頭に一つの石碑を立て、「瓊花水埗」の四文字が刻まれている。芸伶は水埗の上に落ちた箱で、乗船は各地で公演した。粤劇の行会として、瓊花会館は比較的に厳格な管理制度があり、会館内は慎和、兆和、慶和、福和、新和、永和、徳和、普和などの八つの堂が設けられ、統一管理所は多く分けられ、即ち八和である。瓊花会館の現れは、佛山がすでに当時粤劇発展の中心になっていたことを説明する。

清代になると、佛山戯劇活動はさらに栄え、絶えず広東音楽、民謡曲律を吸収することにより、粤語を用いた歌唱に改め、南派武術に溶け込み、大きい銅鑼、太鼓、大笛、喉管を使用し、生き生きと真に迫る、言語通俗、声腔独特、珍しい立ち回りのスタイルを形成し、それは群衆に歓迎され、鑑賞眼が高い人も低い人も楽しめる一つの大きい地方劇種である。粤劇戯班は紅船による交通機関で巡回公演をし、粤劇の役者はまた「紅船子弟」と呼ばれた。記載に基づくと、当時佛山鎮周辺十数メートルの地にすでに大きいものから小さいまで舞台が三十あまりあった。最も有名なのは推華封戯台である。華封舞台は清朝順治十五年に造られ、康熙年代に万福台と改名し、それは広東で現存する最も綺麗で精巧で、嶺南地区規模最大の古い舞台である。清代はこのような一首の竹枝詞がある。「梨園歌舞は繁りを競って、一帯の紅船湖は岸で一晩過ごし、ただ年ごとの天既節になると、多くの人が瓊花を見に囲む」。当時の粤劇活動の盛んさが分かる。

一七三五—一七九五年（清朝乾隆年代）、広東一帯が比較的安定し、商業貿易が発展した。佛山はさらに商業が集まり、そのため娯楽は一層盛んになることが要求され、百以上の他省戯班の目を引き広東に来て公演し出した。これらの外江班は主に江西、湖南、安徽、江蘇などの地から来ている。彼らは西暦一七五九年（清朝乾隆二四年）に協力して広州に「粤省外江梨園会館」を創建した。

一八五四年（清朝咸豊年四年）、粤劇芸人の李文茂は太平天国一揆を呼びかけ、佛山経堂寺で梨園の弟子が率い、文虎、猛虎、飛虎の三軍を編成し、清政府は三軍の勢力を鎮圧するため、役者たちを殺し、瓊花会館に火をつけ、粤劇を十五年もの長い間えんじることを禁じた。演じることが禁じられている間に、地元の班の役者は省外や海外に逃亡し、いくらかの粤劇役者は生活のため、徽、漢などの劇の外江班に加わり、京、漢、徽、湘などの皮黄戯班に招待され公演し、それにより成梆子と二黄の合流を促した。一八六一年（清朝咸豊十一年）、李文茂、陳開は次から次へと敗れ死に、清政府は禁止令をゆるめ、地元班は再度興起の機に乗った。同じ時期多くの中国の職人は海外に押しやられ、国を出る中国の職人の大量の出現に伴い、広東戯曲はしだいに海外へ伝わっていった。『美国華人史』に粤劇は華人が民間文化を生存させるためにもたらしたものとも記載がある。当時旧金山から招かれた青年男役者（当時女の役者はいない）は常にバトゥとマリスウェアル等の鉱区を行き来し、現地の中国人職人に伝統の舞踊と折子戯を演じさせた。十三名の役者がいる鴻福堂劇団はアメリカ大劇院で初めて登場し、粤劇を上演し、大成功を収め、また唐人街に自分たちの劇場を建設した。

粤劇花旦の造型

もう一方では、ベトナム、シンガポール、インドネシアなどの地に移り住んだ多くの華僑は依然として固有の習慣を保持している。華僑民の中でも広東人が多く、彼らは粤劇を好む。そのため、ベトナム、ホーチミンには粤人の劇団がある。シンガポールの戯劇も、広東人による演出である。十九世紀七十年代、インドネシアはジャワ語訳の本『薛仁貴』、『楊忠保』、『狄青』、『貴夫人』を出版し、後にまたマレーシア語訳の本『乾隆君游江南』もある。

二十世紀初期、中国の知識人は戯曲改良の波を引き起こし、全国を斡旋した。『中国日報』の楊肖欧、黄魯逸などの何人かの記者は戯曲歌謡を選ぶことにより政治の失いを風刺し、広州、香港などの地の定期刊行物の戯曲歌謡へ注目を引き起こした。一九〇三年（清朝光緒二十九年）、一篇の戯曲を見た記者が猛烈に当時の戯曲曲本の腐敗を評価し、国民の精紳を引き立てることはできなかった。しばらくして、時代を反映した作品が次々と現れ、例えば『新広女儿伝奇』、『黄蕭養回頭』や梁啟超の『班定遠平西域』等がある。これらの新しく編纂された脚本の中でも、いくつかは豊富な舞台経験をもつ芸人により編纂されたものである。粤劇に対する影響は深く、おそらく同盟会が構成した「志士班」である。辛亥革命の前後十年、港、澳、広州などの地でかつて三十以上のこの種の「志士班」が現れた。例えば采南歌班、優天社、振天社、仁声劇社、民鏡紗、国魂鐘社などである。最も早く広州方言を用いて粤劇を演唱した春柳社はその他の志士班に影響をあたえ、革命思想を宣伝しやすくするため、広州方言で梆黄を歌うことに改め、『周姑娘放脚』や『盲公問米』を演出し、宣伝効果に預期を超えさせ、反清反帝反封建の宣伝を強化するため、さらに『文天祥殉国』、『戒洋烟』、『虐婢報』、『秋瑾』、『温生才刺孚奇』等の戯を編纂し演じた。

二十世紀三十年代、広州には四十以上の大型粤劇戯班があり、各一班の人数は一五〇人以上に達することがある。「海珠」、「楽善」、「太平」、「宝華」、「民楽」、「河南」等に十か所大戯劇場が現れた。同時期に、「薛馬桂白廖」五大流派が産生され始める。当時、高齢の使用人の収入は相当大したものであり、毎元米を買い担ぐ時、彼らの年俸は一八〇〇元に達する。そのため、多くの人が粤劇を演じ成功できると思い、殺到した。不完全な統計によると、この時期穗、港、澳で活動するプロと役者を兼任する脚本家は一〇〇人以上おり、粤劇の黄金時代と言える。

粤劇の節回し

粤劇の音楽の節回しは広く、多く、多様性があり、互換性と開放性の特徴をもつ。粤劇の節回しは崑、梆、黄、謡と融合し一帯となり、曲牌体、梆子腔、二黄腔と歌謡体の四大部分から構成され、粤劇のこのような節回しの特徴は、それ自身の発展過程においてしだいに形成されたものである。粤劇は「外江班」の広い流行の基礎において、次第に吸収し、各種劇音楽の節回しを融合し形成した新しい劇種である。明清以来、崑腔、弋陽腔、皮黄腔等の劇種は、次から次へと広州、佛山などの地で流行した。彼らは省外から来て、各自の言語を用いて、これにより、「外江戯」と称された。清道光の時代、粤人の楊掌生が『夢華鎖簿』で「広州の楽部は、二つに分けられる。外江班、日本地班である」。「大抵外江班は徽班に近く、現地班は西班に近い」と言う。粤劇の起源は事実上、「外江戯」の学習、移植、改造を始めた。粤劇音楽節回しの四大構成部分は、まさにこのような改造、移植、吸収、融合の結果である。

㈠　曲牌体

粤劇の曲牌体音楽は、昆腔と弋陽腔を起源とする。明嘉靖年代に、昆曲はすでに広東都市と農村に広く伝わっていた。万歴年代、弋陽腔も次第に広東に流入する。基づいた『粤游紀程』にある記載に基づくと、清雍正年代、広州地区は「広腔」の「土班」、「土優」を歌い、「皆で歌い、音は雑である。大体一度演出すると、必ずしばらく騒ぎ、再び登場する」とあり、歴然と弋陽腔の劇目の特徴を保留した。粤劇はもともと高い腔の劇目『琵琶記』、『金印記』、『玉簪記』などがあり、現在保留する昆曲劇目『思凡』、『和番』、『弾詞』などがあり、曲牌と聯を用いる習慣は昆曲と基本的に同様である。また、それから百本近くの曲牌があり、あるいは『八仙賀寿』、『天姫送子』などの開幕の例芝居を用い、あるいは単独演奏の器楽曲として、高崑牌子と総称する。清中頃以降、乱れ弾は出現し、広東でもともと流行していた崑曲と弋陽腔は、一歩一歩と乱れ弾の諸腔に替わり、特に秦腔、徽調は、相次いで南下し、粤劇の互換と収めるため、梆子と二黄は粤劇の主な声腔となった。そのため、粤劇曲牌体音楽の節は、起源は早いにもかかわらず保留しているものは多くなく、粤劇音楽声腔の主体に属さない。

㈡　梆子腔

梆子腔は、粤劇音楽体系においてとても大きい比重を占める。粤劇の「梆子」は清中頃に勃興した秦腔梆子を起源とする。『番禺県誌』は乾隆末年に記され、広州には「どらと太鼓の三譚姓は、その技能は一人で二つ鼓吹することで……金鼓管弦は、雑踏または演奏して、みな梆子腔を歌う」。乾隆年代の厳長明は『秦雲云擷英小譜』で「弦索は北部に流れ、安徽の人はこれを歌唱して桁陽腔（石牌腔、即ち吹腔）とし、湖広人が歌唱するのは襄陽腔で、陝西人が歌唱するのは秦腔である。「乾隆四六年、江西巡撫郝碩は『復奉遵旨査辦戯劇違碍字句一褶』で「秦腔……江、広、閩、浙、四川、雲貴、等の省で流行している」と話す。道光八年に書かれた『越謳』序章にも「珠儿珠女、上品で善良な趙瑟で、ほろ酔い機嫌で、すぐ秦を変えて声を出す」とある。これらの資料は、秦腔梆子の流行を表し、粤劇梆子腔の形成に対して重要な役割を持つ。早期粤劇は専用の梆子腔の「梆子戯」があり、伝統劇目は『打洞結拝』、『閨留学広』、『仁貴回窯』、『六郎罪子』、『陳宮罵曹』、『岳武穆班師』、『王彦章撑渡』、『李白和番』、『周瑜帰天』などがある。粤劇梆子音楽板式構造は散板、慢板、中板、芙蓉の四つ部分を含め、その中でも中板が多数を占める。散板部分は首板、倒板、滾花、乙反滾花、長句滾花、乙反長句滾花、滾花煞板、河調滾花煞板、瀋腔滾花がある。慢板部分は慢板河調慢板、快慢板がある。中板部分は十字句中板、反線十字句中板、乙反十字句中板、十字清、反線十字清、乙反十字清、七字句中板、反線七字句中板、乙反七字句中板、七字清、反線七字清、乙反七字清、快中板、反線快中板、三脚凳、有序中板、流水中板がある。芙蓉部分は十字句芙蓉中板、反線十字句芙蓉中板、乙反十字句芙蓉中板、七字句芙蓉中板、反線七字句芙蓉中板、乙反七字句芙蓉中板、花鼓芙蓉、数鬼芙蓉、減字芙蓉、乙反減字芙蓉、白欖芙蓉等がある。

㈢　二黄腔

粤劇二黄腔は徽班から伝わり、その基本的な板式構造と曲調特徴と祁劇「南北路」の南路は近く、特に「慢板」、「首板」、「流水」などの板式は比較的多い地で伝わった当時のまま保存されており、既に老いた芸人の麦嘯霞などは、漢調は粤劇の源と考える。欧陽予倩が考えるに、粤劇二黄腔は徽班から流入し、後に祁陽戯の影響を受けた。他のその板式は「八字二黄」、「長句二黄」、「長句二流」などがあり、芸人がもとの慢板と流水板の基礎において変化させたものである。粤劇はまず梆子の後に二黄があり、梆から始まり、黄に分かれ流れ、従って、また二黄を用いる劇目は、例えば『三娘教子』、『月下追賢』、『夜困曹府』、『仕林祭塔』、『烏江自刎』、『五郎救弟』などがあり、「二黄戯」と称する。粤劇芸人の李文茂は太平天国一揆を蜂起するのに失敗した後、清政府は粤劇芸人を惨殺し、「本地班」演出を十五年のもの長い間禁止した。演じることが禁じられている間、粤劇の芸人あるいは「揷掌子」（塔班）は徽漢などの劇の外江班に加わる或いは、「借衣乞食」に加入して、京、漢、徽、湘などの皮黄戯班の公演に招待され、梆子と二黄の合流を促進した。そのため、同治、光緒以後、粤劇戯班は現地文人の新編劇目を演じ、梆子と二黄、二種の声腔は同一の劇目で交替に使用され始め、並びに広東民間歌謡、雑曲などと結び付られた。梆、黄は合流の過程において、梆子腔と二黄腔は相互に影響し、梆子腔の眼起板を落とし、リズムは柔らかく広いものに変わり、節と入りの旋律は、同様にもとのものよりもいっそう迂回的に執着する。しかし、粤劇の節において、ほとんどは梆子曲調に属し、板式を表示し出すだけで、声腔を表記する必要がなく、二黄曲調は絶対に二黄を表記する。

粤劇二黄腔板式構造は、散板、慢板、二流、西皮和恋壇五个部分。散板部分は二黄首板、二黄首板一句、乙反二黄首板、二黄倒板、二黄嘆板、二黄煞板、二黄滾花、乙反二黄滾花を含み。慢板部分には十字句二黄、乙反十字句二黄、八字句二黄、乙反八字句二黄、反線二黄、長句二黄、乙反長句二黄、滴珠二黄、十字句快二黄、八字句快二黄がある。二流部分には二流、乙反二流、長句二流、快二流、乙反快二流がある。西皮部分には西皮、乙反西皮、連環西皮がある。恋壇部分には恋壇慢板、恋壇中板、乙反恋壇慢板、恋壇二流等がある。

㈣ 歌謡体

歌謡体は、粤劇音楽節回しにおいて最も地域性特徴をもつ重要な構成部分である。広東の民間歌謡は豊富に木魚、南音、粤謳、板眼、芙蓉、咸水歌などがあり、これらはすべて粤語語系地区で広く流行している民間歌謡と雑曲である。清同治、光緒から、粤劇は次々と民間楽調を吸収し、流行の歌曲と融合し、西洋音楽さえも手本とし、粤劇の節回しにおける歌謡体系を形成し、例えば、南音、乙反南音、流水南音、乙反流水南音、龍舟、板眼、木魚、乙反木魚、粤謳、咸水歌等がある。歌謡体楽調であるが、梆子、二黄曲調のように多くはなく、しかしその使用頻度は低くない。

粤劇音楽声調体系の構成は、多くの種類の戯曲音楽の融合であり、絶えず本土において改造を続けまた「粤化」の歴史産物と文化の結晶である。粤劇芸術は同様に歴史の印と文化品質をもつ。

粤劇の楽器と楽隊

早期の粤劇が使用していた楽器は二弦、提琴、月琴、簫、三弦、銅鑼の板木だけで、声調は比較的簡単であった。清朝に粤劇が解禁された後、梆子が加わる。成熟期に入った後、粤劇が使用する楽器は多く四十数種に達し、大体四つの大きな種類に分けられる。吹奏楽器、撥弦楽器、弦楽器、または打楽器である。その中の撥弦楽器は古箏、琵琶、蝴蝶琴を含む。鑼鼓は卜魚/板、沙的、双皮鼓/梆鼓、鈸、京鑼、勾鑼、戦鼓、大木魚、小木魚、大鑼または鈸、大堂鼓を含む。粤劇は改革の後、更にサクスフォン、ハーモニカなどの多くの西洋楽器を取り入れ、音楽効果を更に完璧なものにした。

梆子は固定の音の高さがない竹木類の打楽器に属する。北の方では「梆子」と称し、南の方では「南梆子」または「方梆子」と称す。北方戯曲が用いる梆子は誠実で、略して「梆子」と言い、その中の二つ硬い木の棒から構成され、演奏時に両手で各棒を操りお互いに叩き音を出す。音の響きは明るく綺麗で、よくリズムを打つのに使用し、使用の技巧は簡単である。南方の梆子は大、中、小に分けられ、長方形の中が空洞の木からつくられ、演奏時は柱に掛け、叩いて音を出す。連続で速く音を出せることから、簡単に熱烈で緊張した雰囲気をつくることができる。なぜなら梆子はリズムを叩き出すことに用い、それにより「梆子腔」が産み出された。梆子腔は別名秦腔または西秦腔と言い、陝西、山西、甘粛一帯を起源とし、音調は粗く激しい。十七世紀初期（清朝初期）にやっとゆっくりと広東に伝わる。梆子腔はまた首板、慢板、中板、滚花、嘆板、煞板等の板式に分けられる。

木魚も固定の音の高さがない竹木類打楽器に属す。外観は魚の頭に似ており、中は掘って空洞にした共鳴箱がつくられ、正面には長方形の魚口が開けられており、手持ちの小槌を用いて叩いて音を出す。木魚は最初仏教の法器で、また宗教音楽の伴奏楽器で、後に次第に民間器楽に採用された。木魚の音色は虚しく、発音時間は短く、軽快で活発で、常に伴奏の役を演じ、「数白欖」の時に拍子をたたくのに用いる。

楽隊あるいは楽師は粤劇行内を棚面と呼び、どらと太鼓の奏者は板を司る。戯台の左側に気楽に座る。棚面はどらと太鼓をよく知ることでやっと観衆のために雰囲気を造営することができる。例えば一槌歌い、一槌を掘り返し、三槌掘り返し、どらと太鼓を奏で、白欖のどらと太鼓、閃槌、勢いよく風は吹きドンドンと太鼓が鳴る。早期の棚面は合計で十の手がおり、簫、三弦簫ほら貝、（日）大鈸（夜）二弦、（日）掌板（夜）大鼓、（日）打鑼（夜）掌板、（日）大鼓／副二弦、（日）発報鼓／大鑼、提琴／小鑼大鑼、横鑼大鑼、小鑼と補欠がある。後に、その他の地方劇類を吸収し、短喉管、長喉管、京胡、揚琴が加わった。薛覚は先に西洋楽器の導入を引率し、「西楽部」を切り開き、楽器はバイオリン、木琴、マンダリン、ギター、サックス、班祖が含まれる。

粤劇伝統と有名な劇目

早期の伝統劇目は、江湖で十八冊あり、全部早期役者の「開山戯」である。十九世紀六十年代末（清朝同治中期）、いわゆる「大排場見十八本」、即ち『寒宮取笑』、『三娘教子』、『三下南唐』（劉金定斬四門）、『砂陀借兵』（『石鬼仔出世』）、

『五郎救弟』、『六郎罪子』（『轅門斬子』）、『四郎探母』、『酒楼戯鳳』、『打洞結拝』、『打雁尋父』、『平貴別窯』、『仁貴回窯』、『李忠売武』、『高平関取級』、『高望進表』、『斬二王』（即ち『陳橋兵変』）、『辨才釈妖』（即ち『東坡尋友』）と『金蓮戯叔』である。

同治七年、「新江湖十八本」がある。郭秉箴『粤劇芸術論』のリストに基づいて『再重光』、『双国縁』、『動天庭』、『青石嶺』、『贈帕縁』、『困幽州』、『七国斉』、『侠双花』、『九龍山』、『逆天倫』、『和為貴』、『鬧揚州』、『双結縁』、『雪重冤』、『龍虎斗』、『西河会』、『金叶菊』、『黄花山』。

十九世紀九十年代初期（清朝光緒中期）、重唱功の「上粤文静劇」が現われ、例えば『仕林祭塔』、『黛玉葬花』、『蘇武牧羊』などで、また「大排揚十八本」と呼ばれる。新中国成立後、整理、編纂された劇目は『宝蓮灯』、『平貴別窯』、『柳毅伝書』などがある。香港梁沛錦博士の『粤劇劇目通検』に基づくと、粤劇の劇目は約一万千三百六十個ある。

二十世紀二十年代から、大量の粤劇脚本はおおむね何種類かの型がある。

① 旧本の整理と改編から、例えば江湖十八本を改編した脚本
② 古典小説あるいは伝奇から改編したもの、例えば『三国戯』、『封神榜戯』、『水滸戯』
③ 民間文学あるいは地方の有職故実から改編したもの、例えば『梁天来』
④ 外国小説外国戯から改編したもの、例えばシェークスピアの『じゃじゃ馬ならし』を改編した『刁蠻宮主戇駙駙馬』、『一千零一夜』に基づき月宮宝盒が改編した『賊王子』など
⑤ アメリカの映画から改編したもの、例えば『群主と待物』に基づき改編した京劇『白金竜』
⑥ その他の劇種を改編、移植したもの、例えば京劇の『四進士』に基づき改編した『審死官』
⑦ 現実的な新しい創作を反映したもの、例えば清末民初期にいくつかの革命志士が創作した文明戯『新広東女儿伝奇』、『黄蕭養回頭』、『班定遠平西域』

大量の民間伝説が伝承され、京劇の崑劇などの著名な劇目を継承し、粤劇の内容は非常に充実する。新媒体の誕生

につれて、いくらかの著名な粤劇は映画、テレビドラマ、話劇、ミュージカルにまでなり撮影された。例えば唐滌生の名劇『帝女花』、『紫釵記』、『牡丹亭驚夢』、『双仙拝月亭』、『再世紅梅記』、『蝶影紅梨記』、『香羅冢』、『紅了櫻桃碎了心』、『血染海棠紅』、『紅楼梦』、『三笑姻縁』、『花田八喜』、『白兔会』、『桂枝告状』、『竇娥冤』（別名『六月飛霜』或いは『六月雪』）、徐子郎により制作された『鳳閣恩仇未了情』と『無情宝剣有情天』、唐代の伝奇小説を起源とする『柳毅伝書』、普劇の著名な伝統的作品をもとにした『酔打金枝』（制作／蘇翁）、『秦香蓮』、おとぎ話をもとにした『鏡花縁』、『花蕊夫人』、それから第一陣で中国国家級無形文化遺産の名簿に組み入れられた『梁祝』。伝統的例戯は『六国大封相』、『天姫送子』、『賀寿』、『碧天賀寿』、『跳加官』、『祭白虎』、『玉皇登殿』、『観音得道』、『香花山賀寿』がある。

粤劇の名家

㈠　紅線女

粤劇を語るのには必ず紅線女を語る必要がある。国内外の広府人は全て知っており、どこに粤語があろうと、そこには紅線女の「紅派」曲腔がある。紅宣糸の女は芸歴六十年で、先人の基礎上に絶えず開拓、革新する。紅線女の声帯は情を帯び、最高の節芸術は一つ一つの彩りに目を奪われる舞台のイメージをつくり――王昭君、李香君、劉胡蘭、焦桂英、崔鶯娘などを描写し……粤劇歴史にきれいな章を残した。紅線女の芸術は当時の粤劇女形芸術の最高を代表し成就しており、嶺南文化の至宝と褒め称えられる。

㈡　羅家宝

粤劇表演芸術家。一九三〇年に生まれ、順徳人で、父の羅家樹は著名な掌板師匠で、おじの羅家権は著名な俳優粤劇であり、香港粤劇公演芸術名人の羅家英は彼の従兄弟である。羅家宝は戯劇世家に生まれ育ち、小さいときからの粤劇のいぶした陶を受け、先輩芸人の薛覚先、白玉堂、桂名揚などの名家のパーフォーマンスと演唱特色を心得、それゆえに各名家の長を取り集め、また個人の音声条件と結びつけ、異色な創造して聞いて気持ちがよい歌い方の「蝦腔」を創造した。「蝦腔」の声色は濃く厚い甘く潤いがあり、特に中低音区域音質は厚く、共鳴は彈烈で、行腔は事彫を飾りただきわめて堂々とした華を備え採らず、高音区域はたとえ非それが長くても彼は自身の声線特徴に基づくことができ、一組の変化に富んだ特色のある声調を発展し出した。その相称は「亜蝦」、「蝦腔」の名に由来する。

羅家宝のパーフォーマンスは巧みで完璧で洗練されており、学識深く上品で、風流洒脱である。また「小生王」と褒め称えられる。初めての名劇『柳毅伝書』は演じ衰退することはない。文革十年、彼は小生から官生に変わり、『血濺烏紗』中の清官吏天民、『袁崇煥』中の主帥袁崇煥に扮し、『夢断香銷四十年』中の詩人陸游、粵劇人物の長い廊下において一つ一つ深い芸術的イメージを描写した。二〇〇二年元旦の粵劇新年盛会において、羅家宝は広東省が授与する「突出成就賞」を受賞した。

粵劇の伝承と保護

グローバル化と現代化の加速に伴い、粵劇は中国の多くの伝統地方劇と同様に落ち込みに入った。粵劇の救助と保護の強化はすでに中国全社会の共通意識である。一方、他の劇類と比べて、粵劇は中国戯曲業界が極めて難しくなった状況の中で優位性がある。一つ目は相対的に安定した収入を上げた公演市場がある。二つ目は熱心な人と粵劇の「ファン」の気前よい援助、三つ目は政府の基本的な安定した経費投入である。ただこれらの優勢の背後で同様に他の地方劇に近い懸念もある。一つ目は粵劇専門人材の発展が妨げられてい

粵劇代表性伝承人紅線女

ること。全体的な素質は早急に向上させねばならない。二つは広東劇の観客群が縮小していくということだ。特に文化多元の現在、粤劇の若い観衆はますます減少する。観衆の流失はいかなる種の芸能に対しても釜の下から薪を取り去る様な致命的危機である。

粤劇の保護と伝承に対する潜在的懸念を解決するべきで、優勢角度を拡大することは出発し、中国全社会が参与する粤劇保護作業の熱意と積極性は、国民が粤劇を保護する良好な雰囲気を形成する。このような雰囲気の形成は二つ方面から着手する必要がある。

一方では、全力で継承人と伝承活動を支持する。無形文化遺産は人によって担体されるもので、その重要な特徴の一つは動態的な伝承である。そのため、代表的な後継者の保護を強化することは無形文化遺産保護の肝心の部分であり、後継者は無形文化遺産の重要な責任者であり、引き渡し者でもあり、彼らは無形文化遺産の知識と巧み完璧な技芸を把握し受け持ち、それは無形文化遺産の活きた宝庫かつ、無形文化遺産を代々語り継ぐ代表的な後継者である。関連部門は積極的に措置を取らなければならず、相応の段階と異なる適切な代表的な後継者を選考し認定するべきである。既に認定されている後継者の伝承活動に対し、各種の方式を取って支持する。技芸に関連する資料を記録、整理し、必要な伝承活動の場所を提供し、適当な代表的な後継者に資金援助をし、弟子を授け技芸伝授あるいは教育培訓活動をし、研究討論、展示、宣伝、伝播活動を組織し、交流と協力、提供、その他を促進を助ける。

他方では、絶えず社会教育と学校教育を推進する。無形文化遺産伝承の目標は社会教育と学校教育などを通じてこの物質文化遺産の相続が後を絶たないように、特に青少年に継承され、発展させることである。この目標を実現させるには、一方では積極的な粤劇が必要とする専門人材の教育が必要であり、専門人材教育は粤劇芸術の持続可能な発展の根本的保証である。他方でも同様に粤劇の積極的な授業、教材、校内活動を施行する必要があり、粤劇を小中学

粤劇俳優羅家宝

校の普及教育において推進し、小中学生の粤劇芸術に対する興味と趣味を育成する。無形文化遺産の授業、教材、校内活動は無形文化遺産保護の根本的措置であり、同様に国外無形文化遺産保護に成功した経験である。

要するに、粤劇の保護と伝承は長期の系統工程であり、社会全体の持続的な努力が求められる。根本から言えば、民衆は無形文化遺産の創造者で、無形文化遺産の消費者と確証者でもある。無形文化遺産は長期の保護と合理的な利用が必要であり、最終的にはまだ広大な民衆の力量に頼らなければいけない。

（余　振／王　巨山）

ケサルの叙事詩の伝統

二〇〇九年九月三十日、アラブ首長国連邦の首都アブダビで開かれたユネスコ無形文化遺産保護政府間委員会は第四回会議で、中国の「ケサルの叙事詩の伝統」が『人類の口承及び無形文化遺産の傑作のリスト』に組み入れられることを許可された。

千年歌い継がれる『ケサル』史詩は広く中国西、北部のチベット族、モンゴル族、トゥー族、ユーグ族、ナシ族とプミ族など地区に伝っており、歌い語る演芸の伝承方式で下界に降りてきたケサル王が邪悪な魔物を駆除し、悪を抑えて善を広め、各部を統一して人間の使命を果たした後、天国に復帰した英雄の業績を述べた。

一つの民間創作で形成された史詩として、『ケサル』は族群文化多様性の溶鉱炉であり、また多民族民間文化の持続可能な発展の証明である。この多民族共有の伝承史詩は草原遊牧文化の結晶であり、古代チベット族、モンゴル族などの民間文化と口頭叙事芸術の最高成就であり、それの伝わる時間は遥かに長く、流布する地区は広大で、文章の長さと構造の壮大さは、世界史詩の中でも最高のもので、「東方の『イリアス』」と褒め称えられる。『ケサル』は一部の活きる史詩でもあり、長い伝承過程において、各時代の歴史と文化の淀みを吸収し、絶えず新しい時代の精神に溶け込み、絢爛たる社会史絵巻を披露し、宗教、歴史、文学、言語、民俗などが集まり一つになった「百科全書」である。

起源は遠く、流れは長い

『ケサル』はチベット族の古代神話・伝説・詩歌・ことわざなどの民族文学に基づいて発展したもので、最初はチベット族人が集団で創作する一部の偉大な英雄史詩であり、後に、転々として、戦争と民族交流が深くるにつれて、しだいにモンゴル族とトゥー族などの少数民族地区にまで広まり、各民族の加工、融合を経て、次第に各民族が持つ史詩体系を形成した。また、この史詩はモンゴル国、ロシアのブリヤート共和国、カルムイク地区およびヒマラヤより南のインド、パキスタン、ネパール、ブータンなどの国家と周辺地区にまで伝わり、更に、文化を越えた『ケサル』の大きな影響力を示している

『ケサル』の具体的な形成時期について、学界ではずっと論争があり、おおむね以前に「吐蕃時期」、「宋元時期」、「明清時期」などいくつかの見解がある。これらの言い方は全て自己の根拠があり、その限界と断片性もある。事実上、文学史から見ると、「一部の史詩は一時一刻ではなく、一つの時代あるいは小人数で完成するものである。それらは最初おそらく民間でのいくつかの叙事歌謡が分散して伝わり、人々の代々を経て、あるものはいくつかの世紀にわたり歌い継がれ、絶えず加工、補充、複合し、やっとしだいに形成された」。『ホメロス史詩』や『インド敍事詩』のような他の敍事詩の形成過程を見れば分かる。『ケサル』はおびただしい冊数からなる詩編として、歴然と一代の人の手によるものではない。そのため、『ケサル』が生じた正確な年代を考証することは、非現実的である。現在学界で認められているのは降辺嘉措先生が提出したもので、彼は『ケサル』の産生、発展、変化はおおむね以下幾つかの重要な段階を経験したと考える。

発生段階。『ケサル』は古代チベット族の氏族社会が崩れはじめ、奴隷制の国家が形成され始めた歴史的な時期に生まれた。即ち紀元前三、四世紀から西暦六世紀までである。どんな史詩にもそれが生まれ、存在する背景がある。人間の実生活の中の感情を満足させることができないと、理想と想像を求めなければなら

新世代『ケサル』芸能人

ない。分散した氏族、部落、部族、民族間の長期的な混戦は下層人民の困窮流浪を引き起こし、生活は苦しく、強大な統一国家への期待は英雄の出現を呼び、人民はその英明な王による統一の実現と富を渇望する。これらの理想と渇望はチベット族のすでにある古い神話、伝説、物語、詩歌などの民間文学と結び付き、一部の千年歌い継がれる史詩の雛型は「仲肯」（ケサルの伝承者）の絶えず歌うことにおいて次第に形ができる。

豊かな発展段階。松賛干布が青蔵高原各部落を統一し、ラサを建都した後（西暦七世紀はじめから九世紀）、『ケサル』はさらに豊かに発展を得て、また次第に周辺国家と地区の各民族群衆にまで伝わる。吐蕃王朝時代はチベット族史上非常に重要な発展段階であり、この間に発生したいくつかの重大な事件は『ケサル』創作の豊富な素材源である。『ケサル』で描写されている大小の百回近くの戦争の多くは全てこの時代の実際に発生した戦争を原型として創作された。民間で歌い継ぐ演芸人からこれらの事件を題材とし、演繹を行い、歴史の真実を小説のまぼろしに変え、ケサル王の物語を編集する中で、至る所で歌い伝え、絶大に充実し豊富な『ケサル』の内容は、また吐蕃王朝軍隊の遠征に伴い、ヒマラヤ南部地区まで広まる。

成熟・完備段階。吐蕃王朝が崩壊し、チベット族社会は大分裂し、激しい変化が起こり、波瀾万丈な時期に、チベット族社会は奴隷制から封建的農奴制へ転化した時期（西暦十世紀から十三世紀）に、『ケサル』は広い伝播を得て、日増しに成熟、完備となる。遅くとも西暦十一世紀頃、仏教がチベット族地区での復興に伴い、『ケサル』の枠組みの基本型ができ、多くの手書きの本が現れた。この時期に、一方で紅教派の僧侶はできるだけ自分の意志により『ケサル』の改造を図り、宗教地位を守る工具となり、同時に上層部の支配階級と貴族は、「天神の子」ゲザルを旗として天下に号令し、自らの権勢を広めようとした。そこで、『ケサル』の伝播を提唱し、推し進めた。他方では、数百年の不安定さは人民に「ケサル」に似た英主を望ませ、地方割拠勢力を一掃し、乱れた局面を終らせる。これらの要素が織り成して一緒になり、『ケサル』の成熟と完全さを促進した。史詩は長期にわたる流布において、継続して変化、発展し、内容はますます充実し、形式はますます完全となる。印刷業の発展に伴い、一つの木版本が現れた。

以上の脈絡を通じて、『ケサル』はただの一つの時代産物でないことを見い出すことができ、また長くて果てしがない歴史の行程において、チベット族や膨大な人民、特に歌い継ぐ演芸人の努力を経て、次第に発展、完全となり始め、大きな枠組みの維持、安定の状況下で、詳細は依然として変化と発展は止まらない。『ケサル』は一つの埋蔵量が非常に豊かな鉱山のようである……異なる時代、異なる階級、異なる宗派、異なる階層の人は全てその上で自分の印をおとしめようと企み、チベット族の歴史と文化の堆積層を形成した」

『ケサル』はチベット族内部で時間を縦断して伝えると同時に、民族の枠を越えて空間の束縛を突破し、モンゴル族、トゥー族などの民族の広大な地域で横方向伝播した。『ケサル』は中国の内モンゴル、新疆、青海などのモンゴル族地区で、モンゴル族文化伝統と結び付き、モンゴル族人の再創作を経て、一つの鮮明なモンゴル民族性を持つ史詩『格斯尔可汗伝』に発展する。トゥー族地区で伝わりトゥー語とチベット語が互いに通じ合い、トゥー語は散文部分を叙述し、チベット語で韻文体詩文部分を吟じる独特な歌唱形式になった。『ケサル』は民族文化を伝承し、民族精神を凝集する重要なきずなとなるだけではない、各民族の交流と相互理解の立会人である。

『ケサル』は千年を歌い継がれ、長期の流布において、早くからすでに深くチベット族、モンゴル族などの少数民族の生活に溶け込み、彼らの主要な精神の柱となっている。交通が閉塞している高原放牧地区で、貧しい文化に相対する生活の中で、『ケサル』は彼らにもたらされたのが単なる物語、戦争の経過ではなく、また一種の精神であり、それは人々に真、善、美を追求するよう激励し、未来への夢の中で、高原の悪条件とすべての苦難を打ち勝たせる。少し前の玉樹地震発生の後、幸運にも災厄を逃れた各民族の人々はケサル王広場の巨型彫刻の下に集まり、「ただケザル王の銅像だけが倒れず、玉樹が消失することはない」と高らかな雄叫びを出し、『ケザル』は依然として玉樹が歌い継ぐ」と被災地の人々は大災害の後にもまた家を建てると決意した象徴である。

東方イリヤ詩

完全な統計ではないが、『ケサル』史詩は合計一二〇部あまり、一〇〇万あまりの詩行、二千万あまりの字があり、その長さと壮大さは、世界史史詩の中でも最高のものである。世界で著名なホメロス史詩『イリアス』は合計で一万五千六百九十三行あり、仮に最長のインド史詩『マハーバーラタ』ただ十万頌だけで（各頌は一節の双行詩体）、二十万あまりの行であり、単に詩の長短から見てみると、『ケザル』はすでにはるかに世界のいくつかのとても著名な史詩の総和を超え、内容は非常に広い、その他の史詩ではありなぞらえることができない。チベット族の古代社会の生活を全方位的に反映するこの史詩は、古代少数民族の社会歴史、民族交流、道徳観念、民風民俗、民間文化などの問題を研究する一冊の百科全書であり、「東方『イリアス』の高名を恥じない。

『ケサル』の物語構造から見ると、縦にはチベット族社会の発展における二つの重大な歴史的時期をカバーし、横に大小百近くの部族、邦国、地域を包括している。縦横は数千里で、内包は広くて、構造は広大である。その主な章部は『天嶺蔔筮』、『英雄誕生』、『賽馬稱王』、『北方降魔』、『霍嶺大戰』、『保衛鹽海』、『門嶺大戰』、『大食財宗』、『傑日珊瑚宗』、『卡契松石宗』、『雪山水晶宗』、『亭格鐵宗』、『漢地茶宗』、『朱古兵器宗』、『地獄救母』、『安定三界』などがある。これらの内容は主に三つ部分に分かれている。一つ目は、誕生、即ちケサル降誕する部分である。二つ目は、征戦、即ちケサルは妖怪を屈服させ過程。三つ目は、終息、即ちケサルが天界に戻る。三部分の中で、第二部分の「征戦」は内容が最も豊富なものとされ、ページ数は最も広大で、著名な四大降魔歴史の――『北方降魔』、『霍嶺大戦』、『保衛塩海』、『門嶺大戦』の他、十八大宗、十八中宗、十八小宗があり、それぞれの重要な物語とそれぞれの戦争はいずれも一部の相対独立した史詩を構成する。構造は複雑であ

青海省玉樹のケサル像

るが、要約して言うと、『ケサル』は主にこのような一つの物語を語っている。

はるか昔、天災と人災がチベット地域に広がり、妖怪は横行し、庶民は悲惨な迫害に遭った。大慈大悲の観世音菩薩は衆生をあまねく済度するため苦しい境遭から外れ、白梵天王に天神之子を下界に降りるように要請する。神子は珠噶布の発した願いを受け現世を地面につきチベット地域で庶民を扶助し、妖怪を処罰する。この凡間に、天上之神はすでにうまく龍女梅娜沢を手配して峰噶の貴族森倫に嫁がせ、神子の実母とされた。天神の子と結ばれ、珠噶布出生後は覚如と名づけられ、即ち非凡な本領をもつ。彼のおじ晃同妄図は峰噶の王として、そのため覚如親子を傷つけた。困難の中で成長した覚如は、天から授かった不思議な力と衆神の助けにより、絶えず邪悪な悪魔を降服させ、民のために害を除く。十五歳のその年、部落は王位と美女の珠牡による賭け物の競馬大会で、覚如がおじの晃同と峰国の衆将校に打ち価値、一挙に魁を奪い、峰国国王の座に登り、珠牡をめとって妻とし、ともに正式に世界レオーネ大王のケザルレーブと名づけて盛り上がり占め、これは峰国を率いて、彼が東西を取り立てることを開始し、四方の歴程で戦った。

ケサルは相次いで北地の魔の国を征服し、東北方面のホール国、南東方面の姜国、南方の門国を征服し、統治するこれらの国家もの四大魔王山魯賛、白帳王、薩丹、辛赤を殺し、庶民を救い出した。ここから四方は安定し、民衆はめでたく幸福の生活を過ごす。しかし、戦争はまだ終らず、それ以後にあるいは峰国は侵略を受け、故郷を防衛するため反撃する。あるいは隣国から援助の派遣を求め、ケザルが救い出しに行く。あるいは貪欲な晃同が事端を挑発して、戦争を引き起こす。あるいは峰国は出兵し隣国などを占領し、かつ大食国、卡契国などの隣国と戦争が勃発し、ケサル王が率いる部隊は戦いに出て、順次に彼らに打ち勝ち、その宝庫中の財宝を現地庶民に分けるほかに、ケザルは敗戦国から峰国を取り戻さなければならない各種の財宝、武器、食料、牛羊など、峰国をますます豊かな強大にした。最後に、ケザルは現世で妖怪を屈服させることを完成し、弱い者を助け、暴力を退治し、三界を安定させる使命を果たし、地獄まで愛妃アダラムと母親の梅娜沢を救い帰り、国事を甥のザラに頼ませ、母親と、愛妻といっしょに天界に戻った。これをもって、規模が広大な史詩『ケサル』は完璧に終わる。

「上方天界は神仙を下界に遣い、中間世界で色々な紛争が起き、地獄で功を成し遂げ」。短い三句の話は『ケサル』の大要を高度に要約した。史詩はこのようにケサルの経歴を主線とし、根は当時社会生活の沃地に植えられ、物語の形式でチベット族の発展の過程における波乱万丈の歴史を描き、チベット族歴史発展の重大な段階と行程を凝縮し、深く広い社会生活を開示し、ある意味で「詩史」の性格を帯びている。そして、『ケサル』は「文学芸術と美学の庭園」でもある。その優れた芸術と美学の成就は、世界の中で誇れる重要な要素でもある。少しも誇張せずに言うと、比類がない芸術成就と巻帙のおびただしい史学成就を合わせて、やっと『ケサル』の世界的名声を成し遂げた。両者は車の両輪、鳥の両翼と同じように、欠乏することはない。具体的に話すと、『ケサル』の芸術と美学の成就は次の通り。

㈠　巧みな構成

『ケサル』の構成には、その独特な処理方式があり、それは人物を中心とすることと事件を中心として結び付ける構成を採用した。具体的に言うと全体の章分けの中で人物を中心とし、具体的な分部は事件を中心とし、一つの物語から他の一つの物語を派生し出し、絶えず充実で完全で、独立的な編成で、新しい分部本を形成し、こうして、大小の支部本は、ケサルという英雄的人物によって、直列に連結され、最終的には巻帙のおびただしい大型史詩『ケサル』を形成する。このような構成は、叙事詩の特徴を最大限に発揮し、柔軟で多様で、増減が自在というメリットがあり、『ケサル』の伝承の過程中で、時代の流れに沿って、より多くの更新した内容を入れていくために便利さを提供し、またそれが世界で最も内容が豊かな史詩になるためのしっかりした基礎を打ち立てた。

㈡　鮮明なイメージ造り

『ケサル』は人物のイメージを作り上げるのにも優れている。規模が

ケサルダンカ

広大な史詩として、『ケサル』は全く異なる数千の芸術的イメージを作った。数量はかなり多い芸術的イメージで、ほとんどすべて鮮明で生き生きと描写し、生き生きしており、相当成功し、これは一つの奇跡であると言うことができなくない。神聖な荘厳な神仏、天性横暴な妖怪、生き生きした凡人は、まぼろし色彩の軍馬、飛ぶ鳥から獣、山水樹石さえあり、これらは人の稟性を授けられ、あるいは善良、正義、公正を代表し、あるいは邪悪、残虐を象徴し、全て鮮明な性格特性を持ち、史詩において不可欠な芸術イメージである。特に正面人物を描写し、さらに人に称させる。ケサル、珠の牡、老総管などのイメージに、社会生活中の進歩、正義、美しい観念と行為を表現し、同時にかなり彼らの短所のものに対して生き生きと浮き彫にして、ケサルの粗忽、珠牡の嫉妬と老総管の規定尺度を謹んで守り、人物のイメージをいっそう豊満、真実にし、一層親しみやすくなる。史詩は敵役の勾勒に対し、それに不幸にして互いに露を尽くし、肺の腑が顕す程度に達し、その醜い魂を表す。人間像の具体的方法を描写する上に、史詩は作者の客観的叙述と評論を通じるわけではなく、また故事情節の発展において、それぞれの人物自己異なる環境における言葉、行動、表現を通じて完成したものである。このような人物は、イメージ化されたもので、生き生きとしたもので、人を概念化、無粋化させせない感覚である。

(三) 生き生きした言語の運用

『ケサル』は言語芸術の運用上、非常によく鍛錬された高い水準に達している。『ケサル』の最も重要な言語芸術的特徴は、群衆が歓迎する歌と語りを含む演芸形式を採用し、鮮明な民芸特色を持つ。それは散韻結合の形式を採用し、散文叙述があり、歌詞もあり、これは吐蕃時代の散文叙述が会話形式の歌の継承と発展である。『ケサル』の歌詞部分は多く魯体民間歌と自由体民間歌の韻律を採用、改善して、それぞれの歌詞の音節は六つの音節を突破し、非常にハキハキと変わる。史詩にはまだ大量に「賛辞」と「祝辞」などの民間歌唱形式が運用され、さらに自己の表現手法を充実させ、これらの民間文学形式と内容の採用は、『ケサル』に一層生き生きとした、活発で、充実した、豊かで、変化を表す。言語の豊富さと正確さは、『ケサル』中の言語芸術の二つ目の特徴である。『ケサル』には古代チベット語、そして現代のチベット語と融合したもの、書面言語、または磨きをかけた群衆口語、民族共同の言葉、また各地の生命力と表現力方言語彙を吸収したものがあり、ほとんどチベット語のすべての生命力が集まったもので、表現力の強い語意である。『ケサル』の言語芸術三つ目の特徴は、大量の適切で、生き生きしたイメージの比喩や洗練されたことわざを用いていることである。チベット族の民間文学、特に民間歌謡は、もとから比喩を運用する芸術伝統があり、『ケサル』はこの伝統を継承し、そしてそれをさらに高い水準に発展させる。また史詩は大量にことわざを使用し、ことわざの宝庫、ことわざの引用と言うことができ、史詩の言語は洗練された総括、豊富な哲理を与え、人に悟りを与え、『ケサル』に多くの味わいが尽きない趣きを添える。

民間詩神

『ケサル』が民間に広まったのは、主に口頭で語り歌に頼る形式と手書き、木版印刷の本で実現する。そのうち口頭での語りと歌は主要な形式で、民間の語り歌う芸人の游吟を通じて『ケサル』を世代に伝承し、芸人の語りと歌の内容を記録し整理した手書きの本、木版印刷は後に出た形である。これ以外に、絵画、彫刻、戯劇、舞踊などの流布方式もあるが、歴史が古くなく、影響力も芸能人の伝唱方式に及ばない。

『ケサル』を歌う活動において、芸人は主導的な地位を占拠し、彼らは史詩の最も直接的な創造者、継承者、伝播者で、人々が親切に「民間詩神」と称される。聡明な才知と芸術的才気は優秀な歌う芸人の不可欠な素質である。たとえ大半が文盲であったとしても、彼らのほとんどは超人的な記憶力を持っており、何万行から何十万行かにも至る史詩を完全に脳内に記憶することができる。同時に、彼らはまた賢い発音をもち、聴きやすい歌喉と俊敏な思考は、脳内の史詩を生き生きと言い表し出すことができ、聴衆の心を感動させる。多くの芸人が天才の表演才能を備え、史詩『ケサル』の多くの人物は生き生きとして真に迫らせる。

モンゴル族史詩芸人の多くは先生と弟子が語り継ぎ、演唱の時に馬頭琴あるいは四胡を使多く用いて伴奏し、固定した史詩歌本を演唱し、「好来宝」または本子故事の講談スタイルと融合する。チベット族芸人はこの方面においてとても大きな相違がある。彼らは一般的に先生の指示と助けはなく、史詩の感化で知らず知らずのうちに覚えて歌えるようになる。チベット族『ケサル』芸人は、一般的に「仲肯」と称され、物語者あるいは、物語に精通する人の意である。彼らの育った地区、環境、家庭または個人の体験の相違は、彼らが受ける文化の器異なり、そのため、語り歌う中で異が生じる。西方は名言があり、「千の観衆の眼中には千のハムレットがいる」、高原においてもこのような言葉があり、「個々のチベット人の口の中には全て一部の『ケサル』がある」。この話は少し誇張されているが、『ケサル』芸人たちの語りと歌の具体的内容と特徴が確かに違うことをはっきりと説明している。

物語を手に入れる方法によって、『ケサル』を語りと歌う芸人はおおむね次の五種類に分けることができる。即ち神授芸人、掘藏芸人、聞知芸人、吟誦芸人、之圓光芸人である。

「神授芸人」は一般的に全て幼少期に夢を見たことがあると自称し、以後病気になり、彼らは夢の中で以前神を獲得し、ケサル大王あるいは史詩中のその他の戦将の意図を得て、病中あるいは全快後はまた寺でラマ経を読経し祈祷し、また『ケサル』を語り歌い始める知恵の扉を開け、ここから歌えるようになった。彼らは夢の中で形成した物語を帰結させ神仏のために賜り、それは神仏が彼らに話しに行きなさいと指示したことで、したがって彼らは神授芸人と呼ばれる。彼らのほとんどは一つも字を知らず、ただ記憶力は卓越していて、そのうえ非凡な弁舌を持っており、豊かな大衆口語を運用し、史詩『ケサル』をイメージし、生き生きと現在聴衆の目の前で展開する。神授芸人は『ケサル』を語りと歌う芸人の中で最も裕福な伝奇の色彩のタイプで、また芸術的に最高に成就し、数は多くなくても、史詩伝承において重要な地位を持っている。

「聞知芸人」は自分は他の人の語りと歌を聴いた後、あるいは『ケサル』の本を見た後歌えるようになったと承認するものである。この部分の芸人の数は比較的多く、芸人総数の約半分以上を占める。彼らの多くの者は三、四部を語り歌うことができ、少ない者で一、二部、あるものはただ語りいくらかの章の精彩のある段を語り歌うことができる。

「掘藏芸人」は『ケサル』の物語を発掘する掘藏師である。「掘藏」はチベット仏教の安らかな瑪宗派の術語で、発掘し出した先人の埋蔵を意味する。聞くところによると秘蔵の宝物の発掘した人を発掘して全て鋭い根を持つことができ、この種の芸能人は少なく、主に寧瑪派が居住する広範な地区に広がっている。彼らと語りと歌う芸人は異なり、彼ら手にしている筆で史詩を書き、内容はほとんど文字が優雅で、書面語が比較的に多く、そのうちにいくつかの奥深い大きい円満な演説を挟み、物語として、いきさつは比較的に簡単である。

「吟誦芸人」は朗読に精通している芸人である。これらの芸人のほとんどは一定の文化レベルがあり、通常史詩のノートを持ちながら群衆に朗読する。彼らは本に基づいて朗読し、書いてあるとおりに読み上げ、そのため語り歌う内容のいきさつは少しも変化がなく、ただ曲調の処理において比較的に突出している。

「之圓光芸人」も一種の比較的に神秘的なタイプで、彼らは呪文の助けを借り、銅鏡あるいはある発光したものによって『ケサル』の画像あるいは文字を見て、歌あるいは抄録を行う。このような芸能人現在は比較的珍しいである。

チベット族地区で、史詩芸人は物語を手に入れる方法によって神授芸人、掘藏芸人などと違ったタイプで、彼らのほとんどは服飾、道具、（例えば帽子あるいは銅鏡など）を用いて語り歌い、ともに常に煙祭、黙想して、入神等の独特な儀式を伴う。

『ケサル』を語り歌う環境は特別な要求がなく、テント内、牧草地帯、仏の路上に全てで語り歌うことができ、しかしある地方は黄教寺内で語り歌うことを禁止しており、その原因は一様ではない。

煙祭りはほとんどの芸人が語り歌う前に必ずしなければならない事である。人々は院、あるいは家の玄関の鼎中に煨上桑（焚香、コノテガシワの枝葉、ヨモギ、石南香などを用いた香草で、上はツァンパあ

「ケサル」芸人の衣装と帽子

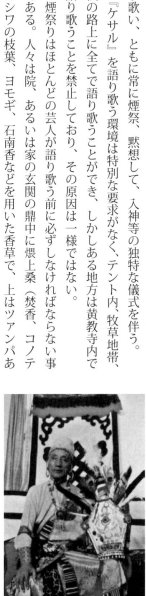

るいは五穀を巻いて置き、その後再び前の何個のしずくをまいて点火し、それをゆっくりもうもうと立つ煙を燃やし上がらせる)。大多数の神授芸人は語り歌う前に均しく手で仏陀の珠を動かし、目を閉じて静かに少しの間座り、その後祈祷し始める。祈祷は二種の異なる情況があり、一種は心の中で黙想し、神仏、ケサル大王の護加護の歌を要請する。他の一種は芸人が祈祷の語がはっきりと言い、『ケサル』を語り歌う前置きとする。モンゴル族芸人は語り歌う前は一段敬虔に祈祷の言葉を唱え、内容はケサル大王に今日の語り歌いの同意を求め、章部を語り歌いたいと告知、明言し、まちがった場所があったら大王に許すように頼む。

語り歌う芸人は厳格で統一された服装の要求はなく、一般に普通の庶民の服装を着る。ただあるチベット族芸人は語り歌う時の時の服装は比較的特別で、芸人が帽子をかぶる他に、一種の赤い紬の布縫製の服を使う必要があり、二つの袖上には獅子が刺繍され、前の胸と背中に龍と大きな鵬鳥が刺繍されている。

『ケサル』を語り歌う時に最も重要の劇用道具は「仲夏」で、この種の特製の帽子は芸人に言わせると一種の奇怪な力があり、彼らはこの帽子をかぶると、ケサルの物語はすで自然に脳内に降りてきて、口に出し話すことができると考える。物語は簡単に口にできるわけではない。ある芸能人が語り歌う前に、左手は帽子を託し、右手は指し示し、口は「帽子賛」(その帽子の来歴、形状、装身具とその象徴的な意味を紹介する)を朗読し、その後再び頭に帽子をかぶり語り歌い始める。「仲夏」はチベット地域の語り歌う芸人で使用され比較的に普遍的で、芸能人たちは、このような帽子の形状は洲の大地を眺めて、それは東西南北は全てある指し、特定の意味を持つと考える。帽子上の装身具も同様に全て象徴的な意味を持ち、鳳凰の羽は法曹界にあることを象徴して常に幻の化身を表す。白い彫の羽毛は妙な知能を象徴して愚かな味を除く。オウムの羽はしだいに人を上手に教え導き他者に教える。岩の彫の羽毛は法力を象徴し際には妖精が降りてこない。二つの帽子の耳覆いが両辺にあり、解脱することと輪廻の二つ分かれ道を表す。

また、青海玉樹、チベット昌都など地方の芸人は語り歌う時、よく一枚ケサルタンカあるいは、手に一本の色のついた布の矢を飾り、片側は絵を指し、片側は語り歌う。これらの芸は、矢とタンカはすでに語り歌う時の重要な劇用道具の一つになっていると言う。ケサルタンカの見た目と大体宗教タンカは類似しており、画面は一般的に上、中、下の三部分で、上部は神を奉り、蓮花生大師の地方で、中央は守護神、山神、護法神、下部または両側はあらすじの絵である。

薪火の伝承

旧中国、特にチベット族社会で、『ケサル』が世に出て以来、深く膨大な人々、群衆に好まれ、語り歌うその芸人も次々と現れ、千年わたり、広く伝わり、だれもがよく知っており、長い間が衰えず、しかし、西洋の「ホメーロス」と比べて高い評価と称賛を得ることはできなかった。反対に僧侶貴族を含む上層支配階級でけなされ、抑圧され、『ケサル』史詩は「物乞いの喧騒」とけなされ、その伝播を阻止し、それを芸術的殿堂に登り難くした。『ケサル』を語り歌う多くの優秀な芸人は、社会的地位は低く、生活の源はなく、たとえ才能がある語り歌う芸人であっても終日が困窮流浪し、チベット族地区を放浪し、『ケサル』を歌うことと交換したいくらかの食べ物と日用品で最低限の生活を維持し悲惨な境地にある。

新中国成立後、政府は『ケサル』の保護と研究活動を非常に重視し、古い『ケサル』史詩もこれにより新生を獲得する。史詩の保護と研究はおおむね三つの歴史時期に分けることができる。第一時期は新中国建国初期から「文化大革命」前期、主に収集作業である。チベットはまだ民主改革が行わないなどの歴史原因により、主に青海省から相関的な作業を主催し、人を派遣し全国までチベット地域の資料を収集することを含め、専門家を組織し『ケサル』の資料などを整理、翻訳した。彼らの仕事は着実に有効で、大量に貴重な資料を収集し、各種手書きの本、木板印刷の本、タンカ、彫塑、刺繍の人物像などの文化財を含み、約一千万字以上の資料を整理、翻訳した。十年間の「文革」動乱に、『ケサル』史詩は間違った批判に遭い、それまでの資料の成果のほとんど焼かれ、保護に関する作業にして大災害に遭った。「四人組」が粉砕した後、『ケサル』の保護作業はやっと再度回復を得て、中央から地方まで関連する省に『ケサル』保護作業指導グループとそのオフィスが設立され、『ケサル』の研究は何度も国家社会科研の重点に組み入れられた。文革後の二十年間は『ケサル』保護史上の第二期で、この時期『ケサル』の保護と研究が本格的な軌道に乗り、成果も際立った。たくさんの民間語り歌う芸人を発見しまた彼らの語りと歌いを計画的に記録、整理した。民間に散逸した写本と木版を大量に集めた。整理出版作業はとても大きい進展があった。専門的な研究人材チームを形成し、基礎研究を深めた。新しい世紀に入って以来、『ケサル』の保護と研究活動は斬新な第三期に入り、この時期は既存の作業を続けるうえで、対外への普及と現代化の視点における継承問題を更に強調した。少数民族の文化遺産を多様な方法でより広い人々の生活に入り始めた。そのシンボルはユネスコが参加した『ケサル』のミレニアム記念行事と、史詩『ケサル』を世界無形遺産に成功に登録したことである。

一方で、社会の発展と時代の変遷につれて、チベット、モンゴル等の民族のライフスタイルは劇的な変化が生じ、閉鎖した遅い律動の生活はしだいに開放的な現代の定住生活に代替され、田園牧歌式の生活はしだいに遠く去る。生活環境の変化は『ケサル』伝承の原生文化環境を失わせ、『ケサル』伝承の受け取り手は現在縮小し、職業化する芸人の群は萎縮し始める。更に近年では老いた芸人たちが相次いでこの世を去り、「人亡歌行」の局面はもう現われている。新しい歴史時代に、ケサル文化はどのように時代と同行し、時に入り、時代の要求に適応し、特にどのようにケサル文化を掘り、伝承、保護、発展、保護受け発展させるか、既に早急に解決を要する問題になっている。現在から見ると、より良い『ケサル』の継承と保護のため、私たちは重点的によく以下の作業をする必要がある。

まず『ケサル』の伝統的な語り方式の保護と伝承の作業を続けなければならない。一方では、西方の先進的な社会理念を引き込むことが必要で、『ケサル』が生存する原生環境を保護する。現在すでに建設されている「果洛格薩尔口頭伝承研究基地」、「徳格格薩尔口頭伝承研究基地」はすばらしい探索と見なすことができる。他方では、『ケサル』史詩の伝承においてキーポイント役割である語り歌う芸人の保護も同様にとても肝心である。ケサルを語り歌う芸人が田舎から県都移り住み、固有の生活環境を離れ、芸人の語り歌はだんだんと退化の現象さえも現れ、この問題は私たちの重視を引き起こさなければいけない。また、積極的に新しい民間の芸人を見つけ、彼らに必要な物質補助授け、同時に精神上の激励に注意しなければならず、彼らによい老芸人を引き継がせ、『ケサル』史詩を語り歌う薪の伝承を実現する。

次にケサルを主題とする学術研究をさらに広げ、深めていかなければならない。それは『ケサル』の高い層面での伝承であり、またそれがさらに広範な時空に伝播するキーポイントである。ケサル文化が及ぶ領域は非常に広範で、多くの学科と切れない関係があり、文化人類学、民族学、民俗学、社会学、宗教学、言語学、文献学、考古学などの関連分野で取得した研究理論と方法を応用し、関係研究機関、文化事業体、総合大学、単科大学および社会と民間団体の力を充分に利用し研究を推進する。同時ケサル文化に及ぶ人多く、国家層面でそれぞれの関連部門事業体を組織し、無駄な類似研究をを防ぐ、有限の科学研究資源を最も需要のある場所に投入する。

最後に現代の手段を利用し、積極的に『ケサル』文化資源を開発する。『ケサル』は世界で最長の英雄史詩であるが、一九九〇年代以前の中国の大衆の中で、基本的に無声であった。ほとんどの場合、「保護」、「伝承」は立派な言叶にすぎない。時代の発展と『ケサル』の影響力の拡大につれて、大衆は、千年に渡って伝わる民族の史詩と文化遺産を、より気楽で直感的な方法で理解するのを望んでいる。現在、中国の文化産業は大いに発展する時期で、これは私たちに一つの有利なきっかけを提供し、産業開発で《ケサル》の民族の境を突破し、学術研究の境を超えさらに広い伝播を実現する。旅行、アニメ、映画テレビ、公演芸術などの文化産業業界は全て『ケサル』文化資源の開発を導入するべきである。現在、いくつかの探索が行われている。例えば二〇〇三年四月、角巴東主と索南多杰は協力して児童絵本『ケサル王伝・霍嶺大戦』を編纂し、青海民族出版社から出版し、人々に初めて紙上に明晰に英雄ケサルのイメージを見させた。二〇〇三年始め、百数人のチベット族の民間絵師が四川甘孜蔵族自治州康定県で、伝統的なタンカの絵画工芸で千何枚かのタンカを描き、『ケサル』史詩中の主なあらすじを表現し、できるだけ異なる国の読者にこの世界でも最長の史詩を見させる。この他、『ケサル』はテレビの連ドラ、映画、オンラインゲーム、歌舞に改編され全て鳴り物入りで進行する。これらの探求は一定の成果を上げたが、なお道のりは長い。

（張　偉）

参考文献

1 降辺嘉措『格薩爾論』、内蒙古大学出版社、一九九九年版
2 降辺嘉措『格薩爾初探』、青海人民出版社、一九八六年版
3 中国社会科学院少数民族文学研究所主編『格薩爾研究集刊』（一―六巻）、中国民間文藝出版社、一九八五、一九八六、一九八八、一九八九、二〇〇一、二〇〇三年版
4 楊恩洪『民間詩神格薩爾藝人研究』、中国蔵学出版社、一九九五年版
5 楊恩洪『中国少数民族英雄史詩〈格薩爾〉』、浙江教育出版社、一九九〇年版
6 索窮『〈格薩爾王伝〉及其説唱藝人』、西蔵人民出版社、二〇〇三年版
7 莫福山『蔵族文学』、巴蜀書社、二〇〇三年版
8 中央民族学院『蔵族文学史』編写組編著『蔵族文学史』、四川民族出版社、一九八五年版
9 降辺嘉措、呉偉編撰『格薩爾王全伝』、五洲伝播出版社、二〇〇六年版
10 降辺嘉措、周愛明『蔵族英雄史詩〈格薩爾〉唐卡』、中国画報出版社、二〇〇三年版
11 楊康『〈格薩爾王伝〉千幅唐卡』、中国戯劇出版社、二〇〇八年版
12 果洛蔵族自治州格薩爾信息中心・格薩爾青蔵文化網、http://www.gesaer.net/

竜泉青磁の伝統焼成技術

二〇〇九年九月三十日、アラブ首長国連邦のアブダビで開かれたユネスコ無形文化遺産保護政府間委員会第四回会議で竜泉青磁の伝統焼成技術が「人類の口承及び無形遺産の傑作」リストに選ばれ、世界の陶磁器類の中で今までで唯一世界無形文化遺産の項目に入選したものとなった。

竜泉青磁の伝統焼成技術は歴史の長い伝統手芸である。現在に至るまで既に一七〇〇年あまりの歴史がある。竜泉青磁の伝統焼成技術は材料選びや原料の粉砕、水簸、焼き、粘土づくり、器物の成型、乾燥、白地の修正、装飾、素焼き、釉がけ、窯入れ、最後に窯の中で薪を用いての焼成を含む。材料の選択、釉の調合、形づくり、窯の温度の調節の面において、竜泉青磁は独特の技術をもっている。竜泉青磁の焼成技術は人類の生活に仕え、その完成品は独特な審美価値を兼ね備えている。陳列用の磁器、装飾磁器、茶器、食器等、それは焼成技術と芸術表現の完全なる結合である。竜泉窯で焼成した「粉青」、「梅子青」は釉が厚い磁器で、シンプルで上品で、含みがあり、温厚で、落ち着いており、それは中国古典審美情緒の表現である。

瓷国明珠（瓷国〈中国〉の珠玉）

竜泉市は中国青磁の発祥地である浙江省西部に位置し、江西、福建の二つの省と接している。竜泉は磁器制作の条件に恵まれており、磁土資源は豊富で質が良く、木材資源は磁器を焼き制作するのに十分な燃料を提供し、河流と小さな渓流は磁土の粉砕加工に水力資源を提供し、甌江は磁器の運送、輸出の水上輸送条件を保証するものであった。つややかな竜泉青磁の歴史は長く、竜泉窯は西晋からしだいに発展し始め、宋代に勃興し、宋元時代にはピークに達し、明代では生産規模は減らなかったが質が低下し、清代になるとしだいに落ちぶれ、清後期以降には一度焼きが止まってしまった。竜泉青磁は古くから中外貿易と文化交流の重要な対象であり、千年前にはアフリカやヨーロッパなどの国へ輸出され、世界範囲内で特殊な栄誉と地位を有する。考古学の調査によると、現在すでに発見されている竜泉窯歴史遺跡は五百か所以上あり、竜泉境界内だけでも三百六十か所あまりある。窯遺跡は竜泉以外に、麗水地区の各県、市と金華、温州の一部の県と市及び福建北部の松渓、浦城一帯に分布している。竜泉窯は中国陶磁器史上焼成の年代が最も長く、窯遺跡の分布が最も広く、製品の質は高く、生産規模と輸出範囲が最大の青磁の名窯である。

五代以前

早くも商周時代に、浙江上虞のある一代が初期の青磁をつくり出し、東漢末期になると越窯が形成され、確立された青磁を焼き上げ、その後甌窯、婺州窯、徳清窯が台頭し、またそれは浙江の四代青磁窯系と称される。三国両晋南北朝の時代、竜泉の庶民は地元の優れた磁器をつくる条件を利用し、越窯でつくる磁器の技術と経験を学習、吸収し、青磁を焼き始め、これは竜泉窯の創始段階であり、この時期の磁器づくりは規模が小さく、地産地消で、磁器もやや作りが粗く、また越窯磁器の風格の大きな影響を受け、造型、釉の色、装飾文様の方面において越窯磁器と共に何代にもわたって受け継がれている。この段階の磁器産品の種類はやや少なく、通常お碗、皿、鉢、壺、瓶等の日用品と副葬品がある。例えば、松陽県の西晋元康紀年七年の墓からはかつて盤口壺、お碗等の器具が出土し、竜泉南朝の墓からは蓮の花びらが刻まれた鉢、小さいコップなどが出土した。これらの出土した器具は形はかなり大きくて重く、胎の質は粗くふっくらとして柔らかく、あまり高くない火加減で焼き上げられ、釉の層はやや薄く、釉の色は暗く、形状と釉結びつきは美しくはなく、底は平坦で釉は塗られておらず、泥を下に敷き焼き、形が出ている所には赤紫または黄土色が施されている。

五代から北宋早期

この時期は前期と言われ、磁器づくり工芸は非常に大きな進歩があり、竜泉窯は次々と越窯、甌窯、婺州窯の先進の磁器づくり工芸を吸収し、しだいに独自の風格を形成していった。この時期、呉越地区の統治者は毎年中原の統治者に磁器を貢ぎに出向き、史料の記載によるとそれは「秘色瓷」と呼ばれていた。貢ぐ青磁の数は非常に多く、当時の越窯はそれを担う力が無く、既に大体の形ができている竜泉窯も貢ぐ磁器を焼く任務を引き受け始めた。宋時代の人である庄季裕の『鶏肋編』の中には「処州竜泉……又出青瓷器，謂之秘色，銭氏所貢盖出于此。（竜泉という場所は……また青磁というものがあり、それは所謂秘色で、お金持ちのところへとこれは貢がれる。）」とあり、竜泉窯の出現は多くの優秀な磁器職人を竜泉へと来させ、窯工場は増加し、磁器づくりはさらに高まり、青磁の質は改善し、販売範囲も拡大した。北宋王朝が建立し始めた頃、何年も続いた戦乱を経た後国力は赤字となり、皇室は節約を呼びかけ、大量金銀銅の器に取って代わる青磁を採用し、さらに海外貿易に力を入れ、磁器の輸出を提唱し、これらはすべて竜泉青磁を迅速に発展させる条件となった。

この時期竜泉窯の製品は淡い青色の釉を主とし、胎骨の多くは薄い灰色で、胎壁は薄くかたく、胎の質は丈夫で綿密で、釉は浅く薄く、青に白を浮かべ、胎の釉は結合が美しい。装飾は日に日に多様化し、飾り文様は生き生きと、美しく刻まれ、製品の種類は皿、お碗、瓶、壺、鉢、杯、杯置き等の生活用品、また副葬品専用の明器もあり、多管瓶、長頸盤口瓶のようなものである。一九七六年十二月竜泉査墩頭村で出土した三つの調度品はこの時代の磁器の典型的なものである。その一つが五管瓶で、瓶腹部には蓮の花びらの装飾があり、肩の部分には一

竜泉青磁古窯工場

回り水紋の装飾、上には蓮の形の五管、蓋の上にも二重の蓮の花びらが飾られ、蓋のてっぺん部分には蓮の葉が蕾のせられ、十分洗練されており、周囲には池で鴨の子が水と戯れている堆塑があり、小鴨はのんびりと水と戯れ、活発で可愛く、全体の造型はユニークで、制作は美しく、この時期の青磁制作職人技術の熟練さを体現している。中国の郵政局は一九九八年に一セット（四枚）の竜泉青磁の切手を発行し、そのうちの一枚はこの洗練された五管瓶が主題となっている。その他の二つは双系盤口壺と執壷である。これもつくりが精巧で、装飾が美しいすばらしい作品である。

この時期焼きの技術は大幅に高度化した。窯の所在地は山に近く水がある山の上が選ばれ、緩やかな坂の上に竜窯が建てられ、窯の隣に作業場を建て、これは磁土と燃料を取るのに非常に便利で、水流を利用し磁土の粉砕と磁器の運輸ができる。竜窯の規模は非常に大きく、考古学は北宋時代に竜窯は長さ五十メートルにも達したことを発見し、一度に一万個以上の磁器を焼き入れることができた。焼き入れには匣鉢が採用され、磁器に均等に熱を与え、釉の面に埃や砂がつくことを避け、これは磁器焼きの大きな進歩である。

北宋中後期から南宋まで

北宋中期、竜青磁は既に磁器制作業の先頭にいた。竜泉窯は北方青磁の経験と技術を吸収し、元々の風格の上に新しさがあり、原料や工芸、胎質、釉、紋様等の方面において短期間で大幅な進歩があった。この時期の竜泉窯は民間の質素で淳厚な風格を残すだけでなく、官窯青磁の上品で濃厚な長所を融合し、伝統の磁器の形の基礎上に、盖瓶、鵝頚瓶、盖罐、盖碗、鼎炉、樽式炉、粉盒、灯盞、双層暖碗等の新しい磁器の形を生み出した。その青磁の形には威厳があり、古風で上品で、際立って美しく、竜泉磁特有の味が出ている。北宋の統治者は続けて磁器の海外貿易政策に力を入れ、これは竜泉青磁の飛躍的な発展に翼を与えたに違いない。この時期越窯青磁は衰退しつつあり、竜泉青磁は再度歴史が与えるチャンスを迎えた。

南宋に入ると、竜泉青磁はその「黄金時代」を迎えた。宋の王朝は南へと移り、政治経済の中心も南に移り、磁器の需要は増加した。加えて北方の汝窯、定窯等の磁窯は戦乱により破壊され、南方の越窯、甌窯は次々と衰退し、青磁の需要はほとんどすべて竜泉窯の系統頼みとなった。宋の朝廷は深刻な財政危機を解決するため、国外貿易に力を入れ、青磁は海外へ販売する最も重要な製品となった。大量の竜泉青磁は泉州を出発点とし、海路を通じて世界各国へと販売され、日本の陶磁学者三上次男はこの磁器を運んだ海上航路を「陶磁之路」と称賛した。北方の窯工は南に渡り先進的な焼きの技術をもたらし、竜泉窯は南北の技術を結合した精髄であり、発展過程のピークに入り、窯工場の数は非常に増え、技術も日に日に完全なものとなり、質も向上し、種類も多くなっていった。

この時期の竜泉青磁は氷のような玉に似た厚釉磁が出現し、二種類に分けられ、一つは黒胎がひび割れている「哥窯」の製品、もう一つは白胎で厚釉の「弟窯」の製品で、言い伝えによると「哥窯」は章生一所焼で、「弟窯」は章生二所焼きである。哥窯と官、汝、定、鈞は宋代五代名窯と称され、それは宋代官窯と関係がとても深く、またの名を「竜泉倣官」という。宋朝廷が竜泉に官窯を設けたという記載はないが、哥窯の製品上の官窯の影に基づくと、私たちは南宋が竜泉に「貢器」の製造を監督する人を派遣した可能性があると推測することもできる。哥窯の製品の特色は黒い胎、厚い釉で、釉の層はひび割れ、不規則なひび割れが天然の装飾となり、哥窯青磁はまた「紫口鉄足」の特色がある。弟窯青磁は「青如玉、明如鏡、薄如紙、声如磬。（玉の如く青く、鏡の如く明るく、紙の如く薄く、音は磬のようである。）」といわれ、その胎質は白く繊細で、釉は清く潤いがあり、その美しさは碧玉よりも美しく、それは竜泉磁が追求する「類玉」境界の成功作品であり、その底足と漏胎のところに施された朱色は、またの名を「朱砂底」という。

南宋末期になると、竜泉青磁は粉青や梅子青、豆青といった製品をつくり出し、中国の磁器史に輝かしい一ページを残した。粉青や梅子青、豆青は公認の青磁釉の頂点であり、それらは鮮やかな緑でつややかで、あるいは雨が降った後の晴れのように、明るくきれいな緑色で、あるいは一面の湖のように、柔らかく透き通っており、これらの完璧で精巧な物は代々賞賛、所蔵されてきた。なおかつ、それらは装飾だけでなく、素顔も美しく、純粋に釉が勝負を制し、当時の人々の審美と情緒を体現した。南宋青磁「類玉」の芸術的特色は朝鮮半島と日本の青磁制作に大きな影響を与え、日本はかつて大量に竜泉青磁を真似て制作した。「磁器之路」を通じてヨーロッパに進出した後、竜泉青磁は人々に「セラドン」という美しい名前を与えられた。これは当時ヨーロッパで世間を揺るがしていた戯劇中の男性主役の名前で、彼の魅力的な装いは青色の上着であった。人々が竜泉青磁に対面した時の驚きはかなりのもので、泥を火の中に放り込みこのように魅力的な青色が出現するとは全く信じがたいものであり、そのため「セラドン」(Celadon)というこの名前を竜泉青磁に贈った。

元明清時代

元代、磁器は依然として貴族と平民の生活において不可欠な道具であり、また繁栄している海外貿易の主要な商品であり、竜泉窯は南宋を基礎に引き続き発展した。蒙古族は白色と青色をあがめ、また竜泉青磁のまったく純潔の青色はかれらの審美観念に合う。竜泉青磁の中でも食器の価格は安く、相変わらず常に庶民とは切り離せない生活用品であった。そのため、元代全体で、竜泉青磁は依然として最も人気のある磁器の種類の一つであった。調査統計によると、竜泉境界内だけで既に元代の窯遺跡は三百十か所以上発見され、窯場は南宋に基づき、甌江両岸に沿って分布、蔓延し、窯場の数と生産規模は空前絶後であった。元朝の統治者は海外貿易を重視し、竜泉青磁の輸出量は激増し、一九七五年から一九七七年韓国西南部の新安の海底で一隻の元代の沈没船が発見され、1万個以上の磁器があげ出され、そのうち竜泉磁は九千個以上を占め、竜泉青磁は元代の海外貿易において重要な地位にあったことが分かる。

芸術と工芸は必ず時代の特色を持ち合わせており、蒙古族は中原に入り統治者となると同時に草原文化をもたらし、あのような青い空白い雲の下、広大な草原の上大気のあふれ出る文化も元代竜泉青磁の風格の中へと浸透していった。

南宋の青磁に比べると繊細で純粋ではあるが、元代竜泉青磁は胎質と釉においてはそれに及ばず、しかし元代の焼きの技術は大きな進歩を得た。例えば大型磁器の制作に成功し、大花瓶や大掛盤の大量生産が可能となった。故宮博物館に所蔵されている元代竜泉窯青釉刻花大盤は、直径四十センチ以上ある。元代青磁は精巧で、複雑な紋様が施され、蒙古族の審美需要に合うものであった。主な装飾手段には彫り刻む、模印、堆貼、露胎、捏塑、鏤雕等があり、刻印文字が非常に流行しており、元朝政府が強行普及させたパスパ文字も過去に元代の竜泉青磁上に出現している。歴代の竜泉窯磁器の装飾技法、紋様等の方面において、元代は竜泉窯の集大成を収め、新しいものを確立し、その装飾のレベルは歴代でも群を抜くもので、竜泉青磁装飾芸術の最高位に達し、かなりの美学的価値をもつ。

元代後期、民族矛盾と社会矛盾は激化し、戦乱はまた起こり、このような背景下で竜泉青磁の制作は次第に雑さが現れ、加えて景徳鎮窯が興起し、景徳鎮磁器は人々に広く好まれ、そのため竜泉青磁は宋元のピークの後、だんだんと下り坂を行くこととなった。

明代、竜泉青磁は前代から受け継いだ基礎をもとに依然として発展があり、磁器品種の増加、器の増大において発展が現れ、例えば花瓶は高さ一メートルに達し、最も大きな掛盤の直径は七十センチを超え、これは焼きの技術の進歩である。しかし景徳鎮磁窯の勢いは非常に強く、景徳鎮磁器は次第に竜泉青磁に取って代わり統治階級や貴族の新たな寵児となった。竜泉窯の貢磁は減少し、しだいに焼民を用いた磁が主とされ、明代初期の生産量はかなり多く、また名品は多くあるが、成化、弘治の後状況がますます悪くなったため、磁器の質の低下は深刻となり、「色青土堊，漸不及前（色は青く土は白い、次第に依然には及ばなくなっている。）」といわれた。できる限り国内は竜泉青磁に対する需要をいくらか減らし、しかしながら竜泉青磁は相変わらず海外貿易の大口製品

哥窯天青菊花杯

であり、明朝が鎖国令を実行する以前、大量の竜泉青磁が国外へと輸出された。鄭和は七回西洋へと赴き、毎回大量の竜泉青磁を持って海に出て、それを贈り物や交換の対象とした。これは竜泉青磁生産を促した。

明代に鎖国令が実行された後、竜泉窯の多くの窯工場は閉鎖された。清朝が建立したのち、竜泉窯は依然として生産を維持することができ、また相変わらず海外からの歓迎を受け、調査によると、明末期、清初期竜泉境界内には窯所が百六十か所以上あり、清朝前期にも尚七十か所以上残っていた。この時期の竜泉窯は主に庶民が生活に使う磁器を焼いており、胎質は粗く、釉は黄ばみ、一流の作品は少なかった。最終的に景徳鎮窯の強烈な攻撃の下、道光年代に至るまで、竜泉窯のあの千七百年余り燃え続けた窯の火は消えてしまった。英国ロンドン大英博物館に所蔵されている一つの青磁瓶上に「処州府竜泉県…… 道光二十四年（場所は竜泉県……道光二十四年）」等の字があり、これは現在発見されている文字の記載がある最も近代の竜泉青磁製品である。このように一代の名窯は広く果てしない歴史の中にもみ消されていった。

新中国が成立した後、党と政府は伝統青磁生産の復活を決定し、周総理自らの配慮の下、軽工業部は一九五九年に「浙江省竜泉青磁復興委員会」を成立させ、三年の努力を経て、焼きが停まっていた竜泉窯は新しい命と発展を得て、竜泉青磁は全く新しい発展段階に入り、この千年余りを経てきた一輪の青磁の花は新しい歴史において再度咲くこととなった。

焼きの技術

竜泉青磁伝統焼きの技術は十分に複雑で、窯炉と窯具の設計建造から、原料の選択、加工と磁器の成型、釉、さらに青磁窯に入れ焼くまで、各工程が互いに影響し合い頼り合い、慎重な操作と密接な協力が

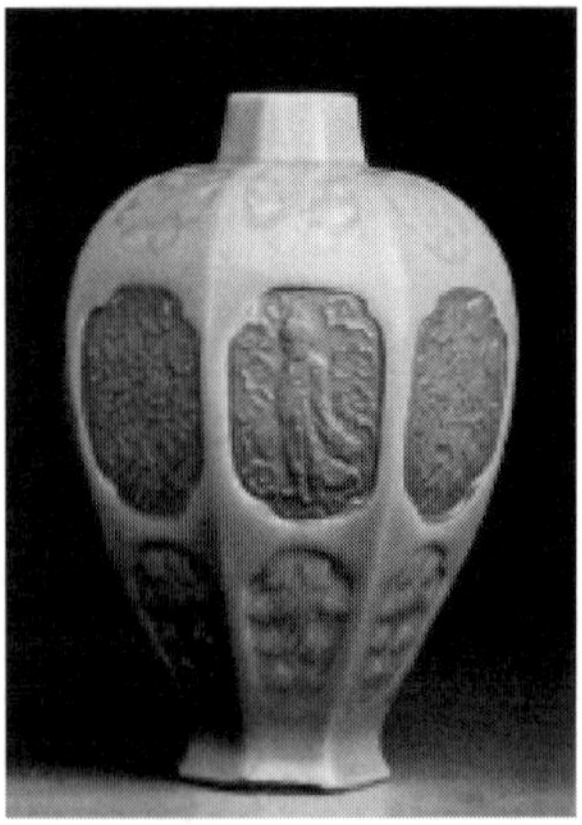

元代の梅瓶

必要で、これは科学と芸術の完璧な結合であり、また経験とインスピレーションの深い接触である。青磁は中国人民の偉大な発明であり、竜泉青磁は頂点であり、竜泉窯の職人たちは先人の経験を吸い取り、自身の知識に加え、私たちに魔力に富んだ泥と窯火の変奏曲を披露する。

窯炉と窯具は磁器の質に対して非常に重要であり、千年衰えない竜泉青磁とその先進的な焼きの工具密接な関係がある。竜泉青磁は主に竜窯を用いて焼き、竜窯の建築は簡単で、容量は大きく、温度の上昇は速く、簡単に調節でき、「青磁揺篭」という呼び名がある。竜窯は山に沿いうねうねと行く緩やかな坂の上に建てられ、主な建築材料は粘土とレンガ、それらから窯門、火膛、窯室、排煙孔等の部分を組み立てた。そのうちの窯門は窯を建てる大工が窯に入り焼く前の磁器を置いたり窯を開け完成品を運び出したりし、火膛は燃焼室として燃料を放り込むのに用い、窯室は文字通り焼く前の磁器を装飾する空間で、排煙孔は窯の煙を排出する穴である。考古学は商代にはすでに浙江の上虞一帯で竜窯の建設が始まっていたことを発見し、宋元時代には竜泉一体の竜窯は長さ一三〇メートル以上に達するものもあり、一度に一万個あまりの磁器をセットすることができ、当時の竜泉一帯の竜窯の規模の大きさと建設技術の成熟が見受けられる。竜泉青磁が採用する窯具は主に匣鉢、墊柱、墊餅、墊環和支釘等がある。匣鉢は一種の箱状の窯具で、よく見られるのは筒状または漏斗状のもので、焼く時は焼く前の磁器を中に入れ保護する作用があり、優れている点は窯内の空間を大幅に節約することができ、焼く前の磁器が直接煙に触れることを避け、釉の面をきれいに保ち、磁器に均等に熱を与え、焼きの効率を増大させる。墊柱と墊餅の違いは柱の形か丸い餅状の墊焼器具で、焼く時磁器の底に敷く。墊環は環状の墊焼き物で、墊柱と墊餅に比べて磁器に接触する面積は小さく、均等な支点をもち、制作が簡単という長所がある。支釘は支承を器物の底面または足の面に用い、三から十数個までまちまちで、焼き上がった磁器の底に支点の痕跡を残す。異なる時代によって、

明代の執壺

異なる焼きの器物を組み合わせ、竜泉窯は異なる焼き敷窯具を採用した。

磁器を制作する時はまず初めに胎をつくり、胎の制作には原料の選択、粉砕、淘洗、陳腐、練泥、成型等の工程がある。竜泉青磁は一般的に磁土と紫金土を採用し、鉱山から掘り起こした後慎重に選別され、その後晒料場に並べられ、雨風、風に吹かれ、日に晒され、雨を浴びるなど自然の力の作用を利用しその土はひびが入り、ぼろぼろになり、最終的に砕けた土状になる。次の工程は自然に風化した原料に応じてそれに合う比例で原料を組み合わせ、さらに粉々にしていく。山に近く水がそばにある場所に建てられた窯工場は一般的に水力を使う臼と石杵を採用し、水力を利用し日々夜通し原料を粉砕加工する。合う胚をつくるのに必要な胚料は淘洗池に放り込み淘洗する必要があり、何層にも重ね濾過した後、淘洗池に放り込み沈殿させる。沈殿した泥がおおむね陳腐した後、池の中の水を捨て風、日に晒すことによりもう一度陳腐させ、泥が柔らかく細かく、乾燥し散るまで続ける。よく陳腐した泥は使用する前に練泥する必要があり、練泥の過程と揉面は非常に似ており、目的は泥の中の空気を排除し、泥の柔軟性を増加させることである。

このすべての準備作業をしっかりと行うことは、磁器の成形に入るための重要な段階である。やや複雑な器形は一般的に経験豊富でレベルの高い職人により特別に設計され、貢磁または官磁の場合はサンプルを提供されてから委託加工される必要があり、自由に制作してはならない。竜泉青磁の胚の制作は主に拉胚、模制、捏塑の三種類の方式がある。拉胚は即ち輪状にすることで、胚をつくる時泥を輪の上に置き、輪を回し、職人は回すことによって産み出される遠心力を利用して手部の塑性力をさらに補い、引っ張ってできた粗い胚ができる。竜泉窯遺跡で考古学者は大量のこの類の輪を発見し、ここから輪を利用した制作の応用は普遍的なものであったと分かる。簡単な器形は一度の拉胚で完成させることができ、複雑な瓶、壺、罐等のようなものは何段階かに分けて拉胚する必要があり再度各部分をくっつけてやっと完成する。模制ははじめに模具が必要であり、竜泉窯の模具は一般的に粘土を用いて焼き上げる。これらの異形の磁器、例えば方瓶、琮式瓶は先に分けて模制し、そのあとに再度くっつける。風耳、竜耳、象耳等の付属部分も模制の後磁器にくっつけられたものである。捏塑は職人の手作業によって制作されなければならず、一般的に拉胚、模制ではつくれない異形の器具と小さい装飾品の制作に用いられ、それは例えば人物や動物、アクセサリーである。私たちが上記で挙げた青磁の切手の中の五管瓶は、その上の小鴨が水と戯れる姿は捏塑の手法を用いて制作したもので、また神や仏、人物の青磁像、瓶や鉢上の蓋と蓋の突起部分等も捏塑によってできており、職人の想像力と造形力は人を感服させるものである。磁器の成型は異なる情況によりふさわしい胚の制作方式を選び、やや複雑な器形は一般的にいくつかの成型方式を総合的に使用する。成型後の磁器は自然の風通しが良い場所に置き陰干しする必要があり、この期間は乾燥して割れるのを防ぐため、直接風に当てたり日に晒したりことは避ける。陰干しした磁胚は胚を補修する必要があり、職人たちは磁胚を回転させて削り、削ぎ、彫り、精密に彫刻し、素地を修正し、あるものは器形の威厳さを保証するために器の底に足を彫る必要があり、表面はなめらかで、次の釉を塗り焼く工程の良い基礎となる。

古代磁器はこれまでずっと釉は重く胎質は軽く、竜泉青磁も青い釉の色彩、質感と紋様を重きとし、まさにこれにより竜泉青磁の魅力的な釉は「如冰似玉」、「雨過天青」等の美しい称賛を得た。竜泉青磁の釉材は石灰釉からアルカリ性石灰釉への移行を経てきた。石灰釉は酸化カルシウムを主な釉材とし、昔商周時代には既に発明されており、竜泉窯は南宋以前から一般的にこの種の釉材を採取していた。アルカリ性石灰釉は南宋時代に広く使用され、青磁史上偉大な発明であり、主な材料は石灰石、紫金土や草木灰である。職人たちが探索を続けるにつれて、釉材中の各種成分の最も良い比例は絶えず調整され、竜泉青磁は私たちにさまざまな壮大で美しい青色を見せる。釉を塗ることはまるで磁胎に美しい外着を着せるようなもので、主に蘸釉や蕩釉、刷釉、淋釉、吹釉いくつかの方法がある。蕩釉は最もよく見られる方法の一種で、操作の時磁胚は釉の糊の中に浸り入り、数秒から十数秒留め、磁胎の吸水性を利用して均等に釉を塗り、主にお碗、大皿、小皿、洗などの円形の皿にこの手法を用い釉を施す。蕩釉は主に瓶、壺、罐等の磁器の内部に釉を塗るのに用いられ、適量の釉の糊を，釉を塗る空洞内に入れ、そっと磁胚を揺らし、釉の糊を磁器空洞内の壁に均等に掛け、再度余った釉の糊を出す。刷釉は異形の磁器または磁器の細かい部分に釉を塗るのに使う手法で、毛筆、小筆を使って釉の糊を塗らなければならない場所に塗る。淋釉とは釉の糊を均等に容器に流し込み、主に瓶、壺、罐、塑像等の外部に釉を塗るのに用いられる。吹釉は特別な用具を使って釉をのせる必要があり、職人は口で吹く方法を使って釉の糊を霧状に噴出し、磁胚に均等に釉をのせる。釉塗りはすべて一度で完成するものではなく、一回から十数回ほどすることによって、何回も釉を塗って素焼きを経る。釉を何回も塗る循環は、「胎薄如紙、釉厚如玉」である竜泉青磁のほとんどが何回も釉を塗ってできたものである。

焼きには一般的に匣鉢を採用し、磁胚の異なる形にそって異なる匣鉢を装入した。窯に入れるのも重要であり、匣鉢の配列の密度は窯室内部に合理的な火路を形成できるかどうかに直接関係し、炎の流れをよくするため、温度の上昇の速さを把握し、磁胚に均等に熱を通し、速やかに窯内の元々の状態と酸化の程度を調節し、質の高い製品を焼きあげる。匣鉢は窯室内に一致の規律をもたらし、一般的に大匣鉢は窯の中段に置き、小匣鉢は窯室内の両端に置く必要があり、その目的は窯内の不均等な炎を合理的に利用し、大小の磁器に均等に熱を通すためである。

焼きもの工芸は特に窯の温度、窯内の空気、冷却方法に対する調節は青磁の火加減、釉にきわめて重要である。類玉の竜泉青磁は焼きもの工芸が完璧な作品に近づいたものであり、粉青、梅子青、豆青等の美しい釉は窯の職人たちのあの魔力のような窯炉の炎の中で出現したものである。窯の温度は青磁焼き成功の一番の条件であり、時代により竜泉窯の焼き上げる温度は異なり、一般的に竜泉青磁の焼きの温度は一一八〇℃から一二八〇℃の間と言われ、例えば梅子青釉の焼きの温度は一二八〇℃に達し、粉青釉磁の焼きの温度は約一一三〇℃である。窯内の炎と空気は磁器胚、釉の結合の程度と釉の質と釉の色に対し非常に重要であり、現代科学によると酸化した空気と元の空気は区別することができる。前者焼く時の窯の空気供給は不十分であることを指し、燃焼が不完全な条件の下で産生された炎の空気であり、後者は十分な酸化を指し、染料が完全に燃焼した時に産生される炎の空気である。釉の色は空気の性質と強弱に非常に敏感であり、例えば南宋時代の梅子青、粉青釉は強い元の空気の下で焼き上げられたものであり、南宋中期、後期の黄釉磁器は酸化した空気の中焼き上げられたものである。そのため、窯の温度と窯内の炎の空気の調節は非常に重要であり、あの輝かしく上品な、清水芙蓉のような美しい釉の色は歴代の職人たちの経験、知識、心血の結晶である。

釉の色と紋様

竜泉青磁は磁器史上ずっと輝き続ける目を奪う光彩であり、それは実用と審美を一つに集めたもので、科学と技術の完璧な結合の産物で、政治、経済、文化、情感の多方面の総合的反映である。竜泉青磁は堂々とした、素朴な造型、上品できらめく青色が、私たちに見せつけるのは一種の光り輝いた後平淡に戻るやすらかな美であり、私たちに残すのはあの氷のような玉のような気質に対する尽きることのない思いをかき立てさせる。

古い磁器は尚青く、ある人は白い磁器はあまりに才能が溢れでていると言い、青磁の質素さ、温厚さを好む。このような「青色文化」は更に古人の自然崇拝に適し、天人合一の審美要求を追求する。竜泉青磁はその千年余りの歴史の中で、主に釉で人を引き付け、その純粋で美しい釉は人々の好みを博した。『荀子・法行』に「君子可比徳焉。温潤而沢、仁也。栗而理、知也。堅剛而不屈、義也。廉而不劌、行也。折而不撓、勇也。瑕適并見、性也。扣之、其声清揚而遠聞、其止綴然、辞也。故雖有珉之雕雕、不若玉之章章。（君子は、玉というものに徳をなぞらえるので

見事な技

古代磁器を作る型

ある。すなわち、その温和に潤い輝く様は、仁のようである。その硬くて文様が整然とした様は、知のようである。その硬くて曲がらない様は、義のようである。その角立ちながら触れるものを傷つけない様は、正しき行動のようである。それがたとえポキリと折れたとしても曲がることはない様は、勇のようである。美しい輝きも醜い傷も一緒に表に見せてしまう様は、人の情のようである。これを叩けば清らかで高い音が遠くまで聞こえ、その音が止むときにはきっぱりと終わる様は、あるべき言葉のようである。ゆえに、たとえ珉に細やかな彫刻を施したとしても、玉のあきらかな美しさにはかなわないのだ。)」とある。玉は古人の文化と審美において独自の意味を含み、人々は君子の美徳「温潤如玉」を形容し、婦女は玉の装飾品を身につけることでいいことを願い、皇帝の公印は「玉璽」とされ、様々な美しい事物は全て「玉成」と称された。そのため、「類玉」を追求する竜泉青磁は社会各界の人々から歓迎された。特に南宋時代に、竜泉青磁は釉材の改良と複数回の釉塗りを通じて、釉の層をさらに厚くし、色つやのある柔らかい釉の色を形成し、まるで碧玉のようにゆったりと人を感動させる。

竜泉青磁焼成職人技術の代表は粉青釉、梅子青釉、豆青釉ですべて典型的な「類玉」の作品であり、その釉の色は中国古代青磁の色の最も美しい境界に達している。粉青磁釉の色は青の中に藍色が浮き出、藍色の中に青が透け、簡素で洗練され色つやがあり、焼く時釉材は完全に溶解せず、大量の微小の石英とシリカ灰顆粒が残っており、加えて釉の層の中に多くの気泡と結晶が残っていて、光線が釉の表面に当たった時屈折、散乱現象を導き、これにより白くみずみずしい玉のような質感と色が産み出されている。梅子青釉は文字通り、色は若い青梅のようで、それは明るく透き通り、緑したたる美しい色で、梅子青磁器釉の層は厚く、焼成温度は高く、釉材の溶解度も高く、釉の層の中の気泡は排出され、これにより光の浸透力は増強され、光の散乱は減少し、透き通って光る青緑色の質感を出す。豆青磁器の色は青豆のようで、釉の色は粉青と梅子青の中間で、柔らかくあどけなく、玉に似た氷のようであり、これもまた竜泉青磁のうちの一流の釉の色である。南宋の哥窯磁器の特徴は「胎薄如紙、釉厚如玉、釉面布満紋片、紫口鉄足、胎色灰黒（胎は紙の如く薄く、釉は玉のように厚い、釉の表面には紋様が一面に配置され、紫口鉄足（哥窯、官窯、竜泉窯の特徴の一つ）、胎の色は黒い）」とされている。釉が玉のように厚いのは釉を何層にも重ね塗りをした結果であり、その釉の色は粉青、灰青、蟹殻青等に分けられる。胎質と釉材の膨張係数が一致しないことにより、焼成後釉の表面にはひびが入り、胎の底の黒褐色が見え、天然の開片の紋様を形成し、開片は大きいものもあれば小さいものもあり、紋様の大きさの入れ違いは「文武片」と呼ばれ、細い眼に似た「魚子紋」、開片が小さいものはまたの名を「百圾碎」と言い、渾然と自然に形成されたというべきであり、更に古人の自然崇拝と合い、掘られたものではない審美情緒があり、そのため特に人々からの人気を得た。「紫口」の形成はほとんど高温で焼いたことによるもので、沿口部分の釉材は解けた後流れ出て、釉の層を希薄にし、磁胎の底の色であるところを見せ、「紫口」は天然に作られたひびの開片が合わさり、哥窯青磁は更に素朴さ、自然さを見せる。竜泉青磁のうち白胎磁器の漏胎処は焼いた後の冷却段階における二次酸化作用によるもので、朱色で、澄んだ青緑色の釉とはっきりとした対照を形成し、これもまた一種の天然の装飾である。このような朱色の漏胎の運用により人物の顔、手、足あるいは皿などの器物の内底の雲、龍、草花等を表現し、一種の特殊な装飾工芸、独特な風格となっている。

竜泉青磁は釉の色によって勝負を制している他、独特の豊富な装飾風格を創造した。竜泉青磁の装飾は異なる時代の審美観念、人文倫理を体現し、また窯職人たちの真善美に対する追求の表れであり、深く豊かな中華文化を含んでいる。竜泉青磁の紋様のほとんどは自然が取り入られ、しかしそれは自然を超えるもので、重要なのは職人による芸術創造を経て、それに社会の人々の審美観と人文観を注ぎ込み、青磁装飾芸術に社会学と美学の精神を持たせる。竜泉青磁の主な装飾技法は刻花、画花、篦劃、剔花、彫鏤、印花、堆貼、漏胎、捏塑等が含まれ、単一もしくは混合で運用し、その精巧で、繁雑な技法は磁器上の精密で凝った細工の紋様をつくり出す。

ピンク青刻花牡丹文瓶

㈠　植物紋は竜泉青磁の最も広く応用されている紋様で、蓮の花、牡丹、梅、蘭、竹、菊、カンナ、巻草、桃、葡萄等のようなものがある。「紋有必意」、それぞれの紋様にはすべてその社会的背景、文化伝統があり、人々の願いと憧れが含まれている。例えば、蓮の紋様は蓮の瓣、蓮の花、蓮の葉等が含まれ、これは典型的な仏教を題材とした紋様である。東漢時代に中国に伝わってきた仏教の社会に対する影響はとても大きく、隋唐時代に磁器の紋様として現れ、宋元時代になると更に一世を風靡し、竜泉青磁中の最も普遍的な紋様となった。牡丹は花中の王であり、富貴吉祥の意味があり、これもまた竜泉青磁の主な紋様で、独枝、交枝、折枝、串枝、纏枝等の形式があり、人々の幸せと富を願うすてきな願いを体現している。

㈡　動物の紋様も竜泉青磁によく見られる紋様である。動物紋は青磁に溶け込み、これは職人たちの生活に対する細かい観察と大胆な想像の創作であり、磁器の鑑賞性を増加させた。職人たちは刻劃、捏塑、模印、堆貼等の方法を用いることができ、青磁上に生き生きとした、千差万別な動物の形象を描写し出し、磁器を厳かに、活発に、使いやすくし、竜泉青磁に生命力を注ぎ込むような感じを彷彿させる。よく見られる動物の紋様は龍、鳳凰、虎、鶴、魚、鹿、羊等である。例えば南宋時代の「龍虎瓶」は瓶の肩部に龍と虎の形象がつくり出され、元代には底の部分に双魚紋の筆洗をつけることが流行し、蓋のある磁器の中にはよく動物の形を用いた蓋の突起が作られ、精巧である上に情緒に富んでいる。

㈢　人物の紋様には宗教人物、歴史故事、戯曲の人物等が含まれる。宗教を題材とした人物には例えば観音、羅漢、八仙等があり、主な役割は奉納に用いることで、一般的に堆塑の手法を用い、漏胎を装飾する。歴史故事と戯曲の人物は明代竜泉青磁に多く見られ、例えばお碗の内壁に歴史故事を印し、隣に故事の注釈を加え、例えば「姜太釣魚」、「孔子泣顔回」等がある。戯曲の人物は瓶類青磁の外壁の装飾によく見られ、いくつかの戯劇の役柄の造型がひとまわり装飾されている。

㈣　山水を題材としたものにはさざ波、山石などの紋様があり、これはおそらく竜泉窯の職人たちが山のふもと、水のそばで生活し、絵のように美しい故郷の山水を青磁に取り入れたものであろう。水の波は一般的に補助装飾紋とされ、魚、鳥、蓮とともに出現し、双魚戯水、鴛鴦戯水、水中蓮等のデザインを構成する。山石は通常人物塑像の台座とされ、彫刻、透かし彫りなどの方法が用いられる。

㈤ 文字を題材とする紋様も竜泉青磁では比較的よく見られ、主に縁起のいい言葉を用いた形式で出現し、例えば「福」の字、「金玉満堂」、「長命富貴」等の字があり、人々のすてきな願いと祝福を反映した。また記録、紀年の銘文も表され、例えば一つの双耳蓋瓶の腹部には「天下太平元豊三年閏九月十五日願焼」と書かれており、それが焼かれた日付が表されている。

元代と明初期にはパスパ文字が書かれた竜泉青磁が出現し、パスパ文字は元朝の統治者が強制的に普及させた新しい文字であり、影響の範囲は非常に限られ、パスパ文字が書かれた青磁が発見された窯遺跡は二か所のみで、竜泉窯はそのうちの一つである。その他、竜泉青磁の文様には詩、縁起物のデザインなどがある。

竜泉の中興

新中国建国後、竜泉青磁は復活され、社会各界の努力の下、この「世界磁器の頂点にある輝く真珠」は再びきらめく光を放ち出し、これらの様々な美しい青色をもつ磁器は再び人々の視野に戻った。復活後の竜泉窯は何度も国賓を招待する政府主催の宴会のために焼かれ、また私たちの対外交流の贈り物としても制作された。例えば、一九七一年にアメリカのニクソン大統領が中国を訪れた際、外交部は竜泉青磁を周総理が主催する宴会専用の磁器に指定した。ある巨匠の竜泉青磁も常に中国外交部の国家級礼物とされ、これらの美しい「セラドン」は再度中外文化交流の和平使者となった。改革開放後、社会主義市場経済がしだいに正常な軌道に入り、激しい市場競争の下、竜泉青磁製造産業は長足の発展を得て、磁器は対外貿易において重要な地位にあり、再び国際市場に食い込んだ。青磁の名作も次々と大量に出現し、竜泉青磁は各全国的な品評会にて何度も特別な評価を獲得し、その名作は「国宝」と称賛され、人民大会堂、中南海紫光閣、故宮博物館、中国歴史博物館に展示、収蔵されている。

現代の竜泉青磁は一方では忠実に伝統的な青磁の芸術風格を継承し、様々な釉の色、紋様の職人技術も既に復活している。もう一方では、伝統を継承する上で、大胆な革新が行われ、現代科学技術は紫銅色釉、高温黒色釉、虎斑色釉、赫色釉、茶叶末色釉、烏金釉和天青釉等の釉の色の研究開発に成功し、「青瓷薄胎」、「青瓷玲瓏」、「青瓷釉下彩」、「象形開片」、「文武開片」、「青白結合」、「哥弟窯結合」等の新しい工芸の研究にも成功した。同時に青磁職人技術の名人も大勢現れた。徐朝興は「竜泉青磁の泰斗」と称され、彼は国家級の工芸美術の巨匠であり、彼が焼いた竜泉青磁の釉の色は美しく、南宋時代のものと比べてできは良く及ばないものではない。毛正聡もまた青磁の巨匠であり、彼は竜泉青磁伝統焼成職人技術の無形文化遺産継承人であり、彼の作品は色つやがあり繊細で、氷や玉のようで、彼は現代青磁最高の職人技術を創り、過去に胡錦涛、温家宝、李鵬等の中国指導者に磁器を焼き贈呈し、彼の名作は現代の国宝と称され､多くの博物館や展覧館に収蔵されている。青磁の名人である夏侯文は「色胎絵画」技術を初めて創り、中国陶磁界に大きな衝撃をもたらした。叶小春などは五年の努力を経て、千年近く失われていた哥窯青磁の氷裂紋を再び世に出現させた。また張紹斌、盧偉孫、陳愛明、徐定昌、徐淩……など竜泉青磁はこれらの巨匠、名人の手の中にあり、千年の美しい花は再び咲き誇り、人々を竜泉青磁の魅力に夢中にさせる。

竜泉青磁の焼成職人技術は我が国の優秀な伝統職人技術であり、それは歴史発展の証拠であり、また多彩な民族文化の体現である。竜泉青磁の誕生地である竜泉市はこの千年の遺産を十分に重要視し、彼らは竜泉青磁が現代社会において多元の価値を持つものであると認識し、彼らは様々な政策支援を実施し、竜泉青磁製造業の発展を助けている。現在、竜泉市には青瓷宝剣園区、上垟青瓷基地等の青磁企業が集まる工業地区を建て、全市で合わせて百二十八の青磁企業があり、年間生産値は2億元に達し、就業人員は六千人以上、そのうち工程、工芸美術設計の人員は九十二人、国家級工芸美巨匠は三人、省級工芸美術巨匠は十人、工芸美術師は四十五人、工芸美術師助手は五十人が含まれる。一九九六年竜泉県は「中国青磁の郷」と命名され、二〇〇六年竜泉青磁は中国第一号無形文化遺産項目に入選し、二〇〇九年竜泉青磁は世界級無形文化遺産リストに入選した。

これらの成績は私たちが誇りに思うべきものであり、同時に私たちに新しい任務と挑戦を提示する。一方では、現代社会では様々な新しい材料が次々と大量に出現し、人々が日常で使用する道具はすでに磁器一種には限らず、様々な便利で丈夫、美しくあか抜けたガラス、プラスチック、金属等の製品は美しく至る所で目につき、竜泉青磁の社会における需要はたちまち減少している。もう一方では、工業化、機械化、自動化の触角が社会の各方面に伸び、竜泉の青磁製造業は「機械」の「侵入」を避けることはできず、また私たちはその進歩の意義を否認することはできず、しかし私たちは依然としてあれらの手作りの職人技術がしだいに頭の片隅に忘れ去られることを残念に思い、あの知的で、個性ある竜泉青磁が大量生産される単調は、機械というものの代替である。よって、伝統竜泉青磁焼成職人技術に対する保護と伝承は、非常に多くの私たちがするべき作業がある。

一つ目は、生産を促すことによる保護である。私たちは竜泉青磁焼成職人技術に対する保護を強調し、決してそれを棚に上げることを意味するのではなく、そこから博物館の人に参観される展示品となる。竜泉青磁は千年衰えていない。なぜなら竜泉窯の火は消えることなく、生産は途切れず、また竜泉青磁の凋落は、焼成職人技術は一度伝承が途切れかけ、これはまさに清朝の生産停止によるものである。そのため、私たちは竜泉青磁製造業の発展に力を入れるべきで、青磁の新社会、新時代における発展方向を探索し、例えば日常的に使う磁器の品質を改善し、観賞用磁器の味わいを向上させ、包装用磁器、医学用磁器、工業用磁器等の新しい青磁の品種を開発し、竜泉青磁焼成職人技術を生産、競争において自然的な保護、改進を得る。竜泉市は既に専門の青磁生産基地を設立し、竜泉青磁の生産と貿易を支援し、工芸制作人員自らの磁器工房での生産、各種青磁の開発を奨励し、これらの政策措置は企業と工芸制作人員の積極性と創造性を激励し、焼成職人技術の交流と競争を促すことができ、竜泉青磁の保護に対して重要な意義をもつ。

二つ目は、革新により伝承を続けることである。千年以上にわたる竜泉青磁発展の歴史は青磁焼成の科学と芸術の発展の革新史であり、風格、器形、釉材、焼成技術の革新が停まったことはない。私たちは竜泉青磁の焼成職人技術を伝承し続け、伝統を継承する上革新を続ける必要がある。まず科学技術の革新である。青磁の焼成は、工具の発明、製造から釉材の材料の組み合わせ、さらに窯の温度、空気の適当な調整まで、すべて科学と技術を切り離すことはできない。古人は科学が未発達の条件の下実践の積み重ねと経験の結び付けを通じて、輝かしい竜泉青磁文化を創造し、私たちは科学技術が発達した今日において無限の強みを制し、更に新しいものを探索し続け、新時代の竜泉青磁の焼成職人技術をさらに高めるべきである。例えば、先進的なナノ技術と古い竜泉青磁を「聯姻（血族結婚）」させ、伝統青磁に現代科学技術の遺伝子を持たせる。竜泉の金宏磁器工場と浙江大学は竜泉青磁におけるナノ抗菌技術の課題を協力して研究し、生産する青磁の表面に抗菌自己浄化の作用を持たせ、金逸林先生も浙江大学との協力でナノ科学技術を利用した高温に耐えられる高強度の磁器を制作した。次に芸術の革新である。環境の変化につれて人々の審美観念も日に日に変わり、そのため竜泉青磁は伝承される必要があり芸術の面においても革新が必須であり、伝統の器形と紋様に限ることはできず、現代人の需要に合う新しい磁器を創造しなければならない。日常で使用する磁器として、竜泉青磁は伝統の瓶や壺から抜け出し、青磁の材料の潜在能力を十分に開発し、茶、酒、食等の領域においてガラス、プラスチック、金属等に押されている空間を頑張って広める必要がある。観賞用の磁器として、竜泉青磁の設計、制作は現代の審美観念と芸術思潮を取り込み、青磁のレプリカを生産し、また現代装飾用磁器を生産する必要があり、したがってさまざまな人の要求を満たす。例えば現代のあるテーブルは成就した工芸巨匠が大胆に現代芸術形式を竜泉青磁に取り込んだもので、竜泉青磁の見た目は更に多彩になった。佳之韵青磁浮彫工芸品の開発は竜泉青磁を千百年以来の瓶や壺の形象から抜け出させ、壁に飾る独特なスタイルの徐殷 浮雕瓷画となった。

三つ目は、宣伝による需要の増加である。歴史において、これは竜泉青磁発展の重要な動力であった。清朝が磁器の生産を停止した後の数百年間、人々は竜泉青磁をしだいに忘れていき、現代において私たちは竜泉青磁の焼成職人技術を伝承し続け、様々な措置を採用し人々の竜泉青磁の記憶を思い起こさせなければならず、人々の竜泉青磁に対する需要を拡大させる必要がある。私たちは伝播媒体を利用し竜泉青磁の遥かな歴史と深く厚い学殖を宣伝、普及し、人々この小さな小さな磁器がただの普通の器具ではなく、中華文化の運び手であることを理解させる。竜泉青磁の緑色、健康、省エネルギー、環境保護は、今の社会に適し発展し続けることができる要求である。竜泉青磁は空間装飾として、空間の品を高めるだけでなく、また持ち主の品も体現することができる。古代竜泉青磁は収集家から好まれ、近年では現代の巨匠の青磁作品も人々から好まれており、ますます多くの収集家が慧眼を持ち、竜泉青磁の魅力を知っている。竜泉青磁の自然で素朴な風格、氷の玉のような特徴は現代社会の人々のやすらかで、天然、原始的な追求に合い、私たちは人々に竜泉青磁が現代社会において使用、観賞、装飾、収集等の価値があることを認識させ、人々に「千峰翠色」を再び愛してもらう。「セラドン」という美しい名称がある竜泉青磁はずっとその声名は海外にあり、海外の友人は竜泉青磁に対する熱愛と追求を止めたことはなく、海外需要は今までずっと竜泉青磁発展の重要な動力である。二〇一〇年の上海世界万博にて、私たちは全世界に無形文化遺産である竜泉青磁を展示し、より多くの人に青磁の魅力を理解させた。様々な可能な機会を利用して海外に向けて宣伝し、上品で、良質な竜泉青磁を広め、国際需要を増やし、これは竜泉青磁発展の無視することはできない道であり、また中華文化を見せる重要な方式である。

四つ目は、教育により人材をつくること。人は職人技術の運び手であり、無形文化遺産の保護、継承において核心的地位をもち、竜泉青磁の焼成は科学と技術が融合した職人技として、人材に対してより特殊な要求がある。竜泉市政府は青磁の伝統焼成職人技術伝承基地を建設し、また焼成職人技術の継承人、学習者に様々な優待措置を実施し、他にも竜泉に青磁専門の無料職業教育を設置し、麗江師範学院に竜泉青磁高等教育を設置し、竜泉青磁の発展のため各方面における人材を養成する。竜泉青磁焼成職人技術の教育において、私たちはまず熟練の焼成技術をマスターした職人人材を養成し、次に伝統文化の教養と現代美術の基礎をもつ設計独創性ある人材を養成し、また竜泉青磁に関する知識をもち、運営と貿易に詳しい経営管理の人材を養成する必要があり、最後に材料と科学技術を深く知っており、青磁の独創を進めることができる複合型人材を育成する必要がある。全面的に各段階の人材を養成することにより、竜泉青磁焼成職人技術はやっと保護、伝承、発展、革新を十分に得ることができ、千年以上の時をわたってきた竜泉青磁に現代社会において中興を実現し、多くの美を放たせることができる。

（陳　少峰）

参考文献

1 石少華『竜泉青瓷賞析』、学苑出版社、二〇〇五年版
2 鍾琦『中国伝統竜泉青瓷』、人民美術出版社、二〇一〇年版
3 楊根、韓玉文『窯火的魔力 中国陶瓷文化』、済南出版社、二〇〇四年版
4 中国硅酸塩学会主編『中国陶瓷史』、文物出版社、一九八二年版
5 李剛主編『青瓷風韵 永恒的千峰翠色』、浙江人民美術出版社、一九九九年版
6 林志明『竜泉青瓷焼制技芸』、浙江摂影出版社、二〇〇九年版

レプコン（熱貢）芸術

二〇〇九年九月三十日、一つの人の心を奮い立たせる情報がレプコン芸術の故郷、青海省黄南チベット族自治州同仁県に入ってきた。アラブ首長国連邦の首都アブダビで開かれた第四回ユネスコ無形文化遺産保護政府間委員会において、青海のレプコン芸術が審議を経て「人類の口承及び無形文化遺産の傑作」リストに入れられ、これは歴史の長いレプコン芸術が国際保護の拠点に入ったことを示し、全世界の人々共有、共同保護される無形文化遺産となった。

レプコン芸術は主に十三世紀に青海黄南チベット族地区で産み出されたとされ、チベット仏教の伝播と発展に伴い日に日にタンカ、壁画、堆繍（手工芸品の一つで、絹布でかたどった図案に綿などを詰めて立体感を出したもの）、彫塑等の芸術。それは神秘的で博大な、美しく洗練されたもので、チベット族の歴史人物や神話、伝説、叙事詩等を主な内容とし、歴代のレプコン芸術の心血が凝結されており、「彼らの心の中で咲き誇る神聖な花敬虔な宗教信仰」である。レプコン芸術は中華民族の輝かしい文化の構成部分で、それは「その独特審美観念、特有の原材料、独有の伝承習慣によりチベット仏教、民間芸術、建築芸術等の方面において重要な歴史価値と芸術価値をもち、世界東方芸術史上に非常に美しい章を残した。」

移り変わりが激しくも、輝かしい道のり

レプコン芸術の土台はしっかりとしたもので、悠久の歴史をもつ。「レプコン」はチベット語で青海省黄南州同地区の名称で、「希望にあふれた金色の谷地」という意味を持ち、そこはチベット文化、中原文化、西域文化が融合し

交わる地であり、西は西域に通じ、東は中原の中心の大通りや文化回廊に通じている。独特な地理的位置はここを様々な文化が交流し融合する大舞台にし、数百年にわたって次第に隆務河に浮かぶ呉屯上、下庄、年都乎、郭麻日、尕撒日等のいくつかの自然の村を中心とする文化帯を形成した。隆務河の水とチベット仏教思想の二つの要素の下、この土地はだんだんとチベット仏教芸術とは違い、また中原仏教芸術とも違う独特な風格をもつレプコン芸術を育んだ。

レプコン芸術の具体的な起源に関して、現在学界の意見はそれぞれ異なり、代表的な観点には「十一世紀説」や「十三世紀説」、「十五世紀説」等がある。才旺多傑は『論熱貢芸術源流及其特点』において「十一世紀、チベット歴が初めて一まわりした年から、ウー・ツァンで多くの人を引き付けた『年扎嘉措』三兄弟がネパールで絵画の技法を学んだ後、チベット歴土龍年（一〇二八年）にドメー・レプコンに伝わって以降、レプコン芸術が産み出された」と示している。佐良は、レプコン芸術は十三世紀が起源で、十五世紀に大体の形が完成したとみなす。この説と趙清陽の「レプコン芸術は大体元代に始まり、今から七百年以上の歴史がある。」という観点は大体同じである。レプコン芸術研究所が発行したガリ版で刷った書物『熱貢芸術簡介』の中で、レプコン芸術は十五世紀前期に形成されたとしている。蘇万青は『青海五屯地区蔵族絵画芸術説略』でレプコン芸術は十五世紀末に産み出されたと述べ、舒勇亦は紀元十五世紀だと認識している。この他、呂霞はレプコン芸術の起源を紀元十世紀だと定義し、ラチェン・ゴンパ・ラプセルはレプコンを含む河湟流域に寺が建設され塔が建てられ、絵画の技法を伝授し、そして漢、ネパールから絵師を招き仏像がつくられたこの時期をレプコン芸術の「流入期」とみる。これらの学者はレプコン芸術研究の代表人物で、彼らは大量の史料と民間資料をまとめ、レプコン芸術の起源を深く研究し、上記にあげた観点にはすべて一定の証拠がある。しかし事物の発生、発展の一般的な規律から考慮すると、チベット仏教がレプコン地区に伝播してきた過程から、十三世紀説がより正しい説のようだ。

西暦一二六七年、サキャ派の法王パクパ（即ち阿米拉傑）はレプコンを訪れ仏法を伝えた時多くのチベット工芸の職人も引き連れ、レプコンに寺院を建設し、仏画を描き、仏像をつくる時に、サキャの時代をチベット仏画芸術の様々な風格、とくにウー・ツァンの風格をレプコンにもたらし、当時重要だった絵画理論の書籍『功能源』をレプコンに伝えた。これらのチベットからきた絵師は、絵を描き仏法を伝えながら、もう一方では弟子を養い、彼らの絵画と彫刻手芸は仏画を好む僧侶と群衆に伝わり、チベット仏教芸術の種をレプコンの大地で根付かせ発芽させ、『功能源』という専門書も後世の絵画芸術に従事するレプコンの人々の書籍、テキストとなった。阿米拉傑はレプコンでの説法、これをレプコン芸術発展において濫觴の意義を持つ原点とみなすことができるとし、これ以降、チベット仏教芸術をレプコン地区で次第に興起させ、数百年にわたって絶え間ない発展、拡大を続け衰えることなく、だんだんと独特な青海地方チベット族の風情をもつチベット仏教芸術の重要な流派を形成した。

もしこれ以前の萌芽期の歴史を述べるのであれば、実物の乏しさと書籍記載の不足によりやや曖昧で、論争が絶えない話であり、十五世紀以降、レプコン芸術発展の軌跡は比較的はっきりとしており、学界はこれに対し基本的な共通意識を形成し、たとえある具体的な時代区分の問題において差異が存在していたとしても、大きな論争にはならない。

一般的に十五世紀から十七世紀の数百年間がレプコン芸術の成型期とされる。この時期に隆務寺の村落呉屯等「四寨子」の芸人は徐々に宗教芸術活動に参与し始める中で、彼らは積極的に絵や彫刻の技芸を学び、次々と古い方式を打破し、次第に漢の宗教芸術、インド仏教芸術及び地元の民間芸術のい

タンカの絵

レプコン芸術を生んだ黄金の谷——黄南同仁

くつかの特徴を吸収し、新しい造型特色を探索し、表現手法において大きな進展があり、基本的なレプコン仏教芸術独自の独特な風格を形成した。

レプコン地区とほとんどのチベット族地区は同じく、この時期にチベット仏教サキャ派がゲルク派へ改宗するという変革を経て、特に隆務寺はゲルク派に改宗した後ゲルク派をレプコン地区で急速に伝播させた。ゲルク派上層部は各寺院の仏教絵画と彫刻を正統なチベット仏教芸術であることを必須にする要求をし、呉屯、年都乎、郭麻日、尕撒日等の村は明初期「分兵屯田」の村であり、江南一帯から来た屯田人の隆務河流域に位置する古い村の中にあり、戦争時は軍隊として、暇な時は農業生活状態にあり現地民と仲は良く、江南などの地は漢文化とレプコンチベット文化が長期にわたって交わる地であった。このような人の中には元々漢族の絵師がわずかにおり、（年都乎村寺院に現存する『大明王廷儀牌』の牌文に刻まれている「画匠梁大智」の字が、これを証明する資料となっている。）彼らの元々の作品は典型的な漢の宗教芸術風格がある。宗教上層部の新しい要求に応じるため、新寺院の建設と元からある寺院の改造において、元々の四屯の職人たちはチベット族絵師との共同作業において、チベット伝統仏教の絵画技法を彼らに学び、お互いに長所を取り入れ、足りない点を補い新興のゲルク派仏教の活動に協力し伝統仏教芸術に融合し、初歩的なレプコン芸術風格と絵師集団を形成し、レプコン芸術の発展と繁栄に大きな一歩を踏み出させた。

この時期の作品は社会動乱等の原因により、現在は多く見られず、年都乎寺院に保存されている、弥勒仏殿の壁画などだけである。一方で現存するこれらの数少ない早期の作品を介して、この時期の作品の多くは宗教的特徴が濃く、画風は簡潔で深みがあり、素朴で、仏典の要求と関連する仏画原本の規範に厳格に沿って作画し、仏と菩薩の造型を重んじていたことが分かる。色彩の使用においては、顔料の品種は少なく、冷たく重い色を多く使用している。もう一方ではレプコンの芸人はチベット仏画芸術を受け入れ始めた時に、決して容易く手本通りに模写した訳ではなく、多くの方面から手本とし、この大きな点または全体的な形象において厳格に宗教規範を守ると同時に、具体的な手法においてできるだけ風格が多様となるようにし、これはこれらの作品にチベット伝統仏教芸術の風格を与えた他、中原芸術の風格ももたらした。当然、時の流れにつれ、仏教戒律の様々な制限、束縛の下、このような中原風格はだんだんと薄くなり、チベット伝統仏教の芸術風格は最終的に完全に優勢なものとなった。

十七世紀半ばごろから十九世紀初期はレプコン芸術発展の中期であり、またレプコン芸術発展のピークでもある。ここで主に得た良いことは比較的安定した環境で、この期間は地方部族が清に反抗し清兵の討伐によりつくり出された短期の戦乱時代であったが、その他のほとんどの時代は、青海の広大な地区はすべて比較的平穏な局面にあり、社会生活は安定し、生産は次第に上昇し、芸術発展に得難い安定した環境を与えた。もう一方では清朝はラマ教に対して支援と利用の態度を取り続け、それを国教と定め、青海にてラマ教を大きく発展させ、政教一致機構の仏教寺として大きな財力と物資を蓄積し、青海地区にて公然と寺の建設、増築、修築を行い、これはレプコン芸術職人を常に激務な絵画任務に直面させ、これらの並大抵ではない工程はその芸術の才能を大きく開花させ、彼らの全体から着眼し全ての絵画作業を進める才能を鍛え、さらに彼らの芸術的素質を向上させた。宗教の繁栄はレプコン芸術の更なる発展に深く厚い土壌を与えた。

この時期のレプコン芸術は非常に発達し、造型と装飾は重く、かなり高い芸術レベルを有していた。レプコン芸術職人の技術は日に日に成熟し、画風はきらびやかで精巧になり、濃い色彩の精密画法を多く用い、筆遣いは繊細で、色使いは濃厚であった。人物造型は生き生きと正確で、つり合いがとれており、さらに人物の表情や態度の浮彫を重んじ、線は簡潔で流暢、また力強く、輪郭にはますます善美が尽くされ、複雑ではあるが乱れてはいない。色彩処理において着色は比較的厚く、色彩は鮮やかで、初期のように簡素で洗練されたものではないが、対比における調和に注意したことにより、鮮やかではあるが俗っぽくはない特質が出ている。これと同時に画面の装飾効果も重視し始め、審美的要素は増加し、これらはすべてこの時期にレプコン芸術発展史上に承前啓后される輝かしい繁栄の時代となった。この時期の代表作には呉屯下庄寺院大経堂、年都乎寺小経堂弥勒供養殿にある壁画とタンカ『馬頭明王』、『南海観音菩薩』等である。これらのレプコン芸術繁栄期の作品は、チベット伝統仏教芸術が遺した貴重な文化遺産であり、また全人類の貴重な文化芸術遺産でもある。

十九世紀から二十世紀五十年代にかけて、レプコン芸術は日増しに衰えていく衰退期に入る。清朝の衰退に伴い、中国全体で長く続いた封建制度も終盤に入り、この歴史の流れの下、遠く「化外（未開の地）」に位置する青海、甘南、川西北の少数民族地区は、深刻な変化が起こらざるをえなかった。長期的な政教一致体制の下でのラマ教ゲルク派寺院は、人民、群衆の長期にわたる供奉及び商売、地租等による形式的収入により、大量の資産を蓄え、宗教上層部のうちある正真正銘の学者を除いて、ほとんどは高い地位にあり恵まれた生活に寄生し、彼らの文化芸術を味わい楽しむ追及は減少し、もう芸術において画家、彫刻家に質朴で重々しい作品を求めず、表面的に富がありきらびやかで、華麗で壮大な作品を求めるようになった。これと同時にレプコン芸術職人は芸游方の流行によりさらに盛んとなり、レプコン芸術の商品化、規格化の傾向もますます大きくなり、このような風潮は多くの職人たちの芸術追及に直接影響し、彼らは主に画面の華麗で精巧さ及び装飾効果を追求する方面に精力を注ぎ、造型における努力は落ち着き、すべて古いしきたりを踏襲し、創造は重視せず、早期と中期を経て積み重ねてきた一セットの完全な作画手順は、この時期の職人たちの手の中に入り、反対に一種の束縛となり、早期と中期の生命力豊かな絵画、彫刻芸術創作は日に日に衰退の兆しが表れ、レプコン芸術はこれらの総合要素の影響下で坂道を下り始めた。

この時期のレプコン芸術は画面のきれいさ、精巧さ及び装飾効果を強調するため、ある作品を派手に近づけもしくは煩雑さを表す傾向にあるが、職人たちはなお絵画や彫刻作品を創造する中で濃厚な装飾風格、およびチベット族の建築芸術発展において貢献した。なおかつ、レプコン芸術は悠久の歴史と優秀な伝統があるため、いまなおある芸術的方面に追求のある職人は、多くの近代芸術の風格を表現し、また優秀な伝統技芸を失わない絵画、彫刻作品を創作している。この時期の代表的な作品には、呉屯下寺小経堂前廊の『四大天王』、『香婆拉国王柔旦』や『十一女護法』などの壁画がある。

この時期の突出した特徴は作品風格のきらびやかさ、筆遣いの誇張、装飾性の増強である。画風は煩雑な傾向があり、かなり精巧な能力が尽くされ、具体的に描写するテクニックに十分注意し、全体のレイアウトと全体美を無視している。色の使用に関して、色彩は鮮やかで、作品の中には大量の金が使用され、技法は卓越したもので、多くの手順の効果が表れており、画面全体の色彩は鮮やかで、金や青に輝いている。装飾紋様は立派で、何でもあり、巻き草等の曲線と幾何な直線は巧妙に結びつき、ある作品の中の装飾は仏像さえも圧倒し、仏、菩薩を逆に画面の二の次にし、主客転倒である。

二十世紀五十年代以降、レプコン芸術は再び発展の新時代に入った。新中国成立以降、党の民俗宗教政策は正確に徹底的な実現を果たし、レプコンの呉屯、年都乎等の村はチベット伝統仏教芸術の創作は十分に活発で、職人は多く、多くの寺院の職人たちがわき目もふらず仏画創作に没頭していた。青海省文化連盟は多くのカシャムジャやドゥラジャ、羅蔵等の優秀な職人を省文化連盟に引き入れ、国家公務員にした。これらの職人はかつて一九五九年に北京人民大会堂青海庁の壁画創作、装飾プロジェクトに参加した。しかしながら、良いことは長続きせず、「文化大革命」の影響により、二十世紀五十年代末に仏教芸術は「牛鬼蛇神（文革期における地主や資本家などのたとえ）」と咎められ、レプコンの寺院は閉鎖され、僧侶は俗であると追いやられ、多くの芸術傑作は破壊され、レプコン芸術ははじまって以来最も過酷な挫折に陥った。

一九七〇年代末から一九八〇年代初めまでずっと、この老いた職人たちの引率の下、レプコン芸術は再び生気と活力を奮い起した。一九七九年に成立した「五屯芸術研究籌備組」は正式な名義をもって職人の養成を開始し、これはレプコン芸術復興の開始を示す。この時期、大きな寺院は再建と補修が必要となり、破壊された彫刻、壁画も再創作と修復が必要となった。宗教伝統が濃厚なレプコン芸術職人たちはやらないわけにはいかないと隆務寺、年都乎寺、郭麻日寺、呉屯上下寺、尕撒日寺等の寺院の再建に参加し、彼らの特技を発揮する舞台が現れた。一九八六年に正式に成立したレプコン芸術研究所はさらにレプコン芸術が再び高潮期を迎えたことを表す。改革開放の春風は、レプコン芸術の発展に新しい活力を注いだ。職人たちはより大胆に題材、主題、造型等の方面において、様々な探索をし始めた。一枚のケサル王、文成公主党のチベット族の民間故事、伝説を反映する作品が現れ、一部の漢地伝統絵画題材もレプコン芸術創作の範疇に入った。この時期次々と夏吾才譲、尖措、更蔵、久美等の何名かの有名な我が国民間美術界の大師級人物が現れ、レプコン芸術成熟期の画風を継承し、二十世紀八十年代にレプコン芸術は多元発展に入る時期を率いる人物となった。彼らはまた広く弟子を集め、多くの優秀なレプコン芸術職人を育て、新しい代の若い職人は雨後の筍のように、すくすくと成長し、レプコン芸術を再度輝かせる堅実な基礎を定めた。

雪域奇葩　次々と放たれる異彩

レプコン芸術は代々レプコン地区に住む各民族が歴史の過程の中で創造、または伝承、発展した積雪地域特色の非常に強い宗教芸術形式で、チベット族文化宝庫中の一つの輝く珠玉と称される。様々な地域文化が融合レプコン芸術は、その主要な表現形式は創作方式の違いに応じて絵画（壁画、巻物＝チベット語でのタンカ）、彫刻（泥塑、木彫、石の彫刻、彫刻を施したレンガ）、建築等に分けられ、その中の絵画、彫刻芸術はレプコン芸術全体の核心部分であり、またレプコン芸術の名が高い主要媒体である。

㈠　絵画芸術

絵画は壁画とタンカの二種類の形式がある。

壁画とは、すなわち寺院殿堂の壁上に書かれた大型のチベット絵画であり、その内容はチベット伝統仏教のブッダ、菩薩、護法善神などの仏像または仏典の故事等の宗教題材を主としたものが多く、またある歴史題材や民俗活動等の現実生活を題材とした作品もある。レプコン壁画芸術は長い発展の過程の中で、絵画制作方法や、原料、色彩処理等の方面においてしだいに自己の特色を形成し、一般的に単線、平塗り、少しぼかす手法を採用し、線は滑らかで、濃い色彩を用いた筆づかい、またほとんどに粉を濾し、金を貼り、濃厚で強烈な装飾風格があり、金や青に輝いている。

年都乎寺と呉屯下寺に現存する壁画はレプコン壁画の中でも最も代表的な珍品である。

レプコン壁画は二種類に分けられ、一つは直接壁に描くもの、もう一つは先に布の枠の上に描きその後壁上にはめ込むものである。後者は一般的に布面壁画と称され、主に土質がやわらかく直接壁上に描くことができない事などの原因を利用し、はじめは融通のきく形で後は次第に広く伸ばしていく。実際は布面壁画であろうと墻面壁画であろうと絵画の媒質に対しては比較的高い要求があり、画面の平坦であることと、たやすく乾燥して裂けないことの保証が必須で、これらの要求を達成するため、すべて必要な処理を行う必要がある。例えば墻面壁画は墻皮の中に適量の毛の繊維を入れ、また布面壁画は湿った布の上に特殊なにかわと石粉の混合物を必ず塗る必要があり、磨いて平らにし完全に乾かした後やっと使用することができる。

レプコン壁画で使用する顔料も大変優れた点があり、石緑、石黄、石膏、朱砂等を含む鉱物顔料全てを、使用する時に一定の比例でにかわ類や牛の胆汁を混ぜ入れることにより、色彩の鮮やかさと耐久性を保持する。年都乎の強巴仏殿と五屯下庄大経堂の中にある壁画はどちらも、年代がとても古い早期の作品で、三百年以上の雨風を経て、これらの画上の色は依然として初期のように光っている。この他、レプコン壁画を描く中で使用する筆も多くは絵師たちの手作りで、細く尖らせ摩擦に耐えられるよう、筆の毛はサルやチョウセンイタチの背の毛を選ぶことが最も良いとされ、しかしこのような毛は見つけることが難しく、そのため絵師たちは猫の背の毛を代替品として多く使用していた。

色彩の潤色とぼかしに注意することは、レプコン壁画芸術創作の大きな突出した特徴であり、特に金色の使用の技術において、より神秘的で優れていた。例えば、呉屯下庄仏殿の中の、全体を金色で塗った雲紋旋花処には、一つ一つの模様が隠れており、これらの模様は光の反射の下で、きらきらと光輝き、強烈な立体感がある。この他に、その他の色の選択や調合に対しても十分に研究され、紅、オレンジ、緑、藍色等様々なコントラストの強い色は、丹念な配置の下多くが調和と平穏の効果を得ている。

タンカ系チベット語「巻軸画」の音訳は、広大なチベットの地に順応しチベット教の教義を広めたいという時運に応じて現れる要求に順応するため、布面壁画の金融派生商品として、携帯、飾る、収蔵するのに便利で、直ちに素早く普及した。タンカはその使用する材料と工芸の違いに基づき、絵画や堆繍、刺繍の三種に分けられ、そのうちの絵画タンカの布面処理と制作技術は、布面壁画と似ており、数百年にわたる世の移り変わりを経て、特に漢地宗教芸術の不断の影響下で日に日に完全なものとなり、比べものがないくらい精巧で、次第にレプコンが持つ独特な民族風格と濃厚な表現力の一本の木、一つの芸術形式を形成した。

レプコンタンカは内容の豊富さ、多彩さを反映しており、宗教題材画、歴史画、風俗画、自然地理と天文歴法またはチベット医学、チベット薬学の画、動植物画等がある。構図の見通しや造型手法、色彩の運用、装飾等の方面においてもその完全な創作規律と独特な芸術風格を形成した。レプコンタンカの画幅一般的に二、三尺で、また幅が大きいものや幅がかなり小さいものもあるが、画幅の大きさに関わらず構図は豊かで、画幅の上には図形がびっしりと広がり、空白は少ない。構図のレイアウトは全体を下瞰する透視法によるもので、三界の仏、歴史故事、自然などの万物を有機的に一枚の画面内に構成し、視野は広く、内容は充実し豊富で秩序だって並んでいる。色づかいは鮮やかで自由奔放で、対比色を広く使用し、そして大量の純金を散らばせ、特にレプコン芸術独有の、目を奪われる金色の統一は色彩との関係を協調しており、作品全体に豊富で多彩、また完全に統一された特徴を表していて、芸術上の高度な調和と完成度に達している。装飾において、レプコンタンカ

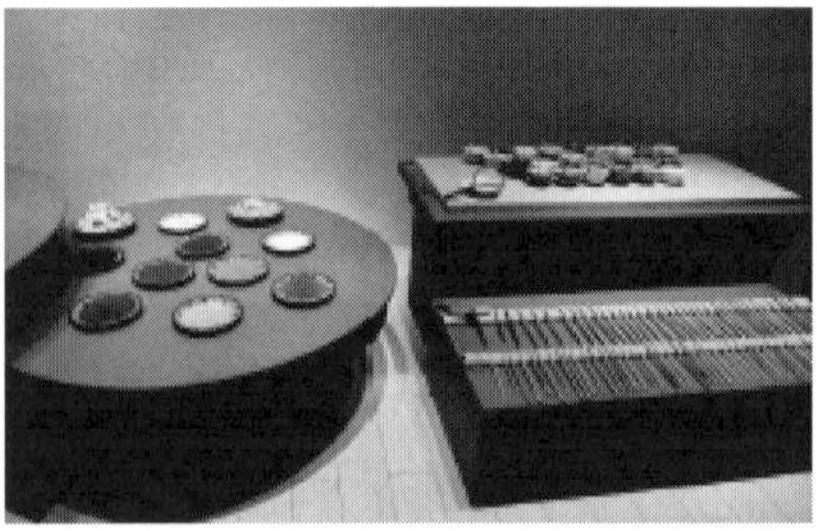
レプコン壁画で使用する顔料

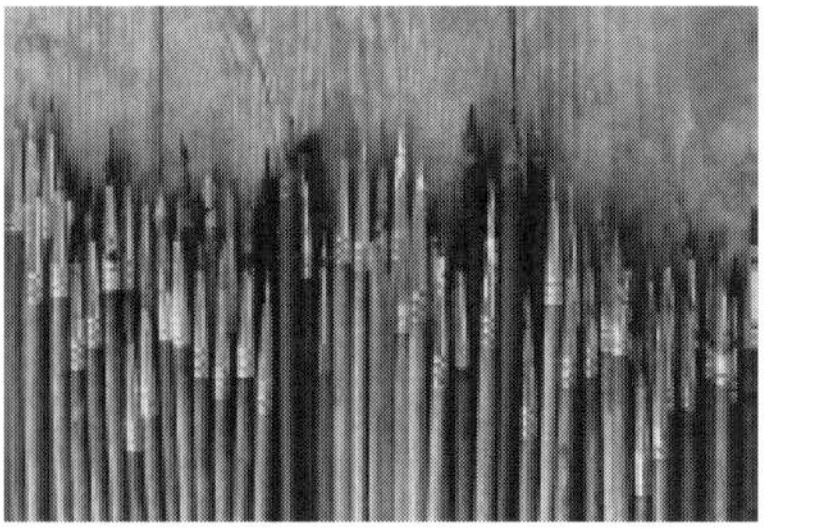
レプコン壁画で使用する筆

はとても特徴があり、画の周りにはチベット式規格の錦の表装が用いられ、上下に天地があり、とても研究された画軸が組み合わせられている。

タンカの制作には厳格な要求があり、儀軌は複雑で、秩序は整然としている。一般的には小型のタンカの制作は絵師が自宅で、一人で行い、大きいタンカは寺院または広い庭の中で完成させる必要があり、大体二、三人で共同制作される。具体的に言うと、レプコン地区のタンカを描く制作過程はほとんど画布加工→起草→下塗り→色分け、にじませる→線描き→金を施す→整理→表装→開眼供養等の九つの段階がある。これらの細かい段階から、一枚のレプコンタンカの誕生には非常に多くの心血を注ぐ必要があるということが容易に見出すことができ、たとえ絵師の技術がかなり高度であっても、莫大な時間をかけ、真の誠実な宗教感情をこめて作品を創作する中でのみ、このような壮大で美しい作品を揺るぎなく続けて描き出すことができる。

(二) 彫刻芸術

レプコン彫刻は表面装飾を重視し、風情の華美にこだわり、形式は様々で、「彫刻」と「塑」の二種類に分けられ、泥塑を主とし、また油塑（即ち酥油花）、木彫り、石の彫刻、レンガの彫刻等がある。泥塑は別名彩塑と言い、仏、菩薩に金を塗り、金剛の上に色をつける。油塑は酥油（牛や羊の乳を煮詰めて作ったバター）と様々な色を調合し、円彫形式で木版の上につくり、春節の宗教儀式で、僧たちの前に飾り、観賞、参拝される。木彫りは、赤カバノキや梨の木彫刻が多く用いられ、表面は泥塑と同じ金或いは違う色が塗られる。石の彫刻は石板の上に経文を刻んだり、陰刻で仏像を彫ったりし、マニ石への使用がよく見られる。レンガ彫刻は粘土を用いて白地をつくった後に焼いて完成させたもので、建築物の屋根の装飾や壁飾りに用いられる。

材料と具体的な工芸において多くの違いはあるが、職人たちの目の中には、これらの彫刻芸術はとっくに境はなくなっており、ただ立体であるか、表面であるかの違い、手に持っている工具の違いに過ぎず、その味わいと芸術の境界は完全に一致しており、多くの職人が一つの事に通ずれば万事に通じ、多くの技能を持ち、これらの優れたレプコン絵師のほとんどが泥塑技術の方面において造詣が深い。これは主に職人が弟子に教える時に良く、彫刻芸術と絵画芸術は大体同時に伝授され、それと並行して発展し、弟子が一人前になる前に絵画を学びながら、同時に彫刻技術を学ばなければならない。事実上この特徴はまったく珍しいものではなく、人類の芸術史においてよく見られ、西洋のミケランジェロ、ダ・ヴィンチなどの芸術界の巨匠の多くが絵画と彫刻等の異なる分野において不朽の名作を遺している。

レプコン彫刻芸術の中で最も代表的なものも最も世界の注目を浴びる泥塑芸術であり、その地位は絵画タンカと甲乙がつけがたい。形の面から分けると、泥塑は主に立体彫塑と浮面彫塑に二種類に分けられる。色づかいの面から分けると、主に彩塑と単色塑の二種類に分けられる。造物対象の面から分けると、主に仏像、法器、装飾等の多種に分けられる。

レプコン泥塑作品の多くは一定の現実主義の伝統を持ち合わせ、彼らは彫刻でつくった仏像の上に、動態及び形象の躍動感、リアルさを表現し、体形は高く大きく、造型は表情がよく分かり、まるで生きているかのようで、衣服や衣のしわでさえも簡潔で無駄がなく柔らかく作られており、質感に富んでいて、背の光、須弥座上の様々な鳥獣や草花のデザインはきわめて精巧に装飾されており、上品で洗練されていて、その他の動物の形象等も非常に活力ある様子を表現している。もし生活の中の人や自然に対して細かな観察を行わなければ、このように完璧な形象と様々な異なる性格をつくり出すことができないのは、容易に想像できる。レプコン芸術職人は異なる対象をつくり、形象または動態、服飾の処理において、真面目な熟考を経て、取捨選択をし、多くの彫刻の精神要望、服飾、衣の皺等すべて表現が真実感ありまた装飾性に富んでいる。

泥塑の工芸過程は、泥料の加工、型を選び定稿、骨組みの組み立て、初歩的な形づくり、細かな調整、装飾、色づけ等の六つの段階がある。職人たちは仏像をつくる時、各工程に対し非常に厳しい要求をし、全体の作業過程は十分に細かく、善美を尽くし制作することを強く望んだ。彼らは初めに特定の場所から粘土を選び取り、浄水を用いて浸透させ、また、お経を印刷する用の紙を中に打ち込み、このような粘土を用いると彫刻が崩れることがない。仏像をつくり終えた後、日陰に置き陰干しする必要があり、その後糊を塗って色づけをし、最後に仏像内部の空洞部分に経典を入れる。レプコン彫刻芸術の制作過程において、内地の伝統彫刻制作方法とほとんど同じであるが、泥選びや用いる材料は、独特なものが多くある。レプコンの地質構造は独特で、北方山系は主に酸性の赤土から構成されている。南方山系は主にアルカリ性の黄土から構成されている。職人は自己の要求に基づいて、南北両方の山系が交差する地点から熱心に土を選ぶ。また両方の山から土を取り分け、比例に按じて混ぜ合わせ、硬度と靭性にバランスを保たせる。必要な時は、付近の隆務河の中から、シルトを選び出し、一緒に揉み合わせることもある。土を取る方法と量の調節は、みな家系内で継承されるもので、外には絶対に秘密であった。泥を練る時、彼らは比例に按じて熱心にホウ砂、チベット薬、麻の糸、綿毛、金粉、銀粉、宝石の粉、更に多くの秘蔵の成分を加え、繰り返し揉み、泥を練る作業を更に精巧で堅実にした。処理された陶泥質地よりきめ細かくなり、色使いの鮮やかさもさらに増加し、これはレプコン彫刻作品が世界各地に広まり、壊れることが滅多にない根本的な理由である。

レプコン木彫りとレンガ彫刻の数は泥塑の多さには及ばない。楣や柱頭のような建築物の上に、縁起の良いシンボルの龍、鳳凰、獅子、鶴などの紋様の美しい木彫りが刻まれ、レンガ彫刻は主に屋根の飾り枠、屋根の高い部分の上の獣吻と壁の浮き彫り上に用いられる。五屯上庄の孔雀戯牡丹の大型レンガ彫刻は、孔雀の姿が十分に艶やかで人を感動させるものであり、画面全体の構想と色彩は同じ漢族のレンガ彫刻とたいした違いはない。この他に酥油花もあり、その政策方法は有名なタール寺酥油花と同じであるが、年代はより昔である。

レプコン仏像彫刻

㈢　堆綉芸術

堆綉とは、チベット語で「ギタン」と呼ばれ、絹織物のパーツを組み合わせて貼ってできたタンカである。それは一種の「剪」、「堆」の技法を用いて形づくる特殊な芸術で、刺繍と浮き彫りの結合であり、人物の造型と形態を重視し、それぞれの色の絹織物の配置にこだわり、粗さの中に繊細さも見え、色彩は鮮やかで、対比は強く、やや強い立体感がある。堆綉の作品は幅が大きいもの、小さいものに分かれ、幅の小さいものは経堂に飾るのに使用し、画面の多くは一尊の主仏と下方の二尊の小さい仏像から組み合わさっている。幅の大きい作品のその画面に突出している一尊の主仏は、まわりにより多くの仏像や菩薩、護法善神、様々なデザインが描かかれており、大きさは百メートルから数百メートルにまで達するものがあり、寺院が挙行する法会の時にのみ「展仏」用に販売される。

堆綉はチベット伝統仏教芸術の中で最も特色がある。考証によると、堆綉系漢地はレプコンに伝わり、またそれ自身の特徴に加わり、現在に至るまで二百五十年以上の歴史がある。一般的なタンカが顔料を用いて作る画だと言うのであれば、堆綉は異なる色のシルクの布を用い切り合わせ貼り付けて、縫ってつくったタンカである。また一般のタンカと比べて、それは一種のより荒々しい美があり、絵師の基礎的な技能と材料を使用する技術に対してレベルの高い試練であった。特に巨大な堆綉は、一般的に長さ約二十メートル、幅約十七メートルあり、サイズは巨大だが、制作は十分に精巧で、主仏像の各部位の比例はつり合い、色彩の組み合わせはよく研究されたもので、そして全体のレイアウトは合理的、精緻で、堆綉芸術の特色があり、また仏教絵画芸術の特徴もあり、充分にレプコン芸術職人たちの賢い知恵と芸術的才能を体現している。このような面積の大きい堆綉仏像はレプコン芸術の大きな奇観であるだけでなく、世界ではめったに見られない芸術傑作である。巨大な堆綉はかなり珍しく、寺院が毎年正月の間に挙行する祈祷大法願の時にのみ展示され、俗に「晒大仏」と称され、信仰する群衆たちに参拝される仏像である。

レプコン木彫

手描きの我が心　一生の執着

レプコン芸術の線は細く、なめらかで、色彩は豊富できらびやかで美しく、一つ一つの作品すべて壮大で美しく、華麗で立派で、非常に高い芸術的価値を持つ。しかしながら、どんなにきらびやかな作品だとしても、レプコン芸術品はいままでずっと作者の姓名を遺していない。この一点は一見とても理解しがたいようだが、しかし、レプコン芸術の根源をしっかりと理解した後、あなたも釈然とするだろう。

伝統的なレプコン芸術は主にチベット伝統仏教寺院内部で創作、伝承され、これはチベット伝統仏教及びその文化の主要な媒体であり、チベット伝統仏教専門の役務である。チベット伝統仏教の広大で奥深い叙事、道理を説く言語環境は一般人からするとかなり難解であり、苦難に満ち、レプコン芸術は生き生きとした形象、華美で多彩な芸術形象により、仏典の奥深い理論を説明し、仏典と信徒の心理的距離を解消し、そして絵画、彫刻芸術の美しさと和やかさは宗教寺院の神聖さとあたたかさをつくり出し、仏法を大きく発展させる最も良い媒体となった。誕生の十三世紀から、数百年間、レプコン芸術の風格と色彩はずっと安定と変化を両立し、その技法と内在的要素は絶えることなく豊富で飽満であり、

大仏を展示する

しかしその表現の主題はずっとチベット伝統仏教の理念を超えるものはない。

レプコン地区でレプコン芸術に従事する芸術職人のほとんどが敬虔な仏教信者で、チベット語で尊敬の念をこめてラースオと呼ぶ。彼らは芸の精神構造から濃い宗教的意義をもたらし、その念頭において、彼らが従事している芸術は神聖なもので、また自身は卑しいものであり多くの職人が仏に対する敬虔の心を持っており、巧みで完璧な技術を余すところなく画面上に表現し、一枚一枚の画、一筆一筆の色、一刀一刀の彫りは全て彼らのこの世界に対する理解と仏に対する尊敬が含まれている。「芸術の心は宗教の心であり、宗教の心は芸術の心である」。芸術創作をもって彼らは仏との対話、融合を実現し、これは彼らの創作への動力であり、また究極の追求であり、これらの目標と比べて署名などとても取るに足りない。

数百年来、レプコンという土地に現れたラースオは数えるほどもおらず、東方文化における規模が大きい宗教芸術の大軍を形成した。早期と中期の巨匠たちの多くは自身の名前を遺してはいないが、彼ら自己の知恵と忍耐を利用し、巨大で勢いのある、美しく調和のとれた大量の作品を創造し、自由自在な文字の生き生きとした感動させるような形象、神的な深い境地によりレプコン芸術はトップに登りつめ、私たちに不朽の文章を遺した。最近のレプコン芸術職人は、先人の基礎の上に、苦労の末新しい芸を創り出し、多くの優れたものを広範囲において収集する長であり、中国伝統美術と西方美術の中から栄養を汲み取り、善美を尽くすことにより、限りなく変化し、摩訶不思議な技術高度に達し、レプコン芸術は続けて新しいものを生み、チベット伝統仏教芸術様式の系統に対し、貴重な貢献をつくり出した。時空を超えた歳月の変遷、レプコン芸術の全ての名品、傑作の中において、すべて歴代の芸術巨匠の心血が凝縮されており、心をこめて手描き、一生執着し、これは彼らが「宗教に対しひれ伏し、生産する比べもののない貴重な貢献である。熱情と強靭な意志の結晶であり、また敬虔な信仰は彼らの心に咲き誇る神聖な花である」。

レプコン芸術職人の多くは幼い頃から教育され、彼らは幼少期にはすでにレプコン芸術の良い影響を受け、一世代上の人から少しずつ線と色彩に対する悟性を得て、そこからレプコン芸術と一生たゆまない縁を結ぶ。呉屯地区では子を送り出し僧とする習慣があり、それぞれの自然村に自分の寺院があり、僧侶は自分の子弟で、現地の人はそれを「アカー」と呼ぶ。全ての子供が二人いる家は第一子を寺に入れ、各家庭に代々ラマ或いはアカーがいる。17世紀中ごろ、呉屯地区の二つの大きな寺院には一つの成文化されていない規定があった。すべての寺に入る男子はチベット語、仏典の他に、絵画や彫刻を学習しなければならず、十五歳を過ぎると寺に残り僧を続けるか、自らの選択する機会を与えられ、残りたくない者は寺院を出ることができ俗に戻る。寺院はいつの間にか、レプコン芸術職人を養成する美術学校となり、寺院に残った僧は芸僧となり、寺院の中に自分の単独の部屋と境内をもち、普段仏教活動に参加する以外は、ほとんど自分の境内でレプコン芸術の技術を磨くことに没頭し、創作した作品はすべて寺院の装飾に使われるか、寺院に収蔵される。俗に戻った者は次第に民間の芸術職人となり、彼らは画箱を背負いあちこち旅をしてまわり、各地で作画し、青海チベット高原、内モンゴル、さらにインド、ミャンマー、ネパール等の省や市、国家全てにこの芸術職人の足跡と不朽の貴重な画巻を遺し、ここからあまねく名が知られている芸術巨匠が生まれた。レプコン芸術はまさにこのような情況の下、代々伝承され、広まり続ける。

特殊な成長過程はレプコン芸術職人の厳密で超越した創作風格、芸術、宗教信仰をつくり、彼らが生涯忠実に守る人生の態度と価値観念を決定し、一種の超越した厳粛な精神を創作実践の中に投入する。卓越した絵師のほとんどは歴代の高僧、学者、画家に対する絵画の論書であり、また造像度量経等を広く深く研究し、あの奥深く苦渋の巻子本のような簡単で分かりやすく生き生きとした言語解釈を用いることに長じており、また創作においてそれを敬虔に賢く運用している。また作品を作る時、絵師たちは厳格に『仏教造像度量経』、『絵画如意宝』、『衆仏造像法度』の規定を守り、少しでも仏典に背き自ら発明すること、形を変えることは許されない。レプコン地区において、「規則が分からないのなら、筆を動かすな、仏教徒でないのなら、仏を描くな」という説法がずっと流行しており、その中の道理はまさにここにある。

ある人は「レプコンの男はみな画芸が分かり、どの家にも画家がおり、村からは巨匠が出現し、十人中九人は芸術家である」と言う。この話は少しも誇張していない。レプコン芸術職人は省内外のチベット伝統仏教を信仰する地区でとても高い威信を持つ。北京の雍和宮、チベットのポタラ宮、甘粛のラプラン寺、青海の黄教聖地のタール寺、承徳の避暑山荘、またはインド、ネパール、ミャンマー等の地にすべてレプコン芸術職人は芸術傑作を遺した。レプコン芸術はこれらの芸人の不断の努力の下、更に広々とした空間内で広く伝播し、またこれらの芸術職人はその地の芸術的精髄を積み重ね、汲み取り、自分のために用い、またレプコン芸術の更なる発展と成熟に深い影響を生み出した。

伝承、金色の希望

レプコン芸術は二十世紀四十年代以前、基本的には自然状態で生存しており、伝承は続き進化していた。二十世紀五十年代初め、青海省文化連盟美術部の方之南、郭世清、鄭守寛等が黄南同仁地区で生活に深く入り込み、現地である呉屯、年都乎等のいくつかの村にチベット族、土族の民間芸人が非常に密集しているという現象を発見し、人々が皆画を描き、どの家も堆綉をつくる、このような現象は青海省委員会宣伝部、省文化連盟に大きく重視されるようになる。省委員会宣伝部は優秀な芸術職人のカーシェンジャ、ドゥラージャ、羅藏等の人を省文化連盟に引き込み仕事をさせることを決定し、これは歴史上初めて国家公務員になったレプコン芸術職人である。一九五九年、青海省文化連盟美術部は北京人民大会堂青海庁で調度品装飾の任務を引き受け、鄭守寛によりレプコンの土族、チベット族の芸人であるカーシェンジャ、ドゥラージャ、ジャオバ、カーシェン、羅藏、李拉沙等が組織され、青海庁の民俗風格ある壁画と装飾の作業が完了した。一九五七年から一九六三年まで、中国美術家協会青海会はかつて何度も美術分野幹部を組織し、黄南チベット族自治州同仁地区、互助、楽都、大通の州や県に行き、研究、調査し、民間の美術遺産を救い保護した。その中でもさらに一九六二年に省委員会宣伝部の名義において派遣された書泳、徐家斌、程徳彰からなる考察班が最も豊富な成果を上げ、彼らが編纂した『五屯芸術調査』等の研究報告は、レプコン芸術の初歩的な整理を行った。一九六三年美術協会青海会は例年収集、整理、救出したタンカ、彩塑、銅製の彫刻等の民間芸術品及び組織した職人たちが新しく制作した民族装飾の図案等を北京に送り、中国美術家協会主催の内部学習展覧会において、中央関連部門と美術界の専門学者たちから非常に重視された。青海レプコン芸術はここから神秘のベールを切り開き、初めて中国美術界、文化界と対面し、あるべき注目を受け、非常に高い評価を受けた。

ちょうどレプコン芸術が大山を登り始めた時は、中国民間芸術中の非常に美しい珍しい花と称えられ、思いやられ大切にされた時期で、一九六四年に始まった「四清運動」と絶え間なく次々と起こった「文化大革命」の十年動乱で、レプコン芸術は他の中華民族文化芸術を同じ類であるされ、致命的な災難を被った。長年の収集と整理の成果、そして救われた芸術作品は破壊され、その中には多くの非常に貴重な一点ものも含まれていた。レプコン芸術はこのため十数年にもわたる沈黙の時期に入る。

影霧はついに過ぎ去り、一九七九年、中国美術家協会青海会は作業を復活させた。省委員会宣伝部や省文化連盟、黄南州委員会の支持の下、迅速にレプコン芸術の救出と研究を再度実施した。省美術協会は副主席孫書泳により協同で黄色南州関連部門の深い研究調査が分担され、また一九七九年十月に十四名の芸術職人からなる「五屯芸術」研究準備班が組織され、収集、整理、制作を行い、また学習クラスを開き、青年職人を養成し、芸術職人たちの伝統技芸に復興をもたらし、そして新たにその質を高めた。一九八一年九月から十一月の間、青海文化局、青海省民間委員会、中国美術協会青海会、青海省黄南チベット族自治州文化教育局共同主催の『青海省五屯チベット族民間絵画、彩塑芸術展覧』が次から次へと北京、上海等の地で累計五十日以上の巡回展覧会が開かれた。この回の巡回展覧会は、レプコン芸術の掘り起こし、救出、整理、研究作業の初歩的な成果の集中展示で、空前の盛況ぶりをみせ、中国美術界や文化界、民族宗教界の地位の高い人々から評価され、国内外に熱烈な反響と密接な注目をもたらし、広く多くの観衆からのあまねく賞賛され、国内外の各メディアはこの展覧会についてかなり詳しい報道を行った。展覧会は無事に成功し省に凱旋した後、また次々と西寧や黄南州で報告出展を開き、各民族、各界の観衆から熱烈に歓迎された。関連部門はこれを非常に重視し、省政府の批准を経て、一九八二年五月に「五屯芸術研究所（籌）」を成立させ、孫書泳が責任者となった。数年の準備期間を経て、一九八六年正式にレプコン芸術研究所が成立し、黄南州同仁県の隆務鎮にレプコン芸術館を建設し、レプコン芸術はこれ以降専門機構をもつこととなる。青海省美術家協会、青海省同仁県人民政府により編纂され、孫書泳が責任編集した『熱貢藏伝仏教芸術』という画集が、一九九四年七月に中国民族芸術出版社から出版された。これは今までで一番価値のあるレプコン芸術の専門書である。

レプコン芸術が国内外あちこちで有名になるにつれて、レプコン芸術職人はまた徐々に注目、重視されるようになった。大きな成果だけをもつ高齢のレプコン芸術職人たちは、再びあるべき社会的地位と芸術的名声を得た。レプコン高齢芸術職人のカーシェンジャは、一九七九年に省美術協会の復興作業の時、省委員会宣伝部に美術協会青海会の第一期副主席に任命された。高齢の芸術職人である更藏は、かつて一九七九年に青海省美術協会「五屯芸術」研究組の組長を務め、一九八一年に第三期常務理事、第五回全国文代会代表に当選し、何度も党や国家の指導者に謁見し、激励され、「国宝」と称えられた。高齢の芸術職人である夏吾は一九八一年に省美術協会第二期常務理事に当選し、一九八八年に省美術協会顧問として招かれ、また一九八八年四月には第三回全国工芸美術職人、専門技術人員代表大会において『中国工芸美術大師』の栄誉称号を授けられた。

新しい時代以来、民族宗教政策の実行に伴い、レプコン芸術の保護と発展は新たなピークを迎え、レプコン芸術の正規化、系統化、深入化の勢いは次第に強まっていった。同仁県は金輪芸術開発会社等の代表的な専門会社を設立させ、レプコン芸術の保護と開発の作業に専門的に従事した。青海民族学院も民族芸術専攻を開設し、タンカ芸術方面の本科生を招き入れ、学生に知識を伝授するためレプコン芸術の名士を招き、レプコン芸術を大学の講堂に入れた。多くのレプコン芸術の傑作は『中国チベット族文化芸術彩絵大観』の如く世に出、レプコン芸術は更に大きく発展した。理論研究の方面においても、人々を安堵させるような突破があった。特に近年無形文化遺産保護の高まりとチベット学の世界範囲内での伝播に伴い、人々は更に多くの視線をレプコン芸術に向けた。

レプコン芸術はその美しい設計、鮮やかな色彩、繊細な線により、仏教が流行している地区のみで流行しているわけではなく、香港、マカオ、台湾地区及び世界各地の芸術愛好者たちにますます歓迎され、十年以上にわたる発展において、繁栄の勢いを見せたが、現代化というこの諸刃の剣は、現代文明をもたらすと同時に、人類を巨大な経済的誘惑の前で次第に豊富な文化資源に対するきちんとした保護、合理的開発の意識を失わせ、レプコン芸術の各種作品は市場経済条件の下で段々と商品化されると同時に、また文化伝承方式と伝承内容の簡略化、短時間で作品を完成させる工芸技法、市場の影響を受けた創作意識、創作標準が失われた現実の苦境に向かわせ、レプコン芸術の素晴らしい作品はますます減少し、市場にはびこっている偽物、複製品やつくりが雑なものがはびこっている現象はますます増加し、大量印刷されたもの、色彩、規格等が不合格で質の悪いタンカなどは、レプコン芸術の名声に深刻な影響を与え、レプコン芸術の発展に対し良くない印象と補いがたい損失をつくり出した。またレプコン文化高齢芸術職人がだんだんと芸を辞め、この世を去るにつれ（四名の大師クラスの画家は相次いで世紀の変わり目でこの世を去った。）、伝承の問題を悩ませ、継承人チーム機構は全部が全部合理的ではなく、断層が生じ、絶技は伝承を失う危機に瀕し、レプコン芸術は名作の枯渇、継承者がいない深刻な危機に面し、豊富な民族、民間文化の歴史情報は消失に面し、一つのかつて主導的地位にあった大きな民間創作集団は、まさに周縁化、高齢化、孤独化の傾向の中にある。この他にレプコン芸術歴史の淵源、文化形態、特徴、価値等に対する一連の問題が系統的、科学的研究が不足しており、レプコン文化理論研究の文化生態の保護や建設、開発等の実際の作業の停滞を引き起こし、レプコン文化の国内外の学術界における認知度と海外への伝播に影響した。

以上の様々な厳しい現状において、商品経済の大波の攻撃の下、レプコン芸術資源に対する良好で秩序ある保護と科学的で合理的な開発は、私たちの目の前に置かれた一つの重要な課題となった。この金色の谷地に咲く永遠に枯れない、ずっと咲き誇る花のため、以下のいくつかの方面からの作業をしっかりとよく行う必要がある。

まず、全面的で、綿密に、着実にレプコン芸術の全面調査活動を推進する必要がある。現状を知ることは未来の重要保障を合理的に計画し、２００６年以来黄南州は次々と大規模な文化遺産専門調査、民間文学の収集整理を行い、民間の芸術職人及びレプコン芸術継承人の全面的な登録等の作業を行い、これはレプコン遺産保護を発展させる重要な基礎的作業である。全面調査を経て、無形文化遺産、古文化遺産の初歩的なデータベースと基本的な記録を建立し、この基礎の上、成果や効果の著しい無形文化遺産保護項目申請作業を行った。現在レプコン芸術は次々と国家無形文化遺産保護項目リストや連合国世界無形文化遺産項目に入れられ、成果は顕著である。

その次に、レプコン芸術継承人の保護作業を重視する必要がある。無形文化遺産保護の核心はまさに先に代表的な継承人に対する保護措置の実施である。黄南州はこれに関する政策を制定し、国家級無形文化遺産保護項目中の代表的な継承人、工芸美術大師等に対して政策的保護を行い、一連の措置を講じ、保護により力を入れ、政策を実行し、芸術職人の基本的生活問題の解決を助け、補助金の金額を確定し、また彼らの各種形式での伝承活動を支持し、また彼らが従事する創作に必要な活動場所を提供し、しきたりを打ち破り、一つの形式に固執せず、速やかに条件を備えた無形文化遺産項目の代表的な継承人を国家級、省級継承人に推薦し、現在すでに数十名の民間芸術職人を国家級工芸美術大師と無形文化遺産項目代表的継承人として続々と承認申請をしている。

三つ目は、国外に対する宣伝を強化し、地域特色を出し、レプコン文化の影響を拡大し、レプコン文化ブランドをつくることである。「青海国際タンカ芸術節」、「レプコン芸術節」や文化旅行サイト、国際、国内の重大な祝祭日、交易会、青洽会、および省級民族文化旅行節等の国内外サイトやメディアを充分に利用し、レプコン文化の魅力を充分に展示し、さらにレプコン文化の影響力を高める。省内外の百近い国際、国内旅行社と新聞メディアをレプコン考察旅行ツアーに招待し、提携契約を結び、中央電視台と協力し多くのレプコン文化生態区の人文資源を主題としたドキュメンタリーを制作、放送し、レプコン文化生態区の知名度をさらに拡大させる。ブランドが優勢に転化したことは、正真正銘の産品優勢であり、レプコン文化ブランドを名目とし、文化の素晴らしい作品をつくり出す。

四つ目は、政策の面からレプコン芸術の発展を促し、レプコン芸術の生存環境を完全なものとしていき、全体的な保護を実現することである。保護区の詳しい規定の制定、完備をし、『青海レプコン文化産業発展計画』、『同仁歴史文化著名都市保護、修復計画』、『坎布拉景区旅遊総体計画』、『青海隆務寺保護計画』、『レプコン文化生態保護実験区総体計画』、『黄南州旅遊発展総体計画』の編制作業を完成させる。重点を置く項目として、政府の投資、社会資金調達、民間資本の取り込みなど様々な形式を通じて、レプコン芸術の生存環境を完成させ、全体的な保護を実現し、レプコン生態区の建設強化、文化生態区の観光基礎条件を改善し、全体のサービスレベルを向上させる。

五つ目は、市場開発力の合理的な拡大、生産性ある活きた保護の実現である。現在いかにレプコン文化資源の優勢を文化産業経済優勢の転化を促すかの点においては尚そのシステムとはっきりとした発展構想が無く、融通の利く開発システムが欠けている。長い間、レプコン文化の資源開発システムが機能しておらず、方法は単一で、産業化、市場化の程度は高くない。レプコン芸術を主とする文化特色産業は未だに多くが小規模であり、分散式経営を主とし、産業化の程度は低く、産業チェーンは不完全で、管理は粗放され、生産量は少なく、レベルが低い。大型のトップ企業の率先が少なく、文化産業開発と生産操作は統一されておらず、製品に付く価値は低い。将来、政策の面から措置を出しレプコン芸術の生産経営を全面的にサポートし各会社に創作経営を手放させることができ、民間との連動を喚起し、市場経済手段により民間芸術職人の創作を刺激し、伝統文化を産業化という条件の下で保護の実現を促す

最後に、民間協会はレプコン芸術自らの管理を強化し、レプコン芸術の作品創作の質監督を重視し、業界自立の視点から業界の標準を決め、レプコン芸術元々の真性を確保する。青海省レプコン芸術協会が成立し、生態区の文化芸術職人をメンバーとし、『黄南州タンカ制作標準』を名目とし、文化ブランド元々の真性に対し保護を実施し、鑑定委員会を成立させ、業界管理を強化し、不合格の芸術作品の市場流入を阻止する。同時に、協会は対外貿易経路の助けを借り、外へ出していく戦略を実施し、国内大都市を巡る展示会と同時に、アメリカ、韓国、ヨーロッパの国に行き展示を行い、文化交流と芸術品の販路を開拓し、レプコン芸術産業化の形成をさらに促す。

（張　偉）

参考文献

1 馬成俊『熱貢芸術』、浙江人民出版社、二〇〇五年版
2 白漁『黄南秘境』、中国青年出版社、二〇〇六年版
3 馬成俊『神秘的熱貢文化——金色的谷地熱貢』、文化芸術出版社、二〇〇三年版
4 謝佐主編、辛光武編著『熱貢芸術』、青海人民出版社、二〇〇二年版
5 唐仲山『熱貢芸術』、青海人民出版社、二〇一〇年版
6 呂霞『蔵伝仏教在熱貢的伝播及芸術表達』、青海民族研究、二〇〇八年第一期
7 賈一心『高原明珠——熱貢芸術』、華夏文化、一九九九年第三期
8 王友江『浅談熱貢芸術的発展及其特色』、『西北民族学院学報』（哲学 社会科学版・漢文）、一九九八年第一期
9 伯果『熱貢芸術的歴史伝承和風格演変』、『西蔵芸術研究』、二〇〇七年第二期
10 呂霞『熱貢芸術的歴史渊源及発展分期』、『青海民族学院学報』、二〇〇八 年第一期、佐良『熱貢芸術的源流與現状』、『美術観察』、二〇〇三年第一 期
12 趙清陽『熱貢芸術歴史考察紀略』（上）、『西蔵芸術研究』、一九九六年第四期
13 趙清陽『熱貢芸術歴史考察紀略』（下）、『西蔵芸術研究』、一九九七年第一 期
14 舒勇『熱貢芸術研究』、『美術研究』、一九八七年第四期
15 呉姗『「熱貢文化生態保護実験区」的建設與保護対策』、『金卡工程』（経済與法）、二〇一〇年第四期
16 祁進玉『非物質文化遺産伝承與保護的可行思路——以青海省黄南蔵族自治州「熱貢芸術」為个案』、『西北民族大学学報』（哲学社会科学版）、二〇〇九年 第六期

チベット劇（藏戲）

二〇〇九年九月二十八日から十月月二日にかけて、アラブ首長国連邦の首都アブダビでユネスコ無形文化遺産保護政府間委員会第四回会議が開かれ、チベット劇がユネスコ「人類の口承及び無形文化遺産の傑作」リストへの入選に成功し、中国チベットに世界級無形文化遺産の代表作が無いという空白を埋め、チベット演劇芸術は世界芸術宝庫において独特な歴史、文化価値をはっきり示し、これは全世界が中国に対しチベット芸術の保護と発展を充分に認めたこととなる。

チベット劇は中国の芸術の中でもやや独特な民族劇の種類で、それは非常に美しく神秘的なチベット高原で育まれ、現在に至るまで六百年以上の歴史があり、中国の少数民族の中でもはるかに時代が古く、最も広く伝わった劇の種類である。一種の民族歌舞、民間曲芸形式により表現される故事内容の総合的表演芸術として、チベット劇の節回しは高らかで抑揚があり、衣装は華やかであか抜けており、内容は学識があり、題材は広く、ジャンルは多く、構成は厳密で、流派も多く、特色は鮮明で、中華民族芸術の宝物と称賛される。『文成公主』、『諾桑王子』、『卓娃桑姆』等などを代表とするチベット劇の八大伝統曲目は中国のチベット、青海、甘粛、四川等の省のチベット区で広く流行し、チベット文化芸術の精華を体現し、それは各チベット区の人民生活を全面的に反映した百科事典であり、またチベット民族の輝かしい文化の傑出した代表であり、チベット族の社会生活の大きな影響を生み出した。

歴史の古い雪国の傑作

チベット劇は、チベット語で「アジラム」といい、それは「美しいお姉さん」という意味で、略して「ラム」と称する。このような珍しさをかいまみせる名称はチベット区に広く伝わる美しい伝説を由来とする。

言い伝えによると、チベット劇の創始者タントン・ギャルポは十四世紀から十五世紀のチベットの有名な高僧の一人で、人々は「ジャサンバジュドゥ」と呼び、天下を行脚する鉄橋の生きる仏という意味である。彼は各地で経を唱え仏法を伝える過程において、大衆が河を渡る、谷を越える辛さと危険を深々と実感し、そこで人々のために橋を造ってあげよう！と大きく宣誓し、彼の快挙は曲水橋、鉄索橋を修理することから始まった。当時財源に限りがあったことから、労働力や物資、技術の難題を解決することが難しく、鉄環をつなぎ合わせた鉄索はどうしても対岸まで架けることができなかった。タントン・ギャルポ大師はお布施を請い資金を求めるだけでは橋を造る経費の問題は解決することはできないと深く実感し、そこで彼は歌やダンスの団体を組織し各地で演じて資金を稼ぐという方法を思いついた。当時、橋造りの労働者の中に七名の歌い踊れる女子がいた。タントン・ギャルポ大師は彼女らを基礎に、一つの表演グループを組み、彼は自ら演目を手掛け、節回しや動作を設計し鐘を鳴らしながら、表演グループを連れ各地で資金を募る演出を行い、多くの金品を得て、ついに索橋を建設することができた。後にシェートンムン県のタシズ索橋を建設するため、彼はやはりこの方法により行い、ある上演において、チベット語で「ジャルー」と呼ばれる何人かの長老は酒を飲みながら劇を見て喜び、意外にも杖をついて舞台に上がり、踊りはじめ、踊りは十分に面白かった。女たち

チベット劇の演出

も老人たちが踊るのを見て、我慢できず舞台に上がり上演し始めた。この導きを受けて、タントン・ギャルポは元のウンバ舞踊に、ジャルーと女たち踊りを加えた。後の上演において、彼はまた続いて宗教跳神（巫女や祈祷師が厄払いのため、神懸かりになって舞い狂うこと）と民間故事を演目の中に取り込み、更に戯劇化させ、より鑑賞性のあるものにした。演目が群衆に深く好まれたため、大量の財物が寄付され、橋造りの工程を順調にした。文献の記載によると、タントン・ギャルポが建設した二十あまりの橋梁はすべて、このような方法により完成したものである。橋を一本一本架けるにつれて、タントン・ギャルポのチベット劇団も日に日に成熟していき、チベットの民間への影響もますます大きくなっていった。

チベット劇の芸人と多くの劇作家はこれに基づきチベット劇はタントン・ギャルポが創造したものだと認識し、しかしチベット劇の思想内容や言語、形式、芸術風格等を考察すると、容易に見出すことができ、チベット劇の形成がボン教の祭祀儀式、仏教の跳神舞踊、民間曲芸芸術、民間舞踊芸術等を含む様々な古い宗教芸術と民間芸術の影響を受け、そして育み、成形、発展、完成の長い過程を経て、決して一人、一世代、一時代で十分に創造、一瞬のうちに規範化、規格化された完全な体形に変幻できるものではない。研究は、タントン・ギャルポの時代の前に、チベット劇はもう一段の長い萌芽期、成長期があると認識している。

チベット劇の起源の具体的な時代に関して、現在理論界は諸説紛々で、未だにきわめて確実なそれを証明する史料はないが、チベット劇は仏教やボン教、チベット地区の音楽、舞踊文化の三者が結びついたことを起源とする観点が多数の学者の同意を得ている。早くも八世紀に、チベット族の民間歌舞や曲芸、百芸雑技の表演はピークにまで発展し、特に様々な擬獣舞、面具舞の表演芸術はかなり発達しており、これらは総合的戯劇表演芸術の形成であり、堅実な基礎を定めた。インドの高僧であるパドマサンバヴァはチベットの王ティソン・デツェンのチベット説法の誘いを受け入れ、七七九年山南のサムイェー寺での落成式にて、仏教儀式とボン教の祈祷式、また現地の民間の踊りを加え総合的に発展させ、一種の仏教哲学の宣伝を用いた無言劇的な祭祀舞踊「シャム」を形成した。シャムの芸術特徴は姿と造型を重んじ、場面の手配にこだわり、叙事性が強く、宗教儀式ではあるが、その演出は人が動物の面をかぶり、そして楽器の伴奏に合わせてトーテム的擬獣舞を踊り、簡単な故事のあらすじと架空の場景や人物がすでにあり、初歩的な戯劇的要素を備えていた。ボン教時代の民間曲芸芸術はチベット劇に知らず知らずに感化されるという作用も発揮した。チベット劇は故事叙述の過程においても民謡形式の韻を用いることにより、歌としての特徴を高め、今日までずっとチベット劇の演出形式中に曲芸故事の痕跡をはっきりと残している。民間チベット劇の演出は、劇全体で一人の「ドゥシェバ」(解説する人)が行い、その専門は開幕前、閉幕後にストーリーの発展を紹介するせりふを言うことで、紹介したところまで上演し、演出する演目の長さもそれによる。

チベット劇の起源に関して具体的な年代はまだ更なる考証が必要であるが、学界はチベット劇の成型期及びそれ以降の歴史に対して既に基本的に一致しており、一般的に、チベット劇発展の成熟期には以下のいくつかの代表的な時期がある。

一つ目は十四世紀のタントン・ギャルポの時代である。タントン・ギャルポはチベット劇を開いた創始者またはチベット劇の神と呼ばれ、鉄橋を建設する資金を集めるため、彼は歌って踊れる山南七姉妹(一言でいうと七兄妹)を組織し、初めてのチベット劇劇団であるチョンバ・ジャシビドゥンバ劇団を成立し、白ヤギの皮でできたお面をかぶって上演する。タントン・ギャルポは自ら劇を創作、脚本し、パドマサンバヴァ時代に形成された跳神舞踊を大胆に取り入れ、またチベット族の歌や踊り、曲芸等の民間芸術を吸収し、特に「ラママニ」曲芸芸術の要素を取り込み、戯劇化の総合的創造を行い、ある仏経故事或いは民間の伝説を創作、演出し、簡単な故事のあらすじをもつ歌舞劇が形成された。この時期はチベット劇の正式な形成期とすることができる。

祭祀ダンス「カンム」

二つ目は十七世紀のダライ・ラマ五世の時代である。ダライ・ラマ五世はチベット政教の主導権を握った後、チベット族文化史上最大の繁栄期を迎え、チベット劇表演芸術は力強い生気を相応にみせ、規範化、規格化、体形化、専門化の道をたどり始めた。ダライ・ラマ五世はヨーグルトの宴会に民間で有名なチベット劇団を招待し、デプン寺で興を添える上演をし、チベット劇学習班の先例である「デプンショトン」を創った。その後デプン寺、幸福の庭園で形成し始め、最終的にはショトン祭の期間にノルブリンカで一年に一度挙行される盛大な規模のチベット劇公演の慣例イベントとなった。この時期に、民間で専門的に改編、加工された、そして文字に記録する手書き或いは刻印のチベット劇の脚本が現れ、比較的定まった、職業性質を持つチベット劇劇団も現れた。ショトン祭というこのチベット族の特殊な祭日を通じて、チベット劇の発展を新しい段階へと推し進め、チベット劇の発展を繁栄期に入りこませた。白と青の二種類のお面のチベット劇は、演目の簡単な一部分だけしか演じることができなかった元々のものから、全体を演出することができる盛大な劇へと発展した。最初の多くはないいくつかの基本の節回しから、しだいに朗読、舞、表現、セリフ、技、芸を集め一体にした総合芸術を形成した。この期間に、各流派のチベット劇の風格は日に日に成熟し、影響もますます拡大していった。各流派の中には名声のある劇師や表演芸術家が大量に出現した。チベット劇の脚本創作、改編を行う僧侶や世俗文人も現れた。やや成熟したチベット劇の演目が産み出され、蓄積されていった。影響の及ぶところで、チベット劇はしだいに各チベット地区に伝わり発展し始め、デルゲ劇、チャムド劇などの多くのチベット劇にも伝わり派生し出し、さらにそれぞれの特色をもつ流派とジャンルを形成した。この時期はチベット劇の発展、定型期或いは成熟期と称される。

三つ目は新中国が成立以降である。チベット劇の最も輝かしい時代は新中国成立後、特にチベットが民主改革を実現した後で、元々のチベット自治区人民政府はジョモロン寺のチベット劇劇団を基礎としチベット自治区チベット劇団を編成し、これと同時に様々な民間のアマチュア劇団も雨後春筍のように出現し、民間で活躍し、多くのチベット族の人々に深く愛された。チベット劇はここから青春と活力を奮い起こし、節回しの表現または服装、道具のどの方面においてもより完全なものとなり、思想内容と形式を現代に向けた転換を実現した。一方では伝統的なチベット劇の内容の改編を行い、そのうちの封建的な無駄なもの及び迷信色が十分に濃い要素を除き取り、古代チベット族の人々の美しい理想、素朴は願望、非常に美しい幻想及び平和で幸福な生活への追求を表現し、素晴らしさに磨きをかけ、作品の内在的要素をより健康的、積極的、向上的なものにし、同時に現実生活を反映した現代のチベット劇が次々と世に現れた。またチベット劇の内容が改編されるにつれ、形式にも一定の進展があった。古いチベット劇はしだいにかつて単一であった広場劇から総合的舞台芸術に発展し、一部分のお面は化粧に変わり、背景、証明、効果等が増え、音楽隊も少数の弦竹楽器が増え、また以前は太鼓と鈸の二種類の打楽器の伴奏の下で清唱（伴奏をつけずに歌う）し大部分がセリフを歌い読んでいただけであった。表演芸術においてチベット族の他の表演芸術と中国内陸部の戯曲の表演技巧を吸収し、両者を融合させ結び付け、伝統チベット劇独自の濃厚な民族風格を発揮でき、それを時代の雰囲気と美的センスを兼ね備えた現代舞台総合表演芸術に改造した。その他に、半世紀以上の発展を経て、伝統チベット劇の伝承方式に重大な変化が起こり、「口伝心授（口頭で伝え、心で受け取る）」劇団を主とするものから、次第に現代の学院制度により養成する方式に変わり、チベット劇役者の養成は次第に自由でまとまりのない状態から正式に系統化された状態への過渡期を実現した。チベット劇理論研究の方面においても、多くの学術価値のある論文や専門書が出版され、チベット劇の継承や創作、発展のための良好な理論の基礎を定めた。これはチベット劇の新生期であり、また改革段階とも呼ばれる。

　長期にわたって、中国の演劇理論界はチベット劇をチベット族とチベット地区唯一の劇として扱っていたが、実際チベット劇は非常に大きな演劇ジャンルであり、チベット高原各地の自然条件、生活習慣、伝統文化、方言や発音の違いによ

雪頓節にチベット劇を見る

り、多くの芸術的品種と流派をもつ。一九八九年五月、『中国戯曲志・西藏巻』がチベットで内容の最終審査を行い、区内のチベット族の白面具チベット劇、青面具チベット劇、チャムドチベット劇、四川のジョムダから伝わったデルゲ劇やメンパ族のメンパ劇の五つの戯曲を確定した。同年八月、『中国戯曲志・青海巻』の内容に対する初審査の時、青海にはアムドチベット語方言地区の黄南チベット劇、華熱チベット劇、甘南のゴロクから伝わったチベット劇の三種が確定された。これらの劇のうちチベットのチベット劇は芸術の母体であり、それはウー・ツァンの寺院の造詣を深めた僧侶と聖地を巡礼する群衆を通じて青海、甘粛、雲南の四つの省のチベット語地区に遠く伝わり、青海の黄南チベット劇、甘粛の甘粛チベット劇、四川の色達チベット劇等の枝分かれを形成した。インド、ブータン、シッキム等の国のチベット族が集住地域にもチベット劇が伝わった。

チベット劇は長い伝播の過程において、いくつかの流派も形成した。いくつかの大きなチベット劇のジャンルのうち、劇団がある場所の各地区の自然条件や社会習慣、民間芸術伝統等がそれぞれ異なること、さらに各劇団は代々伝わるそれぞれの戯師が得意とする芸術創造及びそれぞれ異なる伝承により、基本的に劇団を中心とする異なる節回しの特徴と異なる演出風格の芸術流派が形成された。チベット劇の流派はまず新旧二つの大きな流派に分けられる。旧派はヤギの皮でつくった面を使用し、白面具派と呼ばれ、窮結のビントンバ、トゥールン・デチェン区のランズワ、ネドン区のタシショバなどの流派があり、その動作と節回しは比較的簡単で、影響はやや小さい。新派とはすなわちジョンバ、ジャンガール、ジョモロン、シャンバの四代劇団であり、それは演出開始時に青い面をつけて役者が登場することから、青面具派と呼ばれる。現在国内外で一般人が言うチベット劇とは主に青面具チベット劇のことを指し、それは直接白面具チベット劇から発展してきたもので、その表演芸術は大きく発展し、影響もとても大きく、しだいに旧派に取って代わるようになった。

四川のカム地区の代表的なチベット劇の流派には巴塘派や礼塘派、康定派、道孚派、甘孜派等がある。カム区チベット劇は、チベットに由来するものであるが、何度も変化し、早くに地区の特色に溶け込んでいた。軽やかで楽しい歌に、しなやかで美しい舞の巴塘蛇皮線、重々しく勇壮な甘孜鍋庄（チベット族の民間舞踊の一つ）は、カム区のチベット劇に新しい芸術的要素を与え、カム区南北両方のチベット劇のそれぞれの特色をもち、独自の流派となっていった。この他に甘粛のラプラン寺のチベット劇があり、最大の特徴は曲芸を主としていることである。その曲調はなめらかで、リズムは規則正しく、さらにしなやかで上品であり、独特な風格のラプラン歌舞をその間に挟み、この流派のチベット劇により歌舞劇的特徴をもたせる。アムド方言を使用することにより、その流行範囲は広く、アムド地区全体、すなわち青海や甘粛チベット区、四川西北のチベット族牧区のチベット劇であり、全てこの一派に属す。

東方戯劇の活きる化石

チベット劇は一種の総合的芸術形式であり、独特に成熟し、古代民謡、曲芸、音楽、舞踊、雑技を含み、また各種宗教祭儀、絵画、彫刻、服飾等も含まれる。現在ある戯曲劇のうち最も古い劇の一つとして、それはチベット社会や歴史、生活の土壌の上で育ってきたもので、その形式と風格は強烈で鮮明なチベット民族の特徴と濃厚で抜きんでた雪国の神秘的な色をもち、また各方面において自らの特徴を完璧に残しており、チベット族の人々の独特な文化と生活方式を深く反映している。チベット劇は歌唱、舞踊、伴奏などの方面においてすべて他のチベット劇の風格とは全く異なる要素を表現し出し、そのあの豪放で屈託のない、豪快な舞い姿、高らかに美しく響き渡る、甘い節回し、味わい深い長く続く韻、冗談を言い、人を楽しませる喜劇表演、また龍や鳳凰が刺繍され、鮮やかで美しい演出の衣装、神秘的で、古風で趣のある、非常に美しい荒唐無

青い仮面のチベット劇演出

稽なお面は、素晴らしいものばかりの中華民族戯劇芸術界でも独特な風格があり、世界戯劇の活きる化石を言うことができ、非常に高い芸術的価値がある。

チベット劇は内容の豊富さ、多彩さを反映し、その多くは宗教故事や歴史故事、民間伝説故事である。チベット劇の伝統演目は、考察によると歴史伝説劇、民間故事劇、人情世態劇、仏教故事劇に分けられる。昔から今まで割と広く演じられてきたものは所謂「八大チベット劇」であり、即ち『智美更丹』、『文成公主』、『諾桑王子』、『卓瓦桑姆』、『蘇吉 尼瑪』、『頓月頓珠』、『嚢薩姑娘』、『白瑪文巴』である。この八大伝統チベット劇のうち、二国が互いに略奪し合う戦い、隣国の王との友好関係を表現したもの、怪物や妖怪奸臣祈祷師が悪事を働くもの、王子と王妃が民の貧困の改善のため仏に祈るもの、土司や族長が奴隷を残酷に侮辱し圧迫し、貧しい人々が様々な方法で反抗するもの、強いられた婚姻が悲劇を引き起こし、忠貞な愛情が最終的に幸福を得るもの、異国の宗教文化の影響、チベット族と漢民族の民族交流文化を表現しているものがある。これらの演目は神話色に満ちているが、その内容はチベットの特殊な歴史環境と人々の生活における要求であり、文芸作品は生活が元でありまた生活より高くこれは創作における原則の産物である。上は王宮貴族、仏教の祖師から、下は奴隷農民、怪物まで、真善美、偽悪醜、人間の様々なありさままで、全てが含まれている。ここには黒く暗い邪悪な勢力の暴露と批判、更に人々の美しい生活へのあこがれと切望が含まれている。チベットの歴史発展、社会的進歩、人々の生活と観念の面において、チベット劇は一枚の歴史の鏡であり、生き生きとした形象の作用を発揮し、濃厚な歴史の深さと生活の広さを兼ねている。チベット劇の脚本はチベット族文学の頂点の一つであり、それの音律は重く、情緒も重く、多くの格言や俚諺、成語を応用し、あらすじの中にさえたとえ話を織り交ぜ、チベット族の古代文学言語の精髄を残している。

雪国風情の特定的な表現内容の他、チベット劇の表演形式も独自の特徴があり、主に節回しの芸術、舞踊芸術、面具芸術等の方面において表れている。これらの具体的な芸術形式は非常にチベット文化の内在的要素が非常に豊富であり、より人にチベット文化の学識の高さ、奥の深さを味わってもらいやすく、そしてその特有の民族的魅力は世界の注目を集めた。

チベット劇は主に歌詞、節回し、動作、即ち言語、音楽、舞踊を芸術手段とし、人物形象をつくり上げ、戯劇の衝突を表し、社会生活を反映している。伝統的な演目の歌詞は全て詩句である。比興（中国の詩や歌における伝統的な表現手法の一つ）に長じ、韻律にこだわり、生き生きと洗練されており、リズム感は強く、吟唱と歌唱に適している。チベット劇の節回しは、総称して「ランター」と呼ばれ、通常用いられるのは二十種類以上で大きく分けて「長調」、「短調」、「反調」、「悲歌」、「民歌調」、「韻白帯唱」などのいくつかの種類がある。チベット劇の節回しは、曲調は高らかで、声音は大きく明るく、濃厚な高原特色をもつ。長調は喜びや心地良い心情、短調は一般的な叙事を表現し、悲調は心配し苦しむ、悲痛な心情、反調は感情の変化やストーリーの変化や起伏を表現する。それぞれの節回しは一般的に七語から九語のみ歌い、まれに歌詞の文字数が最も多いものでも十三字を超えることはない。数板（戯曲曲式における板式の一種）の語句の数と字数は制限がない。一人が演唱し、多くの人が節回しを合わせ、四川劇の高腔にとても似ている。伴奏の楽器も比較的簡単で、主に打楽器を使用し、太鼓一つと鈸一つは伴奏、または指揮である。役者は太鼓と鈸のリズムに合わせて踊り、動作は整っており勇壮で、非常に気分が晴れ晴れとする。開幕と閉幕、及び喜ばしい場面では、よく大銅号（ラッパのようなもの）と項吶（楽器の一種）を用いて間奏をつくり、勇ましさや厳かさと、非常に盛大な雰囲気を引き立たせる。

チベット劇は表演と節回しの間に、多くの民間舞踊の取り入れと演出の実践の中で次第に特殊なチベット劇舞踊を形成し、これらの舞踊は、ほとんどがチベット族の人々の労働を生活に由来する。男の基本動作は弓を引き、矢を射る動作で、女の基本動作は糸を撚せ糸を纏める動作だという。登山、船行、騎馬、

チベット劇『文成公主』

奉納等々すべて一定の舞姿がある。そのほかにも「躺身蹦跳」などの舞踊の技や演目の取り入れられる鼓舞、獅舞、孔雀舞、野牛舞などがある。ある歌舞は劇のストーリーに基づいて改編する必要があり、あるものは直接その中に取り込み用いられ集会や祝典の場面を表現する。歌舞だけに関して言うと、チベット劇表演に用いられているものは五、六種類ほどある。例えば熱芭歌舞、ヤクの舞、諧欽、開幕儀式の歌舞、ガルダン歌舞等がある。チベット劇の踊りのステップは上がり下がりの幅が大きく、特殊な韻律の美がある。他にもチベット劇は喜劇、民間雑技の技、宗教祭儀、曲芸、ラママニなどの形式を吸収し、このような場の雰囲気を調節し、大きな吟唱により生まれる単調な退屈さはなく、したがってチベット劇は一種の歌舞要素の非常に強い戯劇となった。

伝統チベット劇の演出は、一般的には広場劇で、また少数の舞台演出形式もある。これはチベット地域の広大で流動性の高い、どこにいってもすぐに村はずれの平地、寺院広場、草原牧場であり、演出と関係がある。チベット劇は長期にわたる表演実践において、しだいに比較的定まった規格を形成した。一般的にすべてのチベット劇は三つの大きな部分に分けられる。第一部分はチベット劇開幕の序幕である。まずは「温巴頓（ウェンバトン）」、猟師の斎庭を意味し、即ち猟師の服装をした者が色のついた矢を手に持って登場し、その地を清め、高らかに祝福する。その次は「加魯欽批（ジャルチンピ）」で、太子降福を意味し、即ち太子の身なりをした者が権力の象徴である竹でできた弓を手に持ち登場し踊り、神に祈り邪悪なものを駆除する様子を表現し、観衆に福の恵みを与える。最後は「拉姆堆嘎（ラムドゥガ）」、天女の歌舞を意味し、天女の服装をした者がゆっくりと踊りはじめ、天女が下界に下り、人間と喜びを共有することを表現している。第二部分は「雄」、即ち「正戯」であり、演出の主な内容である。第三部分は「タシ」で、即ち別れ、祝福の儀式であり、過去においては集団的歌舞を通じて観衆に寄付を募り、観衆や地方の長、金持ちの寄付を受けた。チベット劇と他の地方の

チベット劇の伴奏

戯劇が異なるのは正戯を演出する時、出演の順番が回って来る、来ないに関わらず、役者は全員登場し、半円を囲み、自分の番が回って来ると即出演し、その他の時間はコーラスやダンスに参加する。

チベット劇の衣装は豊富で多彩であり、その制作は精巧で、尚且つ鮮明な民族風格と高原積雪地域の特色があり、例えばチベット族の肉付きのいい腰、長袖、大襟、腕をさらけ出すといった特徴と鮮やかで濃い色彩を兼ね備え、紋様の組み合わせを重視し、動物の皮、金銀、宝、象牙、宝石等を用いて装飾とするのを好んだ。

チベット劇の表演において最も人々が注目するのはそのお面の表演である。面具、チベット語で「バ」といい、それはチベット劇芸術特有の顔面化粧の手段である。チベット劇のお面はチベット劇が形成された初めの頃、既に存在しており、一般的にチベット族は早期に様々な民間芸術表演の面を吸収し宗教儀式跳神厄払いの面から発展してきたものであるとみなされる。その種類は非常に多く、様式も独特で歴史も長い。チベット劇の面の形象が突出しており、その特徴がはっきりとしていることから、非常に多くの人物役と全ての動物役が面をつけて演じ、様々な役が面をつけて演じる技芸もかなり高いレベルにまで発展し、面をつける表演は現在でもなおチベット劇芸術のうちの不可欠な特殊形式であり、そこからチベット劇の面はとても顕著な芸術特色が形成された。一般的にチベット劇の面はその素材や形態、様式、風格、特徴によって、四つの品類に大きく分けられる。

㈠　平板式軟塑面具

これはチベット劇の中でも最も典型的で、最も独創的な特徴の戯劇人物の面であり、一般的に皮或いはラシャ、綿フランネルから制作される。例えば国王の紅面具、王妃の緑面具、踊り子の半分白く半分黒い面具である。

㈡　半立体軟塑面具

チベット劇の棒の演技

一般的に皮、布或いは布の層の中に綿を入れて制作される。例えば村人やチャンス老人、老女の面具、市場の老女ガマビンジェンの面具、仙人、隠者またはラマの面具である。

㈢　立体硬塑面具

一般的に泥塑或いは泥塑を抜き出した紙の殻または漆を塗った布の殻からつくられる。正戯の中でもののけ役とシャムの役に用いられる。例えば魔物の王妃ハジャンの面具、九頭ロリ女王の面具、恐ろしい金剛の面具である。

㈣　立体写実的動物精致面具

泥や布の硬塑を用いたものや、布または皮、毛糸の軟塑を用いたものがある。ほとんどは頭と全身が皮の形を模した面具で、部分的に頭を模した面具がある。例えば龍女の面具、牛の面具である。

チベット劇は一種の成熟した戯劇形態として、全く変化しないわけではなく、時代の進歩と絶え間ない革新と発展につれ、その芸術品格も役に立たない古いしきたりをいつまでも守り、古い殻に閉じこもって進歩を求めないわけではなく、次々と外来の優秀な芸術要素を吸収、融合した。チベットの解放に伴い、政治、経済、文化の絶え間ない進歩と発展は、チベット劇表現形式の特徴にとても大きな変化を起こした。新時代の内容を反映した現代チベット劇が次々と現れ、表演も広場から時代に舞台上へ移り、音楽隊、照明、舞台芸術、セット、道具、化粧等の舞台六部門もだんだんと足並みを揃え、一部分のお面は顔面の化粧に取って代わり、セット、照明、効果などが加わり、音楽隊も少数の竹弦楽器が加わった。同時に戯劇の基本的特徴に基づき、大陸内部の戯劇形式を取り入れ、もともと二、三日または一週間でやっと演じ終わる演目を二、三時間内に終わるよう圧縮し、一回の劇を脚本に基づき何幕かに分けて演出し、また二度と以前のように自由気ままに演じ

チベット劇の衣装

るなどのことはない。戯曲芸術として、チベット劇も他の民族の戯劇と同じように、社会の進歩、経済発展、人の思想観念の更新に伴い、より成熟した、より人間に合った方向へと発展した。

四方に香り漂うチベット劇人生

良い劇の伝承とは一代また一代芸術家や理論家の絶え間ない演出、修正、訓練によりやっと実現するものである。チベット劇芸術発展の歴史舞台において、多くの歴史に名を残す人物がおり、彼らは彼ら独自の節回しの魅力、体格の魅力を用い、大変な努力によりチベット劇芸術の名誉を伝承し、また自身の四方に香り漂う芸術人生を築いた。チベット劇の種類の確立は、様々な文化的背景や歴史的なきっかけがあり、しかし最も直接的な動力はやはり何人かのかなめの人物による推進や提唱であり、その中でもタントン・ギャルポやダライ・ラマ五世の成果が崇められる。チベットの過去の民間チベット劇の演出活動のうち、すべてがタントン・ギャルポを劇の神として崇め祭る祭祀である。チベット劇が上演される場所の中心にはタントン・ギャルポの像またはタンカが供えられており、開幕劇「ウェンバトン」も主に祭祀やタントン・ギャルポを褒め称える内容で、劇を見る観衆はものを寄付する時、まずタントン・ギャルポの神像に向かってカタを捧げる。彼はチベット劇活動圏においてこのような高貴さをもち、彼のチベット劇の体制を定める方面での貢献と内心深い大乗仏教の世の乱れや人々の困窮に哀れみや憤りを覚える心持は関係がある。彼は二つの宗教に精通していたようで、戯劇内に含まれる「大小五明」に対し非常に高い造詣と悟りがあり、当時民間と宗教芸術の中にあったある戯劇の萌芽或いは形式を創造的に利用しチベット劇芸術を発展させ、チベット劇もこれにより里程標式

チベット劇の面具

の発展を得た。彼はしだいにチベット劇、この総合芸術の節回し、舞踊、朗読、セリフ表演、技芸等の戯劇要素を豊富にし、この新しい芸術表演形式はしだいに宗教儀式の中から分離し、チベット族戯劇芸術の基本体制を形成し、チベット劇を寺院から民間に向け走らせることを実現し、そして完全にチベット区の世俗化した一つの戯劇芸術となった。タントン・ギャルポのチベット劇に対する貢献は余計なことの表面上のものではなく、伝統を築き、体制を定めたのである。

ダライ・ラマ5世はチベット劇をチベット民族において長く広く伝える重要な作用を発揮し、彼はチベット劇の内容と表現形式をさらに豊富で完璧なものにし、チベット劇を独立した宗教活動及び各種民間芸術とは異なるものにし、一まとまりの独特な演出形式をもつチベット民族表演芸術に特殊な作用を発揮した。チベット劇表演を職業化させるため、ダライ・ラマ五世は役者を寺院の中から出し、プロの役者にし、チベットの歴史上初めてのプロのチベット劇団―ジョモロンを設立した。同時に、役者が用いる台本を叙述体から代言体に発展させ、これは後に現れる演出の「脚本」を形成することとなる。ダライ・ラマ五世の注目と提唱により、チベット劇は各地で普遍的な支持を獲得し非常に早く発展し、毎年かなりの数の劇団が「哲蚌雪頓」に参加した。ダライ・ラマ五世のチベット劇に対する貢献は歴史的であり、今日におけるチベット文化群落の位置とチベット文化俗制の安定した伝承を形成し、すべて政治と宗教の大権を一身にもつダライ・ラマ五世の努力を切り離すことはできない。

チベット劇芸は積雪地域高原の文化を代表する一つとなり、また時間がたつほどに新鮮に感じられ、これはチベット劇史上の巨頭の絶え間ない革新であり、次々と様々な文化土壌の中から栄養を吸い取った結果である。ある革新はその表演の規格や要素、劇団の運営や構成等である。あるものは各民族の文化の中から芸術的手法を大胆に手本とし、自己の生活の中から芸術的要素を掘り起こすなどである。彼らの大多数は素晴らしい戯師であり、役者の中の中心人物であった。チベット劇芸術の戯師はチベット語で「ラオベン」または尊敬の意を込めて「ガンラ」と呼ばれ、それは最も尊敬される師匠である。彼らは戯劇を監督し教える教師であるだけでなく、劇団の座長でもあり。主に役者、演奏者、経営者等のとりまとめであり、これはチベット劇と大陸内部のその他の戯曲と異なる点の一つである。彼らは表演の中において経験と戯師特有の権力を獲得し、彼らに他の人と比べてより能力があり改革の機会を持たせる。これらの第一線にいるチベット劇活動者は常に実際の情況に基づいてこまめに既にある規則や、豊富な劇の要素を適度に調節する。そのうちの素晴らしい者として、かつてチベット劇の歴史の中で最も影響のあるジョモロン劇団の没落から中興へ向かった戯師「タンサン」、チベット劇の発声を総合的に改造し創新した節回しの師匠「ミマチャンツン」、多くの人に師とされるチベット劇の鑑賞性と芸術性を究極にまで発揮させた「タシトンジュ」などの人がいる。

タンサンはチベット劇の歴史上著名や役者、戯師、チベット劇芸術家であり、彼女はジョモロン劇団の発展のため盛り上げ、最終的にはあまねく名を知られている芸術流派を形成し、堅実な基礎を定めた。彼女のチベット劇に対するもう一つの貢献は古いしきたりからの突破で、大胆にも女性の役者を採用した。タンサンは社会の伝統観念や習慣、すなわち女性は舞台に上がり演技することはできないというやり方から抜け出し、多くの女役者を大胆に採用し養成し、男女の役者混合での編制を創立し、ジョモロン劇団の表演芸術発展に大きな一歩を与えた。タシトンジュは解放前のジョモロンの最後の戯師で、チベットのチベット劇団設立後初めての団長であり、中国劇協会の理事である。彼はチベット劇芸術の革新と発展に対し非常に大きな貢献をした。一人の役者として、彼は良好な職業倫理と技能教養がある。彼は芸も見事で人格も高いことの他に、彼の最も主要な貢献はチベット劇の全面的な革新で、最終的にジョモロンチベット劇を晴れ晴れと賑やかで、活発で生き生きとした、豊富で多彩、味わい深く優れた独特の演出風格を形成し、後に自治区のチベット劇団を設立し堅実な基礎を築いた。一九五九年民主改革が始まった後、彼はラサ市軍事管制会の支持の下、元ジョモロン劇団にいた役者を招集し、チベットのチベット劇団の建設を計画し、そして初めての団長を務め、チベット文化の伝播と伝承に対し重大な貢献がある。

チベット劇発展の歴史上、かつて優秀な演芸家が大量に出現し、彼らは人物の形象をつくり出し、そこに残した創業精神と深く広い人の思いやりはチベット文化の価値を構成する重要な構成成分である。前文で挙げたたくさんの素晴らしい改革者兼戯師役者の他に白面具戯タシシェバ流派の扎西群佩（タシチュンペ）、白馬頓珠（バイマトンジュ）、ニムバ流派のノチョン、青面具戯ジョンバチベット劇の結布（ジェブ）、額仁巴貢嘎（ウレンバズガ）、普布（プブ）、旺久（ワンジョ）等、ジャンガルチベット劇の白瑪丹珍（バイマダンジェン）、嘎瑪曲杰（ガマチュジェ）、波若（ボロ）、朗杰（ランジェ）、那加（ナジャ）、唐曲（タンチュ）、拉帰（ラギ）、强巴（チャバ）、丹增（ダンザン）等、シャンバチベット芸の根角（ガンジャオ）、帰桑多吉（ギサンドゥジ）等、ジョモロンチベット劇の日巴（リバ）、赤瑪更巴（チマガンバ）、扎西頓珠（タシトンジュ）、阿瑪次仁（アマツレン）、阿瑪拉巴（アマラバ）、哈巴（ハバ）、次仁更云（ツレンガンユン）、云登波（ユンダンボ）、多吉占堆（ドゥジジャンドゥ）等の人がいる。

チベット文化はあらゆるものを含んだ文化系統であり、そのうち関わるチベット劇の人もかなり複雑で、上記に上げた創設者、改革者、演芸家の他に、チベット劇の脚本家、音楽家、舞台設計師、理論研究者、チベット劇活動家、複雑な要素で多元的な民間の伝承者などが含まれる。その中で、チベット理論研究者はチベット劇の系統化、正規化実現の過程の中で特に作用が突出しており、劉志群、小次旦多吉（シャオツダンドゥジ）、辺多（ベンドゥ）等の学者はその中でも突出した代表である。劉志群は黄海沿いにある啓東の農家に生まれ、一九六〇年に中央戯劇学院の戯劇文学科に入学し、そこで学んだ専門は脚本である。五年の大学生活を終えた後、彼はチベットというこの神秘的な土地を選んだ。チベットに来た後、彼はチベット自治区のチベット劇劇団の仕事に配属され、チベット芸術の創作や研究、劇団の組織、管理に身を投じ、生涯の大半の青春と精力チベット劇及びチベット文化芸術分野の創作と理論研究に身を投じた。伝統チベット劇改編と実践を通じて、彼は次第にチベット芸術の伝統技芸の特徴を学び把握し、この基礎上に、現実と歴史を題材にした大中小のチベット劇を創作し上演した。チベット劇の理論研究の方面において、二十世紀八十年代以来、彼はチベット劇「志」の分野において、『中国戯曲志・西藏巻』と『中国戯曲音楽集成・西藏巻』の監修と主な寄稿の作業を完成させた。チベット劇の「論」の分野において、次々と百篇あまりのチベット劇とチベット文化芸術研究の論文を発表し、そして『藏戲與藏俗』（専門書）と『中国藏戲芸術』（監修と主な寄稿）を出版した。

チベット劇の「史」の分野において、一部分の論文を除いて「戯曲志」及び「戯曲音楽集成」中のチベット自治区チベット劇史の概要の他、国家社会科学芸術基金助成年度課題の『中国藏戯史』を完成させ出版した。

保護と伝承

チベット劇の歴史は長く、細かい表演規格があり、かつてチベット族の人々の精神生活において取って代わることのできない地位をもつ。新中国が成立した後、党の文芸方針政策の引率の下、国家は多くの労働力、物資を投じ、各地のチベット芸術の流派に対して全面的な掘り起こしと全面調査、救出、保護、発展、創新を行った。

しかし近代、社会経済の変革、都市化の速度の速まり、外来文化の影響に伴い、チベット劇の伝承は気まずい境地に陥り、主に、伝統表演技芸の伝承が途絶える、高齢のチベット戯師が持っている表演絶技を受け継ぐ人の不足であり、例えば一人の高齢芸人がこの世を去ることは、おそらくある流派の表現流派の伝承が途絶えたことを意味する。芸術人材がいなくなることは、チベット劇演出市場収益が低下している情況下で、多くの優秀なチベット劇の役者が転職し、再度新しく一人のチベット劇役者を育てるのに多くの時間と精力が必要となり、したがってチベット劇芸術人材の不足を引き起こす。現代文化の影響、ロック音楽、流行歌曲等現代の芸術形式は広大なチベット民族の生活に入り込み、チベット族の若者は別の娯楽選択があり、チベット族の若者の心中におけるチベット劇の地位は揺らぎ始めている。いくら高齢者、農牧民は未だなお非常にチベット劇が好きでも、チベット劇を観賞する人は段々と減少している。資金不足、劇団の生存は厳しく、プロのチベット劇団であろうと民間のチベット劇劇団であろうと、役者の養成、劇団の運営は、資金投入と支持

チベット劇戯神・湯東傑布

が不足している。理論研究は未だに薄弱で、専門のチベット劇上級研究人材は不足しており、これも注目と問題の解決が必要である。

幸いにもチベット劇の無形文化遺産申請の実施に伴いと全社会範囲内で無形文化遺産保護の熱が高まり、これらの以上の情況はある程度の好転があった。ここ数年、党中央や自治区党委員会、政府、関連部門の大きな支持の下、チベット劇遺産の保護作業もしだいに実施された。二〇〇三年にジョンバチベット劇が文化部は全国第一回民族民間文化保護工程十大試行事業の一つに確定された。二〇〇六年にラサジョモロン、ツガシェのガムリン県ジョンバ、ツガシェ南北林県シャンバ、ツガシェのリンプン県ジャンガール、山南チョンギェー県ビントンバ、山南ネドン区のヤロンタシシェバの六種類のチベット劇が国家級、チベット自治区級第一号無形文化遺産保護リストに選ばれた。ラサのジョモロンのダンダとツダンドゥジ、ツガシェのガムリン県ジョンバのランジェツリン、ツガシェの南木林県シャンバのツドゥ、ツガシェのリンプン県のジャンガールのツリン、山南チョンギェー県のビントンババマツリンと白海、山南ネドン県ヤロンタシシェバのニマツリンがチベット自治区第一号、国家第二号無形文化遺産項目代表伝承人リストに入れられた。

二〇〇九年から自治区の関連部門は以下のいくつかの方面の作業に力を入れた。まず、さらに力を入れてチベット劇の文字資料を集める作業、すでに捜し集められた脚本と楽譜の整理、翻訳、そして引き続き出版と発行を行う。二つ目は、現在上演されている伝統演目の緊急録音、録画を行い、同時に既に捜し集められた資料のオーディオを制作する。三つ目は、優秀な伝統演目の整理と加工で、リハーサルと巡回公演を通じて、チベット劇の影響を拡大させる。四つ目は、チベット劇の理論研究に力を入れるため、三年に一回組織は全国チベット劇学術研究討論会、五年に一回チベット劇国際学術討論会を開くことを決定し、チベット劇の歴史と現状に存在する問題を探し、関連論文を集め、編集し出版する。五つ目は、現在いる若いプロ役者の強化養成で、古いものにより新しいものをもたらす、高齢芸人の表演技芸、チベット劇の伝統演目と演唱芸術に完全な伝承を受けさせる。六つ目は、伝統演目を継承すると同時に、改革と創新を行い、新しく制作した歴史劇と現代戯を上演し、現代のメディアという手段を運用してチベット劇文化を広め、古いチベット劇を時代の足並みを揃えて発展させる。このほかに、二〇〇九年から、全国のチベット区にある小中学校でチベット劇の知識を普及し、幼い頃から青少年のチベット劇に対する興味と愛好を育成し、チベット劇の伝承と発展に基礎を打ち出す。民間においては、おそらく多くのチベット劇劇団が「以文養文，以戯養戯（文学により文学を養い、戯により戯を養う。）」道を行き、一方では他の地に赴き巡回公演をし、様々な集会やお祝い行事にも参加する。また一方では、観光企業と公演の契約を結び、観光サービスのため、またチベット劇劇団員の収入増加のため、チベット劇の影響を拡大させた。

これらの取り組みはチベット劇の保護と伝承に対し積極的な作用を起こし、この基礎上に、将来以下のいくつかの方面において更に保護の強度を上げる必要がある。

まず、さらに全面的な調査と応急措置等の基礎的な作業をしっかりとする必要があり、無形文化を有形化させる。過去におけるチベット劇の流派に対しいくつかの緊急保護作業の成果を基礎に、全国範囲内のチベット劇の現状に対し全面調査を行い、記録とリストをつくる。かなり完璧な保護、伝承と方案を制定し、チベット劇芸術を新しい時代の有効な伝承と繁栄の持続を推し進める。更なる収集と発掘、チベット劇の歴史、音楽、舞踊、表演、演目、面具、道具、服装、頭飾り、人物、機構等のいくつかの方面の録音（CD）、録画（VCD／DVD）、画像、文字を含む一式の資料を整理する。そして出版する。特にその伝統の脚本と芸術資料に対し、全面的な収集と整理を行い、高齢の芸人の表演に対しては、高い科学技術のデジタルな方法により緊急的な録音と録画を実施し、現代化の手法を用いて記録し、チベット劇文化のデータベースを創設し、チベット劇技術を有形形

雪頓節のチベット劇演出

式に転化させる。

その次にチベット劇の活きた保護と全体的な保護を重視する必要がある。

文化の生態環境を保護することはチベット劇文化遺産を保護する基礎であり、民間の元々の生態でチベット劇文化を生かし続けるため、私たちはそれと関係が深い文化の生態環境の保護を重視するべきである。遺産は活きた形式で大衆の日常生活の中に入り込むことにより、やっと持続的で安定した生命力をもつ。チベット劇はチベット族群衆と芸術家が共同で創造した人類精神の財産であり、特定の民族文化環境の中で産み出され、それは対面する広大なチベット族の観衆の群れであり、もしそれを育んだ特有な文化の雰囲気あら離れたら、その基礎と個性を失うこととなる。そのためチベット劇の観衆たちを養うことを重視する必要があり、地方の劇団を大きく発展させる必要がある。このほかに、現在中国の五省チベット地区のチベット劇芸術保護は基本的には各自に任され、相互交流と学習が十分ではなく、チベット劇保護において協力が形成されておらず、将来チベット劇の全体が協力し保護の力をさらに強める必要がある。

また続けてチベット劇芸術の人材を育成する必要がある。高齢のチベット芸術家が相次いで亡くなっているため、継承者は日増しに減少し、おれによりチベット劇の芸術人の育成を重視することはチベット劇の伝承、発展の重要な内容の一つであるだろう。また各流派すべて継承が必要であり、このようにしてやっと全面的なチベット劇と言える。少し前に文化部はまた第二号国家級無形文化遺産項目の代表的な継承者の選考結果を公布し、チベット劇からは十一名が入選し、国家はチベット劇人材に対する重視を示した。

役者の育成のほかに、脚本、監督人材、節回しの創作者も不可欠である。チベット劇上演が成功するかしないかにかかっているのは豊富なチベット劇背景をもつ劇作家や監督、節回しの創作者であり、優秀な役者がいなければ、良い脚本は創作できず、すばらしい節回しもなく、すべて空論に偏る。そのほかに、チベット劇のレベルの高い研究人材の養成も重視する必要があり、力を入れて多くのチベット劇の専門学者を養成し、チベット学をつくり発展させ、チベット劇芸術研究作業を系統的に行い、国際チベット学とチベット劇研究組織や学者の交流活動を積極的に実施していく。

最後にチベット劇と祭日文化の結びつきを積極的に推し進める必要があり、文化産業の視角からチベット劇芸術の発展を推進させる。チベット伝統のシェトン節の期間には盛大で熱烈なチベット劇の上演があり、そのためある人はそれを「チベット劇節」と呼ぶ。一九八六年からシェトン節が復活して以来、チベット劇演出のグループはチベットからだけでなく、周辺の四川、青海、甘粛。雲南などのチベット地区からも演出グループが奮って参加し、シェトン節期間のチベット劇上演を盛り上げ、異彩を放ち、上演する演目も新しいものを出した。チベット劇とチベット区の観光等文化産業項目を積極的に結びつける必要がある。一方で観光開発は一定の程度において文化遺産保護の経費不足の問題を解決し、もう一方では、観光業の発展は、多くの文化遺産を直接観衆と対面させ、人々は文化遺産に対しより深い近いと認識をもつ。例えば、チベット区の観光でチベット劇の上演を見て、人々は文化の原型、芸術的感染を得ると同時に、より無形文化遺産としてのチベット劇の重要価値を理解し、それに対する保護意識を増強させる。

（張　偉）

参考文献

1　馬学良、恰白等『蔵族文学史』、四川民族出版社、一九八五年版
2　四川民族事務委員会『四川蔵戯』、四川民族出版社、一九九〇年版

3 劉志群『中国戯曲志・西蔵巻』、文化芸術出版社、一九九三年版
4 席明真『中国戯曲志・四川巻』、中国ISBN中心出版、一九九五年版
5 喬滋、金行健『中国戯曲志・甘粛巻』、中国ISBN中心出版、一九九五年版
6 陳秉智『中国戯曲志・青海巻』、中国ISBN中心出版、一九九八年版
7 劉志群『中国蔵戯芸術』、京華出版社、西蔵人民出版社、一九九九年版
8 劉志群『蔵戯與蔵俗』、西蔵人民出版社、二〇〇〇年版
9 李云、周泉根『蔵戯』、浙江人民出版社、二〇〇五年版
10 宮蒲光、洛松次仁主編『蔵戯與歌舞芸術』、中国蔵学出版社、二〇〇六年版
11 劉志群『中国蔵戯史』、西蔵人民出版、二〇〇九年版
12 曹娅麗『青海蔵戯芸術』、民族出版社、二〇〇九年版
13 張鷹『蔵戯歌舞』、上海人民出版社、二〇〇九年版
14 辺多『還蔵戯的本来面目――試論蔵戯的起源、発展及其芸術特色』、西蔵芸術研究、一九八六年第一期
15 劉志群『試論蔵戯的起源和形成』、戯劇芸術、一九八一年第三期
16 劉志群『論探我国蔵戯芸術的起源萌芽期』、芸研動態、一九八七年第一期
17 辺多『論蔵戯芸術與蔵族民間文化芸術的歴史淵源関係』、西蔵芸術研究、一九九一年第四期
18 劉志群『一个蔵戯系統和諸多劇種流派』、西蔵芸術研究、一九八九年第四期
19 劉凱『蔵戯劇種研究的提出、分岐與弥合』、西蔵芸術研究、一九九一年第一期
20 劉志群『論蔵戯的民族形式和風格特色』(上、下)、西蔵民族学院学報、一九八四年第四期、一九八五年第一期
21 劉志群『蔵戯芸術及其美学特色』、民族芸術、一九八五年創刊号
22 劉志群『蔵戯的基本特征和芸術優勢』、芸研動態、一九八六年第一期
23 劉志群『我国蔵劇面具芸術探討』、芸研動態、一九八六年第二期
24 張平『対当代蔵戯現状的思考』、西蔵芸術研究、一九八八年第三期
25 劉志群『論探蔵戯的現代化』、西蔵芸術研究、一九九〇年第三期

マナス

二〇〇九年九月二十八日から十月二日、アラブ首長国連邦の首都アブダビで開かれた国連教育科学文化機関無形文化遺産の保護に関する条約第四回政府間委員会で、「人類の口承及び無形文化遺産の傑作」リストに七十六項目の登録が審議・承認された。キルギス族の英雄叙事詩『マナス』が取り上げられ、民間文学のジャンルに属された。『マナス』叙事詩は中国の三大民間叙事詩の一つであり、中国キルギス民族の誇りである歴史文化の宝庫であり、中華民族の輝かしく貴重な文化の一部分でもある。『マナス』叙事詩の規模は大きく、気力にあふれ、そして世界でもめったにないものだ。古代キルギスの政治、経済、軍事、歴史、哲学、法律、宗教、道徳、言語、風土と人情、生活と民俗が一挙に叙事詩の中に書かれている。キルギス人に歓迎されるような形式、音韻やリズム的言語、生き生きとした述べ方を用いて物語を実によく描いており、読み手を引き込ませる。『マナス』は壮大な叙事絵巻である。越えてきた時代は数世紀にのぼり、キルギス人民歴史生活の「大百科事典」である。それは文学観賞価値を持つだけでなく、重要な学術研究価値を持っているものだ。

英雄叙事詩『マナス』

マナスはキルギス族の伝説の中にある著名な英雄そして首領であり、力量、勇敢さと知恵の化身である。この叙事詩の熱情は英雄マナス及び七代目子孫が倒れても引き継ぎ讃えられ、キルギス族と外来侵入者を統率し、様々な邪悪勢力から自由や幸福を勝ち取ることを目指し進められていく闘争物語で、キルギス民族が勇敢に戦い、その不屈の民族精神と民族的性格を表している。

『マナス』は九世紀~十世紀にうまれ、その後伝えられていく過程の中でキルギスの天才歌手達が代々磨きをかけ全民族の知恵に溶け込み、非常に高い芸術性と強烈な民族特色を持っている叙事詩だ。『マナス』が伝わった主要ルートは中国新疆ウイグル南部のクルグス・キルギス自治州及び新疆ウイグル北部のテケス草原、タルバガタイ等キルギス人が集まっている地区である。この他、中央アジアのキルギスタン、カザフスタン及びアフガニスタン北部地方にも『マナス』の伝播が見られ、世界的に影響のある叙事詩である。

叙事詩『マナス』は広義的にも狭義的にも分けられる。広義的な『マナス』は叙事詩の総称に八部含まれており、その中で、「マナス」の名が全編の総名称となり、その他各部分は主人公の名前から命名している。例『マナス』、『セメテイ』、『セイテック』、『カイニニム』、『セイイト』、『アスルバチャとベクバチャ』、『ソムビリョク』、『チクテイ』。一部一部が独立して英雄の物語が叙述され、各部が関連し一つの有機体として構成されている。この叙事詩は二十一万行にまで達し、合わせて二千万字ある。そして狭義的な『マナス』とは叙事詩第一部の『マナス』を指している。叙事詩第一部の内容は最も古風で素朴とされ、整った構成、芸術上でもまた最も熟達している。八部の叙事詩の中で気勢は最も盛んとされ、内容も最も長く、英雄マナスの非凡な経歴と輝かしい功績を収めた一生を描いている。マナスの一生は「不思議な誕生」から、「少年時代の輝かしい戦功」、「英雄の婚姻」、「部落連盟の首領」、「偉大な遠征」、「壮烈な犠牲」の何部分かの構成でできている。

第一部『マナス』、最も生き生きとした部分であり、第一代英雄マナスが分散した部落やその他民族奴隷のようにこき使われた人民を団結させ共同してカルメイック、キタイに反抗し統治していく功績を描いている。

第二部『セメテイ』、マナスの死後、その子のセメテイが父の後を継ぎ、続けてカルメイックと戦う。カンチャラオに裏切られ殺害されたことから、キルギス族は再度カルメイック統治の悲惨な境遇に陥ることになる。

第三部『セイテック』、第三代英雄でセメテイの子セイテックは内通者を厳罰に処し外敵を駆逐、新しくキルギス族の英雄功績を収めていく過程を描く。

第四部『カイニニム』、第四代英雄でセイテックの子カイニニムが内患を消し、極悪な富豪を処し、キルギス族のために安定した生活営む過程を描く。

第五部『セイイト』第五代英雄でありカイニニムの子のセイイトは妖魔を排除し、人民のために害を消していく過程を描く。

第六部『アスルバチャとベクバチャ』、アスルバチャの若死にとその弟のベクバチャがどのようにして兄の事業を引き継いだかと、続けてカルメイック統治との戦いに入る過程を描く。

第七部『ソムビリョク』、第七代英雄でありベクバチャの子のソムビリョクがどのようにしてカルメイック、タングート、マンウートを打ち負かしたのか、他族を駆逐し略奪者になったのかを描いている。

第八部『チクテイ』、第八代英雄でありソムビリョクの子であるチクテイが勢いを盛り返し再びやってきたカルメイックと戦う英雄功績を描く。叙事詩各一部は全て独立して成り立つことができ内容も緊密で結びついている。前後に呼応し共同して一部の壮大な英雄叙事詩となっている。

『マナス』第一部は七・三万行にまで達し、物語の筋は最も変化に富み人の心を打つ、伝播の規模最も広い。それはキルギス族の族名の伝説からマナス家族の祖先と共に語り始め、マナス首領が人民とカルメイックとキタイの暗黒統治に反抗し戦う一生で語り終わる。マナスの誕生前、キルギス族を統治していたカルメイック王が占い師から予言を聞く。キルギス族の中にいつか他と比べようのない力を持ち、成長後カルメイックを覆し統治する英雄マナスが生まれると。カルメイック王は急いで兵を派遣し探させ、さらに全ての妊娠しているキルギス族の妊婦を――腹を割って調べた。すぐにでも誕生しそうなマナスを殺すためだった。しかし知恵のあるキルギス人の保護の下、マナスはついにアルタイのルレタカイ地方で安静に生まれ落ちた。人々の苦難の生活を目の当たりにし、マナスを小さいころから外からの略奪者に対する憎悪に溢れさせ、彼は自民族のために必ず報復し雪辱を果たすことを決意した。マナスがまだ幼かったころには既に一人の絶大な力を持つ英雄になっていた。彼は貧しい民に同情し、己の財産を彼らに分け与え、労働に参加し炎天下の中トルファンの土地を耕し金を稼いだ。彼が大人になってからは年長者を敬い、信頼され有能で、四方八方の勇士達を団結させて分散していたキルギスの部落を統一し、近隣の抑圧されていた民族と同盟を結ばせた。そして幾多の戦いを経て、各族の民に豊かな生活を送らせた。彼は汗王首領となり、当時カルメイックの奴隷だった各族の民公認の長になった。その後、彼は賢い助手であり愛妻のカニカイの忠告を聞かず、四十人の勇士と軍馬部隊を引き連れ、キタイへの城へ遠征に向かった。マナスはこの遠征の中で重傷を負い、タラスに帰ってから死去し、キルギス族は再び災いの渦へ陥った。

芸術特色

『マナス』の芸術特色の一つ――彩り鮮やかな人物集。叙事詩の描くものは二方面の人物で、数百を下回らず、マナスの勇士だけでも四十名いる。人物が多く、決して重複していない。フリードリヒ・エンゲルスは「各個人皆典型的だが、同時にまた全て一つの個人である、まさにヘーゲルの言っていた『この一人』」。もし全ての叙事詩を一部の大型交響楽に例えたなら、この全ての個人は正に具体的独特な楽器である。四十名の勇士の風貌は鮮やかな個性を持ち、「鐘は太鼓の響きを借りず、太鼓は鐘の音を偽らず」というべきである。さらに叙事詩中の女性もその個性を持ち、ある人は静まる谷のランの様に上品であり、ある人は燃える柘榴の様に乱暴で豪快である。要するに、一人一人全てその鮮明な個性を掲示した作品である。

叙事詩は黒く濃い色彩を使い英雄マナスを描く。台風が起こり黒雲が湧くような民族闘争の中の脊柱として、マナスの芸術が形成しているのはキルギス族の民族気質の高さの総括と真実だ。彼は当時その地遊牧民族の道徳的な高尚なる典型であった――己を犠牲にし皆をもてなし、貧しきを救い、有り金をはたいて人を助け、全ての民族の生存と独立をしようとした。「胸の中に命さえあれば、敵に打ち勝ちに行く」。これはマナスの典型的な性格の真髄であり、叙事詩『マナス』第一部の魂の詩である。

異族奴隷である故に苦難に陥ってしまったキルギス族は、ひたすら英雄の誕生を待ち望んだ。彼らは己の力量を団結させる必要があった。そして他族の侵略に抗い、「飢えた狼の様な度胸を持ち、ライオンの様な性格で、龍の様な風貌の顔」を持つ英雄を待ち望み、皆を抗争に奮い立たせ自立に邁進することを望んだ。だから、彼らは不思議で魅力的な童話を使ってマナスの誕生を表現した。この革袋から生まれてきた子供は、手の中に「マナス」の白の字が刻まれている。敵民族カルメイックはマナスの誕生をなんとしてでも阻止し、でたらめに未来を予知し、無残に多くの妊婦を惨殺した。民族殺戮の恐怖を目の当たりにし、幼いマナスは苗字を「大瘋子」に変えなければならなくなった。当時、キルギス族は原始遊牧の民族共同体が貧富と階級の差のある社会に入り込んでいた。マナスは貪欲なジャクプバイの子であったが、果敢にも富裕者の垣根を突破し、憤慨して乞食たちに施しをし、貧民の痛みを和らげた。このため彼はけちな父親に家を出させられ放浪しトルファンの麦畑にたどり着いた。彼は汗水流して労働し、泥の香りを放ち団体労働の思想や感情を育んでいった。

そこでは刀と槍をもって優劣を決める古戦場があり、一人の英雄として崖を登り逞しい体と魂、非凡な能力は必須であった。叙事詩は英雄の一般の食事の量をこう表現している。「木皿の肉は丘の様に」、他にも、「三回で頬張る」、「肉くずの上の肉のスープは小さい湖よりも多く」、そして一気に飲み干す。この食事の量から英雄の気迫の一部を計り知れるとされた。叙事詩はこのように幻想の翼を広げ、まるで天馬が空を行くように、縦横無尽に駆け回り、しなやかで、神秘的であり信憑性もあるよう——槍、刀、矛や斧などを描き、風や雲を怒鳴りつける民族英雄マナスは力を振るった。「ここでは、神は手芸の使い手あり、人々の教師であり同業でもあった。神は労働功績の芸術総括だ」。英雄はくずのような人民をばらばらにして、風を割って水を斬る剣を鋳造し、侵略者に勇敢に出陣した。神の加護の下、マナスは侵入者を殺し、「血水が馬のひざを沈めた」、「支えてきたフェルトの部屋を捨てた」、「つないでいた母の馬を捨てた」と慌てて逃げようとしたが、ついにキルギス族の人々は異族の奴隷としての立場から救われた。

キルギス族六部落のハンは、年長者の「静かに眠っている大蛇には、尻尾を踏んではいけない」という忠告を聞かず、ゴックルトの祭典でむしろ敵民族のカルメイックを招待しマナスを招待せず、これにより英雄を侮辱した。その結果、無能な主人は祭りの前参加者の「客人」により取り締まられ、最後は英雄マナスに助けを求めざるを得なかった。すべての勇士はマナスが侮辱を受ける事を嫌い、「残りの茶を残した祭りに行く」と力強く、助けを求め助けに行く時、叙事詩は稲妻のような勢いで英雄の心の活動と義勇の選択を映し出した。マナスは衛兵にヒトコブラクダを引かせ、手には刀を持ち切り裂かれたラクダははかりで測ったかのように均等に分かれた。マナスは毅然として個の恩讐を捨て、単身馬に跨り祭りに赴き、祭りを破壊する敵民族を処罰した。叙事詩はこのように鮮明な芸術的手法で英雄の精神境界を分析している！ここまで読んで、誰がマナスの民族情、義士の憤りに感動しないだろうか！この一太刀は、マナスの怒りが民族の忠義心に反映していることを徹底的に描いている。

叙事詩はまたかつての座金皇帝の克塔依汗王蘇坊を描くことに成功した。彼は偶然の機運によって、神の至尊を悟り、古蘭経の聖潔、国を捨て、信仰を求め、さらにアリマンベトと改名した。最初はハザック人の門下に身を置き、「一つの牛の縄すらないハザックに良馬がいた」。しかし、コクは確かに讒言を聞いて、酒に酔った後に彼を追い払い、彼の心を「焼き肉に変えた」として全滅した。叙事詩は、アリマンベットがメッカへ行き絶命するまでの過程で、王マナスに引き留められた感動的な光景を生き生きと描く。叙事詩はまず口頭文学をよく幻想的に用い、マナスの探求心を形作っている。マナスは夢を見た——

从路上撿到了、
一把美麗的寶劍、
朝着像臥牛一樣的光石、

試試寶劍的鋒芒吧！
竟像切羊肝一樣。

それから宝の剣は猛虎に変わり、すべての獣を降服させた。猛虎はまた銀翼のタカに変わり、満天の鳥はすべてを巡礼しに行った。

叙事詩はこれにより英雄のアリマンベットを、王マナスの遠征に付き従える勝利を象徴する存在になる。叙事詩は続いてアリマンベットが受けた盛大熱烈な礼遇を具体的に描写している。マナス王は、黄色の小ヒツジを探して来させサダアを作っただけでなく、良馬から神矛まで、さらに戦衣から王位まですべて気前よく彼に与えた。そして誠実かつ豪快に「行け、これがお前の道だ」「これがお前の民だ」と言った。果たしてこれよりも立派な待遇があるだろうか。そして更にある。マナスの生母キルディが走ってきた。「二つの乳牛がミルクの汁を蓄え、風に吹かれていたカムラ草のように、流れてきた」。マナスとアリマンベットはそれぞれ一匹の乳牛の乳を吸い、友達から兄弟になった。この聖質な友情は、キルギス族の人々の情熱的なリアルな写照である。英雄アリマンベットは、心から王マナウスを補佐した。彼は困難な旅を経て、「人は麦草のように痩せていて、身にした風がスズメの大きさを持っていた」と、タクイ人の別名に攻め込まれ、けがをした王マナスを救い最後は故郷で殉職した。

この期間、英雄に対する描写が一段落ある。マナスはカニカイの忠告を聞かず、遠征によって京に依拠した時、アリマンベットの忠告を聞かずにタラスに戻ってきたが、不幸に敵のクイーンズバニ毒斧の暗殺に遭った。「ほら、英雄たち、私たちの後脳がかゆい」。毒斧はすでに脳の髄まで届いており、英雄たちは「かゆみ」を感じた。英雄たちの堅固な根気と陽光の明るい性格が、生き生きとしている。

上記の二つの英雄、特にマナスの芸術的なイメージは、「芸術的に完璧な英雄の典型は民間文学によって作られた」と表明した。これを除き、叙史詩はまた五光十色の繁雑な人物を形作った。王がいて、勇士がいて、平民があって、婦人と子供を持ち、下界の神様がいて、現れていた巨大な魔がある。彼らは、さまざまな側面から現実の生活の深さと広度を反映し、叙史詩の完璧な立体感を大いに強めた。徳高望重生性の善良なコクルス族の年長者は少なく依存して、遠征の前にどのように慎重にマナスの子に別れを告げるだろうか――

マナスの子に接吻し、
ひげをなで、
ひとつを手に巻き付け、
木の琴線に絡むように絡める。
これを札にして子供に与えよう！
彼に被せて、
彼が百歳になることを望んで、
記念にし、彼に力のある者にさせる。
どんなに善良で慈悲深い老人だろうか！

『マナス』もう一つの大きな芸術の特色――古朴異麗の民間文学言語。文学は言語の芸術である。それはいつも言葉を借りて彫刻を描いている。叙史詩の言葉は素朴な民間文学の言葉である。これは素朴な芸術の変幻を経て、輝かしい芸術に昇華し、労働人民は自然の偉大な力を征服するだけではなくその上驚異的な言葉の才能を持っている。マナスのライバル、巨人マカンタンのたばこをどう表現しているのか見てみよう――

たばこの袋を手に持ち、

六十のたばこを全部入れて、
六十のタバコをふかす。
絨毯のような大きな火を上に、
彼は一気に全て吸い込んでしまった。
彼の前に立っていた多くの人は、
たばこの高熱で、
頭が焼けるように熱く、
我慢できず逃げてしまった。
天窓から出た煙の様子は、
家が火事になったのではないか。
近所の人たちは叫びだした。
たばこから出た灰が、
町をすっかり埋めてしまった。

ここまで読んで、私たちはどうやって民間芸能の言語のテクニックを駆使して表現することが巧みであると呼べないであろうか。煙はありふれたものだが、大きく驚かせる。灰や街は普通で、現実生活の中では街は灰よりも大きく、しかし叙史詩では灰に葬られていた……。この「普通」と「奇異」、「真」と「虚」の微妙な変幻の交錯は、平凡な言語の材料で、輝かしい不思議な芸術地を開拓している。読者は人の芸の力に驚愕し、陶酔せざるを得ない。まさかでキルギス族老若男女は叙史詩に吸い込まれていないのではないだろうか！

叙史詩の中で感情を表す言葉は強烈な民族色を持ち、斬新なものでもある。「私の小馬駒」「襟の上のカワウソよ」「私のこめかみの上の星よ」「私の美しい花の谷よ」は、善美なイメージに対する称賛である。醜悪なイメージは、「ラクダの首の上にある青蛇」、「羊の口から草を摘む人」……。これら生活の海からの言葉は濃厚な郷土の息吹を持っていて、素朴で、剛健で、清新で、活発で、まるで土をから出たような野菊で、そして清麗で美しい香り、何の造作もない陳腐な色合いがあります。

歴史詩には、古い神話伝説、優美な民間物語、そして哲学性に富んだ格言、ことわざなどがよく溶け合っている。「大好きであれば、誰でも汗をかくことができる」「山に触れないと、山が触れない」「洪水のないところには、山の溝が出ない」「駿馬は英雄の翼」、「人民を愛していない人は、英雄にならない」……。このように、美しかった。キルギス人民は、己のすべての家族を史詩として数えた。驚異的なのは、このような広大な長い詩はまるで詩のような厳格な韻律を律していることがあって、リズム的に読み、音の韻が調和して、波のように岸を打ち、人に鮮やかなリズム感と音楽の美しさを与えます。この勢いに満ちた英雄叙事詩は、さすが中国の各民族文化宝庫の大宝です。それは千年の間に中国の文学の宝庫のために輝きを増し、今日の各民族社会主義文芸の発展と繁栄に対しても大きな参考になり、その役割を促進させた。叙事詩は美学価値に富んでいて、歴史学、社会学、言語学、民俗学のために重要な研究資料を提供し、さまざまな機能と価値を持っている。

「生きるホメーロス」――ジュスプ・ママイ

ジュスプ・ママイは、一九一八年に新疆クルグス・キルギス自治州の阿合奇県で生まれ、十五歳の時に歴史詩『マナス』を暗唱することができ、新中国が成立した後、一度政府が開催した現場では、『マナス』を演じ名をはせた。1979年には、「国宝」と呼ばれている。同年、中国文連委員、中国民間文芸研究会理事に選ばれた。その後、新疆文連副主席、名誉主席、中国民間文芸家協会常務理事、新疆ウイグル自治区政協常務委員会に選出され、八部の叙事詩を歌うことができる大マナスチで、各国の学者は『生けるホメーロス』と呼ばれている。ホメーロスは多く叙事詩を傑出した詩人である。

ジュスプ・ママイの誕生について、まだ不思議な経歴がある。母親プルリは二十六人の子供を生んで一子一女だけが生きながらえたが、そのために彼女はとても悲しみ、心身の疲れを感じた。夫ママイは妻を連れ外出し、トルファンやアクスやカシュなどに行って妻を休養させ、温泉や聖人霊墓などに行って祈りを捧げた。

帰ってきてから、六十歳のプルリは、奇跡的に妊娠していた。ある日、彼女は夢を見て、それは老夫婦が彼女のそばから歩いていき、老婆は振り返り一つの布包みを彼女に渡し、「あなたはとても苦労している、これをあなたにあげましょう。ヤクは神聖な動物であり、平安を守るでしょう！」と言った。それからこの老人は神秘的に消え失せた。彼女は夢から目を覚ましたが、夢の中の情景ははっきりとしていて、彼女はこの夢が腹中の胎児にとっては吉兆に違いないと信じた。一九一八年四月、万物が蘇る季節、六十一歳のプルリは、二十七人目の子供を産んだ——ジュプス・ママイである。赤ん坊が地面に落ちた時、全身に濃い産毛が生え、四十日後には抜け落ちた。『マナス』とチュルク叙事詩は、英雄が生まれた描写に対してやり方は異なるがその意味は同じである。キルギス、ハサク、ウイグルなどのチュルク語民族の英雄史詩は、一般的に年老いた夫婦が祈り、年老いた妻が夢の中で神の助けを得て不思議な妊娠をし、英雄の特異な誕生が歴史詩の始まりとして描かれている。

ジュプス・ママイの家庭は典型的な民間文芸の家庭で、彼の父ママイは誠実で素朴な牧民で、叙事詩『マナス』を愛しており、母のプルリと姉のシフハンは地元の有名な民歌手だった。ママイは子供たちの教育を重視し、子供たちに良い教育を受けさせるためと、民族の文化を受け継いでもらうために、家の馬を学費とし、二人の息子のバレバイとジュスプ・ママイを地元で名望な学者に送り文化の知識を学んで来させた。ジュスプ・ママイの兄貴バレバイはキルギス民族民間文学の収集家である。彼はいつもラクダの隊に従ってシルクロードを歩いていた。その足跡は中央アジア各国にまで及んでいる。毎回物語の家を訪ね、人々の語る民話を記録し歌手を訪ねた。彼らが歌う叙事詩を記録した。マナスチに出会った彼は、彼らが歌っている『マナス』を詳しく記録した。『マナス』の手写本またはその民間文学作品の書籍があれば、いくら高価であっても彼は買った。最大の功績は、阿合奇県の史詩大師ジュスプアハンとウブライの歌う『マナス』を記録した事であり、芸術加工を施して完全な八部『マナス』を作り上げた事である。彼は自分で収集し、記録し、整理したマナスの資料を、彼より若い二十六歳の弟のジュスプ・ママイに渡した。ジュスプ・ママイは、八歳から兄のバレバイの影響を受け、『マナス』を教わった。夜になると、両親はランプや蝋燭を点けて、息子に英雄史を唱えさせ、一度読み終わると二回目、三回目を読ませた。バレバイも常に弟に叙事詩の一部を暗唱させ、叙事詩の内容に対する熟知の程度を測った。叙事詩の歌い方についても教えてくれた。例えば、歴史詩の発展と変化によって、手まねの動作や表情の変化、調子の変化などを教えた。英雄が殺しをしている時、声調を高め、表情を厳しくし、忠告をするときは、ことわざや格言を大量に使い、両対局の方面から大きく表現しており、女性のイメージを表すときには、比較的に優美で親しみやすい言語を使う。苦悶と悲しい感情を表現するときは、声調を適切に下げ、悲しい雰囲気を表現した。手まねの動作と声調に一体感を持たせ、感情の溶け合う完璧な境界を創造した。ジュプス・ママイは八歳から十六歳までのわずか八年で兄のバレバイの教えを記録し、整理した二十万行以上の『マナス』を全部暗唱した。『マナス』の子孫八代の業績は、百人を超える人物が何十もの大きな、小さな事件を起こしているが、彼の頭の中でそれらは全てはっきりとしていた。叙事詩の中の何人かについて聞かれても、その人の祖先の系譜について述べ、祖先の何世代が『マナス』の家族との関係があるか、それからその人の生涯の所業を詳しく紹介し、子孫の後代の様々な経歴を述べた。バレバイはジュスプ・ママイに対し大きく影響され、彼はジュスプ・ママイにその後世界に名の轟

『マナス』を暗唱しているジュプス・ママイ

く『マナス』偉大なる語り手となり、その後も確実に役割を果たしている。ジュスプ・ママイはその兄に対する崇敬と感謝の気持ちを、『マナス』の経歴を歌う度に、はじめに兄バレバイについて触れ話している。

しかし、ジュプス・ママイは他の著名な『マナス』語り手と同じように『マナス』を語る技量を授かった話をするとき、彼は依然として「夢授説」を固く話し続けていた。彼はかつて、八歳の年に夢を見たことがあった。夢の中でマナス、バカイ、アリマンベットなどの叙事詩の英雄を見て、彼らは言った、「四十歳まではマナスを歌うな、四十歳になった時、必ずお前は大ナマスチになる」と。夢が覚めた後、彼は『マナス』を歌えるようになっていた。ジュスプ・ママイは二十世紀六十年初期から八十年代末までずっと「夢授説」を続けていた。注意に値するのは、四十歳まで『マナス』を歌わないということで、ある時説では両親が彼に四十歳までに夢を漏らしてはならないと言ったということもあるが、夢の中の英雄たちは四十歳までに『マナス』を歌うなと言っていた。このことについて、一九九〇年六月に書かれた文章の中での解説は、「私の父は常に四十歳までにみんなの前で史詩を歌ってはいけないということを教えてくれた。マナスは神聖なので、若い時の語りの会は不吉を招く。私は父の忠告に従い、すべての叙事詩を暗唱できるにもかかわらず、公共の場で歌わなかった」と述べた。「夢授説」は叙事詩語り人の間で普遍的に存在しており、これは神聖性と神秘性が口承叙事詩の中に遺物として残ったものである。

二十世紀三十年代にはまだ二十歳未満のジュスプ・ママイが、続けて最も親しい親族二人を失っている——彼の父と兄バレバイの死去は、ジュスプ・ママイに大きな衝撃を与えた。彼は山入り羊を飼い、あるいは鷹を放して狩猟する時は『マナス』を歌い、心の中の悲しみと孤独を和らげた。

数千人のマナスチがマナスの巨匠ギスプ・ママエと一緒に「マナス」を歌う

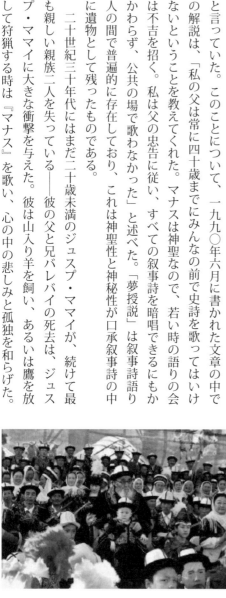

彼はまたよく夢の中で『マナス』を歌っていて、声が大きく、家族は彼を起こそうとしたが、見ると彼は汗をかいていて目を呼び覚ますに忍びなかった。普段から彼も独り言で叙事詩を歌っていて、それはまるで酔っぱらっているように、他の人が彼に挨拶をしても彼は聞こえていなかった。村の人はそんな彼を精神病にかかっていると言った。

ジュスプ・ママイは生まれて不遇な経歴を持ち、かつては牧畜民として山に羊を放し、かつては馬に乗って大会に参加した。彼はかつてゴビのジャングルで狩猟をした。農民も経験したことがあり、畑に麦を植えた。彼はまた教師も経験しキルギスの子供たちに勉学と文字を教えた。これらの労働と人生体験は、『マナス』を歌い、『マナス』の歌唱力を高めている。彼は周囲の人に「いかなる物事も見えているものと何も見えていない物があり、話し始めると必ず区別をする、自分の目で見たことが一定の影響も生まない事は不可能である」と話している。私の生活経験は、私が『マナス』を歌ってその影響を受けているは間違いない。たとえば、『マナスがトルファンで麦を植える』、『セメテイの駿馬タイトレイ』、『トラーフイのタカ』、『セメテイの白はやぶさ』などのストーリーが、当初に歌ったときより今の方がずっと生き生きとしている。百聞は一見の道理に及ばない。彼が歌った『マナス』は、マナスチの伝統を継承しながら、自分の創作に加え、生涯の労働経験と人生の体験と思考に溶け込み、この叙事詩をより華やかにし、そしてまた多彩である。

ジュスプ・ママイは一家の中で一番小さい子で、七十の歳になる親が息子の結婚を見届けるため、ジュスプ・ママイは九歳の年で妻をもらった。新郎新婦は幼かったが、結婚式はかなり盛大に行われた。三年後彼らは夫婦世活を始めた。ジュスプ・ママイが二十四歳の時、若く美しい女性ヤヌに感情を持ち、嫁を二人もらうことを提案したが、このことはヤヌアイティビの家族の反対にあった。その後、娘の黙認のもと、ジュスプ・ママイは同い年の男友達の助けを得て、結婚に成功した。彼の妻二人は姉妹のように仲良くしていた。解放後は、婚姻法によって一夫一妻制を実施していたが、ジュスプ・ママイは、出産していなかったヤヌアイティビを妻として選んだ。二子を産んだ妻サリハンとは離婚手続きをした。離婚後、ジュスプ・ママイは前妻や子どもたちと密接なつながりを持ち、生活の中で世話になった。ジュスプ・ママイは、三人の子供（領有の娘を含む）、孫七人、孫娘六人、一人のひ孫がいた。彼らは全員故郷の阿合奇県で生活していて、ある者は医者、ある者は教師に、ある者は政治を志した。しかしその中のほとんどが牧民で、山奥の中で生活していた。ジュスプ・ママイはこの大家族の長であり、子孫の成長に関心を持っていた。

ジュスプ・ママイは、一人の傑出し天才的な叙事詩を歌う語り手である。二〇〇〇年以上前に天才的であるホメーロスが存在していたころ、ギリシャの叙事詩『イリアット』、『オデッセイ』は人類に貴重な文化遺産になった。二千年後、キルギス人民の中にホメーロスのようなジュスプ・ママイが現れた。彼の出現によって、壮大な英雄史詩『マナス』が私たちの前に現れた。ジュスプ・ママイのような天才的な叙事詩の語り手は百年に一度現れるかどうかであり、二十一世紀になってから千年近く見つかっているだろうか心配である。彼の知恵、博学、才能、非凡な記憶力、そして彼のキルギス民間文化の豊かな積み重ねに対して、そのすべては歳月の経過に伴いますます重要になってきている。

ジュスプ・ママイは八歳から『マナス』を学び、彼は努力を惜しまず、目を通しただけで暗唱できるくらいのその驚異的な記憶能力を見せ、繰り返し勉強し、内容を全て覚えられるくらいであった。ジュスプ・ママイは豊かな人生経験を持ち、高い芸術の教養と豊かな民間文化の基礎的な技能を備えている。知識や文化、見識が広く、博聞の強い『マナス』の語り手だ。彼はキルギス民族の社会歴史、天文地理、民風民俗、宗教信仰など多くの知識に富んでいる。また彼はキルギスの民間文化の様々な体裁を熟知している。神話、伝説、史詩、叙事詩、歌謡、民話、民間のことわざ、まさに彼本人はキルギス民間文学の宝庫である。

ジュスプ・ママイは一九六一年の『マナス』の一斉調査に発見された。彼は当時四十三歳で半日働き、半日歌っていた。彼を精力的に叙事詩の語りに集中させるため、彼はクルグス・キルギス自治州の州都アルトゥシュに受け入れられた。彼は演唱に非常に集中しており、当時『マナス』の収集や記録、翻訳の仕事に参加したフサインハジによると「ジュスプ・ママイは、当時はまさに若く盛んで、情熱に満ち溢れるときは、彼に歌わせればよどみなく流ちょうに語り始め、歌うとそれが三、四時間続いた。記録人の手が痺れ書けなくなっても、彼は依然として情熱的に続け、疲れを知らなかった」。この仕事を担当していた劉発俊は、「ジュスプ・ママイは毎日八〜十二時間歌い、記録した同志の手が痺れると別の人に入れ替えられるが、語り手は入れ替われない。それは七カ月続き、五部の『マナス』を歌った」。

一九六四年、中国民間文芸研究会、新疆文連とクルグス・キルギス自治州の三方で構成された『マナス』の制作チームが設立し、ジュスプ・ママイはそのメンバーの一人であった。この期間、彼は五本の叙事詩の語りに入り、六・一万行増やした。また、第六部『アスルバチャとベクバチャ』を新たに語り、一九六四年には、ジュスプ・ママイが歌う一九・六万行の六部『マナス』の記録が完了した。

「文化大革命」の間、ほとんどの記録原稿と翻訳が散逸していた。一九七九年の暮れには、ジュスプ・ママイは北京を訪れ、再び第一部から語り始めている。今回の語りでの大きな収穫は、第七部の『ソムビリョク』と第八部の『チクテイ』の二部の叙事詩を新たに歌ったことだ。ジュスプ・ママイが歌うキルギス文の『マナス』(八部十八冊)が一九九五年に出版された。ここまで、ジュスプ・ママイの八部の『マナス』が記録、整理、出版され完全に保存された。

ジュスプ・ママイの業績は国内外の学術界に大きな注目を集めている。ドイツの叙事詩研究家のジョヒル氏は、ジュスプ・ママイを訪れ彼の語りと話しを聞き、このドイツ学者は震撼し、一度国際学術会議でジュスプ・ママイの業績を報告し大きな反響を呼び、各国学者はジュスプ・ママイを「生きるホメーロス」、多くの叙事詩を傑出した詩人だと称賛した。キルギスタンの有名な作家、チンギス・アイトマートフ氏は、ジュスプ・ママイを高く評価し、「全てのキルギス民族文化の伝統を代表するもの」と述べている。

継往開来(前人の事業を受け継ぎ、将来の発展に道を開く)

中国は『マナス』に対して計画な収集、記録作業を行い、新中国の成立の始まりとなった。二十世紀五十年代に行われたキルギス語の方言調査は、叙事詩の一部の断片を記録した。一九六〇年、中央民族学院の実習組はパミール高原に叙事詩第二部を記録し、新疆の文連の職員と協力して漢文、ウイグル文が発表された。同世紀六十年代以降、新疆で担当した『マナス』の制作チームは、叙事詩に対し全面的な調査を行い、はじめに新疆ウイグル自治区の『マナス』流布区域とマナスチの分布の状況を明らかにした。一九七八年以降、北京と新疆文化芸術者の努力のもと、叙事詩八部の記録、整列仕事は全て完了した。これらの措置は、『マナス』の保護と、世界の非物質文化財の申告の堅固な基礎を築いた。

二〇〇八年八月十八日、新疆ウイグル自治区の文化庁が正式に『マナス』の保護を開始した。二〇〇九年の秋、キルギスの叙事詩『マナス』は、ユネスコの『人類の口承及び無形遺産に関する傑作のリスト』に登録され、ついに成功した。しかし、その成功は保護の始まりであり、『マナス』の伝承と発展の現状は依然として楽観を許さない。現在最も緊迫した任務は以下の方面の仕事を着実に行うことである。

まず、既存の『マナス』の語り手に対し、特に年齢の高い語り手の演唱や演技の記録や撮影に力を入れることが急務である。ユネスコのアンソニー・クロス氏は、人類の口承及び無形文化遺産に対する救助や保護について、「ある代表人物が消えることは、ある種の文化が伝承されていかないことだ」と話している。この方面において、私たちは深い教訓を持っている。一九六一年の『マナス』の制作チームが調査したところ、全州では、一—二部の『マナス』或いは異なる大量の叙事詩を歌うことができる高齢語り手がいたが、今では生きている人はもう何人もおらず、これらの語り手の録音、撮影はいずれも条件制限があり行われていない。特にウルグチャト県の大「マナスチ」のテミール・トゥ

数千人のマナスチが『マナス』を歌う

ルディマンベット、エシュマテ・マムベットは二十何万行の叙事詩を歌うことができるが、記録されているのは何万行かだけである。音声も録画もない。この二人の老人は一九六三年に相次いで逝去し、彼らは叙事詩の独特な韻と風采と、彼らが歌う時に聴衆がテントの部屋で押され倒れるほどの盛況ぶりで伝説と言わざるを得ない状況であり、そしてそれは二度と見ることのできない、永世の遺憾である。

第二に、『マナス』叙事詩博物館を建設し、叙事詩の資料を永久に保存し、同時にこの形の叙事詩を、ここで十分に活かしていくことだ。『マナス』の叙事詩専門博物館を建設し、民間で千年にわたって生きているこの叙事詩を、一か所に集め高尚に殿堂の中で展示の機会を保つことができる。博物館を作ることによって、『マナス』の資料を保存するだけでなく、音声映像の展示を通し、この生き形の叙事詩を人の前で生かして行くことができる。

第三に、新しい『マナス』の語り手を育成し、特に若い歌手、小歌手に、『マナス』の叙事詩を歌わせ、後継ぎをする。社会調査によると、『マナス』の故郷クルグスは、二十世紀九十年代以降、『マナス』を歌う人が少なくなってきたという。特に青少年の中では、『マナス』を学ぶ人は少なくなっている。早急に組織、計画をし、選択的にいくつかの小さな「マナスチ」を育成し、後継ぎにしなければならない。同時にいくつかの小中学校の音楽の授業で『マナス』演唱の授業の開設し、青少年の『マナス』への理解を深めてもらい民族文化を継承していくことは、『マナス』の愛国主義、英雄主義の民族の精神を育てることにつながる。

（譚　必勇）

参考文献

1　瑪納斯地方誌編纂委員會『瑪納斯年鑒』、新疆人民出版社、二〇〇八年版

2　郎櫻『瑪納斯論析』、内蒙古大学出版社、一九九一年版

3 劉魁立主編，郎櫻著『瑪納斯——中國少數民族英雄史詩』、浙江教育出版社、一九九五年版

4 新疆民間文藝家協会『瑪納斯研究』、新疆人民出版社、一九九四年版

5 郎櫻『瑪納斯論析』、内蒙古大学出版社、一九九一年版

6 張彦平『〈瑪納斯〉的語言藝術』、『西域研究』、一九九四年第三期

7 王寶龍『柯爾克孜族英雄史詩〈瑪納斯〉研究綜述』、『新疆藝術學院學報』、二〇一〇年六月第八卷第二期

8 新疆『瑪納斯』入選非物質文化遺産名錄、http://www.fumuqin.com/InfoFiles/ 011001/6339-40197.html

9 『瑪納斯』史詩需要進壹步加大搶救和保護力度、http://www.cnr.cn/minzu/ mzxw/200910/t20091026_505531383.html

10 瑪納斯、http://www.chinaculture.org/focus/2009-11/05/content_361493.htm

11 新疆『瑪納斯』入選非物質文化遺產名錄、http://www.fumuqin.com/InfoFiles/011001/6339-40197.html

12 新疆藝術研究所、搶救英雄史詩『瑪納斯』、http://www.boyie.com/article/article/ article/2010/05/14256.html

13 新疆阿合奇縣計劃打造瑪納斯博物館、http://news.iyaxin.com/content/2009-10/29/ content_1318638_2.htm

14 郎櫻『活著的荷馬——居素普・瑪瑪依』、『中国民族』、二〇〇一年第三期

15 阿地裏・居瑪吐爾地『〈瑪納斯〉史詩的程式以及歌手對程式的運用』、『民 族文学研究』、二〇〇六年第三期

16 李紹年『〈瑪納斯〉是壹部語言文化淵源的詳解辭典』、『語言與翻譯』、一九九四年第四期

17 尚錫静『〈瑪納斯〉藝術特色初探』、『中央民族學院學報』、一九八〇年 第三期（一八）賀繼宏『關於人類口頭及非物質遺產〈瑪納斯〉保護和傳承、轉型和發展』、『新疆地方志』、二〇〇四年第二期

民謡「花児」

中国西北の高原の旅行の中で、人々は常に地方色が強く、独特な民謡をよく耳にする。それは農民、足夫、牧人、流しの手などの職業人の口から流れ、声の調子が高く、さわやかで、時には青々として悲しく、涙のように訴えるように、時には楽しく軽快で、ゆったりとしている。それは、広く伝わる北西の高原の民謡「花児」（=花、児は名詞接尾辞として詩歌・一部の方言などに用いる）である。二〇〇九年九月、アラブ首長国連邦首都アブダビで開かれたユネスコ無形文化遺産保護政府間委員会第四回会議で、「花児」は中国の他の二十一項目の無形文化財とともにユネスコの「人類の口承及び無形遺産に関する傑作」リストに入った。

「花児」は、甘、青、寧、および新疆四省区の回、漢、土、東郷、保安、撒拉、蔵、裕固など多くの民族の中で地元の中国語の方言を使って歌われている。いつもは村寨以外で歌っているが、通称「野曲」で「少年」とも呼ばれている。西部の民謡ひいては中国の民謡の中でシンボル的な口承文芸として、「花児」の伝歌の地区の広さ、民族の多さと歴史の悠久さ、作品の内容の豊かさ、格律の厳明、曲調の優美はそれに恥じないことが中国の民間芸術の宝庫の中の一つの奇抜なものになっている。その言葉は素朴で優美であり、豊富な内容、明るいリズム、真摯な感情、気勢が高く、散文を含んだ古詩語、雅楽のなまめかしさ、八股文の形は鮮やかに対照しており、濃厚な民族の特色と高原の息吹を持ち、太い線の条形を呈する野性美は、西北地区の大自然の音。「『花児』は本来心の中の話」、地元の各民族の人民大衆の心の感情の流れ落ちること、それは深く愛され、広く伝えられて、歴史は歴然として衰えず、「大西北の魂」の誉れがある。

民族融合が実を結んだ答え

「花児」の名前はいつからあるのか、今では定説がないが、今では「花児」文字は一番早くて清代に記載されている。甘粛省臨眺県の詩人呉鎮がかつての彼の詩作『私の記憶の臨眺』（十首）の中の九首目、「花兒饒比興、番女亦風流」（花は面白さを競い、女もまた風流）と書いた。「花児」という民謡の歌の名だけではなく、「饒比興」（面白さを競う）の特徴がある。この詩は呉鎮が湖南で官吏になった時に作ったもので、その中の年以降の作品は今から約二百年、つまり「花児」の文字が正確に記載されたのは今から二百年もあり、「花児」が生まれた時代は明らかにこれ以上に早い。

張亜雄は一九三九年に重慶で第一部目の「花児」の専門著書『花児集』を編集し出版した後、人々は「花児」の起源について広く議論した。「花児」が具体的に生まれた時代は、現在の学界からの議論では、「詩経説」、「唐代説」、「元代説」、「明代説」などがあり、その中の、柯楊教授の「明代説」は史料が詳しく、論説が十分で学界で高く評価されている。

「花児」の起源は、主に二つの面がある。一つは起源の場所の問題、一つは起源の時間の問題である。「花児」の起源の場所については学術界では統一的な観点がある、つまり甘粛省臨夏地区にある。ことわざにもある通り、「陝西に着いたら乱弾（秦腔＝「梆子腔」を用いて歌う地方劇）を歌わない。河州に着いたら『花児』を自慢するな」。河州は、今の甘粛省と青海省の境にある臨夏州などである。「花児」の伝播は河州をはじめとする。「花児」の発展は絶えず変化する過程で、このような完璧さは実質上「花児」の自然な生存と革新を拡散し、絶えず繁殖する過程である。「花児」は最も早いのは河州（今の臨夏回族自治州）の境内が発祥で、それを中心に北西に広がっていった。したがって、中国の「花児」の

農地で「花」の歌を練習している寧夏海原県花芸術団の俳優

起源は、臨夏の「花児」をもって起源と判断されるべきだ。

「花児」の由緒については、学界は比較的一致していることが分かっている。一つは古代のチャン族の牧歌の歌で、二つは遊牧民族と農耕文化の結合の産物だ。「花」の形成、発展と完全な過程は、一部の西北地区の文化史と言える。中国の西部の各民族は地理環境の影響を制約して、民族の移転と文化の相互吸収の融合、統合と繁栄の歴だ。

歴史的に見て、最も早く青蔵高原と黄土高原の交差点に住んでいる民族は古代チャン族である。彼らは水気と大夏河を中心に遊牧生活を送っていた。長い労働生活の中で、古いチャン族の小調を作った。長い歴史の発展の過程で、漢民族は西に移り、古代チャン族と接触し、文化の変遷を引き起こした。「花児」は古代のチャン族の優美な調の基礎の上で、中国語の優秀な記入の方式を採用して、これは現代の「花児」の最も早い原形といえる。

隋の時代、社会経済文化の繁栄、陸上のシルクロードはすでに東西文化交流の重要な通路になっている。多くの西洋の商人は東の文明と繁栄に深く引き付けられて、長い間住んでいる。古代のシルクロードの川の地区の民族の成分はすでに複雑になっていて、一つの単一の民族からなる一つの多民族の共存する区域、文化は繁栄して、「花児」の形成のために良好な社会環境を創造した。「花児」が多民族の優秀な文化の肥沃な土壌の中で養分を汲み取って、だんだん中国の優秀な芸術の形式に発展した。元の時代のモンゴルの支配階級は強い拡張の政策を推進して、対外戦争を始めることによって、ジンギスカンと彼の後継者は何度も中亜、西アジアなどのムスリン国家と地域を征服して、中国と西洋の交流の通路を通じて、多くのアラブ人、ペルシャ人、イスラム化したテュルク人には芸の長い職人がいた。科学者、天文学者、医学家はモンゴル軍に従って中国に進出した。中央アジアのイスラム教を信仰する者は、大量にモンゴル軍に組み込まれ、長年にわたって河州に駐屯している。元代の後に臨夏地区の多民族の共存の局面はすでに形成されて、異なった民族の文化の間は博戦を展開して、長さを取り短くして、互いに吸収して、参考にして、「花児」の正式な形成のためにいっそう堅固な基礎を築いた。

明代以来、河州は北西の回族の主な集居エリアになっており、明清時代の回族が比較的大きな人口の割合を占め、その上に有名な古代シルクロードの商道において、外部との往来が密接である。清の初めになると、河州はイスラム文化の姿を始め、様々な思潮や門派が生息する肥沃な土地を形成し、繁栄したイスラム文化の姿を見せている。社会の安定と多民族の居住は、中国語を中心に複雑なトーンを持つ「河州語」が各民族生活の主要な言語になっている。「一方水土養一方人」（地域によってその土地ならではの人々が育つ）は、臨夏に住む各民族が共通の地理条件、共通の歴史的背景、共通の政治的影響の下で、「花」の内容や特色について基本的に一致したことを認め、真情を表した「花」に同じ感じを持って、内心の奥底から共感する。各民族はすぐに「花児」を受け入れたばかりでなく、互いに歌ったり、加工したり、色を潤したり、改善したりして、中国語で歌われている。「花児」の形成は、特定の地理的な歴史的条件の下で多くの民族が共同で創造したものであり、古代チャン族文化、漢族文化と中央アジアがイスラム教民族の文化を信仰して融合した後に育てられた芸術の花であり、その最後に形成されたのは明代である。

シルクロードの開花に沿う

「花児」が生まれてから、延々と続く伝播の過程が始まった。その流行の地域から見ると、まずその発祥地に広がり、地域、社会、経済、政治などの多くの原因によってもたらした人口の流れで、それを甘、青の省が地縁の軸とし、軸心から北へ、東波と甘、寧六盤山地区、西海の固、同心一帯を西に向けて新疆に延びるウルムチ、栄吉、伊興と周辺の各地で、その余波は内モンゴル、四川にも遠く及ぶ。流れの歴史、放散の空間から見ると、「花児」はほとんど歴史上のシルクロードの分岐点の各路線の軌跡を離れて、その歴史の経度の深さを表している。このようにして、「花児」は偉大なシルクロードの道に沿ってさらに遠くに歩いていき、広く伝播し、多くのところで根を生やした。

「花児」はまず小さい範囲で生まれ流れてきたもので、時間が経つにつれて今日の「花児」の民謡として伝わってきた。「花児」の流れはとても複雑な過程があり、社会、歴史、経済など多くの原因があるが、最も直接的なのは『花児』

が人に従って歩き、『花児』が人に従う」ということである。明清以来、移動、亡命、開職、行商などの原因で出てきた人口の流動現象は、「花児」がその方向と路線を撒き散らすようになっている。頻繁な商旅の過程の中、辛い移動の途中で、「花児」は体の調節器で、行路の労使を緩和した。心理的な減圧器、たるみの神経、「花児」は感情を刺激する覚醒剤のようであり、心の中の鬱積した抑圧を発散して精神の解放を得た。孤独な人々が互いに知り合うことによって、「花児」は各民族の間の接着剤の役割を果たし、異なる民族、宗教、異なる慣習の民衆を「花児」の歌の中で集まっていく。人の生活は「花児」を必要とし、どこまで行ってどこに持って行くか、よく知らない貧しい土地の上で、やはり異なった族の群に直面するが、「花児」は自分の特有な芸術性、民族性、社会性に頼って、すべてしっかりと根を下ろすことができた。

「花児」は伝播に対して陸路と水路に分かれている。「花児」の淵源は川の上流にあり、黄河に沿って、蘭州、ニレ中、寧遠、寧夏などに着く。陸路は花の伝播の主要な経路で、「花児」は北西に青海と新疆などに伝わり、南西に甘南、青海の東南部、隴南、四川と雲南などに伝わる。人々の口頭の宣伝の流れの中で、異なった自然環境と社会的条件の下で、異なる文化と民族環境の中で、「花児」は様々な要素の影響を受け、さまざまな変化が発生し、曲令とコンサートの形の変化を引き起こし、そこで地域、異なるタイプ、異なる民族を形成しているスタイルの「花児」があ る。「花児」の拡散は、「花児」の多様性によって必要な前提を提供し、「花児」の種類の区分に根拠を提供した。地域によっては甘粛の「花児」、寧夏の「花児」、青海の「花児」などに分けられる。民族風によっては、回族の「花児」、撒拉の「花児」、保安の「花児」などに分けられる。「花児」の表現と内容によって、叙情と叙事の二つに分かれている。

学界の一般的な「花児」は、河州型と洮岷型の二つのタイプに分けられる。河州型の「花児」はまた川沿いの「花児」と称されている。その主な伝歌地区は甘青の境の黄河、水分流域の一帯に位置している。河州型の「花児」の特徴は曲調が豊富で、叙情的に長く、文辞は優美で、質朴で、生き生きしていて、構造は厳格である。洮岷型の「花児」の主な伝歌地区は、蓮花山、二郎山を中心とした甘粛省臨機、峨県などの県に位置している。多様な形式で、構造の自由、歌唱の柔軟さが特徴である。

㈠　河湟の「花児」は、「少年」ともいう。主に甘粛川州（今の甘粛臨夏回族自治州）と青海省酒水一帯に伝わる。それは「花児」の二つの大派閥の中で最も広く広まり、影響が最も大きく、音像の出版物の最も多い派であり、非常に漢、回、東郷、土、撒拉、保安、蔵、裕固などの八つの民族の広大な大衆の好んでいるものである。河湟の「花児」は四句、六句の二種類に分かれている。歌唱も自由で、独唱を中心とした対歌と連唱がある。その曲調は悠揚しており、高らかで、奔放である。その中の曲訳（民間は「令児」という）は一〇〇種類あって、広く伝えられても四十種ばかりある。例えば、「白牡丹令」、「河州令」、「尕馬令」、「脚戶令」、「大眼睛令」、「倉啷啷令」、「尕阿姐令」、「水紅花令」、「撒拉令」、「保安令」、「憨肉肉令」など、伝播地区は広く知られている。

㈡　洮泯の「花児」は、蓮花山の「花児」と岷縣の「花児」の総称である。甘粛省臨夏回族自治州の康楽、和政県、定西地区の臨機、貴源県、武都地区の岷縣（岷州）、武都、津津、文県、甘南チベット族自治州の臨場、卓尼、舟曲県などに広く流行している。洮泯の「花児」の演唱者は、漢族を中心とし、回、蔵次のものがある。洮泯の「花児」のその流行の地域、演唱者の民族、曲調などは、河湟の「花児」のように行き違いのあるようなものではなく、水気が入り交じっているのではなく、はっきりしていて、単純に別れている。蓮花山の「花児」は「蓮花山令」を主とし、岷縣の「花児」は「刺刀令主」であり、それぞれの主要な曲調がある。二つの曲調の違いはかなりはっきりしているが、両者の歌詞の形式と演唱は基本的に同じで、それを一種類に分けている。洮泯の「花児」の歌詞はとても素朴で、手掛けのユーモアさ、そして繊細で生き生きとしている。洮泯の「花児」は曲調が比較的単一で、しかし多くの変化があり、言い伝え性はとても強く、河湟の「花児」のような大きく突出した部分はなく、そのため歌詞の即興の創作は便利で柔軟であり、エネルギー源は絶えず芸術的価値の高い力を発揮している。

「花児」はなぜこんなに人気のか

「花児」は歌であり、詩でもある。「花児」は広大な高原で、荒波の大河であり、民謡の海の一つの奇抜なものである。その形成は長期的な変化の過程を経て、無数の花が口頭で歌われることによって、この民族芸術が日に日に豊かになった。本質的に言うと、花の芸術は西北の人が自分の方言の法則に従い、自分の審美の心理を結びつけて作ったもので、一つの土のような素朴さがあり、叙情的な文学の担体である。リズムの起伏が変化して、せせらぎの渓流のような川の流れに似ている。

一つの民謡の形式として、「花児」は間違いなく多くの段階の美学形態を含んでおり、芸術の表現形式の上で現在主要なのは以下の通りである。

㈠「花児」の内容美

「花児」の内容は、社会生活と人生の様々な方面を含み、農家の日常生活、男女の愛情、災難を避けること、また自然の風景、天文気候、神話の伝説、歴史の物語、また社会の醜悪な現象に対する鞭付きも含まれている。題材から見ると、「花児」は各民族の人々がそれぞれの歴史の時期に経験した栄枯盛衰、悲歓を反映しているだけでなく、彼らの心理的素質と民族情操、道徳観念、倫理観念、審美の理想と風土人情などを反映している。「花児」は、実際に時代の姿を反映し、労働人民の生活の趣旨を明らかにし、愛情生活の精神の境界を引き出し、西北の高原で素朴な民風と労働人民の美学思想を表現した。

歌の内容によると、「花児」は通常、愛の歌の「花児」、生活の「花児」、本子（版本）の「花児」の三種類に分けられている。歌の「花児」は「花児」の主体で、「花児」の中の愛情の歌はさまざまな側面から異なる内容を表現している。感情的に派手な面や、熱烈に真摯に、あるいは悲しみ、あるいは婉曲なもの、またはストレートに表現するものがある。生活の「花児」は、社会生活の内容を反映する「花児」のことである。「花児」の歌のテーマは愛であるとしても、時代の発展の変化に従って、「花児」は異なる時代の民間人の心の声と跡を残しています。実際には、地域の政治、経済、民俗、宗教、方言など多くの方面の内容が含まれている。本子の「花児」は、歴史の文化を含む『三国演義』、『封神演義』などのような民間伝説を題材とした「花児」を演じる。

㈡「花児」の言語美

言語の形は、「花児」の最も人々に愛される理由の一つで、「花児」の言語は労働者の口頭弁を多く使い、伝播過程の中で千百回の芸術加工を経て、真実、素朴で、生き生きしていて、美しいものへとなった。表現の手法には、裏字を使ったり、方言を使ったりと歌詞が豊富である「者」、「哈」、「嘛」、「哟」などを使う。一般的な「花児」の歌詞には、一句七文字に満たないが、中には付け加えたものもあり、歌唱しやすいように、歌を際立たせる必要によって作られ、ほとんどの「花児」の歌の中にそれはある。

比興（面白さを競う）の手法の運用は、「花児」の言語芸術のもう一つの大きな特徴である。「賦者、敷陳其事而直言之者也」。直言は「花児」の歌詞の特徴であり、歌者や叙情、あるいは率直な感情の表現である。比興の手法は、中国の伝統的な詩歌芸術の表現形式でよく使われる手法である。「花児」は民謡類で、詩歌芸術の比興の手法を参考にした。「興者、先言他物以引起所咏之辞也」。「花児」の比興の手法の運用は、歴史の典故、天文の地理を引用し、身の回りの事、目先のものすらすらと書いていった。賦、比、興の創作手法は「花児」の民謡の風味をいっそう濃くし、言葉はいっそう生き生きとしていて、イメージはいっそう鮮やかで生き生きとしてい、味は深遠で婉曲で、高原の特有な土壌の息吹があふれ、本当に奇麗な姿でありとても美しいものだ。

㈢「花児」の格式美

「花児」の歌詞は詩歌と同じように、音の韻、対句、構造、字数、文数、頓数などを含み、形式的な美しさを持っている。花の歌詞は、河州語の音節の停滞と尾句の変化によって、独特の形式が形成され、主要な表現には句の格式、歌詞のリズム、韻の格式の三つの方面ある。

「花児」の奇抜な方言の造句の機能は、特に優れた花の歌詞を定め、独創的な格の基礎を形成した。一般的には、四文式、屈折式、連帯式、花歌いの基本的な構造形式である。四文式の花（「頭尾斉式」ともいう）は最も典型的な「花児」で、四句ごとに上下二段（民間の通称「上下聯」）に分けられており、段は上下の文で構成されている。例えば、

上段（上句）　山里的／冬青／冬夏／青、（下句）楊柳（嘛）／叶叶儿／夏青
下段（上句）　阿哥們／比你的／娘家／親、（下句）走到的／路儿上／打听

「折腰式」は「折断腰」或いは「兩担水」ともいう。四文式の花の上下句の間に半句（腰句）があり、通常は四文字である。四句式上段の上文と下句の中間に加えて、「上折腰」と言い、下段に加えて「下折腰」と言う。半切り句の加入は、連帯性を強め、表現力を豊かにした。「連帯式」は、四文式、屈折式の歌を対歌、タイミング、叙事の形で組み合わせ、完全な内容を表現します。

「花児」の基本的なリズムは、一、三句は九字、四頓、最後は単音節落尾、二、四句は七字、三頓、最後はダブル音節落尾である。また、屈折式のリズムやリズム性の引き立ては、記録人によって異なる。

「花児」は「流暢」、「歌いやすい」を重視しているので、韻を踏むことが大切である。一般的な情況の下で、「花」の歌は五種の韻を踏む形式があり、通韵式、交韵式、間韵式、随韵式、不押韵がある。通韻式は、「花児」の中で最もよく使われている。つまり、一つごとに韻を踏み、均等にし、尾部の単韻、双押と多文字韻などの形式がある。

㈣　「花児」の旋律美

「花児」は歌の芸術であり、各民族の長期にわたる伝歌の過程において、独特の歌い声の状態、技巧、音楽の潤いなどの法則が形成されている。「花」の歌の表現、歌唱技法と感情の伝達、西北の各民族の生存条件、宗教信仰、生産労働、民風の民俗、文化的心理、性格、方言の習慣などの要素と密接なつながりがある。「花児」は高らかで、物

音が高く、長く、さわやかで、「声は森を震わせ、雲まで響く」ような効果を持ち、心の中はすぐに澄み渡り、その動きを深く感じさせる。

西北民間の「花児」の伝歌地帯は通常、「花児」の漫唱曲調を「令」と呼び、「令児」とも呼ばれるが、例えば「河州大令」、「倉都都令」、「白牡丹令」、「雑馬児令」、「水紅花令」などがある。一首ごとの「令」は豊かな生活の中身を持ち、個性的で多彩な音楽のイメージがある。「花」を歌っている各民族や地域には、自分の宗教信仰、文化的精神、生活習慣、感情表現スタイルに溶け込むことがあり、それらは花が他の民謡とは異なる重要な特徴である。

大衆の中で流行した「花」の曲令では「尖音花児」「平音花児」の二つにわけられる。その中の「尖音花児」は特に優れていて、高らかで、粗野で、野山や広大な草原の雰囲気に富み、メロディーが起伏したり、跳ね上がったり、変化が大きくなったりし、リズムは自由に行き来したりはしない。この歌の形式の中で、人々は薫陶し、同時にまた歌唱者の心の声を表し、高原人の愛憎が歌の中に溶け込んで、高原の人の素朴な人間性を反映し、また粗野な勇ましさと美しさを反映した。

天性の「花児把式」

「花児」を歌う歌手たちは、一般に「花児把式」と呼ばれ、彼らの演技は『花児』を歌う」ではなく、「漫花児」（「花児」を表現する）と呼ばれる。一つの「漫」の字は、歌手が歌を歌う時に拘束されずリラックスした態度を表す無形表現である。黒いチョッキを着て、白い帽子をかぶり、ゆっくりと扇（「花児」を歌うとき用いる唯一の道具）を持ちながら天地の野に向かって、耳を隠し、「花児」の表現を始める。その時、「花児」が山の間にこだまし、山の斜面には「花児」を聞く人たちが来たり、山の斜面に立ったり、その中腹にうずくまったり、芝生の上に足をついている。「花児」が空を通る音は天から降りてきて、酷暑の慈雨のように、一人一人の心を慰める。「花児」の会では誰かの名前、家を問わず、しかしそれらは必ず一つ一つの「花児」であり、これは「花児」の力に耐えられる挑戦であり、歌が上手であれば、反応が早いものはすぐに続いて崇拝していった。

「花児」の中の歌手は一般的に二つの種類がある。田舎の歌手は声の条件は良く、記憶力、即興能力、迅速な反映能力、無意識の創造能力などは比較的に際立つが、彼らの多くは固定収入がなく、生活の出所は主に自分の生産労働に頼っている。このような歌手は多くいるが、さらに文化教育を受けていないことが多く、文盲や半文盲である。彼らの身分は歌手であり、聴衆でもあり、一般的な評価能力を備えており、他の歌手の歌唱力に対して正しい判断力を持つ。専門的な歌手、すなわち専門的な「花児」の歌唱会の場で「花児」を歌うことによって金を儲ける歌手が、主にさまざまな地方の歌舞団や臨時で構成された演出チームの中に分布していて、喉がいいからと歌手に選ばれて毎年「花児」の大会に参加し、民間は往々にして彼らを「歌王」、『花児』の王子」や「花児」に冠している。私たちがよく知っている「花児」皇后は蘇平、青海の「花児」の王子は馬俊などがいる。

一人の「花児」の歌手の形成は、多方面の総合的な要素の作用の結果である。ある程度でいえば、一人の「花児」の歌手の出現は、プロの歌手を育成するより何百倍もかかるかもしれないが、「花児」の歌手は自然な状態で自然に生成されている。一般的には、「花児」を歌う環境、即興の言葉、生まれつきの声、歌手の成長が欠かせない。

学校の教育の中で育った歌手は少ないし、歌手が目的に育まれてきたものも少なくない。彼らが生まれたのは子供のころから家庭や社会が一番早い先生であり、その自然な環境の中で、「花児」の文化を意識した教育を受けている。そしてそれは育て上げた歌手の基礎となる。生まれつきの喉は、彼らの先天的な優勢である。「花児」は歌の芸術で、声の良し悪しは演唱会の質に直接関係してくる。「花児」の歌手としては、今日の大学の声楽系学生のような厳しいトレーニングを経ることはできず、完全に先天的な声である。ハリウッド歌手の様子から見れば、選ばれた良い歌手は、生まれながらの声が多い。性格が明るくて、自信があり、自己表現が好きなのが性格の特徴で、ほとんどの「花児」の歌手は、性格が明るく外向的で、自分の歌の才能をアピールするのが好きである。「花児」の歌手は必ずしも「比」、

「興」、「賦」を知っているとは限らないが、彼らは自由に言葉を編むことができる。「詠の間には、珠玉の音を落とす。眉毛とまつげの目の前に、ゆったりとした色を巻く」という声が、天の川の下寄りとなる。「花児」の歌手の歌唱は自由放任で、まず、彼らは自分の知っている生活環境に身を置き、演唱会の場は往々にして山間の野外で、対象は自分のグループ内部の人で、普通は歌手に心理的な圧力をかけることはない。その次に彼らの演唱会では、ほとんど伴奏がなく彼らが自由に指揮することができ、これにより文と文の間、段と段との間に大きな間があり、リズムも厳格な制限もなく、個人に任せられている。

「花児」の歌手の伝承は、少数民族地区の山歌の伝承のようにほぼ一定の伝承関係があり、「花児」の歌手の大部分は学者であり、一部は師弟の伝承であることもあり、残念ながら文字の記録が欠けているため、歌手だけの記憶の話でしか分からず、もっと早い状況は分からない。「花児」の歌手の伝承から分析すると、大体三つのタイプがある。①家族の伝承型、②師弟の伝承型、③無師自通型である。

家族の伝承型は家族の内部伝承であり、祖父母は孫に伝え、親は子供に伝えら、甥は甥に伝えられ、性別から見れば女性歌手は家族の伝承型に属している。師弟の伝承型は師匠の伝授、弟子の学習によって行われる伝承の形である。田野からの調査の情況から見て、このような伝承の方式は花の歌手の伝承の過程の中でとても少なく、厳格な規定もなく、拝師は「花児」を歌うのは一種の比較的自由な行為であり、ある人は学びたいと思えば、古い歌手は喜んで教える。無師自通型の「無師」は、固定の師がいないことで、ただ本人が花が好きで誰かが歌えば聞きに行き、学び、覚える者のことである。河湟の大部分の歌手はこのようにして「花児」の学び、あるものは現役歌手に磁石の様について学んだ者さえいる。

家族の伝承にせよ、師弟の伝承にせよ、その伝承の手段と方法は、いず

花児把式

れも「聞く」歌の方法を採用し、「師匠」歌い、「弟子」は聞き学んでいき一句一句教えていくものではなかった。歌手の「聞く」歌は、一般的な意味での「聞く」ではなく、「心」で「聞く」ものである。つまり、「花児」に対する趣味に基づき、夢中になってしまうのだ。このような夢中さであるゆえ、彼らは歌を聴く時に非常に真剣になっている。

芸術祭「花会」

「花児」の歌は普段と縁日の二つがある。普段の演唱は、農民が田間労働者、足夫が旅を急ぎ、牧人が放牧している時の漫唱を指して、自由自在で、あるいは一人一人、あるいは歌の問答をして、形式にこだわらないことを指す。しかし、「花児」の曲では男女間の恋愛感情を表現する歌詞が多いため、親と子供、夫の父と息子の嫁、兄弟、姉妹、兄と弟の嫁、いとこと姪、叔母と甥との間では、まれに「花児」を歌う時に出会うと、一方は必ず避けなければならない。

普段は野外で歌を歌っているほか、「花児」はもっぱら集まりの場である「花会」があり、時間は一般的に旧暦四、五、六月の間に集中し、六月初めに最も盛んに行い、一、二日から三、四日、風景の美しい名山のある場所が選ばれます。「花児」は大西北のロマンチックな田園風情である。草長のウグイス、緑の青い山の川沿いの山川では、彼女よりも人の心をからめた人文の景観は決してない。素朴で豪快な気持ちで、あの熱い言葉が、高原人の平らげた胸を日光の下に露出している「花児」花が聞こえてくると、高原の山川の高らかさ、蒼然、清新、明快な雰囲気が感じられる。

「花児」があるところには「花会」があると言える。一曲の「花児」は往々にして数十里を引きつけることができて、さらに数百里の外のいくつの県の各民族の大衆もやってくる。歌合戦の間、山に登って山の人の山の人だかりで、歌声は夜を徹して絶えず、数十万の大衆が競って歌を歌う。小型の会場は各郷の名山大河に至るまで至る。少なくて千余人、多くて数万人が集まって、各民族の伝統的な芸術のお祭りとなっている。規模の大きい「花会」があるところは十数カ所あり、これらの「花会」は「花児」の歌手が多く、その上歴史は悠久で数万の大衆を引きつける。その中で最も有名なのは、河州花派の「松鳴岩花会」と、「蓮花山花会」である。

松鳴岩花会は「四月八花会」と呼ばれ、明代成化年間に始まり、今から五百年の歴史がある。毎年旧暦の四月二十六～二十九日に行われるが、一般的に四日間で、四月二十八は花会のクライマックスである。「老僧喜開浴佛会、八千游女唱牡丹」は、松鳴岩の花会が盛況の真実を写す。その中で、各民族の歌手は山の頂上、木陰の下、小川のそば、森の間に集まり、昼夜歌を歌い、美しい花を広げ、心の中の「少年」を歌った。歌声が谷間に響き渡るような歌声で、その境地は夢中になり、美しい。演唱会は独唱、対歌、斉唱、ミミ独奏などがあり、自家製の四弦子、ミミなどの楽器の伴奏もあり、その内容は新生活への賛美、生産労働に対する賛美、歴史物語、さらに美しいラブソングがある。「河州大令」「河州二令」「河州三令」「大目令」「牡丹令」など、「牡丹令」が盛んに行われている。『花児』の王」に立候補し、当選者が尊崇されたことから、歌の日には、遠近の知音、歌手、商人など万計を数えた。

蓮花山花会は毎年旧暦六月一日から六日になる。期間中、すべての人は道徳的な礼儀に縛られず、俗世の制約を受けず、尊卑の貴賤を問わず、倫理的な観念もなく、遊興を尽くっした。ここでは歌手たちが演じられるようになった。蓮花山の花会は風情に富んでいて、すべてのプログラムは道を遮り、遊山、歌、酒、別れなどに分け、柔軟で多様で、互いに入交り、一方では旅行しながら歌を歌っている。形式は単唱、個人の対歌と歌クラスの間の対歌がある。クラスの対歌は、一般的には男女十人ほどの臨時の「花」のグループを構成し、筆が立ち声が大きく通り、詩を作る「串把式」が現場の編集を担当して、三、四人が歌が順番に歌い、「花児、蓮叶児」を歌うとき、全ての人は一斉に声をそろえ、盛り上がり、妙趣に満ち、湧き上がる歌声でたいそう盛り上がっている。内容は広く、各方面の現象と知識、経験を含んでいる。問答が上手な者は、聴衆は赤いあや絹、通称「挂紅」を贈る。うまく答えられなくなったら負けである。負けたら退場し、他の歌手が出場する。女の歌手は演唱会の時に一本の扇で顔の半分を隠し、ただ一対の目だけで感情の豊かさを露出させる。男の歌手はよく花を歌っている時に手で耳を隠し、あるいは一本の指で耳の入り口を塞いでいる。一説ではこれが歌がもっと遠くに伝えることができた理由である。

「花児」は民間の大衆性伝統の「花児」を歌って集会で歌い、一年苦労をした人に与えられた歓喜の節を賜る。西北の民俗文化の一つの重要な構成部分である。高原での「花児」は、最も人気のある場所である。若者と男女が憧れを持っている場所で、多くの白髪の老人も、それに引き込まれている。「花児」は若い人の夢を探す場所であり、多くの人は「花児」を通して友情を深め、「花児」の灼熱の炙りの下で、友情はまた愛情に昇華します。「花児」の歌手というこの群体で、「花児」をもってが夫婦になるパートナーは珍しくないが、「花児」の中の親情や友情を凝縮して愛情を生む魅力は、人間性の本能の中では避けられないだろう。そして「花児」は高齢者が夢を追う場所でもある。高齢者にとって、人生の輝きはだんだん遠ざかるが、昔から経験した青春のロマンは心の慰めである。多くの高齢者は、このような懐かしさから花を追うのであるが、そこでは若い頃の思い出が蘇るのかもしれない。

留まる自然界の音

「花児」は、民間の文化として、長期にわたって閉鎖された社会状態の中で、相対的な伝歌グループにおいて、その特有の口伝によって伝承されているリレーである。最初の自分に属するその土地には、生きていくことができることは何もない。続いて伝承された連続性と血脈の純正性を安定させている。

社会の近代化が非情に元の存在を変え、都市化およびそれに伴う様々な社会機能は、見えない潜在的な流れのように、農村の伝統的な生活様式を浸食している。新聞、ラジオ、テレビ、映画、ネットなどの大衆の伝播媒体はすでに社会生活の

松鳴岩花会

各方面に浸透していて、人民の文化娯楽生活、多元文化の浸透と文化の生活の多様性に対する選択は、花の前にかけがえのない地位と役割を破り、その生存と伝播の空間は極めて大きな圧迫を受け、民衆の吸引力はさらに低下し、大勢の隊列も日に日に減少して、「花児」は続く苦境に直面している。

「花会」は「花児」が伝わる重要な場所であり、「花児」の伝播、継承、発展に十分な役割を果たす。しかし、今の「花児」はもはや伝統的な意味ではなく、経済の目的を追う文化娯楽の形に変異している。「花会」の開催地の政府は、「花会」がもたらす政治や経済効果を考慮し、「花会」に介入し、政府の意向によって「花会」が活動し、さまざまな儀式から歌唱主体や表現形式まで伝統的な「花」が異なっている。政府がビジネスを誘致する手段として、政府の声に迎合して「花会」に入り、本来の民間行為の「花児」は行政の主導と商業の衝撃のもとに、本来の内容や意味を失ってしまった。それは「花会」の中心的な地位を失い、その結果は「花児」の伝承の喪失になる。

歌手は「花児」を伝えていく担い手として、一定の意味では「花児」の運命を決めていたが、今一番気になっているのは歌手の人材の欠乏である。市場経済の大ブームの中で、「花」の歌手は根源を失って流れ、元の「花児」も一緒に漂流し、若い歌手はまばらになり心配である。現在影響のある原生態歌手は高齢の場合が多く、若い人は多くの流行文化に傾くようになり、もう「花児」の伝承に熱心でなく花の民謡の後継ぎができなくなる。伝承主体の断代は、原生態花の消失を意味する。今の演技の中での「花児」はその特色も色あせ、「花会」でも、それとも「花児」の大会でも、歌手たちは曲の内容や伴奏をすでに用意している。基本は繰り返しの演技だが、伝統の「花会」の中のような自由な歌、即興で無伴奏の演唱は存在せず、「花児」の演唱の即時性が解消されている。

「花児」の対歌

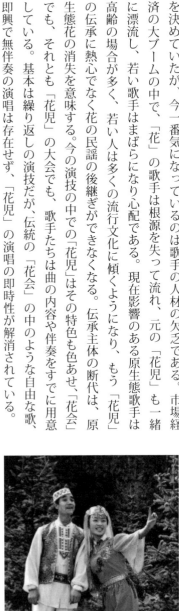

「花児」はすでに崖の辺で揺れ、もし私達が「花児」の文化の最後の防線を固守することができないならば、「花児」は私達のこの世代の人の手の中で失うことになる。幸運なのは近年、中国政府が無形文化の重視に伴い、「花児」の伝承と保護が議事日程に触れられてきたことで、一部の地方政府は、この「花児」を保護し始めたことだ。「花児」の伝承保護に対処する上で、私達は必ず物事の発展の客観的な法則に従い、「花児」の特性から時代の特徴の有機的な結合の上で「花児」の続く道を探求しなければならない。具体的には、以下のいくつかの方面に注意が必要だ。

㈠「花児」の収集記録に力を入れる

政府は必ず人力と財力を投入し、経験のある研究者を組織し、民間に入り採録と整理を行い、既存の民間の「花児」の歌手と「花児」を録音・録画したり、採録した材料に加工と整理を行い、芸術ファイルを構築し、電子資料として保存する必要がある。

㈡ 継承ルートと方式の開拓

「花児」の伝承の苦境は主に後継ぎがなくて、それを伝承させるために、人材を確保しなければならない。一方では、伝統的な継承方式を守る必要がある。家族伝承、業縁伝承のように、伝統的な伝承の方法を守ると同時に現代教育の資源の優勢を利用し、「花児」を学校に取り入れ、学校を通じて影響力を拡大し、伝承者を育成する。ここ数年、中国の関係部門や地元政府は「花児」に対して高く重視し、西北地区の農村の小中学校と高校の音楽授業の中で「花児」を増やすことを条件とし提唱し、教育、いくつかの経験のある「花児」の歌手は教室に入って実践の教育を行って、学生に実践の教育の中で「花児」の歌と曲を知っていて、「花児」の伝承と伝播を促進する。また、現代のメディアによって伝承されているように、インターネットの伝播ルートを十分に利用し、「花児」の伝承と伝播のためにより広い空間を広げている。最後に学術研究の伝播作用を発揮し、その独特な権威性と影響力をもって、「花児」の伝承に貢献する。

㈢ 合理的に「花児」の開発と利用をする

「花児」と地元の観光業を結びつけ、「花児」を伝えることができ、大規模な「花会」を開くことで地元の経済発展を牽引することができる。それは二つの仕事を行うことが必要である。一方は、ソフトウェアを開発し、甘粛、青海、寧夏、新疆でそれぞれの「花会」の故郷の旅行動線を切り開き、「花児」の故郷の良好な雰囲気を作り上げ、「花会」を開催し、マスコミを利用して宣伝し観光客を引きつける。また、開発の過程では度合いを把握し、営利を目的と手段として、開発したり、元の生態を保護したり、自然環境の破壊を防止し、この北西のきれいで珍しい「花児」たちを守り抜くことが永遠に咲いていく「花児」になる。

（張　偉）

参考文献

1　吉狄馬加主編『青海花儿大典』、青海人民出版社、二〇一〇年版
2　李言統、陳榮、王国林『河湟花儿与花儿会』、青海人民出版社、二〇一〇年版
3　屈文焜『花儿美論』、寧夏人民出版社、二〇〇九年版
4　王沛『大西北之魂——中国花儿』、黒龍江人民出版社、二〇〇六年版
5　陳元龍主編『中國花儿縱論』、甘肅人民出版社、二〇〇六年版
6　李泰年『走近花儿』、青海人民出版社、二〇〇五年版
7　魏泉鳴『中国「花儿」学史綱』、甘肅人民出版社、二〇〇五年版
8　陳元龍主編『中國花儿新論』、甘肅文化出版社、二〇〇四年版
9　王沛『河州花儿研究』、蘭州大学出版社、一九九二年版
10　趙宗福『花儿通論』、青海人民出版社、一九八九年版
11　中国民間文藝研究會甘肅分會編『花儿論集』、甘肅人民出版社、一九八三年版
12　郗慧民『西北花儿学』、蘭州大学出版社、一九八九年版
13　武宇林『中国花儿通論』、寧夏人民出版社、二〇〇八年版

西安鼓楽

二〇〇九年九月二十八日から十月二日まで、アラブ首長国連邦の首都アブダビで開かれたユネスコの非物質文化遺産政府間委員会の第四回会議で、七十六のプロジェクトが「人類の口承及び無形文化遺産の傑作」リストに登録された。西安鼓楽がランキングに挙がられ、民間音楽のカテゴリに属している。西安鼓楽は、音楽器とどらや太鼓の楽器を有機的に結合した民間音楽の品種である。それは漢に始まって、隋に興って、唐に盛って、二千年余りの歴史を持つ。これは唐代の宮廷の「唐大曲」であり、中国で今まで発見された、最も完備した民間器楽の楽種の一つであり、中国の古典音楽を代表する国楽である。西安の鼓楽は唐宋以来の音楽の伝統的な観念を継承し、唐、宋の大曲のいくつかの音楽文化の特徴を保存して、文人と民間の音楽家の創作の成果と審美観念を反映して、唐、宋、元、明、清の歴代の民間音楽の発展の転換の産物であり、文人文化と民間文化の二重を乗せている性質、それは一部の生きている音楽の史で、中国民族文化宝庫の中の美しい遺産である。

千年鼓楽

西安鼓楽は中国の音楽学界で中国古代音楽の「生きている化石」と呼ばれ、その価値は疑いのない絶対的なものでありそして掘り起こされたものだ。しかしそれは一体中国のどの歴史の時代に由来するのだろうか?これは常に人々が検討するポイントである。多くの専門家は西安鼓楽の曲式、節操の特徴、および譜法などの方面の研究によって、西安鼓楽が主に隋唐の燕楽大曲と密接なつながりがあることを発見し、唐宋の宮廷の遺音に属している。鼓吹楽は、魏国の六朝時期に盛んな楽器や吹奏楽楽器の演奏を中心とした音楽の一種であり、その演奏形式と機能は西安鼓楽と似たようなところがある。「定軍礼」によると、西漢の初期には、鼓吹楽がすでに中国の北西辺境にあったという。楽器の種類は多く、太鼓、簫、笳、横笛などがあり、その中の太鼓は打撃楽器の中で重要な地位を持っている。簫、笳、横笛、角笛は主要な楽器である。

鼓吹楽は、漢代の初期から興隆し、角笛や笳とともに鼓吹と呼ばれていたが、その後はオーケストラ編成や応用の場によって、鼓吹楽は太鼓、横笛、簫の三種類に分けられている。『楽府詩集』には「『横吹曲』は『鼓吹』から始まり、すぐに奏されるのは、軍内の楽である。その後は二部に分かれ、簫、笳は『鼓吹』とし、謁見の場などに用いられる……。太鼓や角笛は横吹として、軍の中ですぐに奏され、奏者も同様」。これによると、吹奏楽器の角笛や笳は、鼓吹や横吹を区別するシンボルの一つとなることがわかった。また、鼓吹楽の使用状況によっては次のようなものがある。太鼓と簫は、謁見の時に演奏する鼓吹はまた「黄門鼓吹」と呼ばれる（『西京雑記』に記載されている。「漢大駕祠甘泉、汾陽、備千乗馬騎，有黄門前後部鼓吹」）太鼓と簫、笳をもって旅をする儀仗として、すぐに演奏するのは「騎吹」といわれ、太鼓、簫、笳から軍楽として演奏されるのは「鐃歌」あるいは「短簫鐃歌」と呼ばれる。横吹は、主に太鼓、角笛、横笛などの楽器で構成されており、時には笳や簫も加わっている。また、簫や太鼓の合奏で名づけられた「簫鼓」は、儀仗音楽や軍楽のほか、百芝居の伴奏にも使われる。

また、『楽府詩集』によると、鼓吹と横吹が、曲の上では互いに違っているだけでなく、始まりの時間も区別がある。鼓吹は西漢の初年に始まり、班壹と呼ばれる人が漢民族と少数民族地区で猟をして歩いき、彼の隊では鼓吹を使い始めた。横吹が始まったのは漢武帝の時代、最初の曲は、楽府「協律都尉」の李延年が、張騫が西域から持ち帰った楽曲『摩訶兜勒』を素材にし改編した『新声二十八解』である。李延年の『新声二十八解』については、『書・楽志』にも記載されている。「張博望は西域に入り、その法と西京を伝授し、『摩訶兜勒』を得た。李延年は、胡角によって『新声二十八解』に乗じて武楽を考える」。また、魏晋期の文学家陸機の『鼓吹賦』では、「思悲翁」という漢代の短い簫が演奏した歌で、逃亡した反抗者「悲翁」の思いが描かれている。これもまた鼓吹楽の素材は民間から来ているもので、労働人民から来た。鼓吹楽悠久の発展の歴史において、その種類、形式、用途は厳密な限界がなく、時代によって異なっているので、鼓吹、横吹、簫鼓の区別も短く、その名称は残され、変遷中の性質に近い様々な音楽の概括の名称となっている。

鼓吹楽は、西漢時代の運用が多方面である。支配者はそれを軍楽として使う。一般的な行進音楽として、行進隊騎馬隊いずれでも演奏できる。宮廷で宴会活動をしたり、立ったりして演奏することもできる。また、漢武帝の時期に娯楽的な音楽活動になった。『後漢書』によると、西暦一〇〇年ごろに職業のある女性鼓吹楽人が現れ、「鼓吹遊女」と呼ばれる。また、鼓吹、横吹、簫や鼓を問わず、純粋な器楽作品ではなく歌詞を書いた歌唱性音楽があったが、鼓吹楽の応用の場とは違って音楽の内容や演奏の形式と演奏方法によって絶えず変化し、器楽演奏に向かって発展していった。

南北朝は中国の歴史上第一回の民族の大融合が起こった時期で、北方の鼓吹楽は当時の少数民族音楽の滋養のもと新しい発展を遂げた。その中には、現在の山西北部や内モンゴルの鮮卑族の貢献が最も重要とされている。『魏書・楽志』に「凡楽者は、楽が人生である。礼は、その基本を忘れず、朝晩の歌、糸竹との合奏、郊外の廟にも使われる」と記載されている。北魏の支配者は鮮卑族から来ていて、西暦三九八年に北魏の支配者が本族の民謡を提唱し始めた。すなわち「実写の歌」あるいは「北の歌」である。その後この音楽は次第に南北に流行していき、紀元六世紀初頭には、「北の歌」が梁朝の横吹に現れた。『皇書・音楽誌』には「和後主嗣位は、酒によって荒廃し、外を見、多くの宴席で披露した。遺宮女は北の簫鼓を習い、その代は北、思う存分酒を演奏をした」と記載している。南朝の陳後主はかつて宮女を派遣して北方で簫太鼓を学ばせに行き、そして宮廷の宴会で演奏させることを娯楽としていた。そのため、この時の鼓吹楽は曲の上で「北の歌」の内容が融合され、楽器には「篳篥」(管の前身)という吹管楽器が入っている。

しかしこの時、鼓吹楽の歌詞の内容は少数しかなく、その作品が労働人民の思想を反映し、大多数は支配階級に利用され、統治階級の思想を宣伝する新語を追加した。

隋唐時代の第二回民族大融合の段階で、また宮廷の明令が提唱され、各民族の音楽が互いに浸透し、楽曲の様相が大きく変わった。『新唐書・講楽志』には「後にも詔の調法曲と胡部新声合奏」と記載されている。鼓吹楽も例外ではなく、『新唐書・講楽志』には、「魏後期楽府初めの『北の歌』がある、鮮卑の歌であり。隋の鼓吹の歌は異なる」と記載されている。これは鼓吹楽が曲調で大きく変化したことを説明した

隋唐時代の鼓吹楽は楽器の異なる組み合わせによって、区分の基準はさらに細化され、鼓吹はまた「鐃鼓」、「簫笳」、「大横吹」、「小横吹」の四種類に分けられている。しかし、演奏の場合、演奏機能に大きな変化はなく、依然として主に宮廷の宴会や儀仗に使われる。『隋書・音楽誌』には「大事業においては、煬帝が招いて、鼓吹を設け、梁によって十二件になる」と記載されている。『資治通鑒』には、「玄宗の宴は、まず常時雅楽、座部、立部を設け、鼓吹、胡楽、教坊府県散楽に続いている」と記載されている。統治階級は鼓吹楽を機楽の範囲に入れ、宮廷での宴会の多くの歌舞伎公演の後に出演する。これによると、鼓吹楽はこの時に宮廷の燕楽の一部となっていて、支配階級に重視されている。

宋代宮廷音楽機構には、東、西の教坊と「危機直」があるが、その発展の傾向はだんだん衰弱している。彼らは再び膨大な専門の宮廷音楽芸人を持つことがなくなり、宮廷では郊外の廟、朝会などの式典が行われる前に、まず鼓吹署が臨時に専門的知識を持つ鼓吹民間芸人を募集し、訓練を行った後に出演させた。鼓吹楽は宋代の宮廷の中で、主に二つの方面に応用された。一つは軍楽としてであり、皇帝が出かける時、儀仗の中間で、「随軍番部大楽」と「馬後楽」

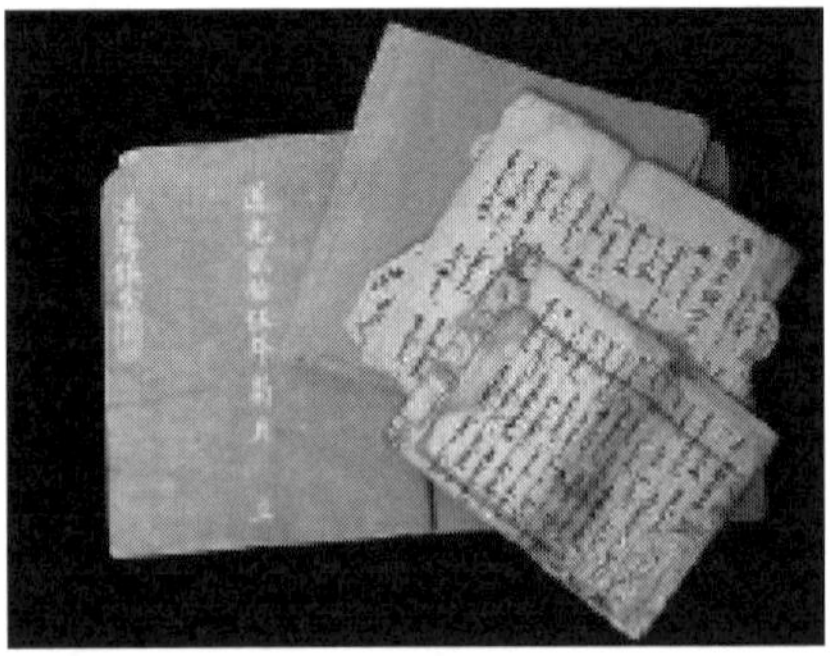

曲譜

の前後二部に分けられ、一つは朝会音楽の一部の「鼓吹十二案」である。宋の初めには、教坊の組織は正規化し、大曲、法曲、亀兹、鼓笛の四部に分けられた。しかし、実際の需要により、楽部の得意な芸によって、略式、大鼓部、笛色、笙色など十三部に分けられた。北宋の末年になると、教坊や鈞容は衰退し宮廷人楽人もその流れに従い民間に流れ落ちていった。これも民間音楽の場所になった瓦舎繁栄の原因の一つとなっている。歴史書によると、当時瓦舎は多くの楽器と演奏形式が流行していたが、その一種が「鼓板」である。楽器は拍板、鼓、笛、水盞と銅鑼などに含まれていて、当時は非常に流行していた器楽合奏形式である。この「鼓板」は、演奏楽器や演奏方式では、鼓吹楽と近似しており、鼓吹楽と民間音楽の融合発展の新しい形とみられる。

今のところ元代の鼓吹楽についての正確な記載は少ないが、鼓吹楽が元代に発展した場合、限られた資料で推測するしかない。山西洪洞県明応王廟の元代壁画『演戯図』と元代無名氏の『藍采和雑劇』によると、笛や太鼓、板、銅鑼の四種の楽器は、元雑劇の主な伴奏楽器である。これは宋代の民間で流行していた「鼓板」の演奏楽器とほぼ同じで、これは鼓吹楽の中にある音楽要素が元の雑劇によって吸収され、両者が発展した結果といえる。明清の時期になると、「吹歌」、「吹打」、「十番楽」を代表とする民間の器楽合奏形式が発展し、北京、西安、河北などにも発展し、その中で西安は「西安鼓楽」と呼ばれている。

多様な形式

西安鼓楽には「座楽」と「行楽」の二つの演奏形式があり、その楽器、楽曲の使用、曲式構造、パフォーマンス規模の大きさ、演奏の場などが異なる。

㈠　座楽の演奏形式

西安鼓楽の座楽演奏は、長方形のテーブルの周りに座らなければならない。列に従って座り、それが「座楽」と称されていた。座楽に使っている楽器は多く、主にリズム楽器がある。戦鼓、座太鼓、楽太鼓、独鼓、大銅鑼、馬銅鑼、引銅鑼、海口子、大シンバル、鈸、大鐃、鉸子、大梆子、木魚など。旋律楽器は笛、笙、管、双云鑼、方匣子などがある。座楽演奏形式のオーケストラの編成人数も等しくはなく、民間楽社の規模の大きさによっては少ないが、主に楽器を演奏することは絶対に欠かせない。一般的な演奏楽器は四人から五人、笛や管は一から二人、双云鑼は一人、笙は六から八人。民間楽社の芸人は大部分が一つの専門技術はあるが多能で、人が少ない時も他を兼ねることができる。民間音楽社では「七緊八慢九消停」という話が流れている。七人が演奏する時は緊張するが、八人が演奏するときは少し楽になり、九人が演奏するとさらに楽になるというものがある。

演奏する時に太鼓を打つ者は長方形のテーブルの端角に座り、左右は各銅鑼、大シンバル、大鈸、大鐃、鉸子と双云銅鑼、両側には笛、笙、管数人が並び、前方あるいは四方に観客がいる。条件のある楽社は、オーケストラの後ろに万民傘と軍の司令旗（つまり社旗）、多色の竜鳳旗があり、非常に壮観である。

座楽演奏に多いのは、固定曲式構造の大型組曲があり、前、後ろの二つの部に分かれている。その構造は膨大、複雑で、厳しい連帯原則がある。内部の曲式構造の変化と違いによって、座楽は「花鼓段」の座楽と「八拍鼓段」の二つの形式に分かれている。

以上の二つの座楽演奏形式の内部構造は少し区別があり、元曲と太鼓の使い方によっても異なる。またいくつかの楽曲内容の部分が変化しているが、全体の構造と効果的には西安鼓楽特有の座楽演奏形式を維持している。

㈡　行楽の演奏形式

西安鼓楽の行楽演奏は、行進しながら演奏したり、演奏する形を指す。行楽の演奏曲は、単体の「散曲」であり、座楽の中にもある「清吹曲」など、リズムは比較的揃った小曲が一般的である。行楽は座楽より簡単で、座楽のように複雑な曲体構造を持たない。ある楽社はこのような形を「路曲」、すなわち道を行くとき演奏する楽曲という。

行楽の使用する主な楽器は、笛、笙、管および単面太鼓、高鼓、方箱子、手梆子、海口子、貢鑼、小吊鑼、鉸子などがある。

西安鼓楽の行楽の演奏形式は二種類ある。一種は「高把子」（また「高把鼓」とも）いわれ、もう一種類を「乱八仙」（また「単面鼓」とも）いわれる。二つはの吹奏楽器に似ており、リズム楽器とは少し異なる。

①高把鼓。高把鼓を叩いたことでその名前を得た。演奏楽器には、高把鼓、貢鑼、鉸子、手梆子、小吊鑼（すなわち「疙瘩鑼」）及び笛、笙、管がある。演奏した楽曲は短い散曲で、リズムは穏やかでゆったりとし、優雅な風格がある。リズム楽器は演奏時には比較的固定的なリズム型があり、民間は「三鉸子一貢鑼」という奏法がある。四分の四拍子のリズムと、三小節目に一回鉸子を打ち、さらに四小節目に一回貢鑼を打つ、という法則のある循環を繰り返す。この演奏は僧、道の両派楽社が使用している演奏形式である。

②乱八仙。八つの楽器を用いることを規定し名をつけた。演奏楽器は、片面太鼓、方匣子、鉸子、海口子、手梆子及び笛、笙、管がある。演奏する楽曲は、メロディーの優美な散曲で、リズムは活発で斬新、民間の各音楽社はこの演奏形式を多く使用している。

行楽オーケストラの編成は、各楽社の間で異なり、行進の列も違う。一般チームの最前には彩旗、竜鳳旗、中間には高照闘子、後ろはオーケストラ、隊列の後ろには令旗と万民傘、後ろには軍の司令旗（社旗）があり、旗に「〇〇楽社」と書かれて、楽社を表した。西安鼓楽の演奏の形式は、各楽社は今でも伝統的な風格と奮起を持ち、厳格にその完全な曲体の構造の法則に従っています。この西安鼓楽の独特な演奏の形式は、現存する音楽の中ではすでに多くは見られなくなっている。

鼓楽のパフォーマンス

それぞれの風流を競う

西安鼓楽は打つことと吹奏楽を混合して演奏する一種の大型楽種で、豊富な内容、膨大なオーケストラ、曲は多く、構造は複雑で、中国古代の音楽ひいては世界の民間音楽の発展史の中の奇跡である。西安鼓楽は、子弟の受け継ぎ関係、演奏スタイル、人員構成、流布の範囲などによって、基本的に僧、道、俗の三つの流派に分けられている。

西安鼓楽の三つの流派はそれぞれ異なった風格を持っている。道派は城護寺の道士（道教の僧）から伝えられ、僧派はある毛という和尚から伝えられ、演奏者の多くは市民であり、道士や僧もいる。僧派の一部は、長期にわたって農民の手中にあったため、民間音楽を絶えず吸収し、次第に僧派と区別し、やがて俗派を形成した。僧派は悠揚として明るく、道は穏やかで雑雅で、俗派は熱烈に濃厚である。いずれにしてもその演奏形式は二種類、つまり行楽と座楽である。俗派は農村にあるため、その活動は農業生産の季節の影響を受け、一般的に農閑時に民俗性活動の儀式に参加した。たとえば祭りの年、神を迎える試合、朝山の参拝、収穫後の豊作を祝う時など。僧、道派は商業が多かったので、日没の店が閉店した後、芸人たちは四合院に集まって楽しんだ。本社の廟会の期間に彼らは全員出動し、全力を尽くして昼夜演奏をし、わずかなお金も取らない。他の鼓楽社の廟会があっても、彼らも情熱的に遊びに行き、その雰囲気を際立たせていた。沿道も彼らは吹いて叩いて、市民の前で彼らの芸を見せていた。

僧派楽社は、「東倉鼓楽社」、「西倉鼓楽社」、「顕密寺鼓楽社」、「大吉昌太鼓社」などが代表とされ、道派楽社は「城護寺鼓楽社」、「迎祥觀鼓樂社」などが代表とされている。俗派楽社は「長安縣何家營鼓樂社」「周至縣南集賢東西村鼓樂社」などが代表とされている。各楽社における人文環境の違い、演奏者文化の質の違い、楽曲、楽器の選択や組み合わせなどの違いによって、各流派の鼓楽社の間には比較的明らかに風格の特徴が形成されている。

楽器の使用では僧道両派のリズム楽器が一致していて、俗流楽社は戯曲「秦腔」の武場器楽の中の部分リズム楽器を交えて、粗野で熱気が増している。演奏の曲から見ると、僧道両派の多くは典雅な楽曲を演奏し、古代の宮廷音楽や文人音楽スタイルの曲調が多い。俗流楽社には民間で人気のある俗曲や小調などがある。演奏技術の上で僧派楽社は最も繊細で、花を加え変奏の手法を使うことが上手く、音楽は婉曲に聞くことができ、道派は楽社平と典雅で、演奏の手法は質素で簡潔で、俗派の楽社は更に豪快で活発で、音楽の全体の厚実の音響効果を重んじている。

全体的に見ると、僧派楽社が演奏した楽曲は、トーンが高く、伸びやかで、道派楽社が演奏した楽曲は、トーンが低く、穏やかで優雅である。僧、道、俗流の三流は演奏の形式の上では基本的に同じで、「座楽」と「行楽」の二種類に分かれ、一部の構造的な場所が変化しその異なる流派の特徴を示している。各派楽社の演奏スタイルの形成は、依存しない生存環境と文化背景に密接なつながりがあり、同時に、師との関係や楽曲伝授の内容も直接的に関係を持っていて、仏教音楽、道教音楽、民間音楽の影響を受け、そのスタイルの形成に基礎を築いた。また、楽器の演奏方法やテクニックに加え、それぞれ特徴的な独自のスタイルを持つ。各派楽社の間では、自分の独特な風格を維持しながら、他人の輝きを絶えず吸収し、大衆を広く取り入れ、その表現力を豊かにしている。

西安鼓楽の保護神

「西安鼓楽の保護神」の称を持つ李石根さんは一九一九年四月二十一日に古都西安の一つの読書人の家柄に生まれた。洒脱した長いひげ、黒い眼鏡は、鼓楽大師の老人の最も顕著な標識である。西安の鼓楽理論の研究の基礎として、彼は業界の専門家に「生きる民間音楽史」と称賛されています。彼は一九五一年から、非常に学術的価値を持つ西安鼓楽の資料整理を始めた。一九六二年、李さんは西安北城の壁の陝西の音協会で働いており、彼は寝食を忘れて夜を迎えるような、一日に十五、六時間も働いている。彼の事務所は各種の書籍、楽

鼓楽の演奏

譜の資料で溢れ、机の上は録音機がかかっていて、李さんはほとんど机に向かって仕事をしていた。目が近視になり、眼鏡をかけているが、原稿用紙にほとんど貼りついて書いている。冬はストーブ、夏は扇風機が、彼に付き添い長い夜を過ごした。一九五一年から十年間、彼は周至南集賢、西安都城隍庙、長安何家營及東倉、西倉、大吉昌など八つの音楽社を走り、二百人余りの芸人を取材し、録音四十数時間、民祖伝楽譜一〇〇数冊を集め、多くの芸人の筆録、写真などの資料を集めた。一九五九年から一九六五年まで、李さんは五巻の約二百万字の『陝西鼓楽訳譜為替編』の資料集を出し、数千余りの鼓楽曲が集まった。その後、李さんは続けて『唐代楽舞史話』『西安太鼓楽志』などの原稿を書いた。

一九六六年から一九七六年までの十年間、この仕事は『文革」によって中断されていた。この十年は、李石根さんが最も痛惜した十年であるが、その神聖な事業を忘れてはいなかった。一九八〇年春、彼はまた困難な旅を始めた。彼の起草した『唐代燕樂陳列館を設立する設想と意見について』は、ようやく陝西省の文化主管部門の関係者に受け入れられ、正式に唐代燕楽研究室を設立し、そのために特別資金を回し、録音器材と事務用品を購入し、これは彼の十五年ぶりの鼓楽研究の船を再び乗り上げさせた。

一九八一年から一九九一年の十年にかけて、李さんは再編集をはじめ、八巻九冊約三百万字の『西安鼓楽曲集』を印刷したほか、二十万字以上の『西安鼓楽芸術伝統浅識』を書き出した。また『音楽研究』、『交響』などの新聞で『唐大曲与西安鼓楽的体式結構』、『隋唐燕楽述要』、『西安鼓楽俗字譜的研究与解讀』、『關於日本雅樂與西安鼓樂的比較研究』、『泛論工尺譜的產生及其形成過程』などの著作や論文を出し、国内外で大きな影響を与えている。この期間、彼はまた『西安太鼓楽全書』の初稿を書いて、彼の手で書いた原稿用紙には二尺余りもあった。各字、各行譜、それぞれの図、それぞれの表、すべてに彼の汗を浸透し、彼の心血が凝縮されている。

李さんの苦学や博学は友人が全て知っていることだった。彼の苦労と成果もともに見届けている。しかし出版側が変わったため、『西安鼓楽全書』の出版は棚上げされた。二〇〇三年以降、中国は日増しに無形文化遺産を保護することを重視し、『西安鼓楽全書』の出版に希望をもたらした。西安鼓楽が二〇〇四年に中国民族民間文化保護プロジェクトの第二回専門試験項目に登録されるにつれて、中国政府は西安鼓楽保護に力を入れた。やがて『西安鼓楽全書』の出版は省文化主管部門の議事日程に組み込まれた。しかしなぜかは分からないが、一向に進展しなかった。李さんは悲嘆に暮れた。「この本が見えなくなっては死んでも死にきれない」と彼は嘆いた。その後、陝西省民間芸術促進会副会長雷達と陝西省芸術研究所の李世斌、李恩魁の協力のもと、ついに『西安太鼓楽全書』の校正原稿を整理して改訂した。一年余りの努力を経て、『西安太鼓楽全書』出版の糸口が見え、特に中国の有名な音楽史学者の李攻の支持で、周回、奔走して、中国芸術研究院、西安音楽学院、陝西音協会、文化芸術出版社などの力を得て、ついに二〇〇九年九月に『西安鼓楽全書』を出版した。

二〇一〇年四月二十一日、西安鼓楽のために一生を奮闘した李石根さんがこの世を去り、音楽学の専門家の張振涛さんと李玫さんは、「一生一つのことをやり遂げ、一つのことは一生の人を作った」と話していた。陝西省民間芸術促進会副会長の雷帝も、李さんの墓の前で「西安鼓楽の保護神」と称賛した。李さんは亡くなったが、李さんの持っている高貴な品質と執着心は、経書者を鼓舞し西安鼓楽の伝承と発展にこれからも努めていくだろう。

「西安鼓楽の保護神」李石根さん

伝承を待つ

西安鼓楽は中国古代音楽の重要な遺産で、その特有の複雑な曲体と豊富な特性の楽為替、旋法および楽器の配置形式は中国古代の音楽芸術の謎を解読する貴重な証拠となっています。大量の伝譜曲は中華音楽文化の宝庫を豊富にして、中国の民族音楽文化の更なる発展にますます重要な役割を果たす。

経済条件の制約を受けて、今、西安鼓楽楽社の数は大幅に減少しており、鼓楽社の生存も非常に困難であり、通常の練習や演出を保つことができる鼓楽社の方が少ない。現在、西安では十三の民間鼓楽社しかなく、全部で二百人以上の芸人だけであり、西安鼓楽の研究専門家は十人を超えない。更に恐ろしいのは、伝承されてきた楽曲は千曲余りだ。その中の二百曲はすでに翻訳されているが、一つの鼓楽社でも十五曲以上の曲を演奏することができる人は一人もいないことだ。さらに伝承者も六人しかいない。二〇〇五年には、西安鼓楽が中国の国家無形遺産となった。しかし、様々な原因によって、西安鼓楽は想像するような発展を遂げられておらず、逆に衰える傾向がますます強くなっている。芸人は二〇〇〇年ごろの四百人から二〇〇九年の二百人以上に減少している。多くの人は、鼓楽に対する感情で鼓楽の伝承と発展を支えているだけである。この事実と西安鼓楽の楽史上での地位はまったく対等ではない。西安鼓楽は、絶滅に瀕している状況に直面している。もし速やかに救助をしなければ、私たちはこの中華民族の音楽文化の伝統を失うことになる。西安鼓楽について、陝西の学術界はかつて大量の田野考察、採集と記録の仕事を行った。しかし、音楽ファイルの記録と記憶の角度から見て、まだ多くの不足な点が残っている。今西安鼓楽は変化に富んだ多元の文化環境の中で、西洋音楽、日韓音楽と今の各種の流行音楽の影響を受けるだけではなく、同時に社会の功利心、情緒の妨害を受け、最後には人材欠乏になってしまっている。本格的に伝統を受け継ぎ、深く掘り下げて、その真髄を獲得する、これは明らかに研究者に対し高い挑戦を掲げていることになる。

西安鼓楽の輝かしい歴史はすでに過去になったが、現在の鼓楽芸人が直面するのはこの古い音楽芸術の存亡の危機である。鼓楽はかつての一種の民間音楽の形式として存在していたが、今ではすでに人々に忘れられている。西安市の街頭で何人かを取材したが、ごくわずかな人が鼓楽を知っていて、鼓楽を聞いたことがある人に「西安鼓楽」という言葉を聞いたとき、多くが「知らない」と答えるということに気が付いた。西安鼓楽は、大衆の記憶から徐々に消えて行っているだけでなく、鼓楽社の内部にも深刻な伝承危機がある。古い芸術家たちはもう年を取っており、次の世代の継承者は純粋な鼓楽芸術を継承できていない。西安鼓楽の保護は一刻の猶予もないのである。西安鼓楽の伝承と発展は以下のいくつかの方面から着手するべきである。

　第一に、政府専門の主管機関を確立すべきである。関係部門は、ユネスコの規定の標準を参照し、中国の人類の口承と無形遺産の鑑定と評価体系を確立し、我々の救助と保護の仕事を国際的な規範に合うようにしなければならない。あるいは既存の条件の下で、国は各級の文化（部、庁、局）行政部門によって民族の伝統的な音楽を保護して振興し、それに応じた「口承と無形文化管理機構」を確立し、重要な伝統的音楽を保護しなければならない。国家と地方政府は毎年一定の活動経費を出すべきであり、これは機構の正常な運転を維持することにつながる。

　第二に、西安鼓楽に対する人材の育成を強化する。西安鼓楽は陝西省にあり、陝西高校は、鼓楽の「教育伝承」の中で重要な役割を果たすべきである。まず、学生の音楽知識の調整を行い、彼らの西安鼓楽に対する感性と理性的な認識を強化しなければならない。次に、西安鼓楽をカリキュラムに取り入れるべきであり、半年から一年の民族楽器の選択授業（現職の陝西省文化庁副庁長、有名な民族楽器の演奏家・劉広忍教授はすぐに『民族器楽』の授業を取り入れている）と伝統音楽文化教育系選択授業を開設する。それによって彼らの音楽文化の素質を高められ、彼らの視野を開拓し、西安鼓楽に対する共感を育成する。

　第三に、西安鼓楽実物展示館を設立する。展示館は、民間から各種の鼓楽楽器や太鼓音楽生活に関する服装や道具などの実物や画像を収集し展示することができる。これらの陳列品は、研究価値だけではなく、歴史的な文物の収集価値を持っている。同時に、西安鼓楽文化の実物展の形式を開催することによって、外部の人々がこの機会に接触し、西安鼓楽の生存の実態を知り、彼らの鼓楽の音楽文化に対する興味を与えることができる。これは西安の鼓楽の伝播と発展に利益があることだ。また、展示館は、西安鼓楽を伝える陣地として、適切なタイミングを選び、定期的または不定期な現場パフォーマンスを行い、発揚を促進したり、チームを育成するのにも良い方法といえる。

　第四に、西安鼓楽のファイル館を創立する。西安鼓楽がファイルを作成するために、西安鼓楽の保護と継承をさらに促進することができる。ファイル館は西安鼓楽の歴史文献資料及び専門音楽学者の収集、整理、記録した民間の現存する楽譜、音像資料及び学術を保存することとする。音楽に従事する人は、さまざまな形式と手段を駆使して、失われやすい無形音楽文化遺産を長く保存したテキスト、音響、音像資料にし、西安鼓楽を長く継承していくに十分な資料を作る。

第五に、メディアの宣伝を強化する。近代的なメディアの誘導は非常に重要で有効であり、そのため地方省、市テレビ局、ラジオ放送局、新聞雑誌社などの中でまず仕事をし、社会教育の機能と普及機能の重任を担うべきだ。西安鼓楽の文化思想のコラムを開き、優秀な西安鼓楽の音楽作品を放送したり、西安鼓楽の伝統音楽に関する情報などを放送する。このような方法や方法を通して、一般大衆の西安鼓楽に対する認識と興味を生み出し、人々が民族音楽をよく知ることができるようになる。魅力と文化的価値の基礎の上で感情の上の寄り合いと融合を引き起こし、それによって自覚的にそれを好み、鑑賞し、保護し、西安鼓楽芸術の保護と発展は更に望みにつながる。

第六に、国際社会の注目を呼びかけること。国際的に見ると、民族とは世界である。優秀な民族音楽は世界音楽の宝庫の重要な構成部分の一つであり、全人類共通の精神的財産でもある。いくつかの民族音楽の伝統的な習慣に直面し、全体の人文の特徴は次第に変化して、さらに同化して消える。特に民族音楽は滅亡の問題に直面しており、私達は高度な重視を外界に与えなければならない。歴史の遠い、芸術価値の高い、伝統的で優秀な、独特な民族特徴を持ち、国際的に一定の影響を与えている民族音楽の品種に対して、保護を強化し、基礎をつくると同時に、世界の無形文化遺産を積極的に申告して、これらの芸術の珍品をいち早く世界芸術の舞台に登れるようにする必要がある。

（譚　必勇）

参考文献

1　李石根『西安鼓樂全書』、文化藝術出版社、二〇〇六年版

2 王曉如『陝西活的歷史・西安鼓樂史的整理與研究』、三秦出版社、二〇一〇年版
3 張振濤『吹破平靜、晉北鼓樂的傳統與變遷』、文化藝術出版社、二〇一〇年版
4 孫婧『西安鼓樂的文化性質』、『西安音樂學院學報』、二〇〇六年第二十五卷第二十六期
5 『為保護西安鼓樂奮鬥壹生的李石根』、http://www.china.com.cn/culture/minsu/ 2010-05/25/content_20113900.htm
6 『對西安鼓樂保護和傳承問題的幾點研究』、http://www.snwh.gov.cn/feiwuzhi/ lwzz/yxlz/200903/t20090327_69085.htm
7 『西安鼓樂的命運交響』、http://news.163.com/10/0506/07/6601SAK200014AED.html
8 張振濤『壹輩子做壹件事、壹件事做壹輩子——李石根與〈西安鼓樂全書〉』、『中國文化報』、二〇一〇年四月二十二日
9 『西安鼓樂入選聯合國非物質文化遺產名錄』、http://www.sn.xinhuanet. com/2009-10/09/content_17890063.htm
10 李石根『西安古樂的搜集、整理、研究與扶持、保護』、『中國音樂』、一九九四年第二期
11 『論西安鼓楽保護』、http://www.snwh.gov.cn/feiwuzhi/lwzz/yxlz/200903/ t20090327_69063.htm
12 『千年傳承西安鼓楽、堪稱中國音楽的「活化石」』、http://www.cnwest. com/content/2009-10/09/content_2470869.htm
13 『入選非物質文化遺產名錄、西安鼓樂現狀仍堪憂』、http://www.china.com. cn/news/txt/2009-10/18/content_18722347.htm
14 『西安鼓楽、唐風遺韻活化石』、http://www.itravelqq.com/2009/1110/25731. html
15 『西安鼓楽入選聯合國非物質文化遺產名録』、http://www.sn.xinhuanet. com/2009-10/09/content_17890063.htm
16 成長『拿什麼來拯救妳、西安鼓楽』、『音樂天地』、二〇〇七年第二期
17 趙小平『西安鼓楽的演奏形式及風格流派初探』、『中國音楽』、二〇〇四年第三期
18 張怡『淺談西安鼓楽淵源』、『音樂天地』、二〇〇五年第十二期

中国朝鮮族の農民舞踊（農楽舞）

二〇〇九年九月三十日、アラブ首長国連邦アブダビで行われた国連教育科学文化財組織保護無形文化遺産政府間委員会が第四回会議で、中国朝鮮族の農民舞踊（農楽舞）が「人類の口承及び無形文化遺産の傑作」リストに登録された。「朝鮮族農楽舞」は通称「農楽」であり、内容は多彩で、小鼓舞、圓鼓舞、疊羅漢舞、拍打舞、刀舞、長袖舞、假面舞、長鼓舞、扇子舞、鶴舞、頂水舞、象帽舞など十二の舞から組み合わせられている。その姿は優雅で、リズムは軽快で滑らかで、音楽、ダンス、演唱に溶け込み一体となった総合的な民演芸術である。朝鮮族農楽舞の歴史は悠久で、我が国の延辺朝鮮族自治州と国内のその他の朝鮮族の集まる地区の人民の長期的な労働の生産と知恵の結晶で、代々伝わり、広く吉林、黒竜江、遼寧などの朝鮮族の居住区域にまで広く伝わっています。これは、朝鮮族特有の肩をすぼめ、ステップなどの踊りの動きを有機的に統一し、朝鮮族人民が長期的な労働や生活の豊作の喜びを反映し、朝鮮族の「調和」、「緩急」、「謙譲」と「含蓄」の審美的な特徴を体現している。それは朝鮮族民間の踊りの最高の芸術形式と大衆の祝日活動の重要な構成部分である。

農楽舞の起源と発展

農楽舞は朝鮮族の古く、最も代表的な民間舞踊であり、歴史は長い。古代の文献は、農楽舞の由来が明確に記載されていないため、現在、国内外の学者がその起源について諸説あり、それぞれに道理があるが、さらに進んで探究する必要がある。現在、農楽舞の起源問題について最も影響力があるのは、中国の朝鮮族舞踊史研究の専門家、朴永光であり。彼は、既存の農楽舞を分析を通して、解剖し、その中から農楽舞の原型の手がかりを探すことで、これらの要因に基づいた元を追っている。それらが相対的に不足している状況下では、比較的可能な研究方法であり、本文は主にその観点からのものである。

農楽舞は最初に狩猟時代に生まれ、原始民族の狩猟労働と祭祀活動の中で少しその原形がまだ残っている。朝鮮半島や中国朝鮮族地域に現存する農楽舞によると、農産物の中の様々な雑色（動物の仮面を被った舞員）や猟師役が注目されており。彼らが登場した状況からみると、早期の農楽は狩りの過程を再現して動物狩りを体験するときの喜び、あるいはかがり火を囲んで共に歌って踊り勝利分かち合っていた可能性がある。現代の農楽舞の中で最も特殊な技巧は回る飾り紐のついた帽子で、一説によるとこれは狩猟時代から道具を使って獣を捕る活動から変わってきたものである。このほかにも、農楽舞の基本的な足並みの一つ「雀歩」は、鼓棒と鼓棒のばちを手にして進んでいく動作で、狩猟時代の猟師が野獣を狙う動作を模倣し、それから馬に乗って矢を射る動作に発展した。これらの狩猟時代の文化の遺留は後の農楽舞に機能的、形式的な面で大きな違いがあるが、後の農楽舞と並行して論じることはできず、これはおそらく農楽舞の最も早いヒナ型である可能性がある。

古文献では、農楽舞と最も似ている当属扶余（前二世紀—四九四年）の「迎鼓」、高句麗（前三七—六六八年）の「東盟」、馬韓（前一〇〇—三〇〇年）の「蘇塗」。その中で、比較的詳しいのは、馬韓の「蘇塗」、『三国志』では、馬韓は「五月に種を植えて、鬼神を祭り、群衆を集めて踊り、無休で昼夜酒を飲む。その舞は、数十人がそろい、低く地を踏み、手足をそろえ、リズムは鈴のようだ。十月農業は功し、それもまた同じように。鬼神を信じ、国はそれぞれ一人をまつり、天神名の天君。諸国にはそれぞれの町があり、蘇塗という。大木が立ち、太鼓、鬼神」。これによって、馬韓の「蘇塗」は多くの面で後の農楽舞ときわめて似ているが、特に行われる時間、形式は、さらに機能的にも同じである。もちろん個別現象の違いもあり、馬韓の「事鬼神」は「立大木」と合わせ大木を中心に祭事を行い、その後の祭りは村頭の大木や村の共用井戸の辺で行われていたが、馬韓の「大木」は消えておらず、それは後に農楽隊の旗に変わる。李朝時期（一三九二―一九一〇年）になると、大旗の上には「農民は天下の大本」と書かれている。つまり、馬韓期の「蘇塗」と現在の農楽は全体的に似ていることが多いことから、馬韓時代には基本的な農楽が形成されていると推定される。現在の農楽舞は機能的に祭祀活動と密接な関係にあり、資料により保証されている。

歴史の発展につれて、祭りに使われた農楽は、徐々に自分の娯楽活動に転向していった。朝鮮三国時代新羅で盛んな都例あそびは、人々が農楽を楽しむための新たなスタートだった。「都例」は音訳で、農民が互いに耕しあう臨時連合の形態（互助組のようなもの）である。朝鮮族は長い間北方の水稲の生産に従事し、大きな面積の水稲の栽培と管理に便利になるため、彼らは多く集団労働、相互協力の労働の形式を取っている。繁忙期、農民たちは自発的に「都例」に組み合わせて農耕を助け合い、作業と疲労を鼓舞するために、下に降りるとき、人々は「平太鼓」や「チャルメラ」などを農具と一緒に田に持って行き、休憩時に人々は高らかで軽快な太鼓の音の中で鼓舞し、楽しい歌と舞で疲労を癒した。時が経つにつれて、これらの即興の舞は、徐々に遊戯的な朝鮮民族の舞踊を形成し、伝統的な民俗活動の中に存在している。歳月が経つにつれて、農業の生産形態はもはや「都例」では行われないが、農楽舞という娯楽の形は続いている。春、夏の農繁期が終わると、人々が組織して都例の娯楽を行い、参加者は皆村のメンバーであるので、具体的な扮装はない。人々は農旗を中心に農繁期が終わった後の喜びを、農旗に「農民は天下の大本」と書いていた。

農楽は宗教の祭祀、戦事の訓練、民間の娯楽のほかに、「乞粒」の活動にも使われるようになった。乞粒には財力、物力、人力などを集める意味がある。「乞粒」は、農楽の形を借りて乞粒農楽を形成するため、祭祀性農楽の中から変わったものであ

朝鮮族の農楽踊り

る。歴史によれば、乞粒農楽には、寺の乞粒と村の乞粒があります。高麗朝の末期に行われた寺の乞粒は、儒教の流行による衝撃で仏教が厄除け、僧侶たちが生計のため寺の香火を引き継ぐために、農楽を借りて民間に「乞粒」をした。村乞粒は、公共施設を建設するために農楽を借りた活動で、農楽隊は常に芸人の職を持つ者によって構成されていた。

このようないくつかの農楽の形態は現代の農楽舞の中で存続し、別の形態になっている。農楽を祭ることは、神を楽しませることを旨とし、陣法あそびは演劇陣法を特徴とし、そして乞粒農楽は観衆に演劇を見せるためを主としている。

農楽の形成、発展の過程では、舞員の構成も何度も変化した。歴史書によると、農楽は高麗中期までに生まれているが、農楽隊は一般的に男女とも参加できるようになった。しかし、高麗中期以降、儒教の影響で、当初は男女が集まった農楽は、男だけが参加した農楽となり、女性のみの巡蘇舞（その後の『羌羌水越来』）に分かれた。しかし、その後はまた男女共通の歌舞の形式に再び変わった。

農楽の伴奏楽器も少なくなり、簡単なものから複雑なものに変わる過程で、農楽舞が形成されたばかりの時はその伴奏楽器は小太鼓などの本土の楽器だけであったが、その後本土の物に加えて外来のいくつかの胡笛、大金、小金、長太鼓などの楽器が増えている。楽器の増加につれて、その踊りの形も豊かになってくる。楽器が増え続けている中、音楽も複雑になり、『三国志』に記載されている状況を見ると、当時の伴奏音楽には「矛のような舞がある」とあり、音楽のリズムが比較的簡単だが、リズムは豊かであると推測でき、十二種の異なるリズムを用いたことで農楽舞の発展があったとも推測できる。

朝鮮族の農楽舞は発展の過程の中で、またにいくつかの文化的要素が溶け込んでいる。その中の陣法あそびは、陰陽五行の観念に影響を受けました。「五

「農者天下の大本」と書かれた農旗

方陣」は、中央黄帝陣、東方青龍陣、南方朱雀陣、西洋白虎陣、北方玄武陣、でありそのほかにも一字長蛇陣などがある。仏教楽舞も農楽舞の中に溶け込んでいるのは、例えば童伎舞（疊羅漢）などがあり、いくつかの学者によると、農楽隊員が着た「背帯」なども仏教から来ているものだと考察されている。

農楽舞の発展過程の中で、機能の違いによって様々な形態の農楽を形成し、その上地域差によって様々な地域の農楽舞が形成された。伝統的な農楽は京畿農楽、忠清農楽、嶺南農楽、湖南全羅道地方の左道祭（山区農楽）、右道祭（平原農楽）などに分かれている。

中国の東北三省朝鮮族地域に伝わる農楽舞は、主に朝鮮慶尚道、江原道、全羅道地方の農楽舞で、その大部分は二十世紀初めに朝鮮から伝わったものであり、古代高句麗、扶余、朝鮮半島の伝統的な楽舞文化の基礎の上で、漢、満の民族楽舞の要素を吸収した。東北地方の特定の環境では、水田栽培を主とする農耕労働の中で形成されている。

近代戦乱と激動の試練を経て、朝鮮族の農楽舞は新中国に設立された後に新たな発展の時期に入り、芸術の生命は再び春を芽吹かせた。朝鮮族の民族舞踊の民間芸術の伝統を受け継ぎ発揚した上で、朝鮮族の民間芸人と専門的な舞踊の従事者は「百花が咲き乱れ、古きを退けて新しきを出す」の文芸方針を掲げ、たゆまぬ努力を経て、朝鮮族の農楽舞をより開放的な芸術段階に向かわせた。芸術の表現形式の面で新しい元素を吸収し、そして楽曲、服飾、演技技術においてすべて革新し、その他の民族芸術の表現手段と現代の科学技術の手段を参考にし独特な芸術の魅力をもって、田舎から都市に向かって、そして田園から舞台に向かって、民族が集まって全国に向かって、さらに世界に向かっている。中国の朝鮮族舞踊芸術の発展は新しい春を迎えている。

農楽舞の楽器や道具の一部

農楽舞の基本程式

中国の朝鮮族舞踊は中華民族舞踊芸術園の中の一つの珍しいもので、悠久な中華民族の伝統芸術の土壌の上で成長しまた自分の鮮やかな民族の個性的な色彩芸術の花を持っている。時代の進化に従い、農楽舞は早期の自楽の単一の形式から内容演目と技巧演目の二つの形式に発展しており、演技の手段は極めて豊富で、より強い総合性を持っている。既存の農楽舞は、実演主体によって大きく分けられる。一つは農民の組織における民間の農楽隊で、このような農楽舞は農民たちが伝統的な祝日や喜事の時に組織し自ら娯楽にしたもので、いわゆる「埋鬼」、「都例」、「丰争」などの伝統的な農楽形態の続きであり、二つ目は観客に見せる農楽を演出するために、一般的に専門の劇団やアマチュア団体が演じることになっており、それは「乞粒」、「祠堂牌」の伝統的な農楽をもとにした農楽踊りである。

農楽舞のパフォーマンスは大きく以下の部分が含まれる。若い男性が演じる「小鼓舞」、舞童の演じる「疊羅漢」、多くの人が演じる伝統的な「扁鼓舞」、男、女（女を中心に）の演じる「長鼓舞」、多くの人が大型の花扇を持ち演じるのは古代の「巫舞」の「扇舞」、仮装舞踊の「鶴舞」、そして最後にしんがりを務める男の「象帽舞」。

まず「小銅鑼」は違うリズムを打つことで、青年の演じる「小鼓舞」が、農楽舞演目のオープニングとして登場する。舞者は「小鼓手」（あるいは「法鼓手」，手持ち小太鼓）を持ち、「花冠帯」（頭にかぶる花冠）、「戦笠帯」（兜をかぶり、戦服を着る）などがある。踊り姿は豪快で、盛んに躍動する。花冠は震え、兜は流れるように旋回し、その姿は多彩で、人を惹きつける。

続いて、舞童たちが「燕風台」の伴奏のもと、急速な旋回動作から各隊形動作に入り、隊列の変換と「疊羅漢」の演技を行う。

演目が進むにつれて、舞演技の芸術性もますます濃くなっていく。多くの人が演じた伝統的な「扁鼓舞」は、男女すべてが参加できる一種の「鼓舞」であり、一人当たりの太鼓の大きさは性別によって区別されている。男子の演技は、群舞を中心とし、激しい音の中で走り回るような舞で跳躍する。女子が踊るのは、多様で妖艶な太鼓の技を表現するだけではなく、また「扁鼓」でしきりに動き、緩急のある動きが交錯している中に、朝鮮族の女性の剛柔、さわやかで美しい舞の姿を踊り出す。舞の動作、リズム、太鼓を打つタイミングはさまざまだが、演技の内容によってどんどん変化し、楽しい雰囲気、熱烈な雰囲気、朝鮮族の人々が生活を愛し、奮発する精神を反映した。

そして「長鼓舞」、「長鼓」は朝鮮族楽器の音色が最も優美で独特な楽器の一つであり、同時に人々に愛されている舞具である。その輪郭は大きく、細腰で、両端の鼓の皮の音色の高低は、太鼓の鼓鞭と指の合わせで打つことによって変わり、豊かな表現力と特色を持っている。ゆったりとした伽椰琴伴奏の中、舞者の右手には長さ約三十センチの細竹の「鼓鞭」を持ち、左手との組み合わせで、左右の太鼓面から打ち、澄んだ太鼓の音を出す。楽曲の音の中で、一隊は白い短い服と薄く赤いスカートを身に着けて、胸の前に「長鼓」をもった舞者が、さらさらとした泉のような軽やかなダンスを舞台で舞う。彼女たちの優美な姿は、ろうそくの様にしなやかに躍進して白鶴のように悠然と踊っているようで、うっとりと陶酔させる。一段落したあと、舞者は別の木質の太鼓の棒を出し、素早く強く太鼓を打ち出し、舞は鼓楽の狂乱の急旋回に入り、たくましく、そしてほとばしる。その時、クライマックスに差し掛かった演技者は、個人の「鼓舞」のテクニックを示す「絶活」を披露し、パフォーマンスを最高潮に押し上げる。

「長鼓舞」の後は、続いて多くの人が大型花扇を持ち、古代の「巫舞」の「扇舞」を始める。「扇舞」の舞具は、一本または二本の「花扇」で、舞の時に「花扇」が体の周りで八の字型の形になるように舞う。また、隊形の変化に伴い、「花扇」の開合によって様々な優美な図柄や造形をつくる。『扇舞』は民謡『倡夫打令』と『漢江水打令』を音楽の伴奏としている。その舞の動作は繊細で、深く、優雅

1980年代の乞食踊りの中で二重の舞

で、伸びやかで、十二／八の「古哥里」のリズムを採用し、曲線的な律動を持ち、朝鮮族の女性のやさしさ、素朴な感情、善良な性格を表現した。

更に下にあるのは仮装形の舞である。美しく長い鶴の頭と、二匹の黒い翼を持つ「丹頂鶴」に扮し、しなやかで飄々と飛び立つ「鶴舞」は、未来の吉祥と安寧を祈る。「鶴舞」の舞う姿と歩法は長期的な発展の過程で、次第に形となり、「立如鶴足」は、朝鮮族の女性の歩みの規範となっている。

農楽舞の最後を飾るのは「象帽舞」である。伝統的な娯楽の形式として象帽舞の歴史は悠久であり、現在すでに発展的な民間芸術に発展している。それは音楽、舞踊、歌を一体にさせ、かなりの技巧と豊富な内容を含み、一種の独特な技巧の演技となっている。「象帽」は一種の特殊な笠で、上に飾り紐

「長鼓舞」の演出

があり、長くて十二メートルに達し、短くて一・五メートルほどある。祭の彩服を着て、頭に彩られた丸い帽子を身につけた青年は、立ち上がり、歩き、手で支え地面を回る中、頸部の力でしきりに頭を揺らし、象帽の飾り紐は風になびき、舞者の頭頂と前、後ろ、左、右に動くさまは一つまた一つと円を描き無数のネオンの様に光り輝く。さらに技術の高い者は身を舞台の中央に置き、二十メートルもの紐をつける高難度の演技をする。帽子の飾り紐がたちまち回転するのはまるで風のようである。いくつかの彩色した絹紐は無数のネオンを空中に映し出しているようで、幾千もの雨が空の中を回り落ち、また鳥が翼を連ね飛ぶようである。クライマックスの中で、「小鼓」を持ち、「扁鼓」と「長鼓」を体にかけた舞者が再び登場し、飾り紐が飛び交う中再び踊り、これが農楽舞の終結となる。豊富で熱烈な農楽舞の後、人々は自分の娯楽性の集団に転じて踊り、歓度の祝日の続きとします。

農楽舞の演技は、楽器を叩くことを先導とし、筆頭者は銅鑼者、そこから舞が始まり、中間の変換及び終結、いずれも銅鑼者によって指揮される。農楽舞を披露する際には、旗に「農者天下之大本也」「農民は天下の大本」という八つの文字を書き、銅鑼を打つ前に思い切り動き出し、豪快である。農楽舞の演技中、役者や演奏者の分別はなく、一般的には役者が演奏しながら踊る。農楽舞の楽器編組では、昔は大編組、中編組、小編組などに分かれていた。大編組には銅鑼、鉦、大鼓、小鼓、洁鼓、長鼓、大平簫、喇、螺角などの楽器五十三人が含まれ、他にも旗や雑色などが含まれる。農楽舞の伴奏音楽は独特の多様なメロディーがあり、十二段の曲によって構成され、音楽の歓楽は盛んであり、メロディーは美しく、リズムが変化し、「十二拍」と呼ばれた。「十二拍」とは、舞の構成によって配列されたもので、ダンスの動きや構図を定める役割を果たす。

「扇舞」の演出

農楽舞の文化と芸術特色

民族舞踊は人民大衆の中で広く伝わり、鮮やかな民族風の伝統的な踊りの形を持っている。農楽舞は鮮やかな民族風を持ち、十分に朝鮮族人民の歌の善楽の民族の特色を体現している。朝鮮族は優秀な文化芸術の伝統を持ち、特に歌も踊りも、文化教育を重視することで有名で、朝鮮族が集まる延辺朝鮮族自治州は「歌舞之郷」の誉れがある。祝日や労働のほか、老若男女を問わず、集まって歌を歌い踊るのが好きである。家でのめでたいことは、とても興味深い「家庭歌舞晩会」を行う。伽耶琴を弾いて歌い、扇で舞い、太鼓で舞い、農楽舞などはみな人々が愛している伝統的な歌舞演目である。その歌はメロディーが滑らかで、婉曲で明るい特徴を持っている。舞は鶴のように羽を広げ、柳のように静かでしなやかで、明るくも深い含みを持っている。きめ細やかな優雅さを持ち、民族特色は十分濃厚である。農楽舞は朝鮮族民間舞踊の最も代表的な形式で、朝鮮族の勤労、勇敢な民族の伝統と外にやさしく内に厳格な民族性格を含み、朝鮮族の特有な民族舞踊形式は「歌舞民族」の、社会生活、勤労を示している動き、風俗習慣と美しい情緒などの特徴を反映している。舞者はチャルメラ、笛、銅鑼や太鼓のリズムに伴って踊り、また、朝鮮民族が幸福を求める美しい願いなども表現された。農楽舞は全民族性があり、内容が豊かで盛んな雰囲気の農楽舞が終わった後、大衆的な自分の娯楽のパフォーマンスに転

「象帽舞」の演出

じ、老若男女を問わず参加でき、人々はひらひらと踊り、共に祝日の歓楽を楽しんだ。毎年、正月の初めや慶祝の豊作や朝鮮族運動会で行われていた。演技は農民を演じるようなレベルで、農楽舞の内容・俳優数に基づき、これらの活動はかつて村（生産大隊）、郷（公社）、市（県）級の運動会で残る伝統演目であった。

農楽舞はまた独自の民俗の特徴を持ち、朝鮮族の農耕文化特有の表現形式である。朝鮮族は水田を栽培して米を主食とする農業民族であり、その歴史の長い農耕文化は、稲作を主として働く農耕生活の特徴である。それは自然に朝鮮族の民間舞踊の中で表現され、これは農耕生活と最も密接な農楽舞を生み出し、農耕文化の一つとして表現された形式は、農耕文化の発展によって徐々に完璧な領域に達している。農楽舞の起源は三韓時代といわれており、古代の農業大豊収の後、人々が酒を飲んだり、歌を楽しんだりしていたという。その後、農繁期の農民が自ら労働互助組を構成し、早朝は大田に行ったり夕方には村に戻ったりして労働場所を転換し、道中行進しながら、踊りを踊りながら、農楽舞の形を形成していった。朝鮮では、李朝時代（一三九二―一九一〇年）の農楽舞はすでに完成していて、完全な組織とパフォーマンスの形式を有しており、疲労を解消するためや、労苦を慰めるため、団結し農民の生活を愛する娯楽としての教化作用を確立していた。朝鮮民族舞踊史の中で最も古い踊りとしては、時間の経過に従ってどのように表現の形が変わっても、豊かになり、農楽舞は常に農事労働の中の娯楽性のテーマを維持している。農楽舞中に掲げた「農民は天下の大本」という大旗が、民俗舞踊の本質をそのテーマとし、民俗文化の深さを明らかにした。

農楽踊りのハイライト

民族性、民俗性の独特な文化の特色を体現している以外に、農楽農はまた典型的な芸術の特色を持っており、芸術の美しさに満ちている。芸術美は舞の本質的な特徴であり、人々の美の需要を最も十分に満足させることができる。農楽舞は古代の扶余、高句麗、朝鮮半島の伝統的な文化に基づいて形成され、その後も中国の東北地方の特定の環境において、あでやかで綺麗で含みがあるなどの特色を持った踊りを育んでいる。それは一種の民間芸術として、芸術の美しさを大胆に表現されている。

全体的に、朝鮮族の農楽舞の特徴は、動作が優美で、繊細で、柔らかで悠長であることが特徴的だ。動中は静かで、柔らかい雰囲気の中に豪快さを帯びた舞は軽妙で品のある白鶴のようで、農耕労働の特徴を有している。これは、内から外へ、ゆっくりと流れている曲線形のダンスの律動であり、その動きは繊細で、柔らかく、伸びやかで、美しく、自然である。線は鮮明な明瞭度と分寸感を持ち、人物の心の世界を描くのが上手い。一挙手一投足、ひいてはすべての細かいことに気がつかないような動作は、内在的な思想感情と一致し、協調して、大きな空間制御力と視聴者に対する魅力を持ち、つまり「動の中の静」、「静の中の動」という関係がある。朝鮮族の舞踊の動作の多くは即興性であり、その動作の幅は大きく、演者の内在する感情は動作と調和し一致して、非常に優れていて、楽しい気持ちを表現している。

朝鮮族の農楽舞は内容が豊富で、形多様な形式を持ち、異なる内容と形式の舞部分は異なるスタイルの特徴を呈している。基本的に、女性の舞は繊細で、深く、男性は踊りが爽やかで、楽しい雰囲気を持っている。例えば扁鼓舞を踊る男の舞者が激しい太鼓の音の中で走ってジャンプして、男の人の太陽の気を表している。女舞者は多様でなまめかしい太鼓の技を表現し、朝鮮族の女性は剛柔で豊かで、綺麗でしたたかな舞の姿を見せた。踊りは扇子で心の喜びを表

畑で演じられる農楽踊り

現することによって、動作がゆったりとし、扇子が有機的に一体となって、ゆったりとしたリズムの中では優美な印象を与えて、軽快なリズムの中では楽しく活発な印象を与えます。長鼓舞の中では舞者のあの鮮やかな長いスカート、その肩から手首にかけてのしなやかな舞の姿、その太鼓の妖艶な手法は、更に観客を忘れられなくさせる。

朝鮮族の農楽舞のリズムは豊富で、複雑でもあり、伴奏音楽の旋律が優美で、リズムは多様に変化し、異なる舞には異なるリズムを採用する。リズムと内容、感情、動律は有機的に結びつき、豊富な芸術の内包を表現し、華やかな舞の姿の形式を形成する。朝鮮族の農楽舞には、繊細で躍動感のある十二／八節が主要な拍子の一つである。人々はまた、異なる形成のリズム型を「長短」と呼び、例えば「古格里長短」、「他令長短」等。と呼ぶ。この「長短」という言葉は、朝鮮語の中で楽舞の特有な名詞を形容するもので、リズム、スピード、スタイルなどを含んでいる。それぞれの「長短」には、特定のタイミングや叩き方があり、それに応じた特定の舞踊動作がある。そして舞は、呼吸と「長短」に合わせて演奏者と暗黙の交流を行い、「長短」が滑らかに行われることに伴ってその演技は朝鮮族の民間舞踊の味わいを体現することができる。朝鮮族の民間舞踊は芸術性に富んでいて、舞の姿美しく、芸は見事であり、人々に称賛されています。

朝鮮族の農楽舞は特徴的で、多様な形式を持ち、表現力に富んでいる。一般的に上半身は動作が多く、下半身動作は比較的少ないが、上半身の複雑な律動とリズムは、以下を基本としている。農楽舞舞踊の基本的な動作には、頭の動きを含むものは以下の動作がある。「低仰頭」、「彈推下顋」、「擺頭」、「晃頭」、「甩頭」など。肩の動作には「聳肩」、「彈肩」、「轉肩」など。腕の動作には「圍手」、「扛手」、「甩手」、「飛手」、「劃手」、「托手」、「神手」、「推手」、「彈手」、「繞腕手」、

女性の踊りは繊細で深い

「拍手」など。足の動作には「蹲」、「歩法」、「弾提歩」、「跺脚」、「踢脚」、「跑歩」など。腰の動作には「耗腰」、「前腰」、「后腰」、「旁腰」、「擰腰」など。身をひるがえす動作には「燕風台」、「燕風台跳」、「燕風台跳」、「吸腿反翻身」、「躺身蹦子」など。跳ぶ動作には「并腿跳」、「吸腿跳」、「抬腿跳」、「臂腿跳」、「盖腿跳」、「編腿跳」、「踢毽跳」、「燕式跳」、「燕風跳」など。旋回動作には「原地轉」、「移動轉」、「空轉」などがある。上述したものには等しくその動作の総称があり、また各自具体的な動作を持つ、例えば「扛手」の動作の中には「扛横手」、「扛背手」、「扛圍手」、「扛前手」、「繞扛手」、「肩扛手」の六種が含まれている。

この他にも、造形の鮮やかさ、表現手法の豊かさ、自然さなどは、朝鮮族農楽舞の重要な特徴であり、独特の民族スタイルを表現している。

農楽舞の保護と伝承

新中国建国以来、東北地方では特に吉林省延辺朝鮮族自治州で、農楽舞の伝承は全体的に良好であり、長年の努力を経て影響力を拡大し、巨大な社会効果を生み出し、大きな成果を収めていた。

延辺朝鮮族像帽舞芸術団は朝鮮族の農楽舞を演技力の高い専門芸術団体として、かつて何度も全国各地で行われた大規模な演目や大会に参加し、優れた技術と独特な民族文化の特色をもって国内外の各民族の観衆を深く引きつけた。同団は、一九九七年の香港復帰公演、一九九九年のマカオ復帰公演、国慶節四十周年の天安門広場文芸パーティーと国慶節五十周年の大型文芸演出活動に参加し、二〇〇七年十二月から二〇〇八年の春節にかけて、吉林省文化庁と文化部の招待に応じ、元旦

男性のダンスはお洒落で明るい

と春節の間に長春と北京までいき出演した。二〇〇八年の北京オリンピック、パラリンピックの期間は吉林省を代表して「中国物語」吉林省小屋の「象帽舞」の文化展示イベントに参加し、二〇〇九年四月に山西省洪桐県の鼓王招待試合に参加し、本招待試合で最高賞「最佳鼓王」賞を受賞した。二〇〇九年六月八日、吉林省を代表して中国の四つ目の「文化遺産の日」に参加し、初の無形文化遺産を展示し、北京の各界の人々の歓迎を受けた。延辺朝鮮族象帽舞芸術団は、中国国家舞踊の最高の栄誉を代表する「荷花賞」、「群星杯」、「文華大賞」、「金穂賞」、「優秀劇目賞」、「優秀組織賞」と「特殊貢献賞」など中国の国家級大賞を受賞した。二〇〇六年の朝鮮族の農楽舞は中国文化部に第一陣となる国家級の無形遺産として承認された。二〇〇八年には中国無形遺産代表作と命名される。二〇〇九年九月三十日に「人類の口承及び無形遺産に関する傑作」リストに登録された。これはすべて説朝鮮族農楽舞の保護と発揚の良い基礎として喜ばしい成果であるといえる。

もちろん、上記の成績を見ていると同時に、朝鮮族農楽舞の保護伝承していく過程で直面している厳しい状況がある。グローバル化の進展に伴い、人々が民族舞踊に対する認識がぼやけ、民族を超え、国家を超えた現代の舞踊形態は人々の民族舞踊に対する認識に影響を与えており、朝鮮族の伝統文化は徐々に外部文明の「侵食」によって消え、朝鮮族民族の民間舞踊は次第に失われつつある。その伝統的な文化の内包は、独特性を失い、内部から自身の民族の伝統を失っている。その一方では、様々な文化祭、観光祭を盲目的に開催し、民間舞踊の純粋性を失いつつある。次第に異化し、多くの商業の因子は外部から促される一種の「民族のための民族の」の形態は、民族と民族舞踊の帰属への挑戦に直面している。また、時代の発展につれて、今はあまり熱心に農楽舞を練習することが少なくなっている。特にその中の一つには、難易度の高い「象帽舞」などである。「とても多くの苦労をしてきたのに稼ぎが少ないことから、朝鮮族の若者たちは次々と外に出稼ぎに行った。学員は練習期間の正規従業員になる前は収入が無いので、ある人は数日学んですぐ去っていき、ある人は一、二年学んで去っていった」。レベルの高い人材の老化に伴い、人材の流失、断枠が起こり、農楽舞の専門人材はますます少なくなり、これは無形遺産伝承の主体が大量に失われることにつながり、一時的な人材不足は、一種の絶技の伝承も失われる可能性がある。

これらの問題については、まず、朝鮮族の民衆、朝鮮族の居住区域に対する農楽舞の認知感と責任感を強化しなければならない。朝鮮族の民衆は、この民族の伝統を守ることの重要性を意識し、意識的に農楽舞踊りの保護、特に舞踊に含まれる特有の民族文化の内包を保護する必要がある。我々は、農楽舞を過去の歴史環境の中では絶対に封鎖することはできないが、文化の発掘、整理、扶助、回復の仕事は、経済や商業建設と適切な距離を保ち民衆の中に意識させておかなければならない。

第二に、民族舞踊を尊重し、研究を強化、さらに農楽舞の特色と優勢をまとめ、民族舞踊の完全な形態を維持し、民族舞踊の全貌の伝承、舞踊の形式、舞踊の文化の内包を多く保存すること。農楽舞の原型を保存すれば、民族舞踊は変り果てることはない。さらには現代人の民族舞踊に対する固有の理解が散らばることもないだろう。また、できるだけ民族舞踊の文化空間を開拓することも必要である。ただその観光の価値を開発するだけではなく、無形文化遺産の生産方向に従い、学術的な角度からその文化の特徴を広げ、できるだけ現在出せる農楽舞の原型を表さなければならない。

第三に、国家は無形文化遺産保護工程の投入を増大すべきである。少数民族地区の経済発展の相対的な遅を解決した後、資金不足の問題を解決し、経済的に民族民間舞踊の保護の仕事のために強力な支持を提供しなければならない。長期にわたる資金や経費不足の問題は、伝統文化の内包を深く掘り下げ、整理し、研究することを妨げ、朝鮮族農楽舞の類の民族舞踊の伝承保護に現実的な困難をもたらす。そのため、未来は経済の発展につれて、このような民族類の無形遺産項目に対し資金支援をさらに増大させ、その保護活動を資金問題による苦悩に直面させないようにする。現在延辺州など各級の地方政府は農楽舞に対する支援の力を増大させ、資金面では傾斜をかけ援助をし、国内の代表的な専門農楽舞演技団体を重点的に支援して、一定の成績を獲得し、さらなる普及を目指している。さらに、多くの大衆の中に存在する自発的な演出団体に必要な支援を与えて、プロとアマチュアの交わりによって、芸術作品の自由奔放な発展を促進させる。同時に、国家の力をもって中国朝鮮農楽舞と朝鮮と韓国を含んだ内側のその他国家との農楽舞の交流に注意し、協力し、歩み寄り、引き込み、全方位、多段階的な促進が朝鮮族農楽舞の発展に必要である。

第四に、無形遺産の伝承の主体に対しては非常に強い依存性を持ち、伝承する人がいなければ無形遺産はすぐに消失してしまうので伝承の役割は非常に重要である。このためには、農楽舞の人材育成や補習などの仕事を積極的に展開することで、実際に確実で有効な保護措置を講じていけるはずである。この方面で延辺州汪清県はいくつかの確実な措置を行い、比較的に良い効果を得ることに成功し、それは他方の学習を行えることに十分に値する。象帽舞の保護と発展を進めるために、汪清県は大量の人力、物力、財力を投入し、農楽舞の後見人材を育成し、農楽舞を普及させ、広く農楽舞のパフォーマンスを展開した。彼らは二〇〇七年に汪清県象帽舞芸術団を設立し、はじめ四人のみの演者が現在四十人以上に発展し、県内の幼稚園、小学校、中学校、企業の事業単位で訓練基地を設立し、毎年千人余りが練習と補習に参加し、朝鮮族農楽舞の伝承と保護のために良好な人材保証を提供している。

（張　偉）

参考文献

1　朴永光『朝鮮族舞蹈史』、人民音樂出版社、一九九七年版
2　王新麗『「農樂舞」舞動世界「文化遊」情動延邊』、『長春日報』、二〇〇九年十月三十日第十一版
3　馬金月『朝鮮族民間文藝奇葩〈農樂舞〉』、『中国民族』、二〇一〇年第五期
4　秋子『朝鮮族舞蹈述略』、『滿族研究』、一九九二年第一期
5　李漪娜『朝鮮族舞蹈藝術的主要特點和發展演變』、『大衆文藝』（理論）、二〇〇八年第九期
6　張鐘月『論延邊朝鮮族非物質文化遺產的傳承』、『內蒙古大學藝術學院學報』、二〇一〇年第一期
7　白松株『淺議我國朝鮮族舞蹈特征』、『沈陽教育學院學報』、二〇〇六年 第二期
8　王宏『中央屯民間舞蹈「農樂舞」考察』、『大衆文藝』、二〇一〇年第二十期

中国の書道

中国芸術研究院中国書道院と中国書道協会とともに、ユネスコに届け出た中国書道プロジェクトは、二〇〇九年九月三十日の国連教育科学文化遺産保護文化遺産政府間委員会第四回会議で、『人類の口承及び無形遺産に関する傑作の宣言』に選ばれた。

中国の書道とは漢字で芸術を書くことで、情報交流が実用的に機能すると同時に、独特な形の記号と墨のリズムを使って、人々は自然、社会、生命に対する思考に溶け込んで、それによって、中国人特有の考え方、人格と性格の志趣の一つの芸術実践を表現する。中国の書道は漢字の発生と変化に伴って発展し、三千年を経て、すでに中国文化の代表的な象徴となっている。それは中国で長い間広く流行し、歴史の淀みは極めて豊かで、中国人の精神世界に深く影響している。

墨道史話

中国の書道は本に漢字を書くことを対象としており、昔は陶器に符号を刻み、甲骨文、金文と石鼓文の基礎と発展の中で、昇華し書道の芸術の形式となった。歴史の発展の過程で、「書道は篆、隷、真、行、草の各体は豊かな美的体系を発展させ、道具から筆法まで整ったメカニズムを形成しており、三皇礼制から個人の才情を述べ人文が一つとなった美の最高峰までに達した」。

先秦時代は中国の書道の発生と形成の時期である。甲骨文の出現は、中国の文化史と書道史上の重要な金字塔である。殷商の甲骨文は、今から出土した字跡から考えられる古く成熟した漢字で、今から三千年以上のものだ。だから甲骨文は比較的成熟した文字として表現されているのはすでに書道の芸術スタイルの原形を体現しているからで、すでに中国書道の三大要素である筆と、構成と章法を備えている。傑出した古文字学者と書道家の郭沫若は、『殷契粋編序』で言うように、「卜辞契于亀骨、其契之精而字之美、毎令吾輩數千載后人神往。……存世契文、実一代法書、而書之契之者乃殷世之鍾（繇）王（羲之）顔（真卿）柳（公权）也」。鑄刻は青銅器に刻まれたもので、商代に見込まれ、西周末に盛り芸術的な風格を持っていた。『毛公鼎』は西周末期の宣王の時期に鋳造され、内壁鋳には四百九十八字の長編表記があり、構造は均整がとれていて、線形は安定し、筆意は穏やかで味わいがある。転々と苦しみを乗り越えて生き残った戦国時代の秦国の『石鼓文』は、商周金文が秦代篆書への貴重な遺物であり、十個の石鼓の周面に刻まれ、学問の価値は重い。宋代拓本が転写した『石鼓文』の字句によると、その結体方が長く、筆画は均整がとれていて､厳格で端正､雄渾で素朴で、このような風格は中国の書道芸術史に特別な地位と意義を持っている。

秦は六カ国を統一し、「書同文」の改革を実行した。『説文解字・叙』に記載されているのは「斯作『倉頡篇』、中車府令趙高作『爰歴篇』、太史令胡毋敬作『博学篇』、皆取史籀大篆、或頗省改、所謂小篆者是也」。「書同文」は文字を統一して簡素化し､中国の書道の発展に対する影響を大きくした。秦の代から､書道の芸術性の追求はより自覚的で、秦代書道は中国の書道史にも光り輝く一ページを残していた。李斯は秦代の有名な書道家で､後人は『泰山石刻』､『琅琊石刻』などの石刻作品が李秀の手によるものと考えている。李斯の『論用笔』は、「書道の実践経験を非常に理論的にまとめ、書道芸術の発展を力強く推進してきた」。秦の時代は、「官獄事務」の多くの要求に適応するため、秦人は小篆よりも簡潔で実用的な「秦隶」を整理し推進した。隷書の出現も中国文字と書道史上の大きな変革である。秦の時代の隷書には明らかな小篆成分があり､－漢時代には特に東漢で､隷書は成熟し全盛期に入り､書道界では「漢隶」と呼ばれていた。東漢の『張遷碑』は、現在の漢籍中の傑出した代表作で、しずかな筆運び、力強さで、その書体は「厳密に整っていて変化が多い」、「質朴忠厚でうるわしい」。隷書が成熟すると同時に、草書や楷書が徐々に芽吹き始め、草楷の間にはまた行書が芽吹き始めた。漢代には中国の漢字のすべての書体が備わっていて、後世の中国の書道の発展に基礎を築いたといえる。

魏晋南北朝の時代は中国の書道の成熟期であり、中国の書道芸術の発展のピークである。この時の楷、行、草の三種類の字体はすでに定型化し、それが美化する過程は中国の書道史の上のまた一つの巨大な変革である。この時期は、書道の名家が次々と輩出しているが、鐘繇と王羲之が書道界で元も有名だった。彼らは楷書、行書、草書の典範を樹立し、そして後世の歴代の書道学習者の模倣の宗師になりました。鐘繇は曹魏書道家で、各種書体に精通し、楷書は後世に最大の影響を与えているが、残念なことに、『宣示表』、『賀捷表』、『荐季直表』の実物は現在存在しておらず、これらの書跡はすべて後人が模写している。王羲之は東晋時代の書道家で、後人に「書聖」と尊称されており、彼は鐘繇から受け継ぎ、また、楷書と今草を完備した。王羲之の楷書の業績は主に『黄庭経』和『楽毅論』であり、その中で、前者の結体が安定していて、感情的な秀美、穏やかな雰囲気、後者の筆勢は精妙で、つやめきがあり、釣り合いの取れたバランスを持ち、後人に「正書第一」と呼ばれている。王羲之は草書にも大きな成果を収めたが、行書の作品は『蘭亭序帖』で、歴代の書家に「天下第一行書」と呼ばれている。南北朝の時代になると、書道作品は石碑を代表とし、「魏碑」と呼ばれ、北魏および北魏書道に近い南北朝の石碑志石刻の書道であるが、多くの作者は不詳であり、しかしその優秀さは先人に劣らず、近代政治家、有名な書道家の康有為は「凡魏碑、随取一家、皆足成体。尽合諸家、則為具美」と言った。魏晋南北朝期の書道論も発展し、著作も多く、『四體書勢』、『筆陣圖』、『草書勢』、『隷書體』、『用筆賦』などのように、これらは書道理論の発展に重要な役割を果たした。

隋唐の書道は巨大で、非常に繁栄した時代の息吹を感じる。隋朝の様々な書道作品の中で、石碑の作品は大きな業績を収めた。それ

張遷碑(局所)

は北朝魏の石碑の壮大で豪快な風格を継承し、また南方書道の秀麗さに溶け込み、強硬かつ温和な風格を形成した。隋の石碑の中では、丁道護の『龍藏寺碑』が最も有名とされ、この碑は楷体で書かれ、細かい筆さばき、結体の方正、力強さは、隋の碑の中のすぐれた作品である。唐は中国の書道の発展史の上での一つの最盛期であり、書道の重要な特徴は帝王役人すべて書道を愛していることである。唐太宗の李世民は王羲之を最も愛し、高宗真、草、隷みな得意で、玄宗、粛宗も有名な書道家であり、一代女皇武則天は行書が上手で、その書は「夫の勝気を有す」。唐代の取仕には書道が重要な地位を占め、人材を選抜する「楷法雄美」が重要な基準であることから、書道の勉強が盛んになった。唐の初めに最も有名な書道家、欧陽詢、虞世南、褚遂良と薛稷四人は「唐初四家」と呼ばれ、中後期には顔真卿と柳公権が最も有名で、二人の楷書は「顔筋柳骨」と呼ばれ、この六人は楷書大家とし、李陽氷は篆書を得意とし、韓擇木は隷書を、張旭、懐素、孫過庭の草書は自分のスタイルを確立し、唐代の書道の各体にはこのような書道名家が出てきた。また、唐の有名な詩人の賀知章、李白、杜牧などの詩書も当時名をはせている。つまり、唐代の書道は全面的に発展し、巨大な業績を残した。これは中国だけでなく、隣国の日本、朝鮮にも大きな影響がある。唐末と五代十国の戦乱、割拠が混戦して書道は没落し、だんだん唐の息を失っていったのだが、書道家の楊凝式、李煜、彦修承唐代の遺風を受け、同様に業績をのこした。

北宋の書道は唐の遺風を継いだ。宋太宗の趙光義が即位した後、文章、書画に注意し、古代の帝王名臣の筆跡をあつめ、似せて書くよう命じ、『淳化閣法帖』十巻を作り大臣に贈呈した。『淳化閣法帖』は、「二王」という作品が多く、宋初期は「二王」を中心とした書道であり、先人のためになることもあるが、己の時代スタイルを形成していない。「北宋四家」—蘇軾、黄庭堅、米芾、蔡襄により、宋代の書道は最高潮にまで発展してきた。彼らの最大の業績は行書にあり、皆個人の特色を持っている。蘇、

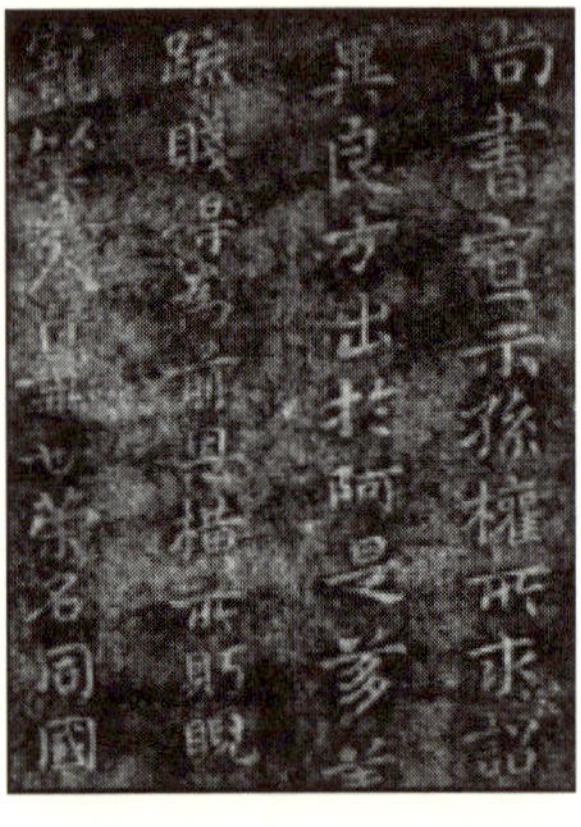

鐘繇『宣示表』王羲之臨本

黄、米、蔡の四人は、「瘦金体」を作り、後世の中国画の学び、特に筆画に大きな影響をもたらした。元の初めの書道は大きく進歩し、仁宗、英宗の時期まで、墨の道は復興を始め、文宗の時に元代の書道はピークまで発展した。元宗本人は書道を特に愛し、書道はかつて一度盛んになり、この時期の代表的な趙孟頫は元代第一の書道家と呼ばれていた。彼は「鍾繇や羲献など諸家を学び、自成一家を形成し「趙体」を形成した。特徴は筆遣いを重んじ、均整の取れた構成、力強さを内に秘め、美しさを表す。趙孟頫の書道は元代以降の書画芸術に大きな影響を与えた。

明代、帝王の大部分は書道を好んだ。朱元璋の書道は「端嚴遒勁、妙入神品」、朱棣は「二王」を好み、仁宗、仏宗、神宗なども「書道中人」である。このような環境下で、一方では文化人、医者は法帖が盛んで、行楷を愛し書道の普及を促進させ、他方では書道の新たな創作を禁止し、楷書の繊細さを追求、千編一律の「台閣体」を形成し、これは書道芸術の美感情や書道家の個人的な魅力を失うことになった。明代にも造詣の高い書道家が出現し、明初期の沈度、沈粲兄弟は「台閣体」書道の代表人物で、中期には祝允明、文征明と王寵を代表とし、後期には董其昌の繁栄が一番大きい。董其昌は古人の書道の大成を集め、その書道の形態は変化が多く、風格は清新であっさりとしていた。彼は筆使い、結体、章法について深く研究し、彼は「晋人の書道は韻を取り、唐人の書道は形式を取り、宋人の書道は意味を取る」と言った。これは先人書道の正確な把握である。清代は中国書道史上の中興の時期で、歴代の書論、名帖、石碑、名家が輩出されている。康有為は『广芸舟双楫』でこう話す。「國朝書法凡有四變――康、雍之世、専仿香光（董其昌）、乾隆之代、競講子昂、率更（欧陽詢）貴盛於嘉、道之間。北碑萌芽于咸、同之際」。清代に編纂された『佩文齋書畫譜』は二千年に渡る書道や絵画に関する理論を集め、作家の生涯を鑑賞する記載があることなど、書画史において重要な価値を持つ著作であ

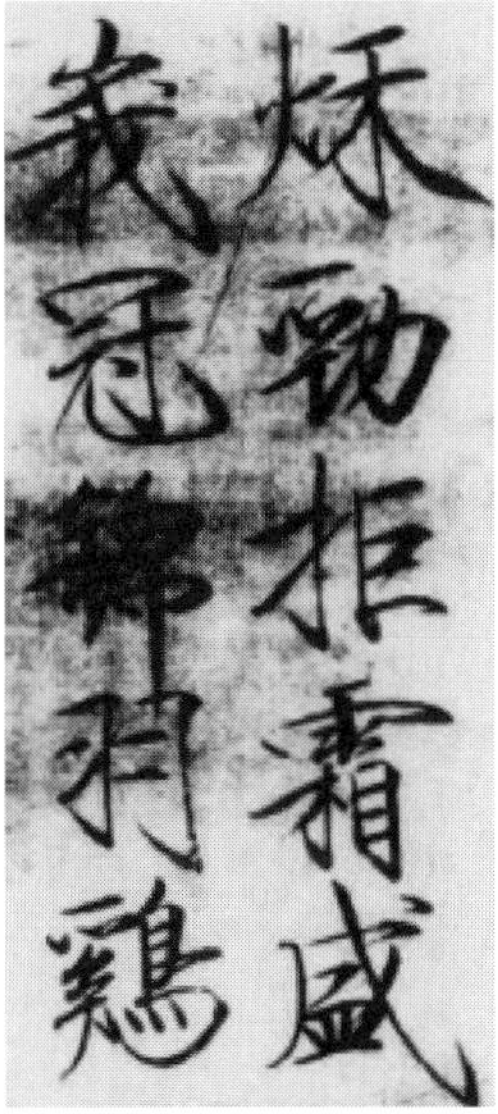

宋徽宗『芙蓉錦雞圖題詩』

る。康熙、乾隆みな書道を愛し、二人の清朝の皇帝の書に関する宝は多く残り、文人大臣も競って法帖を学んだ。清朝に何度も文字の獄という言論弾圧が盛んに行われ、多くの文人は政治を避け金石学、考据学を研究し、書道には碑学に対する研究を反映していた。それにより、法帖学の書道に対する制限が突破され、清代の書道に新たな風が吹き込み、名家が輩出して書道は再び盛んになった。清代の有名な書道家には、王鐸、傅山、朱耷、劉墉、王文治、翁方綱、揚州八怪、呉昌碩らがいる。近代に入り戦乱は頻繁に起こるようになり、社会は激動し民族文化と芸術は強烈な衝撃を受けた。しかし書道の芸術はこのような環境下で強大な生命力を示し、歴史の曲折は書道芸術に更に時代精神と民族性を備えさせた。波乱万丈、天地を覆す時代の中で、馬壹浮、弘一法師、斉白石、沈尹默、林散之などの書家の巨匠は、後人に芸術の最高峰の痕跡を残し、書道芸術に異常な輝きを放った。

書画のあでやかな姿

書道は漢字を書くことによって思想と感情を表現する一つの芸術で、書道の線、筆画、章法、結体と韻が深く関わり、無色の音楽、無色の絵のようなもののように、古今の内外に無数の文人客を魅了し、その独特な魅力と書く対象、そして道具には直接廷な関係がある。

書道芸術の創作の対象は漢字である。西洋のアルファベット文字は、整然とした美しさを持ち、規範性と工芸性を追求するが、漢字の書道芸術は異なっていて、それは形式が美しく、抽象的な美しさもあり、豊かな内包を持っている。最初の漢字は、生活情報を記録した図や記号が発展してきたもので、「描かれたものを描く」。一文字一文字は豊富な図の要素を含んでおり、それは一種の象形文字である。それから象形文字の基礎に、指事、会意、形声、転注、假借文字が現れるが、依然としてそこには絵の意味が含まれている。「漢字のこの象形性は、書き手が異なるスタイルを追求するために、字に対して様々な変形処理をしたり、長いか短いか、あるいは小さいか、あるいは複雑であるか、あるいは簡単にするということが許されている」。現代の書道家は繁体字を使うことを好み、繁体字は漢字の形、音、意味の内包を表現することができる。漢字における図の要素は、芸術的な遺伝子を持っており、書道家の創作や個性を生かせる広い空間を持っている。また、漢字のシステムは非常に豊富で、甲骨文、金文、篆書、隷書、楷書、行書、草書まで、それぞれの異なる書体で書くことで、その芸術的な味は全く異なってくる。漢字はその表意性と豊かな構成で「東方芸術魔塊」と呼ばれ、その独特性は書道芸術とその深い文化の底を造っている。

書道の書き方は、一般には毛筆、紙や墨が含まれている。毛筆の筆先は毛によって構成された槌体の構造で、柔軟で弾力性があるので紙に筆を書くときに力を入れ、力を入れて抑揚動作を行う。それにより、細く粗い、丸などの異なる形のものを書いて、視覚的な深さと空間を形成する。毛筆の表現力の豊かさは、西洋や現代の書き物をはるかに超え、漢代の王が「惟笔軟則奇怪生焉」と言うように、墨色は豊富ではないが、黒色は濃淡で、濃い墨は近くのもの、淡色表現は遠くのものを表現でき、毛筆は奥深い空間を表現する。歴代の書道家にはの濃い墨色の使い手がいて、薄い墨色を好む使い手もいる。前者は例えば蘇東坡で，その字は「真珠の様に光り、艶めきを放つ」、後者は例えば董其昌で，彼の書道は「滑らかな移り変わり、古風なみやびさ」である。清代の劉墉は濃い墨を使い、王文治は薄い墨を使うことで、「濃墨の宰相、薄墨の探花」の呼び名があった。宣紙は、特殊な技術を経て作られた書画芸術専用紙で、その特別な繊維では、吸水量、浸透性の強い特徴を持っているので、紙の上に毛筆の動きを敏感に、正確に記録し、リズムを表現することができる。筆を運べばすぐに乾き、筆が遅くなると溶け、乾きは空虚、湿りは真実、宣紙の上に現れた漢字の虚々実々は尽きることはない。毛筆、墨、宣紙を媒介として、中国の歴代の書道家たちは墨で情意を表し、私たちに書道と文化の絵を残した。

独特で抽象的で複雑な芸術として、中国の書道は外在的な形の美しさと内在的な意味の美しさを持っている。形式美は、書道の漢字の筆画、線、結体、墨の韻、章法、内包の美しさを体現しており、現在の書道の趣では、書道の精、気、神、書家と観賞者の双方の主観的意識に大きな影響を与えている。

書道芸術の最も基本的な要素は漢字の筆画で、一画はすべて書道の全体の美しさに影響し、書道家がまず求めているのは筆画の美観である。美しい筆画を書き出し中でも、筆を握る動作は非常に重要である。「撥蹬法」は最も知られている方法で、この方法は筆を握り安定させ、一定の力を保ち、筆先と紙の面の垂直を維持し、筆を使う時は中鋒を中心にして、適切に筆の側面を使う。また、筆法には、方角の区別があり、円筆は中鋒を中心にしており、方筆の多くは側の筆鋒であり、古代篆書には円筆、隷書と楷書には方筆が多く用いられている。異なる筆画、異なる書き方があるが、昔の人は「永字八法」という規範を発明し、筆画書きのリズム感を研究している。

筆画を審美的な規範に従って行うのは、書道の「結体」であり、「結字」、「結構」とも呼ばれ、結体は書道芸術にとって非常に重要である。大書道家が筆と結体を重視することを説明している。それぞれの書道家は規範的な基礎の上で十分に個性を発揮して、それぞれの異なった特色を形成し、それによって後人の学習の模範となる。例えば、欧陽詢の字は「険俏」、顔真卿の字は「方厳正大」、米芾の字は「沈着痛快」、黄庭堅の字は「中宮收緊、長筆四展」など、まとめると「上手な書道家は基本的な法則を身に付けている故、広い創造の余地があり、さまざまな書道作品を作ることができる」。

墨韻とは、筆が墨をつけた後紙の上での筆の運び方、運動速度と筆圧によって現れるリズムとリズムの軌跡である。書道家は、墨韻を「筋、骨、血、肉」とし、「筋」は筆画の中で「貫き流れ動く力」、「骨」は筆画の中で「隠れた力強さ」である。たとえば、我々はしばしば「骨力雄强」で篆書や隷書、楷書を評価し、行書や草書を「筋気和調」で評価する。書道の「血肉」は筆画の外見と質感を指し、「肉」は筆画の粗さを指し、「血」は筆画に水墨を交える色沢を指し、血肉の交わりは書道の温潤である。書道の墨韻は「筋骨血肉」を通してその変化の豊富さを表している。

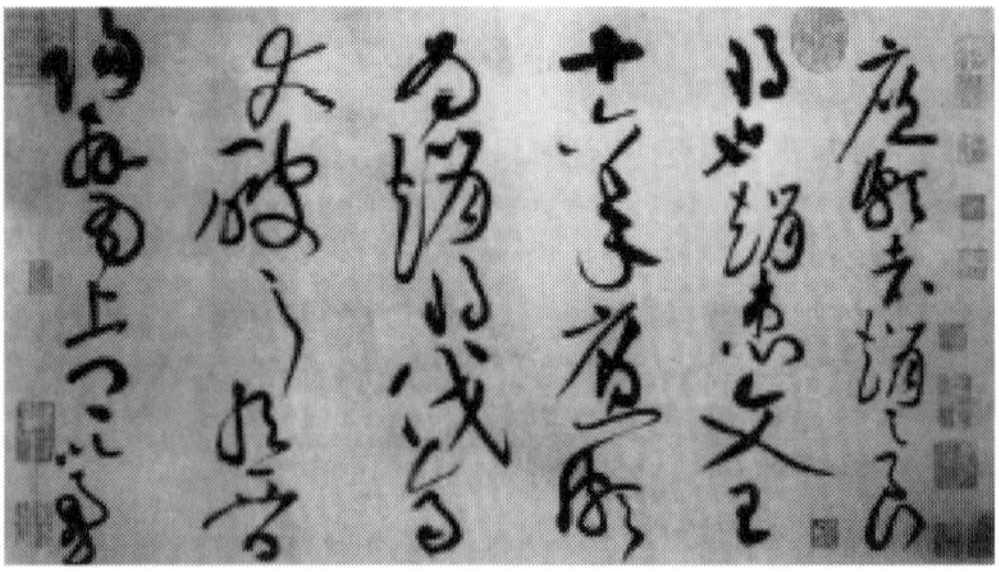

黄庭堅『廉頗藺相如傳卷』

異なる形態の漢字は美の規範によって書道の章を形成している。これは書道芸術の別の重要な構成要素であり、それは白黒のレイアウト、空間言語と書道の全体的な効果を体現している。異なった章法は異なった書道の芸術の効果を体現し、異なった書体は異なっている規則を必要とし、各位の書道の芸術家も自分の独特な章法がある。行書の起伏が大きくなく、草書が入り乱れ、荒草として、その造形芸術は章法に対する自信を体現している。たとえ楷書を重んじていたとしても、書道家には独自の空間配置があり、顔真卿の『彦勤礼碑』の配置は緊密であるが、褚遂良の『雁塔圣教序』の配置は、個人の書道スタイルと合わせると、前者が密で力強い。章法は書道家のもう一つの芸術言語で、書道は芸術家たちに別の創作空間を残したものである。

美しい形だけで生命力のない書道は優秀な作品にならない。「書には、神、気、骨、血、肉、五者欠け、書にはなりません」。書道は美しい文字を書くだけではなく、文字の精神、気質、神韻を与え、「字は心の絵」――それは書家の心性、人格、志趣、教養の写照であるため、異なる鑑賞者は同一の書道作品の内在的な美しさに対して異なった感じを持っている。たとえば、韓国がこのように張旭の草書を評価した。「喜怒困窮して、悲しみ、喜びを憂え、恨み、慕い、酔っ払って、不平があって、心に動けば、必ず草書で出す。……。」めでたく、本になる。蘇軾は、書道はある程度から「小人の性」の体現だと考えられているので、書家は習書を身につけて養生しなければならないと主張しているが、それだけでは書道の芸術は俗っぽく、雅致な神採を持っている。「書道の内在的な美しさ、あるいは内包が美しいということは、自然、社会的、歴史的、現実的な、個人的、書道芸術に特有の方面である。だから、その外形は比較的簡単だが、内包は非常に豊かで、貧しさに耐えられないほど豊かになる」

褚遂良『雁塔聖教序』局所

周知のように、「書画同源」というのは、二つの芸術創作所の道具は同じで、その修習や理論も通じていて、「本画はもともと同じ」と言ったように、鄭板橋も「書道を通じて、蘭のように草のようなもの」と言いました。中国の書家の多くは書画兼修であり、書道が上手で、絵画も上手で、詩の使い方を書き、詩、字、画、篆の四つの芸術を融合させた。唐代張懐疑は、「書の議事」で書道を「無音の音」と言い、書道と音楽はリズムとメロディーに異曲と同工の妙を追求している。また、書道とダンスにも大きなつながりがあり、張旭の草書は、唐代の公孫大娘の美しい剣舞から、創作の霊感を汲み取っていたという。書道は中国のいかなる芸術とも多かれ少なかれ連絡があると考えているが、ある意味では、書道は確かに中国の「芸術中の芸術」であるという。

書は人を表す

もし中国の書道は長い歴史のある文化の長い川であるならば、書道家は川の岸の上の1つのすばらしい玉で、彼らは歴史の打ち切りの下で光り輝く輝きを放ち、書道の長河は美しい。名残青史、「王」と称して「聖」と呼ばれ、後世に深く影響を与え、あるいは内外兼修し、琴碁の絵は精通し、一時の流れのために才子として知らず、書道史に輝いた筆を書いて、永遠の無名の書家となっている……。

秦代の李斯は、中国の書道史において初めて正確に記載された書家である。李斯は楚の国の上で上司で、少なくなった時は荀子になり、後に秦に入り、秦の始皇帝の統一的な覇業を果たし、丞相になった。秦が統一した後に、彼は「書同文」を主宰して仕事をしていた。そして、漢字で大蔵が小書になった過程の中で重要な役割を果たした。秦の代に残された『嶧山』、『泰山』、『芝罘』、『琅琊』など、秦代の書の書を表した彫刻は、すべて李秀之の手であるとされています。『泰山刻石』は、李斯小典の代表作として、北宋拓本から百六十五字と他のいくつかの刻石の遺跡を預かり、その中から李斯小書の書き水準を見抜くことができる。『泰山刻石』の書体は縦に軸をつけて修長する人が「冠垂裳」

と呼ばれるように、配置は縦横に秩序があって、整然としていて、きちんとしていて、安定していて、大気を厳正にして、筆法は婉曲で、後人に「小篆之精、古今絶妙」と評され、歴代小書の書道を学ぶ人に愛されている。

王羲之は、魏晋時代に恥じない「書道の巨星」である。「書聖」王羲之は書道の「改革家」であり、彼は衛夫人を少なく学んで、後の師弟が鍾を作って、草書を学んで、彼は学習の中で絶えず革新と改革をして、それによって自分の独特な風格を形成した。王羲之の楷書は『黄庭経』として、「後任の貧乏書能事者は誰もいなかった」と言われた。周知のように、王羲之はガチョウを愛し、「黄庭経」もガチョウとは縁があると伝えられている。山陰には一つの道士がいて、養われているのはガチョウで、王羲之が彼のために本を書いたのがガチョウで、王羲之は道士のために『道徳経』を書いた。これは『黄庭経』で、この伝説はまた「ガチョウの経」と呼ばれている。李白には、「右軍（王羲之）本清真，瀟灑在風塵。山陰遇羽客（道士），愛此好鵝賓。掃素寫道經，筆妙精入神。書罷籠鵝去，何曾別主人」という詩がある。山陰は羽客（道士）に出会って、この良いガチョウの客を愛した。掃除は道経を書いて、筆の妙精は神に入る。この本は何か主人をやめたが、それはまさに王羲之の逸話である。「入木三分」の成語も王羲之の書道に関係していて、王羲之の筆勢は有力で、彼は板の上で字を書くと言い伝えられていたが、後に書き直したいと思っていた。王羲之の八人の子女はすべて書道を上手にして、最小の息子の王献之の貢献は最大で、父と一緒に歴史に名を残し、王羲之とともに「二王」と言う。中国の酒文化と書道の芸術にも多くの面白い話がある。ロマンチックな詩人の李白は「詩の虫」であり、また「酒の虫」であり、「百年三万六千日、一日に三百杯を傾けなければならない」という自称の詩があったという。王羲之の的『蘭亭序帖』は「天下第一行書」と呼ばれ、二十数個の「之」の字は変化に富んで何も繰り返していない。このような広世の作は王羲之が半酔い状態で創作した。永と九年の春、王羲之と友達は会稽山陰蘭亭郊へピクニックに行って、みんなは詩を飲んで、興趣が高まって、最後に詩文を集めて、王羲之の順にして、王羲之は半分に酔い状態で、一口調で序文を書き上げる。翌日の酒が覚めた後に王羲之は再び序文を見つめて、自分も不思議に思って、後に書き直すことができないのが回復することができなくて、これはいわゆる「妙手偶然得」だろう。草書をピークに押し上げる二人の書道芸術家は唐の張旭と懐素で、二人の書道も「酒で有名になった」。張旭詩書は兼修して、草書は最も圧倒的で、「縦横に奔放で、勢いは激しい」。彼の草書は、李白の詩、裴旻の剣と共に「三絶」と呼ばれた。張旭は気性があって、酒が好きで、李白や賀知章らとよく酒を飲んで、「酒の八仙」と呼ばれていた。彼はよく酔っ払った後に筆を打って、またかつて「頭で墨をぬって本を書く」をして、このような狂乱の状態で創作した書道で、目が覚めた後に「以為神，不可復得也」。懐素は張旭草書の継承者で、顔真卿は「縦横不群、迅疾駭人」と称賛し、同時に懐素も張旭の飲酒の趣味を受け継いで、「一日九酔い」、「酔僧」と呼ばれている。

国家の運命は個人の運命と繋がっていて、書家も例外ではなく、また外部環境が書家の心の世界に影響して、書道の創作に反応することができる。国の危機に際して、「忠君」、「報国」の書家は無欠で、顔真卿がその手本である。唐代の安史の乱が勃発し、顔真卿の時に任平は太守して彼は勇敢に立ち向かい、義軍を募集して反乱を阻止し、交戦中の家族の兄と甥は反乱軍に殺された。顔真卿は、悲嘆の下に『祭侄文稿』を書いた。筆画には、反乱軍への討議と肉親に対する称賛がはっきりしている。特に原稿の最後の部分は、「文字の内容、思想感情、書道芸術の相互影響、相互浸透の典型」とされている。その後、顔真卿は「李希烈叛乱」の中で敵陣に突っ込んで、押収した後に敵側の利益に誘惑されず、生死を恐れず、そして殺害された。顔真卿の気節と芸術の造詣は、「書道と道徳の統一の手本」と言われている。元代の趙孟頫は、「政治の立場」と「民族の気節」である。趙孟頫は幼くて聡明で、文思が敏捷で、当時の俊才になった。元は宋を滅ぼして、多くの漢民族の知識人は元朝になっていないが、趙孟頫

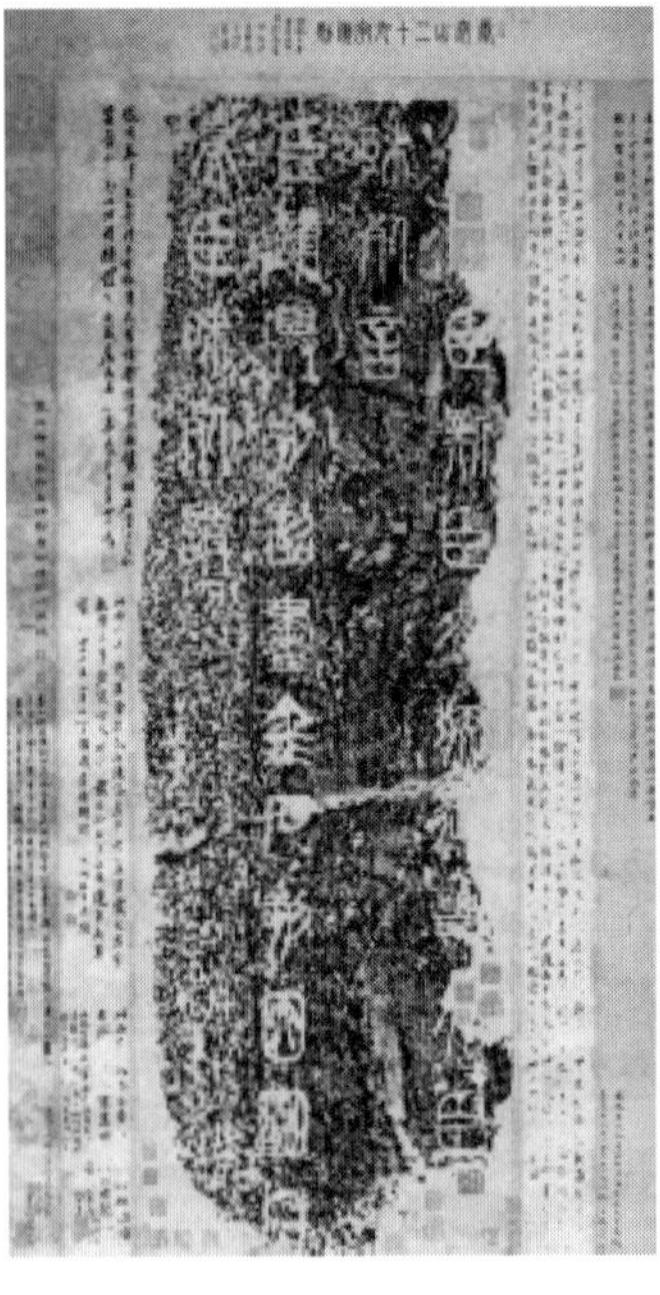

泰山刻石

は自分の才学が国のために使うことができることを望んで、彼は元代の支配者の任用を受けて、そして元仁宗の賞賛を受けた。宋室であるが元の「変節」になっていて、世間では彼の肉親までも受け入れられないということで、これによって、趙孟頫は非常に苦悶している。

北宋の初期に書道界の帖学が盛んになったが、その後は抑圧された書道界でまだ意味の「個性化の波」が勃発し、欧陽修は「当時の人を喜ばせず、後世に垂れ下がっている」と言っていた。この波の影響で、北宋は新たな気象が現れた。その中で、蘇軾は書道の個性的な引受者で、「吾書はあまりよくないが、新意を出して、古人を知らないのは、一速である」と言った。これは彼が古人に束縛されない、芸術的な個性を追求しない書道の主張であるので、彼の心の胸が闊達であることで、それにこだわらない体現であり、更に蘇軾は一生仕切りになって、生活の上で苦労した最も良い注足を経験した。『黄州寒食詩帖』は、蘇軾が黄州の三年をけなす背景のもとで、政治的な恨みと生活に困り果てた様子が、書道や詩作にも反映されている。彫刻はなく、自然として心の感情と書道の詩作が完璧に融合したものである。蘇軾の書道は自成一家で、恣意的にふるまって、手紙をまっすぐに書いて、一格にこだわらない、無休の彫刻、その行草の「自然の素朴な姿」、楷書の「豊かな成長」。エッセイの分野では「唐宋八大家」の一つで、宋語の分野でも豪放派の傑出した代表で、絵画や音楽が得意であることから、蘇軾は「中国の文人書画家第一人」と呼ばれている。

中国の書道の歴史はある程度から書道の創造の歴史であり、継承と革新は中国の書道が絶えず発展する基礎と動力である。例えば、清朝の初期には、

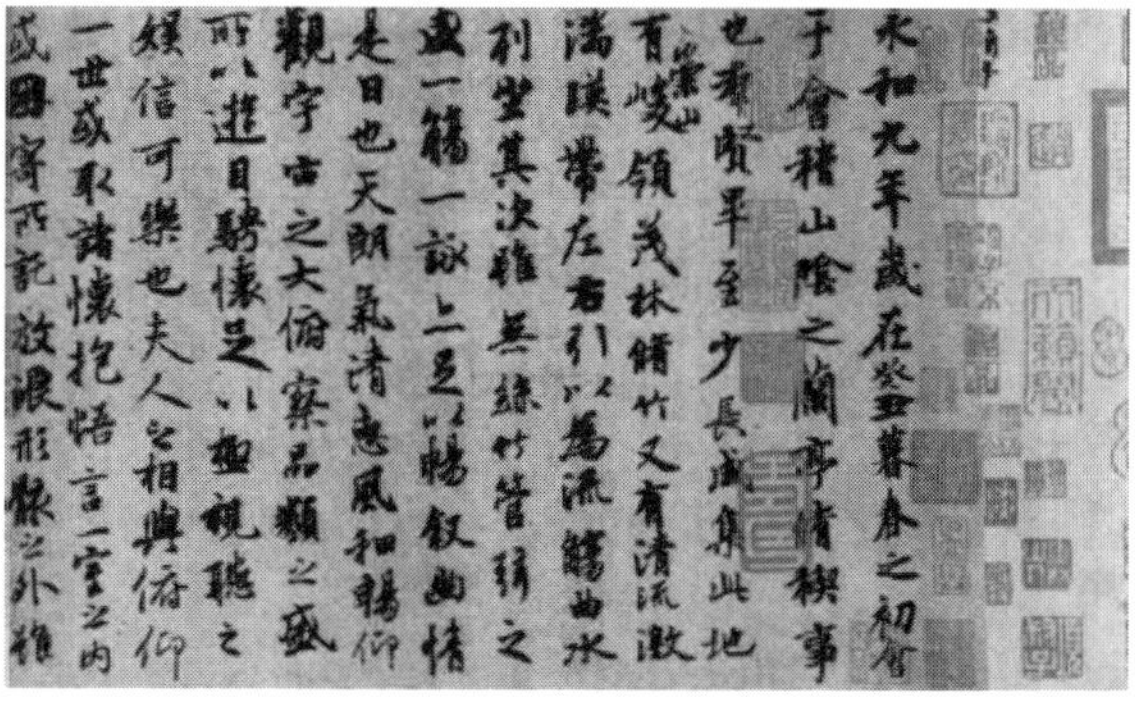

王羲之『蘭亭集序』

書道界は二派で、つまり「正統派」と「名士派」である。劉墉は「正統派」の代表で、彼の書道は翁の方綱、成親王の王業、鉄保と並んで「翁劉成鉄」と呼ばれている。劉墉は宰相として、翁方綱と共に臣としていたが、両者は書道の認識と創作の違いである。劉墉は継承も自分の革新があり、彼の書道は豊骨で、外の柔らかい内剛、「綿の中鉄」と呼ばれています。しかし、翁方綱は全面復帰を主張し、書道は古代の名家に由来すると主張した。「あなたの書道の中ではどれが古人のものですか」と皮肉っているのですが、劉墉は「あなたの書道の中では、どの筆があなた自身のものだ」と皮肉っている。二つの言葉は、二つの異なる書道の追求を指摘した。

鄭板橋は「名士派」の代表で、「怪才」と呼ばれ、彼の書道を愛する人は「書の中の頑迷」と呼ばれ、嫌いな人からは「書の中の妖」と呼ばれている。鄭板橋はかつて雍正を挙げて人を挙げて、乾隆は士に入って、山東省濰県の知県をしたことがある。彼は気性がよくて，官職を辞して故郷を返し，揚州で字画を売って生活した。彼は竹蘭を上手に描き、本に絵を描き、とても奇抜だ。鄭板橋の書道は、篆でなければ、従属でなく、非行であり、楷ではなく、草ではなく、「六分半本」と称している。「名士派」の書家たちは、正統の書道を「解造」としていたが、当時は荒唐無稽であるが、彼らは鮮やかで、大胆に革新し、書道には強烈な芸術的な迫力が込められている。

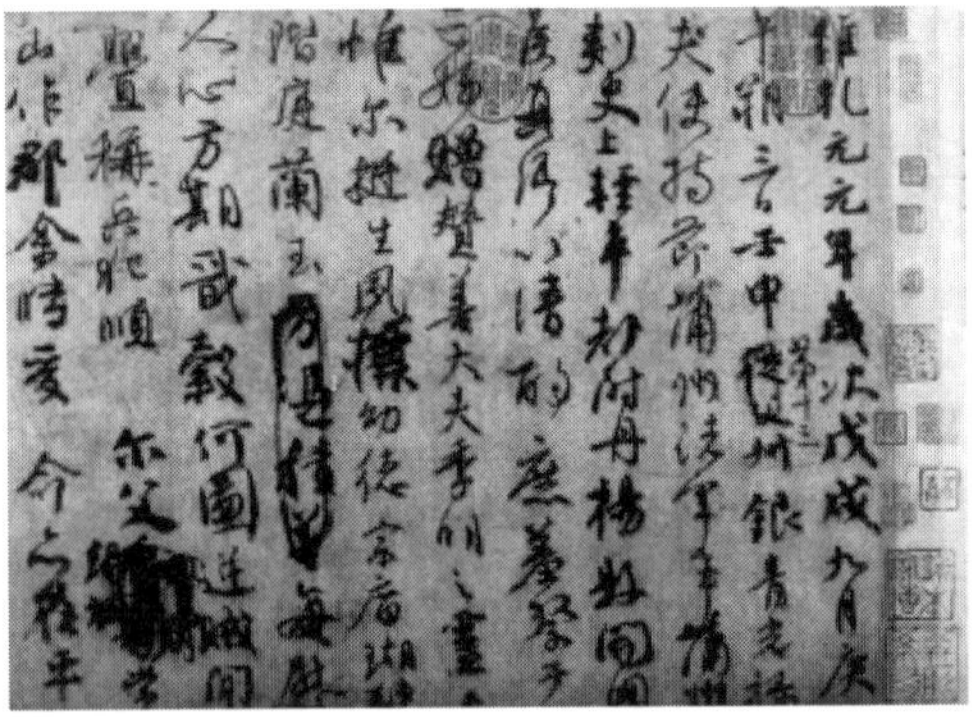

▲顔真卿『祭侄文稿』

▼蘇軾『黃州寒食詩帖』

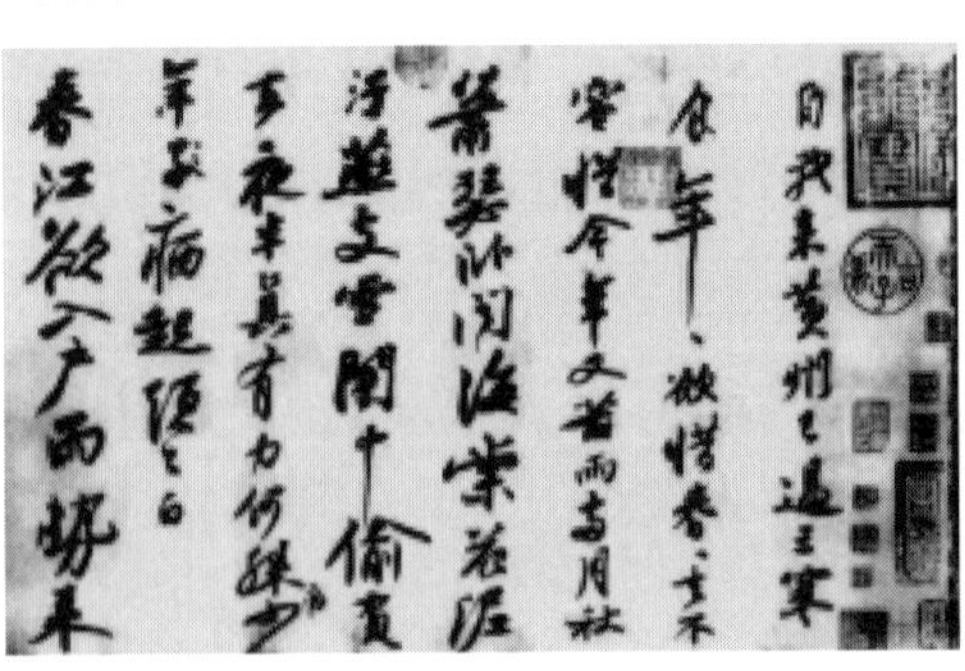

継承と発展

中国の書道芸術は生まれてから、漢字で書かれたもので、すでに三千年以上の歴史を越えて幅広い基礎を持っている。それは絶美な姿、魅力的な意志と強大な生命力で中華民族が最も独特で、最も貴重な偉大な遺産の一つとなっている。中国の伝統文化の象徴と記号であり、長い発展の過程の中で絶えず新しいことを繰り返して、開放的な姿勢で中国の伝統的な社会で大いに輝いている。中国の書道芸術を受け継いで発揚するのは私たち天経地義の責任であり、特に中国社会の工業化と情報化の過程で、書道の芸術の生存と発展は厳しい挑戦に臨み、中国の書道の伝承と保護はより重要である。

大きな外部環境から見て、万年筆、ボールペンなどは書道の代替品になり、今のパソコンの普及でマウスが成り代わる傾向があり、それによって書道キャリアの漢字はある程度の脅威を受け、字がうまい人は少なく、筆をとって字書く趣を忘れるの気持ちが増えている。そして、書道と密接な関係の祭り民俗活動の生存環境にもとても大きい変化があり、例えば対聯は民間に伝わる最も広範な書道の作品だが、「年味」の淡泊化や対聯の印刷品の普及が乏しい。総じて手書きの書道の存在が危ぶまれ、つまり、書道は伝統社会の文化の核心地位から退いた文化の縁で、その機能と生存空間の深刻な問題を押しながら、小部分の人は「陽春白雪」、大部分の人は「望塵莫及」になっている。

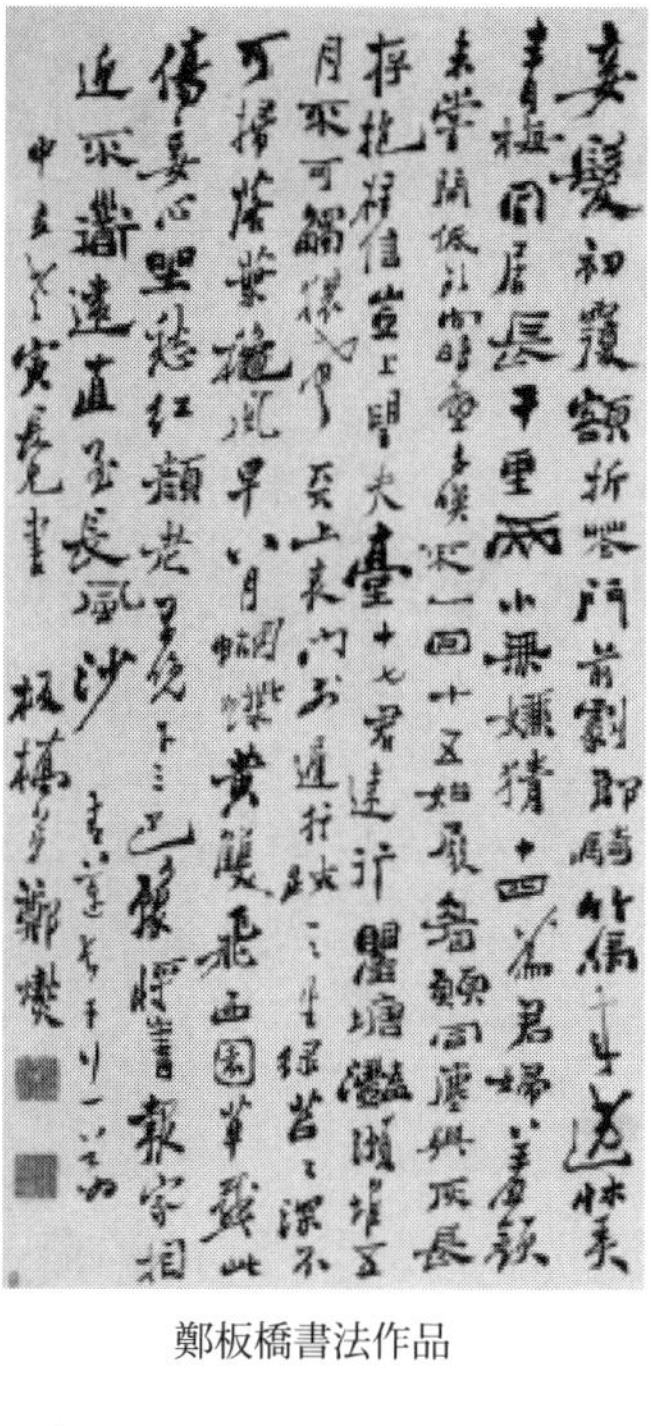
鄭板橋書法作品

書道の内部環境からみると、書道芸術はすでに大きな功績と成果を遂げているが、現代書道は非常に深刻な問題が存在していて、例えば、革新だけを求め伝統的書道を置き去りにしている。西洋芸術の理念の影響で中国の書道の本質を見失う。一部の書道家の漢字をぬき、無字の「書道」、ある書家の一般教養の欠如は、これらの書道芸術の発展を制約し、市場化の波の中で、いくらかの書道の芸術作品に傾いて、世俗に媚びる作品が多い。別の角度にとって、書道芸術の発展は次第書家に左右されるだけでなく、称賛者の影響を受けている。書道の鑑賞者の素質の書道の芸術は非常に大事だが、今の状況に直面して書道芸術家たちは「孤芳自賞」、「知音難覓——鑑賞するに値する、理解し読める書道芸術人はますます少なくなっている。現代書道の典型的な特徴は「書道文化の二極化——書道熱と書道文化の瀕戸際化が著しい」

書道芸術は中華民族にとって、ひいては世界の意義、価値、重要性について、言うまでもない。それに世界の無形文化遺産を提供した最高の契機で書道の保護と継承が必要であり、中国書道の世界遺産申請の成功はゴールではなく、新しいスタートである。

第一に、書道の資源を保護する。古代の書道の遺跡、書道の景観、書道の作品を含む書道の資源は保護、管理と合理的な利用を強化しなければならなくて、この過程の中で博物館と書類館は重要な役割を発揮する。同時に、各級の博物館や書類館は保護と保護の重要な役割を収集するだけではなく、書道の芸術の重要な陣地を展示して普及して、常に関連書の展覧会を行い、偉大な書道芸術作品が倉庫の中にしか隠れていないようにすることが重要である。書道家と書道の愛好家は書道芸術の重要な「人」の資源で、人の資源の保護に対して教育の手段を中心にしている。

第二に、書道教育を普及させる。書道はかつて中国の伝統知識人の基礎授業や必修科目であり、現代の書道教育も書道の保護と伝承の重要な通路であり、日本では書道教育は憲法にまで書かれていた。中国の近代的な書道の専門の教育体系はすでに完全に完備していて、大学の本科から博士の教育は基本的に完備し、しかし改善する必要はまだ多く、どのように十分に高校の資源を利用して新しい世代を育成して中国の文化を理解して、中国の文化を代表する書家は検討する価値がある問題だ。また、書道の普及教育も重要だ。マウス、パソコンの書道に対する脅迫に対応するために、多くの専門家は、小学校で書道授業の授業を設けることを提案しているが、関連する教員、課程設置、教材などの施設の整備が必要である。青少年に対して書道教育を行うことは、書道芸術の伝承に役立つだけでなく、書道芸術に含まれる努力、研鑽、堅持、革新などの精神は青少年の成長に積極的な影響を与えている。硬筆書道は現代で最も一般的な書道形式であり、青少年の中では硬筆書道教育が普及しているのは、書道の現代における伝承に有利であるが、大衆の書道知識の普及、書道鑑賞の育成には、書道環境が現代の再建に役立つ。

第三に、書道の大家を養成する。書道の歴史の上で、すべての時代に卓越した書道の大家が現れ、彼らは1つの時代の書道の芸術のピークを代表し、書道の芸術の前のことに対して重要な意義があって、私達の時代は同様に優秀な書家と書道の大家を必要としている。歴代の書道大師の成功は単に字が上手な訳ではない。その文化の底、心の気質、思想感情はすべて彼の書道の境界に深く影響している。だから、書道の芸術を愛している人は、一生懸命書くだけではなく、知識面を拡大し、視野を広げ、身を養い、民族文化を深めなければならないという認識が、書道芸術の総合的な素質を高めることができる。書道の理論は書道の発展にとっても重要で、書道家は何度もの実践の中から、書道の芸術に対する理解を深め、書道理論の革新と発展を推進するべきである。書家は「書匠」とは異なり、書家は結体、章法の組織の表現において、熟練しているだけでなく、書く内容の境地によって適切な芸術形式を採用し、優秀な書家の字の構造、内包に十分な芸術表現があるべきである。現代の書道界には多少の浮気の風があって、書家が少し有名であると、しばしば個人の書道展、書道集を出版し、名誉を書道に重視する。優秀な書道家は寂しさに耐えて、「功利」や「功名」の風の影響を受けずに、淡々と書道の道を探索し、それだけで書道芸術の真の意味を味わうことができる。

第四に、多元な書道芸術の形式を探求する。中国古代社会の書道は多方面の価値と機能がある。書道はかつて取仕様の考察ポイントのひとつで、書道と詩、絵画、篆書書道と結び付け、音楽と踊りは様々な関係がある……いわゆる「筆墨随現代」、書道の存続にかかっている現代書道環境の再建に応じて、書道は現代を生きる土壌である。我々は多くを探求書道の表現形式で、現代書道の生命力に富んだと創造力の芸術を作り上げた。二〇〇八年の北京五輪のシンボルマーク——「中国印・舞動の北京」に、中国の書道と篆刻芸術世界にライトアップも、書道の芸術と現代アートデザインの完璧な結合であった。書道の中の視覚の元素、抽象芸術と現代的なデザインを完全に融合させ、現代の芸術創造提供のインスピレーションの源である。たとえば重要な建物の題字、店舗の額、庭園の景観の看板文字、テレビドラマタイトルのデザインなどを使って書道完璧な解釈に溶け込み、書道芸術の趣の元素は、また文化の内包を増加させた。

第五に、書道文化産業の開発。中国経済の発展と国民の生活水準の向上、人々の精神生活の追求が増えてきて、このような雰囲気の下書道の芸術の市場が高まり、一方で書道の発展と繁栄を促進することができ、一方も書家芸術追求と個人の教養の育成が必要である。また、書道芸術と文化産業の組み合わせは、書道の現代の存続の重要な方式で、例えば、書道教育、書道景観旅行、と書道養生など文化産業プロジェクトを開発し、開発促進の書道の保護と伝承は、これは書道の芸術の中で経済の属性の開発髪も、書道を陶冶し、精神修養機能の重要な体現である。喧騒、重いプレッシャーの環境下で生きる現代人は普遍的にリラックスして安らかな生活にあこがれ、「静かでゆったり」の書道芸術は私たちに「世外の桃源郷」提供してくれるだろう。

第六、書道の宣伝を強化する。メディアの書道に対する影響は両刃の剣のようで、それは書道に強いインパクトを形成させ、絶えず文化を瀬戸際化すると同時に、書道芸術の存続は巨大な機会を得た。メディアは宣伝及び発揚書道の芸術の最優秀プラットフォームでマスコミの不在は書道の保護と継承の巨大な損失、新聞雑誌、テレビ、ネットなどのメディアが急速に、広く、有効に書道芸術の普及をどこまでも促すことができる。特にネットワーク技術、それに書道伝播とインタラクティブなプラットフォームで、例えば、新浪、網易などの大手ポータルサイトはすべて専門の書道の、書家とファンと交流し、それは書道展覧の重要な形式となり、皆が自宅に滞在し、マウスで様々な書道鑑賞を楽しむことができる。それは書道教育の巨大資源を提供し、各種の書道の新聞、雑誌のネット版は、書道史、書道理論、書道鑑賞と評論などがネットの中での共有や交流できる。書道の芸術世界に向かう道の中に、メディアは極めて重要な役になる。

第七、書道を世界へ向かわせる。書道を中国伝統文化の記号の一番代表として、対外交流を世界へ強化するべきである。しかし中国の書道の全世界での影響力は足りず、その交流もアジア文化圏内に限られ、零細の国際展覧はどれだけの反応を引き起こす。書道の芸術に対して、私達は自信を確立し、世界にアピールし、中国書道芸術の魅力を様々なメディアを活用し、観光、文化交流と展覧、重要な試合や展示会の機に、積極的に中国書道を出し、それによって書道の開拓をもっと広大な発展の空間を産む。中国の書道は中華民族の文化遺産は、世界クラスの無形文化遺産であり、自信を持ち、世界に向かうことで、世界の多元文化の花園の中の一つの美しい花となる。

（陳　少峰）

参考文献

1 姚扣根、趙驥主編『中國藝術十六講』、上海百家出版社、二〇〇九年版
2 騰西奇編著『中國書法史簡編』、山東教育出版社、一九九〇年版
3 沃興華『中國書法史』、湖南美術出版社、二〇〇九年版
4 王玉池『書法藝術』、山西教育出版社、二〇〇八年版
5 胡傳海、鄭曉華『中國書法史話』、上海書畫出版社、二〇〇二年版
6 嶽師倫『翰墨風神中國書法的意蘊』、北京大學出版社、二〇〇八年版
7 闞顯鋒主編『中國書法收藏與鑒賞全書（上）』、天津古籍出版社、二〇〇五年版
8 劉守安主編『全彩中國書法藝術史』、寧夏人民出版社、二〇〇三年版
9 張捷『書法文化鏈與「大書法文化」發展戰略研究――關於中國書法文化產業發展的戰略規劃的評述和展望』、『雲南師範大學學報』、二〇〇六年第三期

中国の印章彫刻技術

二〇〇九年九月三十日、西泠印社、中国篆刻芸術院が共同で申告した「中国の印章彫刻技術（＝篆刻）」は、ユネスコの非物質文化財を保護する政府間委員会の第四回会議で審議を経て、「人類の口承及び無形文化遺産の傑作」リストに選ばれた。これから、この中華民族の代表的な伝統文化芸術が、正式に世界の文化の形態として人類の文明の伝承、保護と発展の視野に入った。

篆刻は書道、彫刻が一体となった芸術の形で、中国古代の印章芸術が発展してきて、昔から千年近くの長い歴史を持っている。中国の伝統的な文化の重要な構成の部分として、主に石を紙にし、刃物を筆にして、方寸の中に分けて様々な美の形を作り、方角、高く握る小さな空間の中で、中国人特有の哲理と才能を注ぎ込み、書道の筆、絵画のレイアウト、詩詞の精を表現している華、それは中華民族の審美経験を凝縮して、文人墨客の風流を含んで、中国文化の魅力的な芸術表現となった。

千年の伝統　色とりどりの花

宋元時代の文人が印刷して人を雇い、明清の学者の身体力行が自ら手を取って、職人の技術は文人の芸術に昇華し、千年の時間を越えて、その源の実用の印章の時代からなると、すでに三千年以上の長い歴史を超えている。

篆刻は古代の印章の芸術が発展したのだが、秦以来の実用的な印鑑芸術は篆刻芸術の乱杯として公認されている。「前代精神の、物質的な文化の蓄積は、常に後世の新たな創造の起点である」。今日私たちが篆刻の起源と発展を理解するには、まず印鑑の歴史から話す必要がある。ただ古代の印章の芸術を知っていてこそ、篆刻芸術の完全な内包をよく知ることができる。

現在、印鑑の起源について、学界にはまだ争議があり、一部の学者は原始的な先民が陶器を作るための「陶写」が図形の印章機能を持っていることを主張している。現在、学界が一般的に公認されているわが国の現存している中国最古の「印」は、黄縮の中には、『鄴中片羽』に収められている三方の殷商時代の銅印章である。それらは銅から鋳造して、形の正方、印面、印台と印刷で構成されている。大きさの一寸角、ボタンには穴がある。考古学者は一九八〇年代にまた陝西省と湖北の境内で西周の時期の銅、陶々しい印を出土し、さらに早期賠償印の内容を豊かにした。商周の時期に印鑑の発展模式を定め、後世の印章の発展のために基礎を築いた。

春秋戦国時代、奴隷制が衰え、封建社会はますます発展し、国家政権の間で政事がだんだん多くなって、戦争が頻繁になって、経済貿易もますます増えていった。そのため、「詐偽漸興、始有印璽以檢奸萌」、印章は権力と証拠の証として広く使われた。諸侯が林立して、群雄乱戦によって社会文化が地域性を持ち、この時期の印鑑は多彩な風格を示している。形は多様で、大きさは定めていない。構成はきっちりしていて、章法は多様に変化する。趣があり、多くは実用品としてだが、また高い芸術的価値を持ったものも存在する。

秦漢時代、国家は統一し経済が盛んになり、印章の芸術もそれに伴って空前の発展を遂げた。漢印の種類が増えて、内容は増え、形式は更に多様で、字は多く

石を紙に、刀を動かす篆刻芸術

用いられて篆書や繆篆を使うことが多い。漢印の中で経験を学びインスピレーションを汲み取り、「印宗秦漢」の説があるまでに漢印の影響の深さが見られる。

魏晋は隋の時期から印鑑形式の小さい時期と呼ばれてきたが、これはまさにこの動乱の統一への四百年の中で、印鑑の若干の変化は中国の未来の篆刻芸術の発展に深く影響している。一方の私印には小書が摹印、繆篆に取って代わって、書体を印化して書道と印章を結びつけて道を切り開いた一方、紙の一般的な応用は印鑑の使い方だけではなく、印鑑と書画芸術との結合に条件を作り、実用的な芸術への先決である。また隋の官印が普遍的な切り札の先を開いて、後世の文人が篆刻した芸術はこれに縁があって来て、これは更に篆刻芸術の文化的な内包を豊かにした。

唐宋時代には、印章の芸術の発展は明らかな分流態勢を示している。一方、主要な官印体系、字体は九畳文を採用し、紆余曲折、複雑で、芸術の美感を欠き、次第に没落に向かっていった。観賞は実用的なものではなく主な創作目標であり、中国の印鑑が新しい天地を切り開いて、篆刻芸術の台頭を鳴らした。宋代にはまた篆刻史の最古の印が出てきた。この新しい形式は、伝統的な実践の成果を手本として集め、保存し、未来の多くの人に影響を与えたのは、篆刻が集団で協力して、芸術に必要なものとなっている。唐宋期には印鑑芸術が篆刻芸術への転換の時期であり、篆刻史に先導された役割がある。

元代、篆刻芸術はまた自覚的に一歩前進した。この一歩を具体的に三つに分けられ、趙孟頫、吾丘衍、王冕迈の出現からであり、具体的には創作上の「元朱文」、理論上の『学古編』と実践の中の花乳石刻

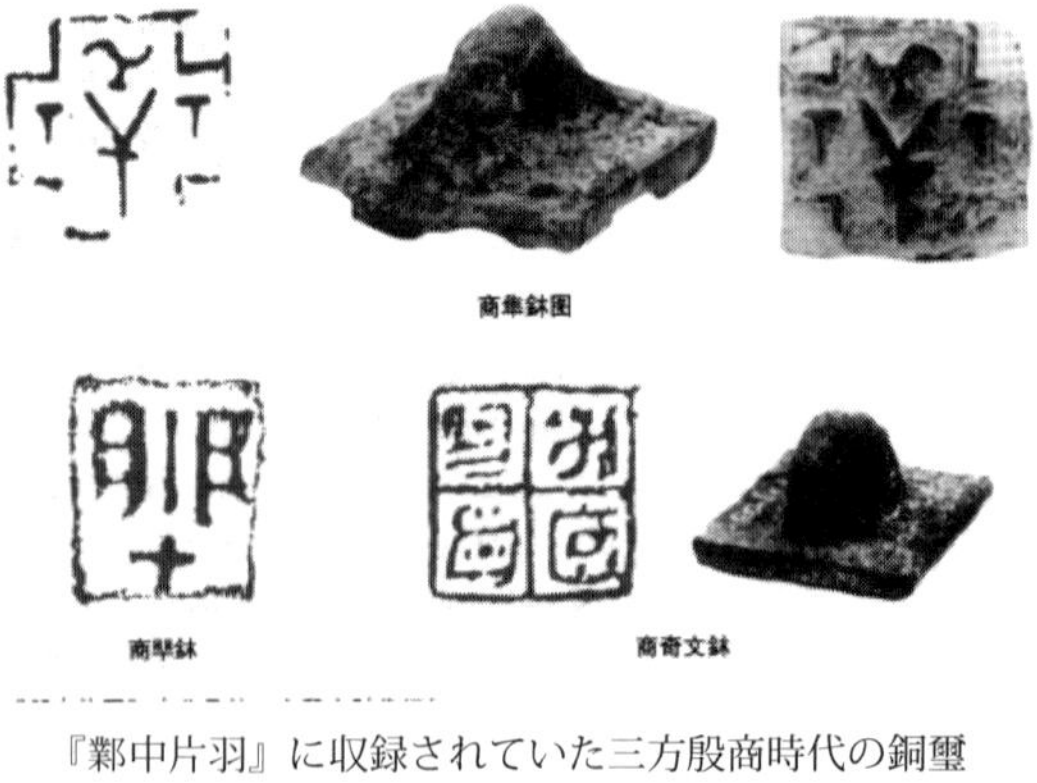

『鄴中片羽』に収録されていた三方殷商時代の銅璽

印である。古代の一般的に細やかで繊細な文印、趙孟頫のこの印は、後に「圓朱文印」、また「元朱文印」と呼ばれ、新しい典範となり、その後の篆刻芸術に大きな影響を与えた。吾丘衍の『学古編』は中国の篆刻史における第一部印刷理論の専著であり、本の中には多くの精徹な見解を出した。いくつかの篆刻芸術の本質的な内容を含んでいる。主要部分は『三十五舉』前十七舉の、重点は変化した篆書の書き方で、十八挙以降は篆刻について専門的に述べられている。全文は「古」を総綱として、明確に「復古」、「学古」を明確に提出し、唐以来の煩わしい儀礼を漢印の平正、力強さを戻すことを主張しているが、これは篆刻芸術の発展方向に対して、理性的な把握があった。古代の印章の材料は多く銅、玉、象牙などで、性質は強靭で、長持ちし、あるいは鋳ぎ掘ることができて、だから文人は刻むことはできず、たとえば前に挙げた趙孟頫、吾丘衍であっても、篆の後に職人が刻むことしかできない。これは明代篆刻芸術の台頭に有利な道を開拓した。残念ながら当時の山奥には伝承させる術がなかったのでこの方法は広く伝わっていない。しかし少数の文人の努力のもと、篆刻芸術はいくつかの本質的な発展を得ていることを見抜き、これらの進歩はやはりそのような足踏みをしていても、結局、明清の時期の篆刻芸術の大幅な前進のために最初の足どりとなった。

明清篆刻芸術は伝統を吸収する上で、また新しい流派が入り乱れていい、風格はそれぞれ異なっている。

明代の初期、元末の戦争の影響を受けて芽生えたばかりの篆刻芸術は、また困難な立場に陥っていた。明中期に至っては、書画芸術の発展に従って、その篆刻が再び興ってきた。これを明末にして、約百三十年の間に、篆刻芸術は新しい春を迎え、篆刻家たちが続いて篆刻を書いた芸術史に

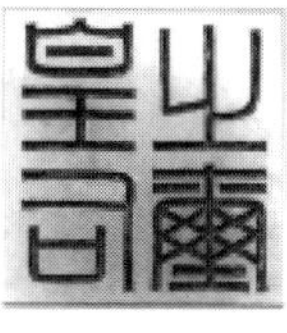

陝西歴史博物館に所蔵されている西漢の「皇后の璽」玉印

刻まれた輝かしい一章である。この時期、文人は石治印で、篆刻芸術に新しい歴史の段階に入った。これによって、明代の文彭、何震、精研六書、文字学の研究から入手して、篆刻文字の規範化された鍵と準則を見つけ、さらに、刀法、章法上の力によって古意を追え、渋刀と石の真似をして、唐宋の退廃の風を掃き、篆刻芸術新しい道を開いて、後世の「印宗秦漢」に気風をつけた。まず、法古開新、続く重要な一歩を踏み出した。文士やアマチュアの中で参加者を多く募り、個性を提唱し、篆刻芸術の様々なスタイルを生み出し、篆刻流の歴史を創った。文彭「三橋派」、何震「雪漁派」、蘇宣「泗水派」、汪關「婁東派」、朱簡「修能派」などが様々な表現を行い、創作を盛んにし、篆刻芸術の普及、向上と伝承に大きな貢献をした。また、創作の繁栄によって、篆刻界は多くのすばらしい印論を生み出し、印材、刀法、篆法、章法、創作心などの各方面に関連して、以後の篆刻芸術の発展のために、極めて深い指導の役割を果たしている。

　清代の篆刻はさらに紫千紅の時代であり、このうち三百数年、名家は雲のように、絶えず深く探求し、篆刻芸術を明代の基礎の上で大きく発展し、創造し、更新の芸術の境界を開拓した。一方の篆刻流派の連峰が続いており、篆刻芸術という歴史の長い川は流れてやまない。早期の丁敬などの取法漢印のように、切刀力によって古意を追い、一変文、何かによって造作した風、筆墨が雄健であり、生辛感があり、それに続いて黄易、蒋仁、奚岡、陳豫鐘、陳鴻壽、銭松、趙之琛などが続き、世界は「浙江派」（「西冷派」）と呼んでいる。安徽鄧石のように、本を印刷して、刀の法と筆法を一体にして、秦漢は風貌を印刷して、自分その風格を作り出し、「鄧派」（「皖派」）と呼ばれている。続く者は、世臣、呉譲之、徐三庚などである。清朝末期に趙之謙は出土した秦漢泉洗銘印を取り入れ、風靡した。呉昌碩は漢印の基礎の上に、詩、本、画、印を一体とした。その一方で、篆刻芸術の創作実践は更に深く探求した。形式の上で更に多様化し、漢印伝統以外に、多

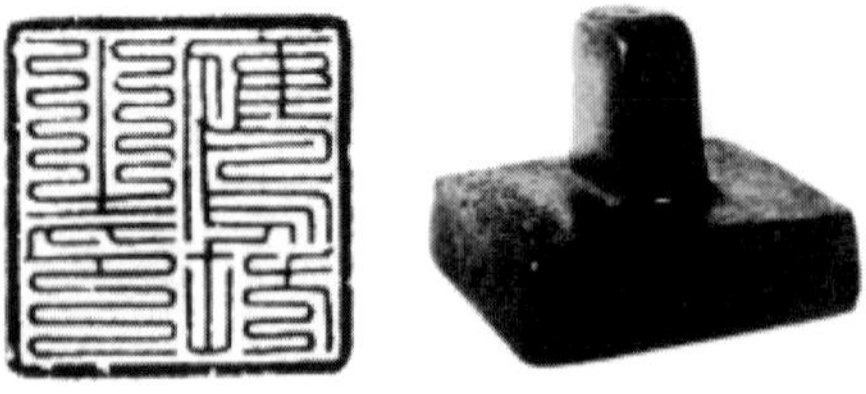

九疊文印

くの篆刻作品は古き良き様式を継承した。錯綜、參差、緊湊などの章法を追求した。印文で使う文字では、形式は拘らず、鼎彝、权量、鏡銘、泉布、磚瓦などの文字を使い、どの字体でも方体、丸体に写せ、創造的に新たに出土した甲骨文を大量に印字した。刀法の上で、「光洁」の一路によって「残破」に発展して、「工」と「放」の二つの創作方法にを形成した。書は絵に発展して、陰によって陽刻まで発展し、簡素な内容から豊かな内容に発展する。第三側は篆刻理論の形を模索する印学の著作を表現し、かつてない隆盛を遂げた。周亮工『印人傳』、桂馥『續三十五舉』などの刷り学が論述しており、多くの印があり、この歴史の中で、篆刻史に深い影響を及ぼした。理論研究の発展は、ある意味で芸術の成熟を暗示し、創作に対して、また一種の強固と昇華である。印論の台頭は、篆刻を一つの芸術として、体系的に完全に整った。

近現代に入ってから、百年の間に、篆刻芸術の発展は曲がりくねっていたが、最終的に比較的輝かしい成果をあげた。まず、篆刻の流派は依然として異彩が入り乱れていて、各襟の風騒がある。一部の清代の流派が続いており、さらに新しい流派が誕生するのは、斉白石の斉派と趙石の虞山派などである。また現代でも多くの青年篆刻か家がみずからの努力によって自分のスタイルを形成して、「百花斉放」の創作思想の下、印人の視野の広い範囲の広さ、形の新しいスタイルの多くをはるかに超えた。次に、近現代史に篆刻も現れた大量の印社組織。継西冷印社、樂石社、龍淵印社の後、現在全国各地普遍成立印社は印、印社の組織、それらの発展を通じて社員、発刊、新聞、展示会、評価、育成、交流などの活動を促進するため、篆刻芸術現代の発展は現代篆刻芸術発展の一つの著しい標示となった。大量印譜、篆刻辞書の作成や印鑑及び篆刻歴史研究の仕事の深さは、この時期に篆刻芸術の繁栄の基礎を打ち立てた。また、この

文彭『琴罷倚松玩鶴』閑印 附辺款

時期に、中国の篆刻芸術がどんどん内地から香港、マカオ、台灣地区の発展とともに、日本、韓国、シンガポール、マレーシアなどを増進し、深遠な影響を生んだ。

方寸の間　富んだ変化

篆刻は一つの表現の芸術として、その千年余りの発展の過程で、独特な芸術表現方法を形成し、自己の審美言語、すなわち篆法、章法、刀法が形成されている。篆刻家の尺水の興波は、中国人特有の哲理と才思によって、方寸の間に、鉄針の銀を苦心経営の篆法美、朝星密若瀑雨のような章法美をまばらにして、余裕のある刀法美などを結びつけて表現している。大きさのわずかな方寸に直面して、小さくて握りきれない印章に直面して、私達はまるで内包が大きい、色とりどりの大千世界に直面して、「方寸の間、気象万千」、まさに中国の篆刻芸術の独特な魅力である。

印鑑の篆刻法は、篆刻家の治印時にどのように正しく、篆刻を中心とした漢字を印にしたものである。印字文字の出所が増えているにつれて、多くの古巣、瓦が甲骨文の導入に伴って、篆刻芸術の「篆法」は、篆刻に印字された法の法則、技巧を指すのではなく、各種の書体を用いて印字された法則と技巧を含んでいる。一方の印章篆法の善し悪しは、主に二つの方面から見る。一つは、その字が正しいかどうかを見て、漢字の構造原則と書く法則が正しいかを見る。二はそれが篆符を付けて審美の法則に合うか合わないことを見て、印文は印刷面の上で美しいかどうか、芸術の感染力があるかどうかを確かめる。

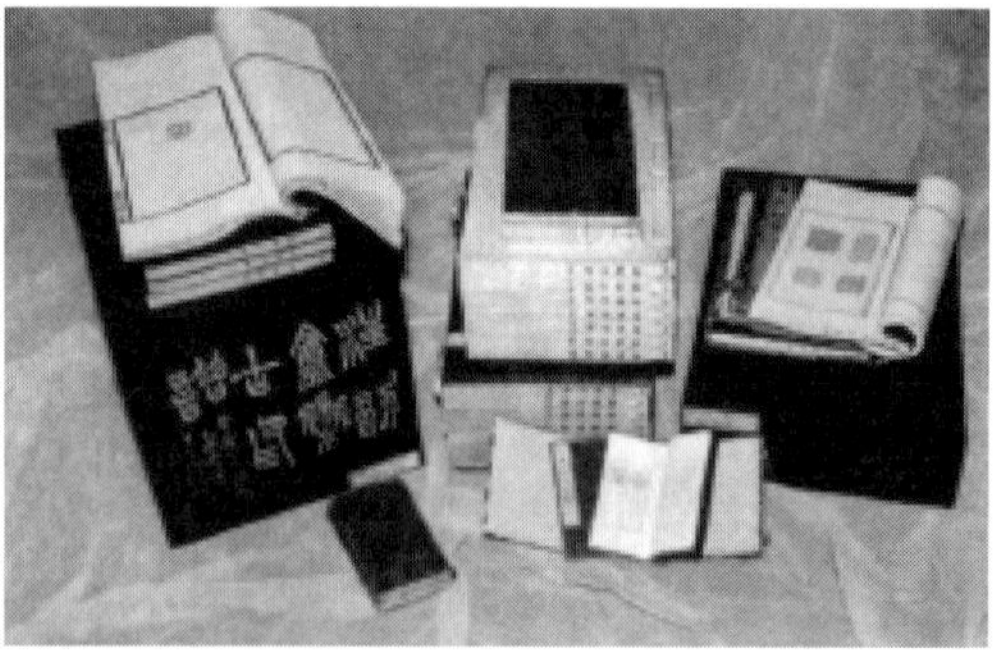

西泠印社が収蔵した明清の印譜

その中の後者は印鑑の篆に篆書をつけるのが篆法の主な内容で、主に印鑑中の篆書の字を印刷して組み合わせる方法とテクニックに関連している。篆刻印の中の字は、篆書の辞書の中に現成された字を運べばいいのではなく、篆刻文字の素材にすぎない。篆刻は印鑑の形、字数の数によって篆書の書き方を決め、見事に一体となって、美しく、味わい深さを出す。一般的には、同じ方に印字された篆書は、字体の統一を維持しなければならない、これは最も基本的な要求である。また、異文字を改造し、異なる場所から採集された字を統一した印章の文字に改造し、篆刻の趣を表し、それらの構造スタイルを一致させ、調和を調整する。

篆法は一字を対象として検討したものであり、一方の印鑑は、ほとんどが2つ以上の文字で構成されているが、これらの形態の異なる文字は一方の印章に集まって、変化を調整する必要があり、一致して一つの全体になることができる。これは、印法の問題に絡んで、印面の配置と構図の芸術を含んでいて、まさに印文が印面の組み合わせの方法である。章法は印鑑創作の重要な要素であり、篆刻作品の刀法美、書道の美しさ、そして深い芸術の境地は、主に合理的な章法の配置を通じて全面的に表現されたものである。

篆刻の章法の問題はとても複雑で、その内容は多く、最も核心的なのはいわゆる「分朱布白」の問題である。「分朱布白」は中国の印鑑芸術表現の技法の内容が最も豊富で、最も複雑な側面であり、その基本的な原則は対立の中で統一を求めることであり、いわゆる「疏可走馬、密不通風」というのは、分布の中の対立統一を強調することである。優秀な篆刻芸術作品は、一つの文字を追求して、各筆画間の主次映写、虚実相生、剛柔和済である。作者は様々な方法と手段を通じて、精製、調和のとれた効果を得ることができる。具体的には、「分朱布白」の技法は、大体以下のいくつかの問題に処理される。

㈠　平と険、平正、平穏は文字が章法の上の基礎にあることで、一般的な場合は、章法の処理において、まず平正を求め、それぞれの字が自立し、耐えられるようにする。

㈡　側と円、文字の構造、方の表現は静止し、円の表現は動態で、線の上で筆がしっかりしていて、丸いペンは円濁を表現しやすく、方角が結びつけられていることができる。
㈢　疏と密（虚と実）、疏は相対的な文字の線に比べて、筆画が少ないのは疏で、筆画の多いのは密、虚と実はは全印刷面に文字の筆画がなくて、文字の筆画が占めているところは事実で、空にある場所は虚である。疏密と虚実は相補的で、疏すなわち虚，密すなわち実である。虚実の対比は、章法において鮮明な役割を果たしている。一般の人は往々にして実の面を重視して、虚の面を無視した。実は、虚の面も非常に重要で、印章の中では往々にして虚の所で境地を示している。空霊は虚を借り、力強さが実を借り、虚々実実、少し塊の塊で、複雑な雰囲気になっている。
㈣　挪と譲。、挪は移動であり、規則の需要のために、時にはこの字の部分をその字の空間に移して、その字は「礼をもって譲らなければならない」、一定の地位を譲ってそれを配置する。流せて章法を平板にすることができるようにすることができて、使用して挿し込みを利用して生き生きして、また調和させて、巧みに位と座を譲ることができて、芸術の創造の体現である。しかし、字の完全性と合理性に注意して、それ以降に、別の文字を生成することはできない。
㈤　呼と応。印中の呼応は、主に文字の線や構造を用いて、ある種類の特徴の形を利用して呼応する。呼応の形式は多く、よくある間隔は呼応して、線が呼応して、筆画が虚実に呼応するなど、呼応して印刷中の文字は互いに「感情」を生むだけではなくて、その上全体の章法の組織にもっと厳密になるようにする。
㈥　辺と文。辺は印の辺の欄、文は印の文字を指す。白文印のほかに、白文印の赤底が辺の欄の役割を果たすことができるので、必ずしも辺の欄を使うとは限らない。篆刻芸術において、印の辺の設置と処理は、画面の役割を集めているだけでなく、バランスや雰囲気を調節し、内包などの役割を深めることもできる。完全な印刷の辺は往々にして人に厳格で、荘厳で、はっきりして、清新な感じを与える。残り抜けた印刷の辺は、壊れた方式と程度によって、人に一種あるいは自然が生き生きしていること、あるいは含蓄がある。
篆刻の刀法は芸術の表現において同様に重要な地位を占めている。篆刻芸術の篆書法、章法、作品の風格などは、最終的には印石によって刀法を実施して実現したものである。篆刻家は鉄刀で刻まれた方法によって、徐残重を軽重にし、切り裂いた変化の異なる変化が印石の上に残って変幻的な線の跡を残して、あるいは光熱して潤うことに富んでいるか、あるいはまっすぐに伸びている。この刀法美は篆刻芸術美の最も基本的な芸術の特徴の一つとなっている。刀法はやはり篆刻芸術の中で異なった流派の芸術の風格の重要な要素を形成して、篆刻史の上で、安徽派は沖刀を基本的な刀法にして、浙江派は刀を切るのが基本的な刀法で、そのほかいくつかの篆刻家は突進して、切って使う総合的な刃物法を持って、自分の芸術の風格を確立した。

篆刻を知らない人は往々にして「神秘」を感じるのか、それぞれの篆刻家が刀法の演説をしていたからといって、さまざまではなく、初心者の心の中では全く違う。実は、概括的に言うと、刀法は、執刀法、運刀法と用刀法の三つの面で構成されている。

篆刻には二種類の執刀方法がある。つまり、執刀法と掌握式の執刀法を指す。前者は刻印文を刻むのは比較的柔軟で、刃物の方法が豊富で、多種の技巧を応用して、表現力が強くて、特にいくつかの細い末節の変化を表現することに対して、最もそれの優越性を示すことができる。しかし、この執刀法は腕力と指力が強いので、把握しにくい。式の執刀法を身につけやすいのは、腕の力が弱い篆刻家が使いやすい。この執刀法は主に腕で制御し、柔軟な五指は作用を発揮しにくくて、詳細を表現することに不利で、しかしいくつかの幅の大きい印刷を刻む時に比較的に大きい刀を広く表現する風格を表現することができる。

運刀法というのは、印字を刻印する時に刀を操って印面で運動する方法である。一般には、沖刀、切刀の 2 種類が一般的にまとめられている。沖刀は刀を持って正鋒や側前線で進んで、刻んだ筆画はしっかりしている。切刀は刀を持って下敷きになっていて、少し前押しして、進刀の長さが短く、長い筆画は数刀で結んで、刻んだ筆画が線によって不規則な曲がりで、長くて老けているように見える。突刀と切刀の二つの進刀法に刻まれた印文の効果は大きな違いがある。通常沖刀で刻んだ線はなめらかで明るくてきれいで、切刀で刻んだ線が無鉄砲でしっかりしている。

沖刀や切刀などの運刀法を知ると、印文の刻まれ方やテクニックを知ることもなく、「刀法」の内容も考えなければならない。刻印文の最も基本的な刀法は、「単刀法」と「双刀法」であり、両刀法はまた「復刀法」と呼ばれている。「単刀」と「双刀」という概念は、筆画を刻んだ片側の刃物を刻んでいるか、印文の両側で刀を運ぶ二つの表現技法を指す。筆画側に刀を運ぶことができるが、筆画に刻まれた刀法を「片刀」と言い、筆画両側で刀を運ぶことによって、筆画を刻んだ刀法を「双刀」と呼ぶ。「片刀」は白文を刻むことしかできないが、「双刀」は朱、白文すべて刻んで、朱文は双刀ではなくてはならない。

篆法、章法、刀法などは篆刻芸術の最も基本的な表現の形とされ、その具現の美学の内包は篆刻芸術の審美の基石を構築し、そのほかに、印章の辺の金としては相対的に独立した芸術として、数百年の発展の中で、ますます篆刻芸術の重要な構成部分となっている。篆刻の辺款は極めて豊富に篆刻芸術美の内包を豊富に豊かにして、現代篆刻芸術の発展の中で、より多くの芸術的な魅力を示している。

辺款の発生と発展は、かなり長い歴史の過程がある。隋唐の時代には、官印の背筋には、印のある文が開いており、製作と発行の時代、番号と関係のある文字を刻んで、明清辺款の芸術に先川を作った。明清時代の文人の治印は、印の上で問題を作って、表の中で表現していない感情を辺款の中で吐き出して、芸術辺款の形成に対して決定の役割を果たした。

辺款には様々な芸術価値があり、多彩な書道美を具現するだけでなく、具体的な内容には異彩が漂う万千の気象が現れている。一般的な金の内容は、著者が含まれている、印刷の時間、場所、誰のために作られたのか、なぜかというと技法の参考の対象など、文字数は多くて、少ないのは一、二つの字、多いのは長い旅のように数百字にかけて散策することができる。明清は多くの篆刻芸術家が辺款を得意として知られているが、彼らは、この天地や署名、記事、あるいは行文、あるいは詩、あるいは像を作って、無所で、内包が豊富で、味が尽きない。種の書体は、辺款の中で善美を尽くした表現を得ている。

群星の輝き　美談の継承

宋元以降、大量の墨客は、その職人の治印の道に心が傾いた。これまでの道の中には、多くの芸が高く、才華があふれている篆刻名の家が現れ、彼らは自分の努力で、篆刻芸術を豊かに発展させると同時に、篆刻史に輝いたページを残し、代々伝わっている。

明清の流派の篆刻の創始者として、文彭は石章に対して普及した重大な貢献と宋元を越えて秦漢を直追した。亮工は『印人伝』の中で「印之一道，自国博（文彭曾任両京国子監博士、故人称文国博）開之，后人奉為金科玉律」という。文彭の石刻印の気風についてはもう一つの話がある、早年には文彭も先人のように原稿を印刷して、名匠の李文甫に代刻をしていた。隆慶時期、文彭が南京で国子監博士をしていた時、一日彼は老者が商人と争っていたことを見て、前に尋ねたことがある。老人は、商人が何か石材を注文してもわざと値下がりし、そのため喧嘩をしていた。文彭はよく見てみるとその石は元々女性の装飾品の石材だったのだが、この石が印の刻印を加工することができるように敏感な芸術的な価値だと直感したそれでその石を買い帰家した後に石材を解くと、上佳の「灯光凍石」だった。その時、文彭の親友の司馬汪道昆が文家を訪ねていた。石を見ると佳石は疲れていた。半分は文彭の治印を頼んだ。半分は何震に持っていき彫刻を頼み、石印は文人の中で流布となった。物語はこれで終わっていない。その後の話によると、汪道昆は北京に行って、一度冢宰に謁見し、冢宰は「文国博があなたのために多くの印鑑を彫ったのですが、どうして私が頼ん

辺款芸術

でもまだ得られていないのか？」「石章は重すぎて、送ってはいけない。国博の印が好きなら、彼を北京に転勤させないのか？」と。やがて文彭は北京に移動し国子監博士になり、彼は「両京博士」の名がついた。

明代の中で後期の印壇の達人は雲のようで、文彭のほかに、成績が高い人は何の何震、蘇宣、朱簡、汪關などのいくつかの家がある。何震は長く南京に住んでいて、文彭とは師の関係で、初期の篆刻は文掌の影響を受け、後に漢鑄印、鑿印、玉印の異なる形式と表現手法を汲み取り、また職業印人が印石特性に対する理解を得て、凶悪な沖刀の法に参って、ついに「各体に無備なものはなくなった」。何震は生前に天下を高く上げて、大将軍以下はすべてその一印を誇りにして、名声は更に高くなり、ただ字を掘った片石の値段は金と同じ価値である。蘇宣は文彭を師にし、何震と深く交際していた。その後、大コレクターの松江顧は徳、嘉興の首席の所に行って、秦漢の古巣の原物を多く見なければならなく、近くに文彭、何震を取って、遠い宗秦漢の雄風は、自分の雄健で素朴な芸術の風格を形成し、大いに文彭、何震と天下の勢いがあった。朱、汪二人は、篆刻芸術の上でも造詣が高く、かつ自成一派であり、影響が深い。

清代は考拠学、金石学の大興に伴って、流派の刷り壇はいっそう盛んで、人を輩出した。浙江省は山の祖を開山していて、早年に酒を売ることを業とし、金石文字を嗜好し、善書の詩を好み、鑑別に精を出して、彼は功名に対しても淡々としている。しかし彼は篆刻に対して非常に愛し、常に労苦を辞して揚州、杭州の間に往来して、同じ金石の良い金農、汪啟淑と芸を切磋琢磨した。彼は明代の朱簡の砕刀法を継承し、伝統を浸婚し、力を合わせて革新し、沖刀の他に，切刀手法刀を創立して、その風格の新しさは、影響を大きくし、名声は隆々として、以前の賢明を越えている。彼の従者は雲のようで、その中のその中には蒋仁、黄易、奚岡、陳豫鐘、陳鴻壽、趙之琛、錢叔蓋はその中ではっきりしていて、彼らは丁敬と「西泠八家」と称して、刷壇の風騒と二百年近くを占めている。この二百年の間に、浙江省派と拮抗することができる。鄧石如は真草の従篆の四体皆精で、時には「四体書皆為国朝第一」とほめられ、鄧氏の篆刻は早年何度も何震を学んだ。のちに「印从書出」と主張し、自らの淳古の厚みに満ちた雄大な篆書を篆刻に取り入れた。「印从書出」は主宰印壇の浙派を剣術革新と応用に力を入れている一つの重要な成果で、これは鄧石如の印壇に対する大きな貢献である。印刷本から出、印外求め印、篆刻芸術の発展を注入した貴重な不可欠の新鮮な血液。清末諸家の中では呉讓之、趙之謙、黄士陵、呉昌碩は更に全面的に富む素養、創建をし、今も秦漢璽印と同じように深く現代に続いている。

千世の中で、篆刻は文人の芸術だけではなく、文人の理想が託したところである。「一滴の水の中に大きな影がある」印鑑を通して、文人の筋骨が見えてきた。明清印人の多くは布衣白丁であり、一文なしではないが、往々にして鉄筆の鈍刀で俗世間に、常に社会のために許されてはいない。彼らは芸術の上の至善の至美を追求し、芸術の価値は金銭の価値より高いと思い、だからこのグループの中で人は往々にして多くの気品を少なくして、精神的に富むが物質的に不足し、困窮した人生を過ごす者は少数ではない。光灯の続きは功があり、芸振江浙江印壇の丁敬は、官を得ず、富を愛さず、高風が抜群で、傲慢な世俗を誇っている。詩文の刷り方がよくなっているのはゆっくりとし、権貴としては土砂のようなものであるが、世間では「狂生」と呼ばれ、誰とも合流しないため、「群れを壊して旅邸に居て、炊煙が続かない」と、食事のことですら問題になった。自分の独立した人格的な情操を持っている。鄭板橋は進士の出身であるが、県で十二年になっても昇格していない、一方の「七品官耳」として自嘲していた。また、「富貴ではない」、「普天間飢餓を埋めることはできない」などの遊印が刻まれている。情の人民、不平不満を嫌がる思想である。

印人は「けち」で、篆刻芸術は雅人芸術と見なされ、芸術至上の原則を遂行し、印鑑に対して特に大切にし、「俗人」として刻印することに反対している。印人は沈殿して、蒼秀が素朴であることを篆刻し、かつて人のために二つの金を刻印したことがあり、その人は彼に四両の黄金を送って、印刷して素晴らしい作品に変えることを求めて、彼はこれが品を知らない人であると思って、すぐ庁階の前の石の上で印刷し、できないと言った。印人はまた、最も気前のいいもので、知音を知ることができ、特に書画の篆刻の行家には、数十枚も贈ったものである。例えば、山東長山は、「人のために刀を奏でず、本の画家が喜んで贈る」。明末の清の初めの篆刻は家の周亮工を見取って、同時代の印人との交際では、贈った篆刻印は千にも及ぶ。これは本当に「士為知己者死、女為悦己者容」である。

篆刻芸術を大いに発展させる

篆刻芸術は中国の伝統的な文化の重要な構成部分であり、それは社会の様々なレベルと密接に結びついており、数千年において中華民族精神の上ではこれを手紙とし、物質的にはそれを頼りにしている。しかし、二十世紀の社会の激変によって、中国の伝統的な芸術は生存の経済、社会の基礎が揺らぎ、田園牧歌式の生活が轟音の機械の音が断ち切られ、文人の琴碁は詩歌を描いて茶の悠然としている。篆刻芸術は中国の伝統芸術の一つの門類として、大文化環境の影響を受けても冷たく、現代の西洋文化は中国の伝統文化に強く衝撃を与えている。金石篆刻芸術の伝承の特徴と文化空間の不断の押し圧を受け、昔は朝焼けの篆刻流派が多くなってしまった。金石篆刻芸術家としての組織、印社は、必要な経費を発展させ、場所が保障されにくいという困難な状況に陥っている。歴史が長く、規模が高くても、西泠印社のようなものであっても、一九九〇年代には人の心がばらばらになっている。西泠印社出版社など少数の出版社があるが、印字や篆刻技などの出版物が出版されているが、他のジャンルの出版物と比べて、市場の販売や経済効果にも匹敵することは難しい。

新世紀以来、中国経済の発展と伝統的な国学の復興に従って、篆刻芸術はある程度の回復と発展を得て、特に世界で注目され、二〇〇八年のオリンピックのシンボル「舞動の北京」は篆刻芸術を全世界に推進させた。しかし、この表面の浮き華を捨てて、中国の篆刻芸術の十数年近くの現状を真剣に見つめている。伝統の篆刻芸術は、まだ無視できない危機が多く潜んでいることを発見し、現代社会の融合、専門的な人材の育成、印刷組織の生存発展などの問題を解決しなければならない。本当に篆刻という芸術の遺産を伝承していくことができて、まだたくさんの仕事をしなければならない。

伝統的な芸術は現代の条件の下での生存と発展を求める時、自分の特有の伝統を固守して、同時に絶えず時代と創造して発展して、やっと新しい生命の活力を見つけることができる。

篆刻芸術は、世界無形文化遺産になることをきっかけに、自分自身を非物質文化遺産保護システムに取り入れ、政策と法律法規の角度から確実に実行可能な保護政策を制定し、中央から地方への二つのレベルで保護投入を強化し、西泠印社と中国篆刻芸術院を中心としている各地域において、組織の保護計画が行われている。文化財、文献、出版物などの方面から金石篆刻芸術の基礎建設を強化する。全国の金石研究者、篆刻芸術家、代表作、印紙、印刷部、印泥製作などの手芸の伝承者が全面的に踏み込んだ調査を行い、篆刻芸術の既存の資源、歴史とその発展が脈絡している。情報技術の運用と建設を十分に重視し、条件を創造し、中国篆刻芸術データベースを確立し、金石の篆刻に文化財、文献、出版物が情報化手段を通じて資源の共有を実現する。印刷会社を単位として、文化財部門との協力を強化し、新たな出土金の文化財の精華を積極的に吸収し、絶えず篆刻芸術を発展させる。歴史の悠久な、コレクションの豊富な印社などの西泠印社など資源の優位性を十分に発揮し、条件を創造して、社会に向けて開放、積極的に引き受けて発揚印学と金石篆刻芸術の使命を社会の大衆文化を理解してサービスを提供した。また、十分に発揮する既存の西泠印社出版の利点は、科学企画出版のトピック、編集、出版シリーズ金石学研究、篆刻芸術書籍、展示印学研究と篆刻創作の最新成果を構築し、高品質の学術出版工事をすることである。

非物質文化遺産の保護と伝承は、重要なものである。既存の人材を十分に大切にし、伝承者の地位を持つ篆刻芸術家に対して、国家と地方の二級の財政から芸術家の生活手当を提供する。同時に全国各地の社団を中心にして、会社で人を集め、研修クラス、講座などを行うことによって、老帯新しい、さらに高素質の専門的な人材を育成し、篆刻芸術、印刷研究のために知識構造、年齢構造、地域構造の合理的な高素質専門チームを育成する。さらに、より多くの篆刻ファンに向けて、さまざまな地域の実態を結びつけ、各地の教育システムとコミュニティを連携して、アマチュア金石篆刻学習班を設立し、形式多様な教育サービスを提供し、金石篆刻芸術を大いに普及させ、その社会基盤を拡大する。

特に普通の高校、大学生のグループは、更に篆刻芸術として普及して仕事の重点を広める必要がある。篆刻芸術そのものは内包が深い。字法、書道、刀法、章法などの多種の技巧を身につけなければならなく、また歴史、文学、絵画などの方面に相当する学問の知識がある。芸術の修養がなければ、その「篆刻」は芸術とは言えない。大学生にとって、彼らの文化の知識は豊富で、素質の教養は相対的に高くて、深い中国の伝統の文化に対して理解することは重要な事である。したがって、一般高校は篆刻芸術の普及に最適な陣営であり、大学生は篆刻芸術に最適なグループである。しかし、現代の大学教育では、美術院校の一部を除いて、書道の篆刻を専攻しているほか、普通の総合大学ではなかなか書道の篆刻を専門にしていて、あったとしても、授業の手配も事実上の点水式で、比較的完全なシステムを形成することができなかった。そのため、普通の高校教育の中で、私達は篆刻芸術に大きな関心を与え、それを１つの普及になる学科にしなければならない。実は高校に篆刻の課程を開設して、篆刻芸術の普及と大学生自身の成長に対し、大きな役割を果たしていることが判明した。筆者はその年に、山東印社社長の范正紅さんが講義した「篆刻芸術」を聴講した。授業の上で範さんは手取り足取り教え、天奥芸術に対する理解が深まった。

どのように高深で、精妙で、博大な中国の篆刻芸術を大いに発展させ、国の門を出て世界に向かって行くのか、既存の保護措置を除いても、開拓の道を模索し続けることができる。例えば、印鑑の中の遊印は、「名言」、「警示語」、「処事原則」などを篆刻内容にしていることが多いが、印面はその特徴をさらに発揮し、このような「名言」を広く集め、古今東西の警句を含め、中国語や外国語で刻まれた影響力を広げている。篆刻芸術は大いに有益である。

（張　偉）

参考資料

1　韓天衡主編『中国篆刻大辞典』、上海辭書出版社、二〇〇三年版
2　鄧散木『篆刻學』、人民文學出版社、一九七九年版

3 沙孟海『印學史』、西令印社出版社、一九八七年版
4 葉壹葦『中國篆刻史』、西令印社出版社、二〇〇〇年版
5 吳頤人編著『篆刻法』、吉林美術出版社、二〇〇九年版
6 西令印社主編『西令印社百年圖史』、西令印社出版社、二〇〇三年版
7 簫高紅『篆刻史話』、百花文藝出版社、二〇〇四年版
8 張牧石『篆刻經緯』、百花文藝出版社、二〇〇九年版
9 劉江『中國印章藝術史』、西令印社出版社、二〇〇五年版
10 吳頤人『篆刻五十講』、上海人民出版社、二〇〇六年版
11 魏皓奔主編『金石篆刻』、浙江攝影出版社、二〇〇八年版
12 李梢『篆刻通論』、學苑出版社、一九九三年版
13 陳振濂『篆知識性藝術縱橫談——篆刻藝術的歷史觀與美學觀』、上海書畫出版社、一九九二年版
14 湯兆基編著『篆刻欣賞常識』、上海書畫出版社、一九九三年版
15 楊邦俊、賴伯年『源遠流長的篆刻藝術』、陝西旅遊出版社、一九九七年版
16 葉壹葦『中国篆刻的芸術與技巧』、中國青年出版社、二〇〇四年版
17 阮宗華『印章篆刻芸術欣賞』、山西教育出版社、一九九六年版
18 陳根遠、陽冰『方寸之間見世界——中国古代璽印篆刻漫筆』、四川教育出版社、一九九八年版

中国の切り紙細工

二〇〇九年九月三十日、アラブ首長国連邦のアブダビで開かれたユネスコの非物質文化財を保護する政府間委員会の第四回会議で、中国の山西省、陝西省、上海、河北、遼寧、吉林、江蘇、浙江、福建、山東、湖北、広東、雲南、重慶など十四の省区市が申請した「中国の切り紙細工」が、「人類の口承及び無形文化遺産の傑作」リストに選ばれた。

中国では、切り紙細工ははさみやナイフで紙の上で、様々な題材の模様やイメージを刻んで、透かし彫りにした民間芸術である。切り紙細工は、人々の身の回りで最も普遍的な材料として、切り紙細工は創作対象の芸術で、最も幅広いクリエイターのチームがあり、民間で広く伝えられている。切り紙細工はいつも装飾、造形、祭祀、節節などの活動の中で使用して、民俗活動と民間の生活と密接な連絡を持っていて、そしてその素朴な芸術の表現の形式でクリエイターの感情と理念を表している。切り紙細工の歴史は悠久で、流行の地域は大きく、創作の題材が広く、社会生活と密接に関係しているため、切り紙細工のような芸術的形式と芸術作品に豊富な人文の歴史的要素を携えていて、別の角度から伝統的な民族文化を認識し研究して研究することに重要な価値を持っている。

切り紙細工の歴史

切り紙細工の材料はごく普通の紙で、切り紙細工の作品は損壊しやすくて、保存が難しく、そして紙を切った後一般的に後に捨てるため歴史の遺物は非常に希少である。一方、切り紙細工は民間に生まれた民間の芸術の形式であり、歴史的には歴代の支配階級に恥じない、正統な芸術に踏み込んでいる殿堂入りの歴史典籍では、切り紙細工の記載や資料については珍しい。これらはすべて歴史上の切り紙細工の発展の全貌を探究することが特に困難である。私たちは少量の考古学の発見、古文の詩の詞と史料の中からこの芸術の花の魅力を探ることしかできない。

本格的な切り紙細工は紙が発明され普及してから出てきたものだが、紙の主な芸術形式である彫刻は非常に古い。紙の切り刻む技が出てきた前に、私たちは切り紙細工の「同功異材料」の時期、つまりはさみと刻刀作業の対象は紙ではなく、葉、革、絹織物、金銀の銅のようなものである。

遠い昔の時代に、先民たちは最も早い時代の彫刻作品を作った。いくつかの原始社会の陶器と夏の商周の青銅器の紋様は装飾の芸で作ったものである。透彫製品は大河口、竜山、良渚などの文化遺跡の中で出土していて、これは原始的な彫刻の芸術が新しい石器時代にすでに現れている。例えば、一九九一年十二月に湖南省孫家岡十四号の墓で出土した透彫鳳形の玉服が出土した。考古学によると、商代は黄金の白銀の薄切りで作られた飾り物が出てきた。一九五五年、河南省鄭州市近くの商代墓葬祭では、一枚の鳳紋金箔片が出土し、早期の透かし彫りの佳作と見られる。そして「呂氏春秋・重言」には「剪桐封弟」という生き生きとした物語が記されているが、これは剪刻初めての歴史の典籍である。

春秋戦国時代の彫鏤技術は次第に成熟し、はさみはすでに発明され、これは切り紙細工芸術の発生のために基礎を築いた。玉、石質の刻刀は早いが、新石器時代には玉石彫刻に広く使われている。今では考古学で発見されたはさみは、戦国時代になって、二株につながる形をしていました。「紙は出ていなかったが、革、燃え物、銀色に刻んだ絵柄は、切り絵の前身ともいえる」。この時期の彫鏤芸術は「非紙剪紙」や「类剪紙」だという学者もいる。貼花はこの時期に広く流行している装飾アートで、刺繍や貼り花などが貼られている。貼繍花は、薄切りにして、さまざまな形と模様を切り、他の物に縫い付けた装飾形の一種。面花はまた貼花子とも呼ばれ、今出土した戦国時代の人形の中には、顔にきれいな模様がある。河南はかつて一件の戦国の彫花の弧の形の銀飾りを出土し、その仕事は非常に精巧で、複雑で滑らかで美しい渦の紋からなっていて、推測では物の上の装飾品であるかもしれない。この彫花の弧の形の銀の装飾は十分に彫刻芸術の熟していることを体現している。

「漢妃抱娃窗前耍，巧剪桐葉照窗紗。文帝治國安天下，制樂傳到百姓家」。この漢代歌謡は、両漢時代の「非紙剪紙」の写照である。漢代の金銀の威圧片の透かし彫りの芸術はいっそう成熟して普遍的で、陝西、湖南、江蘇、内モンゴルなどで多くの金銀の箔の飾りの片を出土して、紋様はさまざまで、造型はそれぞれ異なっている。『捜神記』の記載によると、漢武帝の寵幸した李夫人が亡くなった後、彼は李夫人に思いをかけていた。李少翁という人が李夫人を呼んで、漢武帝の「美人居帳の中、李さんのような形」とした。李少翁がシルエットで李さんの姿を見せていると推測される。宋代の高承の根拠はこれがピ影劇の起源だと記載されている。実は写真の中で映画人の製造と切り紙細工は芸術形式で非常に接近しており、使用する材料とは違う。

これで、本物の切り紙細工が現れた前に、「非紙剪紙」が一般的に存在し、かなりの芸術的な成果が得られていることがわかった。これらは、切り紙細工とは「異料同工」という様々な芸術形式が、切り紙細工の最終的な出現のために基礎を築いていた。「万事俱備、只欠東風」――ここの「東風」は、紙の発明、大量の製造と普及である。最初の紙は絹織物を原料とし、価格は高価だった。紀元前一〇五年、蔡倫は製紙術を改善し、安価な樹皮、麻頭、破布、魚網を原料として、紙の幅広い応用を推進した。製紙術の発明と紙の大量製造は切り紙細工芸術として備わっている。

魏晋南北朝の時代には、製紙術がさらに発展し、紙も民間で普及し、種類も規格も豊かになり、特に色紙も出てきた。紙は普通に容易で、価格の安い特徴を持っているため、人々はすぐに玉石の金箔と動物の皮の毛を積み上げた透か

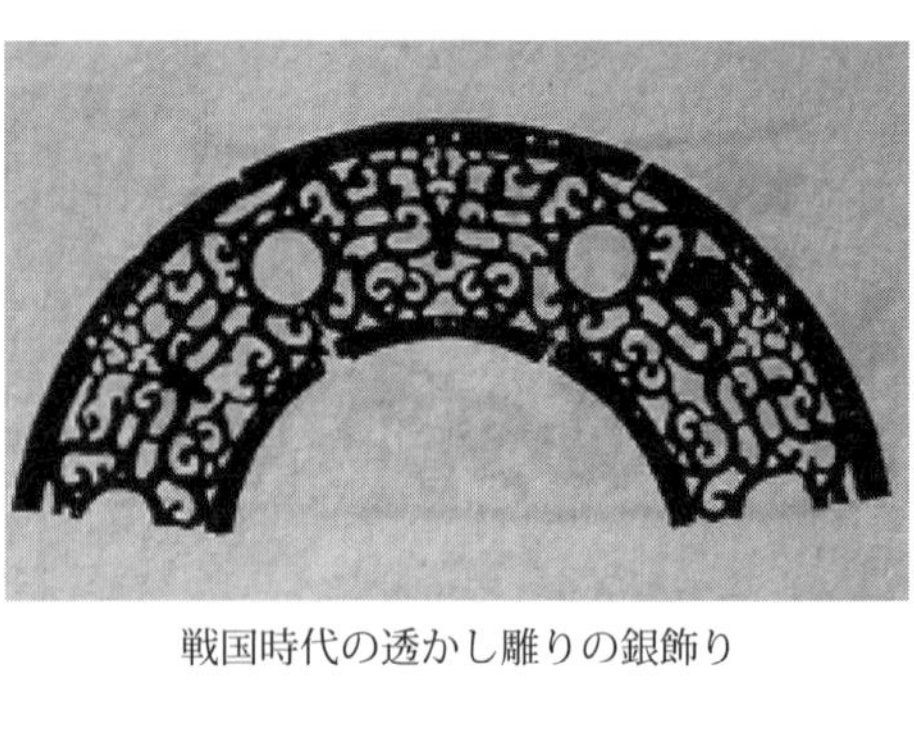

戦国時代の透かし彫りの銀飾り

し彫りの芸術を紙の上に移して、これで、切り紙細工芸術は本当に芸術の歴史の舞台に登って、一つの独立した民間芸術として大きく輝いている。考古的な発見や史料によると、魏晋の南北朝時代の切り紙細工はすでに慣習と結びついており、装飾習慣や葬儀の習わしの中には切り紙細工芸術が入っているという。一九六七年、新疆ウイグル自治区トルファンの高昌遺跡の近くにある阿斯塔の古い墓から五件の珍しい団花が出土している。対馬団花、對猴団花、菊花紋団花、忍冬紋団花、これは現在最も早い切り紙細工芸術作品である。宋懔の『荊楚歳時記』の記載によると、正月初七の「人日」のこの日には、人々は金箔を切り、紙を切り、「後世の民間で盛んになった窗花、掛箋、炕圍子花、頂棚花などの装飾的な切り絵の影響は深い」と述べた。

隋唐代の時代は切り紙細工の普及時期である。隋唐の時、切り紙細工はすでに広く人々の日常生活に溶け込んでいた。祝日の習慣、装飾の習わし、儀礼の習慣の中で一般的に切り紙細工を使用して、しかも切り紙細工の工芸も長足の発展を得て、作品はすでに非常に精巧で、一部はまた海外に伝わっている。日本の奈良正倉院が所蔵した唐至徳の二年の華勝の切り絵は、当時の遣唐使が日本に持ち帰ったものである。一つは、浅碧羅の上に貼り付けて、金箔を使った十六字「令節佳辰、福慶帷新、爕和萬載、寿保千春」、もう一つの縁で金箔を切り、図案が複雑で精妙で、内部では素肌を切って絵を描き、金箔や彩絵の図案は今までも色が変わっている。隋唐の時期には、立春の日には様々な春幡や春ツバメ、春蝶などを切って祝福し、皇帝も春幡を贈り物として諸相に賜った。隋唐の時代に仏教が空前の発展を遂げ、仏教の習わしの機能を持つ切り紙細工も前の世代に発展した。敦煌莫高窟の出土した『双鹿与塔』、『群塔与鹿』、『佛塔』、『菩薩立像』、『持幡菩薩立像』など、イギリス博物館に現存する第十七窟の六つの紙花は、いずれもこの時期の切り紙細工作品の代表である。切り紙細工の普及が唐詩に反映されているが、これまでの詩句には切り紙細工の題材が少なくない。たとえば、唐代の有名な詩人の杜甫には、「暖水濯我足、剪紙招我魂」という詩句があった。温庭筠『菩薩蛮』には「藕絲秋色淺、人勝參差剪」の文があった。徐廷寿の『人日』では、「閨婦持刀坐、自怜裁新叶」、皇甫冉は『春閨』で「欲剪宜春字、春寒入剪刀」と言っている。

宋代の商品経済と手工業が空前の発展を遂げ、有名な小手工業者が登場し、切り紙細工業界や職人を含む、宋代の切り紙細工の発展の最も重要な特徴となっている。「宋代では、民俗の切り紙細工の内容、形式および社会機能が更に豊富で、毎年の日の祝日に、人々は民俗を使って祭祀を行い、祈り、祈り、納祥、厄除け、厄除け、娯楽、美化活動を行う」。『武林旧事』には、「当時の臨安の百七十種類の職人が、例えば、剪字、剪花様、剪影戯などが関連している」と記されている。周密の『志雅堂詩雑抄』では、ある切り紙細工職人の記載があり、「それぞれの書道の書体を切る達人」として、俞敬之という人がいて、「袖の中で字と花を切る」という少年がいる。これは、切り絵職人の最初の記録についてのことかもしれない。今まで保存されていた宋代の吉州窯には、切り紙細工で作られている。これは宋代切り絵の発展と成果を知ることができる。宋代の青印花布は切り紙細工と密接なつながりがあり、印刷時にはまず紙花版を切り、綿布にのりをつけた方法で染めた。また、刺繍や紙傘などの制作過程では切り絵柄も使用されている。

元朝は切り紙細工についての資料は非常に希少で、私たちは元朝切り紙細工の一部を丁寧に探知するしかない。元朝は切り紙細工作品を収集する行為をしていた可能性があり、例えば、余兆岑安卿は『題張彦明所藏剪紙惜花春早図』で「誰将妙意寄工巧、溪藤雪瑩金刀小。丹青退金松梅枯、剪出天真数分杪」という詩があり、この詩は切り紙細工に対する秘蔵行為を反映しているだけでなく、元代切り紙細工作品が非常に美しく、非常に高い審美価値を持っている。また、元代の走馬燈の中で、切り紙細工パターンは形成物語システム、例えば元代詩人謝宗可は詩に書いたのは走馬燈の中で紙を表現赤壁の戦いと楚漢の争いの情景を表している。元代には晴れ娘を切り、晴れを祈る風習があったが、

対馬花形切り紙 (復元図)

現在では、現在では陝西、東北などでは、清晴娘の切り紙細工がある。

明清の時期、切り紙細工の種類が増え、応用範囲が広がり、切り紙細工の発展も記録的なピーク、切り紙細工真一項名は体を表す総合性の民間芸術である。明朝『蘇州府志』の記載は嘉靖時期に趙萼という職人の制作する夹紗灯は非常に秀でていて、「刻紙刻成花竹禽鳥之狀。随輕濃罩色、溶蠟徐染、用輕綃夾之、映日則光明瑩徹、芳菲翔舞、恍在輕煙之中、與真者莫辨」。明代は一種の切り紙細工の図案の扇子を生産しており、工芸原理が夹紗灯と非常に似ている。一九六五年に、江蘇省から出土した明代正徳年間の扇子は、竹を扇子の骨とし、二段真綿紙表具の扇面、柿の汁で色をつけ、そして二階真綿紙との間にある「喜鵲報春図」を施した切り紙細工作品である。

清代の切り紙細工は民間から皇居に入り、これは大きな変化といえる。坤寧宮は皇帝が大婚した場所で、天井や壁には黒の紙の図案が貼られていて、これらの切り紙細工は白紙にして、図案は「喜」の字で、民間の縁談では大きく区別されていない。清代は前の方に比べて、切り紙細工についての記述が多く、そして切り紙細工の慣習や図案が今まで伝わってきていて、切り紙細工の作品や様子が伝わってきた。湖南省の秦石蛟のように、望城県の蓮花郷の民間芸能人が二冊の清代の『剪紙譜』を収蔵している。二冊の清代の切り紙細工の墨線の見本は、多くの紋様と図案を残している。そして、清末には、『大觀園』、『金玉滿堂』、『娃坐蓮臺』、『送子賜福』など、これらの作品は非常に精巧で、清代の切り

切り紙細工で作られている宋代吉州古窯焼き花鳳紋

日本の正倉院に館蔵された唐代華勝の切り絵

紙細工芸術の発展レベルを反映している。

近代以来、中国は連年の戦乱を経て、手工業は新たに創始され、切り紙細工も大きな影響を受け、だんだん衰えてきた。「五・四運動」の後、先進的な知識人が中国の民間文化を重視し、民間の切り紙細工作品を収集し始めた。革命の根拠地と解放区においては、切り紙細工は再び活気に満ちており、多くの民間の切り紙細工職人は革命的な題材の新しい切り紙細工を作った。新中国建立後、「百花斉放、百家争鳴」の方針で切り紙細工という民間芸術の花が満開になって、切り紙細工の芸術家たちが中国の切り紙細工の新紀元を切り開いた。現在、各地で切り紙細工芸術協会が設立され、多くの切り紙細工芸術大師とすぐれた作品が現れている。彼らは何度も中国を代表して世界級の展覧会に参加し、簡単な紙とはさみを媒介として世界に中華文明の美しさを展示して、その巧妙さを見せている。

はさみの趣　巧妙な技

道具や材料が入手しやすいことも切り紙細工の大きな特徴であり、紙を切って民間で広く伝えられた原因の一つでもある。切り紙細工は、創作の際に、はさみとナイフ、または両者を使う。はさみの要求が高くないので、普通のはさみでできる。刀の頭を細長いナイフでかみしめ、鋭いはさみを選ぶ。大きめのはさみで、または小はさみで仕上げる。はさみで切ったラインは活発で、柔軟で自由である。刻刀で作られた切り絵は、目紙として、丁寧で繊細で、装飾性が強いのが特徴だが、現在では切り紙細工のために専門で作られたナイフがないので、自分で作る必要があり、優れた鋼の材料を使用して、例えば鋼線、自転車の車輪、手術の刀、鋼ののこなどがあります。その上でこれらの鋼材を使用するには、斜め口刀、円口刀、正尖形刀などによって作られている。紙を切る時には、補助道具としてのワックスを使い、紙を刻めば下に入れ、15×20センチの板を角にして、一定の蝋や草を熱して溶かして、冷やしておくといいだろう。

紙が生まれる前に、木の葉、皮革、絹織物、金銀箔などはすべてかつて芸術の創作の対象として、紙の出現と普及に従って、紙の芸術は繁栄して発展した。現代の切り紙細工は一般的に赤い紙と白紙を採用し、赤色の紙は祝賀の縁起がよいことを代表して、たとえば窗花、礼花、喜花、挂箋、白色の紙は一般的に葬式や宗教の祭祀式の中に使われる。製紙業の発展に伴って、紙の種類がどんどん増えてきて、蠟光紙、閃光紙、皺紋紙、すべて切り紙細工芸術に吸収され、紙の質の違いによって、異なる切り紙細工のスタイルと情緒を表現する。切り紙細工芸術家たちもどんどん革新し、彼らは伝統を固守していない。いろいろな新しい材料を作ってみて、紙、ナイロンの絹織物、人造革、植え付け紙、絹、花布、有機ガラスなどはすべて彼らが革新と創作を行うことを引きつけている。カットの効果を達成するために、自分で染色紙を作る芸術家もいる。

切り紙細工の刀法が、紙の持つ特殊な美しさを作り上げ、これを「刀味紙感」と呼ぶようになり、切り刻んだ刀法を用いて、さまざまな芸術効果が現れる。切り紙細工の刀法は、大体以下のように分けられる。

直刀法。刀を思いっきり振るい、形がまっすぐに力強い。このナイフは、生地の硬いものを表現することが多い。作品の力を強化することができ、とても強い刀の趣がある。

円刀法。運長は少し遅く、回転する時は軽くて、切った線は流暢にする。この方法は柔軟で、線形の造形を表現することに適用される。この刀法は作品の流れ感や優美感を高めることができるが、円滑りを追求してはならない。

直円刀総合法。ある切り紙細工作品は往々にして直円刀を併用する。総合法は一般的に以下の三種類に分けられる。

一つは外方円法で、外輪郭は直刀法、内部透かしは円刀法で、簡単で概括的、またなめらかさを失うことができない。一つは外円内方法で、外輪離りは円刀法で、内輪離りは直刀法で、作品の外形をなめらかに美しく、内部は剛直で力強い。一つは靈活表現の刀法で、面像の質感、形の特徴をつかみ、創作の過程では異なる刀法で柔軟に表現する。

表現形式によって、切り紙細工は単色切り紙細工と彩色切り紙細工となっている。単色切り紙細工は簡素で、純潔で典雅で、民間の切り紙細工の中で最も多く、最も切り紙細工芸術の特色を反映することができる。

単色切り紙細工はまた、陽紋切り紙細工、陰紋切り紙細工、陰陽紋綜合切り紙細工及び折疊切り紙細工に分けられる。陽紋切り紙細工は切る時に図案の線を残して、空白の部分を取り除いて、陰紋切り紙細工はちょうど逆で、大きい空白の塊の面を保留して図案の線を抜く。陽紋切り紙細工は精巧で上品で、陰紋切り紙細工は大気が重厚で、しかし実際の操作の中で多く陰陽紋綜合切り紙細工方法を採用して、より豊かな構図と表現効果を表現する。折疊切り紙細工は、最も一般的で簡単なカット方式で、カット時に紙を何度も折りたたみ、切り刻んだ後に対称に閉合する幾何学の図案、新疆のトルファン盆地の高昌遺跡の近くにある阿斯塔の古墳から出土した団花は、折疊切り紙細工である。

彩色切り紙細工はとても複雑で、主に套色切り紙細工、点色切り紙細工、填色切り紙細工、分色切り紙細工、襯色切り紙細工などいくつかの方法があります。套色切り紙細工は主に黒または金色の紙を使って、まず陽刻方法でほぼ輪郭を切り出し、他の色紙を使って必要な図案を刻んで、色が必要な部位の裏に貼る。点色切り紙細工は一般的に浸透性の良い紙を採用して、切れ切りにして陰紋切り法を採用して、図柄の線を取り除いて、大量の空白を残してカラー創作を行います。点色切り紙細工の特徴は、色鮮やかで対照的なことである。填色切り紙細工は、刻々とした絵柄を白紙に貼り付け、図案の異なる部位にそれぞれの色を記入し、白紙を引き立て、濃淡変化と気絶を達成する芸術効果がある。分色切り紙細工はまた拼色切り紙細工と呼ばれ、それぞれの色の単色紙を使って一枚の図案を切り出し、一幅のカットにして、全体と部分との調和の統一に気をつけ、色の組み合わせの合理を追求する。このカットは、色が明るく、装飾性が強いのが特徴である。襯色切り絵は、主にカットされた図案と同じ裏紙による強烈なコントラストによって、装飾、美化効果を表現する。例えば、一般的なイメージカラーのカットは一般的に白い図柄の赤色のジャケットで、図案の色は鮮やかで、紙の紙質が重厚で質朴で、それによって強烈な対比が生じます。

切り紙細工職人ははさみををツールとして、紙を材料にして、簡単な点、線、面、ブロックを表現して、変形や誇張した芸術的な手法を用いて、形をして生き生きとした絵を見せてくれる。紙の図案や紋様は非常に豊富で、生活の中で何があるかといえば、紙を切ることで何かを出すことができる。一般的に、カットの模様は、大きく人物、動物、植物、文字、山水などの種類がある。中国切り紙細工の紋様は、「図は必ず意図的で、縁起がよいということを重んじて、寓意、シンボル、比較、語呂、文字などの手法を利用して、人々の幸福と美しい願望の求めを反映する」。たとえば、いくつかの切り紙細工作品は、ツルの紋様は健康長寿を意味している。金魚と池で表現する「金玉満堂」は、「喜」で「喜上眉梢」を表現し、「福」で「人才両旺」という文字を使って祝日のすばらしい願いを表す。

中国は広大で、人口が多くて、ほとんどの民族が自分の切り紙細工を持っている。地域の文化、民族文化、宗教信仰、地理環境、社会の状況などの多くの原因は中国の切り紙細工の多様性を育成した。全体的に言えば、中国の切り紙細工は北方と南方の二派に分かれていて、北方派切り紙細工は質素で、粗野で、内装が深い。南方派切り紙細工は細やかで、上品で、精巧で精巧で、各地で切り紙細工を交流して、またそれぞれ特色がある。

㈠　北方切り紙細工

陝西切り紙細工は中国の切り紙細工の北方派の典型的な代表で、風格は古朴で、粗野で、幼くしています。歴史上、陝西地方は古都の所在地であり、当時の政治、経済、文化の中心であり、この地域では交通が不便で、長い間外部との交流が少ないため、当時の文化や伝統を完全に保存し、切り紙細工のスタイルも古代の風貌に近い。中国民俗の「生きた化石」と言われる。陝西は切り紙細工の最も代表的な作品が「抓髻娃娃」で、古くさい造形はトーテム崇拝の趣を満たして、周代の文化と似ているところがある。切り紙細工は陝西省で非常に普及して、以前ほとんどの家庭の女性はすべて切り紙細工ができて、女子は手先が器用で最も長所であることで、彼女たちはペンを切り取って、書くのは質素な生活を装っていて、日常のものを原語として、大胆な想像と誇張を行って、独特な手法で自分の美に対する観察と感受を表現します。陝西は切り紙細工の作品が豊富で、種類が多くて、窓の花が最も普遍的で、その次に窯の頂花、喜

陰陽紋綜合切り紙細工

花などがある。

河北切り紙細工は、蔚県の典型的な代表で、制作、スタイル、趣味は独特である。蔚県の切り紙細工は現存する唯一の陰刻を主とし、陽刻が補佐する点彩切り紙細工で、それは現地の民衆が花の姿を彫った基礎の上で、天津の柳青年画と河北の武強の板の窓の芸術的要素を吸収して創作した別具一格の切り紙細工芸術である。蔚県は紙を材料として、はさみを使わず、五十から百枚の宣紙に刀を刻んで、染料で点染めし、染料の中に酒を加えて浸透性を増す。蔚県の技法はとても純熟で、一本の髪の毛、ひげはすべて均一になめらかに刻んでいる。蔚県は切り紙細工の題材が広く、特に戯曲の人物や顔面が最も有名で、構図は旺盛で、イメージが優美で、国内外に人気がある。そして、蔚県はすでに大きな規模の産業を形成していて、紙の製品は遠洋に輸出されている。

山東切り紙細工は用途が広くて種類が多く、人生の礼儀、季節の佳節、家の装飾はすべて色とりどりの切り絵を離れない。山東切り紙細工は膠東一帯の切り紙細工を主な代表で、その切り紙細工のスタイルは内陸部の切り切りの豪快さとは異なっていて、テープは線面と結び付けて、構図は細い線と大きな塊で対比を形成して、密集した模様を加えて装飾をして、切り紙細工の外形は単純に爽快で、内容は旺盛で豊富である。さらに、内陸切り紙細工とは違って、水族動物や漁民の生活や、明らかな海洋文化の特徴がある。最も一般的な切り紙細工は窓花で、また「窓越」と称して、切る時に全体の図案を切ってから窓の上に貼ることを分け、何本の窓の格子を越えなければならない。このような小型の窓花は窓の格の中に貼るので、一枚一枚貼って、全体の窓は完全な図案を構成して、とても情趣がある。

東北切り紙細工は、雪空、山野の森林の自然環境の影響で、古風な豪

陝西切り紙細工「抓髻娃娃」

快で豪快な風格を形成しており、一般的にはハサミを使って、事前に絵を描いていないという前提の下で刀を動かして、任意で表現している。東北切り紙細工の中の満族切り紙細工は独自に発展し、特色を備えている。「満族切り紙細工には、薩満教の祭祀崇拝の趣が濃く、薩満の精神的な切り絵によって、生活の各分野に至るまで、東北民間美術の主体的なメロディーになっている」。満族切り紙細工の多くの作品はすべて満族の人物で、男性は長いお下げを残して、女性は「大頭翅儿」をつけて、満族の人のチャイナドレスを着て、明らかな民族の特徴を持っている。満族の切り紙細工の中には、「嬷嬷人」というのがあるが、この切り紙細工は窓や壁に貼られているのではなく、立っている立体のカットであり、人物の体と足が二重紙を使って、切ってから一定の角度を分けることができる。夫婦は、結婚して出産したり、日常生活をしたり、鬼を退治したりする神霊である。「嬷嬷人」は古代から受け継がれてきた、豊かな歴史情報と伝統的な要素である。

㈡　南方切り紙細工

江蘇地方の切り紙細工は揚州、南京、徐州、金壇、南通などの切り紙で最も有名で、その中には揚州の切り紙細工に最も代表的なものがある。揚州城は昔から切り紙細工がとても流行しています。民間には、切り紙細工による職人が多く、「花を切る姿」と呼ばれるようになった。揚州の刺繍に必要な図柄はすべて切ったものである。清代の切り紙細工芸人は「神切り」と称して、「任他二月春風好、剪出楊柳恐不如」と作品をたたえた。切り紙細工芸術家の張永寿は「国家級工芸美術大師」と評されて、これは中国で切り紙細工業界は唯一無二である。張永寿の切り紙細工は変化を重視して、味を追求して、自然に寄り添うことを重視して、特に花の虫の魚に寄りかかって、彼は数十年の切り紙細工の経験を蓄積して、揚州の切り紙細工の技法は「円い月のように、先は麦の

山東膠州切り紙細工「窓越」

ようで、方は青レンガのようなもの、線はひげのようなもの」で、彼の切り紙細工作品『百菊図』の線は滑らかで、格調清。上品で、細やかで、揚州の切り紙細工の経典の代表で、切り紙細工の精製品として作られている。郭沫若もかつて詩を書き彼の作品を「一剪之巧奪神功、美在人間永不朽」と賛美した。

浙江切り紙細工は古くから、『武林梵志』によると、五代の「呉越学王は行吉の日」と記されている。城外の百戸は、錦のようにぶら下がっていない。浙江省の切り紙細工は、最も有名なのは楽清の細目の切り紙細工である。細目切り紙細工の重要な機能の一つは、地元の「竜船灯」を飾ることから「竜船花」と呼ばれている。「竜船灯」の亭楼閣や門窓屏風などは、細目の切り紙細工で飾り、シックで典雅である。楽清の切り紙細工の最大の特徴は細いことで、精妙な刀法から糸のように細い糸のような図案を刻んで、工は飽きなくて、繊維は繁雑でなくて、千変万化、精巧で透けている。切り紙細工芸人は一寸四方の紙に五十二線を刻み、四寸四方の紙に数十種の図案を刻み出すことができる。楽清の切り紙細工は北方の切り紙細工のスタイルと比較して、中国の切り紙細工の南宗の典型的な代表となっている。楽清細目の切り紙細工、普江、貴雲の戯曲のカットや臨海、徳川の民間カットも有名である。

上海切り紙細工はまた海派切り紙細工と称され、中国の切り紙細工の中で重要な地位を持っている。上海切り紙細工職人から二人の芸術大家を出して、王子淦と林曦明である。王子淦はすでに亡くなったが、彼は一生切り続け、作品の数は万計である。彼の切り紙細工は北方の切り紙細工の古くさい粗雑さと南方の切り紙細工の流暢さを融合させ、素朴で簡潔で滑らかな風格を形成した。林曦明は上海の切り紙細工の唯一の代表者で、彼の切り紙細工作品は伝統のカット紙の繊細な素朴さと現代の美学における粗野な、連想などの要素を融合させ、山水画を使って意味を描く手法を駆使して、書画芸術とカット芸術を結び

張永寿の切り絵

つけて、素朴で清新で上品なものの独特な風格を形成した。二〇一〇年、上海は「林曦明現代剪紙芸術館」を設立し、無料で開放され、「上海切り紙細工」大師の林曦明の切り紙細工芸術の成果を展示し、この伝統的な技術をよりよく伝承することを求めている。

云南切り紙細工の種類は多様で、煌びやかな姿で、異なる民族が紙のスタイルを形成している。滇池中心の切り紙細工は漢族の伝統的な文化と切り紙細工の内地スタイルの影響が大きく、雲南の西部はそれともと滇南の彝族切り紙細工は主に衣類を飾り、領口花、袖口花、胸花、鞋花、腰花などによって部位によっても飾り切り刻別のパターンを、雲南の北部の納西族切り紙細工は最も特色のあるは福寿花。傣族切り紙細工は主に徳宏、西双版納、臨滄、普洱に分布して、幅広いスタイル、題材は柔軟で、構図が旺盛で、技法が変わりやすい。傣族切り紙細工は秀美精緻で、あるいは粗野地味で、豊かな地域の特色と民族の特色、それに保留部分への生存と生殖の生命崇拝要素。傣族は仏教を信奉して、そしてある程度残った原始の自然崇拝ので、傣族切り紙細工は主に葬儀と仏教の祭り、機能性切り紙細工はわりに多くて、例えば仏幡、仏の傘、仏塔、仏像、孔雀、象、門箋、マント、また仏典物語は、神話や伝説、山河聖霊など題材。

広東切り紙細工は佛山切り紙細工を代表している。佛山切り紙細工は宋代におこり、明清に盛り、専門の生計業界に伝わって、製品の国内の複数の省区では、さらに遠くへ売って東南アジア各国に及んだ。佛山切り紙細工と内地切り紙細工は違う色が強く、輝くような、エレガントで、富んだ地方の特色。押し制作方法、佛山切り紙細工は裏地切り、書く料切りと無地切り紙細工三類、中でも銅裏地、銅書い料、銅鑿料の最の具特色と代表性。銅裏地はカッターで銅箔に彫り出画面線、骨格、そして必要に応じて裏で下に不要の色紙、銅書い料

楽清切り紙細工

は先にカッターで銅箔に彫りいい画面の輪郭、そして透かし彫りの部分を彩絵、銅鑿料の特徴は画面や人物輪廓で特製の飛び出した玉のようなシルエットに、空間を必要とする時通を描かれ粉彩画面。今日の佛山切り絵は現代社会を切り開き、十分に掘り起こして切り紙細工の機能と潜在力、インテリア、環境美化、展示の装飾品、記念プレゼントなどの分野を切り開いた新しい天地である。

切り紙細工の美

切り紙細工は原始芸術に源を発し、千年を経て民間で広く流行し、早期の社会における大量の情報、内容、寓意と象徴として現在まで伝わってきた。しかし、どんな芸術も時代の産物である。我々は現在、伝統的な農業社会から工業社会、情報社会への転換期にあり、農業社会の生存土壌である中国の切り紙細工は環境の変化によって徐々に小さくなっている。

伝統的な民俗は切り紙細工の発生と発展を促進している。一方で、現代社会の伝統的な習慣の変異と消亡は表現の空間を失い、機能性があいまいになり、これによって切り紙細工が現代社会に存在する意味の空虚さをもたらす。西洋外域文化の浸透は人々の考え方、審美的な情緒を変えて、伝統的な祝日の文化の雰囲気は希薄で、民俗文化は自信が欠けていて、次第に切り紙細工を人々の視線を淡泊させた。農村の女性はずっと、切り紙細工の主力で、時代の進歩によってもたらした生産生活様式の変化、特に農村の近代化と都市化によって、切り紙細工の創作チームの縮小を招いて、現在の農村の女性たちは男と同じ農業の主要な労働に

佛山切り紙細工

なった。工業の大量化生産方式で作った切り紙細工は、金型の束縛の下で千紙一律になって、死気落ちして、刀の切りの趣を失って、霊動的な個性の美しさを失った。切り技と伝統的な審美観念は、切り紙細工の生存の基礎である。しばらくの間の陣痛の後、切り紙細工はその生命力を回復させなければならない。

民間の文化は中国文化の土壌と源流で、民族の個性と精神のシンボルで、切り紙細工は更に民間文化の肥沃な土地の上で盛んに開放する珍しいもので、それは全国に広がって、多くの民族に広まった。民間の切り紙細工は中華民族の国粋と国魂の一つの象徴であり、中国の優秀な民間芸術の中で最も広く伝わった民間技術、工芸であり、中華民族の多元的一体の構造である最も生き生きとした文化記号であると指摘した。だから、私たちは千年歴史の切り紙細工を失うことはできず、切り紙細工の花を枯らせてはならない。

長い間、切り紙細工芸術は「雕虫小技」とみなされ、重視されなかった。このような観念は長い間変えられず、さらに多くの現代人の頭の中に残っている。中国の切り紙細工は世界無形文化遺産になったことをきっかけに、中国人は切り紙細工芸術の認識の大きな階段を上った。切り紙細工の保護は伝承と発揚の基礎であり、調べ、記録、整理はカットの記憶プロセスであり、私たちは、いくつかの切り紙細工芸術が消滅した後になって残念なため息を出すことは避けなければならない。図書館、博物館は人間の記憶と情報を蓄える専門的な場所として、無形文化遺産の保護において、中心的な役割を発揮し、現代科学の手段と技術で、立体的に切り紙細工芸術を記録する。切り紙細工芸術の保護は、あくまでも伝承者の保護であり、「人」の保護は記録、保護、伝承の総合的な保護である。各地の切り紙細工の積極性と創造性を育てる。師匠で弟子をとるあるいは専門訓練学校などの方法で、若い人の伝承

福娃をテーマにした切り紙細工

を盛り込み、切り紙細工の技法、フィギュアや絵など技術伝播の継承は、切り紙細工保護の鍵である。切り絵協会の潜在力を引き出し、それに社会に展示や宣伝切り紙細工芸術、切り絵は相続人の育成、研究と技術革新などの面でもっと大きい作用を発揮しなければならない。

現代社会で切り紙細工は時代遅れではない。切り紙細工の機能も完全に失効はない。その装飾機能は生活のニーズに合い、たとえば窓花、壁の花は国内外にまだ一定の市場がある。我々は切り紙細工の新しい機能を開発、切り紙細工の工業社会、情報社会における存在意義を探るべきである。文化の伝統を継承し、現実生活と現代精神に結びついた切り紙細工を創り出し、古い切り紙細工芸術に新たな活力をもたらしている。

（陳　少峰）

参考文献

1　陳竟『中國民俗剪紙史』、北京大學出版社、二〇〇七年版
2　呂勝中『中國民間剪紙』、湖南美術出版社、一九九四年版
3　田茂軍、楊千裏『民間剪紙面臨的現代轉型』、『民族論壇』、二〇一〇年第二期
4　王光敏編著『剪紙文化』、内蒙古人民出版社、二〇〇六年版
5　王樹村『中國民間剪紙藝術史話』、百花文藝出版社、二〇〇七年版
6　王海霞『透視――中國民俗文化中的民間藝術』、太白文藝出版社、二〇〇六年版
7　向雲駒『人類口頭和非物質文化遺產』、寧夏人民出版社、二〇〇四年版
8　雲中天『永遠的風景――中國民俗文化』、百花洲文藝出版社、二〇〇六年版

木造建築における中国伝統建築の職人技術

二〇〇九年九月二十八日から十月二日まで、アラブ首長国連邦の首都アブダビで開かれた国連教育科学文化遺産保護非物質文化遺産政府間委員会第四回会議で、北京四合院の伝統的な建築技術、香山幫の伝統的な建築技術、徽州の伝統的な建築技術、閩南民居の伝統的な建築技術を含めた「木造建築における中国伝統建築の職人技術」が、審議を経て「人類の口承及び無形文化遺産の傑作」リストに登録された。

中国の伝統的な木造建築技芸は、中国古代の職人が数千年の建造過程で蓄積した優れた技術と豊富な経験で、材料の合理的な選択、構造の方式の確定、型の寸法のバランスと計算、部材の加工と製造、細部の処理と工事などの方面、すべての独特なシステムの方法やスキルは、タブーと操作式がある。このような造芸は師弟の間で「言伝身教」の手法で主に手段を伝承しており、中期には公式公布の「技術基準」、建築規範と造営の法則などが登場し、世代に伝えられてきた。

中国の伝統的な木造技芸は中国の特殊な歴史、人文と地理環境に根付いていて、中国の伝統的な生産と生活様式の真実な写照である。その構築された建築や空間は、中国人の自然と宇宙に対する認識を体現し、中国の伝統的な社会レベルの制度と人間関係を反映し、中国人の行動基準と審美の意向に影響を与えている。このような造芸は千年を受け、中国にわたって、日本、韓国などの東アジア諸国に広まったのは、古代の東洋建築技術の代表であり、世界建築芸術の宝庫の中の一つの輝かしい珠玉で、それは故宮、避暑山荘、周辺の寺廟、武当山古建築群、蘇州園のようなものは現在、世界文化遺産に登録され、人類全体の貴重な財産となっている。

木造構造の発展歴史

すべての事物の発展はすべて一つの長い道のりを持ち、木造建築の発展も例外ではない。古代の原始時代には、世界各地の先民たちが土や木で建物を建てたもので、木骨泥墻建築と呼ばれている。しかし、その後、世界の他の地域の建物の多くは、石材やレンガの材料で、木材の代わりに、中国の五千余年以来の建築の主流は、常に木の構造を中心とした方向で発展してきた。この構造に慣れた様々な平面と外観の古典建築は、近代に至るまで鉄筋コンクリートに代わられる。中国の伝統的な木の構造を見て芸の発展史を作り、実際の状況によって、以下の異なる時期と段階に分けられる。

先秦の時期は木の構造が造営する芽生えの段階で、原始社会、夏、商、西周、春秋、戦国などの多くの歴史の時期と社会の形態を経験して、時間の多さは大きい。人々が使っている道具は、原始的で、社会の生産力が低下し、認知能力が限られているため、この段階の建築技術の発展は極めて緩やかである。それでも、我々の祖先はたゆまず努力して、地上の家屋を建てた技術を身につけ、原始的な土塀や構造棚を主体とする建築形態を創造し、後世の木の構造の発展と発展のために堅固な基礎を築いた。現代の考古学は今から七千年以上の原始社会の浙江余姚河泉渡跡を発見し、すでに最も早い食い違いの建物が現れて、干欄式建築と呼ばれている。このような家屋はまず地下の規則に向かって木の杭に入り、杭の頂面を水平にして、杭の頂上に縦横に敷かれて、家屋の地面になって、それから木（あるいは竹）で壁と屋根を構築して、このような家屋の用材は木を中心にし、部材の接続は多くの技術を採用し、垂直に交

中国伝統的な木造建築技術の最高峰
——北京故宮太和殿

わる部材は榫卯として接続する。榫卯は中国の伝統的な木構造建築特有の技術で、原始的なほとりの遺物の発見は、中国の木造技術の長い歴史を示している。奴隷社会の時代に入って、青銅の道具の普及と生産力の向上によって、社会の分業がより細かく、建築業を専門にした建築奴を生み出し、建築技術も発展してきた。この時建物は多く構造の簡単な土木構造で、多くの建築の柱は整然としていて、前後左右に対応して、間に一致しています。夏商の時期はまた高台の建物が現れて、つまり地固めをして土台を築き、その上に基溝を掘り出して、木の杭を植えて、大体の土木構造の建築の形式を造って、このような建築の勢いは広大で、多く宮殿、廟で、しかも多くの宮殿は巨大な建築群を形成する。いくつかの主体的な建築は、壁の前に並んでいるなどの距離の木の杭を植えて、挑檐柱と呼ばれ、大屋根や回廊を持つ建物の形をして、高台式、大屋根、回廊を持つ中国の伝統的な建築スタイルがすでに形成されている。の二里岡文化と殷墟文化の城跡はすでに現れて、当時の建築の最高レベルを表している。

秦、漢から南北朝の時代の中国の木造は技術を造営してまた新しい段階に入る。封建社会の生産力の盛んな発展は建築技術の発展を牽引している。中国の伝統的な建築の主要な部材および木造の二つの主要な体系は抬梁式、穿斗式体系本期間中に形成されていて、この時期は依然として多くの道で木の構造と複雑な構造の合理的な形式の探求期を探している。当時の穿斗式木の構造は、柱の間に斜めを使って、三角形の構造機を構成して、変形を防ぐことができる。樹立木の構造はさらに発展し、庁堂式構造棚（後世「小式」）と殿堂式構造棚（後世「大式」）の二種類に分かれている。同じ建物では、様々な構造を採用しているが、干闌式や井干式に合わせて構成された構造棚の形をしている。斗拱は、木構造棚の発展に同期し、この期にも初期形成段階に入り、重要な建築にも普及している。この段階では高台の建築は日に日に減

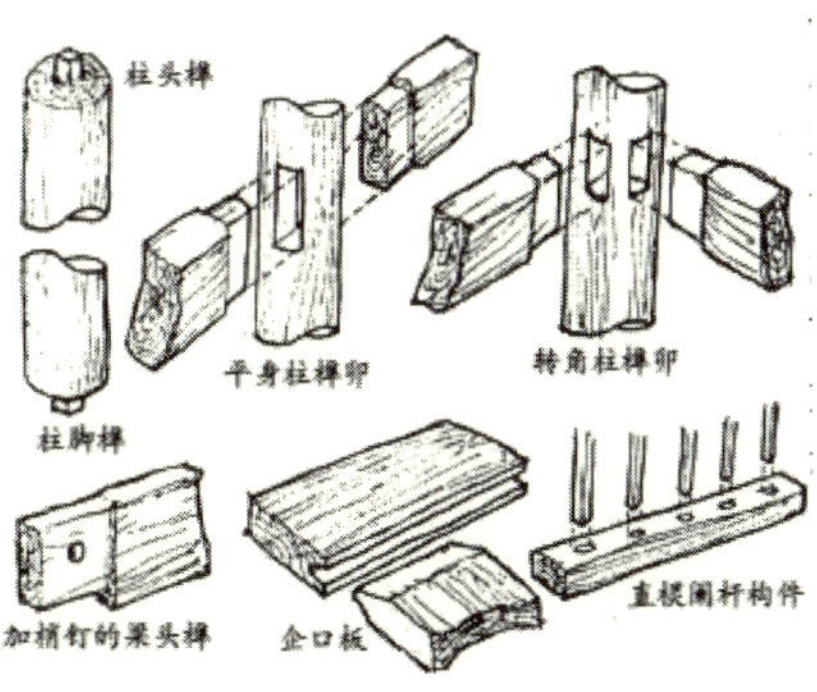

河姆渡遺跡から出土した原始榫卯構件

少して、楼閣建築はだんだん増加して、本当の意味の多層木構造の建築技術がすでに形成されている。隋、唐、五代の時代は中国の木造技術の成熟段階であり、この時期は両漢以来の成果を取った上で、外来建築の影響を吸収して溶かし、高度な構造機能と芸術レベルの「唐風」建築を形成し、北宋の初期建築に深い影響を与えた。この時期、木造は方法の上で、組み合わせの上で合理的な力学関係とはっきりした構造の論理を現すだけではなくて、その上スタイリングの上で合理的で、規範化の形式を形成して、強い、雄々しい勢いと豊かな趣の豊かなイメージを展示した。構造の機能と審美のイメージはここで高度な調和、統一を取得して、理性的な精神は木の構造の体系の中の重要な体現である。殿堂式の木造は更に発展し、構造の上で列の柱と柱の上の不滅の額で内外の二輪の柱の網を構成し、柱の上では斗拱、梁、枋などの部材を使ってこの二輪の柱棚を緊密に連係して、大きさの異なる内外の二つの空間を形成した。斗拱の引受、懸挑機能は完全に整っており、型制も完備しており、規範化された斗栱系列を形成し、さらに孤立した軒下部材ではなく、すでに縦横連帯の敷設層、上承屋根層、下接柱網層になっている。木の構造の全体性が重要な役割を果たしている。

宋、遼、金の時期は木造の精緻化の段階である。二つの宋の時期の木の構造は建築機能の要求と技術と芸術上の発展に適応して、新しい変化を試みて、歴史の上で重要な地位を占有している。木構造の構造体系をまずさらに充実させ、従来の木の構造に対して調整、増加、改変、(普拍枋を増やす、對卯を採用する、側脚と生起、精細加工などを増やすなど)、部材間の接続を堅固にし、構造全体の安定性を強める。また、宋代の木の構造は簡略化し始め、典型的な代表は木の構造の中で割合を減らして、構造の機能は次第に弱まって、装飾性は次第に強化されます。遼、金木構造の突出した業績は、構造簡略化の風をさらに深化させ、柱

デジタル技術で復元された大明宮遺跡

や柱の動きを切り開くことにある。この期には、木の構造の創造的な成果は、木材の構造を確立するのは、木材の構造を確立することであり、材料、分の量の深さ、間の広さ、柱の高、およびすべての部材の長さと断面を確立することである。材料と分は、物差しだけでなく、非常に柔軟なモジュールであり、同時に、設計方法、家屋の標準化、建築力学、建築芸術などの多方面の内容を含む。この期には、中国の木の構造は、歴史上の一冊の集大成の「造作法」を作成し、以前の建築業績をまとめ、後世の建築実践に深刻な影響を与えた。

　元、明、清の時期は木造の高度なプログラム化の段階で、この時期は建築は伝統の道に沿って引き続き前進し、多くの成果を獲得し、高度なプログラム化の体系を形成し、中国の古代建築史の最後の一つのピークになった。しかし木造の更に伝統的な建築の発展の最後の段階で、構造の機能が脱っする場合、旧制に固執して、極めて頑固な伝統的な力を表現している。元朝期の少数民族および域外文化は空前の規模で中国に入り、建築技術の新たな発展のために推進力を提供した。中国の木造建築が長期にわたって緩やかに変化した歴史の長河では、激動期にある元代の建物で、用材、翼角製法などで大きな突破が行われた。明清建築の設計は更に規範化して、プログラム化して、木の構造の建築技術を炉の火の純青な事態まで発揮して、しかしこのような規範はまたあまりにも束縛し、全体の建築の各部分の使用料と尺度はすべて伸縮することと変通する余地がないようにさせた。明清の木の構造は更に建築の簡略化の風を遂行して、体系が簡略化して、明確で、堅固で、全体性も強化された。しかし、不足しているところは、簡略化しているが空間の柔軟性を交換していないことにある。斗栱の構造はさらに弱体化し、装飾化に向かっていく。清式斗栱は、唯一の柱頭科と角科は無理に構造部分と呼ばれていて、平身科は純粋な装飾品である。この期の木の部材の加工と製作の手法も更に簡単で、中国の木の構造の体系はここで数千年の発展を経て、簡単に成熟して、複雑で、更にさらに簡単に練習する過程を達

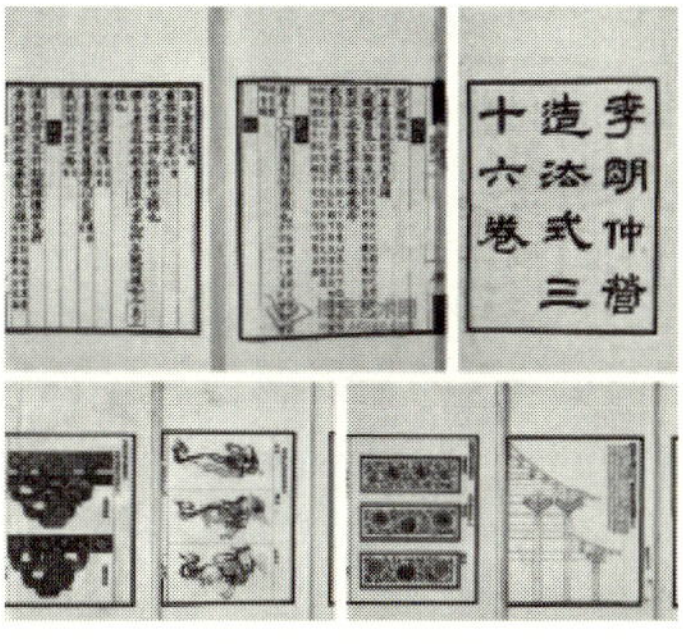

『營造法式』の写真

成した。明清の時期は各地の民間建築が普遍的に発展していて、水準が相応に向上した。明代の『魯班營造正式』と清代工部の『工程作法』の出現、後者は十一等級の「斗口」をモデルとし、今日も影響深いのは宋元の昔の木造構造技芸によって作られた。

二十世紀の初め、近代西洋の建築体系の伝来に従って、中国の伝統的な木の構造は技術体系を造営してゆっくりと主の舞台から退出して、しかしいくつかの古い町と部分の村の民間の住宅は依然として異なって伝統的な建築の形式を維持し、庭園の景観の中で建築の固有の顔と芸術の特性を伝えています失われたことはないだけでなく、その上も発展し続けている。

木造構造基本類型

構造体の働きの原理の違いによって、中国の伝統的な木造建築の構造は抬梁式、穿斗式，井干式、干闌式などいくつかに分けられる。その中では抬梁式が最も一般的で、使用範囲が広くて、穿斗式，井干式、干闌式は非主流の構造である。

抬梁式梁はまた疊梁式といい、広く華北、東北などの北方の地区の民居、国内の大部分の地区の宮殿、廟などの規模の大きい建物の中に使われる。そのやり方は主に家の深い方向に沿って石の基礎の上に立って柱を立てて、柱の上に支柱を立てて（柱の上で斗拱を採用する時、梁頭は斗拱に挿入する）更に梁の上で数階の瓜柱と梁を重ねて、最上層の梁上立脊瓜柱を構成して、一組の三角形の木の構造を構成する。また、柱の上端を横にして、各層の梁頭と脊瓜柱の上に構造棚と直角になったようなものを配置している。これらの骨の上には、

太和殿の斗栱

建子を並べて屋根の重さを積載すること以外にも、骨格は構造に連絡する作用がある。このように二組の構造によって形成された空間を「間」と呼び、一つの家屋は通常、二つの間によっていくつかの間によって、面の有閑な方向に沿って長方形の平面に並んで、それによって、坂の屋根の空間の骨組みを構成する。このほかにも、この構造は、三角、正方、五角、六角、八角、円形、扇、田字、その他の特殊な平面の建物や、多層の楼閣や塔などを造る。梁の構造を担ぐ利点は、室内の少ない柱や柱がなく、大きな空間を得ることができる。抬梁式は遅くて春秋時代にすでに完備していて、後に絶えず向上し完全なやり方を生んで、そして唐の代で成熟して、山西の五台山仏光寺の大殿と平順天台の庵正殿を代表とする殿堂型と庁堂型の二種類のタイプを形成した。現在最も早く見える梁型建築画像は、四川省の東漢の肖像画を出土したものである。梁型の造営方法によって形成された構造体系は、中国古代の木造建築の発展に決定的な役割を果たしている。

穿斗式はまた立帖式と言われ、安徽省、江浙江、湖北、湖南、江西、四川などの民居類の建物に広く応用されている。そのやり方も家に沿って深い方向に立柱しているが、柱の間隔は比較的に密で、柱は直接骨格の重さを受けて、架空の担ぎをしなくて、数階でそれぞれの柱を貫通して、それを担いで軒並みになる。これによって、全体のフレームが形成されている。穿斗式家屋の屋根は、普通は平らな坂で、梁の建物を担ぐように反字の凹面をしている。型の構造を造るのは細い木の材料を使うことができて、比較的に木の材料を省くことができ、比較的に堅固で、山の面の抗風性能は良い。欠点は室内の柱が密になって空間が足りないことを招くことである。この問題を解決するために、その後、家屋の両端にある山の面での穿斗式が現れ、中央の諸間は抬梁式の混合構造を使っている。穿斗式木造は春秋に現れて、遅く漢朝ですでにかなり成熟し、現在まで伝わって、中国の南方の諸省の建築所のために採用

山西省五台山仏光寺本殿

して、木造建築の構造の主要な形式の一つになっている。

井干式は、古代の井戸の囲い欄のような形をしているのでその名が付き、木楞房ともいわれる。立柱や柱を使わない建物の構造である。円木あるいは長方形、六角形の材木が平行に上層に積み上げて、角に位置して木の材料の端部を交差させて、家屋の四壁を形成し、実際には木造構造壁であり、さらに左右の両側の壁に背を立てて背骨を受けて家屋を構成する。井干式構造の家は、直接地に建てられたものでもあり、同じように、乾燥式木棚の上に建てられた。このような構造法がこの時期まで生まれてきたことがわかった。その後、周朝から漢の霊墓が長い間、この木製を使っていたことがわかった。現在見た井戸干式家屋のイメージや文献は漢代、漢初宮公園には井干楼がある。井干式建築物の消耗材量は、建物の面と奥行きは、木材の長さに制限されており、外観は厚みがある。そのため、応用が広くなく、一般的には産木の南西と東北の部分の森林地帯にしか見られない。

干闌式、また杆闌式建筑は、下部の木柱を架ける建築構造の形である。竹や木で作られた柱は、底辺に一台の構造を作って、居住面の家を架けている。この建物は、気候が暑い、湿度の高い南の地域では、底の空が開いていて、換気防水災害や猛獣などに使われている。家畜や貯蔵室などにも使われている。「干闌」という言葉は、『旧唐書・南蠻伝』の「山有毒草及虱蝮蛇、人并楼居、登梯而上、号曰『干闌』」で出てきている。大昔の巣居からなっていて、その建物の例が一番早く、今から六七千年前の浙江河泉渡跡の建物にさかのぼることができる。

木造構造の主要材料と連結方式

柱。柱は家屋の中で直立している主要な引受部材で、古い時代には役所と呼ば

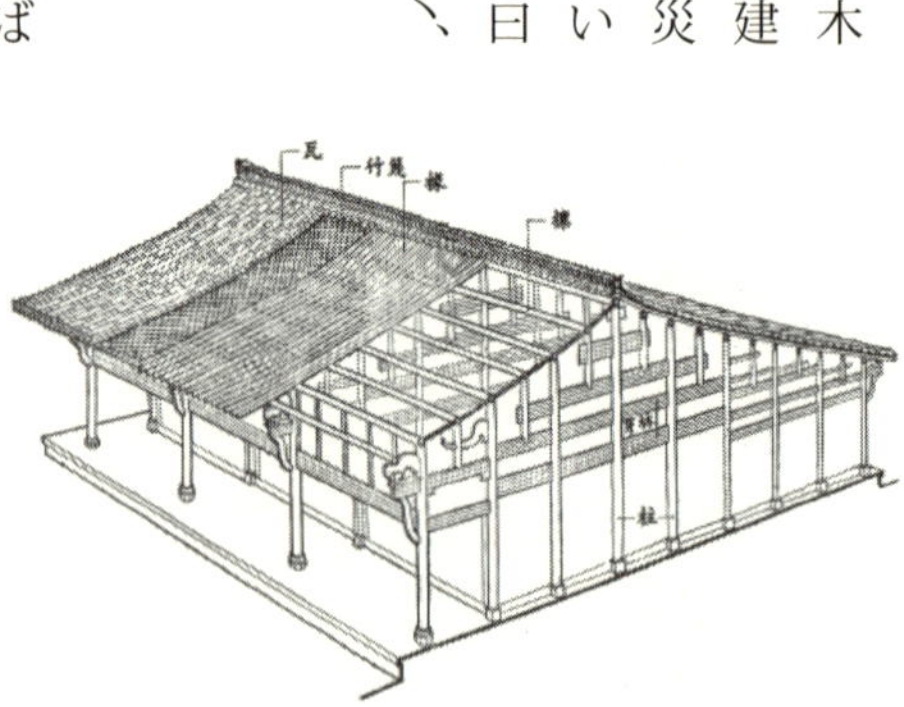

穿斗式の木造建物

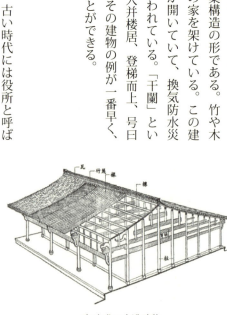

れている、最初に原始社会の半つぼの建物の中に現れて、円形、四角形、八角形のいくつかの断面形状がある。柱の一つは、単体の建物の規模、尺度の重要な要素を決定し、同時にその断面の尺度は全体の建築の尺度であることを決定し、既存の資料から見ると柱は大きくて細かい変化の過程を経験した。異なった位置の柱の習慣の上に異なった呼称がある。軒の下で最も外の一列の柱、前後あるいは両側を問わないものを檐柱、檐柱以内の柱、建物の縦中線の上のすべてのものを金柱、建物の縦中線の上で、屋脊の上に位置するものを中柱、山壁の真ん中の一屋根の名を山柱とする。

また、屋根の中にある二階の梁間や檁梁の間には、充填作用のある短い木があり、一般的には柱とも言われているが、この木が木の幅を超えたときは「瓜柱」と呼ばれている。瓜柱は、地位によっては、脊瓜柱、金瓜柱などに分けられる。掛け軸の関係によって、脊瓜柱が高く、柱は常に角の背によって支えられている。

梁。梁は、深い方向の構造棚の横木で、曲げ部材のために、瓦屋根の重さが骨の梁を通して直立した柱に届く。普通の梁の断面は長方形だが、南方では多くの断面を使い、用材を節約します。それぞれの梁の具体的な呼び方は、構造棚の中の部位と長さによって異なる。宋式梁の名称は、それが受けた殻の数によって決定され、清代はその上で受けた遺児の数によって命名され、一層のレベルの梁託児の骨の三本、三つの梁と呼ばれ、一階のレベルの梁託骨の五本を五つの梁と称する。また、廊下がある建物であれば、軒柱と金柱の間には短い梁がある。斗拱のない建物の中で、梁頭方は抱頭梁と呼ばれる。斗拱のある建物の中で、梁頭は特に複雑な選び先の形を作って、まるで一本の道の冠を作り、挑尖梁と呼ばれ、この短梁は重くなくて、ただ連結の働きをするだけである。

杆闌式の建物

廊下の深さが大きい時、抱頭梁に更に一本の瓜柱、梁と檩子を加え、この時、下層のは双歩梁といい、上層は単歩梁といい、双歩梁は連結以外にも重い機能がある。

枋。連絡や重い役割を果たす水平部材は、断面と梁と同様に長方形であるが、梁が小さく、梁棚と垂直である。位置と作用によって名前が異なる。檐下の横領に使用して、大きい式の建築は軒並みで、殿式建筑は額枋という。檐下は奥行きの方向に依拠して、二つの柱を貫き、随梁枋と呼ばれる。挑尖梁下の枋を挑尖随枋という。角金柱と角柱の間の枋を斜插金枋と呼ぶ。椽子に受けるものを承椽枋といい、天花に受けるものを天花枋天と称して、脊檩の下を脊枋，金檩の下を金枋という。

檩。黒柱の間や柱の柱科と柱の間に位置し、断面が多く円形の木である。俗称の瓦梁、大式建築は桁、小式建築は檩骨と称する。檐柱柱頭上にあるものを檐檩と呼び、脊瓜柱上のものを脊檩といい、両者の間の檩条を金檩といい、もし七檩以上の屋頂であれば、檩数を増やし、上金檩、中金檩、下金檩を使い、区別する。

椽。檩と檩の間に、檩上の木板に垂直に位置し、椽の直径は檩の三分の一くらいになっている。一番上は支えになった脊椎に接触するのは脳杭という。各金の骨の上の杭は花棚の杭と呼ばれ、地位によって上、中、下の違いがある。一番下の階段は檐椽、里端は金檩の上に置いて、外端は檐檩の外に出る。大式建築の中で、一本の丸い断面の檐椽の上に、更にさらに四角の断面の飛殻をつけて、挑戦の深さを増加する。

斗栱。四角形の斗の上でいくつかの四角形の斗といくつかの弓の形の多層部を重ねて組み立て、清らかで、高く四つの種類の部材からなっている。それは中国の木造建築構造の最も特色のある部材で、優れた構造力学の役割を持っているだけではなく、封建社会における森厳制度の象徴と建築の重要な尺度である。支配階級は、斗栱数によって建物の重要性を表し、建築等級を定める基準の一つとして、宮殿、寺、その他の高級建築だけが柱と内外檐の枋上に斗栱をつけている。斗栱は最初、梁頭、枋頭からなる。その後、構造の節点に使用される。遅くとも周朝初期には、柱に座れ、横柄を乗せた方法がある。漢朝になると、成組闘志はすでに重要な建物の中で多く使用されていて、両歩を経て、南北は唐まで、斗栱の様式はだんだん一致していて、そして、その高さを基本的な尺度とした。その後、職人たちは、この基本的な尺度を徐々に周到に発展させたのが、宋の『営造法式』と呼ばれる「材料」である。宋朝木の構造棚の開間は増大して、柱は高くなって、家屋の空間はそれにつれて拡大して、木の構造機の上で使用する闘争は徐々に減少して、このような傾向は明清の二世代になって更に顕著で、この時の闘争は比較的に唐宋の小さい、しかも比較的に綿密で、ほとんど元の構造の機能を喪失して装飾化部材になった。

榫卯の構造連結は、わが国の木製建築の構造を連発して、榫卯を原則としたもので、最も早い例は歴史前の河泉渡文化居住遺跡に見られる。後世は屋根の椽子、連檐、望板、角梁などのいくつかの鉄の釘の以外で、その他の大木の構造はいずれも榫卯として結びつける。榫とは、部材の断面の凸部分より小さい。卯は、部材の口を開いたりする。榫卯の類型は、大きさ、形はすべて一致して現れる。主に六種類の結合方式がある。①柱頭、柱足は榫を出して、下に卯を作り、卯を底にし櫨斗を入れる。②横部材は縦部材と結合し、縦方向の部材の上に卯口を開き、横の部材は榫を出したり、簫を加える。③部材の対接は、均一に榫を出し、一頭に卯口を開き、螳螂頭口（銀錠榫）、勾頭搭掌（巴掌榫）などを使う。④縦、横部材は直角に接し、十字に噛み合わせる。⑤二つの部材の上では畳み合わせて、上下の二部材は相対的な位置に簫の目をつけて、暗い簫を受ける。⑥斗栱の上に斗，斗底を使い、拱頭上に簫の目を開いて、暗い簫を受ける。

榫卯をもって連結し、利点は部材間の節点をすべて柔性に接続することで、耐震性に有利である。欠点は、いくつかの受力部材の断面を弱め、材料の有効な役割を十分に発揮できない。

伝統木造体系の利点・不利点

中国古代の木造建築は、当時の社会的条件の下で、次のような利点がある。

㈠　木造システムの構造適用性

木造建築体系の中で重い構造と取り囲まれた構造は互いに分離して、家屋の上の構造の荷重は梁柱体系によって負担して、壁の体はただ自分の重さに耐えるだけで、ただ遮ることと遮断して空間の作用を遮るだけである。このような構造は建物に大きな柔軟性を与えて、単体殿屋は厳密に囲まれて、十分に開いて、異なる使用機能、異なる地域の建築平面配置に対する要求を満たすことができる。建物の高さや壁、屋根の材料、厚み、窓の位置、大きさなどの面で変化するだけで、地域の寒さによって異なる気候に適応できる。家屋の内部には、襖、屏風、板壁などの軽快な断絶物が設置され、すばらしい美化の役割を果たすことができる。したがって、木の構造システムの柔軟性は、適応性が強い。

㈡　木の構造体系の施工の利便性

古代中国の大部分の地域では、森林面積は広く、木の材料の取材に便利で、レンガよりも容易に得られ、迅速に経済的に材料の供給問題を解決することができ、しかも木材は柔軟性のある材料で、加工が容易で、その材質の特性は、木材の加工の難しさが石材を下回ることを決定している。原始社会の時期は、普通の石器を利用して、木材に対して非常に精緻な加工を行うことができる。考古学的な実証では、最初に六七千年前に、浙江省の余姚河姆渡人はすでに非常に正確な木造の構造部材を加工している。また、中国の木の構造節点は榫卯でつながっている。榫卯は可逆分解の利点を持っており、建物の解体、部材の入れ替えは全体の移転まで容易にできる。そして、中国の木の構造は、モデル化方式の設計工

斗拱の構造図

事をして、スタイルが統一化して、部材の規格化を行い、さらに施工の便利さ、精度を保証した。

㈢　木の構造体系の経済省時性

建築工事の技術の角度から見ると、木の構造の施工の利点はまさにレンガ構造の欠点である。総じて言えば、木の構造の建築は材料、労働力、工事時間を節約しても石の建物よりも優れている。特に工事時間において、中国の伝統的な木構造建築は、同じ時代に比べて、同じ規模な西洋レンガ構造建築の数倍以上になっている。明成祖は北京宮殿や十王府などの大規模な建築群を建設し、備品から竣工まで十数年、明清両朝、王立支配中心の紫禁城として何度も火災を受け、嘉靖三十六年（一五五七年）火災、三大殿、文武二階（つまり清之体仁、洪水二閣）、昼の門などが全焼した。修理は三年しかかからない。イタリアのピサの斜塔の建造時間は前後二百年にわたって、フランスのパリ聖母院大聖堂が一三四五年に完成した。

㈣　比較的な耐震性がある

木造の特殊な構造の形式は建物を体の量、剛性と強度の各方面で均一に調和、安定させて、強い耐震能力を持っている。秦と漢の時代から中国の木造建築の柱は地中に埋めるようにではなく、屋根の重みが不安定で、柱の枠組構造によりよい全体性、骨格の節点に採用する斗拱と榫卯構造結合厳実も不死固は、若干伸縮余に加え、木材自体も一定の弾性で、強い揺れに出会う時、全体の構造の体係、弾性状態から、良好な耐震性能がある。「墻倒屋不塌」（壁は崩れても家は倒れない）のイメージを伝えてこのような構造の特徴を表現した。現存する中国古代の有名な古代の建物、多くの歴史でも何度も地震に耐え、現代世界の各国は耐震建築を研究して、最も高い目標は九級地震の防備を求め、中国の古代の伝統の木の構造の建築で、一般的にすべてこの目標に達することができる。

何事も有利と弊害もあり、木造建築も例外ではない。以上の利点を持っていると同時に、木造建築も深刻な欠点があり、防火性能の差がある。中国の古代の輝かしい建物は大部分が火災によって破壊されているので、古代の大型建築の前には大きな水缸（「門海」という）があり、庭には井戸が設けられている。過去に多くの地方が火を落として「走水」と呼ぶのがそのためだ。

伝統的な木構造の造営技術は古代の職人が長い生産の実践の過程の中で一歩ずつ積み上げてきたもので、無数の上手な職人がレンガを添加して、共同で木の構造を造営する「ビル」を作った。しかし、中国の古代特有の匠役制度で、職人の地位は低く、これらの優れた探知者は無口で、歴史の煙に消えて、光り輝く建物だけを残して、後人を驚嘆させた。もちろん、いくつかの特別な傑出者もいて、「工」で優則は、歴史の長河の中には少しの波が残っている。私達は下で何名かを紹介して、謹んで千万の古代の能労働者の代表として、皆に提示する。

李戒（一〇六〇―一一一〇年）、字明仲、鄭州管城県人、宋代博学多芸の建築家。主録、丞、少監を歴任し、最後に作監を行う。彼は、工事の完成によって昇進の奨励を受けた重要なプロジェクトは、五王邸、辟雍、尚書省、龍徳宮、朱雀門、開封府廨など十一項目がある。紹聖四年（一〇九七年）末には、『営造法式』を旨に編修し、元手三年（一一〇〇年）までに本になった。この本は彼の一生の中で最も代表的な著作である。

蒯祥（一三七七―一四六一年）、明代の有名な建築匠師、江蘇呉県香山人、木工出身、官から工部左官、食正一品。生涯に宮廷を経営し、それによって内外に知られる。彼は永楽十五年（一四一七年）に、北京に行って北京の三大殿と端門、承天門（天安門）を経営することを計画しており、正統の成化年間には、乾清宮、坤寧宮、隆福寺、裕墓などを運営している。彼は芸が上手で、「蒯魯班」と呼ばれている。呉県香山職人は、「香山帮」の祖師としている。

様房雷，また様式雷と呼ばれ、清代の民間は雷と建築家の世家に対する習称。この部屋は、清代が建築設計と施工を専門にした部門で、

壁は崩れても家は倒れない

現在の建築設計部門となっている。雷氏家族の祖雷が発達していて、清初の南方の職人で、京師の運営に応募した宮室に応募し、芸が優れたために「師」に昇格され、その後は七代目はすべて清宮廷の総建築士である。清代の二百余年の重要な建築は、円明園、清波園、玉泉山、香山離宮、熱河行宮、北京の三海などの設計で、雷氏のような部屋に出ていない。

優れた職人のほかにも、中国の木造建築は歴史的にはいくつかの有名な書籍があり、その多くは伝統的な造作芸の総括で、木の仕組みの伝承に大きな役割を果たしている。

『営造法式』は中国の第一部の建築学法規として、北宋崇寧三年（一一〇〇年）に完成され、建築規範と工料のマニュアルの性質を持っている。同書は将作監の李戒に編纂され、先人の技術経験を総括し、古代の職人の知恵と才能に輝いている重要な著作である。全書は三十四巻で、その中の十三巻は各労種の技術規程を記録して、「諸木制度」と呼ばれ、三巻は材料の消費指標を記述し、「材料例」と呼ばれ、十巻は各種の労種の労働定額を記録し、「功限」と呼ばれる。六巻は関連図案を描いている。この本は各労種制度を手がかりにした編纂方法をとって、当時の建築技術に対して高度な概括を作って、文字は精徹して、内容が豊富で、中国の古代建築の発展と宋代の建築を研究することに対して非常に重要な意義がある。

『工程做法則例』すなわち『欽定工部工程作法』は、清政府が公布した建築技術プロジェクトに関する法典である。雍正十二年（一七三四年）で発行され、全七十四巻で、四部に分かれている。全書の内容は三つにまとめてよい。建築の工事のやり方、使用料と使用者である。この本は、図面の例を参考にせず、すべてが文字で記述されているため、建築構造や変化を正確に表現することはできない。この本を編むのは主に経済的に考慮して、各種の建築のために規格を統一して、工事材料の試算を容易にするためである。しか

李戒

し、技術的には、当時の南北職人の豊富な経験が集中しており、明清以来の官式建築のやり方、工料試算の総括である。本の中では「斗口」を模した設計方法、及び工料の試算などは、統一建築の形式に対して、価格を下げたり、コントロールを制御したり、建築の速度を速めたり、工事の品質を保証するなど、大きな役割を果たしている。

『営造法源』は江南地区の伝統的な建築法を記述した唯一の専門書である。作者の姚承祖（一八六六―一九三九年）、蘇州呉県人、字漢亭、大工の世家出身で、晩年は家蔵秘籍図に基づいて書原稿を編成した。全書に各部のやり方を述べ江南伝統建築システムの型制、構造、具、工制限などの内容は、伝統的な建築設計研究参考価値が大きい。

保護と伝承

木造中心の中国の伝統建築は、長い発展を経て、独特の完全な体制を形成し、これまで中国古代建筑に対する保護は主に各文物保護単位の形式を通じて、物質と静的な方面に重視して、造営技芸と伝承に対する保護は足りなかった。

近年、無形文化遺産の概念の導入と無形物質文化遺産の保護の展開に従って、伝統的な建筑物造営技術はますます多くの注目を集め、この伝統的な造営技術もすでに无形文化財保護の范囲に入れられている。相前後して官式の古建築造営技術（北京故宮）、香山幫の伝統的な建筑物造営技術、婺州の伝統的な民居造営技術（諸葛村古里造営技術、俞源村古建築群造営技術、東陽盧宅造営技術、浦江鄭義門造営技術）、徽派の伝統的な民居造営技術、閩南の伝統的な民居造営技術、客家土楼造営技術、トン族木造建築造営技術、苗寨水上家屋造営技術、東陽木彫、徽州三彫刻（婺源三彫刻）、潮州の木彫りなど

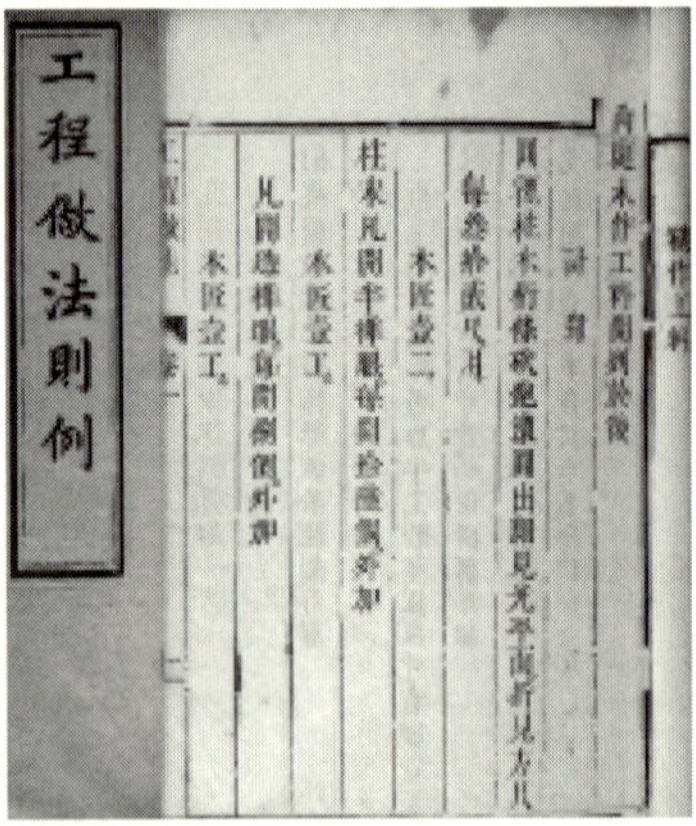
『工程做法則例』

十一の造営技術が、中国国家級無形文化遺産に登録されたほか、四十七種目が省級無形文化遺産に指定されている。

しかし発展著しい中国で、都市化の加速、近代化建設及び相応の生活スタイルの変化に従って、伝統的な木造建築の生息空間を圧迫している。突出した表現は、①従業員の人数は激減し、人材が続かない、特に専門化とシステム化の伝承チームが不足している。若い人が大工の仕事に従事することを喜んでいないため、多くの地方は大工の荒さが現れて、建築の質と革新能力の向上には限界がある。②伝統的な木造技術の真髄が失われる。大量の現代建筑計画の中で、古典的な要素を吸収する方式と方法は全面的ではなくて、伝統的な技術は、耐震、防灾の方面の役割を果たしていない。③民間では依然として「大木作」や「大木歌」などの造営技術口訣が滅び続ける。

我々は、都市化プロセスの促進、技術的な文化遺産の大量の消失によってもたらされる負の効果を無視してはならない。特に中国の伝統的な木造建築物は西洋の古典の石造り、コンクリート構造の建物に比べて、全体の耐久性が悪く、保存が難しい。これは木造建築の補修、建前、再建の頻度が高い。それに応じた伝統的な芸が消えると、大量の文物を含めてこれまでの大量の伝統的な建物が消滅する。そのため、私たちはもっと効果的な措置を取り、伝統的な木造技術を確実に継承していかなければならない。

まず、伝統的な木造造営技術の関連資料、特に民間で親授式の大工の口訣など口述資料を全面的に収集し、整理する。大工の口訣を全面的に集めた上で、学術分野の研究を行い、新たな発見を目指す。

次に伝承者を発見、保護し、伝承の作品を科学的に総括し、決して中国の古代建築造営技術の伝承を途絶えさせてはならない。

第三に、国の力を借りて、いくつかの新しい建物を建設し、古い建築のメンテナンスを通じて、伝統的な木造建築技術の保護と伝承を促進する。

第四、伝統の木造建造技術を文化産業につながって、設計、コンサルティング、施工などのワンストップサービスを提供し、より市場の基礎を築く必要がある。

最後に、宣伝を強化し、伝統的な建築や技術をさらに広め、全社会で良好な保護ムードを形成しなければならない。木造建築技術の基本的な知識を普及させるために、教育を強化する必要がある。

（張　偉）

参考文献

1 劉敦楨主編『中國古代建築史』、中國建築工業出版社、一九八〇年版
2 李允禾『華夏意匠』、中國建築工業出版社、一九八五年版
3 侯幼彬『中國建築美學』、黑龍江科學技術出版社、一九九七年版
4 中國建築藝術史編寫組『中國建築藝術史』、（上、下）、文物出版社、一九九九年版
5 羅哲文主編『中國古代建築』（修訂本）、上海古籍出版社、二〇〇一年版
6 張家驥『中國建築論』、山西人民出版社、二〇〇三年版
7 潘谷西『中國建築史』、中國建築工業出版社、二〇〇四年版
8 潘谷西、何建中『營造法式』解讀、東南大學出版社、二〇〇五年版
9 吳慶洲『建築哲理、意匠與文化』、中國建築工業出版社、二〇〇五年版
10 萬幼楠『中國古代建築基礎知識』、江西文物、一九九一年增刊
11 李勤『中國傳統木結構建築簡析』、北京建築工程學院學報、二〇一〇年第一期
12 賈洪波『中國古代木結構建築體系的特征及成因說辨析』、南開學報（哲學社會科學版）二〇〇九年第二期
13 田大方、張丹、畢迎春『傳統木構架建築的演變歷程及其文化淵源』、哈爾濱工業大學學報（社會科學版）、二〇一〇年第五期
14 湯小平、馬慶華『探析中國傳統木結構單體建築的美學特征』、水利與建築工程學報、二〇一〇年第六期

中国の端午の節句

二〇〇九年九月三十日にユネスコの非物質文化遺産を保護する政府間委員会の第四次会議で、中国の端午の節句を「人類の口承及び無形文化遺産の傑作」リストに登録した。韓国江陵端午祭が既に「人類の口承及び無形文化遺産の傑作」リストに登録された後、中国の端午の節句は依然として承認され、入選に成功したことは、中国の端午の節句の影響が大きく、中国政府と民衆の中での地位も一般的ではないことがわかった。

端午の節句は中国の伝統的な祝日で、また重午、端五、蒲節の名がある。「初」は、初五は端五という。夏暦（旧暦）の正月建寅、地支順、五月はちょうど午の月、そして昔の人は5日を午の日と呼ぶことが多いので、端五は重午と呼ばれる。端午の節句の習慣は中国全国各地に伝わり、主に漢族地域に分布している。

端午の節句の由来

端午の節句の由来については、端午の節句がどのような背景にあるのか、今の祝日の形になっているのか、これは端午の節句について最もはっきりしたい問題である。庶民は端午の節句の由来を伝えているが、歴代の文人も多くの試みをして端午の節句を説明した。しかし、民間での想像と解釈に加えて、文人学士についての端午の節句の詩作によって、端午の節句の真の起源がさらに神秘的になったとされていますが、それは、端午の節句には、屈原、勾践、伍子胥、介子推と孝女曹娥などの伝説に由来し、端午の節句になっています。

近代的な学者が端午の節句の起源について詳しく考証したところ、端午の起源を研究した論著では、聞一多の『端午考』と『端午節的歴史教育』、江紹原の『端午競渡本源考』および陳久金、盧蓮蓉が合著した『中国節慶及其起源』

がある。主に聞一多は端午の節句が古越民族の龍図騰に由来するものだと考え、江紹原は競渡などの習慣、特に五月の魔よけに関する禁忌と活動に由来すると考えており、陳久金と盧蓮蓉は主に天文暦の角度から端午の節句の源となっていると考えている。上述の観点は基本的には現在の端午の節句の起源研究の理論的基礎を構成しており、すべて納得のいく合理性がある

㈠　端午の節句は季節の変化による原始信仰と魔女の習わし

季節の変化による疫病魔よけの原始信仰と儀式は、端午の節句の一番早い起源である。端午の節句には、季節の変化による自然界の生物反応によって、多くの疫病や災害現象については説明できないものが多い。これらの解釈できないものを、神秘的な力と疫病を作っているという神秘的な力がある。人々の生活に不便なものを与える。同時に呪術の一つの重要な条件は禁忌の規約で、それによって五月に大量の禁忌が形成された。

人々は常に呪術の手段を採用して、祟り、邪悪を駆除し、神を祈願し、神を楽しむ、と呪われた神の儀式によって災害を解決し、これは世界各国の民衆の生活の習慣の中で、普遍的な民俗信仰と文化の選択を形成している。一般的に、5月には、いたずらや病気を駆除した魔女の二つの側面が含まれている。一方で、魔女の力を借りて病気や疫病を克服したいということである。江紹原は『端午競渡本源考』で端午の節句の呪術について深く分析した。武陵民俗における競渡は、災害の祈りのためである。また、競渡の過程では、魔女の船や船を挙げて怒り、船人が嫌がらせをしたり、食事をしたり、食事をしたりしていた。火紙船など、これらはいずれも呪術で病気や災害を処理するためである。もう一つの呪術は、魔女を通して病気を予防と治療することである。端午の節句の多くの節物や事がこの内容と結びついている。民間信仰の中では、ヨモギ、菖蒲、蘭草は、祟りを除く機能を持っていますが、端午の節句には、には、ヨモギや菖蒲が門の外にかかっている。

五月には、古代の民間は「悪月」、「毒月」、様々な悪いものが生まれ始め、民間には「五毒」という説があるので、この日は雄黄酒や石灰、札などを飲んで邪気を払う。五月の季節による禁忌と信仰こそ、端午の節句の濃厚な疫病を

除いた疫病の祝日の出所である。

㈡　端午の節句は夏至に由来する

夏至は端午の節句の最も直接の源である。端午の節句には、自然界の生物的現象を表すほか、歳時の天象など自然界の非生物現象にも具現されている。夏至は中国の二十四節気の中で一つの重要な節気で、上古の時期に、正確な暦に欠けているため、人々は天象によってほぼ時間を推定し、夏は5月の中旬になって、夏は暑い夏の到来を意味し、陰陽交代、陽気が極盛期に至るまでの陰気が上昇することを意味している。

端午の節句には、端陽節といい、端陽とは陽気の端点である。陽気の盛況は、陽気の盛況である。この時間点は夏至である。『荊楚歳時記』には「夏至節日食粽」とあり、これは端午の節句が夏至であることを述べている。『武陵競渡略』には「五月一日新船下水、五月十日至十五日劃船賭賽」と記されている。夏至は五月中旬前後になっているが、夏至に競渡の可能性があるという説明もある。

近世まで、端午の節句の風俗活動は江南の多くの地域では夏至に行われる。これは、古代の端午の節句を夏至と説明するにも十分で、夏至が五月に始まるという性質を決めた。

㈢　端午の節句は龍圖騰が起源

百越民衆が龍圖騰の信仰と新年の儀式を崇拝するのが端午の節句の一つの重要な源である。聞一多の『端午考』によると、端午の節句は、南方の呉越地区から伝わった龍図騰民俗祭りであり、その中の竜舟、五色の糸は龍に関する風習である。端午の節句と龍との関係をはっきりさせるには、端午と五行、五行と龍の内在的関係を理解しなければならない。五行の中で最も基本的な観念は五側であるが、五方は社会政治組織形態のシンボルであり、宗教信仰の象徴である。龍図騰制度によると、古代の龍図騰を信仰していた氏族が四つあり、どの族もそれぞれ別の龍図騰を有し、それぞれの色で区別され、五色龍は五色帝になる。すると、宗教信仰が祖先崇拝の段階にまで発展し、社会組織はそれに合わせて龍図騰が国家の象徴に発展した。五帝は天上の神で、人間の帝王でもある。このことから、「五」は龍図騰の社会で神聖な数となり、その後中国の数千年の文化を支配する五行思想に発展した。今も流行っている五月五日の端午の節句は、「五」の神聖性を示す。

古代越族は夏暦の五月を自分の新年として、古越民族の新年の習慣は龍と内在する関係を持っていて、これらの習慣は龍舟、五色龍、五色嚢、あるいは柳を挿して新年を祝うのが端午の節句の習慣の一つの重要な出所である。

端午の節句の追源と内包についての研究はまだ続いているが、それは中国の伝統文化の一つの光点であることは間違いなく、その影響はすでに国界を超えて争えない事実である。

端午の節句名人伝説

端午の節句は中華民族が最も古い伝統的な祝日の一つであり、学者の研究によると、端午の節句まではこれまでに少なくとも二千年の歴史がある。いくつかの古典文献や地方志の記述から見ると、端午の節句は人々の関心と情熱を受けて参加し、祝日にはヨモギや菖蒲、五彩糸などが定着した行事となっている。その後、人々はまたこれらの祝日の習慣と祝日の出所をいくつかの歴史の有名人と連絡し始めて、いくつかの有名な歴史の事件と結びついてきて、これは祝日に豊かな物語と伝説を加えただけではなくて、同時に端午の節句の伝播と発揚を促進して、人々に祝日の文化の内包を多く体験させる。

㈠　屈原の伝説について

戦国時代、楚秦は覇権を奪い合い、詩人の屈原は楚王に重んじられた。しかし、屈原の主張は、上官医師・尾尚をはじめとした守旧派の反対を受けて屈原を中傷し、楚懐王は次第に屈原を疎遠にし、遠大な抱負を抱いた屈原の痛心は、『离騒』、『天向』などの不朽の詩篇を書き出した。

紀元前二二九年、秦国は楚国の八つの城を攻略し、次に使節を遣って、楚懐王をもって秦の国へ講和に行ってもらう。

屈原は秦王の陰謀を見破って、死ぬ覚悟で宮に入って利害を陳述したが、楚懐王は聞いていないだけでなく、屈原を郢城から追い出した。楚懐王は予定通りに会に行けば、囚われてしまった。楚懐王は悔やんで、憂鬱になり、三年後、秦の国で死んでしまった。楚頃襄王は即位して間もなく、秦王はまた派兵して楚の国を攻め出し、楚頃襄王はあわてて郢城から撤退し、秦兵が郢城を攻略した。屈原は流刑の途中、楚懐王が他郷で死ぬ、郢城が破滅された訃報を次々と耳にした。屈原は天を仰いで長いため息をついたあと、汨羅川に投げて自尽した。屈原が川に身を投げて自殺したと聞いた江上の漁師と岸上の庶民は、川から屈原の死体を引き取って、次々に粽と卵を川の中に投げ入れ、また雄黄酒を川の中に入れて蛟竜水獣を混迷させて屈原の死体を傷つけないようにした。これから、屈原の殉難の日に当たる毎年五月五日に、楚国の人民はみな川の上に龍舟を漕いで粽を投げ、それによって偉大な愛国詩人を記念し、端午の節句の風習がこのように伝わってきた。

㈡　伍子胥の伝説について

端午の節句の別の伝説については、江蘇省と浙江省の一帯は、春秋時代（前七七〇—前四七六年）の伍子胥を記念した伝説である。伍子胥は楚国の人で、父兄はいずれも楚王に殺され、後に子胥は楚の国を捨てて呉の国に向かい、呉の国を助けて五戦で郢城に入った。その時楚平王はすでに死んでおり、子胥は墓に行き死体を掘り何度もむち打ちし父と兄の仇をとった。呉王闔廬が死んだ後、その子の夫差は位を継ぎ、呉軍の士気は高揚して、百戦百勝して、越国は大敗し、越王は講和を請い、夫差はそれを許した。子胥は、徹底的に越国を消滅させた方が良いと提案したが、夫差は聞かず、呉国大宰領は越国から賄賂を受け、讒言によって子胥を陥れ、夫差はその讒言を信じ、子胥に剣を賜って自尽させる。忠臣の子胥は死ぬ前に隣の人に「私が死んだ後、私の目を呉の都城の東門にぶら下げて、越国の軍隊が城に入り呉を滅ぼすのを見る」と言った後、自尽した。夫差はそれを知り怒り、子胥の死体を革袋で包み五月五日に川に投げ入れ、このことから端午の節句は伍子胥を記念する日となっている。

㈢　曹娥の伝説について

東漢（一二三―一二〇年）の孝女、曹娥は父を救って川に投げた。曹娥は東漢上虞人で、父は江中に溺れ、数日は死体を見ず、当時の孝女曹娥は十四歳だった。十七日が過ぎ、五月五日に曹娥も川に入り、五日後には父の死体を抱えて出てきたという神話は、県知事に伝えられると、知事は度尚を命じ孝女曹娥碑を建て、彼の弟子邯鄲淳に弔詞をあげさせた。孝女曹娥碑は今浙江の紹興にあり、「曹娥碑」の字は晋の王義書に書かれたという。曹娥の孝節を記念して、曹娥が川に投げたところに廟を建てて、彼女が住んでいる村鎮は、曹娥鎮と改名し、曹娥が殉じた場所を、曹娥江と名付けた。端午の節句に孝女曹娥を記念する伝説も今まで伝わってきた。

㈣　介子推についての伝説

春秋時代、晋太子重耳は亡命の途中、人家のないところで疲れ腹が減っていた。皆はとても急いでいて、介子推は辺鄙な静かなところまで行き、自分の太ももの上から肉を切り取って、一杯の肉スープを煮て太子にあげ、重耳はだんだん元気になり、十九年後、重耳は国君になった、つまり歴史上の晋文公である。即位後、彼は亡命した際の功労者を重賞したが、介子推だけは忘れていた。多くの人が介子推のために声をあげて賞を取るように勧めたが、その一方で介子推は功・賞を争う人を最も軽蔑した。彼は旅装を整え、母とひっそりと綿山に隠居した。晋文公はその話を聞いた後いたたまれなくなり、自ら人を連れて介子推に頼みにいった。しかし綿山は傾斜が激しく危険で、木は密かに茂り、二人を探するのは困難である。そこで三面から山を焼いて、介子推を追い出し探そうとした。大火は綿山を覆ったが、介子推の姿はなかった。火が消えた後、母を背にした介子推が、一本の柳の下に座って死んでしまったのを発見した。晋文公はそれを見て、悲しんでやまなかった。その後、木の穴から血書が発見された。「肉を割いて君主に丹心を尽くし、ただ主公が清らかであることを願う」と書いていた。介子推は忠君、孝母、軽功利の品質が人の模範となった。

介子推を記念するために、晋文公は綿山を「介山」に変え、この日は全国に火をつけてはいけないとした。最も早く介子推と五月五日の風習が現れたのは東漢末年の蔡邕の書いた『琴操』であり、文の中には「晋文公與介子推綏俱

亡、子綏割股以啖文公。文公復国、子綏獨無所得。子綏做龍蛇之歌兒隱。文公求之、不肯出、乃幡左右木、子綏抱木而死。文公哀之、令人五月五日不得舉火」とある。

また、有名な歴史的人物についての伝説が全国各地にあり、広西では、端午の競渡は蒼梧太守陳臨を記念するためと考えている。ある地方の伝説では端午の節句は道教の創始者、張天師を記念するためだと考えられている。また鍾馗を記念するためだと考えられている。またある伝説は唐代の農民蜂起の指導者、黄巣を記念するためと考えられている。つまり、端午の節句についての伝説は数に堪えないが、これらの伝説は、私たちの端午の節句が中国の多くの祝日の中で最も特色のある伝統的な祝日の一つになっている。

多彩な祝日習俗

端午の節句は、中国の南北文化が融合する過程で形成された民族の節日である。伝わった地区と民族はとても広く、これが端午の節句の一つの風習の特徴をもたらした。端午の節句の主な習慣は異なった地区、異なった民族では大体同じで、しかしいくつかの具体的な習慣と観念はまた豊かな地域性と民族の違いを表した。端午の節句の主な習慣は、竜舟競渡、端午索・香包・五毒兜を身に付ける、菖蒲・艾草を掛ける、雄黄酒を飲む、粽子を食べる、お守り図を貼るなどがある。

㈠　端午の節句に艾草、菖蒲、榕枝を掛ける習慣

端午の節句には、家庭では、菖蒲、艾叶、榴花、蒜頭、龍船花、榕枝を掛け、「艾人」と呼ばれる人形を作る。艾の葉を堂の中でつるし、虎の形に切ったり、絵を切って小虎にしたりする。菖蒲を剣にして、家柄に挿し、魔を追い払う神効がある。この艾草は百福を招いて、病気を治める植物で、入り口に挿して、体を健康にすることができて、鍼灸の灸法は、この艾草を主な成分として、つぼの上で焼かせて病気を治す。艾草は邪気を払うという伝説が古くか

らあり、主にそれが医薬品の機能を備えてきたのだが、このように、宗教的な機能を持ってきたのは、像宗懍の『荊楚歳時記』から、「鶏未鳴時、采艾似人形者、攬而取之、收以灸病、甚驗。是日采艾為人形、懸於戶上、可禳毒气」と記されている。一般の人は、家の前で草を植えることで、縁起のよい習慣を求めている。台湾の民間にも、端午の時に「午時聯」を貼る習慣があり、その作用には霊札のようなものがあり、「午時聯」は「手にはその札が百福を招き、門に菖蒲の剣を掛けると千邪を斬る」ことがある。榕枝は民間の意味で体を丈夫にする。石榴、胡蒜あるいは山丹、を掛けている地方の習慣もあって、胡蒜は邪治虫の毒を除いて、山丹方剤は狂乱を治す。石榴の門に掛け黄巣を避けることについては、物語がる。黄巣の乱の時、一度黄巣が1つの村落を通って、その時ちょうど一人の女性が背の上に一人の大きい子供を背に、手に小さい子供を引いているのを見て、黄巣はとても好奇心が湧き、原因を尋ねた。その婦人は、黄巣を知らないので、黄巣が来ておじ家族を殺し、ただこの唯一の命を残すだけで、もし万が一両立できないときは、自分の骨を犠牲にし、おじさんの骨を守るしかないのだと言った。黄巣はそれを聞き感動し、門に石榴の花がかかっていれば、黄巣の災いを避けることができるだろうと夫人に伝えた。柘榴の花はこの季節の花であり、病気を治す機能もある。柘榴の皮はよく漢方薬に使われる。

㈡　端午の節句の装身具の習わし

端午の節句には、子供が香嚢、艾虎をつけているという風習があり、疫病を避ける意味があると言われている。実際には襟の頭に飾りをつける。香嚢内に朱砂、雄黄、香薬があり、外には絹布で、すがすがしい香りがあふれ、更に五色の絹糸の弦でロープになって、各種の異なった形をして、一本を結成し、さまざまで精巧でかわいい養子である。艾虎は、艾を編んで作られ、あるいは彩を切って虎とし、粘り葉をつけて、髪の身のほとりにつける。端午の節句に艾虎を飾るのは千年以上の歴史がある。

また、端午の節句には、腰に札、花肚兜と五毒肚兜を身に着ける風習があり、多くの民族地域では、端午の節句には、子供のために五毒衣を作り、衣服の上でトラ、サソリ、クモ、ムカデ、トカゲなどを刺繍し、壁虎、ヒキガエル、蛇を五毒の中に並べられている。これらの装飾品は、毒をもって子供を守ることができるという。

㈢　端午の節句の竜舟の風習

龍舟は、端午の節句の主な習慣である。古代の楚国人は賢臣の屈原を投江し死なせてはならないと伝えられ、多くの人が船を引いて救われたと伝えられている。彼らは先を争って、洞庭湖に追えば跡が見えない。その後毎年五月五日に龍舟を漕いで記念している。龍舟を借りて川の魚を追い、魚が屈原の体を食べてしまうようなことを避ける。競渡の習慣は、呉、越、楚に盛んに行われている。

実は、戦国時代には「龍舟競渡」が既に存在していた。急な太鼓の中に龍の形を刻んだ独舟は、競渡をし、神と楽者を楽しませることで祭の宗教性、半娯楽性を持つものである。その後、龍舟は屈原を記念し、各地で人々に別の寓意を与えた。例えば、江蘇省と浙江省では龍舟が描かれ、現地で生まれた近代女民主革命家の秋瑾を記念する意味がある。夜の龍船の上で、張灯は結彩して、往来が進んで、情景は人を感動させて、情緒を備えている。貴州の苗族は旧暦の五月二十五日から二十八日にかけて「龍船節」を行い、田植えの終わりと五穀豊穣を祝う。雲南傣族の同胞は水をかけて竜舟を打ち、古代の英雄岩紅窩を記念する。異なる民族、異なる地域では、龍舟を画する伝説が異なる。今日まで南の多くの地区で、毎年端午の節句は特色のある龍舟の競争の活動を行っている。

清乾隆二十九年（一七三六年）、台湾では龍舟競渡が行われた。当時、台湾の知府蒋元君公は、台湾の法華寺の半月の池で友誼試合を主宰していた。今台湾では毎年五月五日に龍舟コンテストが行われている。香港では、競渡も行われている。また、隣国の日本、ベトナム、イギリスなどの国にも入った。一九八〇年には、競龍舟は中国の国家スポーツ競技種目に登録され、毎年「屈原杯」の龍舟試合が行われた。一九九一年六月十六日（旧暦五月五日）、屈原の第二の故郷である中国湖南岳陽市で、第一回国際龍舟祭が行われた。その後、湖南省は、定期的に国際龍舟祭を開催することを決めた。

㈣　端午の節句の特殊食

端午の節句の典型的な祝日食品はちまきである。紀元前三四〇年、愛国詩人、楚国の屈原は、亡国の痛みに直面して、五月五日に、悲憤に汨羅江に身を投げ、魚やエビに彼の体を傷つけられないように、人々は次々と竹筒を使って米を入れていた。以後、屈原に対する崇敬と懐かしさを表すために、この日になると、人々は竹の筒を使って米を入れ、これが中国で一番早い「ちまき」の由来である。

なぜそれからも艾葉や葦葉、ハスの葉でちまきを包んだのだろうか？『初学記』には、漢代建武年間、長沙人は夜の間に一人の夢を見た。三村の官名を自称し、「あなたたちが祀っているものは、すべて江中の龍に盗まれた。これからは艾葉で包んで、五色絲で縛りなさい」と言った。そこで、人々は「葉で巻く」ということで、「角黍」を作り、代々伝わってきて、中国の端午の節句になっていく。

浙江省では、端午の節句には五黄を食べる習慣がある。五黄はキュウリ、黄ナギ、黄魚、塩漬けのアヒルの卵の黄、雄黄酒を指す。また、浙江省の端午の節句には豆腐も食べられる。

その中で、端午の雄黄酒を飲む風習は、長江流域で盛んに行われている。「雄黄酒を飲んで病気も遠い」と古語は言った。雄黄は一種の鉱物で、通称「鶏冠石」で、一般に飲む雄黄酒は、白酒や自産の黄酒に微量の雄黄を加え、純粋に飲むものである。雄黄酒は殺菌する効果があり、漢方医は皮膚病を治すために使用されている。消毒剤がない古代には、雄黄酒で漬けて、毒を追い払っていた。酒を飲む年齢になっていない子供は、おでこや耳鼻、手足の心などに雄黄酒を塗って、消毒し、虫たちに刺されないようにした。

また、端午の節句には「斗百草」という風習があり、「文斗」と「武闘」の二種類があり、「文斗」は主に大人の間の遊びであり、『紅楼梦』では「斗百草」の描写がある。宮廷に至るまで、民間に至るまで幅広い風習が流れている。

嘉興端午賽龍舟

端午の節句の精神文化

端午の節句の民俗は中国で濃厚な文化の意味を持っていて、中国の十以上の伝統的な祭日の中で、その地位は春節と中秋節に次ぐ。これは端午の節句に悠久の伝承の歴史を持っているだけではなく、更にその独特な民俗が含まれているためではなく、それに基づいてやっと端午の節句に千年の文化の空間を着て依然として力強い生命力を持っている。端午の民俗は今まで続いてきて、その基本的な形は粽の習慣と競歩の習慣の変化が小さく、依然として強い伝統的な影響力を維持している。また、端午の節句に特有の文化精神が消えていないだけではなく、かえって現代で発展してきた。

端午の節句の民俗は明らかな進化の軌跡を持っている。このような進化の実質的な過程は、「人体の疾病に対する予防によって人間の弱点に対する批判は、自然界の悪質な環境に対する改造から社会の邪悪な勢力に対する抗争に転換する。これらの崇高な民族の気節は端午の文化の精神であり、先着は子々浦々、屈原、孫たちの身に付随され、最後に屈原の身に固定された」。端午の節句の代表的な人物の中で、民衆はなぜ屈原を選んだのだろうか。屈原の身に現れた嫉妬は恨みのように、改革を志し、祖国を愛し、生涯にわたって華夏の統一に努めたという精神は、民衆が喜ぶのである。これこそ民衆の本当に必要な文化の精神であり、これは端午の節句の進化の中で、民衆の祝日に対する文化精神の特殊な選択である。端午の節句の二千年の長い歴史の中から見て、その文化の精神は大体次のような三つの方面がある。①自然の法則に従って、災害に応じた生活の知恵に従う。②国民の憂民、身を捨てて国を救う、無私に捧げた愛国主義の精神。正直にして潔く、正しい人格の風格を持つ。

端午の節句の五月は、季節の節度が非常に明らかな段階であり、人々はこの一連の気候の節令の中で自分の生き方に合った方法をまとめ、その時人々はこれらの現象に対して解釈できないため、一連の禁忌の習慣と祝日の風習になっている。薬を採る、菖蒲をぶら下げる、この両者は薬用の価値を持っているが、五月の「悪月」では、衛生防疫の役割を果たすことは間違いない。また、人々は自然の過程に順応して、歴史の経験と社会実践の生活の知恵を形成し、自然界のもたらした疾病、災害に対応する。しかし、現代社会においては、季節の要素は、商工業や情報産業の近代化に影響が少ないが、民衆の生活に依存する自然環境の影響はどんどん増大している。近年、自然災害が多発している。結局、傷つけられたのは人間である。そのため、端午の節句に含まれる自然の精神は、我々の発揚と伝承に値するものである。

端午の節句は二千年の発展を経て、国を憂い、身を捨てて苦難に赴く愛国主義の精神は、端午の節句の最も重要な文化的価値となった。愛国心は人民が最も尊敬する精神であり、それぞれ自分の国と民族を愛する人は、すべて愛国主義の精神の指導の下で自分の個人の理想を実現することができる。中華民族は五十六の民族からなる大家族で、歴史の上で無数に分散している小国で、一歩一歩進んで融合して、最後にすべての人が集まっている。これらはすべて自分の民族と国家の愛国主義精神である。ある意味では、屈原の偉大さこそ、端午の節句の中国の多くの伝統的な祝日の中での地位を生み出している。これまで、東アジアの十数カ国と地域は、端午の節句を自国の伝統的な祝日として、屈原の愛国心の大きな影響を見抜くことができる。

ある意味で、屈原が端午の節句を今日の中国伝統的な祝日にもたらした地位は、端午の節句の文化的な精神的な意味合いが、屈原に関連しているからである。端午の節句に体現されている別の文化精神の特徴は、正直、正非ともした人格の風格であり、これはまさに屈原の真の人格顕写である。屈原の人格の魅力は中国の儒家君子の基本的な理想に合っていて、数千年の中華文化を育む中で更に貴重なものを見たので、だから聞一多先生は屈原の人格を深くたたえた。民の生活はどのように離れてはいけない。中国人はこのような重要な祝日を屈原に託したが、これは彼の人格がどんなに偉大であるかを物語っている。中国の多くの祝日の中で、一人が祝日としての主な内容として非常に珍しいものであり、屈原は民衆の心の中での地位を見ることができる。端午の節句の文化の精神に込められた正直な潔さ、剛直な性格は、屈原の愛国精神のように、端午の節句の重要な構成部分として後世に受け継がれていく。

中国台湾の有名な詩人、余光中はかつて二〇〇五年六月十一日の端午の節句中国岳陽富羅江国際竜舟節の開幕式で、彼の新しい詩『汨羅江神』を詠んだ。

烈士の終業は詩人の起点であろうか？
昔君は天に尋ね、今日は私は川に聞く
川は答えず、風が水面から吹いてくる
悠々と西に行くのは依然として汨羅である
すべての川の水は、滔々として東に向かっている
君の清波は逆行する
世界を挙げて合流し、あなたが潔癖を患う
皆はぐっすり眠っているが、ただ君だけが目を覚ましている
風に逆らって飛ぶのは高揚の御旗だ
逆流で泳ぐのはたくましい竜舟だ
急ぎ、船が競っている
二千年後、君はまだ助けを待っているのか？
いや、君はもう江神になって、もう水鬼ではない
助けてくれたのは岸に落ちた私たちだ
百船が渡航して君の英烈を追跡する
届かない清らかを取り戻す
旗号が続々と、君を追うのは

三湘の子弟、九州の選手だけではなく
李白と蘇軾の後人だけではなく
さらに惠特曼と雪莱の子孫でもない
投江の烈士、恨みを抱く詩人
長い髪が風に漂う後ろ姿
振り返り手を振る
波の間で私たちを待っている

この詩よりも詩人の感情を伝えることができるものはない。余光中は中華民族の多くの心の声を代弁し、心の感情を表現した。

端午の節句の文化保護について

中国の端午の節句を「人類の無形文化遺産の代表的な一覧表」に申告したのは幾多の曲折を経ることであり、ついに二〇〇九年九月三十日に、その名録に名づけられた。二〇〇四年に『人民日報』は「アジアのある国がユネスコに「端午の節句」と申告してこの国の文化遺産になっている」との記事が発表され、中国文化界で大波を掲げ、「端午の節句防衛戦」が始まった。実は韓国は「江陵端午祭」を「人類の口承及び無形遺産の傑作の宣言」に申告し、韓国の端午は中国に源を発しているが、現在ではすでに中国の端午の節句とは違っている。彼らは主に舞踊、サマンサ祭り、民間芸術展示などの内容で構成され、これは中国人がちまきを食べ、ドラゴンボートを漕ぎ、屈原を記念するのとはまったく違うが、当時の中国文化界への影響は大きかった。

「江陵端午祭」の「世界の無形文化遺産」登録の成功は、中国の非物質文化遺産保護のために非常によい啓示をもたらした。彼らは伝統的な文化活動の中で近代的な要素を注入し、変身を成功的に実現させたことは、中国の保護の過程で参考に値する。湖南省岳陽市では、十数回の国際龍舟大会を成功させた。「龍舟競渡」は端午の節句の主な内容の一つだが、地元政府の宣伝により、端午の節句の影響力がさらに拡大し、龍舟競渡は大きな影響力のあるスポーツになっており、現代人の健康的な要求に合致する。同時に国際龍舟節も現地の経済を動かして、毎年多くの外国のチームが試合に参加し、これは岳陽を宣伝しただけではなくて、岳陽のために多くの外資を引きつけ、文化を保護することと地方の経済を守ることに対して二重の効果を持っている。

伝統文化の保護は長期的な過程で、文化の形成の法則と一致しているので、私たちは持続的な観念を堅持しなければならなく、私達は文化の伝承を保護する同時に、また文化の革新を行って長期的な有効な保護のメカニズムを確立して私達の世代化の発展の要求に適応しなければならない。しかし、私たちの端午の節句は「人類の無形文化遺産の代表的な一覧表」に入っているが、私たちの保護の仕事はやっと始まったばかりで、私たちは端午の節句の経済的利益のある文化的価値だけを掘り起こしているだけではなく、「屈原の精神」に含まれていることに注目し、愛国心を強化することができる。

（張　志磊　王　巨山）

参考文献

1　聞一多『神話與詩』、華東師範大學出版社、一九九七年版
2　陳久金、盧蓮蓉『中国節慶及其起源』、上海科技出版社、一九八九年版
3　孫正国『端午節』、中国社會出版社、二〇〇六年版
4　譚紹兵『端午節』、中国青年出版社、二〇〇七年版
5　中国非物質文化遺產網：http://www.ihchina.cn/inc/guojiaminglunry.jsp?gjml_id=451

媽祖信仰と習慣

二〇〇九年九月三十日にユネスコの非物質文化財を保護する政府間委員会の第四回会議で、中国福建の「媽祖信仰と習慣」を「人類の無形文化遺産の代表的な一覧表」に登録したことを明らかにした。これは中国初の信俗類の世界的遺産であり、信俗類非物質文化遺産の優れた代表である。

媽祖信俗は、娘媽信俗、娘娘信俗、天妃信俗、天后信俗、天上圣母信俗、湄洲媽祖信俗媽祖とも呼ばれ、媽祖を崇拝した立徳、善行、大愛精神を中心として、媽祖宮廟を主な活動場所として、祭り、風習、伝説などを表現する民俗文化である。媽祖信俗は祭り、民間の風習と物語伝説の三つからなる。湄洲は、媽祖寺の所在地であり、湄洲島は福建省沿海部の湄洲湾口に位置し、福建省莆田市に属し、ここは四海があおぐ海神媽祖の故郷である。現在、世界で二十以上の国と地域、国内では、三十の省都の五百以上の県、市があり、五千人以上の規模の媽祖分霊廟が建てられ、供養を供える民衆は2億人近くで、毎年湄洲廟に向かう海の内外の観光客は一〇〇万人を超えている。

媽祖信俗の由来

媽祖信俗は中国の有名な民間信仰であり、媽祖文化の起源は北宋初期で、今まで千年以上の歴史があった。媽祖は福建語の中では母の意味で、媽祖の本名は林默、つまり朝廷が授賞した日の娘で、地元の人はその名を呼ばれていないのだが、媽祖に尊称して、故郷の父老の郷の親は林默の畏敬の上で親切な呼び方である。歴史には確かに媽祖という人がいて、多くの古籍にも記載されている。

北宋高宗宣和五年（一一二三年）、徐兢『宣和奉使高麗図經』では初めて媽祖に言及したが、その中には媽祖の名前と身の上に触れなかった。南宋に着いて、宋高宗紹興末年（一一二〇一年）の後に、洪迈『夷堅志』で媽祖に言及し、今度は媽祖を林と言った。紀行七年（一二一四年）、莆田人李俊甫の『莆陽比事』巻七は、「淚洲神女林氏、生而神靈、能言人體咎。死、廟食焉。今調洲聖屯、江口、白湖皆有詞廟。宣和五年路允迪使高麗、中流露風、八舟溺七、獨路所乘、神降於枯、安流以濟、使還奏聞、特賜廟號順濟、累封夫人、今封靈惠、助順、顯衛紀」。「君臼湖而鎮鯨海之擯、服朱衣而獲雞林之使」。李俊甫は媽祖について述べていたが、媽祖は林というだけではなく、高麗の途中で霊感を発揮し、皇室の冊封を受けて、媽祖の生前の巫女として生まれたと記されている。

媽祖の身の世と伝説について、南宋の紹興廿年（一一五〇年）に書かれた『圣墩祖庙重建順濟廟記』、南宋度宗咸淳四年（一二六八年）の『咸淳臨艾志』、南宋宝祐（一二五七年）黄岩孫の『仙溪志』、元代至正九年（一三四九年）程端学の『天妃庙記』など関連記述もある。総合文献によると、媽祖は北宋建隆元年（九六〇年）旧暦三月二十三日に福建莆田湄洲で生まれた。彼女が生まれたのは、生まれた日の夕方、隣の郷の親戚は流星が赤い光になって北西の空から飛んできて、きらきらと輝いて島の上の岩を赤く染め、両親はこの赤ちゃんが必要な存在であると気づき、大切に育てた。生まれて満一カ月間泣いていなかったので林黙という名前を付けた。彼女は幼いころから賢く、姉妹に勝ち、八歳に入門師の本を読んだり、勤勉に勉強したり、目を通してすぐ記憶することができた。彼女小さいころからは封建的な婚姻に不満を持っていて、志を立てなかった。媽祖は生前、漁民のために海に出た時の天気の状況を予測し、薬を採って病気を治めたり、遭難した漁船を救い出したりして、自分の家に火をつけ、火を使って航路を航行して迷い込んだ商船の危険を脱した。雍熙四年（九八七年）の旧暦九月九日、彼女が二十八歳の時に海で人を救うために若い命を捧げた。島の漁民はこの美しい、善良で、人を助ける良い娘を記念するために、わざわざ島で廟を建てて、海の神として奉って記念して、後世に媽祖の精神を学ぶことが多くなることを望んだ。それによって、媽祖の多くの伝説の物語を生み出し、彼女は人々の心の中の美しい神になっている。

古代福建は魔女文化が盛んに行われていたところで、庶民には最初に考えたのが神霊を求めていたが、当時媽祖は福建の多くの神の一つであった。福建省の人は敬神しているが、神を恐れた要素もあり、神に祭物を捧げたのは、神霊を善し取るためである。媽祖は他の神とは違い、彼女は自分の愛を水夫、商人、貧しい人々に捧げた。媽祖との「付き合い」が好きな人は、お供え物が少ないために媽祖から罰を受けることもない。このように、漁民、商人、貧しい人々の中で広まって、多くの神の中の「優れた者」になるようにした。

もう一つの媽祖信俗がさかんになった理由は、媽祖が公式に何度も封鎖し、公式の上着を羽織ったのが原因だった。媽祖信俗は宋代に形成され、宋代の道教は道教を崇拝するのではなく、宋代の皇帝が権力と神権を密接に結びつけている。媽祖は生前の魔女で、これは道教とは大きく関連しているし、それについては道教の色に満ちている。丁伯桂『庙記』によって、元佑丙寅（一〇八六年）媽祖の民間信仰が形成され、至宣和五年（一一二三年）に宋徽宗が媽祖に「賜廟額曰順濟」になり、信仰の形成から、冊封までわずか数十年の時間、神女としての地位を初めて認めたのが、皇女の信俗の始まりだった。その意義はとても深遠で、南宋政権と元、明、清のいくつかの王朝の中国の歴史に影響を及ぼすことになる。公式の肯定は、民間信仰にも大きな働きかけがあるに違いない。

民国十六年まで、媽祖は「林孝女」とされ、二十世紀八十年代に中華人民共和国が「海峡平和の女神」と褒賞し、ここから平和を勝ち取り、両岸を早く統一することを望んだ。

媽祖の伝説

歴史上には媽祖についての伝説が多く、『天后志』、『天妃顯聖錄』にも記載されていて、内容が同じである。主に妖魔を降伏し、海難を救う、病気を治して人を救う、水を除く、幸福を祈る人民などの面である。いくつかの物語は、不思議で奇妙な誕生に近いが、人々

湄洲媽祖廟

は、慈悲の仁愛を懐かしみ、悪を除かせ、善悪を行い、人を助けることを喜んで、協力し、世を救うこと、国家の統一を守り、社会の調和を促進する高尚な人柄と崇高な精神を反映している。

㈠　媽祖の生前の伝説

島を緑に。湄洲島の隣に小さな島があり、ある日、媽祖が島に遊びに行く時に種を畑に撒いて、やがて菜子が奇跡的に成長して、花が咲いていた。その後、毎年耕す必要はなく、自然に成長した。地元の人はこの花を仙花と見て、以後、人々はこの場所を「菜子嶼」と呼んだ。

井戸を窺い符を得る。媽祖十六歳の時、ある人たちと一緒に遊びに行った。彼女は井戸に向かって化粧をしている時、一人の後ろに神人が銅の札を持って現れ、井戸を擁して、銅の札を彼女に授け、一緒に遊んでいた彼女たちはみんなびっくりした。媽祖は銅の札を受け取った後に、霊通が変化し、魔よけ能力を持ち、法力は日見神通を見て、そのために彼女はよく神遊し、雲を上げて海を渡せば、救急の難を救うことができて、人々は彼女を「神姑」、「龍女」と呼んだ。

草で商船を救う。媽祖が生きている時、湄洲嶼の西の方には、国に出入りする要衝があると伝えられている（今日の文甲である）、ある時、一隻の商船が近くの海で巨大な風に襲われて座礁し、海水が船室に流れ込んで、沈没した。この緊急時に媽祖は足の下で小さな草を何本か探し、海に投げ込んで、とたんに小草は大杉になり、沈没した商船の上に入って、船中の人は困難を免れた。

二神を降服させる。媽祖二十三歳になった時、湄洲北西の方向に二神がいたと伝えられている。二神はしばしば出没して庶民に害を与え、庶民は媽祖に二神を退治するよう祈った。二神を降服させるために村の女たちと一緒に山に登って働き、十数日も過ぎて、二神はついに現れ、二神が近くになった時、媽祖は大声で叱って、二神はお母さんの神の威を見て、その火の光になって行き、二神が鉄の斧を落とし、二神は負けて謝罪した。二年後、二神の海は再び祟りを起こし、非常にひどく、媽祖は神霊を使って風飛石を避けて二神を逃げられなくさせ、二神は負けて、媽祖のために力を尽くし、それで媽祖は二神を受け取った。

水害を解消する。媽祖二十六歳の時、その年の上半期に、陰雨が続いて、福建と浙江の両省は水害の害を受けた。地元の役人は朝廷で演奏していたが、皇帝の下では雨ごいを祈っていたが、何の改観もないようだった。現地は媽祖に解決を求め、「災害は人が悪いことをしているので、皇上が意図的に民のために何か害しているのだから、私は更に天の許しと加護を祈るべきです」。そこで媽祖が香を焚いていると、しばらくして空が風を吹き出し、雲の端には大きな竜が飛んでいって、晴れた。その年の庶民はまたよい収穫を得て、人々は媽祖に感謝し、省官はそのために朝廷は媽祖のために招待し表彰をした。

病気の治療をお願う。媽祖が生きていた時に、ある年、莆田で疫病が盛んになり、県尹一家も病気になっていた。そこで、ある者が県尹に媽祖なら解決するすべを持つと伝え、自ら媽祖に頼んだが、彼は普段は官のために悪いことをして、彼は外来官であることを媽祖は念にかけ、彼に菖蒲を煎じた水飲み服を使って、呪符を玄関に貼るように言った。県尹は帰った後に命令に従って施行し、疫病が良くなる日はなかった。

鉄馬が川を渡る。ある日、媽祖が海を渡ろうとしていたが、船がなかった。そのとき、その隣の屋根の前に鉄馬がかかっていた。その鞭を打って、鉄の馬が海の向こうに向かって走っていき、媽祖が岸に上がるのを待ったその瞬間鉄馬は忽然といなくなった。隣にいた人はたいそう驚き、「龍女」の名は広く広まった。

媽祖が空を飛ぶ。宋太宗雍熙四年、媽祖二十八歳の時、重陽節の前の日、彼女は家族に「私は心が清らかで、俗世間にいたくないです。明日は重陽の佳節で、山登りに行きたいです。あらかじめお別れしておきます」と言った。家族はみんな彼女が山に登って景色を見渡したいのだと思っていた。翌日の朝、媽祖が香を焚いた後、姉に別れを告げて、一人で湄峰の一番高いところに向かっていた。その時、湄峰の頂上には濃い雲が重なって、媽祖は白光と化して空に飛び込み、風に乗じて行った。その後、媽祖は霊験し、国を保護して民を養って、危険を救い、地元の人々は彼女に感謝し、湄峰に廟を建てて、敬虔に奉納を行った。祖寺に伝わる崖の「昇天古跡」は、媽祖が空を飛ぶ場所であると言われている。

㈡　媽祖霊験伝説

神女が船を救う。北宋宣和五年、宋代の使者率の船団が高麗（今朝鮮）を派遣したと伝えられ、東シナ海では大風波に遭遇した。その中の八船中七船は沈んだ。残った使者が乗った船が波に揺れていた時、突然上から一筋の赤い光が現れ、赤い衣をまとった女神が端に座った。たちまち波風は静まり、使者は驚き、船の上で湄洲の女神が助けたと告げた。

聖泉が疫病を救う。宋紹興二十五年（一二〇四年）には、疫病が発生し、無薬の治療が可能になったと伝えられていた。翌日、大衆が掘り起こして水を取りに行ったのは、やはり効き目があるとされ、情報が伝わると、遠近の人たちが水を取りに来て、ひっきりなしに病を治しにやってきて疫病の人が全部助かったので、この井戸は「聖泉」と言われていた。

干ばつを解決する。一一九二年夏、福建省の干ばつは深刻で、疫病が蔓延し、大衆は媽祖に天に雨が降ることを祈るとすぐに雨が降った。嘉定十年（一二一七年）、大干ばつが起こり、庶民は媽祖に祈り、やはり雨が降った。

神が堤を築く。一二三九年、銭塘江が決壊し、江水が農林の天妃宮に着いた時には、すでに水の勢いが逆さになっていて、庶民は勢いを借りて堤を築き、みんなは神が守ったと言った。宝祜四年（一二五六年）、また媽祖は浙江塘江の堤防の建築を助けた。

使節を保護する。鄭和は七回の西洋を渡る中で、船団は海寇に何度も略奪された。蘭山国王の亜烈苦奈児によって陥れられた。ある時は、船団が蘇門答剌国に捕虜された。ある時は、船団が海上でハリケーンや危険にさらされた。し

媽祖像

かし毎回媽祖の庇護を受けて危険を逃れた。

舟を守る。康熙二十一年十二月二十六日夜、施琅は、第一回率兵が海を渡ることにより、風を欠く船はのろのろしていて、琅下は平海への帰航を命じた。やがて大風が起き、戦艦の上で小舟が風によって海に吹き飛ばされ、行方不明になった。二日目風が止まった後に、施琅は兵士に船を探して海に出るように命令した。小舟はすべて湄洲湾の中で止まっていて、船の乗員が報告して言うことには、昨夜波の中に光を灯した船が現れ、人が運転しているようで、それは海の女神の功であると言った。施琅は大いに感動し平海天後宮を整備することを命令して、媽祖の神像を作り、金を寄付して梳妝樓、朝天閣を建てて、そして媽祖の神像を船の上で奉納した。

澎湖で助戦する。康熙二十二年六月、施琅は二回目東渡して澎湖を攻め込み、軍中の兵士は神妃が軍中で助戦していると感じた。そのため、勇敢に前に進撃した。その後、清兵は澎湖に攻め入り、台湾を統一した。当時清兵が出戦した日には、媽祖が千里眼で順風耳二神を助戦したのは、「澎湖助戦」という神話の物語である。

媽祖信俗と中国の海洋文化

媽祖は中国の海神であり、西洋の海の神はギリシャ神話のポセイドンである。彼らは同じ海の保護者であり、媽祖は東洋文化の特色を極めた海の神として、三叉戟を手にした西洋世界の海の神、ポセイドンとは対照的だった。西洋のポセイドンから人々が見ているのは、西洋の海洋文化に宿っている冒険、覇権、征服、収奪であり、媽祖から見ているのは、中国の海洋文化の精神、すなわち平和、自由、平等、共存の文化精神である。

西洋の海の神ポセイドンはギリシャの神々の中で悪神に属し、彼は雄威で、わがままな男性の海神である。ギリシャ神話では、神を善悪で判断するのではなく、神の力の大きさを基準としているのが一般的だ。ポセイドンの力は人間よりはるかに大きいで、人間はそれに従うしかないのだが、人々は彼を拝伏し、各種の供物を献上し、保護を祈った。

そして彼は神々の間でもしばしば衝突を発生させ、最後に問題を解決するのは武力によるもので、力の大きい者が勝者である。このような文化の影響の下で、西洋の海洋文化は力のある文化、略奪、武力征服の文化であり、これも後に欧米人がアメリカ州、アフリカ、アジアなどの国に対する植民地略奪の原因になっている。

同じ海を支配する海神でもある媽祖とポセイドンは、象徴する海洋文化で本質的に異なる。媽祖は性別上ではポセイドンとは異なり、彼女は女神であり、中国の民間伝説の中で彼女は高尚なイメージで、彼女は灯台のように人を遠航するように導いていた。どこに海難があってはそこに向かった。媽祖は人々の心の中で仏教の中で観世音菩薩のように、救いの苦しみを救い、彼女の身の上で人々が見たのは偉大な「母愛」、慈しみ、親切、無私、利人、ただ差出、報いは受けない。ギリシャ神話には、後にハラヒョク、知恵の女神アテナを除いて、他の女性の神の地位はすべてあまり高くない。しかし、彼女たちはまた武力に熱中している。

媽祖は海の正義の女神で、「悪の勢力」がどこかにあれば、彼女の神力で邪悪を駆除し、善人を救った。中国の海の文化の精神と、西洋の海の文化に対する深い文化である。

まず、平和的な付き合いは私たちの海洋文化の主流である。歴史的な傾向から見ると、媽祖文化が盛んになって以来、この傾向は変わっていない。中国は唐宋以来の海洋事業の発展を遂げた。特に南宋以降、中国の航海は世界でリードし、中国の貿易は日本、朝鮮、フィリピンなどアジアの国だけではなく、明朝の海上貿易はすでにアフリカの東海岸に到着している。当時の航海は壮挙だが、中国は十五、十六世紀のヨーロッパのように「利己を損なう」という略奪式の植民地貿易をしていない。私たちは南シナ海の多くの国と平和に付き合い、私たちとずっと平和を提唱してる。私たちの船団がどこまで

媽祖を祭る民衆

行っても、その小さな国が中国との付き合いを脅かすことはできない。これも中国が海外国家に受け入れられている理由である。

次に、人権を重視し、人に平等である。五千年の文明の歴史を持つ中華民族は最も優秀な民族の一つであるが、彼らは海外の関係においてすべて平等である。海外の中国人はよく外国人と結婚し、フィリピンでは中国人と現地の馬来人との混血の後裔として、まだ現地社会の中で生きている躍動の成分である。媽祖文化の中では人種差別がないので、媽祖の愛は大愛、無条件、無差別の愛、彼女の愛普はすべての人に助けを求めている人である。

また、互換性のある発展、共存共栄がある。中国の海洋文化は一種の包容性の文化で、それは自分の異文化の共同発展を許すことができなく、自分の文化を強制的に他の人の身につけるのではない。中国では、媽祖を信奉する人はまた、他の宗教を信奉することができる。仏教、イスラム教、キリスト教など、これも中国の海洋文化の豊かさを体現しているのだ。

中国の海の文化は媽祖文化の一つの縮図で、彼女は母親のように、優しい、無私、親切、利人、搾取を求めない、これが媽祖文化の真実を反映し、これでやっと正確に中国の海洋文化化を反映している。大海のように深く、併設、平和発展、共同繁栄である。

最後は民衆の精神を託すことである。中国は多くの神が信仰する国だが、このように大きな影響を受けた地方神は中国の歴史的にも多く見られない。中国には「北に関帝、南に媽祖がある」という説があり、この二つの地方神の影響力は非常に大きいことがわかる。

媽祖は福建莆田湄州人で、彼女は、最初はただ「生まれもって神であり、人の言葉を話せる」の一人の巫女で、彼女は善良で、無私で、喜んで人を助けることができ、そのため死んだ後現地の民衆は彼女のために廟を建てて、彼女を神に供えた。漁師、商人、地元の民衆は毎年三月二十三日と九月の初めに彼女を祭り、彼女の保護を得ることができることを望んだ。

福建は古くから山が多い田が少なく、湄州は海に面しているので、地元の住民は海を頼りにするしかなかった。その当時航海技術が発達していないため、民衆の船は常に海水に大量に剥がれ、命を飲み込まれることが多々あった。媽祖は生前、常に人を助け、そして何度も人を助けて危険になり、媽祖が亡くなった後、人々は彼女の庇護を続けることを望んでいた。媽祖についての伝説は、海に出る人にとっては精神的な慰謝である。彼らは、海に出るたびに冒険をしている。彼らは海に対してどうすることもできないが、媽祖に助けを求めて助けを求めることができた。彼らが海に出るたびに、媽祖の保護を祈るだけでなく、彼らの家族も媽祖の保護を祈っていた。彼らは一人の運命がその家庭を牽引している。家族の幸福は彼らの身に託されているのだ。だからその時の媽祖はますます重要な存在となった。彼らが海に出て帰って来るたびに、家族全員が媽祖にお礼を言い、彼女はその地方の影響力のある民間の女神となった。

時間が経つにつれて、媽祖は仏、道、儒の三位一体となったところの保護神となり、彼女は子を守り、災いから守り、敵に打ち勝ち、吉凶を占うことができ、航海を守るなど、できない事はない女神である。当時の経済、政治、文化、自然条件の影響で、このような無私的な女神が彼らを助けに来ることは、当時の彼らの精神のよりどころとなった。

媽祖信俗の伝播及び海外の影響

媽祖の誕生地・福建は、中国大陸の媽祖信俗が最も盛んな地方であり、福建各地の媽祖寺の数は非常に膨大で、香火が盛んであり、媽祖文化は内陸部の福建省の客家の山間部まで広がっている。福建省、広東、浙江、海南、東北部の上海、北京、河北、山東、河南、湖南、貴州、遼寧、吉林などの一般的な臨海、近海なども媽祖寺を建てている。台湾は三分の二の人口が媽祖を信仰し、島上の媽祖寺は五百人余りある。香港マカオ地区には媽祖寺が五十余りある。日本、シンガポール、マレーシア、アメリカ、インドネシア、フィリピン、タイ、ベトナム、ミャンマー、朝鮮、ノルウェー、デンマーク、カナダ、メキシコ、ブラジル、ニュージーランド、アフリカなども媽祖寺を建てている。

媽祖信俗の誕生の初め、その影響はただ莆田の沿海地区に限られ、それから時間の推移に従って、媽祖信俗の影響も次第に拡大し、今となっては国際的になり、典型的な華人の民間信仰になっている。媽祖信俗の伝播は、中国の航海事業の発展である。唐宋以来、中国の航海業は空前の発展を得て、海外貿易は絶えず拡大したが、福建地域はまた中国の「海のシルクロード」の起点であり、対外交際は非常に頻繁で、これは媽祖信俗の伝播した基礎となっている。媽祖信俗の伝播は、福建人の功が不可欠である。中国の海洋史において、福建省の人が演じた役を大切にすることは難しい。福建省沿海の民衆は、よく船を家にし、長年海を航行していて多くの経験を積んでいる。唐宋から明清まで、福建省の人はずっと海上で最も活発な1分子で、中国の船が到着したところには、彼らの足跡が多くある。媽祖は福建省人の保護神として、どこへ行っても媽祖をそこへ連れて行き、そして福建省人の中国の海洋文化に対する影響は巨大で、これも東アジアや東南アジアの多くの国々に影響を与える要因の一つだ。同時に福建省の人は商売が上手で、しばしば内陸部の各省に遊歩し、彼らは至る所で会館を建て、媽祖を彼らに供養した主神として、会館の事務が多く、外部との付き合いが頻繁になったこともあって、これも媽祖の大陸の伝播の条件となった。

媽祖信俗の伝播は、自身の「昇格」と公式の祭祀と関係がある。中国の各地にはそれぞれの河神がいて、最も有名な黄河の神は河伯である。中国人の観念の中では、すべてのものは限界があると考えられている。海神のイメージとして「海納百川」の道理を知るにつれ、媽祖だけが水界の最大の神であることを知っているので、内陸部の山岳地帯でも、通航する川がある限り、媽祖寺がある。政府に対する尊崇は、媽祖信俗が広く伝播する重要な要因であり、歴代の支配者が媽祖に与えた無数の封号が、支配者の地位を高めてきたが、同時に媽祖の影響も拡大した。これは多くの人を媽祖が何の神かわからなくさせたが、しかし彼らは国の礼制によって媽祖寺を築いている。

媽祖は中国の漁民が崇拝していた海神であり、木船時代に世界各国に移住した大部分は中国沿海の漁民であり、彼らが世界各国に向かっている時には、媽祖信俗を世界に連れて行ったので、世界中の華僑の中で、媽祖が崇拝される神となった。全世界の媽祖宮は五千家余り、媽祖信者は二・五億人に達していて、ほとんどの人が中国人のいる地方には媽祖宮があって、すべて媽祖を信仰し、媽祖は九〇％の海外の華人の共同信仰になった。すべての海外在住の華人のコミュニティには、同郷会館や商会として中国人の政治文化や地域の中心地であり、各国の華人の心の支えとなっている。中国人の信仰は世界中の華人の共同信仰になっている。媽祖信俗は、世界の多くの国を横断する一方で、華僑コミュニティの中心としてのネットワークシステムであり、中国人の海外で最も膨大な精神体系である。

媽祖信俗はすでに中華民族文化のアイデンティティの印になり、家庭のむつまじく、社会の調和、世界の平和と大愛の精神の方面を維持して独特な役割を発揮した。これも、この科学の高度の発達した社会で依然として常に盛らず、生命が永遠に続く理由である。

（張　志磊　王　巨山）

参考文献

1　羅春榮『媽祖文化研究』、天津古籍出版社、二〇〇六年版
2　徐曉望『媽祖的子民——閩臺海洋文化研究』、學林出版社、一九九九年版
3　徐曉望『媽祖的信仰史研究』、海風出版社、二〇〇七年版
4　汪毅夫『閩臺歷史社會與民俗文化』、鷺江出版社、二〇〇〇年版
5　李建國『媽祖信俗與媽祖精神』、『八桂僑刊』、二〇〇四年第三期
6　中国非物質文化遺產網：http://www.ihchina.cn/inc/guojiaminglunry.jsp?gjml_id=484
7　百度百科：http://baike.baidu.com/view/111651.htm

中国の木版印刷

二〇〇九年九月二十八日から十月二日まで、アラブ首長国連邦の首都アブダビで行われた国連教育科学文化遺産保護無形文化遺産政府間委員会の第四回会議で、揚州広陵古籍刻印社（申告主体）、南京金陵刻経所、四川徳格印経院が申告した「中国の木版印刷」が、「人類の口承及び無形遺産の傑作」リストに登録された。

木版印刷は、刃物を使って板の上に文字や絵を彫ったり、印版に墨を塗り、紙を敷いたり、圧したりして、印版上の図文を紙、絹などの材料に転写させる伝統芸能である。彫刻の術は我が国の古代の労働人民の偉大な創造で、それは中国の製紙の術、墨の術、彫刻の術、拓術などの多種の優秀な伝統工芸を集め、民族の特徴が鮮やかで、伝統的な芸の高度に集中した人類無形文化遺産である。

中国の木版印刷術は人類のコピー技術の先駆者であり、中国古代の活字印刷、版画の芸術と世界現代印刷術の技術の源流で、特殊な歴史の文化価値、優れた文学芸術価値と極めて高い文化財の価値を持っている。人類の文明史の上で画期的な創造として、単純な書籍の筆写と長時間製作の限界を破った。計り難い歴史の文化情報を乗せ、文化の伝播と文明の交流のために最も便利な条件を提供し、世界の文化伝播史において、類を見ない重要な役割を果たしてきた。

千年の流れ

木版印刷の出現年代について、歴史的には諸説あるが、その中には東漢、魏晋、南北朝、隋唐、五代、北宋など様々な説がある。隋の前にはいくつかの説があり、その多くは推測としてのみ、あるいは片言隻語によって、あるいはいくつかの文献の誤りによって理解したり、学界に否定されたりすることが多いが、唐代以降になって初めて木版印刷のいくつかの説がある。そのため歴史の古く、資料の欠如によって、印刷発明の正確な時間はまだ定説がないが、多くの学者は「隋の代から唐代初期までの数十年の間に、木版印刷ができた」という見方がほぼ認められている。

木版印刷技術は、六、七世紀の隋唐時期に現れ、決して偶然ではなく、社会政治、経済、科学技術、文化などの一定の水準まで発展した結果である。一般的に、一つの発明の出現は、基本的な技術条件と社会文化条件の二重制約を受けることができる。歴史的に見て、製紙と墨の発展は、彫刻の出現のために必要な物質の基礎を築いた。文字の彫刻、模写、たたき、印紙などの技術の発展は、木版印刷の発生のために重要な技術条件を提供している。これらの条件は、隋唐の昔から東漢時代にすでに基本的に備わっていたが、印刷術は隋唐の時代まで現れた。主な原因は、それが生まれた社会文化の背景によって、その時にやっと備わっているからである。社会経済の繁栄、仏教の広範な伝播および科挙制度の台頭が生み出した幅広い読書需要は、木版印刷の起源の直接の動力を構成している。関連した技術が一定のレベルに達し、大量に、迅速な文字、図の複製が必要となり木版印刷技術はすぐ生まれた。

木版印刷は隋唐に現れた際に、歴史文献や出土物から佐証を得ることができ、これらの記載や実物は多くないが、当時の木版印刷のレベルを反映するには十分だった。唐の印刷に関する最初の文字の記録は『弘簡録』の「唐貞観十年（六三六年）唐太宗が『女則』の出版を命じた」と、『云仙散録』の「玄奘は貞観十九年（六四五年）に『普賢像』を刻印した」という記載で、このほか『全唐文』、『孫可之文集』、『白氏長慶集』、『唐語林』などの文献にも隋唐時代の印刷術のかすかな手掛かりがある。これらの記載は隋唐時代の印刷術の全貌を反映することができないが、十分に証明し、この時の印刷業は確かに一定の規模を備えている。残念なことは、年代の昔のことで、隋唐の印刷物が世に伝わられていたことはまだ未見であり、二十世紀初頭に敦煌蔵経洞の発見に従って、『金剛般若波羅經』、『上都東市大刁家印歴日』、『梵文陀羅尼經咒』、『無垢浄光大陀羅尼經』（韓国出土）など唐代中後期の印刷作品が世間の前に現れた。

歴史文献の記載や出土品を通して、隋・唐時期は、雕刻印刷の初期期として、初期特有の特徴を有していたとの見方がある。印刷規模、応用範囲、技術状況によって、この時期は大体二段階に分けられる。隋末唐初から唐代中期まで印刷術が発明された最初の段階である。その印刷の特徴は技術がまだ熟していないので、印刷の規模はとても小さくて、印刷の内容は主に仏教の印刷物である。この時期に代表的な印刷物があるのは、七世紀初頭で、西安のディーゼル機械工場唐墓から出土した『梵文陀羅尼経咒』と、八世紀初頭に印刷された韓国の『無垢浄光大陀羅尼経』（武周時代に洛陽から印刷術が新羅に入ってきた）である。唐代半ばから唐代の末期にかけては、木版印刷術の急速な発展の時期であり、この時期の特徴は、刻版と印刷の技術がさらに向上し、印刷の内容も仏典、仏像の一般的な書籍（通俗の啓蒙読み物、迷信の読み物、歴史および少量の道家、儒家の著作）に拡大している。京城の長安、東都洛陽から、四川や長江の中流に発展する。この時期の別の特徴は、いくつかの都市では民間の印刷所が現れて、彼らの印刷した各種の書籍が、本市で大量に販売されている。この時期に代表的な印刷物があるのは、咸通九年（八六八年）の『金剛般若波羅密経』で、この印刷品は、巻頭の仏画でも内容文字であって印刷の品質が非常に成熟し、当時の印刷の最高レベルを表している。唐代の後期、印刷史の上で重要な地位にあって、五代と宋代の印刷の発展のために、一定の基礎を打った。

　五代は、中国の歴史においてわずか五十年しかなくて、中国の印刷史において重要な地位を占めている。まず、支配階級の上層部官吏の馮道、田敏らの提唱と組織に力を入れて、二十二年をかけて儒家の経典『九経』の全体を印刷した。こ

人間のコピー技術の先駆けとなった
中国の彫刻版印刷術

れは中国の印刷史上初めて、政府が木刻版で儒家の経典を印刷した本で、政府の木版印刷事業が誕生した。最高学府である国子監が彫刻印刷の主体となり、画期的な意味があり、宋代及びその後の印刷業の発展に大きな影響を与えている。儒家と仏教の二つの種類の印刷物をはじめ、この時期にほとんど各種の書籍が印刷され、史、子、集類の書もすべて印刷されている。第二に、唐代の後期に発展した益州の印刷力は、破壊されていないだけでなく、唐代の印刷技術の発展の基礎の上に、まだ一定の発展があり、その他のいくつかの地域の印刷業も発展している。特に南東部では、杭州は益州と一緒に当時の二大印刷基地になり、数多くの優れた印刷名人を育て上げた。最後に、五代の和凝はまた個人刻書の先駆けとなり、自分の著作を自ら版にしたり、印刷をしてもらうというやり方は当時の非難を受けていたが、印刷史においては時代を切り開く意味があり、宋代になるとこういうやり方が普通になった。

両宋時期は中国の木版印刷の高度な発展の段階で、木版印刷技術、本作りの規模、地域分布の面で、かなりのレベルに達し、中国古代の木版印刷の全盛時代と言われている。両宋の木版印刷はとても高い水準に達し、彫刻工芸や墨、紙を重んじ、校正は精密で、誤字は少なく、後世に重んじられている。また、宋代に出版した書は主に歴代の名家の書体を採用しているが、横平縦、横軽な印刷書体が現れた。それは印刷専用の書体、宋体字の前身であり、これは宋代が専門の版つくり業者を輩出したおかげだ。彼らは長期にわたり版つくりの作業で、印刷専用のフォントを考案した。両宋の時期に中央国子監から地方の各級政府まで、大部分は印刷書に従事したことがあり、公式印刷の規模は広大で、釈蔵や道蔵、『太平御覧』、『太平廣記』、『文苑英華』、『冊府元龜』、『資治通鑑』な

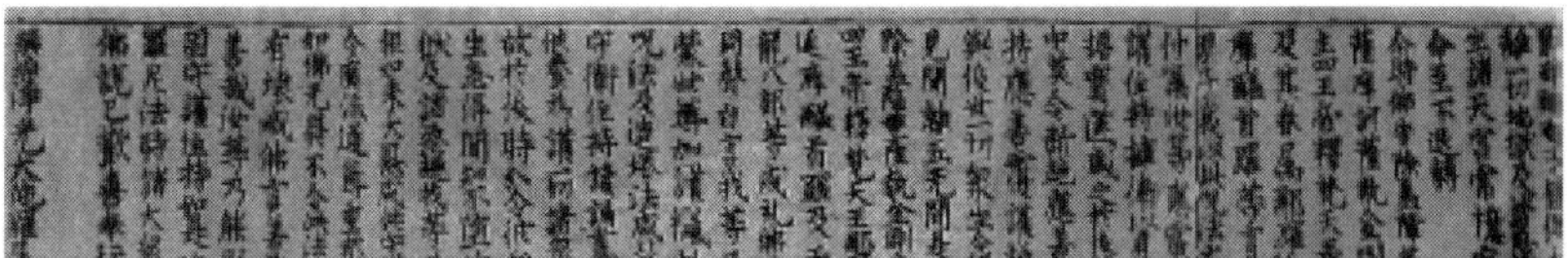

韓国慶州仏塔で出土した『無垢淨光大陀羅尼経」』702 年洛陽で発刊

どの大部類書を刻印した。民間印刷業も空前の活躍であり、私家印刷、寺印刷のほか、民間の印書工房も南北各地に広がり、杭州、建陽、汴京、眉山、江西などの印書基地が形成された。民間印刷作業場の出現により、書籍および各種のプリントが商品として社会に流通していることから、著作権を保護するため、現代版権ページのようなものがたくさん出てくる。印刷の品種も前代をはるかに超え、仏典のほか、経、史、子、集などが印刷の主流となっている。この時期は有価証券の印刷も成熟しつつあり、北宋の初年には四川省で「交子」が流行していた。つまり、朱墨の二色で印刷された紙幣は、普通の印刷品よりも複雑で細かく印刷されている。両宋はまた活字印刷術を発明したが、この時も、木版印刷は活字に取って代わられず、古代中国の印刷業の主流を保っていた。

両宋と同じ時期の遼、西夏、金などの少数民族地域では、比較的発達した印刷業もある。黄河、長江の中で下流地域に発達した印刷技術は、様々なルートを通じて北の少数民族地区に伝播し、燕京、興祝、平陽などが当時の有名な印刷基地となった。遼、西夏、金の印刷は、どちらかといえば、両宋の優れた技術や印刷数の大きさに及ばないが、印刷史においては重要な地位を占めている。まず、中原印刷技術は辺遠地区へ発展したことで、印刷技術を普及させた。

次に、女真、契丹、西夏などの少数民族文字の本が現れて、印刷術の応用分野を拡大した。現在に伝えられた遼、西夏、金の印刷物も多く、その中には非常に貴重なものもある。例えば、金平水の刻印した『四美図』は、現在発見された最も早い木版印刷年画である。山西平陽には当時北方最大の印刷基地があり、『趙城蔵』という有名な作品は杭州のものと肩を並べることができる。

元代は国家の統一により、木版印刷術はより大きな地域で普及し、西部の偏遠地区、印刷業も発展し、様々な民族文字

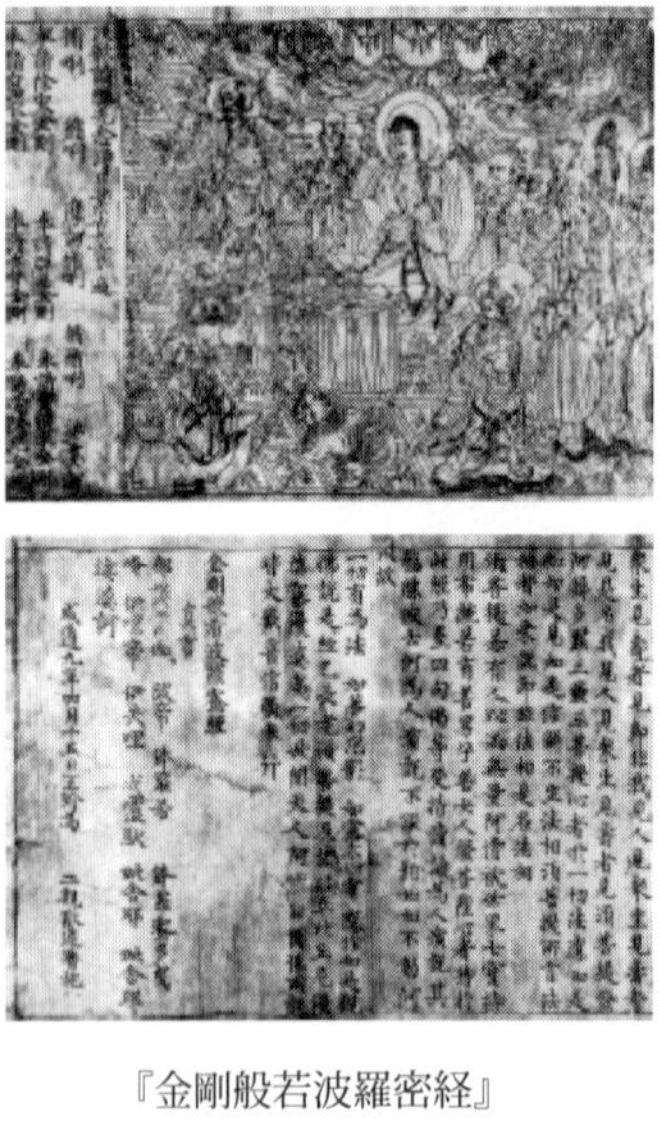

『金剛般若波羅密経』

の印刷が新たなレベルに達している。公式印刷書、民間書坊印刷書、自写書、学校印書は、すべて非常に活発で、特に元代各種学校の刻本量が大きく、印刷史において重要な地位を占め、いくつかの儒学が共同で分業し、《十七史》、『玉海』などの重厚な本を迅速に出版された。杭州、建陽などの書坊では、初めて様々な戯曲本が刻印されており、また、美しい挿絵がある。印刷技術の面でも、新たな発展を遂げ、雕刻版の多色刷り技術は、北宋の基礎の上で新たな発展を遂げた。本のレイアウトで、上はイラスト、下は文字での新しい形が出現し、絵付きの表紙も登場した。装丁には「袋綴じ」という形を使用し、後の糸綴じのための経験を提供していた。元代木版印刷の書体は、顔（真卿）、欧（陽荀）、柳（公権）など古代の名家の書体をよく使うほか、趙（孟頫）の書体も流行していた。元版本の刻印の質は宋版とほぼ同じで、宋版を超えた逸品もある。中国の印刷術は元の時代にヨーロッパに伝わり、世界の印刷史の流れを大きく変えた。

明代は中国の古代印刷業と印刷技術の発展のピークであり、印書の数量や品種、印刷の体系、分布などで宋元時代を大きく上回った。印刷技術と工芸でも発展と革新があった。印刷規模と印書の数量から言えば、宋、元の時期に印刷された大部分の書籍、特に儒家経典は、明代にすべて再版あるいは新しく彫版し印刷された。さらに、新たに出版された各種の著作を加えて、その印刷の品種と数量は宋、元の時代をはるかに超えていた。明代の政府は、中央から地方に一定規模の印刷機構を建て、政府の司礼監修工場で、刻、印、装丁などの職人が千人近くいる。民間の印刷はほとんど全国各地に広がり、宋元以来形成された南京、杭州、福建などの印刷業が比較的集中していたところは、明代になってからその規模がいずれも拡大した。新しい印刷業が集中する地域も現れた。北京、徽州、蘇州の印刷業は、いずれも明代で繁栄してきた。明代には、書院や塾でも書籍の印刷が行われている。印

「清明上河図」の北宋汴京書房

刷技術と工芸から言えば、明代は中国の古代印刷の発展のピークである。明代の二色、多色の刷り本は非常に広く、多色刷りの透かしマークやスパンドプリントの印刷方法が登場した。胡正言は初の造形版印刷を創って、カラーの絵画作品を複製し、伝統の印刷技術を新しいピークまで推し進めた。明代の印刷文字も、刻印にふさわしい方向へと発展し、横平直、方正の印刷書体、細明体が現れた。数百年、細体字の基礎の上にまた長宋、扁宋、仿宋などの種類の変体を生んだ。資本主義の芽生えにより、小さい印刷所はまだ封建的な家族色を残しているが、いくつかの規模の大きい印刷業者の中には、工房の主と職人との間の雇用関係がある。いくつかの印刷が集中しているところには、すでに明確な分業があり、刻版、印刷、装丁の各職責、過去の独自印刷・独自販売の生産方式は、すでに専門の業者に置き換えられている。

清代に至るまで、木版印刷業では、官刻、家刻と坊刻の三者がそれぞれの特徴を持ち、また互いに補完する構成部分である。官刻は皇室印書機構の武英殿を除いて、康熙年間に皇帝は揚州天寧寺内に揚州詩局を置くように兩淮鹽政の曹寅に命じ、全国各地の版つくりの職人を集めて、『全唐詩』などを含む三千巻余りの内府書物を刊行した。これらの本は世に「揚州詩局本」と言われた。多くは著名な文人の自著や前賢の詩文、あるいは蔵書家と校跡学者の叢書を刻んだものである。清代の木版印刷技術は新たな突破はないが、応用分野はより広く、技術もさらに熟練し、印刷品の普及率も歴史最高レベルに達していた。清代の多色刷り技術はかなり発展していて、いくつかのカラー印刷の版画、例えば蘇州桃花塢、天津楊柳青之山東楊家埠などは、比較的に優れている。『芥子園畫譜』は、明代の胡正言『十竹齋畫譜』の技術を継承し、清代の詩版印書の代表となる。

清末と民国の時期には、西洋の新しい印刷技術の伝来により、伝統的な木版

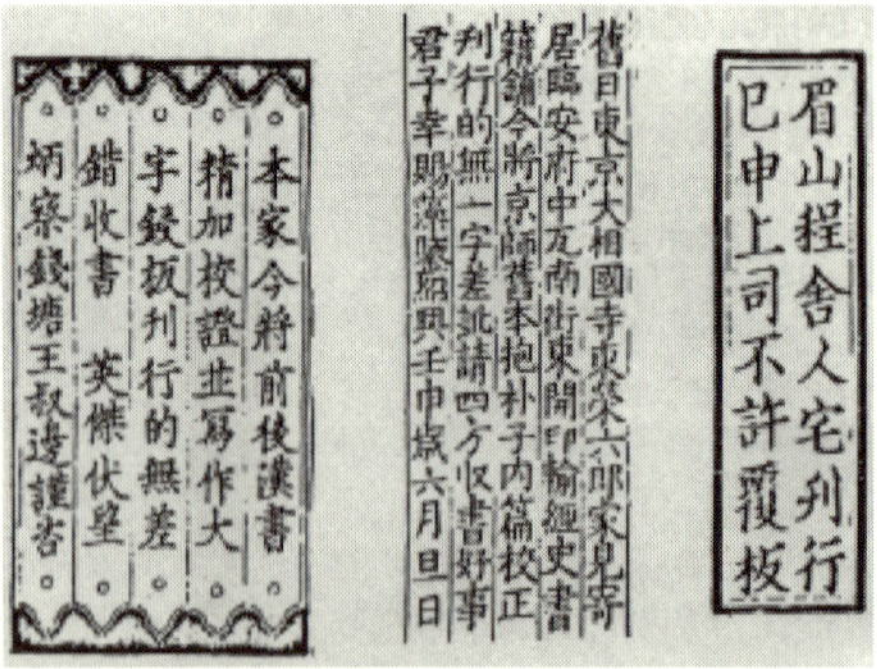
眉山程舍人宅刊行
已申上司不許覆板

舊日東京大相國寺東榮六郎家見寄
居臨安府中瓦南街東開印輸經史書
籍鋪今將京師舊本抱朴子內篇校正
刊行的無一字差訛請四方收書好事
君子幸賜藻鑒紹興壬申歲六月旦日

本家今將前後漢書
精加校證並寫作大
字鋟板刊行的無差
錯收書　英傑伏望
炳察錢塘王叔邊謹咨

現代の著作権ページのようなものである

印刷の全体が衰退していたが、その遺風はまだ残っており、多くの書籍が印刷されていた。例えば、呉興の三人の有名な蔵書家、張鈞衡、蔣汝藻と劉承干は、すべていくつかの叢書を刻んで、栄宝斎、文美斎などもいくつかの木版多色刷りの『詩譜』を刊行した。

神秘的な技

文字や画像を板の上に刻んで、印版に墨をつけ、紙を敷いて、紙に適切な圧力をかけて、印版上の図文を紙の上に刻印させ、紙をめくって印刷を完成させるのが、木版印刷の基本原理である。しかし、実際の操作では、製版印刷のプロセスは非常に複雑で、備材、雕刻、ブラシなどがある。各段階にはいくつかの工程があり、完成には少なくとも六―七人の役割分担と協力が必要である。木版印刷技術は文字の書くことと版の設計に対して高い美学の要求がある。そのうち木版の彫刻は印刷物の品質と芸術性を決める核心技術である。中国の揚州広陵古籍刻印社にはなお全セットの古書版木版印刷プロセスの流れが残され、全部二十余りの工程があり、その流れ全体が古風で典雅な文化の息吹を放っていた。

㈠　版材の選択、加工および印刷用インクの備制

木版印刷の製版用の材料は、細密で、質が均一で、加工が容易で、資源の多い木材を使用しなければならない。文献には、製版用の木材には、菜木、ナツメの木、梓木、柏木、黄楊木、銀杏、その他の果物などがある。現地での取材のために、北方ではナシ、ナツメなどの木を選ぶ。南方版では、黄楊木、梓木などが多いです。ナツメ、黄楊木などの硬い木材は、細かく彫刻された書籍や図版を彫っているが、梨、梓などの

明司礼監経工場図

硬さの低い木材は、刻印で最もよく使われる材料である。

製板の時には十分に彫刻した面積の幹を選んで、約二センチの厚い板を取る。刻まれた印版が変形しないためには、初期の像は長期間保存されている木材を使用して、このように刻んだ印版であり、長年保存しても変形することはない。その後、水浸りや蒸煮の方法で、刻版用材を処理する。具体的な方法は、現成された板材を、水に1カ月ほど浸し、干すことである。浸水する目的は木材の内部の樹脂を溶解させて、乾燥した後に裂けないようにするためである。板が乾燥した後に、植物油で板の面を拭く。また、製版印刷用の墨も特徴的で、松煙などを原料とし、秘方の調製が多い。

㈡　木版と印刷の道具

木版に使われる形、大きさには様々な仕様がある。大きさの異なる文字や文字の異なる部位を彫って、それぞれの刀を使う。彫刻版内の空白部分を処理すると、異なる規格の刀、のこなどを用いる。また、のこぎり、かんななどの一般的な木工道具や、尺、木槌などが必要である。印刷所用の工具は、台のほかに、印刷用の固定クリップ、固定紙の挟み、各種仕様のブラシもある。

㈢　印版の彫刻技術

木版彫刻のプロセスは、書き版、上様、刻版、校正、補修などの手順に分かれている。最後に修正し印刷を渡すことができる。

書き版は、文字通り、一般的には善本の人に書いて、薄い白紙を使って、一定の形式で書く。刻まれた版には誤りがないことを保証するために、書き出したバージョンは、先行校正し、誤字について補修の方法を修正する。初期の木版印刷の仕様は、写本のデザインに沿って、かなり自由である。宋代以降、本編の使用につれて、印字式が定着しつつある。

上様は上版とも言われていて、きちんとして校正され、加工の良い板に貼

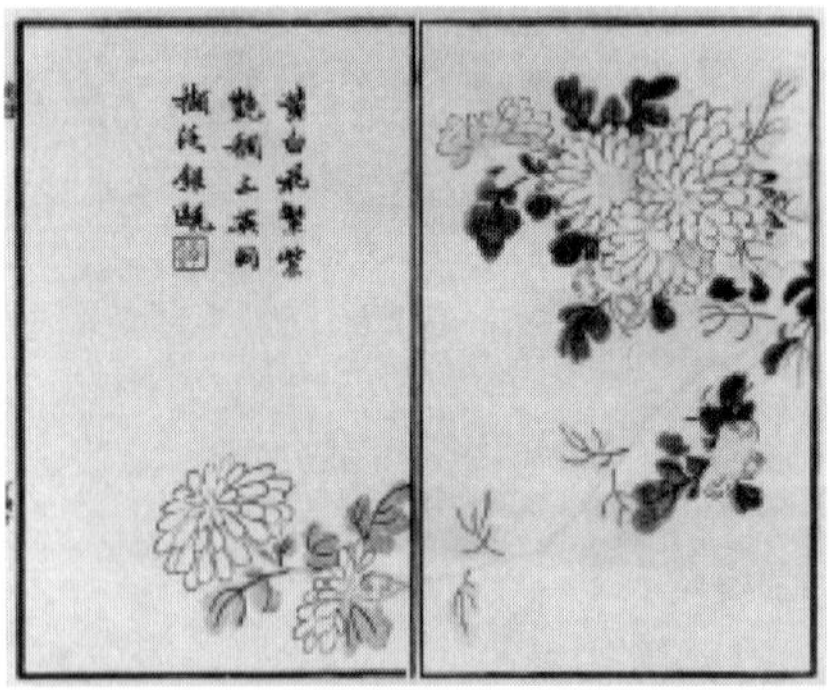

康熙四十年版『芥子園画譜・菊譜』

り付けて、一定の方法を通し文字を板に転写することになる。上様には二つの方法があり、一つは板の表面に薄いりを塗って、板のような紙を板の上に貼り付けて、ブラシで紙の背を拭き、字の跡を板の上にくっつけて、乾燥した後に、そっと紙の背中を拭き、ブラシを使って紙のくずを拭いて、紙面の筆跡や絵の線を使う。はっきりした反文は、筆を彫る職人が墨の跡によって刻み込まれる。別の方法は版を書く者が濃い墨で書いて、板の面で水が濡れて、書いた原稿を板の上に貼り、力を入れて平らにして、文字の墨を板の上に移し、紙を剥がすと、板の上にはっきりした反体文字が残っているが、その文字の解像度は前者に及ばない。だから、彫刻の細面は第一の方法である。

上様の後すぐ刻版になり、これは重要な工程で、それは版の品質を決定する。その任務は紙面の空白の部分を刻んで一定の深さを刻み、その文字とその他の必要な印刷の部分を残して、最後に文字が現れて反体の印版となって、これが私たちのいま称した凸版である。彫刻の具体的な手順は、まず、各字の周囲の近くに刀を刻んで、木の面をリラックスして、刀を使って右手で刀を握って、左手の親指を助け、刀を内や外に押し出し、それから、筆画の端に寄り添うように、あるいは実刻を加えて、筆画の中の内外の二線を形成させる。彫刻は筆画を縦に刻んで、板を横に横書きにして、それから順番に刻み、撇、捺、鉤、点を彫る。最後に刀の周囲の刻線と実刻刀の跡の二線の間の空白を出して、大きい、小さいと違う規格の手抜きの空刀で取り除く。文字が切れた後に、枠とラインの線を刻み、外枠と線の平直を保証するために、直規や専用の規矩を用いる。最後に刀を使って大きな空白のところへ行き、全体の紙面をよくチェックして、印版された彫刻を完成させる。

㈣　印刷方法

印刷は印版のほかに、紙、墨などの材料やブラシ、台などの用具や設備も必要

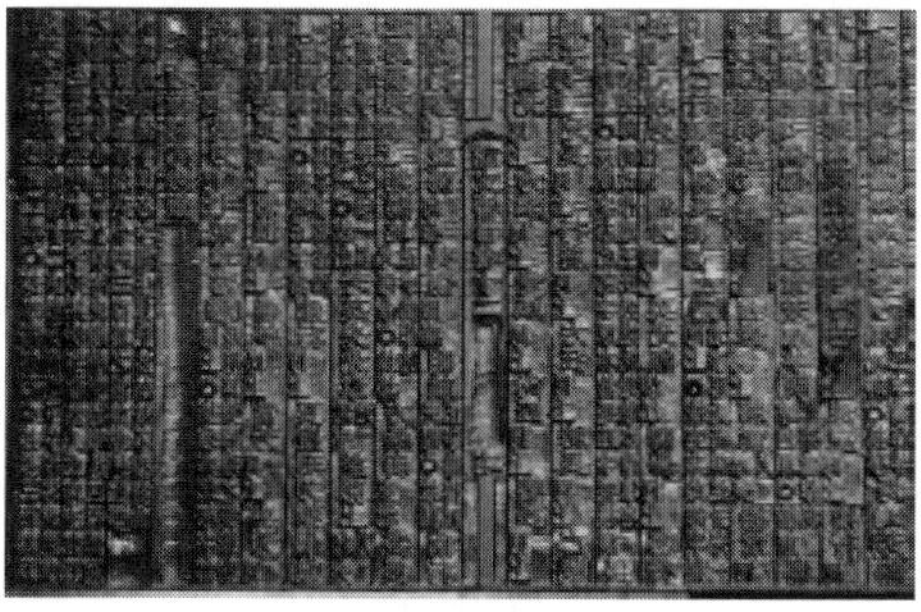

木彫版

である。紙、墨の品質が印刷品の品質を決めている。一定の印版、紙、墨の条件の下、印刷職人の技術レベルは印刷品の品質を決めている。印刷のプロセスは、まず印刷用の接着剤で台案の一定の位置に固定され、さらに数の上の良い宣紙または白綿紙を別の件に補強する。紙や印版も一定の位置に固定されているので、これは一枚当たりの印字規格が統一されていることを保証することができる。印刷時はまず墨で松の煙に墨をつけて均一に紙面を塗り、固定した紙の中から順に一枚をはがし、紙面に並べて、人工的に作られた茶色のブラシで紙の背中をこすって、印版上の紙をはがし、二つの間から自然に垂れ下がって、この時の紙は印頁や印張と呼ばれている。このように一枚ずつ一定の数量を印刷する。

すべてのページは、印刷が終わった後に、さらにフレームの段階に入り、揀頁、齊欄、包扣、穿線、貼簽條、撞書、打書根などの二十以上の工程を経て、単巻の線装書を完成することができ、またいくつかの部分に分けて、更に精巧で美しい、続絹で書籍を作ることができる。

以上のように簡単に述べたのは、木版印刷の単色印刷の工程だけであり、中国では古代から多色刷り、分版タイプの印字型拱花などの色の木版印刷技術があり、この工芸は最も早く南宋の紙幣印刷に使われ、長い発展の過程の中で次第に成熟していて､その基本的な技術の原理と単色印刷は大体同じである。ただ印刷の数が多く、木版印刷技術の要求も高く、ここは編幅が限られているので、いちいち紹介しない。

彫刻印刷の道具

貴重な功績

中国の伝統的な印刷技術が西洋に伝わり、改善された後、近代印刷技術に発展していく。十八世紀の中期、西欧の工業先進国の印刷技術が近代的な水準に入っており、版作り、印刷、製本までのほとんどの工程は、すべて機械化された。時間が経つにつれて、十九世紀半ばになると、西欧では平版印刷が出現し、印刷機の自動化は大きく向上した。清末のこれらの西洋の先進的な印刷技術の伝来に従って、中国の伝統的な木版印刷技術は日に日に衰退して、次第に実用印刷の舞台に淘汰されていく。現在、中国は、揚州広陵古籍刻印社、南京金陵刻経所、四川徳格印経院などの少量の単位で伝統的な木版印刷工芸を継続することができる。

揚州広塚古籍刻印社は、二十世紀五十年代に周恩来総理の関心のもとに設立され、創立した当初は木版印刷職人六十人を集め、古版修版及び印刷の仕事に従事し、国務院によって中国全国の古籍木版印刷版を収集した。江蘇省内では、浙江省で募集され、収束蔵版、整理、修繕、再印刷を経て、数年以内に古版近三十万枚を募集している（現在の大部分の回蔵揚州中国像印刷博物館）、印行図書は十万冊。「文革」期間中、木版印刷の保護は一時破壊され、刻印社も取り消された。一九七八年には、広蔵古籍刻印社は各級の党委員会と政府の関心のもとに、揚州鳳凰街の社跡を再建することができた。一部の専門人員をリコールするだけではなく、新たな新人を育成し、印刷技術の流れを全面的に回復させました。二〇〇二年、市政府が国家新聞出版総署の許可を申請したことを経て、刻印社の基礎の上にまた広霊書社が設立され、古代の像の工芸を利用して、木版印刷を出版し、古籍および書画を出版することができる。今まで、揚州広塚古籍刻印社はまた伝統的な、原生態系の彫版印刷技術を保存しており、彫版印刷技術を集めた芸能人が、伝統的な道具を使って手作業

書き版

版に字を雕る

をし、整理して、新刻を作り、中国の彫版印刷伝統工芸と文化の形を消した「印刷術の生きた化石」「江蘇一宝」と言われている。現在、揚州広塚古籍刻印社は、印刷技術の保護単位として、技術の伝承、保護に力を入れ、師弟の伝承、精品伝承、著述の伝承、教育伝承、社会伝承などさまざまなメカニズムを確立し、全面的かつ完全な保護体系を形成している。刻印社は、古版の散逸を積極的に収集し、現存する印画を保護し、整理、修復を行い、伝統的な木版印刷技術を研究し、一部の失伝技術を回復した。二〇〇六年には、四年にわたる復元と研究を経て、広霊の古籍刻印社の五十名以上の工芸品師、技師が力を入れて協力し、「木刻水印」の工芸品で作られた六巻本「北平短冊」は広霊の古籍刻印社で再生された。

金陵刻経は一八六六年に設立され、江蘇省南京市白下区にあるにぎやかな淮海路に位置し、中国の近代編校が仏経を刻印した有名な仏教文化機関であり、清末に有名な仏教学者の柳仁山のために創設された。一九五七年に中国仏教協会の事業単位となった後、次第に全国の漢文仏経刻印収集センターに発展した。全国各地の木刻の重要な経版、仏典の画像の刻印は基本的にそこに集中しており、藏経版も四万枚余りから十五万枚に増加し、年には四万冊余りを印刷した。国の仏教の回復と発展は重要な貢献した。金陵刻経は、世界で最も規模の最大のコレクションの漢文木刻経像版の宝庫であり、また国内外の中国の木版彫刻、水墨印刷漢文仏教経典の唯一の機構である。百四十年、金陵は木刻像の印刷術に沿って仏経を刻印し、仏教の典籍として木版印刷術という古い文化遺産を伝承し、古香、濃厚な伝統的な特色を持っていて、伝統文化を愛する読者と仏教の信頼性を受けて、仏教界は「金陵本」と呼ばれ、お経流通の善本と呼ばれている。

徳格印経院は、清雍正七年（一七二九年）徳格第十に代土司（つまり六世法王）によって成立し、チベット区の三大印経院の首に位置し、チベット区の最大の印

金陵刻経所

刷センターである。国を通じて何度も修理して保護して、今徳格印経院はすでに敷地面積五千八百八十六平方メートルで、建築面積は九千平方メートル、庭蔵の典籍は八百三十冊余り、木刻版三十二万枚の印経院である。この庭の彫版印刷技術は、製版、彫刻、書き、墨、製紙、印刷技術などから、十三世紀以降の伝統的な方法を維持し、失われた世界の印刷文明のために多くの原始的な例証を提供し、「彫版印刷の化石」の価値を持つ。徳格刷り経院が印刷した本は広く伝えられており、印刷内容の触角所と、宗教、天文、地理、歴史、詩歌、絵画、音楽、医薬、技術、科学技術……。チベット文で記録された文字の著作は、ほとんどのものは拒まない。最も重要な文献は、宗教文献に属するもので、その中の清刻本蔵文大蔵経が、学校の字の精緻、刻んで美しい目で見たもので、徳格版の蔵文大蔵経が、その塘版、北京版、拉薩版と並ぶ。一九七五年五月以降、関係部門の承認を経て、徳格印経院有限の展開は文献業務を販売しており、製品は主にチベット区の寺院、僧侶、農牧民、および各地の大学専門学校、科学研究院に販売されている。また、中国国内には福建四堡、北京栄宝斎などいくつかの地方や単位がいくつかの彫刻版印刷技術と業務を預かっている。これらの地方と単位は、揚州広陵古籍刻印社、南京金陵刻経所、四川徳格印経院などと共に、千古に伝わる伝統的な印刷技術を併設している。不朽の芸は、現代の生き物においてわずかに受け継がれている大きな果実である。

大々的に広める

近代以来、西洋の近代的な印刷術の伝来に直面し、伝統的な木版印刷は手作業の技術が繁雑で、本の作成速度が遅く、コストが高い、色彩が単一で歴史の舞台から退出した。いくつかの伝統的な印刷工場だけが存在していても、経費不足、困難な状況、人材断層、続行無気力などが普通である。数年前に揚州広宮古籍刻印社は経費の制限を受け、木版印刷の保護の仕事は大きな影響を受けた。マーケティングは力がなく、新しい製品の開発に影響した。従業員の収入が極めて低いため、古籍刻印社には一連の木版彫刻・印刷技術を会得した人が十数臣余りいて、その他の仕事に転職した。

二〇〇九年に木版印刷技術を「人類の口承及び無形遺産の傑作」リストに登録した後、無形遺産への社会全体の関心が、木版印刷術の保護は大きく好転した。伝承、保護、展示、伝播が一体となり、精品の伝承、著述の伝承、教育伝承、社会伝承などのさまざまなメカニズムを確立した。伝習所、専門博物館も設立され、全面的で完全な保護体系を形成した。従来の口伝によって伝授された木版印刷術の技法を文字や写真などの様々な形で記録し、「無形文化財」の手本として「無形文化財」の保護を促した。

しかし、現在の木版印刷術の保護・継承は依然として非常に困難で、まだ多くの問題は解決しなければならなく。

木版印刷の影響力をさらに拡大する必要がある。中国製版印刷博物館のプラットフォームを利用し、現物、文字、写真の形式を用いて、中華五千年の文明史と木版印刷の関係、千三百年の木版印刷歴史を展示し、新聞、ラジオ、テレビなどのメディアや祝日活動、国際交流などを利用し、木版印刷の影響力をさらに拡大していく。高校では木版印刷課程を開設し、若い世代に古代の優れた木版印刷技術を愛し理解するようにする。

木版印刷版保護の問題を適切に処理しなければならない。長い間、歴史に残された大量の木版印刷版は、保有者の大きな負担になる。現在、この問題は、木版印刷博物館の設立により、よい解決を得ている。これから既存の木版印刷版保護の仕事を整えた上で、さらに全国各地に散らばっている貴重な木版印刷版を募集し、有効に保護させる。

人材の問題を適切に処理しなければならない。木版印刷は技術性と技巧性の高い手作業として、労働者の労働と高度の知恵を凝縮し、伝承者の要素が重要

雕版印刷技術伝習所で木版印刷を学ぶ人々

である。中国では現在、木版印刷の国家級伝承者はわずか四人で、年齢の多くは五十、六十歳で、新しい世代の木版印刷技術者を積極的に育成しなければならない。

特定のプロジェクトを利用して木版印刷技術を向上させ、産業化を通じて多元発展を導く必要もある。木版印刷は手作りだが、機械複製の特徴があり、完全に産業化の方向に向けられる。既存の古い版や伝統工芸を利用して、社会需要の高い書籍を印刷し、伝統的な木版印刷技術を継承する。

私たちは中国の木版印刷が、政府と人々の努力のもと、長い歴史を永遠に輝かせることを期待したい。

（張　偉）

参考文献

1 魏隱儒『中國古籍印刷史』、印刷工業出版社、一九八八年版
2 上海新四軍歴史研究會印刷印鈔分會編『雕版印刷源流』、印刷工業出版社、一九九〇年版
3 羅樹寶『中國古代印刷史』、印刷工業出版社、一九九三年版
4 宿白『唐宋時期的雕版印刷』、文物出版社、一九九九年版
5 錢存訓『中國紙和印刷文化史』、廣西師範大學出版社、二〇〇四年版
6 徐憶農『中國古代印刷圖誌』、廣陵書社、二〇〇六年版
7 張秀民『中國印刷史』、浙江古籍出版社、二〇〇六年版
8 楊永德『中國古代書籍裝幀』、人民美術出版社、二〇〇六年版
9 羅樹寶『中國古代圖書印刷史』、嶽麓書社、二〇〇八年版
10 任新建『獨壹無二的德格印經院』、『南方周末』、二〇〇四年七月十五日
11 陳躍『揚州雕版千年傳承光耀古今』、『揚州日報』、二〇〇九年二月二十六日
12 管世俊『雕版印刷與揚州』、『揚州日報』、二〇一〇年九月三十日

モンゴル人の歌唱芸術・ホーミー

二〇〇九年九月二十八日から十月二日まで、アラブ首長国連邦の首都アブダビで開かれたユネスコの非物質文化遺産政府間委員会の第四回会議で、中国の重点的に保護された無形文化遺産「モンゴル人の歌唱芸術・ホーミー」が「人類の口承及び無形遺産の傑作」リストに選ばれた。モンゴル族の民謡「長調」に続き、内モンゴル自治区の申告項目が「人類無形文化遺産の代表作名録」に選出されたのは今回が二件目で、民間音楽の分類に属する。

ホーミーはモンゴル族の古い民族の歌の形式で、純粋に人の発声器官を利用して、一人で二種類の声（低い声と高い声）を同時に出す、モンゴル民謡特有の倍音唱法であり、世界でとても珍しい「喉音芸術」で、「モンゴル民族音楽の生きた化石」と誉められている。このような古い喉音芸術はモンゴルの族の形成の時にすでに発生し、そして今まで伝わっている。奇麗な大地の自然の音として、その美しさとして、モンゴル族の人間像を「人声馬頭琴」と呼ぶのも無理はない。呼麦はモンゴル族の長調民謡、馬頭琴と並んでモンゴル族の最も典型的で、最も美しい、最も代表的な伝統的な文化表現の形式である。

ホーミーの前世今生

モンゴル族の民間音楽は多彩な単音音楽だけではなく、そして、現在に残り、古くて素晴らしい、芸術的価値と学術的価値の高い倍音音楽「ホーミー」を持っている。ホーミーは「浩林、潮尔」とも呼ぶ。その蒙古語の原意は「喉」

であるため、ホーミーも「喉音芸術」と呼ばれている。モンゴル族の歌はモンゴルの人々が長い歴史の発展を経て、口頭で創作と伝承されたものであり、モンゴル族人民大衆の勤勉と知恵の産物である。モンゴルの歌は最も早く狩りの音楽の時期（隋唐の時期）に生まれ、遊牧音楽の時期（九世紀中葉の後）に発展し、ホーミーはこの二つの時期に生まれて発展した。モンゴルのホーミーは、四つの八度の音階の特色を歌うことができ、長期の遊牧生活の中で自然の音を模倣し始めたので、そのためにホーミーは「モンゴル音楽の生きた化石」と呼ばれている。

ホーミーの起源については以下のようなものがある。

第一の説は、古代の先民が山奥で活動していた時に、滝の流れを見て音を数十里響くのを見て、みんなが真似をして、それがゆっくりとホーミーを形成したことである。国際ホーミー協会内モンゴル分会主席の格日金図博士によると、モンゴル高原の先民は狩猟や遊牧中に自然の音を模倣している。これは自然、宇宙との有効なコミュニケーション、調和のとれた付き合いの重要な道であると考えている。滝、高山、森、動物の声には「和音」、つまりホーミーの原形が出る。

第二の説は、ホーミーの起源は宗教であり、二千年近くの歴史があるということである。特にチンギス・ハンの時期には、宗教信仰は薩滿（シャーマン）教で、低音ホーミーのような歌が当時の歴史に適応していて、祭天や祈りの読経をしていた時に、ラマの首領は低めの低音を使って、経文を読んでいた。だからこの独特な古い歌はモンゴルの大汗宮廷に盛んに行われ、次第に民間に伝わってきた。

第三の説は、「ホーミー歌法」が、シベリア南部にある現トゥヴァ共和国である。その後モンゴルの民族はこのような歌い方と自分の狩猟の過程の中のいくつかの実用的な音を結びつけてからホーミーという音楽の形式を形成し、そしてモンゴルの草原で広く伝えられ、距離は今日すでに八百年余りの歴史がある。

モンゴル国のホーミー芸術家、阿木耳さんによると、トゥヴァ共和国の普通の村では、多くの人がホーミーで歌っていることを紹介している。自然の音を真似し、人工的な混和音がする。いくつかの現代西部の音楽家は、分気法を用いて同時に二つの声を出し、これは一種の卓越した歌唱法である。自然の音を模倣することにより、混和声音を形成する。ホーミーの発生が宗教に由来するかどうかといえば、阿木耳さんはモンゴル族の薩満教に多くの声部音楽があると述べた。薩満教は自然を崇拝しているので、自然の真似をして自然に崇拝することによって、清らかな音が出てきて、下は重厚な低音の音で、日と地が現れるという意味を示している。ホーミーと宗教にも密接なつながりがある。

さまざまな資料を調べてみると、ホーミーが生まれた具体的な時代については、諸説があり、人々の言い分はまちまちで、考証できない。モンゴルの史詩説が盛んだった十三世紀に生まれただろうという見方もある。以上の三つの観点から、ホーミーの形成は一蹴になるのではなく、モンゴルの音楽の発展に従って形成され、発展したものである。しかし、ホーミーの発生は人々の自然環境と関係があることは間違いない。今のホーミー曲から見ると、大自然の風景や動物の描写などが多くあり、例えば『四座山』、『四歳的海騮馬』、『孤獨的白駝羔』など。歴史の記述から見ると、元蒙古人の住む河湖は広く分布し、深い山密林の鳥獣は多く、彼らは氏族の部族で集団狩りの生活をしていた。狩猟者は様々な模倣動物の声を出していた。たとえば、ホーミーの音の中で、鳥の鳴き声とは基本的な声が聞こえてくる。同じように、獲物を捕らえることにも一種の誘導がある。このような曲はあまり多くないので、山林の狩猟文化時代の音楽の特徴が残っている。草原の遊牧音楽文化の時代になって、伝わってきたオリジナルの大自然音と鳥獣が音楽を鳴いているが、短いトーンの曲を歌うこともできる。音楽スタイルから言うと、ホーミーは短調の音楽を主としていると同時に、また新しい音楽の音が作られたのは、元の旋律性の高声部で、その下に低声部に入って、牛や羊などの家畜の声をまねていた。

ホーミーの伝播区域は、中国では主に新疆ウイグル自治区南奥のモンゴル族に集中している。近年、内モンゴルではモギの発掘、導入などによって、内モンゴルでは、ホーミー歌手が出てきた。中国を除いて、モンゴル国、ロシアのトゥヴァ共和国などモンゴル族の居住区でのホーミーは異なる伝承方式、表現形態が分布し、古くから続いている。しかし、長期にわたって様々な原因があり、ホーミーはずっと重視されていなかった。

生産と生活様式の変化に従い、ホーミーのような古い歌唱法にもその発生、発展と盛衰の歴史の過程がある。氏族の部族の生成、発展は徐々に階級と階層の区別があって、さらにホーミーは二種類の歌に分けられ、哈日黒拉ホーミー（低音ホーミー）と伊斯格勒ホーミー（高音ホーミー）である。音が非常に厚く、低く沈んで、神秘的で荘厳な雰囲気を醸し出しているため、低音ホーミーの声は、モンゴル人の宗教である薩満教の読経や、戦場で士気を鼓舞する戦歌に使われることが多い。高音ホーミーの尖った音色が上層に受け入れられなかったことから、民間にしか残っていない。モンゴル国では二十世紀八十年代、モンゴル国では非常に流行していたホーミーが、中国に広まり、モンゴル民族の特色のある芸術スタイルに注目してきた。これによって、ホーミーについての最初の印象と認識は、大部分の高音ホーミーであることが多く、ホーミーと音の主な要素を構成している。ホーミーの主要な基準であるかどうかの標準となっている。

そのあと、ホーミーの中にある高音ホーミーは「哨音」を帯び、モンゴル国から内モンゴルに伝わってきて、徐々に流行している。これで、モンゴル国からホーミーと呼ばれる。モンゴル民族の特色を持つ不思議な芸術が、人々の注目を集めてきた。各国の専門家の学者たちは、ホーミーについても研究と討論を展開してきた。ホーミーの概念、分布、流布、表現形態などの基本的または重要な問題については、今でも広く受け入れられる成果はない。

このように、ホーミーの歴史が古く、発育が成熟しているにもかかわらず、人々から注目されているのは、その歴史の悠久さではない。音楽の発展は民族全体の発展を離脱せず、ホーミーもそうである。元朝の隆盛に伴い、中国国内のモンゴル族の音楽のジャンルも多様化しているが、元朝の滅亡に従って、ホーミーという一般的な芸術は衰えることがなかった。その後、様々な歴史的な政治的原因によって、薩満教が廃止された。モンゴル国では、政権紛争を経て、一九二四年に革命が成功した後、長期以来自生自滅の状態になってきたホーミーを、純民間形態から社会と専門的なレベルに引き上げた。しかしその過程は平坦ではなく、その後に現れた政治の「左翼」が、寺院を壊し、追い払い、ラマ殺害などの事件が発生した。低音と中音ホーミーは、ラマが経文を唱えたことで広く使われてきたため、封建迷信としてモンゴル国で厳しく禁止された。その結果、ホーミーのモンゴルにおける進化の歴史には一度の不均衡が生じた。低音と中音のホーミーが強いプレスを受けて危機に遭ったが、高音のホーミーが民間化したため、かえって一定の地域ではある程度流行している。

ホーミーという古い芸術が舞台に出たのは、一九三〇―一九四〇年代のことだった。その後もプロのホーミー歌手が現れた。一九五七年の世界青年連合会では、モンゴル国のプロホーミー歌手の歌唱で金質賞を受賞し、ホーミーの魅力を十分に披露し、世界各国の芸術家から称賛を受け、神秘的で神聖な音とされた。モンゴル国は、ホーミー芸術の形式とコンサートの研究分野で豊富な経験を蓄積した。敖德蘇榮さんはこの分野の権威者の一人である。これらの分野で中国の研究は明らかに遅れていて、内モンゴル地域の民族理論研究と専門歌手たちは、このような点をすでに認識し、国内外の連携研究でこのような差を徐々に縮小している。また、内モンゴル地区でのホーミー芸術を探求し、深く研究し、一定の成果を上げた。内モンゴル大学芸術学院の格日楽図先生と内モンゴル放送芸術団の胡格吉楽図先生は、ホーミー芸術研究分野の優秀な代表である。

現在、世界の約十の国と地域でホーミー歌の研究が行われ、さまざまなセミナーを開催している。しかし、ホーミーの歌い方と発声方法の特殊性のため、これまでの普及の度合いは、馬頭琴や長調などのモンゴル芸術には及ばない。人々は呼麦のような古いパフォーマンスに対する深い理解と芸術的アイデンティティを有していない。それに豊かな芸術表現の形式があるが、まだ広範な民衆、特に芸術家に広範に受け入れられていない。そのため、民族音楽のパフォーマンスと研究を志す専門家の学者がこの方面でもっと大きな工夫をする必要がある。

ホーミーを歌う歌手

ホーミーの種類

ホーミーは音楽の表現形態によって、「嘯」性ホーミーと唱性ホーミーの二種類に分けられる。「嘯（ほえる）性ホーミーとは人の発声器官で抑え、息をこらえる、絞り出す、押し上げるなどの運動により発声する特殊な発音芸術である。「嘯」性ホーミーは、のどを太く厚く原音として存在し続け、そしてその上を同時に出し四オクターブ（原音と最高哨音の間）のメロディーのホーミーである。ホーミーを知らない人たちの言うホーミーは、実は「嘯」性ホーミーを指す。ホーミーの発声方法とは、主に嘯性ホーミーの様々な発声方法を指す。ホーミーの音楽表現の形態には、もう一つの唱性ホーミーがある。この唱性ホーミーとは、ホーミーの音を出した押す音で、詞のある歌を歌うことを指す。このようなホーミーは上方向への哨音を強調せず、哨音が出てくるかどうかについては、その音の発声方法で歌うのではなく、声楽で歌う発声方法ではない。その中には、「嘯」が一段後に一段歌われ、交替で行う。この形は集団的であれば、「嘯」と同時に行うことができる。

この二種類分類の他に、民間にはより細くより具体的な分類がある。例えば表演形式に分けると単人型、群体型などがある。単人ホーミーは、一人で行う「嘯」や、独唱のホーミーである。これはホーミー最古の発生の基本形式である。

野外で放牧を行う牧畜民は、自分の好みを満足させるか、寂しさを追い払うために一人でホーミーを歌う。エンターテイメント性のホーミーもあり、このような他人のためのショーは、ホーミーが舞台芸術になる前からあり、各種イベントでパフォーマンスをし、広大な観客に愛された。このような一人演技にも無伴奏と伴奏の二種類の形式がある。牧人ホーミー歌手は野外や無伴奏条件で独り自由に鳴き歌う。ホーミーが舞台芸術になってからもよく無伴奏演技の状況が存在した。もちろん伴奏は無伴奏より効果がある。大型祝典宴会や集会で通常は楽器やバンドの伴奏があり、舞台芸術になった後は、伴奏を伴ったパフォーマンスが一般的である。伴奏楽器では過去に叶克尔、馬頭琴、陶布修尔、冒頓潮尔（胡茄）、笛などの楽器があるが、近現代では洋琴、三絃、胡弓など多様な楽器がある。単人ホーミーは実はホーミの基本形式であり、この単人の形態が各種群体性の表演形式に発展した。群体ホーミーとは、単人ホーミ形式以外の具体的な人数制限のないホーミー公演形式である。これまでのフェスティバルの集会には参加したい人が参加していたが、舞台芸術になってからは監督や編曲者の要求によって人数が決められるようになった。この形式には、純粋な「嘯」タイプと「嘯」「唱」のコンビネーションがある。群体形式のホーミーはモンゴル族の原生態音楽中の多声部の形式である。

発声原理

ホーミー芸術の真の発声方法は、人の発声器官を楽器とし、「憋（息をこらえる）」、「擠（絞り出す）」、「頂（押し上げる）」、の三つの息の力を使った特殊な音声芸術を用いる。ホーミー芸術の最も重要なのは息の運用である。ホーミー芸術と声楽と吹奏楽のようにまず息の力で声を出す。しかし息の運用は前の二つの芸術の息より自分の独特な運動の法則と方法を持っている。それは、息に対する「憋」、「擠」、「頂」などの強い気圧の力によって、声帯から非正常な押し圧の基音で、胸腔、喉弁、口、硬口蓋、軟口蓋、舌、歯、歯茎、唇、鼻などの器官の動きや共感を通じて様々な変化のある基音と哨音の旋律を放つ。その中で息吹の運用は重要である。

ホーミーの発声は、まず息を止めこらえる。息を止めるというのは、肺に吸い込まれた息を下から下まで強く閉塞し、ふさぐことで、喉や胸、腹部（丹田）に息をつけることで強力な支持点を形成すること。この圧力によって、この圧力をリバウンドの推進力に変え、声帯に特殊な振動を起こして、ホーミー芸術に必要な特殊な基音を出し、唇、歯、歯茎、舌、硬口蓋などの各部位の共鳴と技術によって哨音を発する。このような抑制方法は非常に特殊である。声楽芸術の中では息を止めることができなく、息を凝らすことができ、ホーミー芸術は息を殺してこそ必要な音を出すことができなければならない。

その次に、息を押して絞り出すことがホーミー発声方法の中で非常に重要である。息が詰まった息を押し出すと、声帯にホーミー芸術の特色を出す音がする。押し込んだ力は、外向的な横からの動きに向かう。ホーミー歌手は、腹や胸、喉部の力によって強い押し圧をしてから特殊な基音と高周波の笛を出すことができる。このような圧力の目的は主に声帯に追加の特殊な圧力でその非正常な引力を発生させるために、非正常な基音を出すためである。声楽芸術の発声は決して押しつぶされることは許されないが、ホーミー芸術は息を押さなければならない。面白いのは、外向的な内から押し出されたときには、逆方向の拡大感が生じていて、向内押しの面では声楽芸術とは逆になるが、拡大感に近い。強気の時に押し寄せた力は、二つの鎖骨の中間の喉の底に集中している。

ホーミーの発声には、押し上げ運動が必要で、下向きの時には自然に上腹になる力が生まれる。息を止めることと押し込み、力の集中点は丹田で、この点は声楽芸術の息吹と同じであるが、ただ息の力の強さに違いがある。横隔膜や排他筋、腹筋など、それぞれの関係部位の力で息を凝らしたときに力を入れ、息を上に出す。上から下へ、外向的で、下から上の三つの方向の息の運動力に対抗するが、このような抵抗力には対立して統一した協調の動力を形成し、呼麦の非正常な特殊な声を出すことができる。

ホーミーを響かせる達拉嘎

達拉嘎は一九七〇年生まれで、普通のモンゴル族の牧民であったが、歌手の騰格尔に似た外見と声があった。

ホーミーパフォーマンス

幼い頃の達拉嘎は親と一緒に放牧し、子供のころ、少年は母の牧歌とホーミーの中で過ごした。達拉嘎は小学校を卒業してから放牧し、母親によって民謡やホーミーを習っていて、母親がこのような「不思議な声」を出すたびに興奮を抑えきれなかった。ホーミーの歌は独特で、発音の技巧は特殊で、一人は同時に二つの声を歌い出すことができる。たとえば、コンサートは閉息の技巧を使って、息を激しくさせ、太い気泡音を出して、低音の声を形成する。達拉嘎がよく牧場で羊を放ち、青空、白雲、草原、羊の群れ、駿馬、美しい自然環境が、毎日声をかけて歌って歌う舞台を提供していた。自分は毎日家に帰って、ミルクティーを飲みながら、ホーミーの歌唱法を磨いているという。暇さえあれば、母がホーミーの歌をよく解説していた。母の指示によって、彼のレベルは高くなっていった。一九九九年八月、達拉嘎が烏蘇巴音溝の牧場で友人と食事をしていた時、達格尓が奎屯でコンサートを行うと聞き、彼は興奮した。これまで、達拉嘎が騰格尓の動きや声をまねてきた達拉嘎が、自分が似ているかどうか評価してほしいと思っていた。達拉嘎が騰格尓にあったその時、達格尓は彼に「あなたは私に似ている」と言った。感激し、達拉嘎は準備をしていた絹織物を騰格尓に捧げた。その言葉は、達拉嘎に「この上ない自信」を与え、牧場に帰ってきた当夜の達拉嘎はたき火の舞踏会を開き、騰格尓が奎屯で歌った際の看板演技を披露した。二〇〇二年、福建東南テレビは多くの民間芸能人が有名人をまねて歌ってもらい、烏蘇市文体局の康生元は達拉嘎に出演の連絡をし、彼に稽古を指導してもらった。その後、達拉嘎が烏蘇市の各地の舞台で騰格尓の真似をし、彼は烏蘇市の有名な「騰格尓」になった。二〇〇二年一月十九日、達拉嘎が兄に付き添われて福建東南テレビで騰格尓模倣演技をした。そこで、演出は１週間彼を指導した。彼が歌ったのは『蒙古人』で、現場では当時三百人以上の観客がいたが、最初は緊張していた。その後、音楽を伴奏にした彼はリラックスし歌を披露し、これにより達拉嘎はさらに知名度を上げた。

烏蘇に戻った後、達拉嘎が天山牧場の双頭山にモンゴルのゲルをいくつか建てた。ここは環境がよく、草の場は青々としていて、青松が青々としていて、たくさんの人が名を慕ってここに来た。達拉嘎はよく観光客にモンゴル族の民謡を歌い、ホーミーを披露し、彼の歌声は常に牧場の上に漂っていて、このような方式で本民族の文化を紹介し、より多くの人にホーミー芸術を理解させたいと願った。達拉嘎によると、ホーミーはモンゴル族の古い歌の技術で、覚えにくいものである。彼は子供の頃に母と勉強したことがあるが、身につけたのはあまりにも多くないし、母は年を取り、もうすでに歌っていない。達拉嘎が喜んでいるのは、国は今、少数民族の古い芸術の形を守る形で重要視されていることだ。烏蘇市文体局の康生元は、何度も達拉嘎を訪ねホーミーの状況を理解し、彼に演技の機会を与えた。新しい世代の伝承者の努力の下、モンゴル族特有の歌の形「ホーミー」は必ずより良い伝承と発展を遂げていくと信じている。

伝承と発展

ホーミーは内モンゴルの草原で一〇〇年以上も跡を絶たれており、新疆アルタイ地域ではモンゴル民族の中でも失伝に瀕している。だから、中華民族の古い文化遺産を救うことと発展が急務である。二十世紀九十年代以降、内モンゴル芸術界の有志は、国内外の連携などの様々な方法でホーミー芸術を学び、レベルをより速く向上した。その中で、斯琴比力格、張昭翔、吉日木圖、寶力道、寶力達が極めて優れた人である。彼らは一九九〇年代から中国国内外の音楽舞台で活躍している（日本、オーストラリアを訪問するなど）、その中で斯琴比力格はかつて中央音楽学院に招かれ講演をしたことがあって、彼らの録音ビデオは、国内外の各種の学術シンポジウムで何度も放送された。二十世紀八十年代には、莫尔吉胡、達・布賀朝魯は、ホーミーの考察研究と紹介を始めた。内蒙古歌舞団、内モンゴル放送テレビ芸術団、モンゴル族青年合唱団は異なる声楽形式で舞台に向かった。ホーミー芸術は中国民族芸術の教育の中に導入された。

ホーミー芸術はますます多くの人の関心と宣伝を受け、国家と地方政府もこの芸術を保護して伝承することを重要な議事日程に言及した。二〇〇六年五月二十日、モンゴル族のホーミーは中国国務院の許可を受けて第一陣の国家級無形文化遺産の名録に入れ、そして五年の保護計画を実施した。二〇〇九年十月一日、中国のモンゴル族ホーミーはユネスコ無形文化遺産の名録に選ばれた。ホーミー芸術はすでに正式にユネスコ無形文化遺産として中国政府と地方政府の重視・保護を受けた。しかし近代化、都市化の発展に従い、内モンゴルの草原文化は日増しに大きな衝撃を受けた。内モンゴルのホーミー芸術は苦境に直面しており、失伝に瀕している。その原因は主に二つの面がある。

第一、草原の生態の基礎は次第に弱体化し、ホーミーの生存と発展の「硬」環境は大きく衝撃を受け、発展の空間は縮小している。草原文化のホーミー芸術が直面する苦境は、草原の生態環境の破壊とモンゴル民族の生活環境の変化である。清朝後期から開墾した農業の使用地はますます多くなり、草原の面積は次第に縮小した。二十世紀六十年代に多くの外地人が転入し、人口はますます多くなり、また八十年代の内モンゴルの牧場は「草畜双請負」「家庭連産請負責任制」の政策で草原の面積は大量に減少し始め、多くの地方では砂化現象が現れ、ホーミー芸術の発展の空間は激減した。

第二に、近代化、都市化と外来の流行文化の影響と衝撃によって、ホーミー芸術の生存と発展を維持する「軟」条件は失われ、ホーミー自体が革新に欠け、内モンゴルのホーミー芸術が苦境に陥っている。

ホーミーの伝承と発展について以下の三つの方面から着手するべきだ。

第一に、法律法規の建設を強化し、ホーミー芸術の保護を法制の軌道に取り入れ、ホーミーの生存と発展環境を充実させる。

第二に、ホーミーの伝承者の保護を強化し、新人を発掘し、しっかりと呼麦芸術の人口規模を拡大する。また、文字、録音、撮影などの手段を駆使し、ホーミー大師たちの著書や映像資料などを取り入れてホーミー芸術を伝承する。専門のホーミー芸術学校を創立しホーミー芸術の伝授を行う。例えば、ホーミー、長調、馬頭琴などの民族芸術を一緒に教え、定期的にホーミー芸術祭を開催し、ホーミー芸術を普及させる。

第三に、ホーミー芸術に対する科学研究を強化し、ホーミーの科学化、システム化に努める。

第四に、各地域と国家の間の協力と交流を強化する。ホーミーは、内モンゴルのシリンホトやフルンボイルの草原、フフホト市などに分布しており、新疆自治区アルタイ山一帯のモンゴル族の居住地やモンゴル、ロシアトゥヴァ地区でもこのような歌が聞こえてくる。国際間の協力と交流を強化することは、呼麦芸術の伝承と発展に大きな役割と意義を持っている。

（譚　必勇）

参考文献

1　道爾吉『呼麥』、江蘇文藝出版社、二〇〇九年版
2　姚明『唱響「呼麥」的達拉嘎』、『塔城報』、二〇〇八年十二月七日
3　格日勒圖『試論呼麥的種類及其發聲技巧』、『中國音樂』、二〇〇七年第三期
4　『蒙古族呼麥』：http://www.chinaculture.org/focus/2009-11/05/content_361494.htm
5　李惠子『非物質文化遺產呼麥演唱藝術面臨失傳』、『西部時報』、二〇〇六年三月二十八日
6　『內蒙古「呼麥」的坎坷申遺路』、http://news.xinhuanet.com/ focus/2009-12/02/content_12532218.htm
7　賀勇『內蒙古呼麥――申遺背後的故事』、『人民日報海外版』、二〇〇九年十一月二十四日
8　南飛雁『喉音演唱與呼麥』、『天津音樂學院學報』、二〇〇五年第二期
9　『呼麥』、http://baike.baidu.com/view/10914.htm
10　『呼麥――震驚世人的草原文化瑰寶』、http://nm.people.com.cn/GB/196687/ 12342445.html
11　郭雲鵬『試論呼麥及其演唱方法』、碩士論文、二〇〇七年三月
12　『申報世界非物質文化遺產、蒙古族呼麥向前沖』、http://www.qthdaily. com/news/content/2009-03/18/content_69607.htm
13　『蒙古族民歌呼麥入選人類非物質文化遺產代表作名錄』、http://www.china. com.cn/txt/2009-10/16/content_18717952.htm
14　孫茂玲『內蒙古呼麥藝術的生存與發展初探』、『棗莊學院學報』、二〇一〇年六月第三期

羌（チャン）暦年

二〇〇九年九月二十八日から十月二日まで、アラブ首長国連邦首都アブダビで開かれたユネスコ無形文化遺産政府間委員会第四回会議で、羌（チャン）暦年が正式に「人類の口承及び無形遺産の傑作」リストに選ばれた。民俗カテゴリに所属している。

「羌暦年」とは、宗教信仰、歴史伝説、歌舞、飲食と一体となった総合的な民間祭で、羌族の自然崇拝、先祖崇拝の宗教的感情を体現し、人々の労働成果を天地の恵みと先祖によって自覚し、素朴な唯物主義思想を体現している。旧暦の十月に開催されたのは、羌年族が住む環境と密接に関係していて、彼らの生産、生活、文化などと密接なつながりがあり、羌族はすでに遊牧民によって農耕社会に入った。毎年の活動は、形式と内容の面から見ても、すべてが羌族の歴史、文化、芸術、習慣などの活材料を研究しているに違いない。

羌年歴史話

羌暦年は「羌年」とも呼ばれ、羌語では「日美吉」と呼ばれている。地方によっては「過小年」「豊作祭」「返済祭」など様々な呼び方がある。羌暦年は豊作を祝うことと感謝を祝うのが主な内容で、毎年の旧暦の十月の初めに行われ、三—五日続き、濃厚な地方の色を持っています。「羌暦年」の習慣は主に四川省綿陽市の北川羌族自治県とアパ・チベット族羌族自治州の茂県、松潘、汶川、理県、その他の羌族の集居地域に分布している。北川は中国全国の唯一の羌族自治県で、四川盆地の北西部に位置し、四川省綿陽市に所属し、東は江油、南に安県、西は茂県、北は松潘、平武県、面積は二百八十二平方キロ、総人口は十六万人、その中の羌族は九・二万人で、全県総人口の五六・九％を占め、中国全国の羌族人口の三分の一を占めている。長い歴史の発展の中で、北川羌族の生活は、相対的に独立した環境の中で、独自の伝統文化が形成されている。祭りの面では、羌族の伝統文化の特色を鮮明に反映している。その中で最も盛大なのが「羌年」である。

歴史書によると、中国には古代皇帝、弁護士、夏、殷、周、魯などの六つの暦法がある。夏、周の両世代の羌王朝の制定の暦法は今までずっと使われている。夏王朝の正暦『夏小正』は、羌人が祖暦を継承して現在の羌暦に発展した。周王朝の暦は、今日の中国全国共通の旧暦として受け継がれている。

呉天墀の『西夏史稿』によると、夏羌王朝の暦法は、現在陝西、甘粛、寧夏、青海と内蒙南部の広大な西北地区の羌人が設立した「大夏国」によって続いている。一九七一年に甘粛省の武威で出土した夏暦の残本は七—十二月までが残っている。潤十一月と毎月の列島の干支によると、夏仁宗（仁孝）天賀二年、大夏羌人は十二支を一年と呼び、天賀元年には甲寅が「天祝虎年」と呼ばれた。

紀元前三十一世紀に、羌王夏禹は中華大地の上で九河を見渡せ、「洪水」の危険局を治し、中華人類の繁殖を救った。夏禹はその子に位を渡し、夏の始は部落の総首長を引き継いで、国を開いて夏王朝を創立して、全国を九州に分けた。夏朝乃は中華人類の奴隷社会の初期で、それに伴って比較的普遍的な農耕時代に入る。任乃強の『四川上古史新探』によれば、「羌族はアジアで最も早く牧業文化を創造し、農業生産に入る民族」という。夏代の古羌人は日照の変化、星座と月の変化の周期によって数えた。農耕栽培に従事する中で、四季の移ろいを理解し、農作物の春生、夏長、秋の収穫、冬蔵の自然の法則を認識して、農時の周期を悟った。農時の周期と星座、月相、日照の長さで四季の変化を決めた時、日、月、年の数記がある。夏、商（殷）の代は三分の月で、一ヶ月は上、中、下三旬を分けた。周代になって四つ月となった。人々の理解によって自然の時の特定の法則が絶えず完璧な暦法になった。

西暦を基準に三つの暦を比較して説明する。

公暦（太陽暦）	1	2	3	4	5	6	7	8	9	10	11	12
旧暦（周暦）	12	1	2	3	4	5	6	7	8	9	10	11
羌年暦（夏暦）	11	12	1	2	3	4	5	6	7	8	9	10
月建（周暦）	子	丑	寅	卯	辰	巳	午	未	申	酉	戌	亥

上表から月が比較的できるように、西暦と旧暦の差は一ヶ月、羌族と西暦二ヶ月も違いがある。私達の国家は旧暦によって伝統的な区別立春は西暦の二月四日や五日、立夏は西暦の五月五日もしくは六日、立秋は西暦の八月七日あるいは八日、立冬は西暦の十一月七日または八日。これにより四つの時期に分け、季節変化と実際の気候は合わない。羌暦は季節はと実際の気候と時季は合っている。中国のほとんどの地域では旧暦に入る「立春」の時に、各地の気候はまだ真冬、立秋はまだ暑い夏である。そのため、実際には羌暦（旧暦）は実際の時季節気候を組み合わせて統計四季として気候の変化の月を表す。すなわち、西暦の三、四、五月を春、六、七、八月を夏、九、十、十一月を秋、十二、一、二月を冬とした。西暦の三月は羌歴一月である。だから羌暦の一、二、三月は春の実際に気候の変化がある。そのために、中国は羌暦の月の統計によって四季の変化や各地の実際の気候を見た。一九八四年に重慶市が発行された月建は寅をはじめとする羌暦色彩単独暦である。

では羌暦（旧暦）は何によって制定されたのだろうか。これは、この羌人が緯度の実際の地理や気候で実際に制定したものである。過去の広大に広がっていたこの羌人は中国に住んで広大な北西の黄土高原、青蔵高原と南西の雲貴高原地域で、地勢は高いが、気候は寒い。南方水郷は春暖かく、この羌人居住地域の高原は依然として「千里氷結、万里雪飄」の時である。たとえば現代羌人の住む四川省汶川、理県、茂県、南坪、黒水と北川が、平武県など、平原の海抜が低いため、四月に麦を刈り取り、汶、理、茂一帯では5月に鎌を入れる。時差は二十日である。だから羌族の暦と羌族地区の実際的な気候変化と農期が合っており、適用され、羌族人民は夏の時代から五千年余りを踏襲した。

紀元一二二七年になり、中国の広大な北西地域、立国三四二年の大夏羌国がチンギス・ハン軍に攻め入れられた後、羌文夏字表記の暦も伝わり一八八一年に清朝の年間だけ伝わった。後から付き添って羌族の文も共に失われた。年、月、日、時を計算する羌暦は羌人に実際の生活の中でずっと踏襲していた。近代羌人はすべて旧暦（周暦）と西暦の暦法を使っているが、しかし羌人は羌暦を計算通り釈年、月、日、時間を正確に計算し、その他の暦と比較されにくいので、羌人は「鉄板計算」を呼ばれた。「鉄板算」は現代この羌人の暦書である。

十月は羌人農牧場の秋の季節、食糧が豊作になり、牛、羊、豊作を祝うために、「十月は羌暦年を過ごす」とされている。ある羌区は天神の恵みに感謝するために、当時雨が多く振り、家畜がよく繁殖し、食糧豊作であるように「過羌年還天愿」が行われ、「還願節」とも呼ばれる。牛に感謝するため、牛にも祝日を過ごしてもらい、麦餅を牛の角に掛けて、最高の食品を食べさせ、これを「牛王会」といい、人畜も正月を過ごし、これは羌暦の由来である。

「羌暦年」は長い歴史の源である。羌族の原始的な宗教の上壇の経典『木姐珠』によると、天の神木比塔の幼い娘木姐珠は、羌族の青年斗安珠と結婚して、臨行する時、両親は彼女に木の種、食糧と家畜を持たせ嫁入りをさせた。木の姉の珠は人の間に来てから、とても速く人類を繁殖させ、植えた木は急に林になり、食糧は豊作で、家畜は群れになっていった。木姐珠は両親の恩沢を忘れず、秋の収穫後に豊作の食糧と肥えた家畜を野原に置いて、天に祝い、これはまさに羌暦十月の初めで、これから毎年このようにし、定俗を形成した。時代の移り変わりにつれて、古羌暦は巫女の占いの作用を除いて、羌族が羌暦の十月初めにタイ念を過ごす習俗は徐々に旧暦十月初めに変わった。羌暦年の中では高寒の山岳地帯は初冬に入り、家畜が肥え、食糧は倉に帰し、果物がいっぱいになった時であるので、一年の労働の後の楽しみの日でもある。これからは、「羌暦年」は羌民が豊作を喜び、天に感謝する日になった。

羌暦年習俗

羌暦年は毎年旧暦の十月一日に祝祭を行う。一般的には三―五日で、ある村は十月の初めまでである。その時、全寨の人はすべて「神樹林」に祈り、香を焚いて祖先と天神に孝行し、そばの粉で肉の豆腐を餡にした餃子を作り、小麦粉で、羊、馬、鶏などの形の違う動物を作って供物とする。翌日、宴を設けて、嫁入りの娘に実家に帰り、各行事を行う。豊作祈願の祭山会は、全村の祭祀活動であり、既婚の女性が外に出られない以外に村民は酒、肉、蒸しパンを持って会に赴く。会首は全砦の各戸が交代で担当する。その時、一匹の黒公羊、一匹の赤公鶏、一壇の酒、三斤の豚肉、一斤の麦、十三斤の蒸しパンと爆竹とお金などを用意している。祭りの時、まず石塔の前に柏の香を灯して、羌族の近くの山に青石で築いた塔があり、高さ約二メートル、塔の頂には天神、地神、木神などの神霊を表す白石があり、塔の周りは「神林」があり、歴代の祖先が植えた松、柏の木、青岡などがある。儀式では詩を歌い、大まかな意味は「すべてのイノシシ、マシグマ、山鹿、カラス、スズメ、山の神よお納めください、作物を食べられず、「冷子（雹）が落ちないようにしてください」。それから、冷たい水と何粒かの麦を生贄のを耳の中に入れ、それに水をかける。生贄の全身が震えたときが神が受け取った証であり、その場で生贄を殺す。生贄の血を石塔の上にかけて、端公は贄の角を塔の上に置き、その場で煮てそれぞれに分け与える。また、端公はまた、羊の皮の太鼓の上に麦を撒いて、吉凶を占って禁忌を決め、神の命を披露し、読経をして、縁起のよい羊毛を皆に配布する。端公は先に塔の前で酒を飲み、みんなは更にそれに続き、「盔甲舞」を踊って、歓喜して帰る。

羌族人の伝統的な宗教観念には、「万物の魂」、「トーテム崇拝」、「先祖崇拝」などがあり、原始宗教の範疇に属する信仰の習慣は、羌族人の生産生活に影響を与えている。羌族人は祈祷師を信奉して、祭祀活動を重視している。多くの祭祀活動の中で、山神の祭祀活動は最も盛大で、「祭山大典」あるいは「祭山会」、「山神会」、「塔子会」、「山王会」と呼ばれています。これは、古代の風習であり、これまでに、羌族の人々は、平安泰、人畜の繁栄、五穀豊穣の幸福な生活に対する渇望を表し、豊作祈願、慶豊年、願い、返済の性質を含んでいる。大人になって初めて祭山会に参加していた男性は非常に重要視され、祝いの贈り物をたくさんもらっている。羌族の人は１年の中で各祝日の期間は祖先の活動を行う。酒は必要な祭物であり、酒で祖を祭って、福を求めている。

羌族は歌と踊りが上手な民族である。老若男女はほとんど本民族の民謡を歌うことができる。祝日は歌を歌うのが最高の機会である。年越し時、羌族は思い切り踊る。酒の歌は、年節時の「咂酒」が伝統的な歌である。歌うときに主客が並んで座ったり、順番に歌ったり、リズムが緩やかで旋律は優美で、声が高く、と婉曲で、上品で素朴なスタイルがある。歌詞は長く、縁起のよい、祝賀と謝礼や家史を述べることと先祖の業績を追憶する。祭りの歌はいつも踊りを伴っている。形式は「跳鍋荘」、「跳盔甲」、「皮鼓舞」などがあり、「跳盔甲」が一番流行している。踊りのときは、歌を歌うと、男女が互いに位置を変え、お祭りの盛り上がりをみせている。約半分後、１曲が終わり、二番目にまた始まる。参加する男女は数十人になり、咂酒を歌ったり踊ったりすることが多い。歌の伴奏楽器は、主に羌笛で、これは古い六声階のフルートである。また、銅鑼、ベル、チャルメラ、ヒツジの皮の太鼓、胡弓、口笛などの楽器で、これらの楽器は、吹き、奏で、弾く独特の風格を持った民族楽調を持ち、祝日の人々はとても楽しんでいる。

伝承の難航

「十月は羌暦年を過ごす」は羌族人民の伝統的な佳節であるが、人々の移動活動が日増しに頻繁になっているため、若者の伝統文化への興味は絶えず薄れ、羌年を祝う人はますます少なくなり、「羌暦年」伝統文化の伝承は深刻な危機に直面している。

一九八六年の羌暦の十月の初めの日、中国首都北京の一部の羌族の同胞の三百数人は雍繼榮、黄成龍などの組織の下で、初めて羌年の祝賀行事を行った。一九八七年十月の初めの日、四川成都の一部の羌族の同胞は何千人近くで、何雨農（兵団の職羌族の老紅軍）、陳宝生、柳学文などの指導のもとで、西南民族学院の羌族の学生たちの積極的な参加のもとに、盛大な羌暦の新年を過ごした。首都北京と直轄市の成都羌族の同胞が羌年を過ごしたニュースはすぐに四川茂県、汶川、理県、北川の四県の羌族の集居区に伝わり、羌族人民は、数千年の「十月過羌年」という風習を回復することを求めている。民意は各県の政府を反映して、茂県の県長王福耀、汶川王正富、理県の左昌其、北川の蹇洪秀（女）は皆の期待に応え、四県の連合が交代で羌年を祝う活動を開催することを決めた。一九八八年に茂県で開催され、一九八九年に四川省は第二回、一九九〇年に理県は第三回、一九九一年に北川は第四回である。

茂県の山岳地帯の地理的な環境は優越で、県の都市は小さい盆地の中にあり、全県の羌族の人口は九〇％を占めている。一九五八年に茂県、汶川、理県の三県は茂汶羌族自治県に合弁した（一九六三年にまた三県に改治した）、ここは四川蚕叢先王の故郷であり、中華人文初祖夏禹王の神禹の国で、宋代羌族の女将樊梨花の点将台がある。二千年近くを建てた黒 虎羌碉群があり、世界には珍しい羌族民俗「万年孝」がある。六千年前の營盤山古羌文化遺跡がある。

一九八八年十月の初めの日、茂県の全羌城の張灯は結束し、全城は五万人の人を収容し、各県の歌唱隊、皮鼓隊、チャルメラ隊、銅鑼隊、獅子竜灯隊、各式の羌装は異彩を放ち、明るく美しく、全県を驚かせた。茂県の武警部部は「衛国興羌」の旗を贈った。

一九九二年にアパ・チベット族羌族自治州の州府マルコンは、楊光成、叶星光などの動議で羌年を過ごした。しかし州政府の秘書長は文化宮広場で羌暦年を過ぎたことに同意しないため、その年は成立しなかった。

一九九三年に人々は羌暦年の住所を川の対岸の体育館に選んだことがあり、孟柯尔甲　主任の全力支持の下、州政府は二つの咂酒を送り、五百を超える

羌暦年の新年を祝うイベント

羌族同胞が集まり羌年を過ごした。

一九九五年に都江堰市の羌族の同胞は周礼富、楊歩正、余光海などの提唱の下で羌年を過ごし、一九九八年に都江堰市羌学学会が成立した後、羌年はすでに固定祭になった。

二〇〇三年十月二十五日（羌暦十月初一）、四川省北川羌族自治県成立大会は、羌年の日に行われ、三百人以上の皮鼓隊、千人の歌唱隊、美しい羌服、濃厚な風情に、三万人が流れ、広場には大規模な羌族民俗歌舞『西羌神韵』が人々に大きく展示された。

二〇〇八年、陝西省の風県は第一回羌年を祝う活動を開催し、西北羌人の故郷の羌文化の高まりを復興させた。

「羌暦年」の未来

「羌暦年」は、羌族の伝統、歴史の蓄積と文化情報を継承し、伝播し、一族の社会の習性が強固になり、羌族の人々も、すべての生霊、祖国に対する祖先の尊重と崇拝を表現した。しかし、近年では、人々の移動活動が日増しに頻繁になってきたため、若者の伝統文化に対する関心が薄れ、加えて文化の衝撃を加え、羌暦年の新年を祝う人はますます少なくなった。二〇〇八年の四川大地震では多くの羌族の村が破壊され、羌族人民集区は深刻な破壊を受け、羌暦旧暦新年も危うい状態に陥った。

一九八七年旧暦十月初め、省民族委員会は成都で羌年大会を祝した。これにより、羌族地域は毎年の旧暦十月の初めの日を「羌暦年」として統一した。一九八八年に茂県、汶川、理県、北川四県の政府が共同で四年の「日麦節」（羌暦年）の活動を行い、同年、同活動はアパ・チベット族羌族自治州人民政府に羌族の同胞の法定祝日として確定された。これにより、羌族の伝統的な祝日「日麦節」（羌暦年）側が効果的な保護を受けた。二十数年に来て北川の羌年の祝賀活動が途切れることなく、過去とは違った行事は、村を単位として、町を組織として、県城で行われた県全県の「羌暦年」の行事が盛大に行われている。

二〇〇六年には、阿壩州と綿陽市との共同申告を経て、羌暦年は四川省の無形文化遺産に登録された。二〇〇八年、四川省茂県、汶川県、理県、北川県が申告した羌暦年は、第二回中国国家級無形文化遺産の名録に選ばれた。二〇〇九年「羌暦年」は「緊急に保護する必要がある無形文化遺産の一覧表」に登録された。しかし、私たちは「無形文化財」の申告に成功したのは第一歩であることを知っている。「羌暦年」とその代表する羌族文化の保護と開発、未来には長い道のりがある。

羌族の集居エリアでは、毎年旧暦の十月に「羌暦年」として、羌族の同胞は、この日に豊作を祝い、様々な娯楽活動を展開している。全方位、多くの段階で羌族の歌舞、飲食、服飾などの羌族の文化を展示して、羌族文明の土壌の流失を防止する「精神の植生」を構築する。しかし、羌文化の専門家の謝興殿など五十人以上の伝承者や研究者が地震の被害に遭い、独特の「羌暦年」文化は絶滅の危機にあった。

二〇〇九年九月末、ユネスコの無形文化財を保護する政府間委員会の第四回会議は、「羌暦年」を「緊急に保護する必要がある無形文化遺産の一覧表」に登録すると発表した。名録の発表に従って、地震の被災で消えた「羌暦年」文化が再び注目されている。

「羌暦年」と羌族文化の未来は何だろうか。どのように文化遺産申請成功の機会を利用し、外界から地震被災地への空前の注目をどのように活用すれば、「羌暦年」文化を保護して開発していけるだろうか。

第一に、「羌暦年」の保護伝承は、羌族地区の観光と結びつけなければならない。北川県曲山鎮石椅子村の大部分の村民はすべて羌族の人で、村の望楼、砦の家はまっすぐに立ち、羌族の風情が濃厚に出ている。羌族の伝統的な文化、風俗

羌暦年民俗歌舞踊り

習慣に対してシステムの発掘を行うことができるならば、地域の観光相と結びつけて、「羌暦年」の伝統文化の伝承と保護に対して非常に重要な役割を果たす。一九八八年以降、「北茂四川理」は何度も「交歓羌暦年」の活動を繰り返しで、交代で座長し、各県は互いに代表して参加し、互いに羌笛や羌繍の民間技芸を学び合う。災害後の復興では、北川や太鼓町の羌繍が産業化して観光スポットとなってきた。

「羌暦年」文化を利用して羌族の観光を成功させることができる。また、雲南麗江の「麗水金沙」の経験を学んで、一つの精品文芸番組を北川旅行の名刺とし、市場化した。歓楽の莎朗は、羌山の荒々しい神韻を飛び出し、酒の歌の音を歌った。「羌暦年」の伝統文化と羌族の観光と結びついた道は、羌暦年の保護と伝承のために広い新しい天地を作った。

第二に、羌暦年の保護は庶民の増収によって富と結びついている。「羌暦年」の伝統文化の継承と発展は、羌族の特色ある商品の経済貿易活動をうまくやる必要がある。「羌暦年」文化を表す羌族の特色商品は多く、くるみ、栗、わらびなどの食品や、羌族の服飾や工芸品などが広く市場の見通しを持っている。関係部門は、条件の良い地域とプロジェクトを選択して、羌族の特色商品産業基地の建設を速めることができ、それを経済効果とし、「羌年」文化の伝承の内在的活力を増強する。

現在、太鼓鎮勝利村は伝統の羌繍を産業にしている。地震の後、地元政府は羌繍の職人を招待して、女性に訓練をさせた。また、注文を個人に配って、その上に村の羌繍工場に引き返して販売を集中しています。勝利村はまた、禹羌文化開拓有限会社を登録し、羌服装工場とくるみ、羌族工芸品の加工工場を開設し、労働者はすべて村の失地の農民である。勝利村の発展を発展させることは、生産性と製品に変換されて、生産実践の中で伝承されている。聞くところ

羌暦年民俗イベント

によると、新しい北川の山東工業園は、伝統的な羌繡の製品を創造することを計画している。下駄箱、腰巻き、香包、男女の服飾などの伝統的な製品のほかに、背もたれ、腕カバー、ショッピングバッグ、コースター、携帯カバー、帽子などの新製品を生産する。

第三に、「羌暦年」の伝承者を増やす。北川羌族民間芸術団の団長楊華武は「羌暦年」の代表的伝承者の一人である。地震後、青片郷の演技基地がひどく損壊したことによって、楊華武は隊を羌山に連れて行った。しばらくは遊智区の老竜山に客居して、芸術団の羌笛、口弦、皮鼓舞、莎朗などの原生態演目は広く称賛されたが、時間が長く、羌山の環境を離れて、長々とした陽城区の羌族民間芸術団は経営が困難であるだけでなく、俳優は生活習慣、心理、共感などの面で気まずいことになった。「羌暦年」文化の保護は、元の生態の地理的な空間だけではなく、さらに「羌暦年」の伝承者を重視することが必要であり、文化部門は人々に一定の経費を与え、生活の上で慰問と助けを与え、「羌暦年」の伝統的な文化の継承と発展のために良好なものを創造することが必要である。

復興の中で、北川二十三の郷鎮はすべて文化駅を建設し、修復して一つの羌族の文化施設と場所を修復・再建し、伝承者の弟子に芸を授けることを保護する。九つの無形文化財伝習所には、「羌暦年」の伝習所があり、北川は非遺保護センターを建設し、保護センターの中央展示館が二〇一〇年に正式に公開された。これらはすべて「羌暦年」と羌族の伝統の文化の発展のために広大な伝承の空間を提供した。

（譚　必勇）

参考文献

1　羌炎文化編輯部『西羌文化』、四川省阿壩州羌學學會出版社、二〇〇〇年版
2　『羌年』、http://baike.baidu.com/view/1212147.htm

3 『「羌年」的未來』、http://news.163.com/09/1026/06/5MHGUVCU000120GR.html
4 『羌年頌』、http://www.qiangzu.com/show.php?contentid=707
5 『羌年』、http://www.chinaculture.org/focus/2009-12/10/content_362382.htm
6 『中國「羌年」列入急需保護非物質文化遺產名錄』、http://news.sohu. com/20091017/n267438082.shtml
7 『走進羌家過羌年——蘿蔔寨羌族羌年慶』、http://minzu.folkw.com/Content. Asp?ID=2756&Page=7
8 『羌年、羌語、羌人』、http://epaper.rmzxb.com.cn/2009/20091126/t20091126_288649. htm
9 馬寧『羌族咂酒的制作、使用及其功能解析』、『西北民族大學學報』、二〇〇三年第五期
10 陳捷『羌族的「咂酒」文化』、『釀酒科技』、二〇〇七年第十期
11 『〈羌魂〉感動蓉城、羌年等羌族文化遺產鮮活呈現』、http://scopera. newssc.org/system/2010/03/24/012641 470.shtml
12 郝勇『羌族同胞咂酒慶羌年』、『四川日報』、二〇〇五年十一月七日
13 陳捷『羌族的「咂酒」文化』、『釀酒科技』、二〇〇七年第十期
14 齊運東『我國羌族的咂酒習俗』、『釀酒』、二〇〇六年十一月、第三十三卷第 六期
15 『羌年史話』、http://www.qiangzu.com/show.php?contentid=178

黎（リー）族の伝統的な織物技術
――紡績・染色・製織・刺繍

二〇〇九年九月二十八日から十月二日まで、アラブ首長国連邦の首都アブダビで開かれたユネスコの無形文化遺産政府間委員会の第四回会議で、中国海南省が申告した「黎（リー）族の伝統的な織物技術――紡績・染色・製織・刺繍」が「緊急に保護する必要がある無形文化遺産の一覧表」に選ばれた。

黎族の歴史は悠久で、長い歴史の発展の過程の中で、黎族人民は自分の賢明な才知で、独特で優秀な伝統文化を創造した。その中で、古朴、典雅、精巧な黎（リー）族の伝統的な織物技術（紡績・染色・製織・刺繍）はとても強い芸術的な魅力を持っていて、数千年の歴史によって形成された巨大な富である。

史書によると、黎族の伝統的な織物技術は二千年以上の歴史を持っている。漢代以来、歴代の封建支配者の貢ぎ物となった。中国の伝統的な紡績業は絲紡と麻紡である。綿紡績は最も早く、海南島からである。黎族の綿紡績工芸は宋元以前に中原地区を千年余りリードしていた。中国の綿紡績業の発展を促進するために特別な貢献をした。黎族の伝統的な織物技術は黎族文化の「生きた化石」で、中華民族の服飾文化の中の美しい花である。

黎族織錦工芸――黎錦

海南島は天気が暑く、土壌が肥沃でアルカリ性で、木綿の成長に適している。昔の崖州（現三亜市）は、綿の生産はかなり盛んで、中国の綿の原産地の一つである。崖州黎族の女性は新しい綿を摘み取った後に、綿の種を押し出し、「手で茸を握って紡ぐ」。宋代の詩人・艾可叔の『木棉詩』では、黎族女性の紡績の生き生きとした情景を「車轉輕雷秋紡雪、弓彎半月夜彈雲。夜裘卒歳吟翁暖、機杼終年織婦勤」と表現している。南宋・周去非の『嶺外代答』によると、綿桃の熟した季節になると、黎族の女性は綿を採って紡いだ。

『尚書・禹貢』には、「島夷卉服、厥篚織貝」という説があり、学術界は「島夷」は海南島人民の先民を指し、「織貝」というのは、華やかな綿織物であると考えられている。三千年前の春秋戦国の時期に、黎族の女性はすでに「吉貝」（綿）を栽培し、紡績に使われ、中原地区より千年以上も早く、華夏の各民族を長い間引っ張っていた。数百年の模索と革新を経て、黎族は次第に紡績・染色・製織・刺繍の四つの伝統工芸の流れを形成してきた。「吉貝」の中から繊維を抽出し、足で糸を通して手で糸を引いて、色とりどりの「卉服」と「広幅布」を織っていた。漢代の黎錦は華美の高貴な品質で、江南一帯に盛名を有し、宮廷の愛顧を勝ち取って、献立の極品となった。宋元の時期、黎族の綿織物技術と工芸品はすでにとても高い水準に達していた。元の時代の中国の最も傑出した女性紡績家・黄道婆は黎族の紡績・染色・製織・刺繍工芸を学んで、改善と革新を加え、松江地区で広く伝播し、中国の紡績業の急速な発展を促進した。これは、黎族人民の中華民族に対する最も卓越した貢献の一つでもある。

黎族の織錦は典型的な原生態文化の特色を持っている。黎族の女性は紡績に精進し、木綿と地元の綿の紡績について特に独創的に工夫している。宋代以前、黎族の女性は布を紡ぎ、カラーシーツのカバーを織っていた。「崖州被」が中原に輸出された。昔、黎族地域では、どこの村に行っても、この村の女性の手から出てきたストッキング、上着、スカーフ、ハット、花の帯、胸かけ、腹巻、包み、壁掛けなど精巧な織物芸術作品に豊富な図案、見切れないほどの花柄が施されており、南国郷土の独特なあでやかさを展示している。

黎族の伝統的な紡績・染色・製織・刺繍技術（黎錦）は黎族の綿紡績工芸、麻紡績工芸および纈染工芸と合併して成って、黎族が創造した一つの古い技術である。黎族の聡明さと知恵の結晶であり、植物染料を使った優れた技も展示されている。海島綿、木綿、様々な野生の麻類などの繊維材料を利用し、多種の植物や鉱物を使いこなして染色する技術を身につけ、簡単な千年不変の紡輪紡績を身につけ、腰を張って機織りの道具で「艶若雲」の黎錦を織り、工芸レベルは十分に発達しきれいである。最も特色のある芸は、「単面織」、「両面刺繍」、「絞り染め」などの工芸特色である。潤方言区の黎族が織りなす貫首衣が早いのは、人類の服飾文化の生きた化石であり、その「両面刺繍」の芸は黎族の代表的な刺繍であり、その技は上裏の程度に細かく分けられている。哈方言区黎族の単面織は、織物の正面は青い色の模様で、図案は人紋を主として、裏の素色、また少し凹凸を呈して、工芸品の精緻な巧みさを作っている。美孚方言区黎族には絞り染めの技術があり、「絞纈染」と称され、最も地方民間の伝統的な風格を持っている。黎族の女性は手によって非常に精巧で美しい黎錦を創造し、貫首衣、スカート、頭巾、花帯、壁掛けなどの工芸品を持っていて、その模様は一五〇種類があり、内容は黎族の生活、民俗宗教など多彩な文化を内包している。黎族の服装は、黎族の伝統的な紡績と織り付けの技術の結晶で、典型的な民族の特徴を持って、各方言地区の服装は歴史的に別の血縁集団と集団を区別する重要な標識である。

四大技芸

清代の文人程秉釗は「黎錦光輝艶若雲」という詩句を使って、巧みに天工を施した黎錦を賛美した。黎錦が人々に愛されたのは、主に繊細で巧みで、美しく実用的であるからで、紡績・染色・製織・刺繍の面に、この民族の特色がある。黎錦は織り、染め物、織り花が中心で、刺繍が少ない。黎族の伝統的な織物技術は紡績・染色・製織・刺繍の四大工程を含んでいる。紡績——すなわち綿を取り、糸を抜け出し、糸を錠前に巻く。染色——黎族の伝統的な染料は植物染料、動物染料、鉱物染料の三種類がある。製織——腰を張る織機を使って布を織る。織り機は簡単•精巧で、操作しやすい。刺繍——黎族の伝統的な刺繍は片面刺繍と両面刺繍の二種類がある。刺繍の技術は、針法、刺繍法、生地の三つの段階に分けられ、刺繍、色、図案の三者を一体にすることができる。刺繍の工芸は見事で、図柄は質素で自然で、独特な民族芸術の風格に富んでいる。

㈠　紡ぐ

主な工具は手で紡ぐのと足踏みの織機がある。人々は一般的に雨季で採集した野麻の外皮をかき集め、浸水、洗うなどの工芸をし、漬け込んで、手で麻糸にしたり、紡輪で糸をつけたり、布にしたりする。

㈡　染める

染料は主に山岳地帯の野生または家庭の植物を用いて原料を作る。これらの自然染料は色が鮮やかで色あせにくい。染色は民間の重要な経験の知識である。美孚方言区には絞り染め染色技術があり、絞纈染と称される。先に刺して線を染めて更に織布して、刺し、染めて、織の工芸を巧みに結びつけて、中国では唯一無二のものである。

㈢　織る

織り機は主に足踏み織機と腰を張る織機の二種類に分かれている。腰を張る織機は一種の非常に古い織機で、六、七千年前の坡氏族の使用する織機と非常に似ていて、黎族の女性は腰を張って布を織ることができて精巧で美しい複雑な図案を織り出すことができて、その工芸は現代の大型の抽出設備に遠く及ばない。異なる図案、色彩と風格の黎錦はかつて異なっている血縁関係の部落・群体を区別する重要な標識で極めて重要な人文価値を持っている。

錦を織る女工

㈣　刺繍

黎族の刺繍は単面刺繍と両面刺繍がある。その中では、白沙潤方言区の女子上着の両面刺繍が最も有名である。中国の有名な民族学者の梁釗韜などの編集した『中国民族学概論』はこのように両面刺繍を表している。「黎族の中の地元黎民（潤方言黎族）女性は両面刺繍に長けており、構図、造形を特徴として、彼女たちが刺繍した両面刺繍は美しく蘇州地区の漢族両面刺繍にひけをとらない」

黎族絞り染め

黎錦の四大工芸の中で、黎族のすばらしさと魅力の染色工芸は人にあまり知られていない。現在では、染色技術をまだ掌握している黎族の女性はあまり多くない。中国の民間で、黎族も唯一、多種の植物を使って染色を行う民族である。

黎族の印染は絞り染めが主で、古代は絞纈と呼ばれている。織物は縛り、入染、干乾、折線などの段階を経て、最後に色鮮やかな花布を形成する。染められた染料は、植物の葉、花、樹皮、木の根などを中心に、天然鉱物が補佐している。

㈠　感動的な伝説

黎族は自民族の文字がなく、漢文典籍には黎族の染色に関する記述が非常に簡略である。染色の起源に対する黎族の老人の説明は、中国に広く伝えられている「梅葛二仙」の物語と相通じている。古い時代、人々は麻布などの繊維材料で服を縫って、麻衣は獣の皮の羽より快適だと言われているが、残念ながらすべて灰白色で、獣の皮の羽には及ばない。ある日、梅、葛が白い布を木の枝にかけて干していた。突然、布は芝生の上に吹き落ちた。その二人が気がつくと、白い布は「花」の布になって、上に青々とした。そこで二人は大山の草を抜いて、いたずらで水たまりに入れ、また白い布を入れ、白い布は青になった。梅、葛はこれによって啓発され、植物で布を染める方法が発明された。梅、葛はまた染めの先師となり、「梅葛二仙」と尊称された。

㈡　主要染料

数千年、器用な女性は、先進的な紡績技術を発明しただけでなく、最も優秀な「調色師」となった。黎族の使用する染料は植物染料が多く、動物類や鉱物類の染料の使用は少ない。植物染料は、藍類に加えて人工栽培のほか、ほとんどは野生である。植物染料の利用可能な部分は、根、茎、心、皮、葉、花、果物などを含んでいる。黎族の生活は熱帯雨林地区で行われ、植物染料の資源は非常に豊富である。黎族女性は使っている植物染料の種類が多く、地域によっては、好みや習慣が異なるため、染料の運用にも違いがある。現在、黎族がよく使う植物染料は十数種類ある。

①　藍染

黎族は深い色の服を着ている。伝統的な服装は深い青を底にし、荘重で気前がいい。藍色は黎族が最もよく使われる染料であり、藍は藍植物から得られた植物染料を使用して染め物に染色する方法である。藍は、海南の民間の多くは藍靛、藍草などと呼ばれ、中国で最も早く利用された植物染料である。藍に染み出された織物の色沢は青を主とし、染色回数の増加につれて、色がだんだん深まり、濃紺として、色が強く、しっかりして、洗いやすい。

黎族は藍染と藍草を栽培する風習が一般的である。藍草は様々な藍色を作る植物の総称で、黎族に使われる青草は約四、五種類ある。藍草で染めるには、まず色を作り、造作は藍草の中から藍を抽出する。まず茎と葉を摘み取って、土器の中に置いて、水に入れて浸し、数日後に藍草が腐って発酵し、黄緑色が青黒になったときは雑質を取り除いて、沈殿した後に、深い青の泥状の沈殿物を残し、造作が完成する。そして水を取り出し、土器の中に沈殿物を形成する。そして、草木の水や米酒を加え、発酵の程度で二—六日置く。染め物を浸すように染め液に入れて染める。藍染は常温の常圧条件で行われた酸化還元反応である。染めたい物を、染色液に浸すことによって、取り外し、たたいて、揉んだり、引っ張ったりするなどして、それを十分に浸透させせて、再び取り出して水分を干して酸化し、一般的には何度も回数を経て、そして乾かす。数日後に希望の深い青に染まる。最後に染み込まれたものを清水に流して、理想的に染め、満足するまで作業を続ける。

② 染媒染色

黎族女性はどの植物がどんな色を染めているかを知っているだけでなく、染媒を使いこなすこともできる。染媒は、染料と染められる物の物質が似ている物である。染色技術の中で染媒を使用するのは染色技術の進歩で、色の品種を拡大し、色の鮮やかさを高め、複合色が大きく増加し、染料や織物の親和関係が大きく強く、染められにくいものが色あせにくい。染色技術が複雑なのは、長い時間の実践の上でしか把握できない。

烏墨の木は黎語で「波片」と呼ばれている。剥がした烏墨の樹皮を、かけらに切って陶鍋に入れ、マンゴーの核を入れ一時間程度煮込み、木の棒でひっくり返すことなく、マンゴーの核によって固定色の色鮮やかな染媒に作用する。麻糸の色を均一にし、必要な色を作ってから取り出し、そのとき麻線が深褐色になる。すぐに黒い泥を入れ、手でこすり、十分に色を塗って、約一時間埋めて、洗い、干して取り出す。褐色の麻線は不思議な純黒になる。

文昌錐の木は黎語で「坑派」と呼ばれ、野生の木本植物である。剥ぎ取った木の皮を乾かして小切りにし、鍋に入れて約一時間煮た後、さらに麻線によって適量のサザエを入れ、かき混ぜた後に麻線を入れ、麻の線を赤にして取り出し、乾かす。サザエは、民の植物が染色している中で最もよく使われている。色を固めて、布の明るさを高める作用がある。貝殻灰、草木灰には様々な金属元素が含まれており、染媒の作用がある。染料の中に酒を加え、色を改善することによって一定の役割を果たすことができ、酒は染料の浸透性を強めることができ、綿糸は良い染色効果と堅固な程度を持つことができる。

伝統的な棉紡績の図柄

㈢ まず染めてから織る

古代には透かし彫りの印紙や染印紙類の織物があるということで、夾纈（透かし彫り）蠟纈（蠟染）、絞纈（絞り染め）の三つの類型がある。絞り染めは扎纈とも呼ばれ、絞纈の俗称である。黎族絞り染め工芸は宋代以降の文献にも記載されている。文献において「結花黎」というのは、工芸を身につけた黎族のことである。当時、民貢朝廷や大陸部の「盤斑布」、「海南青盤皮（披）単」、「海南棋盤布」及び宋末元初に出た儋州、万州の「纈花黎布」などが、絞り染め工芸で作ったものである。黎族絞り染め工芸主要流行地区は、主に美孚方言と哈方言地区である。美孚方言絞り染めは普遍的に普及し、専門的な機械がある。哈方言には専門的な機械がなく、経線の端を腰の間に縛ったり、足端に掛けたりして、図柄の線が粗い。

絞り染め工程は一般的に描く、縛る、染める、ほどく、洗うなどの過程がある。しかし、黎族の女性の絞り染めは、絵の模様は彼女たちの心の中にある。重要な役割を果たし、直接的に染める良し悪しに影響した。美孚女性の縛る方法は、しっかりとした計画を経て、両端が一つの長さ約二メートルの木棚に固定し、それから経線によって青や褐色の綿糸で様々な模様の模様をつけている。図形は幾何学の紋様である。

縛り完成した後、木棚から布を外して染める。美孚方言には藍染が多い。布の色を均一にするために、しっかりとした経線を水で濡らし、それから染め液の中に入れて回転させ、色を均一にして乾かし、空気中に酸化して凝固させ、このように繰り返している。入染が完成したら、縛られた糸を一つ一つ取り外し、水で洗って、浮色を除いて干す。この時、線の上に色の斑の模様が表示されていて、機械で斑の花の経線で色の横線を織り、そこで一枚の精緻な芸術品を形成する。

黎族の絞り染めの最大の特色は先に経線の上で絞り、更に染色して、最後に各種の色の布を織る。つまり先に染めてから織っている。中国の他の民族は織り成す白布の上で染めて、つまり織ってから染める。黎族の先に染めて布を織るのを他民族の先に布を織り染める事と比べると、図案は厳格でなく、また色の変化を増加させ、段階はいっそう鮮明に豊かになる。このような自然な天成の無階層色は、黎錦にいくつもの姿を添え、芸術的な感染力を持っている。

工芸特色

黎族の伝統的な織物技術は多くの顕著な特徴を持っていて、主に以下のいくつかの方面で表現している。

㈠　図柄が豊富である

黎族の娘は十三歳ぐらいから先輩の指導のもとで紡績を学び、優れた紡績技術によって世代から受け継がれてきた。黎族の女性は自由な想像力を発揮し、豊富で非常に特徴的な華が織りなす芸術の図案を創造した。黎族織錦は水波、藤、虹、雲霧、幾何学模様、星月、草木、竹林、牛鹿馬、ヤシの木、昆虫、古人踊り、家屋、カエルの、生活道具、および比較的に見かける日月、雷電、山川水、雲、白藤、鍋茶碗、藤箱、竜鳳、黄縮、水牛、鶏犬、カメ蛇などの動植物、自然界の物象など一二〇種類がある。これらの図案は黎族の生活環境、地理的条件などの自然なイメージによって、芸術の抽象化によって形成されたものである。花紋、動物紋、植物の紋、生産道具の紋、三角形、菱形などの様々な幾何学のパターンの紋様が多い。別のタイプは、刺繍の壁掛け、錦織の袋、各種の装飾物の上の図案で、人形の紋、竜紋、鳳紋、鹿の紋、カエルの紋、樹木の草花、雷電と日月のや火などが多い。

黎族は哈、杞、潤、台、美孚五大方言に分かれ、それぞれの言語区は、生活習慣、文化経済、生産環境などの要因によって、錦織の図柄も異なっている。これによって、黎族織錦五色は多彩なものがある。哈方言は、人形の紋、動物紋、植物の紋、生産工具の紋、自然界の様々な図形の紋様が補佐して、造形は生き生きしており、構図は旺盛で、色が濃く、内容が豊富である。杞方言地区は、舞踊や生産、生活、婚恋など、平安を祈る人の姿を描く。潤方言地区の図案は形を追求し、色調が調和し、対照的で、線ははっきりしていて、人の紋、竜紋、鳩の紋を主にし、その他の動物の紋、植物の紋、花卉の紋は補佐となる。台方言地区の図案は、人形の紋、カエルの紋が多く、特にカエルの紋はスカートの上にあるのが一般的で、黎族の社会では、カエルは、母の愛と厄除けのために使われている。美孚方言地区の図案は、人紋、鹿の紋、ミツバチの紋、鳥の紋、漢字の模様、波の紋、水波の紋、曲線の紋様が多い。鹿は黎族人民の心の中の縁起のいい物で、善良と美しさの象徴である。

㈡　精品竜被

黎族の伝統的な紡績・染色・製織・刺繍の四大工芸を集大成したのは、黎族竜被である。竜被は「広幅布」、「崖州被（崖州）」、「大被」とも呼ばれ、黎族の伝統的な織物技術の最高の成果を代表する芸術的な逸品である。竜被は竜を主体の模様の図案にして、構図は充実で、均整がとれていて、調和がとれ、色は美しく、華美で、格調は高貴で、穏やかである。月、山水、青空、祥雲、虹を中心とした自然界の模様の図案を引き立てにして、祖先の図、八仙図、五子登科図、福禄寿三星図、嫦娥奔月図を主とする神話の人物図や、竜鳳、キリン、白虎、金獅子、仙鶴、雄鶏、カササギ、コウモリ、コイを主とする縁起物、靈芝、仙桃、桫欏、牡丹、蓮花、仙草、臘梅、幽蘭、金菊、翠竹などの植物を図案としている。また、竜被に漢字を刺繍されたものもあり、楷体、隷書、行書、草書などの書体もある。竜被は黎族方言と居住地区の違いのためにそれぞれ異なった芸術の風格と特色を生み、黎族文化の進化を研究する貴重な実物の資料になった。一九五〇年以降、一部の黎族女性しか作らなくなり、既に高齢化が進み、救助が必要である。

㈢　際立った特徴

①文化の「生きた化石」

一種の工芸は数千年存続し、間違いなく人類の歴史の上の一つの奇観である。紡輪紡績、機織り、貫首衣などこれら古い文化の遺留や、紡績工芸に関する樹皮の布で作られ、情報時代や数字経済の時代の今日では、その姿を黎区で探すことができる。

②卓越した歴史的貢献

黎族の織物技術はかつて華夏の各民族に長く先駆けており、宋元の時期まで依然として中国全国の前列に位置している。偉大な女性紡績家黄道婆は、黎族の紡績工芸を学び、改善と向上を加え、黎族の先進的な紡績技術を広め、中国紡績業の急速な発展を促進し、中国人の衣装習慣を変えた。これは黎族の中華民族に対する最も優れた貢献である。

③鮮明な民族性

黎族織錦は深く民族の烙印を押した。千百年もの間、紡・染・織・繍の技芸は、全体の黎族女性のためだけではなく、黎族の女性が必ず備えなければならない一つの基本的な技能で、それはやはり黎族人が自己、独自の方言、自民族を表現する一種の重要な手段である。黎族は文字を持たない、言語しか持っていない民族である。ある意味では黎錦は彼女たち独特の史書である。黎錦は黎族の歴史と文化を濃縮し、強烈な民族性を持つものである。

④典型的な原生態

主に二つの面があり、一つは工芸や原料を作るもとの生態、もう一つは文化現象を表現する原生態である。黎錦は数千年続いて、歴史の上で沿海地区が比較的に発達し、多くの山岳地帯で今もまだ簡単で原始的な紡績道具と紡績工芸を残している。伝統的な黎錦は、繊維の材料から染色材料まで、ほとんどが周辺の山野の溝を取って、少量の色の糸だけ外部から購入している。

㈣　独特な価値

黎族は言語に文字がない民族である。ある意味では、ある意味で、黎錦は黎族の歴史と文化が濃縮している。歴史的価値、工芸価値だけではなく、経済的価値と社会的価値を無視することはできない。

①歴史的価値

黎族の織物技術の歴史が長い。それは新石器時代に起源し、紡輪にしても織機にしても、半坂文化遺跡に復元された紡輪と紡績道具とほぼ同じである。歴史の上で、中国の海南島は比較的に遠い地理的位置と峰の隔離があって、黎族に長く原始の紡績道具を保存させた。人々は人類の発展の歴史、特に紡績史を理解することができる。

②工芸価値

黎族の女性は簡単な工具に頼って、美しい黎錦を織り、その工芸のレベルは非常に優れている。黎族の女性は、長期にわたって海綿の製造に従事している中で、繊維の柔らかい、硬い、細い、長い、短い、強靭な程度、および繊維の種類の特性などの知識と経験を蓄積し、彼女たちはまた多種の植物と鉱物を利用して色を染める芸を身につけた。黎族は錦を織るのはすべて手作業で、その技術は精巧で美しい黎族の図案を創造し、手作りは黎族の魂であり、その工芸価値の集中表現である。

③経済的価値

黎族の伝統的な紡染織工芸は黎族の無形文化材の中で最も活気と経済価値を備えたプロジェクトである。その経済価値は主に二つの方面で表現している。一つは黎族の伝統的な紡染織工芸で織り作った黎錦には、とても強い服装の機能を持っている。時代の特徴の変化によって、伝統的な黎錦の模様、図案などの内容を保留する一方、当代の美的感覚に合わせて身につけやすい現代の黎族服装が開発された。もう一つは黎族が長期にわたり野生の植物（繊維と染料など）を利用して黎錦の原料を作り、多くの経験と知識を蓄積し、多くの原料は開発の見通しを持っている。木の皮繊維、木綿の綿、野生の麻類、野生の藤の類は開発と加工を経て、高級な服装の原料になることができる。人民は十種類の絵の具を染色する技術を身につけている。これらの染料は天然無毒で副作用がなく、将来服装の染色に使うだけではなく、食品飲料や家具などの染色も広く使用されている。

危機的状況

昔、黎族女性が染色する時、先輩はいつも若い女性を身近に呼び、染色の原料、汁を取って色の度を掌握し、一つ一つを手本にして解説し、このような口伝の形式を通して、次の世代に染色の知識を学ぶようにさせた。現代の文化生活や様々なハイテクの衝撃を受けて、黎族の伝統的な紡績工芸を好む人がますます少なくなってきた。美しい織物は、片隅にある骨董品になった。古い織り手工芸を身につけている民間芸能人が相次いで亡くなり、数千年の民が織錦工芸を伝承して失伝の危険に瀕していて、伝統的な綿の紡績工芸に対して特に人民の技術に対して救助、発掘と保護を行なわなければならず、その危機はすでに目前に迫っている。社会の変化と近代化の衝撃によって、伝統が織りなす技術は絶滅危惧の状況にある。

㈠　後継ぎの欠乏。二十世紀五十年代以降、黎族の社会は重大な変革が発生し、経済建設と各社会事業は急速に発展し、山間部の交通遅れ、情報の閉塞状況は根本的に変わった。服装などの必需品は、昔のように自給自足しなくてよくなった。今黎族地区の山岳地帯では、ごく少数の若者が織錦工芸と刺繍を知って、織錦工芸はほとんど若い人に受け継がれることはない。

㈡　原料が欠乏。原料が乏しいのは、伝統の紡績を紡ぐ技術が完全に伝承されない重要な原因である。黎族地区は長い前から綿を栽培していないため、現在多くの綿は黎族地区でただわずかな分布だけで、外来綿の紗はすでに土紗の代わりになっている。黄皮繊維、麻繊維、藤繊維などの他の繊維材料の製造に必要な他の繊維材料は、数十年近くの山岳地帯の開発によって、資源はますます少なくなっている。黎族女性は多種の原料で糸を染めることができて、しかし染色植物もますます少なくなり、一本の染料の植物を探すために血眼になって探し求めなければならず、今多く現成色の線を買うことを加え、人々は染料に対する認識もますます薄くなった。

保護、継承と発展

黎族の伝統的な織物技術は黎族文化の「生きた化石」で、黎族人民の知恵の結晶である。黎族の伝統的な織物技術は二〇〇六年五月に中国国家級無形文化遺産リストに選ばれ、歴史が古い、危機に瀕している黎族の伝統的な織物技術の保護が強化されている。

㈠　黎族の伝統的な織物技術を救う。黎族の伝統的な織物技術はとても高い歴史の研究価値、芸術価値と実用的な価値を持っているが、近年は人々の生活条件の変化によって、黎族の伝統的な織物技術を救うのは非常に厳しい任務となっている。

㈡ 保護の経費を調達、確保する。

㈢ 黎族の伝統的な織物技術を宣伝し、黎族の伝統的な織物技術に対する社会の認知力と鑑賞レベルを高める。

㈣ 織錦の実物の分布、源流、作用、現状、伝承者を実地で調査し、実物・資料を収集、整理する。

㈤ 保護計画を制定し、国家級無形文化遺産を申請する。

㈥ 伝承者の育成に力を入れる。

㈦ 保護基地と制度を確立する。黎族の五つの方言区——番道村、何運村、水満村、紅内村、元門郷に保護基地を設立し、原料栽培地を定め、伝承者を選んで訓練を行い、伝統的な手工芸を現代の審美と結び付けて、消費者の購買需要に応じられるようにする。

黎族人民は自分の賢明な才知をもち、独特で優秀な民の伝統が織りなす技術を創造した。民族的な文化と技芸は、現代社会ではすでに地域の制限を受けなくなっている。反対に、保護と運用が得られるのであれば、このような重厚な歴史の蓄積と濃厚な民族情結の文化は人々の目を引きつけることができる。

（譚　必勇）

参考文献

1 高哲、孫靜『中國非物質文化遺産的傳承與發展—黎族傳統紡染織繡技藝』、山東紡織經濟、二〇〇九年第一期

2 張旭主編『全國非物質文化遺産保護試點工作經驗交流材料匯編』、文化藝術出版社、二〇〇七年出版

3 『黎族傳統紡染織繡技藝歷史、特點、価値、現状及保護』、海南民族文化網、http://www.hnmzwh.org/read.php?ID=544

4 『黎族傳統紡染織繡技藝』、中國文化網、http://211.147.20.24/focus/2009-12/ 10/content_362384.htm

5 黄曉華『加大對黎族傳統紡染織繡技藝的保護』、海南日報、二〇〇九年三月六日

中国の木造アーチ橋建造における伝統的な意匠と技術

二〇〇九年九月三十日、アラブ首長国連邦の首都アブダビで国際連合教育科学文化機関（UNESCO）無形文化遺産保護政府間委員会第四回会議が開かれた。会議上で、中国により申請された「中国の木造アーチ橋建造における伝統的な意匠と技術」（Traditional design and practices for building Chinese wooden arch bridges）が正式に《無形文化遺産緊急保護リスト》に入れられた。

今回『無形文化遺産緊急保護リスト』に入れられた「中国の木造アーチ橋建造における伝統的な意匠と技術」は、福建省と浙江省が共同で申請し、申請の具体的な地区は福建省寧徳市の屏南県、寿寧県、周寧県、及び浙江省温州市の泰順県、浙江省麗水市の慶元県を含む。

中国の木造アーチ橋建造における伝統的な意匠と技術は、継承人が環境及び構造力学の認識体系を基礎とするもので、原木材料を採用し、伝統木造建築の工具及び手工技法を使用し、「編梁（梁を編む）」などの核心技術を運用し、榫卯（継手・仕口といったほぞ穴による接合方法で木材を連結する手法）によりつなぎ合わせ構築した非常に安定したアーチ橋建造における職人の意匠と技術系である。アーチ橋の建築作業は通常一名の親方大工の指揮、その他大工の作業により完成する。アーチ橋の建造には厳格な順序があり、口頭伝承と個人の模範を通して伝わり、あるいは親方が弟子に対して教授することまたはそれをお家芸とすることを通じ、代々伝えられてきた。伝統工芸の運び手として、アーチ橋は伝播の対象であり、また伝播の場所でもある。それらは今でも地元住民の重要な集合場所であり、人々はアーチ橋の上で情報交換、娯楽活動の実施、祭りの儀式を行い、それにより感情が深まり、文化の特徴がはっきりと現れた。中国伝統木造アーチ橋の文化空間は一つの人と人の間の交流、理解と互いを尊重する環境を提供した。

今日、とても長い歴史を経た「中国の木造アーチ橋建造における伝統的な意匠と技術」はついに「世界級遺産」の列に入り込んだ。これより、これらの福建、浙江の山間地に散らばっている真珠は人々のより大きな注目を受け、さらに輝く。

天地人和（中華民族における特有の処世観念）　屋根付橋をはぐくむ

『説文解字』に「梁之字、用木跨水、則今之橋也（梁の字は、木を用いて水を跨ぎ、即ち今日における橋である）」「凡独木者 曰杠、駢木者曰橋（普通丸木はただの棒であり、並べた木は橋とされる）」とある。橋梁は中国古代建築における重要な構成部分であり、それ自身特有の発展体系をもつ。数千年来、勤労のエリートである中国人は数万にも及ぶ珍しくかつ精巧で壮麗な橋梁を建設した。とても長い社会発展過程において、先人たちはその土地の状況に応じた措置を講じ様々な種類の橋梁の形式を創造した。

廊橋とは、廊屋根のある橋梁を指し、最初に出現したのは唐宋時代である。その形式は主にアーチ形の違いから区別され、木造屋根付アーチ橋、石造屋根付アーチ橋、木造伸ばし梁平屋根付橋の三種類に分けられる。そのうちの木造屋根付アーチ橋は世界の橋梁史において重要な地位を占め、木造屋根付アーチ橋は梁木を巧妙な結合形式ではさみ、古典建築芸術における一輪の珍しい花と称賛される。現在、世界に残された木造屋根付アーチ橋は多くない、国内外の専門家の調査統計によると、中国の古い木造屋根付アーチ橋の数は世界でも第三位に位置し、ベルギーとイタリアに次ぐ。中国の木造屋根付アーチ橋は主に浙江南部、福建東部の山間部に分布しており、最も保存地が集中しているのは景泰寿慶景寧、泰順、慶元と福建寿寧の四県で、暫定的な統計によると、浙江南部、福建東部の山間部で完全なアーチ状橋構造を保存している木造屋根付アーチ橋が八十六基ほどある。さらに甘粛省渭源県の一基、さらに加えて福建北武夷山間部の残存数、中国の現存するアーチ状構造の木造屋根付アーチ橋の総数は約一〇〇基である。

浙江省南部、福建省東部の山水は互いに依存し、地域は似ており、資源も似ている。この二つの地の人々は長期にわたって生産、生活等の方面において密接な交流があり、山地に位置していることから、山が幾重にも重なり、山奥に渓流があり石造の橋梁を建設するのがやや困難であった。両地の先人はその土地の状況に応じた措置を講じ、山地の豊富な木材資源を利用し、大量の木造橋梁を建造した。絶えることのない模索と実践を通じ、造橋技術の水準はたえず向上している。簡単な木を結合した橋梁から木を結合する橋梁の頂点である木造屋根付アーチ橋にまで到達した。木造屋根付アーチ橋の部材の規格は統一されていて、特殊な異形の部材がなくて、伐採した木を少ない人間の手で完成することができ、組み立ては便利である。橋を解体する時、部材を傷つけずにでき、その上部材は繰り返し利用することができ、小さい部材は運輸に便利で、小さい部材を用いて大きいアーチ部材を形成し、経済的に合理的であり、そのため建造費も比較的安く、また力学の原理と合致し、橋梁は長く耐久性があり、故に木造アーチ橋は普遍的に採用される。

浙江省・福建省山間部の村落は分布がややまばらで、さらに多くは狭い谷のくぼみの上に建てられており、公共活動の場所はやや乏しく、屋根付アーチ橋は荒野の小道の上に位置し、道行く人に雨風を防いであげることができ、休憩の場所を提供する。また村の中に位置する屋根付アーチ橋は交通連絡としての役割以外に、村の建築、村の環境美化とされ、ひいては成人たちの社交娯楽、貿易等の活動の公共場所でもあり、そのため屋根付橋はただの一本の川を渡る工具でなく、それは休憩所、宿場、神を拝み幸せを祈る、社交、交通運行、物資貿易等の民俗、経済、社会的方面の功能をもつ。

子ども時代の無邪気さ、少年の友情、青年の浪漫、老人の穏やかさはすべて故郷の長い長いアーチ橋の廊屋根に残っている。木造屋根付アーチ橋は郷土文化の具体的な表現であり、それは山間地住民の感情の代弁であり、田舎文学芸術の運び手で、村人の生命と魂が託されたものである。屋根付アーチ橋建造における伝統的な職人の意匠と技術はこの土壌の芸に根付き、それは人間に託された鮮やかな技である。そのためある人は、屋根付橋は一種の文化、郷土の情感を代表しており、それは明清時代に福建東、浙江南の山間部の政治、経済、文化、民族等の多くの内容の重要な運び手であると言う。

福建、浙江にある百の屋根付橋はそれぞれ特色を備えており、他とは比べものにならない。鴛鴦の里にある屏南千乗橋は、木造屋根付アーチ橋の知恵と棠渓山水の優雅さ及び村落文化を混ぜ合わせた特有の幽邃さ、絶妙さ、神聖さからなり、人を賛嘆させる村の郷土建築の景観を残している。また慶元如竜橋の橋屋根の東西両端の「補天閣」と「小蓬莱」ははるか遠くから互いに呼応し、重檐飛翹、迫力は大きく、夢または幻のようで、橋下の碧水はさらさらと流れ、一枚の美しい村の絵巻物を生き生きと表している。屋根付橋の里泰順の渓東橋、北澗姉妹橋の違いは幽邃な環境の泗溪河上流に位置するか下流に位置するかで、二つの屋根付橋は二重檐歇山式構造で、斜脊は高々と勢いよくそびえ、橋の体形は虹のようなアーチ状になっておりしなやかで瓢逸しており、まさに『詩経・小雅』の「翼のごとく、飛ぶごとく」の描写のようである。

泰順は浙江南部と福建北部の境界に位置する。東に蒼南を望み、西は景寧シェ族自治県に接し、北は文成に接し、境界内には多くの山、多くの谷川があり、かねてから「九山半水半分田（九割が山で残り一割の半分ずつは川と水田）」といわれる。泰順の先人たちは次から次へと道を切り開き（山に出会うと道を切り開き、川にぶつかると橋を作る）、各様式の橋梁は九百以上におよび、明清時代の古い屋根付橋は三十あまり現存しており、そのうち木造屋根付橋は六基ある。泗渓姐妹橋（渓東橋、北澗橋）、三魁薛宅橋、仙稔仙居橋、篠村 文興橋、洲嶺三条橋である。この六つの橋のうち、渓東橋は美しい造形で「景泰寿慶」四県の古廊橋の最高峰に位置する。

泰順は世界の橋梁専門家たちに「世界屋根付橋の里」と称えられ、その理由として泰順の古い屋根付橋の数、保存の質、及び建造の歴史、芸術価値はすべて世界でも最高のものと称えられるからである。著名な橋梁学家・茅以昇が取り仕切り編纂した『中国古橋技術史』（一九八六年）の中で記載されている橋は十一基あり、その中に泰順のものは四基ある。

景寧シェ族自治県は中国全国唯一のシェ族自治県で、浙江省南端に位置し、福建省に隣接している。景寧シェ族自治県は洞宮山脈の中間にあり、境界内に千メートル以上の高峰が七百七十九座あり、これは「両山夾一水（二つの山が一本の川を挟む）」の典型的な山間部の県に属する。景寧シェ族自治県の屋根付橋は石造、木造に分けられ、木造のものが多いとされ、木造はまた木造アーチ橋と木造平屋根付橋に分けられる。清同治年十二版『景寧県志』の記載によると、景寧には当時石造、木造の屋根付橋が九十八基あり、民国二十五年版『景寧県続志』に記載された石造、木造の屋根付橋は九十二基ある。二〇〇二年景寧の第三回歴史文化遺産全面調査で、大体現存する木造屋根付橋が四十二基ある。その中の木造屋根付アーチ橋は十九基、多くは清代康熙から民国年に建てられたもので、これらの屋根付橋のほとんどが古代の交通要路上にあり、それぞれ慶元、泰順、文成などの地に通じる。相対的に建造年代がやや早いのは東坑下橋（清康熙二十八年、一六九〇年）、アーチが最も長いのは梅崇村の梅崇橋で、長さ三十三・四メートルに至る。

慶元境界内の渓流は縦横に流れ、山は高く水の流れは速く、代々民衆は橋を補修し道を建設することに力を注いだ。光緒時期に出版した『慶元県志』の記載によると、当時全県に宋元時代から建設された各様式の屋根付橋は二百三十基あまりある。慶元の地は「深僻幽阻、舟車不通（奥深く道が険しく、船や車が通らない）」と言われ、歴史上戦争は比較的少なく、さらに地元の民衆の心を尽くした保護により、現在でも九十基あまりの風格がそれぞれ異なる古い屋根付橋が完全な状態で保存されており、そのうち木造屋根付アーチ橋は合わせて二十二か所である。大済村の甫田橋と双門橋は現在中国で文字の記載が残されている時代が最も古い木造屋根付アーチ橋であり、北宋天聖二年に建設が始まり、今から遡ること千年近くの歴史が既にあり、北宋青州（歴史的に木造太鼓橋発祥の地と称されている）に出現したアーチ橋よりも十年以上

中国国家級重点文化財保護建築物――屏南万安橋

早く、『清明上河図』中のアーチ橋よりも一〇〇年以上早い。明天啓五年（一六二五年）に建てられた如龍橋は、中国の木造屋根付アーチ橋の中でも唯一の全国重点文化財保護建築物で、その構成は複雑であり、工芸は巧みで完璧で、功能は完全で、建築上においては宋代の遺習をもち、それは浙江、福建の両省で唯一存在する明代の木造アーチ橋であり、今から遡ること三百八十年の歴史があり、これは世界木造アーチ橋史上ごくまれなものである。

寿寧県は福建省の東北部に位置し、浙江省慶元、景寧、泰順県との境界にある。寿寧方面の統計によると、寿寧に現存する木造屋根付太鼓橋は十九基あり、橋が建築された時代の区分は清の乾隆、嘉慶、道光、同治、光緒から中華民国まで続く。寿寧下党渓の水尾にある鸞峰橋は「中国で最も壮観な貫木屋根付アーチ橋」と称され、橋の周囲は景色が清らかで美しく、山は険しく、鸞峰橋は渓流上の両岸に空高く跨っている。この橋は清嘉慶五年（一八〇〇年）正月に建てられ、全長四七・六メートル、一つのアーチは三七・六メートルで、このアーチはかつて学術界に認識されていた中国古代建築において最大である石造の趙州橋の〇・七メートルを超えた。しかしながら、木造屋根付アーチ橋及びその周辺環境保護の現状は思い悩まされるものであった。

自然と人為的な原因により、新中国建国以来、泰順だけで三つの価値が高い屋根付橋が破壊され、計り知れない損失となった。明景泰五年（一四五四年）に建設された叶樹陽橋は、歴史上最も長い屋根付橋の一つであったが、一九六五年公道の建設のため取り壊された。三灘橋は橋の長さがかつて学術界に認識されていた中国古代建築において最大である趙州橋を超えていたが、一九五〇年洪水により崩壊した。南浦下橋は、橋の上に橋屋が十五部屋建てられており、三重檐の翼は高々と反り返り、壮大、壮観であったが、残念なことに一九九〇年八月二十日大洪水によって崩壊した。他にも慶元県の

屏南十錦橋の建設写真（ユネスコ公式ホームページより）

関連部門の調査統計によると、現存する九十基あまりの古い屋根付橋の中で、保存状態が比較的完全なものはたったの一〇%しかなく、状態が普通のものは四〇%、ひどくぼろぼろなものは五〇%を占める。現存するその他の屋根付橋は一方では木製構造の保護が難しいことから、資金が足りず修理や手入れがされておらず、ひどくぼろぼろで、現存数は年々減少している。また一方では統一された保護計画がないため、古い屋根付橋周辺の環境は日増しに悪化している。いかにして科学的保護と合理的な開発をするかという浙江と福建の古い屋根付橋に対する重要な任務はすでに歴史的にまたは現実的に私たちの目の前に置かれている。

結合様式　精密で凝った細工

屋根付橋の構想は精巧で、造型は独特で、美と実用的さが一体となり、それは遠くから見ると水中に佇むあずまやのようで、近くで見ると瓦が重なり連なる楼閣の花橋（美しい橋）で、このような美は完全に人工的な丹念な設計、制作によりできたもので、そのためそれは理性的な美の光線を輝かせている。

屋根付橋は山間の美しい自然環境の中に佇む橋体で、美しい山河がその橋に映え、一つの構造が精巧で、反り返り飛び出した軒先の橋体とちょうど大自然が一体となる時、それは大自然の一部分となり、自然美の魅力が輝き現れる。

木造屋根付橋の種類は貫木屋根付アーチ橋、八字撑木造屋根付アーチ橋、木造伸ばし梁平屋根付橋、木造平屋根付橋、石造木屋根付橋があり、その中の貫木屋根付アーチ橋は、一種のまっすぐな木を貫き架け組み合わせたもので、アーチも梁もその構造を使用したアーチ状の橋であり、含まれる技術の量は最高のものであり、屋

景色が美しい寿寧楊梅洲の屋根付橋

根付橋の中でも傑作で、建築学上迭梁アーチ橋と称される。それは梁木を差し挟む特殊で巧妙な結合形式を採用しており、十分に力学の原理と一致し、施工技術は先進的で、橋体の造型は美しく、中国の木造建築技術と芸術の集大成であり、中国の橋梁史上非常に研究価値のあるものである。このような構造は、やや短い梁木部材に使用され、橋脚には使用せず、釘穴は不要で、切り開き、差し挟み、押し出す方式を用い、比較的広い水面にかかり、十分丈夫で、橋梁の骨組み全体の大きさが均等な巨大な丸太を縦横互いに置き、交差させつなぎ合わせ、互いに支え合い、一つ一つ伸び広がり、完全な木撑架式主アーチ骨組みを形成し、アーチは両端、岩石の上または石壁の上に固定し、下への負荷をうまく受けることができるが、それが生み出す上への反動力は、容易に構造の安定感を失わせ崩壊へと導き、これはまるで両手十本の指を交差させ、内向きに圧力をかけると外すことができず、外向きに引っ張ると簡単に外れるようなものである。上向きの反動力を克服するため、民間の大工はうまく橋の上に屋根を加え被せ、応力バランスの方法を採用し、橋自身の安定性を強化した。屋根付橋は柱が無く、アーチは飛び越え、洪水が橋柱を襲うことによってもたらす崩壊の危険を避け、また船が通るときにぶつかるのを防ぐことができる。

木造屋根付アーチ橋は建築構造上特に日焼け防止、防雨、防水に注意されている。屋根は橋の面全体を覆い、軒先は大きく飛び出ており、アーチの骨組みの外縁には風板が釘で打ちつけられていて、橋下の骨組みは外に露わになっており、風通しは良く乾燥した状態を保つことできる。橋台には切り石が用いられ、玉石を築き、排水の流れは良い。橋の地面の上に石を架けることとは、慶元木造太鼓橋唯一の独創である。

泰順泗渓の北澗橋は、橋屋が数十部屋建てられおり、中央の三部屋は二十に重なった軒先が突出していて、四枚の翼は高々と反り返り勢いのある形状をしている。橋のたもと両側にはそれぞれ廂房か数部屋建てられている。屋根付橋全体は青レンガ、青黒色の瓦、彫り物や彩色を施し装飾した天井、朱色の塗装で飾られている。橋のたもとの片側には一株の樹齢千年の古いクスノキがあり、果てしない夕やみの下、木陰は天を覆い、香りは遠くまで届き、北澗橋はとりわけ厳かで上品さが際立っている。そして純粋で素朴な三条橋は、派手な色彩のものはなく、その土地で生まれ育った土着装だけであり、一年中雨あり風あり、瓦は年々黒くなり、長方形の橋体は濃い寒色が見え出し、まるで世の移り変わりを経てきた世紀の老人のようである。

屋根付橋の造型の大部分は左右対称方式であるが、非対称のものもある。泰順篠村鎮坑辺村の文興橋は、一方は軒先が勢いよく反り返り、非常に躍動感がある。もう一方は平たんで、シンプルにさっぱりとしている。

屋根付橋と周辺の居住施設は互いにむすびついており、それは屋根付橋環境芸術の一つの特色である。例えば泰順三魁鎮の劉宅村仙洞虹橋は、橋の両側がどちらも居住施設である。北澗橋は街と結びついており、渾然一体となっている。渓東橋の付近は村人の集会所で、古い人形劇がよくここで盛大に上演されていた。

屋根付橋の建築芸術は独特の風格をもつ。橋下の重さを受ける木梁は全て広々と露わになっていて、構造の力の美を現しており、橋上の屋根は通行人を雨風から守る板が隠されていて、露わになっているところと隠れているところがあり、工夫がされている。橋下の重さを受ける梁架線は力強く真っ直ぐにそびえ立ち、橋上の屋根は曲線がしなやかで美しく、たくましくまた美しく、さらに魅力をもつ。特に素晴らしいのは、上品な屋根の輪郭線と遠くの山並みの輪郭線は互いに呼応し、川や水たまりの中の表面の虹と互いに光り輝く。この詩や絵のような情緒は、屋根付橋の熟練の美、空高くそびえ立つ美、雄壮な美、古風で質朴な美や古代橋造り職人の並外れた建築設計技術を示している。

橋と廟　天と地

浙江南部と福建東部の一部の橋は村の水口或いは水路に建てられ、ある村に至っては水口と水路の二か所にそれぞれ屋根付橋が建てられており、これは姉妹橋と呼ばれ、村の出入り口の重要な標識となっている。村の水口橋の設置は、風水の見解に基づき、「水口者、一方衆水所総出処也」(水口というものは、一方から多くの水が出ていくところである)、水が入ってくるところと水が出ていくところに分けられるが、一般的に曖昧に水口と称されている。その処理は適切に直接一方の「パワー」を守ることができるか否かに関係し、大体多くは山脈の折り返しまたは二つの山が向かい合う場所が選ばれ、渓流が取り囲む場所に塔、あずまや、楼閣、坊、堤防など覆いを加えて建てた。浙江南のある村で最もよく見られる水口の処理方法は屋根付橋を主とし、樹木、あずまや、廟などをつけ、村の重要な景観とランドマークを構成すると同時に、村内外の空間を定義し、結びつけ、鮮明な境界象徴性をもつ。一方では、風水学の言われの影響を受け、人々は「気乗風則散、界水則止。……風水之法、得水為上、蔵風次之」(気は風に乗れば則ち散り、水に界せられれば則ち止る。……風水の法は、得水を上とし、蔵風をこの次とす)と考える。水口屋根付橋の設置は村人の心理に蔵風、気を集め、金運と龍脈を閉じ込めて集め取り囲む作用を起こす。もう一方では、橋の導きを通じて村外の瑞祥の気と金運を村に導き入れ、これは村全体の生活の質を向上させるためである。同時に、水口屋根付橋には村人の防犯と村を守る精神が託されている。これは一定の防御性質があり、さらに重要なのは一種の心の定義と象徴である。そして、屋根付橋も苗字、一族、村、県、ひいては一地域の語脈と運勢にまで関係があり、村の盛衰とも密接な関係があり、橋は村を興し、橋を村を崩壊させると言われている。これは屋根付橋が現代の村人の心中においていまだに重要な精神的象徴の意義をもち、それは実質上すでに一種の文化を反映する媒介となっており、人々の自然環境または社会環境の変化過程に対する文化理解を有効的に表現し、人々は屋根付橋の風水活動を通じて良い生存空間を維持し生活の質が向上することを願う。

屋根付橋は大切な水口を守り、または自然災害の危険から守り、山川の間に位置し、このような境界自体人と神が交流しやすい場所であり、人々は橋の上の屋根の空間を重要な神とつながる場所とし、一般的に屋根の形は自然と他の部分より造型や装飾を強化する必要があり、これはよく木造太鼓橋の屋根造型において重要な象徴部分となっている。信仰心のあつい村人は通常木造太鼓橋の屋根中部の小屋組に油絵を施し、その上藻井(格子状の天井の格子一つ一つに書かれている天井)の処理までし、またお供えものを祭る神棚まで設けていた。山間地の仏教を信じる多くの男女はよくここへ来て線香をあげ拝み、お金や物を寄付し、または富と平和、厄除けを神に求め、あるいは神に面して懺悔し自分の過ちを反省した。村人が拝む神仏の像はとくに決まったものではなく、神仙から彼らの先祖まで、儒教、道教、釈迦から文臣、武将まで、すべて平等に拝み、彼らはただ神や霊の力の助けを借り、一生の平安を願った。祭事は通常特に特殊な礼儀はなく、ただ心が清ければ良く、一般的に毎年正月にやや盛大な祭事がある。また村の入り口、城門の外の木造太鼓橋は、その特殊な地理的位置により、すでに村人のおしゃべり、娯楽、休憩の場となっており、ある屋根の下にはお店まで開かれていた。

対聯の詩は景色に花を添える

福建、浙江の屋根付橋内側の壁にはよく古代文人墨客の遺した詩の書が残されており、あずまやの柱の梁には多くの対聯がある。中華民族特有の対聯芸術と橋梁建築芸術が融合し、互いに映え趣となり、無限に広い境地を構成し、見る者に無限に思いをはさせ、無限の精神的享受を生み出す。橋と対聯は肩を並べ、光り輝く。

慶元の如龍（明）橋にはこのような対聯がある。

玉宇瓊楼天上下（絢爛豪華な建築物が天上下にあり）、
長虹飛渡水中央（長い虹は水中央を飛び渡る）。
上下影揺流底月（上下の影は揺れ流れ底には月があり）、
往来人渡境中梯（行き交う人は中のはしごを渡る）。
橋頭看月亮如画（橋のたもとから見る月は絵の如く美しく）、
桃畔聴渓流有声（耳元で渓流の音が聞こえる）。

橋廊風爽堪留客（橋廊を通る風は気持ちよく客を留め）、
波底星光可醒竜（水底の星の光は龍をも目覚めさせることができる）。
古事現今朝今朝過去皆古事（昔の事は今現在、今日、過去皆昔のことであり）、
虚華当実境実境已往亦虚華（虚実はいかに事実にしようとしてもとっくに虚実である）。

ある屋根付橋の壁には橋を愛し橋を守る村人の規則の書があり、それは通行人に警告し、屋根付橋を大切に守る。ある屋根付橋は梁を札の代わりにし、橋を造った大工の名と仕事を書きのこし、大工の社会的地位を高め、また彼らの責任感を強め、私たちの今日の研究に貴重な資料を遺す。この他に、単独で建てられた石碑があり、橋が建てられた年月日や人事だけでなく、歴史的背景や良い事をした人への賛美、後世の人への激励が書かれている。橋建設の石碑は歴史が残した功績であり、また鑑賞価値があるが、残念なことに年数が長いことから、現存する数は多くなく、現在に至るまで最も保存されている橋の数が多いのは、福建屏南である。

橋約（橋の規約）が遺した草稿、貴重な文化財

橋約とは、またの名を橋批といい、即ち橋造りの契約である。二〇〇三年初、寿寧文化館は三十三の古い屋根付橋の橋約を発見し、これは今まで中国で発見された唯一の橋約であるだけでなく、既に関連部門に国家貴重文化財として鑑定され、その中の多くは中国国家二級保護文化財であった。木造太鼓屋根付橋の現存する数は非常に少なく限りがあり、橋建設の橋約はより貴重で、伝統ある屋根付橋主墨世家だけが、おそらくこの類の文化財を収蔵することができ、また橋約に用いる普通の唐紙または宣紙は長く保存することが難しく、歳月を経て浸食が進み、ほとんどはとっくに悪くなっていた。

屋根付橋の保護　待ったなし

ユネスコは公式ホームページ上の「中国の木造アーチ橋建造における伝統的な意匠と技術」のページでコメント欄に「木造アーチ橋は中国東南沿海の福建省と浙江省で発見された。これらの橋梁を建設する伝統的な設計と実践は、木材の応用、伝統の建築工具、職人技術、核心である編梁技術と榫卯接合（継手・仕口といった、ほぞ・ほぞ穴による接合方法で木材を連結する方法）、さらに経験ある大工が異なる環境と必要な構造力学に対する知識が融合したものである。このような木工職人技術は決まった指導とその他大工が協力し実行することによりやっと完成することができる。このような職人技術は口頭、個人が模範を示す方式を通じて伝わり、または師匠が弟子に教えることを通じ、師匠は家族内でも厳しい過程を通して教え同じ親族等にまで伝わり一代また一代へと伝わっていく。これらの家族は橋梁の建設、橋梁のメンテナンス、橋梁の保護の過程において誰も替わることができない役割を果たしている。この伝統職人技術の運び手である、木造太鼓橋は交通、交流の手段、また人々が集まる場所とされる。これらは地元の人々の情報交流、娯楽、神への信仰、人間関係を深め、文化認識を深める重要な集会所である。このような中国伝統木造太鼓橋により創造された文化空間は、人と人の交流を励まし、理解、尊重の環境を提供する。このような伝統の衰微はここ数年の迅速な都市化、木材の減少と現有の建築空間不足のため、これらの原因が結びつき、これらの職人技術の伝統と生存を脅かしている」とある。人々は同じようにはっきりとこれを認識し、今回の『無形文化遺産緊急保護リスト』に登録された成功は、終わりではなく、ただの始まりである。『無形文化遺産緊急保護リスト』の名前自体に深い思考と独特の意味が含まれている。

現在、様々な原因により、浙江南部の木造屋根付アーチ橋の多くは持続的、定期的、全面的な保護とメンテナンスを受けることができず、ある屋根付橋は既に壊され、一部分の木造アーチ橋はより危機が迫っていて、応急処置を待っている状態で、木造屋根付アーチ橋の保護作業は目前に迫っており、また道のりは遠い。今のところ屋根付橋生存の主な問題は以下のようなものがある。

㈠　中国木造アーチ橋建設の伝統的設計と実践は一つの橋建設技術として、既にちょうど千年にわたって伝わり、これらの遺産付近で生活する人々は、よくこの職人技術を自らの文化遺産とし分けることができない一部分となっている。しかしながら、現在核心の職人技術に精通する師匠、彼らの平均年齢は既に七十五歳を超え、なおかつ関係者と継承者の人数は二十人以下である。同時に、都市化と現代通信の加速、増加により、この職人技術の応用空間はますます限りのあるものに変わり、継承者は木造アーチ橋に対する共通の認識も大きく弱まっている。

㈡　古い屋根付橋の保護と社会経済発展の矛盾は衝突している。現代交通の発展につれて、いくつかの野山に位置する屋根付橋は場所の特殊性により、古い村の移転、古道の消滅、使用価値の退化により、廃棄、日照りや雨にさらされ、自然消滅の状態にある。保護意識の不足により、都市発展、現代道路交通の建設、経済発展等の過程において古い屋根付橋及び周辺環境につくり出す影響は日に日に厳しくなっている。

㈢　屋根付橋保護資金の枯渇大多数の屋根付橋は自然的、人為的な破壊を目の前にして無援さと脆さを表している。浙江と福建の山間地は経済発達が未熟な地区であり、木造太鼓橋は長年補修されていないため、ほとんどがすでに修繕期に入っている。古い屋根付橋は有効な保護を受ける。貧困は一本の諸刃の剣であり、一方では古い屋根付橋の生存を庇護し、もう一方では必要な資金保護の欠如により、必要があり、絶えることなく莫大な修理費を投入する必要があり、各屋根付橋のメンテナンス、修繕費用は十万を超えるとみられ、地方財源には限りがあり、また外部にも安定した資金源がないことにより、現在屋根付橋保護の補修経費は非常に不足しており、もし保護資金源のことを有効に解決できないのであれば、古い屋根付橋、このたいへん貴重な文化遺産は次々と消失するであろう。

㈣　有効な保護システムと科学的保護計画の欠如。浙江と福建の屋根付橋がある地区は経済発達が未熟な地区で、社会経済発展のニーズは特に急を要し、社会経済発展の過程において特に道路の建設、水道、電気の開発、都市の発展は屋根付橋及びその周辺環境に対する破壊は十分に深刻である。屋根付橋保護は一つのシステム的工程であり、有効な保護システムの形成と科学的保護計画の制定が必要で、保護意識の宣伝、屋根付橋の基本情報の収集整理、保護区の確定、資金源、観光開発等の方面においてより良い循環の形成を要する。

㈤　有効的な区域協力システムと市場開発法案の欠如は、ブランド全体の強みを形成させることができない。浙江、福建の木造屋根付アーチ橋の特色はそれぞれ異なり、それぞれに長所があるが、分布範囲が広いことにより、今のところ資源利用の状況は各地それぞれ好き勝手に振る舞い、自ら大声を上げ、各県、市の間で有効的な協力システムが欠けており、協力が形成されがたく、財力と物資を浪費し、また宣伝効果に影響を及ぼしている。早急に各地の勢力を統合し、ブランド全体を形成し市場へ投入させる必要がある。

「中国の木造アーチ橋建造における伝統的な意匠と技術」の申請団体（グループ）を代表する継承者には、屏南県の黄春財家族、寿寧県の鄭多金家族、周寧県の張必珍家族や泰順県の董直机師匠がいる。

伝統建築職人技術継承者は老人が主体の時代に入り、中国無形文化遺産ホームページ上にて中国無形文化遺産継承者の名簿から見てとれるように、伝統職人技術の継承者の年齢は全体的に六十歳以上である。人が死ねば芸も死ぬ、高齢化は無形文化遺産伝承の何人かの殺人犯の一人である。七十四歳の黄春財は中国木造アーチ橋建造核心技術の四名の継承者のうち最も若い一名である。このことから分かる通り、中国木造アーチ橋伝統職人技術の伝承は既に危機が至るところに潜んでいる。

木造屋根付アーチ橋の保護、開発措置を講じるべきである。

①屋根付橋の保護と観光開発の関係を正確に処理する。遺産の再生不能性は遺産に対して終始保護を第一位に持ってくることが必須だということを決め、遺産の真実性、完全性は原則任意で遺産自身及びそれに関連する環境に手を加えることに反対し、新しい調和のとれない建築物を加えることに反対し、さらに行き過ぎた開発利用を含む不必要な修復にも反対する。私たちは古い屋根付橋という文化遺産の保護を強調し、観光開発に反対するわけではなく、ま

たそれらの目の前の利益を急いで求めるような開発に反対し、あのような環境を犠牲にし、古い屋根付橋全体の形象を犠牲にする破壊的な開発に反対する。適度で科学的な開発を通じて、より多くの人に古い屋根付橋という文化遺産の価値を認識させ、保護に対する意識と覚悟を向上させ、一定の経済収益を生み出し、一定の保護資金を蓄積し、遺産保護と遺産がある地の経済発展を促進させることができる。

②良好な古い屋根付橋保護開発システムを形成する。浙江、福建地区の屋根付橋の分布範囲が広いこと、遺されている数が多いことにより、現在屋根付橋の保護と開発の多くは口頭宣伝及び無秩序な状態で留まっている。屋根付橋の保護開発は一つの有効な保護開発システムがその作業を良い循環に入らせることが必要である。

③全方面、多方面に古い屋根付橋保護開発の資金を募る。屋根付橋保護開発は多額の資金投入が必要であり、地方政府の資金だけでは間違いなく焼け石に水であり、全社会の力を動員し、全方面において資金を募る道を切り開くべきである。

④先に一部分の屋根付橋資源を重点的に開発し、効力の模範を形成する。屋根付橋が山奥の渓流に散布していることから、交通等の観光を発展させる条件が悪く、観光地、観光線路の開発を要し、一定の観光規模の収益を形成するには相当難しい。先に元からあるやや出来上がった観光地と距離が近い場所を選ぶことも可能で、知名度がやや高い屋根付橋は観光開発を進め、良い社会経済収益を産み出す模範作用により、各地の屋根付橋保護と開発の積極性を高める。

屋根付橋の保護は一つの長期工程であり、私たちは粘り強く木造太鼓橋伝統建設の職人技術をこれからも長きにわたって伝承させせなければならない。

（譚　必勇）

参考文献

1　唐留雄『浙閩木拱廊橋「世界遺産」価値分析與保護開発対策研究』、『北京第二外國語學院學報』、二〇〇五年第三期

2　徐哲民『浙南木拱廊橋的現狀及保護研究』、『建築與文化』、二〇〇九年第五期
3　陳雲根『浙南木拱廊橋結構與起源探析』、『東南文化』、二〇〇三年第九期
4　趙誌國『拿什麼拯救妳——中國傳統建築宮造技藝』、中華建築報、二〇〇九年十月二十日
5　薛壹泉、蘇唯謙『從藏在深山到躍居「世遺」—泰順木拱橋傳統宮造技 藝入選世界非遺始末』、今日浙江、二〇一〇年第四期
6　六則起、周芬芳『木拱橋宮造技藝——托起人間彩虹』、光明日報、二〇一〇年七月二十三日

あとがき

執筆の任務を承諾してから、一年の時間を経て、いくつものその原稿を経て、今「役目を果たす」ことができている。この執筆任務は、私たち五人の協力により完成したものである。その他四人は私が指導する既に卒業した者とまだ博士課程で学んでいる学生である。王巨山は現在浙江師範大学で仕事をしており、教育と科学研究任務のほか、彼が所属する学院の副院長を受け持ち、仕事は十分忙しく、本書中の何篇かは彼及びその同僚の協力により完成したものである。譚必勇は博士課程を修了した後、研究所に所属し、またその研究所を出た後、一時夫妻は二つの地に分かれて暮らしており、彼は山東大学で多くの教育、科学研究作業があるだけでなく、毎日まだ幼稚園に通っている娘の世話をしなければならない。張偉と陳少峰はまだ博士課程で学んでおり、学業任務もとても激務である。彼らは各自の多くの困難を克服し、非常に多くの時間と精力を費やした。私は主に計画の制定、役割分担の構成、修正、定稿の事を受け持った。

誰により完成した作品だとしても、みな出版後読者の賛同を得ることを願い、また私たちも当然例外ではない。しかしレベルに限りがあることに加え、執筆の対象内容が広く、専門性が強いことにより、素人の見解または不正確な点の存在は避けがたく、専門家と読者の方々による批評と教示を請う。

山東大学歴史文化学院教授　于海広

二〇一一年三月二十五日

著者紹介

于　海広（ユイ・ハイグワン）山東大学歴史学科教授。1948年山東省済南市に生まれ。山東大学歴史学科（考古学専攻）卒業。山東省考古学学会、山東省博物館学会理事、副会長。考古学・博物館学・文化財保護の教育と研究に長年携わり、論文のほかに『中国のユネスコ無形文化遺産財』など著書多数。

中国のユネスコ無形文化遺産　　**定価3980円+税**

発　行　日	2019年2月15日　初版第1刷発行
著　　　者	于　海広　張　偉
訳　　　者	李紗由美　多田未奈
監訳・出版人	劉　偉
発　行　所	グローバル科学文化出版株式会社
	〒140-0001 東京都品川区北品川1-9-7 トップルーム品川1015号
印刷・製本	モリモト印刷株式会社

ISBN 978-4-86516-016-1　C0039

※本書は、中国図書対外推広計画（China Book International）の助成を受けて出版されたものである。